FINANCES PUBLIQUES

Espace UEMOA/UMOA

NICAISE MÉDÉ

FINANCES PUBLIQUES

Espace UEMOA/UMOA

Avant-propos de Cheikh Hadjibou SOUMARE
Président de la Commission de l'UEMOA

Préface de Monsieur Tiémoko Meyliet KONE
Gouverneur de la Banque Centrale des États de l'Afrique de l'Ouest (BCEAO)

Préface de Michel Bouvier
Professeur à l'Université Paris 1 Sorbonne
Président de FONDAFIP (www.fondafip.org)
Directeur de la Revue Française de Finances Publiques

Sénégal
L'Harmattan

10 VDN, Sicap Amitié 3, Lotissement Cité Police, DAKAR

http://www.harmattansenegal.com
senharmattan@gmail.com
senlibrairie@gmail.com

ISBN : 978-2-343-10686-1
EAN : 9782343106861

"La vraie question est que nous sommes pauvres et qu'il dépend de nous d'être riches"

(Aimé Césaire)

Sommaire

TROISIÈME PARTIE

LES FINANCES DES COLLECTIVITES TERRITORIALES LOCALES

QUATRIÈME PARTIE

LES FINANCES DE L'UNION ÉCONOMIQUE ET MONETAIRE OUEST-AFRICAINE (UEMOA)

DÉDICACE

À la jeunesse africaine...

REMERCIEMENTS

Je tiens à adresser mes remerciements les plus sincères au professeur Mamadou Lamine Badji, doyen de la faculté de droit de l'Université Cheikh Anta Diop de Dakar pour avoir initié ce programme d'appui à la publication de manuels universitaires, dont l'édition du présent ouvrage a pu bénéficier.

AVANT-PROPOS

Le Professeur Nicaise MEDE, en s'attaquant au domaine si pointu des finances publiques fait preuve d'audace et d'imagination. C'est, en effet un secteur où la littérature n'est pas abondante malgré la coexistence de plusieurs écoles et théories.

Au niveau de l'Union Économique et Monétaire Ouest Africaine (UEMOA), **l'**application de la première génération des directives des finances publiques adoptées en 1997 (Directives lois de finances et règlement général sur la comptabilité publique), en 1998 (Directives nomenclature budgétaire de l'État plan comptable de l'État et tableau des opérations financières de l'État) et en 2000 (Directive portant code de transparence dans la gestion des finances publiques), s'est opérée dans des environnements nationaux différents et évolutifs d'un pays à un autre et ce, pour diverses raisons.

Le nouveau cadre harmonisé des finances publiques, adopté en 2009, a pris en compte les nouveaux outils de gestion des finances publiques en mettant au cœur de la réforme la transparence, l'information du citoyen et l'efficacité de la dépense publique. La Directive portant régime financier des collectivités territoriales, adoptée en juin 2011 complète ce cadre juridique au niveau local.

La question de la réforme des finances publiques est, en effet d'un intérêt certain. De même, la performance de la gouvernance financière publique doit servir de levier à la modernisation de l'État, d'où l'importance de la dissémination du contenu de cette réforme.

Praticien lui-même, donc homme de terrain, le Professeur Nicaise MEDE, guidé par son expérience pluridisciplinaire, présente ici, les généralités des finances publiques et décrit les principales étapes du processus budgétaire de l'État et des collectivités locales dans les phases de préparation, d'adoption, de vote et d'exécution en intégrant la procédure de contrôle des finances publiques.

Le présent ouvrage qui s'appuie sur les réformes des finances publiques des États membres de l'UEMOA témoigne de l'engagement de l'auteur en faveur de la promotion de l'intégration régionale à travers la vulgarisation des réformes communautaires en matière de finances publiques.

C'est également un précieux outil d'information pour les chercheurs et le grand public ainsi que pour les responsables de l'UEMOA et des autres institutions d'intégration africaine. Il constitue une contribution de qualité et une référence incontournable pour les praticiens du domaine, les agents des administrations publiques, les professeurs d'université, les étudiants des écoles de formation professionnelle, tout comme pour le grand public.

Je saisis l'occasion pour féliciter le Professeur Nicaise MEDE pour son audace et sa perspicacité. Mon vœu est que son ouvrage qui vient combler une lacune en tirant les leçons des différentes expériences en la matière fasse l'objet de vulgarisation et de recherche. Ainsi, le Professeur MEDE, agrégé de droit public et Directeur du Centre d'Études et de recherche sur l'administration et les finances (CERAF), aura fait œuvre utile en suscitant le débat, apportant du coup sa contribution au processus d'intégration économique de notre espace communautaire.

Cheikh Hadjibou SOUMARÉ
Président de la Commission de l'UEMOA

Préface professionnelle

La création de l'Union Economique et Monétaire Ouest Africaine (UEMOA), en janvier 1994, visait la consolidation de la monnaie commune et l'édification d'un espace économique harmonisé et intégré, à l'intérieur duquel est assurée une totale liberté de circulation des personnes, des capitaux et des biens.

Pour atteindre ces objectifs, la Commission de l'UEMOA a, dès sa création, initié des actions visant à renforcer la convergence des économies, ainsi que la mise en œuvre de politiques sectorielles et structurelles en faveur d'une croissance soutenue, durable et inclusive.

Entre 1997 et 2009, elle a piloté le processus d'harmonisation et procédé à l'édiction d'une série de directives communautaires, constitutives du cadre harmonisé des finances publiques au sein de l'Union.

Ces directives visent à améliorer l'efficacité de la dépense publique, à favoriser une discipline budgétaire, mais aussi à renforcer la transparence et le contrôle de l'exécution des lois de finances. Elles encouragent les États à s'inscrire dans une démarche d'amélioration qualitative de la gestion de leurs finances publiques. Cette démarche exige le passage d'une budgétisation axée sur les "moyens", à une budgétisation fondée sur la performance et les résultats. Ainsi, l'alignement des dépenses sur les moyens doit être abandonné au profit de la maximisation des résultats sous la contrainte de rareté des ressources. Il s'agit donc de faire mieux, avec moins de moyens. Cela nécessite une quête permanente de la performance tout en restant fidèle à la règle des trois "E" : efficacité, efficience, économie.

La rédaction de cet ouvrage, une initiative du Professeur Nicaise Médé, mérite d'être saluée, car elle participe de l'effort de sensibilisation, mais surtout, de formation des futurs cadres qui seront en charge de l'animation de l'action publique.

Les grands principes de la finance publique y sont traités, allant du droit budgétaire aux aspects comptables. La mise en exergue du principe de transparence budgétaire marque ici une avancée considérable par rapport aux enseignements actuels, et plusieurs chapitres sont consacrés aux questions récurrentes du financement du développement dans les pays africains.

Les techniques de mobilisation des ressources par les Trésors publics, sont également abordées dans ce manuel, de même que la finance des collectivités territoriales locales. Le budget local, son élaboration, son exécution et son contrôle y font ainsi l'objet de développements importants.

Au total, le Professeur Nicaise Médé fait faire au lecteur un tour complet des questions relatives aux finances publiques, de la théorie générale aux aspects pratiques de la gestion de l'État et des collectivités locales.

La Banque Centrale des Etats d'Afrique de l'Ouest, dans son rôle de conseiller des Etats, suit avec beaucoup d'intérêt la gestion des finances publiques, en particulier la politique d'endettement public. En effet, une gestion saine des finances publiques est indispensable pour la conduite d'une politique monétaire efficace qui contribue de façon optimale à l'atteinte des objectifs de politique économique.

Tiémoko Meyliet KONE

Gouverneur de la Banque Centrale des États de l'Afrique de l'Ouest (BCEAO)

PRÉFACE ACADÉMIQUE

DES FINANCES PUBLIQUES POUR UN MONDE EN TRANSITION

Dans le monde en transition d'aujourd'hui, les finances publiques se caractérisent bien plus qu'autrefois par un enchevêtrement de disciplines[1] *et de processus au sein desquels interagissent de multiples acteurs aussi bien nationaux qu'internationaux*[2]*. Autrement dit, leur champ n'a jamais été aussi large et complexe. Or, la manière de les appréhender demeure unidimensionnelle, autrefois juridique, aujourd'hui économique ou gestionnaire. Il en résulte, et on peut aisément le constater, que la décision de dépenser comme d'imposer n'est ni absolument sûre ni sous contrôle ; elle est déterminée par des variables qui sont encore largement aléatoires, telles que la croissance économique, ou la réactivité des corps sociaux aux mesures prises ou simplement annoncées, le tout étant amplifié par les incertitudes d'une société internationale en plein bouleversement et génératrice de risques.*

Un tel contexte nécessite par conséquent des instruments de compréhension en adéquation avec la variété et la dynamique du système financier public[3]*. À cet égard, le manuel de finances publiques des pays de l'UEMOA que propose le Professeur Nicaise MEDE vient incontestablement à point nommé, et ce pour deux raisons. D'une part parce que la région fait l'objet d'une harmonisation budgétaire et fiscale source de profonds changements actuels et à venir. D'autre part parce qu'il ne s'agit pas là d'un phénomène isolé mais d'une évolution qui concerne la plupart des pays dans le monde. Et dans tous les cas il faut y voir le signe d'une transition jusqu'alors inédite d'un système financier public à un autre.*

On assiste, en effet, à travers les transformations des finances publiques qui sont à l'œuvre un peu partout sur la planète depuis plus d'une quarantaine d'années à la confrontation de deux conceptions dont la nature est à première vue diamétralement différente : d'un côté une logique politique ancienne, qui procède de la tradition juridique et démocratique qui privilégie dans

---

[1] Sur la pluridisciplinarité des finances publiques cf. M Bouvier, *Tradition et modernité des finances publiques,* in Revue Française de Finances Publiques N°41-1993. Cf. également M. Bouvier, MC. Esclassan, JP. Lassale, *Manuel de Finances publiques*. Ed. Lextenso,15ème édition 2016.

[2] Cf.M. Bouvier, MC. Esclassan, JP. Lassale, *Manuel de Finances publiques*. Ed. Lextenso,op.cit..

[3] Cf. M Bouvier, *Concevoir une méthodologie pour des finances publiques dans un monde en transition,* in Revue Française de Finances Publiques N°135-2016

l'organisation et le fonctionnement du pouvoir financier la capacité politique, c'est-à-dire celle des élus ; d'un autre côté une logique de gestion, plus récente, qui répond quant à elle à des impératifs économiques et qui privilégie la capacité d'expertise technique des décideurs. En contraste, il faut souligner que longtemps identifiées à la législation financière[4]*, les finances publiques ont été* traditionnellement plus soucieuses de régularité des opérations budgétaires que d'efficacité de la gestion.

C'est avec la crise de l'État-providence, que la tension entre efficacité et régularité, ou encore entre droit et gestion, va se poser de façon cruciale. La nécessaire réduction des déficits publics et par conséquent de la maîtrise des dépenses a ouvert la gestion publique à une culture de la performance. Les finances publiques ont été en effet immédiatement confrontées au changement de conception de l'économie – on veut dire à sa libéralisation – qui s'est développé à partir de la seconde moitié des années 1970. Et si leurs aspects économiques ont été considérablement remis en question par une critique sérieuse des interprétations keynésiennes, c'est le droit public financier qui s'est trouvé particulièrement affecté, voire même fondamentalement contesté. En effet, d'une manière générale, le droit public a ressenti les effets d'un changement de modèle économique engendrant un retrait de l'État et une montée en puissance du secteur privé et de la contractualisation. Mais, c'est en particulier le droit public financier qui, du fait de sa grande proximité avec les enjeux et les mutations économiques, a été aux avant-postes des mutations du secteur public.

Pour les États démocratiques, il en résulte un enjeu fondamental qui est de parvenir à concilier ces deux logiques. Or la difficulté n'est pas mince. Il ne s'agit pas en effet d'assimiler trop hâtivement gestion et politique, au risque de finir par élever les techniques de gestion au rang du politique. Il s'agit de parvenir à intégrer une logique économique, prioritairement gestionnaire et un processus de décision budgétaire dont le cadre essentiel jusqu'ici est un droit public financier qui par essence est un droit politique et qui relève de la tradition démocratique. C'est davantage dans la nébuleuse du droit économique et des nouvelles régulations que ce droit prend maintenant place et qu'il se rebâtit. C'est ainsi que les différences entre gestion publique et privée en viennent à s'estomper progressivement et que s'est développée de manière fulgurante une culture de gestion qui imprègne progressivement tout le secteur public et qui en modifie le fonctionnement mais qui bouleverse également en profondeur le sens de notions jusqu'alors partagées par ceux qui les utilisent.

---

[4] Cf. M Bouvier, *Science des finances publiques : le quiproquo,* in Revue Française de Finances Publiques N°133-2014. Cf. également, *Les ambiguïtés fatales du droit public financier*, in Revue Française de Finances Publiques N°122-2013

De fait, c'est tout un ensemble de valeurs qui s'est trouvé remis en question et avec elles tout un corps de références qui permettaient d'interpréter et de justifier les prises de décision. Ce qui depuis des décennies relevait de l'évidence, d'un sens partagé, est devenu sujet à débats. Des concepts et des définitions qui jusqu'alors semblaient aller de soi ont perdu leur signification ou bien sont devenus confus *de par un contexte qui s'est considérablement modifié ainsi que sous l'effet des brouillages qu'entraînent les confrontations et va-et-vient entre plusieurs conceptions des finances publiques : l'une qui garde un pied dans l'interventionnisme public classique tandis qu'une autre, au contraire, n'a en tête que l'efficacité de gestion et se tourne sans hésitation vers la généralisation du modèle marchand, sans compter une troisième, difficile à définir, qui se cherche, tâtonne, en s'essayant à concilier à la fois solidarité sociale, obligation de résultat et tradition démocratique.*

Au final, la problématique de la gouvernance financière publique pose la question d'une nouvelle alliance à inventer, celle du décideur politique et du gestionnaire[5]. *La légitimité de la prise de décision budgétaire repose sur les mêmes fondements que la prise de décision fiscale. C'est le Parlement qui en effet est désigné comme le* centre ultime du pouvoir. *Toutefois, un regard attentif porté sur les évolutions contemporaines des systèmes financiers publics conduit à penser que* le socle dans lequel s'enracine, se cherche et tente de prendre forme cette alliance oscille entre deux types de gouvernance, l'une est le fait des acteurs politiques et tire sa légitimité du suffrage populaire, l'autre émane d'experts dont la légitimité prend sa source dans la capacité de gérer avec efficacité ou encore d'évaluer la performance de la gestion.

Cette évolution s'est développée dans le sens d'un déplacement des enjeux jusqu'alors focalisés sur la question de l'initiative parlementaire vers le problème beaucoup plus technique de la gestion financière publique. *C'est ainsi, comme on l'a dit, que les différences entre gestion publique et privée en sont venues à s'estomper progressivement. La gestion publique se caractérisant alors par le fait qu'elle adopte le modèle et la logique de l'entreprise, un nouveau système de gestion, se met en place. Celui-ci se situe aux antipodes de la logique de moyens, il s'organise en effet sur la base d'une chaîne de responsabilités fondée sur une logique de résultat. C'est par conséquent une conception managériale qui constitue l'ossature de la nouvelle gouvernance financière publique*[6].

Une telle direction a quasiment révolutionné l'approche traditionnelle qui était celle des finances publiques fondée sur un droit qui s'inscrivait sur des principes établis au 18ème siècle et développés au 19ème puis au 20ème comme ce

---

[5]. Cf. M. Bouvier, « Experts et politiques face à la gouvernance des sociétés complexes », in *Constitution et finances publiques, Études en l'honneur de Loïc Philip,*Economica, 2005.

[6]. Cf. A. Barilari, M. Bouvier, *La LOLF et la nouvelle gouvernance financière publique*, 3èmeédition,Ed. Lextenso-LGDJ 2010, coll. Systèmes.

fut le cas en France mais également dans nombre de pays, notamment ceux restés sous son influence.

Mais ce n'est pas tout.

On a pu assister tout au long de ces dernières années à une extension des finances publiques hors des frontières de l'État, vers les collectivités locales[7] *voire même hors des frontières du secteur public avec la démultiplication de partenariats public/privé et par conséquent un éclatement de la discipline avec de surcroît un droit fiscal*[8] *qui s'en est détaché. Plus encore, cette révolution silencieuse a été amplifiée lorsque ces États appartiennent à des zones économiques, voire monétaires comme l'UE ou l'UEMOA. C'est bien entendu l'enseignement des finances publiques qui a dû s'adapter et cet ouvrage en est un parfait exemple dans la mesure où il en aborde tous les aspects. Mais il est également indispensable que les décideurs et les gestionnaires s'assurent de la cohérence, au sein des États entre les différentes branches des finances publiques, mais aussi qu'une coordination des politiques menées soit effective dans le cadre de l'UEMOA. En d'autres termes, la mise en place de systèmes financiers publics intégrés et régulés dans le cadre d'une gouvernance globale apparaît inéluctable. À notre sens cette direction amène nécessairement à s'interroger non seulement sur le périmètre du secteur public mais aussi sur ce qu'est ou doit être la chose publique*[9]*. Il s'agit très concrètement de redéfinir le champ d'action de l'État et plus largement ce que nous qualifions aujourd'hui, avec beaucoup d'hésitations, le secteur public, les administrations publiques ou bien encore l'administration publique.*

Cette question d'importance est parfaitement identifiée par l'auteur de ce manuel. L'excellente présentation qui est faite des finances publiques des États de l'UEMOA en fait apparaître non seulement toutes les facettes mais aussi les défis essentiels

---

[7] Cf. M Bouvier, *Les finances locales,* 16ème édition. Ed. Lextenso-LGDJ, 2015, coll. Systèmes. Nous ajouterons toutefois, comme nous le notions dans un rapport, que la centralisation excessive de certains pays d'Afrique francophone subsaharienne a pour corollaire la faible participation des partenaires locaux….L'absence d'informations partagées sur les finances locales ne permet pas d'établir un dialogue structuré et constructif sur la décentralisation financière. La normalisation, l'harmonisation, la centralisation des comptes des collectivités locales africaines et la diffusion de l'information financière qui en résulte sont des domaines déterminants sur lesquels les ministères en charge des collectivités locales et les institutions (Cours des comptes, chambres régionales des comptes lorsqu'elles existent, Parlement…) devraient concentrer leurs efforts. Cette étape est indispensable pour mener à bien le processus de décentralisation. In M Bouvier, *La gestion de la dépense publique dans les pays de l'Afrique francophone subsaharienne,* MAE 2004

[8] CF. M Bouvier, *Introduction au droit fiscal général et à la théorie de l'impôt,* 13ème édition. Ed. Lextenso-LGDJ, 2016, coll. Systèmes

[9] Cf. M Bouvier, MC Esclassan, JP Lassale, Manuel de Finances publiques. Op.cit.

Sont en jeu, on le sait, aussi bien les représentations que l'on peut se faire de l'État que le contenu et le rôle que l'on souhaiterait lui donner. C'est pourquoi il serait réducteur d'enfermer les finances publiques dans un cadre unilatéral, juridique ou économique car les formes qu'elles peuvent prendre relèvent de choix politiques[10]*. Aussi, il importe d'abord de les resituer dans le cadre d'un processus de fonctionnement politique entendu au sens large comme la vie et l'organisation d'une société dans son ensemble. L'on est donc confronté, avec cette discipline, à des processus particulièrement enchevêtrés au sein desquels interagissent de très nombreux facteurs. Et cette complexité, présente tout au long de l'ouvrage de Nicaise MEDE, est mise en évidence avec un réel souci pédagogique.*

Autrement dit, c'est le caractère politique des finances publiques qui doit en premier lieu être compris. Celles-ci en effet constituent le noyau dur et la substance des pouvoirs politiques, elles en déterminent la puissance et l'évolution ; plus largement encore, elles sont à la source des directions qui sont prises en matière économique et sociale parce qu'elles expriment des choix de société[11].

C'est bien pourquoi il y a urgence de réfléchir à l'élaboration d'une doctrine *de* la gouvernance financière publique ainsi que de développer une éducation du plus grand nombre à ce champ de la connaissance. *Il y va en effet de la qualité de vie des générations futures. On ne peut donc qu'applaudir à la publication d'un tel ouvrage car il est urgent et crucial de développer les recherches et les enseignements en ce domaine dans les pays d'Afrique de l'Ouest comme partout ailleurs. Et l'on doit rendre hommage à Nicaise MEDE pour les efforts qu'il déploie sans compter depuis plusieurs années afin que les États africains construisent leur propre modèle de finances publiques tout en en respectant les fondamentaux. Il sait bien que c'est un tournant de l'Histoire qui se dessine au travers des réformes actuelles, que c'est l'organisation de la société qui est au cœur d'un tel processus de changement.*

Michel Bouvier

Professeur à l'Université Paris 1 Panthéon-Sorbonne

Président de FONDAFIP (www.fondafip.org)

Directeur de la Revue Française de Finances Publiques

---

10 Cf M Bouvier, *Tradition et modernité des finances publiques* ,in Revue Française de Finances Publiques N°41-1993

11 Sur cette question ainsi que sur la pluridisciplinarité des finances publiques cf. M Bouvier, MC Esclassan, JP Lassale, *Manuel de Finances Publiques,*op.cit. . Cf également, M Bouvier, *Tradition et modernité des finances publiques op.cit.*

INTRODUCTION GÉNÉRALE

Le livre que voici est un manuel de finances publiques à l'usage des universités, écoles et centres de formation des pays membres de l'Union économique et monétaire ouest-africaine (UEMOA). La démarche paraît si inédite qu'il faut s'en expliquer au préalable, avant d'aborder les questions de fond relatives aux finances publiques ouest-africaines francophones.

LÉGITIMITÉ SCIENTIFIQUE ET PÉDAGOGIQUE DE LA DÉMARCHE

Comment peut-on oser écrire un manuel de finances publiques commun à huit pays pour servir les besoins de la formation académique et de la recherche scientifique ? La question ne manque pas de sens. Le droit est principalement une production de la puissance publique, notamment étatique. Il en découle que les données normatives de base, en matière de finances publiques, sont des données propres à chaque État. Un tel raisonnement paraît pertinent à première vue, mais manque de prendre en compte ce qui constitue l'essence distinctive de la zone UEMOA. L'UEMOA, en effet, c'est d'abord une langue officielle commune, le français,[12] et une monnaie commune, le franc CFA. L'UEMOA, c'est aussi une politique d'intégration normative qui donne lieu à l'édiction de deux grandes catégories de textes :

- les lois uniformes, les décisions et les instructions adoptées dans le cadre de l'Union monétaire ouest-africaine (UMOA)[13] et qui régulent la vie des institutions monétaires et bancaires ainsi que les transactions financières dans la région. On peut citer : la loi uniforme relative à la répression des infractions en matière de chèque, de carte bancaire et d'autres instruments et procédés électroniques de paiement ; la loi uniforme relative à la répression des infractions en matière de chèque ; la décision n° 31 du 29/09/2015/

[12] A l'exception de la Guinée Bissau, ancienne colonie portugaise mais fortement imprégnée de francophonie.

[13] Article 34 du Traité de l'UMOA : "Les Gouvernements des Etats membres de l'UMOA conviennent d'adopter une *réglementation uniforme* dont les dispositions sont arrêtées par le Conseil des Ministres, en vue de permettre la pleine application des principes d'union monétaire définis ci-dessus. Cette réglementation uniforme concerne notamment : l'exécution et le contrôle de leurs relations financières avec les Etats n'appartenant pas à l'UMOA, les règles générales d'exercice de la profession bancaire et financière ainsi que des activités s'y rattachant, les systèmes de paiement, la répression de la falsification des signes monétaires et de l'usage des signes falsifiés, la répression du blanchiment de capitaux."

CM/UMOA relative à la compensation et au règlement des opérations monétiques réalisées dans l'Union Monétaire Ouest Africaine, la décision n° 061-03-2011 relative aux critères d'admissibilité des crédits bancaires octroyés aux systèmes financiers décentralisés en support des refinancements de la Banque Centrale, etc. ;

- les règlements, directives et décisions qui sont les instruments juridiques de mise en œuvre des missions d'intégration de l'UEMOA (article 43, Traité UEMOA). Les règlements ont la même portée juridique uniforme que les lois uniformes de l'UMOA, tandis que les directives obligent les États quant aux résultats à atteindre. Les lois ou décrets de transposition desdites directives peuvent présenter des nuances selon les pays membres de l'Union.

S'agissant plus particulièrement des directives, la Commission de l'UEMOA en a adopté, en 2009 et 2011, une série portant sur les lois de finances, la comptabilité publique, le plan comptable de l'État, la nomenclature budgétaire de l'État, le tableau des opérations financières de l'Etat et le régime financier des collectivités territoriales locales. Ces directives sont précédées d'une charte sur la gouvernance financière publique et intitulée "Code de transparence dans la gestion des finances publiques au sein de l'UEMOA."

Les directives communautaires présentent deux caractéristiques importantes à souligner :

- les directives ont une valeur juridique supérieure au droit national des États : par définition, les directives ne sont pas directement applicables dans les pays membres. Elles lient les États membres "quant au résultat à atteindre" (art. 41-3, Traité révisé, UEMOA). Elles nécessitent, pour leur opposabilité en droit interne, des actes de transposition nationale dont les Etats ont la latitude de choisir la forme. En tout état de cause, la norme communautaire a une valeur supérieure à la norme nationale. Celle-ci doit se conformer à celle-là. La jurisprudence de la Cour de justice de l'UEMOA affirme le principe de la prééminence du droit communautaire sur le droit interne des États. Selon la Cour, "la primauté bénéficie à toutes les normes communautaires, primaires comme dérivées, immédiatement applicables ou non, et s'exerce à l'encontre de toutes les normes nationales, administratives, législatives, juridictionnelles et même constitutionnelles parce que l'ordre juridique communautaire l'emporte dans son intégralité sur les ordres juridiques nationaux."[14] Une règle nationale peut compléter une norme communautaire ; elle ne peut en aucune façon lui être contraire ;

---

[14] Cour de justice de l'UEMOA, Avis, n°001/2003 du 18 mars 2003, Recueil, p. 472. Dans la zone CEMAC, les projets de textes de transposition sont d'abord envoyés à la commission pour examen de conformité (article 83, directive relative aux lois de finances). C'est lorsque la commission a délivré son *nihil obstat* que la procédure nationale d'adoption peut être menée à son terme.

- les directives communautaires obligent les États quant au résultat à atteindre. On pourrait déduire de cette formulation que la directive est une législation-cadre édictée par la commission et qui trace les grandes lignes de la réglementation dans un domaine spécifique. Les normes internes de transposition doivent refléter l'esprit et la lettre des directives communautaires de référence. Dans la réalité, les directives portant cadre harmonisé des finances publiques au sein de l'UEMOA sont des lois uniformes qui ne disent pas leur nom. En effet, au lieu d'être normalement des législations-cadres, les directives communautaires sont des textes particulièrement longs, qui règlent par le menu la matière visée. On aurait pu s'attendre, s'agissant d'une norme-cadre, à une dizaine d'articles en moyenne. En fait, les directives en vigueur s'étalent sur des dizaines d'articles, en prévoyant des renvois pour les points de détails qui relèvent des législations nationales des États. La directive relative aux lois de finances au sein de l'UEMOA comporte 89 articles et contient neuf renvois à des "législations" ou "règlementation" dites "nationales."[15]L'impression générale et même la réalité qui en découle montrent que les textes nationaux d'application reproduisent la directive communautaire de référence en se contentant de meubler les vides correspondant à la subsidiarité législative et règlementaire des États. À la lecture, on a l'impression d'avoir affaire à des lois uniformes plutôt qu'à des directives qui engagent les États quant aux résultats à atteindre. Il est vrai que l'idée au départ était que la Commission de l'UEMOA adopte des règlements[16], en lieu et place des directives, pour faire passer le cadre harmonisé des finances publiques.

Dès lors, il n'est pas étonnant que les textes de transposition nationale soient, en définitive, que des copies complétées des directives communautaires. C'est de cette manière que se forme la *fédéralisation rampante* des règles juridiques, comptables et statistiques de finances publiques dans les pays membres de l'UEMOA. C'est ce *substratum* communautaire, auquel les États ont l'obligation de se conformer, qui constitue la trame de ce manuel. Les particularismes nationaux sont des ajouts à la référence communautaire, à la matrice communautaire des finances publiques. Ils sont évoqués à l'occasion, lorsque cela apparaît suffisamment original pour être relevé. Mais pas systématiquement. Celui qui connaît le droit communautaire découlant des directives, connaît, par ce fait même, le droit national des États membres, quitte à y ajouter des détails. Les principes

---

[15] Voir les articles 65, 70, 75, 80, 81, 82, 84-3,84-4 et 85 de la Directive relative aux lois de finances au sein de l'UEMOA. La directive n°06/CM/UEMOA du 26 juin 2009 relative aux lois de finances comprend 89 articles tandis que la LOLF du Togo, loi de transposition nationale de la directive communautaire, comprend 87 articles, celle du Niger 86 articles, celle du Sénégal 74. Le Bénin et la Côte d'Ivoire enregistrent respectivement 108 et 100 articles sans pour autant déroger au schéma général du moule communautaire complété sur certains points résiduels.

[16] Voir *infra* p. 134.

sont les mêmes, les procédures aussi et les organes de la gestion financière sont similaires. La charpente juridique, comptable et statistique des finances publiques est unique et commune aux huit États. C'est pourquoi il devient légitime, du point de vue de la pédagogie des finances publiques, de concevoir un manuel unique pour l'ensemble de la zone UEMOA/UMOA.

*"**Article 124***

La République de Côte d'Ivoire peut conclure des accords d'association ou d'intégration avec d'autres États africains comprenant abandon partiel de souveraineté en vue de réaliser l'unité africaine.

La République de Côte d'Ivoire accepte de créer avec ces États, des organisations intergouvernementales de gestion commune, de coordination et de libre coopération.

Article 125

Les organisations visées à l'article 124 peuvent avoir notamment pour objectifs :

- l'harmonisation de la politique monétaire, économique et financière"

Extrait : Côte d'Ivoire, constitution de la 3ème République (2016).

DÉFINITION DES FINANCES PUBLIQUES

Un juriste du siècle dernier écrivait qu'"une science est une langue bien faite."[17]Cependant, l'exercice consistant à donner une définition univoque et définitive aux grandes disciplines juridiques se révèle aussi vain que l'effort sincère et soutenu des sœurs de Danaos. Ce qui peut être présenté comme une faiblesse des sciences de l'Homme est en réalité perçu comme une manifestation de la richesse du débat fécond qui est la raison d'être du chercheur. Des disciplines aussi diverses que le droit constitutionnel, le droit administratif, le droit civil, etc. ont un champ d'étude relativement circonscrit mais manquent manifestement de l'énonciation synoptique, ce "finir" de dire qui est, étymologiquement, la quintessence du mot définition.

Les finances publiques, discipline d'enseignement et de recherche, n'échappent pas, elles non plus, à l'incertitude définitionnelle ambiante. La difficulté s'étend à l'énoncé même de la discipline et aux titres des manuels qui lui sont consacrés. Science et législation financières,[18] science des finances et législation financière,[19] finances publiques,[20] droit financier public[21] ou

---

[17] B. de Jouvenel, *Les débuts de l'Etat moderne, une histoire des idées politiques au 19ème siècle*, Paris, Fayard, 1976, p. 2.

[18] G. Orsoni, *Science et législation financières, Budgets publics et lois de finances*, Paris, Economica, 2005.

[19] G. Jèze, *Cours de science des finances et de législation financière française*, Giard, Paris 1922.

[20] A. Dioukhane, *Les finances publiques dans l'UEMOA : le budget du Sénégal*, Paris, L'Harmattan, 2015.

encore droit budgétaire et comptabilité publique.[22] Les cours ont eux-mêmes des intitulés variables : finances publiques, institutions financières et finances publiques[23] ou droit public financier.[24]

À défaut de la définition des finances publiques que, ni la loi ni la jurisprudence ne nous donnent, on fournira une définition plurielle qui est celle de la doctrine, et qui constitue autant de prises de position sur la matière. On passera en revue, et ceci successivement, l'approche technique, l'approche par l'objet et par la fonction, l'approche organique et l'approche techno-finaliste de la science des finances publiques.

L'approche technique

Pour Paul Leroy-Beaulieu, les finances publiques sont "la science des revenus publics et de la mise en œuvre de ces revenus."L'économiste français du 19ème siècle ramène l'essentiel de la science des finances publiques à un ensemble de techniques : techniques fiscales, techniques comptables, en l'occurrence de comptabilité publique, techniques budgétaires. Les revenus, écrit-il, sont "la substance même des finances"[25]et les "règles pour la gestion des deniers, les procédés d'emprunt, d'amortissement, etc. en constituent la mise en œuvre."[26]L'auteur affirme son désir d'éviter d'"étendre le domaine des finances" publiques. Il veut au contraire le "circonscrire dans des limites bien nettes."[27] L'État a des besoins, il a des charges. La bonne question n'est pas de savoir lesquels, ni pourquoi mais de définir "comment il les peut satisfaire le plus amplement possible avec le minimum de dommages et de sacrifices pour les particuliers."[28]Les finances publiques sont en définitive un instrument opérationnel qu'il convient d'entourer de précautions. En tout état de cause, il faut prélever le moins et préserver le patrimoine des contribuables. Paul Leroy-Beaulieu exprime ainsi toute la conception libérale de l'économie et des finances publiques et les caractères fondamentaux des finances publiques selon ce courant de pensée : un État limité à ses compétences régaliennes, la neutralité des recettes et des dépenses publiques et l'exigence d'équilibre de la loi de finances de l'année.

---

21 R. Pellet, *Droit financier public*, Monnaies, Banques centrales, Dettes publiques, Paris, PUF, 2014.

22 R. Celimène, *Droit budgétaire et comptabilité publique au Sénégal*, Dakar, NEA, 1985.

23 Université de Tchang (Cameroun), voir N. Médé, "L'enseignement et la recherche en finances publiques en Afrique francophone", *in Revue Française de Finances Publiques*, n°133/2016.

24 Université de Paris-Dauphine, cours du professeur Thomas Pez (année académique 2015-2016).

25 P. Leroy-Beaulieu, *Traité de la science des finances*, Paris, Guillaumin, 1876, p.3.

26 *Idem*. p. 1.

27 *Idem*. p. 1.

28 *Idem*. p. 3.

L'approche par l'objet et par la fonction

Pour Paul Marie Gaudemet, les finances publiques sont une branche du droit public qui se consacre à "l'étude des règles et des opérations relatives aux deniers publics."[29] Pour ce juriste français, les finances publiques étudient le régime juridique des deniers publics (aspect matériel) mais aussi les "fonctions assumées par les opérations sur deniers publics, des conditions dans lesquelles elles s'exercent, des répercussions qu'elles entrainent sur la vie politique et économique"[30] (aspect fonctionnel). Là où il y a deniers publics, les finances publiques sont concernées. Le critère de définition et de caractérisation des finances publiques est l'objet traité, c'est-à-dire l'argent public. Relèvent de la science des finances publiques les règles et les principes, les méthodes et les procédures, les techniques et les instruments qui encadrent les opérations mettant en jeu des deniers publics. Peu importe la qualité de la personne en cause. Que ce soit une personne publique ou une personne morale de droit privé, dès lors qu'il y a une opération financière sur deniers publics, cela suffit à dire qu'on est dans le domaine des finances publiques.

L'approche organique

On la rattache à Loïc Philip, qui définit la science des finances publiques comme celle qui étudie "les problèmes financiers des personnes publiques."[31]L'État, les collectivités territoriales locales et les établissements publics sont des personnes morales de droit public. Le régime juridique de leurs opérations financières est placé sous le signe du droit public, c'est-à-dire des finances publiques. L'approche organique de définition des finances publiques rappelle la définition organique de la notion de service public en droit administratif, celle qui découle de la jurisprudence Blanco. Le régime financier des personnes publiques découle de leur statut public.

L'approche techno-finaliste

Les finances publiques sont un ensemble de techniques orientées vers un double but : les buts financiers et les buts d'interventionnisme. Pour Maurice Duverger, les finances publiques se définissent par "l'étude de l'usage des moyens financiers dans un but financier (couverture des dépenses) et l'analyse de leur utilisation dans un but interventionniste (action de l'État sur les activités privées)."[32]Il ne s'agit pas, à proprement parler, d'une définition originale et nouvelle des finances publiques. L'auteur fait plutôt un exercice de synthèse des finalités des finances publiques selon la doctrine classique et libérale (celle de Gaston Jèze, de Paul Leroy-Beaulieu et de quelques autres)

---

[29] P. M. Gaudemet, *Finances publiques*, Tome 1, Paris, Montchrestien, 7ème édit., 1996, p. 22.

[30] *Idem*. p. 32.

[31] L. Philip, *Finances publiques*, Paris, Cujas, 3ème édit., 1989, p. 9.

[32] M. Duverger, *Finances publiques*, Paris, P.U.F., 1956, p. 19.

d'une part et, d'autre part, l'approche dite moderne, keynésienne et post-keynésienne des finalités des finances publiques.[33]

Enfin...

Approches technique, organique, par l'objet et la fonction ou techno-finaliste, on peut continuer le tour d'horizon des définitions que les auteurs avancent. On peut aussi s'en tenir à ce qui est ci-dessus retracé pour constater que l'approche technique est historiquement dépassée[34] ; que l'approche par l'objet et par la fonction ne peut s'imposer que si on s'entend au préalable sur le contenu de la notion de deniers publics ; que l'approche organique exclut illégitimement toutes les personnes non publiques mais gestionnaires de ressources de la collectivité (certains organismes de sécurité sociale) ou bénéficiaires de fonds publics (subventions publiques aux organisations non gouvernementales), de toutes procédures relevant des finances publiques ; que l'approche techno-finaliste présente l'insuffisance logique d'assimiler l'essence et la fonction au lieu de déduire la fonction, à la fois financière et interventionniste, de l'essence des finances publiques qu'elle ne décrit pas.

Il est vrai, la tâche n'est pas aisée et la multiplicité des déterminants des finances publiques est un indicateur.

LES FINANCES PUBLIQUES, UNE "SCIENCE DE CARREFOUR"

Les études de finances publiques ont une vocation holistique. Les ouvrages qui traitent de la matière donnent une idée de la diversité des angles d'étude. On connaît le droit et la sociologie[35] des finances publiques. On pourrait tout autant parler de l'économie et de l'histoire des finances publiques. Historiquement et sur un plan académique, l'enseignement des finances publiques a été l'œuvre de formateurs aux profils les plus variés. Les économistes Paul Leroy-Beaulieu et Jacques Alfred de Foville, l'agrégé de droit civil Emile Alglave, le constitutionnaliste et historien du droit Adhémar Esmein, autant que des spécialistes de procédure civile et du droit romain furent les tout premiers à porter sur les fonts baptismaux l'enseignement des finances publiques à l'université.[36] Si on s'accorde dans l'espace francophone à reconnaître *Le guidon général des financiers* de Jean Hennequin (1585)

---

33 Voir *infra* p. 217.

34 Maurice Duverger la qualifie de "notion classique des finances publiques" pour la différencier d'une "notion moderne des finances publiques" (Maurice Duverger, *Les finances publiques*, Paris, P.U.F., Coll. Que sais-je ? n° 415, 1950, pp.6-11).

35 M. Leroy, *Sociologie des finances publiques*, Paris, L.G.D.J., 2007.

36 P. Lavigne, "Le centenaire de l'enseignement des finances publiques dans les facultés de droit françaises (Décret du 24 juillet 1889)", *in Revue française de finances publiques*, n°28/1989, p.107 et suiv.

comme le premier manuel de finances publiques,[37] d'autres auteurs pensent que le premier manuel de finances publiques est le fruit du travail d'un économiste, en l'occurrence le professeur français Joseph Garnier.[38]

Paul Marie Gaudemet a choisi une expression heureuse pour rendre compte de la pluralité ambiante et du foisonnement des idées. Selon le mot du juriste français, les finances publiques sont une "science de carrefour", un pôle unique autour duquel gravitent des experts aux profils scientifiques les plus variés.

Emile Durkheim a ciblé le "fait social"[39] pour en faire un objet de science. Il en a dérivé non seulement la sociologie, mais aussi la socio-économie, la socio-anthropologie, la sociologie politique qui sont autant d'enrichissement épistémologique de la discipline mère, la sociologie, science dédiée à l'étude des faits sociaux. De même, le "fait financier public" est un objet complexe. Il étudie des "phénomènes complexes" (Gaston Jèze)[40]qui s'offrent à la recherche et à l'enseignement aussi bien du juriste que de l'historien, de l'économiste que du sociologue.

C'est la démarche de l'unité saisie dans sa diversité et qui offre aux finances publiques la complétude d'une étude sous tous ses angles, à savoir :

- *l'économie* : sous cette désignation sommaire, il faut entendre l'économie politique, mais aussi la planification économique, les sciences de gestion, l'économétrie ou encore la statistique. En effet, les flux financiers publics réagissent ou rétroagissent aux flux financiers privés. Les uns et les autres sont immergés dans un environnement économique d'ensemble qui surdétermine la nature et l'intensité des flux financiers. L'inflation, le taux de croissance économique, le niveau de l'endettement public, les investissements publics et privés, etc. sont des agrégats économiques qui ont une importance certaine pour les financiers publics. Le niveau de ces indicateurs économiques peut avoir des répercussions sur le rendement de l'impôt ou sur l'évolution de la dépense publique. Inversement, des mesures financières sur les recettes ou sur les dépenses peuvent avoir des conséquences sur les données économiques, soit en termes d'augmentation des taux d'intérêt (effet d'éviction), soit en termes de niveau des prix (politique budgétaire expansionniste). La collecte et

---

37 M. Soula, "Le premier manuel de finances publiques : *Le guidon général des financiers* de Jean Hennequin (1585)", *Revue Française de Finances Publiques*, n° 97, 2007, pp. 199-209.

38 Le livre intitulé *Traité des finances* abordait des questions relatives aux impôts et au crédit public. S'inscrivant dans l'approche disciplinaire de son auteur, il n'avait logiquement pas une connotation juridique (voir R. Bourget, *La science juridique et le droit financier et fiscal : étude historique et comparative du développement de la science juridique fiscale*, Thèse de doctorat en droit, Université Paris II, 2010, p. 302).

39 "Est fait social toute manière de faire, fixée ou non, susceptible d'exercer sur l'individu une contrainte extérieure" (E. Durkheim, *Les règles de la méthode sociologique*, Paris, Flammarion, 2009, p. 55.

40 G. Jèze, *Cours de finances publiques*, Paris, Giard, 1930, p.18.

l'analyse des agrégats économiques et financiers sont du ressort de l'économétrie et de la statistique. Les sciences de gestion, quant à elles, nous plongent dans la problématique récente des programmes budgétaires, des indicateurs de performance, du suivi-évaluation des programmes, de la fongibilité des crédits, en un mot, de toute la démarche managériale qui est requise pour les responsables de programme budgétaire. Pour les spécialistes, l'économie des finances publiques est aussi "l'économie financière publique", celle qui "intègre (...) des apports de la théorie du bien-être et s'inspire des apports divers de la politique économique ;"[41]

- *la sociologie* : le fait financier public est un fait de l'Homme et donc un fait qui a comme environnement la société humaine. L'être humain, l'être social est appréhendé sous différents angles : la société ou le groupe social, la notion de conflit entre individus ou entre groupes, les interactions entre individus, les connaissances et modes de communication utilisés dans la vie quotidienne. La sociologie prend comme objet d'étude l'organisation du travail, la famille, les idéologies, la technologie, la religion, l'éducation, les pratiques culturelles, l'art, etc. La sociologie fournit des clés d'explication du rapport délicat à l'impôt chez les populations issues de sociétés acéphales : les *Lobis* de la Côte d'Ivoire et du Burkina Faso, les *Sombas* du Bénin, les *Tallensis* du cours supérieur du fleuve Volta.[42] Les interactions solidaires entre individus fournissent des clés de compréhension de certaines formes de corruption de fonctionnaires liées à des besoins familiaux importants. La sociologie peut renseigner sur l'état d'esprit des citoyens, sur les mœurs, sur les rapports à l'argent et surtout à l'argent public. Ce qui a fatalement des conséquences sur l'aménagement des règles et des techniques financières. Pour Marc Leroy, la sociologie des finances publiques se consacre à l'étude des "processus impliquant les deniers publics en utilisant des théories et des méthodes de la sociologie ;"[43]

- *le droit public* : la gestion des finances publiques est encadrée par une série de règles juridiques qui comprennent la constitution elle-même mais aussi les lois organiques, les lois et décrets qui définissent les règles et les modalités d'élaboration, d'exécution et de contrôle des opérations financières publiques. La jurisprudence des cours des comptes vient compléter le dispositif juridique et juridictionnel qui constitue la dimension "droit" des finances publiques. Les expressions comme "droit budgétaire", ou encore "droit de la comptabilité publique" témoignent de l'importance de la science juridique dans l'étude des finances publiques. Ce qui paraît une évidence dans les pays africains francophones et en France ne l'est pas dans les États imprégnés de culture anglo-saxonne. Les manuels de finances publiques sont écrits par des économistes dans le langage qui est le leur : *ratio*, courbes,

---

[41] G. Semedo et alii, *Economie des finances publiques*, Paris, Ellipses, 2ème édit. 2010, p.1.

[42] A. Adiko, *Histoire des peuples noirs*, Abidjan, CEDA, 1961, p.57.

[43] M. Leroy, *Sociologie des finances publiques*, Paris, La Découverte, 2007, p. 3.

graphiques, tableaux statistiques et une littérature savante dont l'intelligibilité n'est pas à la portée du juriste moyen ;[44]

- *l'histoire* : elle est le récit des événements passés mais aussi et surtout l'explication de la résultante des faits actuels. L'histoire fournit un éclairage sur les évènements ainsi que sur les institutions financières publiques. L'histoire de l'impôt en France n'est pas exactement la même au Sénégal et au Niger. De même, les organes et les mécanismes financiers publics prennent en compte l'histoire particulière des États ou sont façonnés par cette histoire. La prolifération des corps de contrôle des finances publiques s'explique par l'histoire récente des Etats, et notamment les expériences d'abus en matière de gouvernance financière publique.[45] D'une manière générale, la formation et le développement des institutions financières publiques (institutions-mécanismes et institutions-organismes) sont des champs de recherche pour l'histoire des finances publiques. La démarche permet d'établir les points d'ancrage évidents avec l'histoire constitutionnelle, l'histoire de l'administration publique ou encore l'histoire politique des États ;[46]

- *la science politique* : son objet d'étude est le pouvoir et l'autorité au sein de la société. Les questions fiscales comme les questions de la dépense publique comprennent deux interrogations fondamentales. Qui décide de l'impôt, qui décide de la dépense publique ? La décision financière publique repose sur l'identification du pouvoir, de l'autorité et l'exercice de ce pouvoir et de cette autorité. Pour Pierre Lalumière, la question de la détermination du siège de la décision financière publique (aspect politique) et celle des modalités d'exercice de ce pouvoir de décision financière publique (aspect juridique) "ont été les seuls problèmes réels des finances publiques aux 19ème siècle,"[47] le siècle de l'école libérale des finances publiques. Cette dimension de l'autorité et du pouvoir en finances publiques est moins forte aujourd'hui, surtout avec le développement des aspects liés au management. Elle reste cependant présente, dans une certaine mesure, surtout dans les jeunes démocraties où l'aménagement du pouvoir politique est encore au cœur du débat public.

---

44 H. S. Rosen & alii, *Public finance in Canada*, Toronto, McGraw-Hill, 2ndedit. 2003; R. A. Musgrave & P. B. Musgrave, *Public finance in theory and practice*, New York, McGraw-Hill Book Company, 2nd edit.1976.

45 M. Zaki, *Le contrôle des finances publiques dans les Etats d'Afrique noire francophone : l'exemple du Niger et du Sénégal*, Thèse, droit, Toulouse, 1999.

46 M. Bottin, *Histoire des finances publiques*, Paris, Economica, 1997. A. Neurisse, *Histoire de la fiscalité en France*, Paris, Economica, 1996.

47 P. Lalumière, "Les cadres sociaux de la connaissance financière", *in Revue de science financière*, 1963, p. 35.

LE DOMAINE DES FINANCES PUBLIQUES

L'étude des finances publiques dans les États membres de l'UEMOA reste fidèle à la tradition française.[48] Celle-ci inclut, dans les études de finances publiques, aussi bien les aspects "dépenses" que les aspects "recettes." L'impôt et les autres mécanismes de collecte de recettes budgétaires font ainsi partie du domaine des finances publiques, qui comprend :

- *le droit budgétaire* : il étudie la préparation, la mise en œuvre et le contrôle de l'exécution des budgets publics : loi de finances de l'année, budget des collectivités territoriales locales et budget des organismes d'intégration régionale (commission UEMOA). C'est l'épine dorsale des finances publiques, la discipline matricielle des finances publiques.

- *le droit fiscal* : il étudie l'impôt dans ses principaux aspects : l'assiette, le taux, la liquidation, le recouvrement et le contentieux. Si le budget est considéré comme une gigantesque pompe aspirante et foulante, le droit fiscal correspond au volet aspiration ;

- *la comptabilité publique* : c'est un ensemble de normes juridiques et techniques applicables aux budgets publics. Ces règles et techniques sont applicables aux aspects exécution et contrôle de l'exécution des budgets publics, description et conservation des opérations financières publiques ;

- *les finances locales* : c'est l'étude du droit budgétaire, du droit fiscal et de la comptabilité publique appliqués aux collectivités territoriales locales ;

- *les finances publiques communautaires* : les institutions d'intégration régionale que sont l'UEMOA et l'UMOAjouissent de l'autonomie financière. Elles établissent un budget et le mettent en œuvre. Le droit budgétaire, la comptabilité publique et les mécanismes financiers de recettes de ces organismes supranationaux constituent l'objet des finances communautaires ;

- *les finances sociales* : les prélèvements au titre de la sécurité sociale des travailleurs salariés (pension de vieillesse, risques professionnels, allocations familiales) sont gérés par des organismes ayant la qualité d'établissement public. Ils gèrent dans les États membres de l'UEMOA le système de sécurité sociale obligatoire pour les partenaires sociaux, travailleurs et employeurs du secteur privé. Les soldes, largement positifs,[49] de ces entités ne font pas partie du solde budgétaire défini par l'article 7 de l'Acte additionnel n° 01/2015 du 19 janvier 2015 portant Pacte de convergence, de stabilité, de croissance et de

---

[48] Quand on parle de finances publiques, on pense au moins à trois choses : "Le budget. L'argent public. Les impôts" (G. Orsoni, "Les finances publiques à la recherche de leur identité," *in Revue française de finances publiques*, n°133/2016, p. 10).

[49] Selon les états financiers certifiés, les résultats de la Caisse nationale de sécurité sociale du Bénin sont de 47,6 milliards, 57,2 milliards, 56,5 milliards de francs respectivement pour les années 2011, 2012 et 2013.

solidarité entre les États membres de l'UEMOA. Le solde budgétaire global concerne la loi de finances de l'année. Le Tableau des Opérations Financières de l'Etat (TOFE) analyse les choses autrement. Le TOFE est un état des opérations des administrations publiques établi selon le système des statistiques des finances publiques du Manuel des Statistiques des Finances Publiques du FMI. Le TOFE est établi dans une nomenclature internationale. Il permet une comparabilité entre les pays et assure la cohérence avec les différents comptes macroéconomiques (balance des paiements, situation monétaire et comptes nationaux). La notion d'administration publique, selon le TOFE, comprend l'administration centrale, les administrations locales et la sécurité sociale. Le solde global des administrations publiques est donc un solde qui additionne les soldes partiels de la loi de finances de l'année, des collectivités territoriales locales et des organismes de sécurité sociale. Cependant, et malgré ce caractère public des finances sociales, les programmes de formation universitaires en finances publiques ne l'intègrent pas encore. Des travaux de recherche académique y sont consacrés[50] certes, mais les cours tardent à être instaurés.

INTÉRÊTS À ÉTUDIER LES FINANCES PUBLIQUES

Les biens que l'on peut tirer des études de finances publiques et de la recherche qui va avec découlent de l'importance des questions de finances publiques dans la vie de l'État, dans le devenir de la nation. Les auteurs rivalisent de superlatifs pour présenter les finances publiques. L'exercice prend, par moments, des allures de célébration d'une déesse antique, la déesse des finances publiques. L'argent, qui est la substance des finances publiques, est ainsi "l'instrument des instruments ; il sait enchanter l'esprit le plus sage et calmer la fureur des plus féroces."[51] Rien que quelques pépites d'argent et les tempéraments les plus endurcis peuvent valser ! Jean Bodin avait écrit que "les finances sont les nerfs de la République."[52] Le contrôleur général des finances du royaume de France sous le roi Louis XIV, Jean-Baptiste Colbert, renchérit en affirmant que "les finances sont (dans un État) la plus importante et la plus essentielle partie. C'est une matière qui entre dans toutes les affaires."[53] Le doyen Maurice Hauriou disait, quant à lui, que les finances publiques sont

---

[50] F. Avahoundjé, *Contribution à une gestion optimale des finances sociales au Bénin*, mémoire de fin de formation du cycle II de l'ENAM/Bénin, Cotonou, 2012.

[51] Maréchal Raimondo Montecucculi, cité par Jean-Claude Ducros, *Sociologie financière*, Paris, PUF, collection Thémis, 1983, p.444.

[52] J. Bodin, *Les six livres de la République*, Paris, Librairie générale française, 1583, réédition en 1993, p. 498.

[53] Cité par G. Mondary, *Petite histoire des finances publiques*, 2010, p. 41 (http://www.gipilab.org., consulté le 02 mai 2016).

"l'élément le plus important de la chose publique."[54] Si importante que "dans le monde où nous vivons, la disposition des moyens financiers conditionne l'activité des hommes et des États et coïncide avec l'indépendance et la puissance, du moins au plan matériel."[55] On peut ainsi continuer en citant quelques formulations devenues passe-partout : "Quand on cesse de compter c'est la peine des hommes qu'on oublie." Ou encore, "les comptes en désordre sont la marque des nations qui s'abandonnent."

Pour l'économiste et homme politique français Raymond Barre, "les finances publiques sont un facteur essentiel de prospérité ou de déclin." [56]Les avis des auteurs sont donc formels sur l'intérêt des finances publiques. Nous en dégageons une synthèse sur trois aspects.

Intérêt financier

Disposer de ressources suffisantes est la première condition de la réalisation des objectifs de politique économique, sociale et culturelle. Or, la constante des budgets publics dans les États membres de l'UEMOA est l'importance des besoins de financement que dégagent les soldes budgétaires des lois de finances de l'année. D'une année budgétaire à l'autre, les pourcentages des appuis budgétaires extérieurs par rapport aux recettes sont importants et atteignent 41 % dans certains États membres de l'UEMOA.[57] Au niveau des finances communautaires de l'UEMOA, les recettes extraordinaires constituées de subventions diverses accordées par les partenaires au développement étaient estimées à 30.657.615.683 francs CFA pour l'exercice budgétaire 2013, soit environ 29,6 % du total du budget.[58]Ce taux a été de 45,55 % en 2006.[59]Trouver l'argent, mobiliser les ressources et en assurer une

---

54 M. Hauriou, *Précis de droit administratif et de droit public général*, 4e éd., Paris, Librairie de la Société du recueil général des lois et des arrêts, 1900, p. 739. Pour M. BOUVIER, "Si l'on considère l'histoire de l'État et celle des finances publiques, on constate que c'est la même histoire. Il n'y aurait pas eu d'État s'il n'y avait pas eu à un moment donné l'idée qu'il fallait instituer un système financier public rationnel. Tout a commencé avec la fiscalité, l'État s'est créé sur la base de l'impôt. L'État parlementaire d'abord, démocratique ensuite, s'est également créé sur cette base-là. Si on suit la trace de l'impôt, on suit la trace de l'État. Si on suit les pérégrinations des finances publiques, on suit les pérégrinations de l'État" (M. Bouvier, "Au-delà de la LOLF : une réforme de l'État, un nouveau contrat social", *in Finances publiques et pérennité de l'État*, Colloque de la Fondation Res Publica, Paris, 2006, p. 10, en ligne http://www.fondation-res-publica.org consulté le 02 mai 2016).

55 L. Trotabas et J. M. Cotteret, *Droit budgétaire et comptabilité publique*, Paris, Dalloz, 5ème édit. 1995, p. 11.

56 R. Barre, préface à J.-B. Toulouse et alii, *Finances publiques et politiques publiques*, Paris, Economica, 1987, *passim.*

57 G. Dufrénotet alii, *Politique budgétaire et dette dans les pays de l'UEMOA*, Paris, Economica, 2007, p. 5.

58 UEMOA, *Rapport 2013 de la commission sur le fonctionnement et l'évolution de l'Union*, Ouagadougou, décembre 2013, pp. 69 & 70.

59 UEMOA, *Rapport annuel de la commission sur le fonctionnement et l'évolution de l'Union*, Ouagadougou, décembre 2006, p. 43.

utilisation optimale deviennent le défi quotidien et stratégique le plus important des gouvernants des États, des élus locaux et des animateurs des institutions d'intégration régionale. Le sous-développement qui est le lot des huit pays membres de l'UEMOA se manifeste d'abord par la question du déficit de ressources de financement du développement. Pour paraphraser Gaston Jèze, on dirait "le développement nécessite des financements, il faut les rechercher."

Intérêt économique et social

Quoi qu'on dise, quoi qu'on en pense, l'Etat reste et restera un acteur économique et financier dans les pays pauvres comme dans les pays riches. Les crises économiques récurrentes ont apporté la preuve de ce que, lorsque la régulation par le marché dysfonctionne, c'est l'État et les institutions internationales, donc les deniers publics, qui viennent à la rescousse. "Que cela plaise ou non, écrit Maurice Duverger, aucune économie n'est aujourd'hui concevable sans une certaine intervention de l'État."[60]Cette intervention prend la forme de l'utilisation des leviers financiers que sont les recettes et les dépenses publiques. Les finances publiques se trouvent alors dans un rôle d'instrument au service de politiques publiques orientées vers un certain équilibre économique et social global. Comme l'écrit Raymond Barre,[61] la décadence ou le rétablissement des finances publiques signent, du même coup, la relance ou la déchéance économique et sociale nationale, mais aussi, la performance ou non des finances privées.

Intérêt technique

Le débat sur la réforme et la modernisation de l'État fait son chemin dans les États membres de l'UEMOA. Il s'agit d'introduire dans le fonctionnement des États, plus d'efficacité, plus de transparence, plus de rationalité.[62]Un parlementaire français, initiateur de la réforme des finances publiques en France, affirme que "la réforme de l'État passe nécessairement par la modernisation des outils budgétaires et comptables."[63] La réforme des finances publiques sert de levier à la réforme de l'État. La clé de cette modernisation des finances publiques est le programme budgétaire. La notion de programme et la gestion du programme budgétaire introduisent, dans la gestion financière publique et, par effet d'induction, dans la gestion administrative publique, des mécanismes de responsabilisation des gestionnaires, le souci de résultat,

---

60 M. Duverger, *Finances publiques*, Paris, PUF, 1950, Coll. "Que sais-je", n° 415, p. 124.

61 Voir *supra* p. 37.

62 N. Médé, *La réforme de l'Etat au Bénin : état de la réforme et perspectives*, Cotonou, éditions du Centre de Production Universitaire, 2013.

63 A. Lambert et D. Migaud, "La loi organique relative aux lois de finances (LOLF) : levier de la réforme de l'Etat" *in Revue française d'administration publique*, 2006/1 (n°117), pp. 11-12.

l'exigence d'optimisation des coûts, la notion d'évaluation de l'action publique.

FINANCES PUBLIQUES ET FINANCES PRIVÉES

Les finances publiques et les finances privées ont en commun, dans un cas comme dans l'autre, de parler de l'argent sous toutes ses formes (fiduciaire, scripturale, électronique), de l'environnement institutionnel et du support technique et juridique qui l'encadre. La relation entre les finances publiques et les finances privées se caractérise par une dynamique de convergence mais aussi par des divergences de fond.

1 : La dynamique de rapprochement

On évoquera ici la taille des enveloppes financières en cause et les techniques de gestion.

- *La taille des enveloppes financières en cause* : traditionnellement, on pense que les Etats gèrent des méga-budgets, des crédits budgétaires énormes et les personnes privées des budgets de taille "humaine". Le développement de l'économie libérale et la naissance des sociétés multinationales privées a bouleversé les rapports entre les États, puissances souveraines et les chefs d'entreprises privées. L'État n'est plus le seul à afficher un budget de plusieurs centaines de milliards. Les entreprises privées en font de même. On a estimé dans les années 1980 que le chiffre d'affaires de *General Motors Corporation* aux États-Unis d'Amérique était l'équivalent du produit intérieur brut des trois pays du Benelux (Belgique, Hollande, Luxembourg). Les données ont évolué depuis lors mais avec un chiffre d'affaires d'environ 77.500 milliards de francs CFA en 2014 (155,9 milliards de dollars US) *General Motors Corporation* n'atteint pas le PIB de la première économie du continent africain (Nigéria, 568,5 dollars US en 2014) mais surclasse le pays le plus riche de la zone UEMOA, la Côte d'Ivoire qui n'a qu'un PIB de 34,25 milliards de dollars en 2014,[64] loin derrière la première fortune personnelle du monde, celle de l'américain Bill Gates, estimée à 75 milliards de dollars en 2016, selon le classement du magazine américain *Forbes*. Comme on le voit, l'État n'a plus le monopole des grands chiffres et des masses budgétaires énormes. Les finances privées (individus et entreprises) sont également dans les méga-chiffres.

- *La convergence des techniques* : la rationalisation de la politique budgétaire, la gestion par la performance et la modernisation des techniques financières ont introduit des notions et des approches nouvelles dans la gestion financière des personnes publiques. On parle de comptabilité patrimoniale de l'Etat (articles 76 et suivants, DRGCP), de la comptabilité analytique et des

---

[64] http://donnees.banquemondiale.org/ consulté le 28 octobre 2015.

coûts (article 85, DRGCP), de la règle des "3E" (efficacité, efficience, économie), de la fongibilité des crédits et de l'approche managériale de la gestion budgétaire. En raison des crises économiques successives depuis la flambée des prix du pétrole en 1973, mais surtout à cause de la persistance de la pauvreté, les personnes publiques sont incitées à dépenser mieux, à se soucier de l'efficience (*ratio* entre les réalisations, résultats et/ou impacts et les ressources) et de l'efficacité (comparaison entre les réalisations, résultats et/ou impacts réels et ceux qui étaient escomptés ou estimés) de l'action financière publique. Les entreprises privées au même titre que les personnes publiques partagent désormais le langage de la réduction des coûts, des économies d'échelle, du meilleur rapport intérêt/coût.

Ces convergences sont des tendances de l'évolution de la gestion financière publique. Il y a un rapprochement qui est perceptible. Mais les convergences soulignées ne signifient pas que le gestionnaire public jouit déjà des mêmes marges de manœuvre que l'entrepreneur privé. La capacité d'initiative et de réactivité du manager privé sera toujours forte et sans commune mesure avec les contraintes du droit public et de la comptabilité publique.

2 : Des divergences de fond

Les personnes publiques restent fondamentalement différentes sur deux points en ce qui concerne leur gestion financière : les objectifs et les moyens.

- *Les objectifs : l'intérêt général et le service public* : le denier public est l'argent affecté à l'atteinte de missions d'intérêt général des personnes publiques. Si l'État se soucie de faire des économies, c'est pour maximiser l'impact de son action en faveur de tous, des populations et de la nation. Il ne s'agit pas en l'occurrence de maximiser du profit pour ensuite se le distribuer entre actionnaires et associés de sociétés privées. La distribution égoïste de bénéfices est étrangère aux buts de la gestion financière publique.

- *Les moyens financiers publics* : *D'abord* la nature de la recette : l'État prélève l'impôt et les entreprises privées appliquent un prix. Le prix est contractuel tandis que l'impôt est le fait du prince : il est fixé et prélevé par voix d'autorité. La définition couramment admise de l'impôt (prélèvement obligatoire, sans contrepartie directe, perçu par voix d'autorité en vue de la couverture des charges publiques et pour atteindre des buts d'interventionnisme économique et social) fait la différence avec la notion de prix : prélèvement consenti en contrepartie directe d'un bien ou d'une prestation. *Ensuite* l'utilisation des prérogatives de puissance publique : le recouvrement de l'impôt bénéficie des privilèges du Trésor public, ce qui n'est pas le cas du recouvrement du prix de cession d'un bien ou d'un service. *Enfin,* l'émission monétaire : il est le privilège exclusif de l'État. Seul l'État peut se procurer des recettes additionnelles en faisant fonctionner la planche à billets. Ceci n'est certes plus possible dans la zone CFA (UMOA) mais demeure une opportunité pour l'Etat dans les pays voisins comme le Nigéria, le Ghana ou la Guinée-Conakry, tous membres de la Communauté économique des États de l'Afrique de l'Ouest (CEDEAO).

LES SOURCES DU DROIT DES FINANCES PUBLIQUES

Les sources du droit des finances publiques sont les textes qui définissent une règle de droit dans le domaine des finances publiques. Ces sources sont de différentes catégories. Il faut citer les sources directes et les sources indirectes, les sources nationales et les sources communautaires.

I : Les sources directes et les sources indirectes

La distinction entre les sources directes et les sources indirectes permet de mettre en relief le phénomène des conditionnalités des partenaires au développement.

A : Les sources indirectes

Les sources indirectes ne sont pas, par elles-mêmes, des règles de droit applicables, mais elles influencent la prise de textes ayant une valeur juridique certaine. On peut citer, à ce titre, la doctrine et divers documents liés aux conditionnalités posées par les contributeurs au financement de l'ajustement structurel ou du développement.

1 : La doctrine financière

Elle n'est pas le droit financier, mais elle contribue à le faire connaître, à le critiquer et à l'interpréter. La doctrine financière est l'œuvre de spécialistes (universitaires ou praticiens des finances publiques) venant d'horizons très divers (droit, économie, gestion, sociologie, histoire, cybernétique). Elle se retrouve dans les publications scientifiques du *Collaborative Africa Budget Reform Initiative* (CABRI -), de l'*African Tax Administration Forum* (ATAF) et dans les insertions dans la Revue Africaine de Finances Publiques (RAFP). La doctrine africaine est particulièrement sollicitée pour apporter sa contribution en ces temps où prévalent les concepts et les pratiques de gestion budgétaire orientée sur la performance. Le point principal de la réflexion est l'adaptation des solutions globales au contexte de pays africains ayant des spécificités à la fois économiques et sociologiques.[65]

2 : Les documents fixant des conditionnalités

On range dans cette catégorie :

- les "lettres d'intention" qui accompagnent les accords d'ajustement structurel signé avec le Fonds monétaire international. La mise en œuvre des

[65] "Nous n'avons pas besoin des meilleures pratiques, mais de bonnes pratiques adaptées au contexte spécifique africain" (Neil Cole, secrétaire exécutif de *Collaborative Africa Budget Reform Initiative*, CABRI, http://www.cabri-sbo.org/fr, 4 décembre 2014).

engagements contenus dans ces documents (vote de lois fiscales, mesures budgétaires inscrites dans les lois de finances, etc.) est une condition pour les décaissements successifs du crédit d'ajustement structurel ;

- la politique fiscale, les dépenses budgétaires orientées vers la santé et l'éducation, la lutte contre la corruption au moyen des lois et des institutions. Ce sont là quelques-uns des vingt grilles d'évaluation de l'éligibilité ou du renouvellement des conventions de don du *Millennium Challenge Account* des États-Unis d'Amérique. Le Mali (461 millions de dollars sur la période 2007-2012), le Sénégal (540 millions de dollars sur la période 2010-2015), le Bénin (307,30 millions de dollars sur la période 2006-2011) et le Burkina Faso (480,9 millions de dollars sur la période 2009-2014) sont des États bénéficiaires de ce programme américain, après avoir satisfait les critères fixés par le *Millennium Challenge Corporation* pour ce qui concerne la qualité de la gouvernance dans ces pays. Le Togo et la Guinée-Bissau en sont exclus pour le moment.

- les fonds d'ajustement de la Banque Mondiale sont décaissés en une ou plusieurs tranches dans un compte de dépôt spécial. Les versements sont faits lorsque le pays emprunteur a satisfait aux conditions stipulées (adoption d'une législation particulière, réalisation de certains critères de performance) qui peuvent concerner les lois fiscales, la règlementation des marchés publics, etc. Les prêts d'ajustement apportent des ressources à décaissement rapide destinées à appuyer des réformes structurelles dans un secteur particulier ou dans l'économie tout entière. "Ces prêts appuient les transformations politiques et institutionnelles nécessaires pour créer un environnement propice à une croissance soutenue et équitable."

B : Les sources directes

Ce sont les textes portant constitutions, traités, lois organiques, lois ordinaires et règlements qui relèvent, soit du droit international général, soit du droit communautaire, soit du droit interne des États. Ces sources sont étudiées de manière spécifique dans la catégorie des sources communautaires et des sources nationales.

II : Les sources nationales et les sources internationales et communautaires

Ce sont les principales sources du droit des finances publiques.

A : Les sources nationales

Il s'agit des textes à valeur juridique émanés des organes des États. Il y a : la constitution, les lois organiques, les lois ordinaires et les actes règlementaires.

1 : La constitution et la loi organique relative aux lois de finances

- la constitution proprement dite : les constitutions des États contiennent quelques principes de base en matière d'impôt. Il y a le principe de légalité fiscale et le principe d'égalité devant l'impôt. Les procédures d'élaboration et de contrôle de l'exécution des lois de finances sont également contenues dans certains textes constitutionnels : délai de dépôt du projet de loi de finances au parlement, conditions de recevabilité des amendements parlementaires, douzièmes provisoires, ordonnances budgétaires, documents qui accompagnent le projet de loi de règlement, etc. ;

- la loi organique relative aux lois de finances (LOLF) : certains auteurs la désignent sous l'appellation de "constitution financière". D'un point de vue matériel, les LOLFs des Etats sont prévues par les constitutions elles-mêmes pour compléter certaines de leurs dispositions et fixer les règles et principes de gestion financière publique. D'un point de vue formel, les LOLFs des États sont adoptées selon des procédures particulières et font partie des normes de référence que les juridictions constitutionnelles utilisent pour contrôler la validité des lois de finances soumises à leur appréciation (à l'exception de la République du Mali).

2 : Les lois

- la loi de finances de l'année : elle est votée chaque année par le parlement et constitue la traduction, en langage financier, des choix de politique publique faits par le gouvernement. La loi de finances de l'année "prévoit et autorise pour chaque année civile l'ensemble des ressources et des charges de l'État" (art. 5, DLF). Pour chaque année civile, il n'existe qu'une seule loi de finances de l'année. En raison de son contenu particulier (ressources et charges de l'État), la loi de finances de l'année suit une procédure particulière pour son adoption, tant en ce qui concerne les délais de préparation, de discussion et de vote qu'en ce qui concerne les dispositions qui doivent y figurer.

- les lois de finances rectificatives : elles modifient en cours d'année les dispositions de la loi de finances de l'année (art. 5, DLF).

- la loi de règlement : elle constate les résultats financiers de chaque année civile et rend compte de l'exécution du budget (art. 5, DLF). De la même manière qu'il n'y a qu'une loi de finances de l'année par année civile, de la même manière il n'y a qu'une loi de règlement par année civile.

3 : Les ordonnances

La prise d'ordonnance pour établir ou mettre en vigueur une loi de finances est possible dans plusieurs hypothèses :

- les ordonnances prises en vertu de lois d'habilitation[66] : elles autorisent le gouvernement à prendre pendant un temps donné, pour l'application de son programme, des actes sous forme d'ordonnances dans des domaines qui relèvent normalement de la loi. Les ordonnances en matière budgétaire ont été critiquées par certains auteurs.[67] Ces critiques sont peu pertinentes parce que les lois de finances sont les premiers instruments pour la mise en œuvre des programmes d'action des gouvernements. Si la constitution permet, pour des raisons de célérité, d'utiliser la procédure des lois d'habilitation, il est logique que cela puisse concerner aussi les lois de finances, notamment la loi de finances de l'année et les lois de finances rectificatives ;

- les ordonnances prises pour éviter le vide juridico-financier du 31 décembre. Lorsqu'à la fin de l'exercice budgétaire, c'est-à-dire au 31 décembre, la loi de finances de l'année nouvelle n'est pas adoptée, le gouvernement est autorisé à mettre en vigueur par ordonnance le projet de loi de finances de l'année ;[68]

- Les ordonnances prises en application du droit constitutionnel de la nécessité : "Lorsque les institutions de la République, l'indépendance de la Nation, l'intégrité du territoire national ou l'exécution des engagements internationaux sont menacées d'une manière grave et immédiate, et que le fonctionnement régulier des pouvoirs publics constitutionnels est interrompu, le Président de la République prend des *mesures exceptionnelles* exigées par ces circonstances."[69] Au nombre de ces mesures, le Président de la République peut prendre des ordonnances pour établir la loi de finances ou la mettre en vigueur. Cette situation s'est présentée à plusieurs reprises au Bénin.[70]

4 : Les actes à caractère règlementaire

Ce sont des actes d'exécution de la loi de finances qui sont pris par le gouvernement ou un membre du gouvernement sous la forme de décret ou d'arrêté ministériel.

- Les décrets portant création ou suppression des taxes parafiscales. Les taxes parafiscales ne font pas partie des "impositions de toute nature" prévues

---

66 Article 74, constitution du Mali ; article 77, constitution du Sénégal ; article 206, constitution du Niger ; article 86, constitution du Togo ; article 106, constitution de la 3ème République de Côte d'Ivoire.

67 F. Tano, "Constitutionalisme et urgence budgétaire à l'épreuve des crises politiques", *Revue juridique et politique des Etats francophones*, n°2-2001.

68 Article107, constitution du Bénin ; article 112, constitution de la 3ème République de Côte d'Ivoire ; article 120, constitution du Burkina Faso ; article 111, constitution du Niger.

69 Art. 67, constitution du Niger ;

70 Les décisions de la Cour constitutionnelle du Bénin en témoignent : Décision DCC 32-94 du 24 novembre 1994, Président de l'Assemblée nationale ; Décision DCC 02-099 du 14 août 2002, Lègba Nanou Toussaint et alii ; Décision DCC 10-129 du 21 octobre 2010 Kolawolé A. Idji. Voir N. Médé, *Les grandes décisions de la Cour constitutionnelle du Bénin*, Saarbrücken, Editions universitaires européennes, 2012, pp. 220 à 228.

par l'article 3-2 de la directive 06/2009/CM/UEMOA relative aux lois de finances. L'assiette, le taux et le recouvrement de ces impositions de toute nature sont du domaine de la loi.[71] Les taxes parafiscales, par contre, "sont établies par décret pris sur rapport du ministre chargé des finances et du ministre intéressé" (art. 9-2, DLF).[72]

- Les décrets portant rémunération des services de l'État. Les prestations de l'État (délivrance de passeport, extrait de casier judiciaire, constat de police, etc.) ont un coût pour l'amortissement duquel les citoyens sont mis à contribution. La rémunération des services rendus par l'État est établie et perçue si un décret les établit, décret pris "sur rapport du ministre chargé des finances et du ministre intéressé" (art. 10-2, DLF).

- Les décrets portant autorisation des virements de crédit et des transferts de crédit : ils sont pris sur rapport conjoint du ministre chargé des finances et des ministres concernés (art. 21, DLF). S'agissant des virements de crédit, un décret est nécessaire seulement lorsqu'un changement de la nature de la dépense est opéré.

- Les décrets de répartition par programme des crédits globaux pour dépenses accidentelles et imprévisibles (art. 22, DLF).

- Les décrets d'avances portant ouverture de crédits supplémentaires en cas d'urgence et de nécessité impérieuse d'intérêt national (art. 23, DLF).

- Les décrets portant autorisation de report d'autorisation d'engagement ou de crédit de paiement. Ces décrets sont pris en conseil des ministres sur rapport du ministre chargé des finances (art.24, DLF)

- Les décrets portant autorisation des organismes publics autres que l'État à déposer leurs disponibilités ailleurs qu'au Trésor public (art.29, DLF),

- Les décrets portant garantie et aval de l'État. Ces décrets sont pris en conseil des ministres.

- Les décrets pris en conseil des ministres et portant autorisation de liquider et d'encaisser des recettes qui relèvent normalement du domaine de la loi, sous réserve que ces décrets soient régularisés dans une prochaine loi de finances rectificative (art. 4-2, DLF).

---

[71] Article 98, constitution du Bénin ; article 70, constitution du Mali ; article 67, constitution du Sénégal ; article 84, constitution du Togo ; article 101, constitution de la 3ème République de Côte d'Ivoire.

[72] Voir aussi les textes nationaux des Etats : République du Bénin, Loi organique n° 2013-14 du 27 septembre 2013 relative aux lois de finances, art. 11 ; République de Côte d'Ivoire, Loi organique n° 2014-336 du 5 juin 2014 relative aux lois de finances, art. 9 ; République du Mali, Loi n° 2013-028 du 11 juillet 2013 relative aux lois de finances, art. 8 ; République du Niger, Loi organique n° 2012-09 du 26 mars 2012 relative aux lois de finances, art. 8 ; République du Sénégal, Loi organique n° 2011-15 du 8 juillet 2011 relative aux lois de finances, art. 9 et République du Togo, Loi organique n° 2014-013 du 27 juin 2014 relative aux lois de finances, art. 9.

- Les arrêtés de modification de la répartition initiale des crédits, par nature de crédit, telle qu'elle figure dans la loi de finances de l'année adoptée par le parlement. Ces modifications sont décidées par le ministre concerné, lequel en informe le ministre chargé des finances (art. 15, DLF)

- Les arrêtés portant virement de crédit entre programmes d'un même ministère. Dans la mesure où ces virements ne modifient pas la nature de la dépense, ils sont autorisés par arrêté interministériel signé du ministre concerné et du ministre en charge des finances (art.21-2, DLF)

- Les arrêtés d'annulation de crédit budgétaire devenu sans objet. Le ministre chargé des finances exerce par ce moyen son pouvoir de régulation budgétaire (art. 25, DLF).

- Les arrêtés portant ouverture de crédit supplémentaire pour un programme bénéficiant d'un fonds de concours. L'arrêté est signé du ministre chargé des finances (art.33, DLF).

- Les arrêtés du ministre chargé des finances et portant majoration de crédits limitatifs dans la mesure où ces crédits concernent des dépenses d'investissement ou des dépenses d'exploitation (art. 25, DLF).

- Les arrêtés du ministre chargé des finances et portant majoration des crédits d'un compte d'affectation spéciale (art. 38, DLF).

Les modifications du contenu de la loi de finances de l'année intervenues par voie d'acte règlementaire doivent faire l'objet d'une régularisation législative lors de l'examen et du vote soit d'une loi de finances rectificative, soit lors de la discussion et du vote de la loi de règlement (art. 26, *in fine*, DLF).

B : Les sources internationales et communautaires

Les traités et les accords régulièrement ratifiés ou approuvés ont dès leur signature une autorité supérieure à celle des lois nationales. Les accords sous forme simplifiée ne sont pas soumis à ratification et n'ont pas la valeur juridique de norme supra-législative.

Il faut distinguer les traités et accords de droit international général, les accords passés avec les institutions de Bretton Woods et le traité de l'UEMOA ainsi que son droit dérivé.

1 : Les traités et accords internationaux de droit international général

Les conventions fiscales signées entre deux ou plusieurs États prévoient des mécanismes pour éviter la double imposition des ressortissants des États signataires. Ces conventions aménagent des dérogations au droit fiscal général applicable dans les pays. Par ailleurs, la Convention de Vienne sur les relations diplomatiques (1961) accorde des privilèges fiscaux au personnel diplomatique : exemption de la TVA par exemple.

2 : Les accords de prêt à l'ajustement structurel (structural adjustment loans) signés avec le Fonds monétaire international

Ces accords sont assortis de "lettre d'intention" qui sont des catalogues de mesures qui touchent les secteurs financier (réduction des dépenses publiques, amélioration du rendement de l'impôt, etc.), économique (privatisation des entreprises publiques, augmentation des droits des investisseurs étrangers, suppression des entraves au développement économique, etc.) et de la gouvernance (lutte contre la corruption, etc.). La mise en œuvre des accords et des conditionnalités qui l'accompagnent est évaluée lors des "revues périodiques" que les experts du FMI effectuent dans les pays membres. Ceci renforce le caractère juridiquement opposable du contenu des accords de prêt à l'ajustement structurel. Pour le gouvernement du Bénin, les allocations de ressources doivent se faire en prenant en compte les "contraintes de ressources limitées qu'offre le cadrage budgétaire 2011-2013 convenu avec les Partenaires Techniques et Financiers lors de la dernière mission du FMI."[73]

3 : Les traités instituant des communautés économiques ou normatives (OHADA, UEMOA)

L'UEMOA développe une stratégie d'harmonisation du droit budgétaire et du droit fiscal applicable dans les États membres. En matière de droit de porte pour les produits étrangers à la zone, il existe même une uniformisation des droits de douane instituée par le Tarif extérieur commun.[74] Le traité de l'Organisation pour l'harmonisation en Afrique du droit des affaires (OHADA) régit principalement le domaine du droit commercial et des sociétés.[75] Le droit public est aussi concerné par le régime juridique de la gestion des dettes des personnes publiques par exemple.[76]

---

73 Cour constitutionnelle du Bénin, Décision DCC 10-144 du 14 décembre 2010, *Raphaël Akotègnon.*

74 Règlement n°02/97/CM/UEMOA du 28 novembre 1997 portant adoption du Tarif Extérieur Commun de l'Union Economique et Monétaire Ouest Africaine (UEMOA).

75 Acte uniforme portant organisation des procédures collectives d'apurement du passif, acte uniforme révisé relatif au droit des sociétés commerciales et du groupement d'intérêt économique, acte uniforme révisé portant sur le droit commercial général, acte uniforme révisé portant organisation des sûretés, acte uniforme relatif au droit des sociétés coopératives, acte uniforme relatif aux contrats de transport de marchandises par route, acte uniforme portant organisation et harmonisation des comptabilités des entreprises, acte uniforme relatif au droit de l'arbitrage, acte uniforme portant organisation des procédures simplifiées de recouvrement et des voies d'exécution.

76 Voir *infra* p. 296.

PREMIÈRE PARTIE

QUELQUES PROBLÈMES GÉNÉRAUX DES FINANCES PUBLIQUES

Il a été souligné le caractère multidisciplinaire des finances publiques, la part de l'histoire, les parts de l'économie et du droit public pour une bonne compréhension de la science des finances publiques.

L'histoire nous permet de situer les moments forts dans l'évolution des finances publiques, les grandes idées et les pratiques de finances publiques dans le temps et au cours des âges. L'économie est l'environnement immédiat des finances publiques. Elle procure des ressources aux finances publiques et inversement, les finances publiques alimentent, par les dépenses publiques, la demande de biens et services marchands. Le droit public, quant à lui, contribue à situer les différents niveaux de la décision financière publique.

CHAPITRE 1

LES FINANCES PUBLIQUES DANS LE TEMPS : LES ÉVOLUTIONS DOCTRINALES

Les finances publiques ont une histoire et cette histoire épouse les plis et les contours de l'économie politique. Sans remonter trop loin dans l'évolution de la vie économique, c'est-à-dire aux doctrines économiques de l'Antiquité, du Moyen-âge ou de la période de La Renaissance, on retiendra ici essentiellement deux (02) grandes étapes, deux grandes orientations en matière d'évolution de la science des finances publiques. D'abord l'école libérale des finances publiques ; ensuite et enfin, le temps des finances publiques interventionnistes qu'on pourrait dénommer "finances publiques contemporaines."

SECTION 1
L'ÉCOLE LIBÉRALE DES FINANCES PUBLIQUES

L'école libérale des finances publiques a dominé la doctrine et la pratique financières publiques des États de l'Europe occidentale du 18ème siècle jusqu'au début du 20ème siècle.

L'école libérale des finances publiques se fonde sur la doctrine économique libérale. Elle reproduit sur le plan des finances les grands traits du libéralisme économique, tels que vécus dans les grands pays de l'Europe occidentale.

Paragraphe 1 : Le libéralisme économique

Frédéric Bastiat, économiste, homme politique et polémiste libéral français du 19ème siècle, écrivait en 1850 :" Oh ! On a essayé de tant de choses ! Quand est-ce donc qu'on essaiera la plus simple de toutes : la liberté ?"[77] La liberté est le maître-mot du libéralisme en matière économique. Pour se convaincre de l'intérêt et du poids du mot liberté, il faut se remettre dans le contexte des idées et des pratiques économiques jusqu'à la fin du 18ème siècle européen.

Les pensées économiques dominantes, que l'on désigne sous le terme générique de mercantilisme, se développaient dans une Europe caractérisée

---

[77] Frédéric Bastiat cité par Ch. Gide et Ch. Rist, *Histoire des doctrines économiques depuis les physiocrates jusqu'à nos jours*, Paris, 5ème édition, Sirey, 1926, p. 380.

par l'affermissement des États-nations face, d'une part, à la domination de l'Eglise catholique romaine, et d'autre part, aux particularismes locaux entretenus par le système féodal dans lequel l'autorité du roi devait s'accommoder des pouvoirs des grands seigneurs (comtes et ducs) des seigneurs et des petits-seigneurs.[78]La tendance à la centralisation du pouvoir politique au sein des États-nations permettait à ceux-ci d'assurer des responsabilités nouvelles. La prospérité économique était recherchée, d'un côté, par les mesures protectionnistes qui limitaient l'importation et la commercialisation des produits étrangers. D'un autre côté, l'engagement direct des gouvernements était de mise pour la création et la gestion des entreprises de production de biens. En France, sous l'impulsion du Contrôleur général des finances Jean-Baptiste Colbert (1619-1683), le gouvernement prend des mesures économiques hardies en vue d'accroître les exportations par la création de manufactures et de "villages-usines".

Par ailleurs, les corporations se constituaient dans l'industrie, le commerce, les arts, et les professions libérales. La corporation était une association permanente investie des pouvoirs nécessaires pour prendre des mesures conformes à l'intérêt commun des membres ou réputées telles. Elles pouvaient limiter l'offre de produits ou des services pour influencer les prix.

L'association corporative des entrepreneurs ou des maîtres coexistait avec les sociétés de compagnonnage et des confréries formées par les ouvriers ou les compagnons.

Le tableau synoptique de l'économie européenne du 18ème siècle présentait les grandes caractéristiques suivantes : une forte implication des gouvernements dans la vie économique et un système de corporation qui encadre la production de biens et le marché du travail. Les libertés étaient donc restreintes, aussi bien en matière de liberté d'entreprise qu'en ce qui concerne la liberté de travail.

Le libéralisme économique se rattache aux principes philosophiques du Siècle des "Lumières", des idées d'auteurs comme Locke, Rousseau et Montesquieu. La Déclaration française des droits de l'Homme et du citoyen cite dans l'ordre "la liberté, la propriété" au titre des droits inaliénables et sacrés de l'Homme.[79]Dans cette logique, les révolutionnaires français de 1789 adoptent le décret d'Allarde (2 et 17 mars 1791) et la loi Le Chapelier du 14 juin 1791 qui interdisent les monopoles, les coalitions et les corporations.

Le libéralisme économique met en valeur l'individu et son travail. Ses idées-forces sont les suivantes :

---

[78] J.-P. Poly et E. Bournazel, *Les Féodalités,* Paris, Presses Universitaires de France, 1998.

[79] Article 2, Déclaration des droits de l'Homme et du citoyen : "droits naturels et imprescriptibles de l'Homme. Ces droits sont la liberté, la propriété, la sûreté et la résistance à l'oppression".

- *la libre concurrence économique* : le libre jeu des acteurs économiques dans la production et la distribution des biens et des services ne conduit pas au chaos. Bien au contraire, la libre concurrence conduit à l'harmonie sociale parce qu'elle est autorégulatrice. Ni les gouvernements, ni les corporations ne peuvent remplir efficacement cette fonction de régulation. Pour Adam Smith, les lois du marché se combinent avec la recherche de l'intérêt personnel des acteurs économiques et conduisent à un équilibre qui satisfait l'intérêt général. Une "main invisible" règle de façon optimale les prix, les revenus et les quantités de biens et services produits. "Ce n'est pas de la bienveillance du boucher, du boulanger ni du brasseur que nous attendons notre dîner, mais de leur considération pour leur propre intérêt" écrit Adam Smith. Le boulanger fait du pain du mieux qu'il peut pour satisfaire ses clients. Il ne le fait pas par altruisme, mais afin que ses clients achètent ses produits, ce qui augmente sa richesse personnelle. Néanmoins, en travaillant du mieux qu'il peut, le travail du boulanger bénéficie aux autres membres de la société qui achètent ses produits. La tendance est au "laissez faire, laissez passer" sur le fondement de ce que : (i) l'individu est l'unité de base de la société ; (ii) l'individu a un droit naturel à la liberté ; (iii) l'ordre naturel de la vie reflète un système harmonieux et auto-régulé ; (iv) les associations professionnelles doivent être surveillées de près par les citoyens en raison de leur propension à perturber l'ordre spontané.

- *la liberté du commerce* : la pensée mercantiliste est favorable au protectionnisme, à la réglementation souveraine des importations et des exportations. Pour Adam Smith, il est prudent "de ne jamais essayer de faire chez soi la chose qui coûtera moins à acheter qu'à faire." Les nations gagneraient davantage à se spécialiser dans ce qu'elles font de mieux et à importer ce que les autres nations fabriquent de bien et à meilleur coût. La théorie économique contemporaine appelle cela la prise en compte des avantages comparatifs.

- *Le rôle des gouvernements* : ils ne doivent être ni des producteurs ni des distributeurs de biens et services marchands. En 1850, Frédéric Bastiat disait "n'attendre de l'État que deux choses : liberté, sécurité." Pour Turgot, contrôleur général des finances de Louis XVI en France, "l'intérêt particulier abandonné à lui-même produira plus sûrement le bien général que les opérations du gouvernement, toujours fautives et nécessairement dirigées par une théorie vague et incertaine." Le périmètre des actions de l'État, puissance publique, est ainsi bien défini. Il couvre un domaine régalien qui est, selon Adam Smith, la police, l'armée et la justice. En un mot, la protection des droits inaliénables et sacrés de l'homme contre les atteintes qui pourraient provenir de l'intérieur ou de l'extérieur des États. Le gouvernement ne doit interférer dans la vie économique et sociale ni par des restrictions, ni par des privilèges, ni par des subventions.

Le laissez-faire, laissez passer !
"Les prohibitions restreignent le travail, les taxes le renchérissent et le surchargent, les privilèges exclusifs le font dégénérer en monopole onéreux et destructeur ; il ne faut donc sur ce travail, ni prohibitions, ni taxes, ni privilèges exclusifs. C'est ici que Quesnay s'est rencontré avec le sage M. de Gournay, Intendant du Commerce... "Personne, disait-il, ne sait si bien ce qui est utile au commerce que ceux qui le font ; il ne faut donc point leur imposer des règlements. Personne n'est si intéressé à savoir si une entreprise... une profession... un commerce... lui sera profitable, que celui qui veut le tenter ; il ne faut donc ni corporations, ni jurandes, ni privilèges exclusifs... Tout impôt sur le travail ou sur le voiturage, entraîne des inquisitions et des gênes qui dérangent le commerce, découragent et ruinent les Commerçants ; il faut donc affranchir leurs travaux de ces impôts qui en interceptent le succès... Laissez-les faire et laissez-les passer."

Jacques Claude Marie Vincent, marquis de Gournay, (1712-1759) cité par Claude-Camille François, Comte d'Albon "Eloge Historique de M. Quesnay" Imprimerie de Cailleau, 1775.

Paragraphe 2 : Les caractères des finances publiques

Les caractères des finances publiques reflètent la nature et le rôle de l'État, puissance publique, telle que la pensée économique libérale les conçoit. Il s'agit, en fait, d'avoir un État qui ne dépense pas au-delà de ce qui est nécessaire à l'exercice de ses attributs de souveraineté, qui s'abstient d'être un acteur de la vie économique et sociale et qui veille à équilibrer ses dépenses avec ses recettes.

A : La tendance à la limitation des dépenses

La pensée libérale est dominée par cette idée qui prévaut dans l'Amérique du 17ème siècle et qui veut que "le gouvernement le meilleur (soit) celui qui gouverne le moins." L'État chez les libéraux est d'abord un État frugal, sobre. C'est un Etat-gendarme dont les activités sont limitées à ses fonctions régaliennes, celles que le secteur privé ne peut normalement exécuter. Elles sont, par nature, des fonctions dévolues à la puissance publique.

La limitation de l'État aux fonctions régaliennes a pour conséquence la limitation de ses dépenses. L'État assure sur le territoire national un minimum de services et, en conséquence, ses dépenses sont réduites. Les statistiques montrent que les dépenses publiques sont faibles sur la période de la fin du 18ème siècle jusqu'au début du 20ème siècle en France. Au sein de ces dépenses, une place prépondérante revient aux dépenses d'administration.

Tableau n° 1 : Dépenses de l'État par fonction en France
(En pourcentage du revenu national)

Fonction	Années			
	1872	1903	1923	1938
A. Fonctions traditionnelles de l'État gendarme				
1) Administration générale et sécurité intérieure	2,4	0,9	1,5	1,9
2) Défense (y compris dépenses militaires coloniales)	2,2	3,8	6,0	8,5
3) Relations extérieures civiles	0,2	0,2	0,4	0,2
4) Dette publique et divers	3,6	2,7	7,3	3,8
Total A	**8,4**	**7,6**	**15,2**	**14,4**
B. Fonctions nouvelles de l'État interventionniste				
1) Action éducative et culturelle	0,2	0,9	1,2	2,0
2) Action sociale	0,2	0,1	2,5	2,5
3) Transports	0,6	0,9	1,1	1,2
4) Logement, urbanisme et aménagement du territoire	0,1	0,1	0,1	0,3
5) Action économique (agriculture, industrie, commerce)	0,1	0,2	0,9	0,5
Total B	**1,2**	**2,2**	**5,8**	**6,5**
Total général	**9,6**	**9,8**	**21**	**20,9**

Source : *Économie et statistiques* n°43, mars 1973, p.12

B : L'équilibre budgétaire

La doctrine libérale a développé une mystique de l'équilibre. On a pensé que tous les problèmes économiques sont des problèmes d'équilibre et que les problèmes financiers sont du même ordre. Pour Gaston Jèze et Edgard Allix, deux doctrinaires de l'école libérale des finances publiques, le ministre des Finances est ou doit être le "ministre de l'équilibre."[80]

L'équilibre budgétaire est un principe essentiel de l'école libérale des finances publiques. C'est un principe sacro-saint. En effet, le budget ne doit jamais être en déséquilibre, ni excédentaire, ni déficitaire. Il ne doit pas être déficitaire parce que le déficit appelle un besoin de financement qui peut être couvert d'abord par l'émission monétaire, c'est-à-dire par la fabrication de monnaie ne correspondant pas à un niveau équivalant d'augmentation de la production de biens et services. En ce cas le risque est grand de déclencher une poussée inflationniste préjudiciable à la bonne tenue de l'économie.

Ensuite le déficit peut être financé par l'emprunt qu'il faudra rembourser un jour. Ce qui revient à dire que l'emprunt d'aujourd'hui, ce sont les impôts de demain.

---

[80] Gaston Jèze et Edgard Allix cités par J. Perreau Pradier, *L'équilibre budgétaire*, Paris, Domat-Montchrestien, 1934, p. 10.

Le budget ne doit non plus être excédentaire car l'excédent budgétaire ne reflète pas seulement une mauvaise estimation des recettes et des dépenses. Il correspond surtout à une amputation de la richesse nationale qui est thésaurisée dans les caisses publiques. Si ce prélèvement restait entre les mains des acteurs économiques que sont les consommateurs et les producteurs de biens et services marchands, cela contribuerait à entretenir et donner de la vitalité au système économique.

C : La neutralité des finances publiques

La neutralité des finances publiques signifie deux choses : la première est qu'il y a une neutralité objective et une neutralité subjective. La seconde est qu'il faut distinguer la neutralité des recettes et la neutralité des dépenses.

La neutralité objective : c'est une neutralité qui se rattachait à l'importance des finances publiques, c'est-à-dire des deniers publics dans la vie économique et sociale. Les budgets des États étaient faibles si on les comparait au produit intérieur brut. Pour la France, les dépenses de l'État ont oscillé entre 9,6 % et 20,9 % du revenu national entre 1872 et 1938. Parce qu'elles mobilisaient environ 1/5ème de la richesse nationale, les finances publiques ne pouvaient avoir une influence remarquable sur la production de biens et services marchands, surtout lorsqu'on sait que les dépenses sont essentiellement orientées vers les fonctions d'administration de l'État et non vers les activités qui traduisent l'interventionnisme économique et social de la puissance publique étatique.

La neutralité subjective : l'idéologie libérale est celle qui accorde la primauté au libre-jeu des forces du marché. Les recettes et les dépenses publiques ne peuvent être et ne doivent pas être des moyens de faire fonctionner l'économie, de la relancer ou de la stabiliser. L'économie aurait ses "lois naturelles", et on "fait presque toujours plus de mal que de bien quand on prétend lutter contre elles."[81]En adhérant à cette conception du rôle de l'État et des finances publiques, les gouvernements et les parlements font preuve de neutralité subjective, d'autolimitation volontaire de leur rôle et surtout de leur capacité à agir sur les faits économiques et sociaux en utilisant comme moyens d'action les recettes et les dépenses publiques. Les gouvernants sont conscients et convaincus que l'argent public (sous forme de dépense ou de rentrée fiscale) ne doit pas être utilisé pour influer sur la vie économique de la nation. C'est donc une forme d'autolimitation, d'abstention volontaire des gouvernants.

La neutralité des dépenses : les dépenses publiques doivent servir prioritairement et essentiellement à financer les fonctions d'administration qui sont les fonctions de l'Etat-gendarme. La part des dépenses d'interventionnisme (économique et social) doit rester faible. Sur la période 1872-1938,

---

[81] Clément Colson, cité par A. Paysant, *Finances publiques*, Paris, Armand Colin, 1999, p.8.

les dépenses d'administration en France ont varié entre 8,4 % et 14,4 % du revenu national, tandis que les dépenses de l'État interventionniste sont de l'ordre de 1,2 % et 6,5 %.[82]

La neutralité des recettes : s'agissant des impôts, la neutralité signifie que l'activité économique et les comportements des contribuables ainsi que la répartition des richesses entre les contribuables ne doivent pas être influencés ou modulés par les décisions fiscales de l'État. L'impôt ne doit pas être utilisé comme un instrument pour peser sur les choix économiques et sociaux ni pour introduire plus d'égalité dans la répartition des revenus des citoyens. La vie économique et sociale doit relever du libre jeu des forces du marché, des lois naturelles de l'économie. Quant à l'emprunt, l'État ne devrait y recourir qu'exceptionnellement, pour financer les dépenses extraordinaires. En effet, l'emprunt est perçu comme un détournement de l'épargne vers des activités non productives, alors que cette épargne devrait normalement servir à financer les investissements productifs qui créent l'emploi et de la valeur ajoutée.

SECTION 2
LES FINANCES PUBLIQUES CONTEMPORAINES

La fin du 19ème siècle et le début du 20ème siècle correspondent à une période de transition où des bouleversements s'observent dans les pays européens. Ceci aboutit à la naissance des finances publiques contemporaines qu'on dit modernes.

Paragraphe 1 : Les mutations en Europe

L'Europe subit des mutations sur les plans politique, économique et technique. Du point de vue de l'effervescence doctrinale, des courants nouveaux de pensée apparaissent aussi.

A : L'effet catalyseur de la Première Guerre mondiale

La guerre a été le premier catalyseur d'un nouvel ordre financier en Europe. La paix revenue en 1918 maintient la même tendance.

1 : La Première Guerre mondiale

La guerre de 1914-1918 a été une guerre totale pour les belligérants. Les nations européennes y ont investi tout leur potentiel. Le secteur privé productif a aussi été mis à contribution pour soutenir l'effort de guerre. La réquisition des industries privées et de leurs personnels a été régulièrement pratiquée. Les colonies d'Afrique et d'Asie ont également apporté leurs parts dans la mobilisation générale décrétée à Paris, Berlin et Londres.

---

82 Revue *Economie et statistiques* n°43, mars 1973, p.12.

Cette mobilisation générale a eu comme conséquence un rôle accru de l'État. Celui-ci est devenu le chef d'orchestre d'un sursaut national. Son intervention va au-delà de ce que le libéralisme définissait comme le domaine de l'État. La distinction entre le secteur public et le secteur privé se dilue.

2 : La paix d'après 1918

La fin de la guerre ne remit pas les choses en place telles que l'idéologie libérale l'avait conçu. Les raisons sont simples. La guerre a nécessité des sacrifices énormes, la reconstruction en demande autant. Et dans cette mobilisation, l'État joue à nouveau le rôle de meneur pour la relance de la production économique, pour lutter contre la pénurie, pour le logement, pour le rétablissement des voies de communication.

B : Le "krach" boursier de 1929 et ses conséquences

Ce fut la première grave crise boursière et économique du 20ème siècle qu'a connue le monde des économies industrielles. Elle a eu des conséquences sur le rôle de l'État dans l'économie.

1 : La crise de 1929 : une crise globale

La grande crise de 1929 a d'abord été une crise boursière (Jeudi noir de Wall Street à New York). Entre 1929 et 1932, le *Dow Jones* perd 89 % de sa valeur et l'action de *General Motors* passe de 1075 dollars US à 40. La bourse s'effondre, les banques suivent et les entreprises enfin sombrent dans la mévente et la faillite. Tout le système productif des économies industrielles (à l'exception de la Russie soviétique et sa révolution de 1917) est affecté. C'est le début de la grande dépression : effondrement des prix, chute de la production et des revenus, chômage de masse, faillite en chaîne des entreprises, etc.[83]

2 : L'État à la rescousse

Face à l'ampleur de la crise qui commence en 1929, les recettes du libéralisme montrent leurs limites. L'État lui-même se retrouve dans une situation de déficit chronique de ses finances publiques. Lafaillite des entreprises provoque la baisse des revenus fiscaux. Par ailleurs, le chômage de masse implique une croissance des dépenses sociales de transfert. La conjonction des recettes en diminution et des dépenses en augmentation, provoque fatalement le déficit du budget de l'État. La solution pour y remédier fut un processus à quatre temps :

- *la politique des grands travaux* : l'investissement public vient suppléer la faiblesse des investisseurs privés frappés par la crise économique. L'État lance de grands travaux d'infrastructures sur financement du budget national. Le New Deal de Franklin Delano Roosevelt permet aux États-Unis la

---

83 J. K. Galbraith, *La crise de 1929 : Anatomie d'une catastrophe financière*, Paris, Payot, 2011.

construction de grandes infrastructures économiques et énergétiques. Ces grands travaux permettent à la population désœuvrée, aux chômeurs et aux primo-demandeurs d'emploi de retrouver du travail, de redevenir des agents économiques pouvant payer les taxes et impôts à l'État ;

- *l'accroissement des recettes de l'État* : des millions d'emplois sont créés et ces nouveaux travailleurs deviennent à nouveau des consommateurs solvables de biens et services marchands. Les entreprises voient leurs chiffres d'affaires augmenter, ce qui augmente le rendement des impôts directs et indirects ;

- *la diminution des dépenses publiques* : ici, il faut remarquer que la réduction du nombre des assistés (chômeurs, primo-demandeurs d'emploi) permet de diminuer les dépenses publiques. La réduction du nombre de chômeurs implique une diminution des dépenses sociales de transfert.

- *le rétablissement de l'équilibre budgétaire :* la conjonction de la diminution des dépenses de l'État et de l'augmentation des recettes aboutit fatalement, en toute bonne logique, au rétablissement de l'équilibre budgétaire de l'État.

C : Le progrès technique : le changement de dimension des investissements productifs

Les États-Unis d'Amérique sont restés le pays où prospère la libre-entreprise : les chemins de fer avec les compagnies *Central Pacific* et *Union Pacific*[84], l'énergie avec les compagnies privées de construction de barrage hydroélectrique ou de centrales nucléaires au niveau des États fédérés et les infrastructures routières. Cette importance des capitaux privés n'a pas réduit à néant le rôle du secteur public. La taille des investissements à réaliser et la rentabilité financière incertaine de certains projets expliquent le recours aux financements publics et à l'État. À la fin de la Deuxième Guerre mondiale, la *Tennessee Valley Authority,* entreprise publique créée en 1933, est la première productrice d'électricité du pays.

Sur le continent européen, l'initiative privée n'a pas eu un grand succès dans les secteurs qui sont de gros consommateurs de capitaux. Les chemins de fer créés en France au 19ème siècle par des sociétés privées sont déficitaires et sont rachetés, en 1937, par l'État qui les regroupe au sein de la Société française des chemins de fer (SNCF), entreprise publique.[85]

Ces cas de figure apportent la preuve que le progrès technique a changé la dimension de certains investissements. Lorsque les enjeux financiers et technologiques sont énormes, et que la rentabilité financière n'est pas assurée à court ou à moyen termes, souvent, l'État devient le recours financier et le promoteur. La tendance se confirme dans notre 21ème siècle, notamment avec

---

84 A. Ferejean, *La grande aventure des Chemins de fer*, Paris, Flammarion, 2008.
85 L. Armand, *Propos ferroviaires*, Paris, Arthème Fayard, 1970.

la conquête de l'espace où les entreprises publiques nationales (*National Aeronautics and Space Administration*, NASA) ou multinationales (*European Space Agency*, ESA) sont dominantes dans le secteur.

D : L'apparition de nouveaux courants de pensée

À la fin du 19ème siècle et au début du 20ème, les idées libérales d'Adam Smith, de François Quesnay, de Jean-Baptiste Say, de David Ricardo et des autres, n'ont plus le monopole de la pensée économique dans les pays industrialisés d'Europe et d'Amérique du Nord. Le fondement même du système libéral est remis en cause par les idées de Karl Marx et de Friedrich Engels. Dans le *Manifeste du parti communiste*, il est écrit que "dans la société bourgeoise, le travail vivant n'est qu'un moyen d'accroître le travail accumulé. Dans la société communiste, le travail accumulé n'est qu'un moyen d'élargir, d'enrichir et d'embellir l'existence des travailleurs."[86] Et les communistes appellent à abolir la propriété capitaliste des moyens de production sociale.

À côté de cette solution révolutionnaire à la question des inégalités sociales nées de l'industrialisation des économies en Europe et aux États-Unis d'Amérique, se développent aussi des courants réformistes qui visent à améliorer le système capitaliste, à corriger les faiblesses de l'économie libérale, notamment la pauvreté des masses ouvrières. Le solidarisme du député français Léon Bourgeois (construire une République de la "main tendue contre le poing fermé", une République de la mutualité "règle suprême de la vie commune" contre la charité réduite à "une pitié agissante"),[87] la doctrine sociale de l'Église catholique romaine et la démocratie chrétienne,[88] l'anarchisme politique avec Pierre-Joseph Proudhon ("la propriété c'est le vol"[89]), la théorie de l'"attraction passionnée" de Charles Fourrier (création de phalanstères où le travail et le revenu sont déterminés par la "nécessité, l'utilité et l'agrément"[90] au lieu des seules lois de la concurrence et du profit), Robert Owen et sa société harmonieuse (groupes réduits de personnes où le travail, la restauration et l'éducation des enfants se font en commun[91]) et quelques autres initiatives sociales entrent dans cette catégorie inspirée du souci d'humanisation du capitalisme 'sauvage.'

---

86 K. Marx et F. Engels, *Le manifeste du parti communiste*, Pékin, Editions en langues étrangères, 1975, p. 51.

87 S. Audier, *La pensée solidariste : Aux sources du modèle social républicain*, Paris, PUF, 2010.

88 P. Letamendia, *La démocratie chrétienne*, Paris, PUF, collection *Que-sais-je*, 1977.

89 P.-J. Proudhon, *Qu'est-ce que la propriété* ? Paris, Librairie de Prévot, 1840.

90 Ch. Fourrier, *Le Nouveau monde industriel, ou invention du procédé d'industrie attrayante et combinée, distribuée en séries passionnées. Livret d'annonces*, Paris, Bossange père, 1830.

91 S. Dupuis *Robert Owen, socialiste utopique, 1771-1858*, Centre national de la recherche scientifique, 1999.

Sur le plan de la théorie économique pure, John Maynard Keynes publie en 1926 le livre "*The End of Laissez Faire*" qui remet en cause les fondements du libéralisme absolu.

Paragraphe 2 : Les caractères des finances publiques contemporaines

Les finances publiques contemporaines sont celles que présente la communauté des États depuis la Seconde Guerre mondiale. Elles ont des caractères communs même s'il existe des nuances entre les pays. On peut ramener ces caractères communs à quelques points essentiels à savoir : un accroissement des dépenses, une remise en cause de l'équilibre et la fin de la neutralité.

A : La tendance à l'amplification des masses de dépense

La croissance des dépenses publiques est un phénomène qui s'observe à l'échelle de tous les États. La tendance à l'accroissement peut prendre des proportions variées selon les pays mais cette tendance semble universelle. Les raisons de cette progression sont multiples. On peut en citer quelques-unes :

- *le gonflement effréné des dépenses de personnel administratif* : on pourrait rattacher cette situation à la fameuse "loi de parkinson". Selon le britannique Cyril Northcote Parkinson "un travail s'étend jusqu'à occuper tout le temps qui lui est imparti." Les agents publics travaillent plus pour justifier leur existence que pour atteindre des objectifs programmatiques. "Un fonctionnaire entend multiplier ses subordonnés, pas ses rivaux," écrit l'auteur. Le travail est subdivisé, ce qui crée des besoins de coordination et donc de personnel complémentaire. Ensuite, "les fonctionnaires se créent mutuellement du travail." L'augmentation des effectifs engendre des besoins d'interface, des nécessités d'échange et de partage de connaissance. La combinaison de tous ces facteurs donne l'impression d'une grande activité dans l'administration mais le résultat n'est pas à la hauteur malgré les effectifs déployés.

En dehors de ces considérations générales, le gonflement des effectifs de fonctionnaires est aussi lié à la progression de la démographie. Il faut toujours plus d'instituteurs, plus de professeurs des lycées et collèges, plus d'infirmiers et plus de médecins, plus d'agents de police pour couvrir les besoins en ressources humaines des écoles, des centres de santé et des commissariats de police qu'on construit au fur et à mesure que les villes ouest-africaines francophones voient leur population augmenter dans des proportions qui sont de l'ordre de 17 % l'an.

- *la modernité* : sous ce mot se cachent des réalités comme le passage du stylo à encre au stylo à bille, du ventilateur au climatiseur, de l'escalier à l'ascenseur, de la jumelle de surveillance du garde-forestier au GPS de télédétection, de l'épée du vaillant guerrier royal au fusil automatique, au char d'assaut et aux avions-chasseurs-bombardiers. Une heure de vol d'un chasseur-bombardier (type *Rafale* français) coûte environ 16,5 millions de francs CFA (25.000 euros). Ce qu'on appelle la 'modernité' est, très souvent, un facteur de renchérissement des coûts. On note, cependant que, dans certaines circonstances, la modernisation peut conduire à une réduction des coûts. Par exemple, le fax ou le courriel peut permettre de faire l'économie du salaire d'un coursier.

- *l'État interventionniste* : la pensée libérale a réduit l'État à ses compétences dites régaliennes. L'État contemporain ne s'estime exclu d'aucun domaine de la vie en société. Tous les secteurs d'activité peuvent être concernés par l'interventionnisme de l'État, soit parce que l'initiative privée se montre défaillante, soit parce que, par option idéologique ou politique, l'État choisit de s'intéresser et d'investir des fonds publics dans un domaine donné. Pour les experts de la Banque mondiale, l'État doit concentrer "les capacités dont il dispose à l'exécution des missions qu'il peut et doit assumer."[92] Parmi ces missions qui lui incombent, il y a l'"investissement dans les services sociaux de base et les infrastructures."[93]

B : La désacralisation de l'équilibre budgétaire

La théorie classique des finances publiques avait fait de l'équilibre une règle sacro-sainte. Les finances publiques contemporaines développent une approche à contre-courant de cette approche. La recherche de l'équilibre ou l'acceptation du déficit sont des choix de politique budgétaire liés à la conjoncture économique et sociale globale. Les finances publiques ne reflètent qu'un aspect de cette conjoncture économique et sociale globale. Elles peuvent aussi servir de levier pour réaliser l'équilibre budgétaire en provoquant dans un premier temps le déficit budgétaire. Deux grands mécanismes peuvent être cités pour illustrer ce nouveau point de vue :

- *les budgets cycliques* : un budget doit correspondre à une phase économique, phase qui peut être soit une phase de croissance, soit une phase de récession, soit une phase de stabilisation. Le budget doit correspondre à chaque phase et être un budget de relance (déficitaire) en phase de récession, soit un budget de consolidation (équilibré) en phase de croissance, soit enfin un budget de stabilisation lorsque le contexte économique est celui de la stabilisation par une confirmation du rétablissement progressif de la croissance ;

- *La théorie du déficit systématique* : elle est l'œuvre de John Maynard Keynes et de Sir William Beveridge[94]

---

[92] Banque mondiale, *Rapport sur le développement dans le monde, L'Etat dans un monde en mutation*, Washington, Banque mondiale, 1997, p. 3.

[93] *Idem,*. p. 4.

[94] Voir *infra* p. 217.

C : La fin de la neutralité des finances publiques

Sur un plan objectif, l'accroissement des dépenses publiques provoque la fin de la neutralité des finances publiques. Le denier public n'est plus une ressource marginale. Il irrigue le tissu économique par ses commandes, ses subventions et ses rémunérations.

Par ailleurs, la neutralité subjective a de moins en moins de partisans surtout à cause des crises cycliques que connaît le capitalisme mais aussi en raison de la mondialisation de l'économie. Un concours de l'État est souvent utile pour préserver les entreprises nationales ou soutenir leur expansion dans le monde.

CHAPITRE 2

LES FINANCES PUBLIQUES DES PAYS EN DÉVELOPPEMENT

Une catégorie nouvelle de pays est née au cours de la deuxième moitié du 20ème siècle : le Tiers monde qu'Alfred Sauvy décriait en 1952 comme un monde "ignoré, exploité, méprisé."[95] Du Tiers monde nous sommes passé aux Tiers mondes avec une différentiation et des écarts nets entre les pays émergents (Brésil, Inde, Chine, etc.), les pays rentiers (Qatar, Koweït, Émirats arabes unis, etc.), les pays à revenu intermédiaire (Venezuela, Albanie, Fidji, etc.) et les pays les moins avancés, les *least developed countries* (Bénin, Haïti, Bhutan, etc.).

Selon la Banque mondiale, le classement des pays selon le revenu national brut (RNB) donne les catégories suivantes :[96]

Pays à faible revenu	1 035 dollars ou moins
Pays à revenu intermédiaire de la tranche inférieure	de 1 036 à 4 085 dollars
Pays à revenu intermédiaire de la tranche supérieure	de 4 086 à 12 615 dollars
Pays à revenu élevé	12 616 dollars ou plus

Pour la Banque mondiale, les économies en développement sont celles des pays "à revenu faible ou intermédiaire"[97], c'est-à-dire les trois premières strates. Cependant, les développements qui suivent seront limités aux deux premières strates (Pays à faible revenu et Pays à revenu intermédiaire de la tranche inférieure) car elles expriment mieux le contexte des pays membres de l'UEMOA.

---

95 A. Sauvy, "Trois mondes, une planète», *in* journal *L'Observateur*, 14 août 1952, n°118, page 14.

96 http://donnees.banquemondiale.org/ consulté le 21 octobre 2015.

97 *Ibidem*

SECTION 1
LES FINANCES PUBLIQUES INTERNES DES PAYS EN DÉVELOPPEMENT

Les pays en développement, tels qu'entendus ici (pays à faible revenu et pays à revenu intermédiaire de la tranche inférieure), sont des pays qui présentent des déséquilibres structurels de leurs finances publiques : les dépenses sont très pesantes et les recettes sont insuffisantes.

Paragraphe 1 : L'importance des dépenses publiques

Les pays en développement ont des besoins immenses qui sont eux-mêmes la cause de besoins de financement sans commune mesure avec leur capacité financière. L'importance des dépenses publiques a plusieurs causes qu'il convient de passer en revue.

A : La question démographique

Les progrès en matière de santé publique ont réduit les taux de mortalité. Mais les taux de natalité restent élevés. La transition démographique (passage d'une natalité et d'une mortalité *fortes* à une natalité et une mortalité *faibles*) est lente. La conséquence est une explosion démographique impressionnante.

Tableau n° 2 : Évolution de la population sur les cinq continents

	Populations (en millions)			
Année Grandes régions	2015	2030	2050	2100
Monde	7.349	8.501	9.725	11.213
Afrique	1.186	1.679	2.478	4.387
Asie	4.393	4.923	5.267	4.889
Europe	738	734	707	646
Amérique latine	634	721	784	721
Amérique du Nord	358	396	433	500
Océanie	39	47	57	71

Source : *World population prospects: The 2015 revision.* New York. United Nations.

L'Asie reste le continent le plus peuplé mais les plus fortes progressions sont en Afrique. L'UEMOA comptera, à elle seule en 2100, autant d'habitants que l'Europe tout entière, de l'Atlantique à l'Oural. Sa population sera aussi supérieure de 71 % à celle des États-Unis d'Amérique !

Tableau n° 3 : Évolution de la population dans l'UEMOA

Année / Pays	Populations (en milliers)				
	1950	2015	2030	2050	2100
Bénin	2.255	10.880	15.593	22.549	35.544
Burkina Faso	4.284	18.106	27.244	42.789	80.990
Côte d'Ivoire	2.630	22.702	32.143	48.797	101.154
Guinée Bissau	535	1.844	2.541	3.564	5.489
Mali	4.708	17.600	27.370	45.404	92.981
Niger	2.560	19.899	35.966	72.238	209.334
Sénégal	2.477	15.129	22.802	36.223	75.042
Togo	1.395	7.305	10.489	15.681	27.873
Total UEMOA	20.844	113.465	174.148	287.245	628.407
France	41.880	64.395	68.007	71.137	75.998
États-Unis d'Amérique	157.813	321.774	355.765	388.865	450.385
Chine	544.113	1.376.049	1.415.545	1.348.056	1.004.392

Source : *World population prospects: The 2015 revision.* New York. United Nations.

Cela est et restera une population très jeune dont la majorité est en âge de travailler

Tableau n° 4 : Pourcentage de la population par classes d'âge

Années / Classes d'âge	2015		2050		2100	
	0-14	15-59	0-14	15-59	0-14	15-59
Monde	26,1	61,7	21,3	57,2	17,7	54,0
Bénin	42,2	53,2	31,3	60,7	21,2	60,7
Burkina Faso	45,6	50,6	34,9	58,7	22,7	60,6
Côte d'Ivoire	42,5	52,7	34,9	58,5	24,2	59,7
Guinée Bissau	40,8	53,9	31,2	60,5	21,5	60,8
Mali	47,5	48,5	36,8	57,4	21,8	59,7
Niger	50,5	45,3	43,9	52,1	26,5	60,9
Sénégal	43,8	51,7	34,1	57,8	22,4	57,5
Togo	42,2	53,3	32,3	59,5	21,6	59,6

Source : *World population prospects: The 2015 revision*. New York. United Nations.

L'indice de fécondité tend, malgré tout, à décroître pour atteindre la moyenne mondiale à l'horizon 2100.

Tableau n° 5 : Indice de fécondité par périodes

Périodes / Pays	Nombre moyen d'enfants par femme			
	1975-1980	2010-2015	2025-2030	2095-2100
Monde	3,87	2,51	2,38	1,99
Bénin	7	4,89	3,84	2,04
Burkina Faso	7,02	5,65	4,48	2,16
Côte d'Ivoire	7,81	5,10	4,20	2,31
Guinée Bissau	6,25	4,95	3,89	2,05
Mali	7,15	6,35	5,03	2,13
Niger	7,63	7,63	6,68	2,49
Sénégal	7,45	5,18	4,22	2,28
Togo	7,28	4,69	3,77	2,07
France	1,86	2,00	1,98	1,95
États-Unis d'Amérique	1,77	1,89	1,91	1,93
Chine	3,01	1,55	1,66	1,81

Source : *World population prospects: The 2015 revision*. New York. United Nations.

Ces chiffres ont un effet direct sur les finances publiques. L'État doit fournir les services sociaux de base financés sur deniers publics. Il faut construire des écoles, des collèges et des universités (populations jeunes), installer des centres de santé (forte fécondité), réaliser les commodités en milieu urbain et rural (électricité, eau, assainissement), construire des infrastructures : routes, ponts, centrales électriques, etc. L'argent public est sollicité et très sollicité.

B : Les dépenses de gouvernance

Un État doit exercer la plénitude des compétences qui lui sont reconnues. Il dispose d'une administration répartie sur le territoire national. Il ouvre des postes diplomatiques dans le monde, dispose d'une armée et d'une police et crée des universités.

La vague de démocratisation commencée dans les années 1990 a créé de nouveaux besoins financiers. Il faut un parlement (monocaméral ou bicaméral), des institutions de contre-pouvoir (Haute cour de justice, Cour constitutionnelle, Autorité de régulation des médias, Médiateur de la République) et surtout organiser régulièrement des élections. Les crédits budgétaires affectés à l'élection présidentielle ont été de 30,2 milliards FCFA en Côte d'Ivoire en 2015,[98] 14,8 milliards de FCFA au Bénin en 2016. [99] Les élections législatives et présidentielle au Burkina Faso en 2015 ont coûté 50,6 milliards de francs CFA, [100] ce qui, en investissements publics, correspond à environ 1.250 modules de classe pour l'enseignement fondamental.

Paragraphe 2 : Des ressources insuffisantes

Le pacte de convergence et de stabilité en vigueur au sein de l'UEMOA a fixé à 20 % l'objectif de taux de pression fiscale au sein des États membres. Ce taux est loin d'être respecté par tous les pays membres. Il est de l'ordre de 15,58 % en moyenne en 2014 pour l'ensemble de l'UEMOA.[101]

Cette faiblesse globale du taux de pression fiscale est due à plusieurs causes. On peut citer : la faible capacité contributive des citoyens, l'importance de l'évasion fiscale et les effets pervers de la mondialisation de l'économie et des échanges.

A : La faible capacité contributive des citoyens

La faible capacité contributive des citoyens concerne toutes les catégories d'impôt : impôt sur le revenu, impôt sur la dépense et impôt sur le capital.

1. L'impôt sur le revenu

Le seuil de pauvreté est établi à 1,25 dollar US par personne et par jour. Ce seuil a été porté à 1,90 dollar en 2015. Selon les statistiques de la Banque mondiale, le pourcentage de pauvre en Afrique subsaharienne s'établit à 56,8 % en 1990 et 42,7 % en 2012.[102]Les études montrent, par ailleurs, que les pauvres en Afrique sont très pauvres et que les personnes vivant avec moins de 1,90 dollar par jour n'ont en réalité que 70 cents pour vivre.[103]Plus le revenu est faible, moins le citoyen peut apporter sa contribution à la caisse publique sous forme d'impôt sur le revenu. En conséquence, les exemptions d'impôt sur le revenu et les exonérations sont nombreuses, surtout en tenant compte des charges familiales. L'indice synthétique de fécondité (nombre

---

98 http://www.gouv.ci/actualite consulté le 15 décembre 2015.

99 Journal *La Nation*, Cotonou, n° 6339 du 8 octobre 2015.

100 http://www.lemonde.fr/afrique/ consulté le 15 décembre 2015.

101 Bénin (16,9%), Burkina Faso (16,0%), Côte d'Ivoire (15,6%), Guinée Bissau (6,0%), Mali (15,9%), Niger (16,7%), Sénégal (18,9%), Togo (18,7%). Voir UEMOA, *Rapport semestriel d'exécution de la surveillance multilatérale*, 2014, p. 111.

102 http://povertydata.worldbank.org/poverty/region/SSA consulté le 4 novembre 2015.

103 Africaprogress panel *Rapport sur le progrès en Afrique 2014, Agriculture, pêche et capitaux. Comment financer les révolutions verte et bleue de l'Afrique* ? Genève, 2014, p. 14.

d'enfants par femme en âge de procréer) est de 4,69 au Togo et de 7,63 au Niger.

2. L'impôt sur la dépense

Le bon rendement de l'impôt sur la dépense est compromis par les tendances générales de la consommation dans les pays membres de l'UEMOA. Il y a d'abord l'importance de l'autoconsommation liée à l'économie villageoise de subsistance. Le forgeron de Piya (Togo), le cultivateur de Daoukro (Côte d'Ivoire), le tisserand de Houawé (Bénin) l'éleveur de Rapadama (Burkina Faso) et le pêcheur de Diembering (Sénégal) consomment ce qu'ils produisent et vendent le peu en surplus pour faire face à leurs besoins primaires. Ils entretiennent ainsi ce que les économistes appellent le secteur informel. Selon une étude de l'UEMOA, le secteur informel emploie 76 % des actifs occupés dans les États membres, suivi très loin derrière du secteur privé formel (14 %) et du secteur public (8 %).[104]Ce secteur informel est producteur de biens et de services qui échappent aux services administratifs et fiscaux. L'une des conséquences de l'importance du secteur informel est que l'impôt repose sur un nombre réduit d'entreprises appartenant au secteur formel. Au Sénégal, l'assiette fiscale repose sur 500 grandes entreprises, 10.000 entreprises de taille moyenne et 40.000 petites entreprises.[105] Enfin, le faible taux de bancarisation de l'économie alimente aussi la prédominance du commerce informel qui échappe aux prélèvements fiscaux.

---

[104] UEMOA-AFRISTAT, *L'emploi, le chômage et les conditions d'activité dans les principales agglomérations de sept Etats membres de l'UEMOA*, Ouagadougou, 2003, p. 3.

[105] Africa progress panel, *Rapport sur le progrès en Afrique 2014, Agriculture, pêche et capitaux. Comment financer les révolutions verte et bleue de l'Afrique* ? Genève, 2014, p. 137.

Tableau n° 6 : Taux de bancarisation dans les pays membres de l'UEMOA (2014)

Pays	Taux de bancarisation	Nombre de guichets bancaires	DAB/GAB
Bénin	15,69 %	190	254
Burkina Faso	11,14 %	231	245
Côte d'Ivoire	16,49 %	567	701
Guinée Bissau	6,83 %	26	38
Mali	16,14 %	434	343
Niger	4,25 %	135	115
Sénégal	16,40 %	367	385
Togo	17,58 %	183	191
Moyenne UEMOA	**13,52 %**	**2.133**	**2.272**

Source : BCEAO, Note d'information, 4ème trimestre 2014, n° 40.

3. L'impôt sur le capital

Le capital, c'est la richesse acquise, que celle-ci prenne la forme de biens immobiliers ou d'argent déposé sur un compte en banque. Les banques africaines, d'une manière générale, disposent de liquidités abondantes. Elles sont sur-liquides. Selon la Commission économique des Nations Unies pour l'Afrique, les recettes bancaires du continent sont estimées à 60 milliards de dollars, tandis que la capitalisation boursière sur le continent est passée de 300 milliards de dollars en 1996 à 1.200 milliards de dollars en 2007.[106] L'assiette d'un impôt sur le capital n'est pas faible mais soulève plutôt la question plus complexe de l'évasion fiscale.

B : L'importance de l'évasion fiscale

Les pays africains, dans leur ensemble, prélèvent 527,3 milliards de dollars d'impôt chaque année.[107] Mais ces sommes sont en deçà du potentiel fiscal du continent. Le taux de déperdition fiscale est important. Les facteurs qui expliquent cette déperdition sont nombreux : la surfacturation ou la sous-facturation des marchés, les prix de transfert et les recours aux centres

[106] Nations Unies, Commission économique pour l'Afrique, *Financements novateurs et transformation économique en Afrique*, Addis-Abeba, CEA/ONU, 2015, p. 25.

[107] *Idem*, p. 24.

bancaires et financiers extraterritoriaux, enfin les paradis fiscaux. Le faible taux de bancarisation des États ajoute au phénomène de l'évasion fiscale. Ces phénomènes divers sont des menaces objectives et subjectives au bon rendement de la fiscalité intérieure.

C : Les effets pervers de la mondialisation de l'économie et des échanges

Le phénomène dit de mondialisation de l'économie et de globalisation des échanges pousse les États à rendre leurs systèmes fiscaux plus attractifs par rapport aux autres États. Le but est d'attirer les investisseurs directs étrangers. En conséquence, les codes des investissements organisent des régimes fiscaux privilégiés comportant des exonérations et des exemptions d'impôts pour les investissements réalisés dans les pays africains membres de l'UEMOA.

Par ailleurs, en matière de fiscalité intérieure, les États africains peinent à maîtriser la base imposable des transactions effectuées par les multinationales sur leur territoire. La pratique des prix de transfert et les paradis fiscaux privent les caisses des Trésors publics de sommes importantes.[108]

Enfin, les institutions d'intégration régionale (UEMOA, CEDEAO) agissent dans le sens de la réduction ou de l'élimination des droits de douane. Tandis que des instruments internationaux comme les Accords de partenariat économique (APE) signés avec l'Union européenne aboutissent à priver les États de droits de douane sur les produits importés de l'Europe.[109]

SECTION 2
L'AIDE FINANCIÈRE INTERNATIONALE

L'assistance internationale est devenue une composante structurelle des finances publiques dans les pays pauvres. Plusieurs conférences internationales ont été organisées sous l'égide des Nations Unies pour traiter de la question du financement du développement. En 2015, le financement du développement a été élargi à deux grands défis des années à venir : le développement durable et la lutte contre les changements climatiques.

Paragraphe 1 : Les conférences sur le financement du développement

Trois conférences ont eu lieu à ce jour sur la question du financement du développement : Monterrey (2002), Doha (2008) et Addis-Abeba (2015).

---

[108] Voir *infra* p. 81.

[109] R ; Ebale, *Comprendre les accords de partenariat économique entre l'UE et les pays ACP*, Paris, L'Harmattan, 2015.

A : La conférence de Monterrey (Mexique)

La conférence de Monterrey a été la première de la série des rencontres internationales consacrées aux questions de développement. Elle a débouché sur six grands axes d'action qu'on a dénommés le "Consensus de Monterrey". Ce sont :

i. *la mobilisation des ressources nationales pour le développement* : mobiliser l'épargne intérieure, adopter des politiques macroéconomiques cohérentes et saines, assurer la bonne gouvernance, lutter contre la corruption, investir dans le genre et développer la micro-finance, etc.

ii. *la mobilisation des ressources internationales pour le développement* : investissements directs étrangers et autres apports du secteur privé. Les pays doivent s'efforcer d'atteindre des climats des affaires à la fois transparents, stables et sécurisés. Les institutions internationales et régionales sont invitées à accroître leurs contributions au financement des infrastructures en mettant à disposition des crédits à l'exportation, des financements conjoints, des garanties des risques, des financements d'études de faisabilité, etc.

iii. *le commerce international comme moteur du développement* : les barrières douanières, les subventions et autres mesures qui sont des distorsions au commerce mondial sont une préoccupation. Appel est lancé aux pays développés d'ouvrir leurs marchés hors douane et hors quota aux exportations des pays les moins avancés.

iv. *accroissement de la coopération financière et technique internationale* : les pays développés sont invités à consacrer 0,7 % de leur PIB dont 0,15 % à 0,20 % aux pays les moins avancés, comme préconisé par la troisième Conférence des Nations Unies sur les pays les moins avancés. L'évaluation de sources de financement innovantes et des efforts pour rendre l'aide plus performante sont également préconisés.

v. *la réduction de la dette extérieure* : les institutions de Bretton Woods sont invitées à faire un traitement approprié des dettes de pays résultant de catastrophes naturelles, de chocs sévères sur les termes de l'échange. Des instruments différenciés sont nécessaires pour répondre de façon appropriée aux différentes circonstances et capacités économiques des États.

vi. *Cohérence d'ensemble du système financier, monétaire et commercial de soutien au développement.* Des efforts sont préconisés pour réformer le système financier international.

B : La Conférence de Doha (Qatar)

Six ans après la Conférence de Monterrey, celle de Doha (2008) sur le financement du développement fait des constats importants comme la montée en puissance des pays à économie émergente (Chine, Inde, Brésil, etc.), le développement de l'activité des fonds souverains des pays exportateurs de matières premières et d'hydrocarbure (Qatar, Koweït, Émirats arabes unis, etc.), l'engagement de grandes fondations caritatives privées. La Déclaration de Doha est le texte qui sanctionne les travaux de la Conférence. Cette Déclaration affirme que des progrès dans certains domaines sont enregistrés mais que les inégalités se sont aggravées. Les participants se félicitent de l'augmentation substantielle des flux de capitaux publics et privés depuis 2002. La Déclaration réaffirme les buts et les engagements consacrés dans le Consensus de Monterrey et tout en reprenant les grands thèmes abordés à Monterrey (Mobiliser des ressources internationales au service du développement : investissements étrangers directs et autres flux financiers privés, le commerce international, moteur du développement, renforcer la coopération financière et technique internationale au service du développement, la dette extérieure, les questions systémiques : renforcement de la cohésion et de la cohérence des systèmes monétaire, financier et commercial internationaux à l'appui du développement) met en relief la nécessité de renforcer la mobilisation des ressources intérieures, la promotion d'une croissance inclusive et durable, la reconnaissance des principes relatifs à l'efficacité de l'aide, la promotion des financements innovants et la prise en compte des catégories de pays en développement.

Encadré n° 1 : Les financements innovants

"Les pays africains prélèvent chaque année plus de 527,3 milliards de dollars d'impôts par rapport aux 73,7 milliards de dollars que la région reçoit d'apports privés et aux 51,4 milliards de dollars de l'aide publique au développement. Ces montants indiquent qu'il y aurait d'énormes possibilités de recettes fiscales.

Les avoirs des caisses de retraite africaines augmentent à un rythme impressionnant. En Afrique du Sud, par exemple, ils sont passés de 166 milliards de dollars en 2007 à 277 milliards de dollars en 2011 ; au Nigéria, de 3 milliards de dollars en 2008 à 14 milliards de dollars en 2010 ; en Namibie, ils sont estimés à 16,3 milliards de dollars namibiens, soit 1,84 milliard de dollars des États-Unis. Au Kenya, il est estimé que les actifs des caisses de retraite représentent 397 milliards de shillings, soit 4,56 milliards de dollars des États-Unis.

L'Afrique obtient chaque année plus de 168 milliards de dollars de ses ressources minières et pétrolières, et détient plus de 400 milliards de dollars de réserves internationales dans ses banques centrales. Les envois de fonds de la diaspora africaine sont passés à 60 milliards de dollars en 2012. La Banque mondiale estime que durant la prochaine décennie, les rapatriements de fonds de la diaspora africaine pourraient aller jusqu'à 200 milliards de dollars. L'Afrique pourrait obtenir 5 à 10 milliards de dollars par an sur les marchés internationaux de capitaux grâce à la titrisation des envois de fonds de sa diaspora.

La capitalisation boursière en Afrique est passée de 300 milliards de dollars en 1996 à 1.200 milliards de dollars en 2007, 39 pays ayant émis des bons du Trésor et 27 pays ayant offert des obligations du Trésor. Avec plus de 700 bons du Trésor pour une valeur de 206 milliards de dollars émis par les pays africains en date de décembre 2011, l'émergence d'un respectable marché des obligations est proche.

Les recettes bancaires sont estimées à environ 60 milliards de dollars, et le secteur bancaire est extrêmement liquide. Plus d'une dizaine de pays africains ont établi des fonds d'investissement souverains. Les flux financiers illicites de la région ont atteint 854 milliards de dollars sur la période allant de 1970 à 2008, ce qui représente en moyenne une perte annuelle de ressources financières de 22 milliards de dollars. Si on pouvait les empêcher, ce serait là des ressources financières pouvant servir à la mise en œuvre des programmes et projets nationaux et régionaux de développement. Le marché africain des placements privés se monte à environ 30 milliards de dollars. Les transactions des fonds d'investissement privés dans la région se montaient à 1,5 milliard de dollars en 2011.

Tous ces éléments indiquent les ressources qui pourraient appuyer les programmes et projets visant le développement de l'Afrique si des instruments appropriés sont mis en place. Étant donné ces possibilités de sources de financement pour le développement, et les performances encourageantes obtenues jusqu'à présent dans les cas où elles ont été utilisées, le présent livre est optimiste quant à la possibilité que l'Afrique réduise, durant la décennie à venir, une part importante de son déficit d'infrastructures."

Source : Nations Unies, Commission économique pour l'Afrique, *Financement novateur et transformation économique en Afrique,* Addis-Abeba, mars 2015, pp. 24-25.

C : La Conférence d'Addis-Abeba (Éthiopie)

La Conférence d'Addis-Abeba (13-16 juillet 2015) fait un lien avec deux autres grandes échéances de la diplomatie des Etats : le sommet mondial de New York pour l'adoption des ODD, les Objectifs de Développement Durable (25-27 septembre 2015), d'une part, la 21ème Conférence des parties (COP21) à la Convention-cadre des Nations Unies sur les changements climatiques (Paris, novembre-décembre 2015), d'autre part. La notion de développement durable est reprise par le Programme d'Action d'Addis-Abeba et signifie "la croissance économique pour tous, la protection de l'environnement et l'inclusion sociale"[110]

[110] Nations Unies, *Document final de la troisième Conférence internationale sur le financement du développement : Programme d'action d'Addis-Abeba*, p. 2.

La Conférence constate aussi l'existence de "pays en proie à des situations particulières."[111] On cite l'Afrique d'une manière générale, mais aussi les petits États insulaires en développement et les pays en développement sans littoral.

La Conférence apporte son soutien à la mise en œuvre des stratégies et des programmes d'action pertinents, tels que la Déclaration et le Programme d'action d'Istanbul, les Modalités d'action accélérées des petits États insulaires en développement et le Programme d'action de Vienne en faveur des pays en développement sans littoral pour la décennie 2014-2024. Par-dessus tout, elle apporte son soutien au nouveau cadre de développement intitulé "Agenda 2063 de l'Union africaine" et son plan d'action décennal.

Le programme d'action d'Addis-Abeba appelle à une "relance du partenariat mondial pour le développement durable" et présente six grands domaines d'intervention :

i. *les ressources publiques intérieures* : améliorer l'administration fiscale, œuvrer pour la transparence fiscale, lutter contre les flux financiers illicites, contribuer à l'élimination des paradis fiscaux, améliorer les contrôles des finances publiques par les cours des comptes nationales, assurer la transparence des marchés publics, etc.

ii. *entreprises privées et finances intérieures et internationales* : encouragement des flux financiers internationaux, notamment des investissements directs étrangers, promotion des entreprises dynamiques et fonctionnelles en accord avec les Principes des Nations Unies sur les entreprises et les droits de l'Homme, facilitation de l'accès des femmes aux services financiers, réduire à 3 % à l'horizon 2030 le coût des transferts de salaire des travailleurs migrants, développement des marchés financiers nationaux, etc.

iii. *coopération internationale pour le développement* : rappel de l'engagement des pays donateurs sur l'objectif de 0,7 % pour le *ratio* Aide Publique au Développement/Revenu National Brut et l'objectif de 0,15 % à 0,20 % pour ce même *ratio* dans le cas de l'aide aux pays les moins avancés, encouragement de la coopération sud-sud, lutte contre les changements climatiques et financement de l'action humanitaire, etc.

iv. *le commerce international, moteur du développement* : soutien à un système commercial international fondé sur des règles, ouvert, transparent, prévisible, inclusif, non-discriminatoire et équitable sous l'égide de l'Organisation mondiale du commerce (OMC), etc.

v. *dette et viabilité de la dette* : engagement pour une viabilité de la dette et soutien au système d'analyse de la viabilité de la dette effectué par le FMI et la

---

111 *Idem*, p. 4.

Banque mondiale comme un outil d'information précieux sur le niveau d'emprunt approprié, etc.

vi. *résoudre les problèmes systémiques/questions liées aux systèmes* : amélioration de la gouvernance économique mondiale et renforcement permanent du rôle de premier plan de l'ONU pour promouvoir le développement, règlementation rationnelle des marchés financiers et impératif d'un filet de sécurité financière mondiale, etc.

Paragraphe 2 : L'état des lieux du financement du développement

Le thème du "financement du développement" permet d'examiner les grandes questions relatives à l'aide publique au développement, la montée en puissance de la coopération sud-sud, l'épineux dossier de la fuite des capitaux et l'émergence des organisations caritatives.

A : L'aide publique au développement

L'objectif fixé par les Nations Unies est d'atteindre 0,7 % du Revenu national brut (RNB) des pays développés consacré à l'aide publique au développement, soit sous forme de dons, soit sous forme de prêts concessionnels. En 2000, l'aide publique au développement montait à 80,7 milliards de dollars (0,22 % du RNB) et atteint 134 milliards de dollars en 2014, en dollars constants. Ce qui représente 0,29 % du RNB des pays développés.[112]

Le Comité d'Aide au Développement (CAD) de l'OCDE définit l'APD ainsi qu'il suit :

> « On entend par aide publique au développement (APD) tous les apports de ressources qui sont fournis aux pays de la partie I de la liste du CAD (pays en développement) ou aux institutions multilatérales pour être ensuite acheminés vers des pays de la partie I, et qui répondent aux critères suivants : émaner d'organismes publics, y compris les États et les collectivités locales, ou d'organismes agissant pour le compte d'organismes publics, sachant que chaque transaction doit en outre avoir pour but essentiel de favoriser le développement économique et l'amélioration du niveau de vie des pays en développement, et être assortie de conditions favorables et comporter un élément de libéralité au moins égal à 25 pour cent (sur la base d'un taux d'actualisation de 10 pour cent). »

Les donneurs ont tendance à concentrer leurs aides sur un nombre relativement réduit de pays. Ce phénomène permet de distinguer des pays moins-aidés alors qu'ils ont des besoins de financement importants. Les dix

[112] United Nations, *Millennium Development Goal 8, Taking stock of the global partnership for development, MDG Task Force, Report 2015*, p. 1.

pays (Viêt-Nam, Égypte, etc.) recevant le plus d'aide publique au développement en 2013 ont totalisé 37 % du montant global des aides sur un total de 148 pays bénéficiaires.[113] D'autres pays peuvent être appelés les moins aidés, selon les chiffres produits en 2014 pour le Togo, la Guinée, le Népal et quelques autres.[114]

Les secteurs de concentration de l'aide publique au développement sont l'éducation et la santé : 15,5 % en 2000, 21,2 % en 2009 mais 18 % en 2013. Ce qui représente 6,4 milliards de dollars en 2000 et 14,5 milliards en 2013.[115]

Encadré n° 2 : L'Agenda 2063 de l'Union africaine

L'AVENIR QUE NOUS VOULONS POUR L'AFRIQUE

1. Une Afrique prospère fondée sur une croissance inclusive et un développement durable
2. Un continent intégré, politiquement uni, basé sur les idéaux du panafricanisme et sur la vision de la renaissance de l'Afrique.
3. Une Afrique où règnent la bonne gouvernance, la démocratie, le respect des droits de l'Homme, la justice et l'État de droit
4. Une Afrique pacifique et sécurisée.
5. Une Afrique dotée d'une identité, d'un patrimoine commun, de valeurs partagées et d'une éthique culturelle forte.
6. Une Afrique où le développement est axé sur les populations, et s'appuie notamment sur le potentiel des femmes et des jeunes.
7. Une Afrique, en tant qu'acteur et partenaire fort, uni et influent sur la scène mondiale.

ASPIRATIONS

11. D'ici 2063, les pays africains seront parmi les plus performants, en termes de mesures de la qualité de vie dans le monde Ceci sera réalisé grâce à des stratégies de croissance inclusive, la création d'emplois, l'augmentation de la production agricole ; des investissements dans la science, la technologie, la recherche et l'innovation ; l'égalité des sexes, l'autonomisation des jeunes et la fourniture de services de base tels que la santé, la nutrition, l'éducation, le logement, l'eau et l'assainissement.

12. Le PIB total de l'Afrique sera proportionnel à sa part de la population mondiale et à ses richesses en ressources naturelles.

13. L'agriculture de l'Afrique sera moderne et productive, grâce au

113 *Idem.* p. 15.
114 *Idem,* p.15.
115 *Idem,* p.16.

recours à la science, la technologie, l'innovation et aux connaissances locales. La houe sera bannie d'ici 2025 et le secteur sera moderne, rentable et attractif pour les jeunes et les femmes du continent.

Source : Commission de l'Union africaine, *Agenda 2063, L'Afrique que nous voulons*, Addis-Abeba, août 2014.

B : La coopération sud-sud

La coopération financière et technique entre pays en développement prend de l'ampleur. Les sommes concernées sont estimées à 19 milliards de dollars en 2011, et 20 milliards de dollars en 2013. Ces sommes sont consacrées à hauteur de 55 % à des investissements dans les infrastructures et 1/3 dans les secteurs sociaux.[116]

> "Quatre types d'outils sont comptabilisés en aide publique au développement : les dons (définition CAD : « transfert en espèces ou en nature qui n'entraîne pas d'obligation juridique de remboursement pour le bénéficiaire ») ; les prêts (définition CAD : « transfert en espèces ou en nature qui entraîne une obligation juridique de remboursement pour le bénéficiaire en monnaies convertibles ou en nature »). Les prêts liés doivent être concessionnels à hauteur de 35 % et les prêts déliés concessionnels à hauteur de 25 % ; les garanties, sous certaines conditions ; les opérations sur la dette (annulation, rééchelonnement, moratoire)".
> Source : France, Direction générale du Trésor

La progression est constante et les différents sommets de Chefs d'État sont des occasions de développer les relations financières entre les pays du sud. Ainsi au cours du sommet Chine-Afrique de décembre 2015, le Chef de l'État chinois a annoncé une aide financière de 60 milliards de dollars à l'Afrique dont 5 milliards de prêt à taux zéro et 35 milliards à taux préférentiel. Cette importante enveloppe financière est destinée à financer dix programmes de coopération de 2015 à 2018.

Lors du troisième sommet Inde-Afrique d'octobre 2014, le gouvernement indien a aussi annoncé l'octroi de nouveaux prêts de 10 milliards de dollars sur 5 ans, soit le doublement des crédits par rapport au dernier sommet en 2011. Le montant des dons est tombé de 1,2 milliard à 600 millions de dollars.

116 *Idem,*p. 19.

Encadré n° 3 : La Banque de développement des BRICS

The New Developement Bank BRICS Reinventing partnership. redefining future. The New Development Bank starts with an objective of funding infrastructure projects in the developing countries and meet the aspirations of millions through sustainable development. We at the New Development Bank, will listen, learn, collaborate and innovate. A significant aspect of our path would be to establish global, regional and local partnership with the new as well as established MDBs and with market participants. Current financing and investment patterns are inadequate in meeting investment needs. Private international capital flows are not only volatile they are also insufficient in volume and maturity to fund sustainable development, which typically requires long-term investment. Multilateral Development Banks (MDBs) can play a pivotal role in meeting these requirements. While the annual resource commitment from MDBs has gone up from USD 45 billion to over USD 100 billion over a 10 year period, it is still insufficient to meet the infrastructure development investment of over USD 1 trillion a year. There is therefore a need for MDBs to reinvent themselves and introduce innovative instruments. The New Development Bank vision is not restricted to funding infrastructure requirements but envisages building a knowledge sharing platform among the developing countries and promote sustainable development. The New Development Bank is key milestone of the cooperation among emerging economies and developing countries. It is a testament of coming of age of these countries in the world of development finance.

Source : http:// https://www.ndbbrics.org/le 21 octobre 2016.

C : La fuite des capitaux

Selon certains experts, l'Afrique a perdu entre 1.200 et 1.400 milliards de dollars entre 1980 et 2009, soit l'équivalent de son produit intérieur brut actuel.[117] Ces chiffres correspondent à des flux financiers illicites, c'est-à-dire l'"argent qui est gagné, transféré ou utilisé illégalement."[118] Un autre rapport de la Commission économique des Nations Unies pour l'Afrique estime supérieurs à 900 milliards de dollars les flux financiers illicites en Afrique sur la période 1970-2008.[119]

117 African Development Bank & Global Financial Integrity, *Illicit financial flows and the problem of Net Resource Transfers from Africa: 1980-2009,* Join report, may 2013.

118 Nations-Unies, Commission économique pour l'Afrique, *Financement novateur et transformation économique en Afrique,* Addis-Abeba, mars 2015, p. 40.

119 African Development Bank & Global Financial Integrity, *op.cit.*

Pour l'*Africaprogress panel*, l'Afrique perd en moyenne 50 millions de dollars en flux financiers illégaux chaque année. Cette somme représente 5,7 % du PIB de l'Afrique subsaharienne. L'Afrique serait ainsi "le créancier net du reste du monde depuis des décennies."[120] Selon les estimations, la corruption sous toutes ses formes ne représente que 3 % des flux illicites de capitaux. Viennent ensuite les activités criminelles (trafic de drogue, contrebande) pour 30 % à 35 %. Au haut du podium se placent les transactions commerciales des multinationales avec 60 % à 65 % des flux de capitaux illicites.[121] Les déclinaisons de ces transactions commerciales internationales comprennent la surfacturation ou la sous-facturation des marchés, les prix de transfert et les recours aux centres bancaires et financiers extraterritoriaux et les paradis fiscaux.[122] Les compagnies multinationales sont ainsi indexées comme étant au cœur du siphonnage des ressources financières du continent africain.

Pour sa part, la Commission économique des Nations Unies pour l'Afrique (CEA) lance le slogan "identification, blocage, réappropriation" pour mettre fin à l'hémorragie des capitaux. Le but est de mettre fin à l'hémorragie afin de disposer de ressources additionnelles à consacrer au financement du développement.

D : Les organisations philanthropiques

Les organisations philanthropiques prennent une part de plus en plus importante dans le financement du développement. De 3 milliards de dollars en 2002, l'apport de cette catégorie de donneur est passé à 29,8 milliards de dollars en 2012.[123]Parmi ces grandes agences de charité, on peut citer le *Bill & Melinda Gates Foundation*, le *Global Fund to Fight HIV/AIDS*, le *Tuberculosis and Malaria*, le GAVI-*Vaccine Alliance*. Le secteur de la santé est le domaine de préférence où ces organismes investissent.

E : Les nouveaux guichets et les nouveaux mécanismes de financement du développement

L'argent nécessaire pour financer le développement peut aussi provenir de sources alternatives mises en place par les donneurs et avec la participation des bénéficiaires.

- *La Taxe sur les transactions financières* (TTF) : elle a été instituée par la France en mars 2012 lors du vote d'une loi de finances rectificative. Elle se fonde sur une modification de la Section XX du Code général des impôts

---

[120] Cité par M. Tafirenyika, "Finance : ces capitaux qui fuient l'Afrique", *in* http://www.un.org/africarenewal/fr consulté le 30 novembre 2015.

[121] Voir M. Tafirenyika, article précité.

[122] *Ibidem*

[123] United Nations, *Millennium Development Goal 8, Taking stock of the global partnership for development, MDG Task Force, Report 2015*, p. 20.

(section XX, article 235 *ter* modifié par loi n° 2012-354 du 14 mars 2012 - art. 5 (V) et par l'ordonnance n° 2013-676 du 25 juillet 2013 - art. 42). Son taux est de 0,1 % sur les échanges d'actions des sociétés dont la capitalisation boursière dépasse un milliard d'euros et dont le siège social est en France. Ce taux est ramené à 0,01 %, pour certains produits ou opérations accusés de favoriser la spéculation. La France a voulu être un pays pionnier sur le terrain de la taxation des transactions financières mais les négociations se poursuivent au niveau européen. Le dossier de la dette grecque et l'âpreté des discussions avec les gouvernements successifs à Athènes ont freiné l'aboutissement du projet. Pour la Commission de l'Union européenne, les taux de la taxe pourraient être d'un montant de 0,1 % sur les actions et obligations et 0,01 % sur les produits dérivés. L'assiette de cette taxe serait constituée par toutes les transactions financières, à partir du moment où l'une des parties est domiciliée dans un pays participant. L'échéance de la mise en œuvre est fixée au 1er janvier 2017 pour les onze pays participant aux discussions et qui sont : Autriche, Belgique, Estonie, France, Allemagne, Grèce, Italie, Portugal, Slovaquie, Slovénie et Espagne. Ensemble, ces pays représentent environ 90 % du Produit intérieur brut de la zone euro. À ce stade des discussions, rien ne dit si une partie des recettes tirées de cette taxe sera affectée à la solidarité internationale. Toutefois, certaines organisations de la société civile comme *Oxfam* et *ONE-France* militent pour l'utilisation d'une partie du produit de la TTF pour le financement du développement.

- *Taxe sur les billets d'avion :* en 2006 le Brésil, le Chili, la France, la Norvège et le Royaume-Uni créent l'UNITAID pour le financement de la santé et du développement dans le monde. Fin 2008, le nombre de ses membres a augmenté, passant de cinq pays membres fondateurs à 28 pays et une fondation. Les pathologies ciblées par UNITAID sont le VIH-Sida, la tuberculose et le paludisme. UNITAID est alimenté par les recettes tirées de la Taxe de solidarité sur les billets d'avion. Les pays qui appliquent cette taxe sont le Cameroun, le Chili, la République du Congo, la France, Madagascar, le Mali, l'Ile Maurice, le Niger, la République de Corée et la Norvège.

- *Le Fonds vert sur le climat* : Le Fonds a été établi en 2010 et lancé en 2011 par la Conférence des parties de la Convention-Cadre des Nations Unies sur les Changements climatiques (CCNUCC). Le Fonds fait la promotion d'un changement de paradigme vers un développement à faibles émissions et résilient pour le climat. Il vise à faire prendre en compte des besoins des pays en voie de développement qui sont particulièrement vulnérables au changement climatique, que sont les petits États insulaires en développement et les pays africains dont la caractéristique commune est qu'ils contribuent le moins au réchauffement climatique et subissent le plus les risques liés au dérèglement du climat. Il fait la promotion des stratégies de développement sobres en carbone. En 2014, le Fonds a recueilli l'équivalent de 10 milliards de dollars en engagements de la part de 35 pays. La Suède est la plus grande contributrice par habitant au Fonds, avec 60 dollars par habitant, soit un total de 580 millions de dollars, alors que le Japon a souscrit la plus grande contribution nominale avec 1,5 milliard de dollars. Le Fonds soutient l'action sur le terrain dans les pays en développement par l'entremise du déploiement de subventions ciblées, de prêts concessionnels aux gouvernements et d'instruments du secteur privé. Les pays industrialisés se sont engagés pour que le financement climatique atteigne au moins 100 milliards par année d'ici 2020. Mais selon la direction du Fonds vert pour le climat, il faudrait des ressources de l'ordre de "400 milliards de dollars par année pour rendre résilients et écologiques les investissements à long terme des pays en développement".[124]

- *L'Initiative en faveur des Pays Pauvres très Endettés* (PPTE) a été lancée par la Banque mondiale et le Fonds monétaire international en 1996. Le but est de permettre aux pays les plus pauvres de ne pas être confrontés à une charge d'endettement qu'ils ne peuvent gérer. L'Initiative PPTE est un processus en deux étapes comportant chacune des conditionnalités : la première étape dite point de décision permet à la Banque mondiale et au FMI d'opérer un allègement intérimaire de la dette du pays. La seconde étape dite point d'achèvement autorise un allégement intégral de la dette. La réduction de la dette permet aux pays bénéficiaires de faire des économies de trésorerie qui doivent être consacrées aux dépenses pro-pauvres dans les domaines de la santé, de l'éducation et des autres services sociaux. Tous les pays membres de l'UEMOA ont bénéficié de l'Initiative PPTE. L'initiative PPTE a été complétée en 2005 par l'Initiative d'Allègement de la Dette Multilatérale (IADM) qui prévoit l'allégement de la totalité des dettes éligibles par les trois institutions financières que sont : le FMI, la Banque mondiale et le Fonds africain de développement. L'IADM concerne les pays qui ont franchi l'étape du point d'achèvement de l'initiative PPTE.

- *La conversion de la dette* : certains pays choisissent de convertir leurs créances sur les pays en développement en transformant les obligations en devises, en monnaie locale. L'argent ainsi converti est utilisé pour financer des investissements. Plusieurs pays ont recours à ce mécanisme de conversion de dette : l'initiative "*Enterprise for the Americas*" des États-Unis d'Amérique, le mécanisme global de réduction de la dette mis en œuvre par la Suisse, l'initiative de conversion de créances en vue du développement durable lancée par le Canada. En 1992, la France a lancé l'initiative de Libreville en faveur de la dette avec la création d'un Fonds de conversion des créances pour le développement. Cette initiative est suivie en 1999, après le sommet du G7 à Cologne en Allemagne, par le mécanisme du contrat de désendettement et de développement C2D géré par l'Agence française de développement. Le C2D est ouvert aux pays éligibles à l'Initiative PPTE. Il oblige le pays bénéficiaire à

[124] http://newsroom.unfccc.int/fr consulté le 17 octobre 2015.

honorer sa dette, puis aussitôt le remboursement constaté, la France reverse à la Banque Centrale du pays la somme correspondante pour l'affecter à des programmes de lutte contre la pauvreté choisis d'un commun accord.

CHAPITRE 3

LES FINANCES PUBLIQUES ET L'ÉCONOMIE

Les finances publiques traitent de l'argent public principalement et l'argent public, tout comme l'argent tout court, est une composante de la production et de la distribution des biens et services marchands, c'est-à-dire de l'économie. L'État et les autres personnes publiques achètent et vendent ; ils donnent du pouvoir d'achat (traitements) aux consommateurs et opèrent des prélèvements (impôts) sur les revenus des ménages et des entreprises.

Les finances publiques entretiennent ainsi avec l'économie une relation dialectique où les influences sont réciproques, que ce soit en matière de dépenses publiques ou de recettes publiques.

SECTION 1
LA PART DES DÉPENSES PUBLIQUES DANS L'ÉCONOMIE

Il convient d'aborder ici la question de l'importance des dépenses publiques mais aussi celle de leur sélection.

Paragraphe 1 : L'importance des dépenses publiques

Les États ouest-africains francophones ont été inspirés par des modèles économiques dirigistes au cours des années 1960 jusqu'à la fin de la décennie 1980. Le socialisme africain (Sénégal, Mali), le capitalisme d'État (Côte d'Ivoire, Togo), le socialisme scientifique (Bénin) ont tous conduit au gonflement du portefeuille économique de l'État.

Aujourd'hui encore, malgré les programmes d'ajustement structurel des années précédentes, les dépenses publiques continuent d'être importantes dans la vie économique des États membres de l'UEMOA.

A : Les dépenses de l'État

Selon la théorie classique des finances publiques, les dépenses publiques doivent rester limitées et être réduites au strict nécessaire pour faire fonctionner un État lui-même cantonné dans ses compétences régaliennes à savoir : la sécurité, la diplomatie, l'émission monétaire, la justice. Cette doctrine n'a jamais prévalu dans les pays ouest-africains francophones.

René Dumont constatait, pour s'en indigner que, au cours des années 1960 "la principale industrie des pays d'outre-mer est l'administration". Il ajoutait que la Gabon avait un député pour 6.000 habitants contre un député pour 100.000 habitants en France en 1962.[125] L'omniprésence et l'importance de la puissance publique en Afrique ont été expliquées par la théorie de l'"État total." Pour les auteurs de cette théorie, "l'État africain est un État total ; du point de vue de son rôle, il a vocation à la totalité. C'est un État à tout faire (...) que ce soit dans le domaine social, économique ou politique"[126]

Une administration publique pléthorique et un État qui fait tout, cela a pour conséquence des dépenses publiques importantes et qui progressent timidement en valeur relative par rapport au produit intérieur brut, mais qui croissent tout de même.

Tableau n° 7 : Évolution des dépenses publiques et du produit intérieur brut pour l'ensemble de l'UEMOA (données consolidées pour les huit pays)

	Ratio dépenses publiques en pourcentage du PIB
1997	21,2 %
2000	19,4 %
2010	22,4 %
2014	25,4 %

Source : UEMOA, *Rapport sur la surveillance multilatérale*, Annexes, juin 2014.

B : Les dépenses des entreprises publiques

Les entreprises publiques sont des unités économiques, produisant des biens et des services marchands. Elles appartiennent à une personne publique ou leur capital social est détenu majoritairement par une personne publique.

Les entreprises publiques ont vu leur nombre augmenter de façon significative depuis les indépendances en 1960 jusqu'au temps des programmes d'ajustement structurel qui ont commencé dès les années 1980. Malgré la conversion à l'économie libérale, le secteur des entreprises publiques demeure non négligeable dans les États membres de l'UEMOA et concerne les secteurs comme la gestion portuaire, la production et la distribution de l'eau et de l'électricité, la commercialisation des produits pétroliers, la poste, etc.

Ces entreprises sont soumises au code des marchés publics et leurs dépenses contribuent à faire fonctionner l'économie. Les approvisionnements en biens de consommation ainsi que les investissements des entreprises publiques participent à la formation du produit intérieur brut des États.

---

[125] R. Dumont, *L'Afrique noire est mal partie*, Paris, Le Seuil, 1962.

[126] G. Pambou-Tchivounda, *Essai sur l'Etat africain post colonial*, Paris, L.G.D.J. 1982, p. 39.

Paragraphe 2 : La question de la sélection des dépenses publiques

L'idéologie libérale du 19ème et du début du 20ème siècle a développé la thèse de la limitation des dépenses publiques. L'État doit réduire ses dépenses au strict nécessaire à l'exercice des fonctions régaliennes. Les choses ont évolué depuis cette époque, notamment avec les théories de relance économique par la demande.

A : De la limitation à la sélection des dépenses publiques

Pour un Etat, avoir des finances publiques saines et soutenables revient à ne pas dépenser plus qu'il ne fait de recettes. En conséquence, les États sont invités à réduire ou limiter leurs dépenses lorsque les déficits deviennent importants. Lorsque le déficit est couvert par l'emprunt, le niveau de l'endettement peut devenir insoutenable.

La crise de la dette des pays du Tiers Monde (1982) a justifié la mise en place de programmes d'ajustement structurel pour sauver leurs économies et rétablir leurs balances des paiements. Les programmes d'ajustement structurel des décennies 1980 et 1990 en Afrique ont permis de réduire les effectifs de fonctionnaires de l'État, de privatiser un grand nombre d'entreprises publiques et de réduire les interventions de l'État-providence.[127] La réduction des dépenses répondait à une logique d'ajuster les dépenses publiques sur les recettes publiques.

Mais les besoins des États restent importants et demandent des financements. Pour la Banque mondiale, l'État doit consacrer "les capacités dont il dispose à l'exécution des missions qu'il peut et doit assumer."[128] Au nombre de ces missions, cinq sont "au cœur de la fonction de l'Etat"[129] et parmi ces cinq, il faut citer l'"investissement dans les services sociaux de base et les infrastructures."[130]

La question des infrastructures est un point crucial pour le développement en Afrique. Le déficit en énergie électrique fait perdre deux points de croissance chaque année en Afrique. Et les insuffisances en matière de transport pèsent sur la compétitivité des économies. L'exportation des biens à partir de l'Afrique subsaharienne s'élève à près de 2.000 dollars par conteneur contre à peine plus de 700 dollars dans les pays asiatiques. Et un conteneur met plus de temps pour aller de Mombasa à Kigali que de Tokyo à Mombasa ![131] Selon la Banque africaine de développement, les besoins de

---

127 Voir *supra* p. 20.

128 Banque mondiale, *Rapport sur le développement dans le monde, L'Etat dans un monde en mutation*, Washington, Banque mondiale, 1997, p. 3.

129 *Idem.* p. 4.

130 *Idem.* p. 4.

131 http://www.lemonde.fr/afrique/article/ consulté le 31 juillet 2015.

l'Afrique en investissements dans les infrastructures avoisinent les 100 milliards de dollars par an.

Le second axe de concentration des dépenses publiques est la formation des ressources humaines. Selon l'Organisation de Coopération et de Développement économiques (OCDE), le capital humain est "un bien immatériel qui peut faire progresser ou soutenir la productivité, l'innovation et l'employabilité."[132] Il est, selon la thèse économique dominante, la résultante "d'un investissement en éducation et en formation permanente."[133] L'acquisition de compétence, de savoir et de savoir-faire a pour effet, selon Joseph Stiglitz, Prix Nobel d'économie, de "rendre les salariés plus productifs."[134]

Pour l'OCDE, lorsque "le temps moyen que chaque personne consacre à l'éducation augmente d'un an, le produit économique du pays par habitant devrait augmenter sur le long terme, dans une fourchette comprise entre 4 à 6 %".[135] La mondialisation a mis en valeur une nouvelle société contemporaine, la "société cognitive"[136] qui fait de l'éducation, de la formation et de la recherche des dépenses d'avenir, indispensables au développement des nations modernes.

La question n'est plus de savoir s'il faut augmenter les dépenses publiques car les besoins sont immenses. La bonne question est de s'interroger sur la sélection desdites dépenses, les secteurs de concentration des dépenses publiques et leur mode de financement.

---

132 Organisation de Coopération et de Développement Economiques (OCDE), *L'investissement dans le capital humain*, Paris, OCDE, 1998 ; voir aussi Organisation de Coopération et de Développement Economiques (OCDE), *Du bien-être des nations, le rôle du capital humain,* Paris, OCDE, 2001.

133 P.A. Samuelson et W. D. Nordhaus, *Economie*, Paris, Economica, 2000.

134 J. Stiglitz, et alii, *Principe d'économie moderne*, Broché, 2007, p. 190.

135 Organisation de Coopération et de Développement Economiques (OCDE), *Le capital humain. Comment le savoir détermine la vie.* Les essentiels de l'OCDE, Paris, OCDE, 2007,p. 36.

136 M. Bouvier, "L'Etat intelligent et la nouvelle gouvernance financière publique," *in Revue Française de Finances Publiques*, n°102/2008.

Encadré n° 4 : Initiative Africa50

Initiative Africa50

Augmenter le taux de réalisation d'infrastructures en Afrique implique qu'une plus grande attention soit accordée aussi bien à la préparation et au développement des projets qu'aux outils de financement spécialisés pour faire face aux défis spécifiques du marché. En 2012, les chefs d'État africains ont appelé, dans leur déclaration du Programme de Développement des Infrastructures en Afrique (PIDA), à des solutions innovantes pour faciliter et accélérer la réalisation d'infrastructures. En réponse à cet appel, et après de longues consultations avec les acteurs africains, la Banque africaine de développement (BAD) a proposé la création d'une nouvelle structure financière appelée Africa50.

Africa50 est le résultat d'expériences et d'innovations. Ce véhicule vise à mobiliser le financement privé et à accélérer la réalisation d'infrastructures en Afrique afin de créer une nouvelle plateforme pour la croissance africaine. Africa50 va se focaliser sur des projets ayant une grande influence nationale et régionale dans les secteurs de l'énergie, du transport, des technologies de l'information et de la communication (TICs) et de l'eau (...).

Pour satisfaire les projets d'infrastructures actuels en Afrique, dont PIDA, Africa50 aura besoin de 10 milliards de dollars de fonds propres, tout en attirant un capital global et local d'une valeur de 100 milliards de dollars. Pour démarrer ses opérations, Africa50 vise à collecter 3 milliards de dollars de fonds propres pour être crédible vis-à-vis des États, promoteurs privés et marchés financiers. En fonction des financements nécessaires et des projets en cours, Africa50 augmentera sa capacité de financement en mobilisant du financement par emprunt sur les marchés de capitaux internationaux. Pour assurer un accès fiable aux marchés de capitaux, tout en offrant une flexibilité opérationnelle, Africa50 visera la note d'investissement A.

En tant qu'institution financière à caractère commercial, Africa50 cherchera aussi bien à préserver et fructifier son capital de base qu'à fournir des dividendes aux actionnaires. Il y aura trois grands groupes d'investisseurs : i) les pays africains, ii) la BAD et d'autres acteurs financiers du développement, et iii) les investisseurs institutionnels, comme les fonds souverains et les fonds de pension.

Source : http://www.afdb.org/fr/topics-and-sectors/initiativespartnerships/ africa50-infrastructure-fund/background/ consulté le 08 mars 2016.

B : La "loi de Wagner" et la croissance des dépenses publiques

L'économiste Adolf Wagner (1835-1917) a énoncé une "loi de l'extension croissante de l'activité publique" dite "loi de Wagner." Cette loi démontre une progression plus rapide des dépenses publiques comparativement à la progression de la richesse nationale exprimée par le produit intérieur brut. Cette progression s'explique par trois raisons : d'abord la complexité croissante de la société, issue du phénomène d'industrialisation. Cette complexité exige de nouvelles organisations de la vie en société : administration, urbanisation, services publics en matière d'hygiène, d'éclairage, de transports, etc. Ensuite, il y a l'accroissement de la demande de certains biens publics dû à l'élévation du niveau de vie : éducation, santé, culture. Enfin, le développement des activités de recherche et l'augmentation de la taille des investissements dus à la poursuite de l'industrialisation imposent une intervention de l'État.

Sur ces bases, il y a donc une progression des dépenses publiques dans le temps. Cette progression peut atteindre des seuils importants, allant jusqu'à représenter la moitié du PIB national.

Paragraphe 3 : Les incidences économiques des dépenses publiques

Les dépenses publiques ont une incidence sur l'économie. Certains travaux empiriques montrent que cette incidence, bien que réelle, n'est profitable à l'économie qu'en tenant compte des catégories de dépenses publiques.

Conformément à la logique keynésienne, les dépenses publiques peuvent exercer une influence contracyclique significative sur les variables fondamentales des économies, notamment sur la consommation et l'investissement. On pense ainsi que la consommation des administrations publiques (augmentation des salaires et des prestations sociales) peut faire croître la demande des ménages et stimuler la croissance économique, par l'effet de "l'onde de choc de la dépense" publique selon J.-M. Keynes.

Or, certains économistes du FMI ont montré que les dépenses publiques sont composées de deux catégories de dépenses : les dépenses de consommation et les dépenses d'investissement dans les infrastructures. Ils ont démontré que les dépenses de consommation des administrations publiques ont un effet négatif sur la croissance, alors que les dépenses d'investissement ont une conséquence bénéfique sur la croissance économique.[137] En guise d'illustration, la Côte d'Ivoire prévoit 49,24 milliards de dollars américains d'investissements (soit environ 29.000 milliards de FCFA) dans le cadre du Plan national de développement 2016-2020. Quant au Programme d'Actions

---

[137] Baldacci, Clements et Gupta (2003), "Utiliser la politique budgétaire pour stimuler la croissance", *Finances & Développement*, décembre 2003, pp. 28-31.

Prioritaires 2014-2018 du Plan Sénégal Émergent, il est fondé sur des investissements importants évalués à 9.685,7 milliards de FCFA. Enfin, le Burkina Faso prévoit pour son Plan National de développement économique et social (PNDES, 2016-2020) une enveloppe globale de l'ordre de 15.000 milliards de F CFA avec un investissement annuel d'environ 2.400 milliards de F CFA. Tous ces engagements financiers comportent des participations du secteur privé sous la forme de partenariat public-privé mais aussi une forte mobilisation de l'Etat et des deniers publics.

Pour la BCEAO, "une augmentation des dépenses courantes entraine *de facto* une baisse des dépenses consacrées au financement de l'investissement public. Cette contraction des investissements publics est de nature à influer négativement sur la croissance, en raison de la relation positive entre l'investissement et la croissance économique."[138] Ainsi, la BCEAO retient comme catégorie de dépenses publiques ayant un effet positif sur la croissance les crédits à l'économie (financements de campagne de coton, de campagne café-cacao, etc.), les dépenses d'investissement dans les infrastructures et les dépenses liées à la formation du capital humain, dans la mesure où ces dernières ont "un impact positif sur la productivité des entreprises et contribuent notamment à la relance de l'activité économique."[139]

Une autre étude de cas sur les pays membres de l'UEMOA a donné les grandes conclusions suivantes : "Les dépenses de consommation publique exercent un impact globalement négatif, à court et à long termes, sur la croissance des économies de l'UEMOA : à court terme, cet impact négatif est significatif en Côte d'Ivoire, au Mali, au Niger, au Sénégal et au Togo ; à long terme, l'impact négatif des dépenses de consommation publique sur la croissance est significatif au Bénin, au Mali et au Niger. Les dépenses d'investissement public ont un impact positif, essentiellement à long terme, sur la croissance des économies de l'UEMOA : en effet, l'impact s'est révélé positif et significatif à long terme au Burkina, en Côte d'Ivoire, au Sénégal et au Togo ; néanmoins, à court terme, l'impact positif de l'investissement public sur la croissance ne s'est révélé significatif qu'au Bénin et au Burkina."[140]

---

138 BCEAO, Département des études économiques et de la monnaie, Direction de la recherche et de la statistique, document d'étude et de recherche n°DER/07/04, septembre 2007, *Structure des dépenses publiques, investissement privé et croissance dans l'UEMOA*, Dakar, 2007, p. 17.

139 *Idem,* p. 18.

140 K..Nubukpo, "Dépenses publiques et croissance des pays de l'Union économique et monétaire ouest-africaine (UEMOA)," *in Afrique contemporaine,* 2007/2 (n° 222) p. 52.

SECTION 2
LES RESSOURCES PUBLIQUES ET L'ÉCONOMIE

Les impôts et taxes sont un prélèvement sur le patrimoine des contribuables. Les ressources de trésorerie sont des prélèvements sur la masse monétaire. Dans un cas comme dans l'autre, les ressources publiques (recettes budgétaires et ressources de trésorerie) ont une influence sur l'économie.

Paragraphe 1 : Les catégories de ressources publiques et leurs effets économiques

La catégorie des ressources publiques comprend les recettes budgétaires et les ressources de trésorerie (article 6, DLF).

A : Les recettes budgétaires

La liste des recettes budgétaires est connue (impôts, taxes, produits des amendes, rémunérations des services rendus, redevances, fonds de concours, dons, legs, revenus des domaines et des participations financières, produits divers, article 8, DLF). On retient ici principalement les impositions de toute nature, c'est-à-dire les impôts et taxes.

Le ratio "Recettes fiscales sur PIB nominal" détermine le taux de pression fiscale. Ce taux de pression fiscale (20 %) est un critère de second rang parmi les critères de convergence adoptés en 2015. Les statistiques sur plusieurs années montrent que les États s'efforcent de respecter ce critère mais n'y parviennent pas toujours.[141]

La faiblesse de la pression fiscale ne signifie pas que les impôts et taxes ont une influence négligeable sur l'économie. En raison de la prédominance du secteur informel,[142] les impôts et taxes reposent sur une assiette fiscale constituée essentiellement d'un pourcentage faible d'entreprises structurées et déclarées. Si on révise la méthode de calcul du taux de pression fiscale en prenant rien que la contribution du secteur formel à la formation du PIB et les impôts et taxes payés par ce secteur formel, on aurait un résultat de taux de pression fiscale supérieur aux résultats affichés dans les rapports de la surveillance multilatérale de l'UEMOA.

La pression fiscale est donc suffisante pour influencer la production des biens et services marchands au sein de l'Union.

B : Les ressources de trésorerie

Les ressources de trésorerie sont diversifiées (produits provenant de la cession des actifs, produits des emprunts à court, moyen et long termes, dépôts

---

[141] Voir *supra* p.70.

[142] Voir *supra* p.71.

sur les comptes des correspondants, remboursements de prêts et avances) mais il ne sera retenu ici que les ressources tirées des emprunts publics, parce que l'État recourt à cette catégorie de ressources très couramment.

Les opérations d'emprunt de l'État prennent la forme d'émissions de bons et obligations du Trésor public sur le marché financier régional. L'Etat se trouve ainsi en concurrence avec les investisseurs privés pour solliciter l'épargne disponible dans la zone UEMOA.[143]

Paragraphe 2 : Existe-t-il un plafond à l'augmentation des ressources publiques ?

Certains économistes pensent que, non seulement les ressources publiques ont un effet sur l'économie, mais aussi que ces ressources publiques peuvent devenir nuisibles à l'économie si un plafond de prélèvement était atteint.

A : L'impôt et la courbe de Laffer

La courbe de Laffer repose sur deux idées simples : lorsque le taux d'imposition est nul, le rendement fiscal est nul aussi. Lorsque le taux est une confiscation (100 %), cela entraîne aussi que le revenu national soit nul et que le rendement fiscal soit tout aussi nul.

Entre ces deux extrêmes, il y a place pour la politique fiscale de l'État. Une bonne politique fiscale doit tenir compte de ce que l'impôt est soumis à la loi des rendements décroissants. Ainsi présentée, la courbe de Laffer serait une traduction contemporaine de la théorie fiscale de l'économiste français Jules Dupuit qui écrivait en 1844 : "Si l'on augmente graduellement un impôt depuis 0 jusqu'au chiffre qui équivaut à une prohibition, son produit commence par être nul, puis croît insensiblement, atteint un maximum, décroît ensuite successivement puis devient nul."[144] Un effet positif entre la croissance du taux d'imposition et la croissance des recettes publiques tend à s'inverser au fur et à mesure que le taux d'imposition devient élevé.

L'idée est résumée par les aphorismes comme "trop d'impôt tue l'impôt" ou "le taux mange l'assiette" ou encore "les grands taux tuent les totaux". Jean-Baptiste Say l'évoque aussi lorsqu'il écrit "qu'un impôt exagéré détruit la base sur laquelle il porte".[145]

Le mérite de l'économiste américain Arthur Laffer est d'avoir vulgarisé une courbe qui se présente ainsi :

---

[143] Voir *infra* pp. 308 et suiv.

[144] Extraits des Annales des Ponts et Chaussées, n°116, 1844.

[145] Cité par Ph. Simonnot, *39 leçons d'économie contemporaine*, Paris, Gallimard, 1998, p. 393.

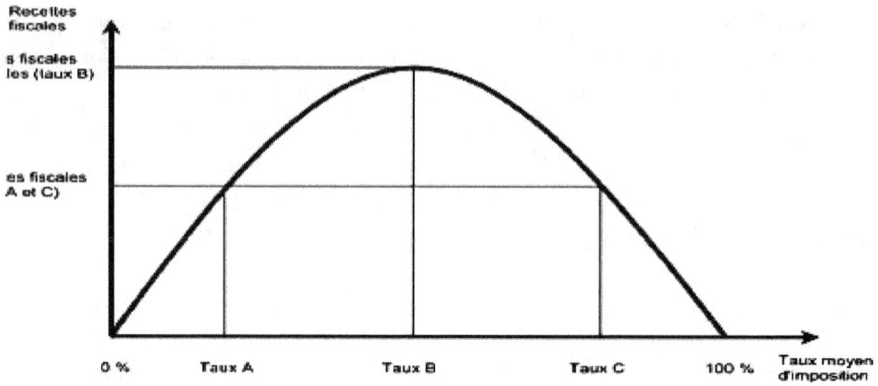

À la lecture de la courbe, on comprend que le taux d'imposition *B* produit le meilleur rendement de l'impôt. Lorsque le taux progresse au-delà de *B*, le rendement commence à baisser.

La première difficulté que soulève la courbe est la détermination du taux *B* qui serait le plafond du pouvoir de prélèvement efficace. Les prélèvements obligatoires ont atteint des sommets de plus de 70 % dans les pays scandinaves sans provoquer une baisse de rendement de l'impôt comme le suggère la courbe de Laffer.

Par ailleurs, certaines études montrent que la logique de la courbe ne peut être dissociée d'autres facteurs ayant aussi des conséquences sur le rendement de l'impôt à savoir : la structure des impositions de toute nature et la perception que les contribuables en ont, (i) l'histoire des prélèvements obligatoires dans le pays (ii), le moral des chefs d'entreprises et des ménages sur la conjoncture économique et son évolution future (iii), le goût ou l'absence de goût du risque de la part des entrepreneurs (iv), l'État dont les besoins peuvent ne pas être constants (v).

B : L'emprunt et l'effet d'éviction

L'Etat recourt à l'emprunt pour faire face aux besoins de financement résultant soit d'une loi de finances qui présente un déséquilibre financier, soit de besoins circonstanciels de ressources de trésorerie pour faire de la régulation budgétaire. L'emprunt est utilisé par les personnes publiques mais aussi par les entreprises et les particuliers. Les marchés financiers et particulièrement le marché financier régional de l'UEMOA sont des espaces d'affaires où se négocient des titres publics (bons et obligations du Trésor public)[146] mais aussi des titres d'emprunteurs privés. La concurrence entre emprunteurs publics et privés peut provoquer une hausse des taux d'intérêt sur le marché parce que la demande est forte. Cette situation est préjudiciable aux emprunteurs privés car ils n'offrent pas les mêmes garanties que les personnes

---

[146] Voir *infra* pp. 307 et suiv.

publiques. L'accès aux ressources de l'emprunt leur est plus difficile et cela peut faire stagner ou bloquer les investissements financés par ce type de ressources. L'effet d'éviction qu'exercent les titres publics sur le marché financier peut être nuisible à l'investissement privé, à la croissance de l'économie et à la prospérité globale.

CHAPITRE 4

LES FINANCES PUBLIQUES ET LA DÉCISION FINANCIÈRE PUBLIQUE

Le préambule de la directive portant Code de transparence dans les États membres de l'UEMOA commence par cette phrase : "L'argent public est au cœur de l'État de droit et de la démocratie." Un lien est établi entre les deniers publics et la question de la gouvernance dans les États. Un aspect de cette question de la gouvernance est celui de la décision financière publique qui analyse le pouvoir financier, ses détenteurs et ses modalités d'exercice au niveau de l'État comme à l'échelon infra-étatique (les collectivités territoriales locales) et au niveau supra-étatique : les organes de l'UEMOA.

SECTION 1
LE POUVOIR FINANCIER DANS L'ÉTAT

L'étude du pouvoir financier dans l'État prend en compte la question de la lutte pour le pouvoir financier et l'état du droit dans les États membres de l'UEMOA

Paragraphe 1 : La lutte pour le pouvoir financier

La conquête du pouvoir financier comporte un aspect historique et un aspect contemporain aux États membres de l'UEMOA.

A : La conquête du pouvoir financier : éléments d'histoire comparée

Le consentement à l'impôt était le principal argument des révolutionnaires américains du 18ème siècle. Les colons américains ne supportaient pas de payer des impôts à la Couronne britannique, alors qu'ils ne sont pas représentés au parlement de Westminster pour faire entendre leurs voix sur le vote des budgets du royaume. Cette protestation a pris la forme du slogan *no taxation without representation*. Elle prit des formes violentes de dégradation de biens au cours du *Boston Tea Party* de 1773 ou du *Fortune Tea Party* de 1774. La progression du mouvement de refus devait déboucher sur la Déclaration d'indépendance de 1776 au motif que "l'histoire du roi actuel de Grande-Bretagne est l'histoire d'une série d'injustices et d'usurpations répétées, qui, toutes avaient pour but direct l'établissement d'une tyrannie absolue" sur les colonies d'Amérique et que l'une des manifestations de cette tyrannie était de "nous imposer des taxes sans notre consentement." Pour les rédacteurs de la Déclaration d'indépendance, l'occasion est donnée d'exclure "toute idée de taxe intérieure ou extérieure qui aurait pour objet de lever un revenu sur les sujets d'Amérique sans leur consentement."

Un peu plus d'une décennie plus tard, l'aggravation de la situation financière du royaume de France devait déboucher, de façon inattendue, sur une révolution. Les États généraux ne s'étaient pas réunis depuis 1614. Le roi les réunit de nouveau en 1789. Jacques Necker, en charge des finances, prononça un discours qui mit en relief les raisons pour lesquelles les États généraux étaient réunis : le déficit du budget et la situation financière désastreuse du royaume. L'enchaînement des évènements devint fatal pour la monarchie : une partie des députés se proclama Assemblée nationale (17 juin 1789), prêta le serment du Jeu de paume (20 juin 1789) et se transforma en Assemblée nationale constituante ; la République fut proclamée (21septembre1792) et le roi Louis XVI fut guillotiné (21 janvier 1793). Le décret du 17 juin 1789 évoquait déjà ces acquis (opposition "à toute levée de deniers de contributions dans le royaume, sans le consentement formel des représentants de la nation"). Il est prolongé par la Déclaration des droits de l'homme et du citoyen du 26 août 1789. Les grands principes républicains sont ici consignés : les libertés et droits de l'Homme, la séparation des pouvoirs, la reddition de compte et l'autorisation préalable des recettes et des dépenses : "Tous les citoyens ont le droit de constater, par eux-mêmes ou par leurs représentants, la nécessité de la contribution publique, de la consentir librement, d'en suivre l'emploi et d'en déterminer la quotité, l'assiette, le recouvrement et la durée." L'impôt est légitime parce que "pour l'entretien de la force publique, et pour les dépenses d'administration, une contribution commune est indispensable : elle doit être également répartie entre tous les citoyens, en raison de leurs facultés."

B : La question financière, un déclencheur du renouveau démocratique dans les États membres de l'UEMOA

Le début des années 1990 est marqué en Afrique de l'ouest francophone par une situation financière, économique et sociale particulièrement préoccupante dans les différents États. Les déficits budgétaires, les déficits de la balance des paiements ont conduit chacun des Etats à convenir et mettre en œuvre un programme d'ajustement structurel avec le FMI.[147] La Caisse de Stabilisation et de Soutien aux Prix des Produits agricoles en Côte d'Ivoire passait d'une situation d'excédent de 315 milliards de FCFA en 1985 à un déficit de -53 milliards F CFA en 1987, sous l'effet conjugué de la baisse des cours des produits de base et de la baisse du cours du dollar américain.[148] Au

---

[147] Voir *supra* p. 89.

[148] *Jeune Afrique Economie*, n°131, mai 1990, p. 110.

Bénin, l'État accumulait des arriérés de salaires des fonctionnaires parce que les recettes ordinaires du budget général n'excédaient guère les 2,3 milliards de FCFA par mois, alors que les traitements mensuels des fonctionnaires représentaient un crédit de l'ordre de 2,7 milliards de FCFA en 1990.[149] Entre 1980 et 1985, le service annuel de la dette extérieure béninoise passe de 20 à 49 millions de dollars, tandis que le produit national brut chute de 1,402 à 1,024 milliards et que le stock de la dette explose de 424 à 817 millions.

La Banque de France dressa un tableau de la situation économique et financière des États membres de la zone franc en quelques indicateurs significatifs, pour la période antérieure à la dévaluation du franc CFA en 1994 :

- "le PIB a diminué en volume de 0,6 % en moyenne sur la période 1986/93, (-3,6 % par habitant) contre une croissance de 4,6 % par an sur la période 1975/85 (+ 1,6 % par habitant) ;

- le déficit budgétaire cumulé sur l'ensemble de la zone est passé de 5 % du PIB en moyenne de 1975 à 1985, à 7,6 % entre 1986 et 1993 ;

- les paiements extérieurs se sont dégradés. Le déficit de la balance courante est ainsi passé de 6,5 % du PIB en moyenne entre 1975 et 1985 à 7,4 % sur la période 1986/1993 ;

- les remboursements des emprunts extérieurs ont pesé sur la balance des paiements au moment où les apports de capitaux extérieurs s'amenuisaient.

- l'endettement extérieur a progressé de USD 25 milliards environ en 1985 à 48,6 milliards en 1993, soit une croissance de 94 %, très partiellement compensée par la dévalorisation du dollar face au franc français de 22 %. De ce fait, plusieurs pays ont été confrontés à des crises sévères d'endettement. Entre 1989 et 1991, tous les pays africains membres de la Zone franc ont obtenu un rééchelonnement de leur dette extérieure publique auprès des créanciers du Club de Paris."[150]

La crise économique et financière puis sociale se transforma en crise politique et déboucha sur la Conférence nationale des forces vives du Bénin en février 1990. Plusieurs autres conférences nationales eurent lieu dans l'espace UEMOA pour refonder l'Etat et libéraliser la vie politique : Togo (1991), Mali (1991), Niger (1991). Au Burkina Faso et en Côte d'Ivoire, l'absence de conférence nationale n'a pas empêché le système politique de s'ouvrir au libéralisme politique et au pluralisme politique. En octobre 1990 en Côte d'Ivoire et en décembre 1991 au Burkina Faso, l'élection présidentielle devient ouverte et met en compétition plusieurs candidats.

Suivant l'exemple du Sénégal, vieille terre de démocratie pluraliste, les autres États membres de l'UEMOA revoient leurs lois fondamentales et se

---

[149] *Jeune Afrique Economie*, n°131, mai 1990, p.136.

[150] Banque de France, *Rapport annuel de la zone franc*, 1994, p. 25.

- les actes règlementaires modifiant la loi de finances de l'année. Ce sont les décrets de modification de la règle de spécialité des crédits, soit par virement, soit par transfert, soit par rétablissement, soit par report de crédits. Dans le même sens, les décrets d'avance peuvent mettre à la disposition des administrations ou des institutions constitutionnelles des crédits supplémentaires ;

- les actes règlementaires d'application de la législation fiscale. Ils sont si importants quantitativement qu'ils finissent par faire écran entre la loi fiscale et le contribuable. Ils constituent ce qu'on appelle la doctrine administrative fiscale, véritable source de la légalité fiscale.

3 : L'exécution des décisions financières

La loi de finances de l'année est exécutée par le gouvernement, en recettes, en dépenses et en opérations de trésorerie.

En matière fiscale, la législation fiscale est mise en œuvre par des décrets et arrêtés mais aussi par une multitude de circulaires et directives qui ont une importance de premier plan pour les agents des impôts au niveau des services à la base.

SECTION 2
LE PILOTAGE INSTITUTIONNEL DES FINANCES PUBLIQUES

La gestion des finances publiques met en œuvre plusieurs grandes fonctions. L'articulation entre ces fonctions donne des schémas institutionnels variés selon les États.

Paragraphe 1 : Les grandes fonctions de gestion des finances publiques

Les grandes fonctions de gestion des finances publiques sont au nombre de trois : la fonction financière, la fonction économique et la fonction de planification/développement

A : La fonction financière

Une première fonction de gestion opérationnelle et stratégique des finances publiques est la préparation, l'exécution et le contrôle interne de l'exécution des lois de finances. La fonction financière comporte trois grands axes :

1 : La prévision et l'exécution des recettes budgétaires et des ressources de trésorerie

Les activités visées ici sont les activités relatives à la préparation des projets de loi fiscale, à l'établissement des prévisions de recettes budgétaires, au placement des titres publics sur les marchés financiers. Cette fonction comporte l'exécution comptable (tenue des livres comptables) et une exécution financière liée aux différents paiements effectués dans les caisses du Trésor public.

2 : La prévision et l'exécution des dépenses budgétaires et des charges de trésorerie

Il s'agit ici d'un exercice de centralisation des besoins financiers des organismes de l'État et l'affectation de crédits à ces besoins exprimés. Les activités concernées comportent une dimension comptable (affectation et enregistrement des crédits selon la nomenclature budgétaire et le plan de comptes de l'État) et une dimension financière liée aux décaissements faits au profit des créanciers de l'État.

3 : Le contrôle interne de l'exécution des opérations financières publiques

Le contrôle interne des finances publiques est un regard que les autorités financières publiques, principalement le ministère en charge des finances, jettent sur la bonne exécution des décisions financières publiques par les ministères dits "dépensiers."

B : La fonction économique

La fonction économique évalue l'environnement économique des finances publiques. Elle décrit la conjoncture économique du moment ainsi que les projections économiques qui doivent soutenir les prévisions budgétaires à court et moyen termes. Elle évalue aussi l'impact des décisions financières publiques sur la vie économique en termes d'inflation, d'effet d'éviction, de crédit à l'économie, etc. C'est une fonction de soutien à la gestion financière publique.

C : La fonction de planification/développement

La fonction de planification/développement comporte les activités de conception et d'élaboration de documents comme le plan de développement à caractère impératif (Bénin, 1977) ou indicatif (Côte d'Ivoire, 2015). C'est aussi l'élaboration d'autres documents programmatiques comme la Stratégie de réduction de la pauvreté, le Programme prioritaire d'urgence (Côte d'Ivoire), les Orientations stratégiques de développement (Bénin, 2006-2011) ou la Stratégie nationale de Développement économique et social pour la période 2013-2017 (SNDES, Sénégal).

La fonction planification/développement peut aussi comporter l'activité de mobilisation des ressources financières pour la mise en œuvre des documents programmatiques adoptés : négociation avec les partenaires financiers, signature des accords de financement, tenue des statistiques en matière d'aide au développement, pilotage des tables rondes de bailleurs de fonds, etc.

Enfin, la fonction planification/développement est concernée par le suivi de la mise en œuvre des documents de programmation divers : suivi des activités de mise en œuvre, évaluation des performances, notamment des résultats, rapportage et, éventuellement, demande d'ajustement.

Paragraphe 2 : Les schémas institutionnels en vigueur

Le panorama institutionnel de gestion des trois grandes fonctions de finances publiques ne comporte aucun exemple d'État membre de l'UEMOA ayant un ministère dédié à la seule fonction financière. Les schémas en présence nous montrent trois cas de figure : le cumul des fonctions économiques et financières, le cumul des fonctions économiques, financières et de planification/développement, et la fonction planification/développement érigée en ministère autonome.

A : Le schéma du ministère de l'Économie et des Finances

C'est le schéma du cumul des fonctions économiques et des fonctions financières. Un seul ministère se charge des aspects économiques des finances publiques et de tout ce qui a rapport à la gestion des deniers publics, en encaissement et en décaissement. Le ministère regroupe les grandes directions du Trésor, des impôts, du budget, de la douane ainsi qu'une grande direction consacrée aux questions économiques. En termes de profil des cadres, il y a de la place pour les fiscalistes, les trésoriers, les financiers du budget, les statisticiens-économistes, les économistes planificateurs, etc.

Ce schéma correspond aux choix institutionnels qui sont faits au Niger (ministre de l'Économie et des Finances avec un ministre délégué au budget),[158] au Mali (ministre de l'Économie et des Finances),[159] au Bénin (ministre de l'Économie et des Finances)[160] et en Guinée Bissau (ministre de l'Économie et des Finances avec trois secrétaires d'État, respectivement au Trésor, à l'intégration régionale et au budget/affaires fiscales).[161]

La Côte d'Ivoire présente une nuance sur ce schéma dans la mesure où c'est le Premier ministre qui a en charge le portefeuille de l'économie et des finances. Il est assisté de deux ministres, ayant le titre de ministre auprès du

---

[158] Composition du gouvernement au 24 février 2016.
[159] Décret n°2016 -0022 / P-RM du 15 janvier 2016.
[160] Décret n°2016-264 du 06 avril 2016 portant composition du gouvernement.
[161] Gouvernement issu du décret 12/2015 du 12 octobre 2015.

premier ministre et chargé respectivement de l'Économie et des Finances d'une part, du budget et du portefeuille de l'Etat d'autre part.[162]

B : Le schéma du ministère de l'Économie, des Finances et du Développement

Il s'agit ici d'un méga-ministère regroupant toutes les fonctions de finances publiques de l'État : fonction financière, fonction économique et fonction de planification/développement. Ce schéma présente l'avantage de permettre une plus grande synergie entre les trois fonctions de finances publiques. Le ministre en charge du portefeuille a une vue d'ensemble sur les questions de finances publiques et a autorité sur tous les leviers de finances publiques. Il a le privilège de la supervision d'ensemble et le privilège de l'autorité de tutelle et de commandement.

Au demeurant, ce schéma correspond le mieux à la réforme des finances publiques consacrée par le nouveau cadre harmonisé des finances publiques au sein de l'UEMOA. Le ministre des Finances, selon les nouvelles orientations de gestion des finances publiques, n'est plus seulement le ministre de la Loi de finances. Son horizon s'étend à la perspective pluriannuelle que décrivent le programme budgétaire mais aussi les documents qui accompagnent le projet de loi de finances de l'année et qui sont : le document de programmation budgétaire et économique pluriannuelle et les documents de programmation pluriannuelle des dépenses. Le court, le moyen et le long termes sont les trois séquences d'un même exercice, la budgétisation par programme. Le ministre des Finances est propulsé au centre des questions de stratégies de développement et l'expression de ces stratégies en choix budgétaires. Le lien entre la budgétisation et la planification devient très intime.

Ce schéma est en vigueur au Burkina Faso (ministère de l'Économie, des Finances et du Développement), [163] au Sénégal (ministère de l'Économie, des Finances et du plan),[164] et au Togo (ministère de l'Économie, des Finances et de la Planification du développement).[165]

Le gigantisme d'un tel ministère explique la subdivision en ministères délégués au Togo (ministre délégué chargé de la planification du développement et ministre délégué chargé du budget), au Burkina Faso (ministre délégué chargé du budget et ministre délégué chargé de l'aménagement du territoire) et au Sénégal : ministre délégué chargé du budget.

---

162 Gouvernement formé le 12 janvier 2016.
163 Gouvernement formé le 13 janvier 2016.
164 Décret n° 2015-855 du 22 juin 2015 portant Composition du Gouvernement.
165 Gouvernement formé le 28 juin 2015.

C : Le schéma de l'autonomisation de la fonction plan/développement

Le plan a été traditionnellement associé aux économies de type dirigiste, par opposition aux économies de marché. Mais des pays comme la France ont connu, en dehors de toute politique collectiviste, des années où l'État avait un plan de développement économique et social. Le premier plan français, dit Plan Monnet (1947-1953), a connu une longue descendance.

Les États membres de l'UEMOA ont tous appartenu à des régimes économiques dirigistes ou collectivistes. Le plan était un mode courant de pilotage de l'économie à moyen et long termes. C'est dans cet esprit que les ministères du plan se sont développés dans la sous-région.

Mais, la pratique des plans a été progressivement délaissée au profit d'autres documents de stratégie. Certains ministères en charge du plan ont été rebaptisés du nom de ministère du Développement comme au Burkina Faso avec le ministère de l'Économie, des Finances et du Développement. D'autres ont gardé l'appellation de ministère du plan (ministère de l'Économie, des Finances et du Plan au Sénégal),[166] d'autres enfin ont jumelé les appellations de plan et de développement comme la Côte d'Ivoire.[167]

La fonction plan/développement a son propre ministère de façon autonome dans peu de pays. Seuls deux États ont adopté cette formule : la Côte d'Ivoire (ministère du Plan et du Développement)[168] et le Bénin : ministre chargé du p

Plan et du Développement. [169]

SECTION 3
LE POUVOIR FINANCIER AU NIVEAU LOCAL[170]

Le pouvoir financier au niveau local comporte deux catégories d'acteurs : les acteurs de la déconcentration financière et les acteurs de la décentralisation financière.

Paragraphe 1 : La déconcentration financière

Elle consiste à conférer à certains organes déconcentrés de l'administration générale (directeurs départementaux, directeurs régionaux, directeurs provinciaux) ou de l'administration territoriale (sous-préfet, préfet, gouverneur) la qualité d'ordonnateur secondaire des recettes et des dépenses budgétaires.

---

166 Décret n° 2015-855 du 22 juin 2015 portant Composition du Gouvernement.

167 Gouvernement formé le 13 janvier 2016.

168 Gouvernement formé le 13 janvier 2016.

169 Décret n°2016-264 du 06 avril 2016, portant composition du gouvernement.

170 Voir *infra* p. 351.

…écentralisation financière

…ralisation territoriale jouissent de l'autonomie …nt et exécutent leurs budgets sous réserve …ités auprès de l'autorité de tutelle.

SECTION 4

…VOIR FINANCIER AU NIVEAU DE L'UEMOA[171]

…a Commission de l'UEMOA élabore, fait voter, exécute et fait contrôler un budget. Elle est l'un des rouages du pouvoir financier au niveau communautaire de l'UEMOA.

[171] Voir *infra* p. 409.

CHAPITRE 5

LES FINANCES PUBLIQUES ET LEUR ENVIRONNEMENT

L'Union économique et monétaire ouest-africaine (UEMOA) est créée en 1994[172] pour mettre un peu plus de synergie entre les questions économiques et commerciales d'une part, et les questions monétaires d'autre part. En effet, avant la création de l'UEMOA en 1994, les questions monétaires étaient traitées au sein de l'Union monétaire ouest-africaine (UMOA),[173] tandis que les relations économiques et commerciales étaient du ressort de la Communauté économique de l'Afrique de l'Ouest (CEAO) dont le traité a été signé en 1973.[174]

SECTION 1
L'UEMOA, UNE UNION ÉCONOMIQUE ET MONÉTAIRE DE L'AFRIQUE DE L'OUEST

Les États signataires du Traité de l'UEMOA affirment collectivement "la nécessité de favoriser le développement économique et social des États membres, grâce à l'harmonisation de leurs législations, à l'unification de leurs marchés intérieurs et à la mise en œuvre de politiques sectorielles communes dans les secteurs essentiels de leurs économies." Plus qu'une zone de libre-échange, une union douanière ou un marché commun, l'UEMOA se présente comme une véritable *union* à la fois économique et monétaire.

---

[172] L'espace géographique de l'Afrique de l'ouest est le terrain où se chevauchent deux institutions d'intégration régionale, à vocation principalement économique : d'abord la Communauté économique des Etats de l'Afrique de l'ouest (CEDEAO) établit par le traité de Lagos signé le 28 Mai 1975 par quinze pays de l'Afrique de l'Ouest. L'objectif principal de la CEDEAO est de "promouvoir la coopération et l'intégration dans la perspective d'une Union économique de l'Afrique de l'Ouest en vue d'élever le niveau de vie de ses peuples, de maintenir et d'accroître la stabilité économique, de renforcer les relations entre les Etats Membres et de contribuer au progrès et au développement du continent africain."

[173] Voir *supra* p. 25.

[174] La Mauritanie était membre de la CEAO mais n'était pas membre de l'UMOA. Le Togo n'était pas membre de la CEAO mais était membre de l'UMOA.

Paragraphe 1 : Le contexte de la création de l'UEMOA et les politiques communes

La crise économique et la dualité institutionnelle conduisirent à l'approfondissement de la politique d'intégration grâce notamment aux politiques communes.

A : La crise économique et la dualité institutionnelle

L'Afrique de l'Ouest francophone connait, au cours de la décennie 1980, des chocs externes importants qui ont déstabilisé les économies des pays membres de l'UEMOA. On assista notamment à un effondrement des prix des matières premières, sources principales de recettes d'importation pour les États membres, et à une appréciation réelle du franc CFA, sous l'effet combiné de la hausse du franc français et de l'ajustement à la baisse des taux de change des pays voisins comme le Nigéria ou le Ghana.

Dans un tel contexte marqué par le poids croissant du service de la dette et une dualité institutionnelle (CEAO et UMOA), la monnaie unique cohabitait avec des politiques budgétaires et économiques divergentes. En conséquence, les programmes d'ajustement structurel menés par les États membres trouvaient leurs limites. Les principaux indicateurs économiques se dégradaient et révélaient une crise économique profonde. La volonté des États membres d'approfondir l'intégration économique en complément de l'intégration monétaire par le franc CFA devenait pressante. Il était ainsi devenu évident que les mécanismes de régulation monétaire devaient être complétés par des réformes économiques pour assurer la cohésion de l'Union et lancer les bases d'une croissance durable. En particulier, l'Union devait s'affranchir de la dualité, porteuse de dysfonctionnements générateurs d'une divergence croissante des politiques macroéconomiques nationales.

L'un des objectifs du Traité du 10 janvier 1994 est donc la convergence des performances et des politiques économiques des États membres. Ceci se traduit par l'adoption de politiques communes dans l'Union et une convergence des politiques budgétaires et fiscales.

Cependant, la dualité institutionnelle subsiste avec la coexistence de l'UMOA et de l'UEMOA. Les deux traités se veulent désormais complémentaires. Selon les termes de l'article 2-2 du traité de l'UMOA, "le Traité de l'Union Monétaire Ouest Africaine (UMOA) est complété par le Traité de l'Union économique et monétaire Ouest Africaine (UEMOA)". Tandis que l'article 62 du traité de l'UEMOA renvoie à l'UMOA s'agissant des questions liées à la politique monétaire de l'Union : "La politique monétaire de l'Union est régie par les dispositions du Traité du 14 novembre 1973 constituant l'Union Monétaire Ouest africaine (UMOA) et par les textes subséquents." Pour finir, l'article 112 du traité de l'UEMOA prescrit qu'"en temps opportun, la Conférence des Chefs d'État et de Gouvernement adoptera un Traité fusionnant le Traité de l'UMOA et le présent Traité" de l'UEMOA.[175]

B : Les politiques communes

Le traité comporte un titre IV consacré aux actions de l'Union. Ces actions comprennent l'harmonisation des législations des États dans les domaines prioritaires pour l'atteinte des objectifs de l'Union. Elles comprennent aussi les politiques communes au sein desquelles il y a les politiques monétaires conduites au sein de l'UMOA et les politiques économiques (article 64 du traité) devant permettre à l'Union de réaliser les objectifs de croissance soutenue du revenu moyen (i), de répartition des revenus (ii), de solde soutenable de la balance des paiements courants (iii) et d'amélioration de la compétitivité internationale des économies de l'Union (iv).

Les politiques économiques concernent des domaines aussi divers que la libre circulation des marchandises (article 77 et suivantes du traité), la politique commerciale des États membres (article 82 et suivants du traité), les règles de concurrence (article 88 et suivants du traité), la libre circulation des personnes, des services et des capitaux (article 91 et suivants du traité) et des politiques sectorielles (article 101 et suivants du traité).

Les politiques sectorielles actuellement retenues par le Protocole additionnel n° 2 prennent en compte le développement des ressources humaines, l'aménagement du territoire, la politique des transports et des télécommunications, l'harmonisation de l'environnement, la politique agricole, la politique énergétique, la politique industrielle et minière.

Paragraphe 2 : La convergence monétaire, économique et financière et la surveillance multilatérale

L'Union monétaire a réalisé une uniformisation des règles monétaires et bancaires dans les États membres. Le Pacte de convergence, de stabilité, de croissance et de solidarité entre les États membres définit un cadre global de convergence des politiques financières et économiques (définition des indicateurs de performance) ainsi qu'un système de surveillance multilatérale des performances des États membres.

A : L'uniformisation des règles monétaires et bancaires

L'UMOA est une zone où les États membres partagent une monnaie commune et sont régis par une règlementation uniforme (Article 34, Traité de l'UMOA) dans les domaines de l'exécution et du contrôle de leurs relations financières avec les États n'appartenant pas à l'UMOA (i), des règles

[175] On aurait pu faire plus simple en adoptant le schéma institutionnel de la CEMAC. L'Union économique de l'Afrique centrale (UEAC) et l'Union monétaire de l'Afrique centrale (UMAC) forment ensemble la Communauté économique et monétaire de l'Afrique centrale (CEMAC).

générales d'exercice de la profession bancaire et financière ainsi que des activités s'y rattachant (ii), des systèmes de paiement (iii), de la répression de la falsification des signes monétaires et de l'usage des signes falsifiés (iv) et de la répression du blanchiment de capitaux (v).

De même, des seuils statutaires ont été définis en ce qui concerne la couverture de l'émission monétaire par les avoirs extérieurs bruts.

La réglementation uniforme des secteurs bancaires et financiers suit la procédure de décisions prises par les organes de l'UMOA et reprises sous la forme de lois uniformes votées par les parlements des États membres mais identiques dans leurs contenus. On peut citer, à ce titre, la Décision n° CM/UMOA/020/12/12 portant adoption du projet de loi uniforme sur le contentieux des infractions à la réglementation des relations financières extérieures des États membres de l'UMOA, la Décision n° 26 du 02/07/2015/CM/UMOA portant adoption du projet de loi uniforme relative à la lutte contre le blanchiment de capitaux et le financement du terrorisme dans les États membres de l'UMOA, la loi uniforme portant règlementation des bureaux d'information sur le crédit dans les États membres de l'UMOA, la loi uniforme relative à la répression des infractions en matière de chèque, de carte bancaire et d'autres instruments et procédés électroniques de paiement.

L'application des normes statutaires par les États membres et l'évolution de la situation monétaire font l'objet de rapports qui sont régulièrement soumis à l'appréciation des organes de l'UMOA. Ce dispositif a permis un respect strict de la discipline monétaire par les États membres.

B : La convergence des politiques et la surveillance multilatérale

La surveillance multilatérale est le mécanisme communautaire de définition et de contrôle des politiques économiques entre les États membres de l'UEMOA. Ce mécanisme est accompagné de mesures de sanction pour les États qui ne respectent pas les critères de convergence qu'il définit.

1 : La notion et les buts de la surveillance multilatérale

L'appartenance à une union économique et monétaire impose aux États membres une convergence des politiques économiques et budgétaires. C'est la raison d'être des Pactes de convergence, de stabilité, de croissance et de solidarité des États membres de l'UEMOA. Ces Pactes de stabilité sont adoptés par Acte additionnel de la Conférence des Chefs d'État et de gouvernement de l'Union. L'Acte additionnel n° 04/99 du 08 décembre 1999, portant Pacte de convergence, de stabilité, de croissance et de solidarité entre les États membres de l'UEMOA (modifié par l'Acte additionnel n° 05/2009/CCEG/UEMOA du 17 mars 2009) a fixé la phase de convergence sur la période allant de 1999 au 31 décembre 2013 et la phase de stabilité qui a commencé le 1er janvier 2014. Des "crises sociopolitiques et la lenteur des réformes structurelles dans les États membres"[176] n'ont pas permis la réalisation des conditions de convergence prescrites. Dès lors, la Conférence des Chefs d'État adopta un nouvel Acte additionnel, l'Acte additionnel n° 01/2015/CCEG/UEMOA du 19 janvier 2015, portant Pacte de convergence, de stabilité, de croissance et de solidarité entre les États membres de l'UEMOA. Ce nouvel Acte additionnel fixe la phase de convergence à la période allant du 1er janvier au 31 décembre 2019. La phase de stabilité retenue par les Chefs d'État commencera le 1er janvier 2020 au plus tard.

Dans la perspective de ces horizons de convergence et de stabilité, chaque État membre élabore un programme quinquennal destiné à assurer la réalisation des normes de convergence. Ce programme pluriannuel est glissant et comporte des informations relatives (i) aux réalisations de l'année précédente et les objectifs de l'année en cours, (ii) à la description des mesures de politique économique et des mesures budgétaires destinées à réaliser les objectifs du programme pluriannuel orienté vers la convergence, (iii) à l'évolution des critères de convergence, (iv) et à la définition des perspectives d'évolution des critères de convergence ainsi que des mesures spécifiques envisagées pour chaque tranche annuelle du programme quinquennale (art. 11, Acte additionnel n° 01/2015/CCEG/UEMOA du 19 janvier 2015).

La phase de convergence traduit une "amélioration continue jusqu'au respect des normes communautaires fixées" (art.13, Acte additionnel n° 01/2015/CCEG/UEMOA). La phase de stabilité est atteinte dans l'Union lorsque les trois critères de premier rang sont respectés par une masse critique d'États membres, c'est-à-dire un nombre d'au moins quatre États membres représentant un minimum de 65 % du PIB nominal de l'Union (art. 16, Acte additionnel n° 01/2015/CCEG/UEMOA). [177]

Au titre des buts, la surveillance multilatérale vise à assurer la viabilité du cadre macro-économique des États membres en leur établissant un cadre souple d'orientations économiques assorties de règles strictes de convergence. Afin de permettre la réalisation des objectifs communs qui fondent l'existence de l'UEMOA, des procédures ont été élaborées en vue de garantir le respect des règles communes. La surveillance multilatérale permet de rendre compatible le maintien de politiques économiques décentralisées avec les exigences de la politique monétaire commune, en vertu du principe dit de subsidiarité.

Dès 1990, le Conseil des ministres de l'Union monétaire ouest-africaine avait exprimé le besoin d'une surveillance renforcée des politiques budgétaires

---

[176] 2ème Considérant de l'Acte additionnel n° 01/2015/CCEG/UEMOA du 19 janvier 2015.

[177] L'année 2020 étant supposée être l'année de lancement de la monnaie unique de la CEDEAO, la définition des conditions d'éligibilité pourrait être révisée pour prendre en compte les dynamiques des autres Etats comme le Nigéria et le Ghana.

et monétaires. Le même conseil des ministres a recommandé l'extension de ses compétences à la surveillance multilatérale des orientations de politique économique des États membres.

2 : Les organes de la surveillance multilatérale

La Directive n° 01/96/CM du 15 janvier 1996, relative à la mise en œuvre de la surveillance multilatérale des politiques macro-économiques au sein des États membres de l'UEMOA, précise et complète ce dispositif d'encadrement et de contrôle. La directive définit un cadre institutionnel comprenant :

- le Conseil des ministres : il exerce la surveillance multilatérale sur la base des propositions et recommandations formulées par la Commission ;

- la Commission de l'Union : elle est le centre opérationnel de la surveillance multilatérale et assure la gestion de la base de données de tous les Etats, la comparaison et l'analyse de ces données, l'élaboration de rapports semestriels d'exécution afin de vérifier le respect des objectifs de la surveillance ;

- la BCEAO qui veille à la cohérence entre la politique monétaire commune et les politiques budgétaires des États membres ;

- les Comités nationaux de politique économique (CNPE) : leur rôle est d'assister la commission de l'UEMOA dans la collecte, le traitement et l'analyse des informations relatives à la vie économique et financière de leurs pays.

3 : La procédure de la surveillance multilatérale

L'Acte additionnel n° 04/99 est remplacé par l'Acte additionnel n° 01/2015/CCEG/UEMOA du 19 janvier 2015 portant Pacte de convergence, de stabilité, de croissance et de solidarité entre les États membres de l'UEMOA. Cet Acte additionnel réforme la surveillance multilatérale des politiques macro-économiques et budgétaires. Il prévoit l'élaboration et l'évaluation de programmes pluriannuels de convergence, de stabilité, de croissance et de solidarité. Il organise aussi un mécanisme de sanctions et détermine les objectifs à moyen terme.

Chaque État membre élabore un programme quinquennal de convergence devant lui permettre de réaliser les critères de convergence définis par l'Union à moyen terme. Ces programmes nationaux sont glissants et sont soumis au Conseil des ministres qui les adopte par une décision (art. 10 & 14, Acte additionnel n° 01/2015/CCEG/UEMOA). En collaboration avec la BCEAO, la Commission élabore un rapport semestriel pour faire l'évaluation des programmes de chaque État membre. La Commission transmet les rapports au Conseil des ministres. Si le rapport constate que l'exécution du programme quinquennal respecte les objectifs intermédiaires annuels que l'État membre s'est fixés, l'exécution de ce programme est jugée conforme (art.18, Acte additionnel n° 01/2015/CCEG/UEMOA). À l'inverse, lorsque les rapports de la Commission constatent une mauvaise évolution des critères de convergence, le Conseil des ministres, sur proposition de la Commission, peut prendre des "mesures rectificatives" (18-2, Acte additionnel n° 01/2015/CCEG/UEMOA). Le mécanisme de sanction peut être déclenché si le critère clé (solde budgétaire global) figure parmi la liste des critères qui donnent un mauvais profil au tableau du respect des critères de convergence par l'État membre (art. 19 *in fine*, Acte additionnel n° 01/2015/CCEG/UEMOA).

En tout état de cause, la mise en œuvre des mesures rectificatives et du mécanisme de sanction met en collaboration la Commission, l'État membre et le Conseil des ministres par des mécanismes de proposition et d'échanges d'idées qui garantissent le caractère contradictoire des décisions finales.

Le mécanisme rénové de la surveillance multilatérale comprend les critères de convergence institués par l'Acte additionnel n° 01/2015/CCEG/UEMOA du 19 janvier 2015, créant un Pacte de convergence, de stabilité, de croissance et de solidarité entre les États membres de l'UEMOA. Ces critères sont les suivants :[178]

Critères de premier rang	- Ratio du solde budgétaire global, dons compris, rapporté au PIB nominal (critère clé) : il devrait être supérieur ou égal à -3 % à l'horizon de convergence - Taux d'inflation annuel moyen : il devrait être maintenu à 3 % au maximum par an - Ratio de l'encours de la dette intérieure et extérieure rapporté au PIB nominal : il ne devrait pas excéder 70 % à l'horizon de convergence
Critères de second rang	- Ratio de la masse salariale sur les recettes fiscales : il ne devrait pas excéder 35 % à l'horizon de convergence - Taux de pression fiscale [179] : il devrait être supérieur ou égal à 20 % à l'horizon de convergence.

Il convient de noter que le nouveau Pacte de convergence (Acte additionnel n° 01/2015/CCEG/UEMOA du 19 janvier 2015) apporte une modification appréciable au critère de solde budgétaire. L'Acte additionnel n° 04/99 du 08 décembre 1999 portant Pacte de convergence, de stabilité, de croissance et de solidarité entre les États membres de l'UEMOA imposait un solde budgétaire de base positif au titre d'un des critères de premier rang. Il s'agissait d'apprécier et de suivre la capacité des États à couvrir, sur ressources propres, leurs besoins primaires et, dans un deuxième temps, leur capacité à dégager un

178 Voir en annexe les statistiques par pays du respect des critères de convergence.
179 Taux de pression fiscale = Recettes fiscales sur PIB nominal.

espace budgétaire pour les dépenses d'investissements. De ce point de vue, le critère de solde budgétaire de base rapporté au PIB peut être analysé comme un référentiel d'appréciation de la soutenabilité interne des finances publiques, la capacité d'autofinancement des États indépendamment de l'aide au développement. La perspective d'appréciation du solde budgétaire change avec l'Acte additionnel n° 01/2015/CCEG/UEMOA.

Certains critères découlant de l'Acte additionnel n° 04/99 n'ont pas été repris dans le nouveau mécanisme de la surveillance multilatérale. Il s'agit d'un critère de premier rang (non-accumulation d'arriérés de paiement intérieur et extérieure sur la gestion de la période courante) et de deux critères de second rang (Ratio des investissements publics financés sur ressources internes rapportés aux recettes fiscales d'au moins 20 % et ratio du déficit extérieur courant hors dons par rapport au PIB nominal d'au plus 5 %). Ces critères figurant parmi les indicateurs de convergence adoptés en 1999 continueront d'être suivis, non pas dans le cadre de la surveillance multilatérale des critères de convergence, mais dans le cadre des indicateurs du tableau de bord qui est un dispositif d'alerte.

4 : Les sanctions

L'article 74 du traité de l'UEMOA distingue les sanctions positives et les sanctions négatives.

Sanctions positives	Sanctions négatives
- la publication d'un communiqué par la Commission ; - le soutien de l'Union dans la recherche du financement requis pour l'exécution du programme de mesures rectificatives ; - un accès prioritaire aux ressources de l'Union.	- la publication par le Conseil d'un communiqué, éventuellement assorti d'informations supplémentaires sur la situation de l'État concerné ; - le retrait annoncé publiquement des mesures positives dont bénéficiait éventuellement l'État membre ; - la recommandation à la BOAD de revoir sa politique d'intervention en faveur de l'État membre concerné ; - la suspension des concours de l'Union à l'État membre concerné.

Les sanctions négatives présentent chacun des inconvénients importants pour la sortie d'un État membre de sa situation de crise conjoncturelle. D'une part, les sanctions négatives de nature déclarative (la publication par le Conseil d'un communiqué) peuvent avoir des répercussions sur la note du pays auprès des grandes agences de notations. La dégradation de la note d'un pays a pour conséquence l'augmentation des taux d'intérêt sur les emprunts négociés par le gouvernement sur les marchés financiers. D'autre part, les sanctions négatives à incidence financière directe (le retrait des mesures positives dont bénéficiait éventuellement l'État membre, la recommandation à la BOAD de revoir sa politique d'intervention en faveur de l'État membre concerné, la suspension des concours de l'Union à l'État membre concerné) privent l'État membre en situation financière difficile de concours financiers utiles pour le rétablissement des agrégats macro-économiques et macro-financiers. En toute logique, la sanction entrainerait l'aggravation de l'état de crise dans le pays.

Au total, les sanctions négatives contribueraient presque automatiquement à une dégradation accrue des indicateurs de performance, ce qui aurait pour conséquence d'affecter la bonne tenue de la monnaie commune, le franc CFA.

> Le rappel à l'ordre des juridictions financières nationales paraît plus commode. Ainsi, pour la Cour des comptes du Togo, "l'appartenance de notre pays à un espace économique communautaire amène (…) à aborder l'examen de l'exécution de la loi de finances (…) au regard des critères définis par le pacte de convergence de l'UEMOA."[180]

---

[180] Cour des comptes (Togo), *Rapport de la Cour des comptes sur l'exécution du budget de l'État, gestion 2010*, 2013, p. 43.

Encadré n° 5 : Les objectifs de l'UEMOA

Traité du 10 janvier 1994, UEMOA. Les objectifs de l'Union.

"Article 4 : Sans préjudice des objectifs définis dans le Traité de l'UMOA, l'Union poursuit, dans les conditions établies par le présent Traité, la réalisation des objectifs ci-après :

a) renforcer la compétitivité des activités économiques et financières des États membres dans le cadre d'un marché ouvert et concurrentiel et d'un environnement juridique rationalisé et harmonisé ;

b) assurer la convergence des performances et des politiques économiques des États membres par l'institution d'une procédure de surveillance multilatérale ;

c) créer entre les États membres un marché commun basé sur la libre circulation des personnes, des biens, des services, des capitaux et le droit d'établissement des personnes exerçant une activité indépendante ou salariée, ainsi que sur un tarif extérieur commun et une politique commerciale commune ;

d) instituer une coordination des politiques sectorielles nationales, par la mise en œuvre d'actions communes et éventuellement de politiques communes notamment dans les domaines suivants : ressources humaines, aménagement du territoire, transports et télécommunications, environnement, agriculture, énergie, industrie et mines ;

e) harmoniser, dans la mesure nécessaire au bon fonctionnement du marché commun, les législations des États membres et particulièrement le régime de la fiscalité."

SECTION 2
LA SURVEILLANCE INTERNATIONALE DES FINANCES PUBLIQUES DES ÉTATS MEMBRES DE L'UEMOA

Les États membres de l'UEMOA subissent une surveillance internationale et un encadrement de leurs finances publiques. Cette forme de tutelle financière a des origines lointaines et remonte aux premiers programmes d'ajustement structurel de la décennie 1980.

Paragraphe 1 : L'encadrement par les institutions financières internationales

L'histoire des finances publiques des États membres de l'UEMOA est une histoire dominée par les programmes d'ajustement structurel. Ces programmes ont mis le Fonds monétaire international et la Banque mondiale au centre des questions financières publiques des États.

A : Les fondements de l'ajustement structurel

Les programmes d'ajustement structurel trouvent leurs fondements dans les missions statutaires du FMI mais aussi dans l'idéologie libérale dominante au sein des institutions de Bretton Woods.

1 : La mission statutaire du FMI

Le rôle du Fonds monétaire international dans la gestion des crises monétaires et financières est contenu dans ses statuts, adoptés à la Conférence monétaire et financière des Nations-Unies à Bretton Woods (New Hampshire) le 22 juillet 1944 et entrés en vigueur le 27 décembre 1945. Ces statuts ont subi plusieurs modifications approuvées par des résolutions du Conseil des gouverneurs. Selon l'article 1er des Statuts, le FMI a pour but de "donner confiance aux États membres en mettant les ressources générales du Fonds temporairement à leur disposition moyennant des garanties adéquates, leur fournissant ainsi la possibilité de corriger les déséquilibres de leurs balances des paiements sans recourir à des mesures préjudiciables à la prospérité nationale ou internationale". Le Fonds, "conformément à ce qui précède, abréger la durée et réduire l'ampleur des déséquilibres des balances des paiements des États membres." En vertu de ses buts statutaires, le FMI se positionne comme une institution internationale dont le rôle est d'assurer la stabilité du système financier international ainsi que la gestion des crises monétaires et financières dans les États membres. Le mode opératoire du FMI est de fournir des prêts aux États qui connaissent des situations financières difficiles pouvant mettre en péril leurs systèmes financiers (marchés financiers, banques) ou leurs transactions financières et commerciales internationales. Les prêts accordés par le FMI permettent d'éviter aux États de se retrouver en situation de cessation de paiement et donc de ne plus pouvoir honorer les échéances de remboursement envers leurs créanciers et, dans certains cas, de ne plus pouvoir payer les dépenses courantes que sont les salaires des fonctionnaires et les pensions des retraités. Ces prêts du FMI sont conditionnés par la prise de mesures tendant à améliorer la gestion des finances publiques et créer les conditions pour une croissance économique saine et durable.

2 : Le "Consensus de Washington"

Le "Consensus de Washington" est un ensemble de préconisations formulées par les institutions financières internationales ayant leur siège à Washington (Banque Mondiale, Fonds monétaire international) avec le soutien du département du Trésor (ministère des Finances) des États-Unis. Le "Consensus de Washington" vient rompre avec les idées fortement inspirées de John Maynard Keynes qui ont dominé la théorie et les politiques économiques depuis 1929 et surtout au cours de la période de reconstruction des économies européennes et américaines après la Seconde Guerre mondiale : politique interventionniste de l'État en vue d'éviter les récessions et promouvoir l'emploi. Dans les pays en développement d'Amérique du Sud, d'Afrique et d'Asie, les doctrines et les politiques économiques étaient inspirées du courant dit du "développement autocentré" ou de "substitution aux importations". Ceci s'est traduit par un choix d'industrialisation dans le cadre d'un marché intérieur protégé et d'un interventionnisme exacerbé de l'État pour orienter l'investissement et les activités économiques. Une politique sociale de l'État-providence assure une redistribution du revenu national vers les populations les plus fragiles. Dans les faits, ces politiques ont conduit au protectionnisme, à des poussées inflationnistes et à des situations budgétaires insoutenables dans le temps. Les difficultés économiques et financières des États de l'Amérique latine au cours de la décennie 1980 et surtout le "défaut" (cessation de paiement) du Mexique en 1982[181] et la crise de la dette des pays du tiers monde (Brésil 1983, Chili 1985, Mozambique 1987, Bolivie 1988)[182] qui suivit, autorisèrent la remise en cause des théories et politiques dominantes. L'économiste américain John Williamson formule dix propositions[183] pour retrouver la croissance et en finir avec la crise : la discipline budgétaire, la réorientation de la dépense publique, la réforme fiscale, la libéralisation financière, l'adoption d'un taux de change unique et compétitif, la libéralisation des échanges, l'élimination des barrières à l'investissement direct étranger, la privatisation des entreprises publiques, la réforme de la réglementation des marchés pour assurer l'élimination des principales barrières à l'entrée et à la sortie, la garantie des droits de propriété. Ces propositions vont inspirer le contenu du "Consensus de Washington" qui peut se résumer en quatre idées principales : libéralisation, privatisation, ouverture extérieure et bonne gouvernance.

B : L'ajustement structurel dans les États membres de l'UEMOA

La dette des États et les déséquilibres des balances des paiements vont conduire les gouvernements à recourir à l'assistance conditionnée du Fonds monétaire international et donc aux programmes d'ajustement structurel.

---

181 J. Attali, *Tous ruinés dans dix ans ?: Dette publique : la dernière chance*, Paris, Fayard, 2010.

182 Revue "Finances et développement", publication trimestrielle du FMI et de la Banque Mondiale, mars 1990, p.10-12.

183 J. Williamson, "What Washington Means by Policy Reform", *in Latin American Adjustment: How Much Has Happened?*, Washington, Institute for International Economics,1990.

1 : La situation économique et financière des États membres de l'UEMOA.

Au cours des trois décennies 1970, 1980 et 1990, la zone UEMOA n'était pas productrice de pétrole. Le Niger et la Côte d'Ivoire n'entreront dans le club des pays bénéficiaires de rentes pétrolières qu'à compter des années 2000 et 2010. L'ensemble des pays membres de l'UEMOA a donc logiquement été victime des deux chocs pétroliers de 1973 (guerre israélo-arabe) et 1979 (révolution iranienne). Entre octobre 1973 et janvier 1974, le prix de l'*arabian light* (pétrole brut de référence) passe de 2,32 $ à 9 $. Ce même pétrole brut de référence est à 13 $ en 1978, à la veille des émeutes à Téhéran, la capitale iranienne. En mai 1979, le prix du baril de pétrole atteint 35 $ et monte à 40 $ à l'automne de 1979.[184]

À cela s'ajoute ce que les économistes appellent la détérioration des termes de l'échange.[185] La Caisse de stabilisation (CAISTAB), établissement public d'achat et de régulation du marché du café et du cacao en Côte d'Ivoire a contribué à amortir les effets de la chute des prix des matières premières. Mais cet effort n'a pu être poursuivi trop longtemps et les problèmes économiques et financiers ont fini par rattraper le pays. Le phénomène est le même dans les autres pays membres de l'UEMOA qui sont dépendants de monocultures d'exportation comme le Sénégal (arachide), le Mali, le Burkina Faso et le Bénin (coton), le Niger (uranium) et le Togo (phosphate). La croissance économique est faible et la dette publique s'alourdit. La Banque mondiale relève "la dégradation des routes, l'augmentation du chômage, l'absence de médicaments dans les cliniques et de matériel didactique dans les écoles."[186] Les principaux agrégats économiques et financiers moyens dans la zone UEMOA deviennent faibles : balance des paiements, inflation moyenne, taux de croissance économique moyen, etc. Sur l'ensemble de la zone Afrique subsaharienne, la Banque mondiale note que "la dette extérieure totale, à moyen et à long termes, (...) est passée de quelque 6 milliards de dollars en 1970 à plus de 126 milliards à la fin de 1987, ce qui représente une augmentation de plus de 650 % en dollars constants".[187]Au total, tous les

---

[184] E. Laurent, *La face cachée du pétrole*, Paris, Plon, 2006.

[185] Selon la Conférence des Nations Unies sur le Commerce et le Développement (CNUCED) "l'Afrique subit une détérioration des termes de l'échange. Les pertes engendrées par la détérioration des termes de l'échange pour ces produits équivalent au total de la dette en cours de l'Afrique subsaharienne (200 milliards de dollars)." http://www.un.org/press/fr/2003/TAD1960.doc.htm, 14 juillet 2015.

[186] Revue *Finances et développement*, publication trimestrielle du FMI et de la Banque Mondiale, septembre 1990, p.18.

[187] Revue *Finances et développement*, publication trimestrielle du FMI et de la Banque Mondiale, juin 1989, p. 9.

ingrédients pour passer à un ajustement structurel nécessaire des économies africaines étaient réunis. Le monde allait passer au chevet de l'Afrique.[188]

Tableau n° 8 : Les indicateurs macro-économiques de l'Afrique dans les années 1980

Afrique subsaharienne (sauf pays exportateurs de pétrole et Afrique du Sud) : 1980-1989 (variation en pourcentage, sauf indication contraire)						
	1980	1982	1984	1986	1988	1989[189]
Produit intérieur brut, valeur réelle	2,0	1,5	0	3,9	3,3	3,6
PIB par habitant, valeur réelle	-1,3	-1,3	-2,5	0,8	0,2	0,5
Balance des paiements (en milliards de dollars)	-2,6	-3,4	-3,0	-3,1	-5,6	-4,9
Termes de l'échange	-8,0	-3,4	10,0	-9,4	0	-2,5
Dette extérieure (en % du PIB)	40,0	52,2	60,4	67,3	69,1	70,6

Sources : FMI, World Economic Outlook, base de données (*in* Revue "Finances et développement", publication trimestrielle du FMI et de la Banque Mondiale, septembre 1989, p.32.)

2 : De l'ajustement structurel à la stratégie de réduction de la pauvreté

- *L'ajustement structurel* : le programme d'ajustement structurel est un document qui accompagne la signature d'un accord de financement signé entre le gouvernement d'un État et le Fonds Monétaire international (FMI). Ce document prend la forme d'une "lettre d'intention" soumise avec l'accord de prêt qui la sous-tend, à l'approbation du conseil d'administration du Fonds monétaire international. En application de cet accord de prêt à l'ajustement structurel (*structural adjustment loans*), le FMI met des ressources à la disposition du pays signataire au fur et à mesure que les engagements pris dans le programme sont mis en œuvre. Les décaissements du FMI sont conditionnés par l'exécution du programme. Ce sont des prêts conditionnels. L'ajustement structurel comporte deux volets : d'abord les mesures de stabilité macro-économiques à court terme (taux de change monétaire, libéralisation des prix, efficacité fiscale) ; ensuite et enfin, les réformes structurelles qui

[188] En 1981, la Banque mondiale publie le rapport sur "Le développement accéléré en Afrique au sud du Sahara, programme indicatif d'action", appelé Rapport Berg. Ce rapport est centré sur les préoccupations à court et moyen termes et vise la réinsertion de l'Afrique dans l'économie mondiale.

[189] Estimation.

doivent permettre à l'économie d'être compétitive, d'attirer les investisseurs étrangers et de réduire les déficits publics : libéralisation du commerce et du système bancaire, privatisation des entreprises publiques, réduction importante des dépenses sociales (santé, eau potable, éducation, etc.), réduction des effectifs de fonctionnaires. Au Bénin, le traitement de choc a consisté à faire un prélèvement supplémentaire de 10 % sur les salaires des fonctionnaires, à un gel des embauches dans la fonction publique et à une mise à la retraite d'office pour des milliers d'autres fonctionnaires. En janvier 1994, la dévaluation du franc CFA est décidée afin de permettre la compétitivité des produits africains sur le plan international, l'amélioration des recettes d'exportations et la réduction des déficits des budgets des États membres de l'UMOA ; une dévaluation au taux de 50 %, le premier changement de parité entre le franc français et le franc CFA depuis l'instauration du nouveau franc français le 27 décembre 1958. Tous les pays membres de l'UEMOA ont leur premier accord de prêt d'ajustement structurel dans le courant de la décennie 1980. La mise en œuvre des programmes d'ajustement structurel a connu des résultats mitigés. Les déficits des comptes publics ont été réduits mais la pauvreté et le chômage ont augmenté. Le prix Nobel d'économie Joseph Stiglitz a parlé de "grande désillusion"[190] pour exprimer les résultats peu encourageants qui ont été atteints pendant les années d'application des programmes d'ajustement structurel. Pour pallier les effets négatifs de l'ajustement structurel sur l'emploi et la pauvreté, de nouveaux mécanismes sont mis en place. Il s'agit de l'initiative PPTE[191] qui est conditionnée par l'élaboration d'un Document de stratégie de réduction de la pauvreté.

- *Les documents de stratégie de réduction de la pauvreté* : le préalable au bénéfice de l'Initiative PPTE est l'élaboration d'un document de stratégie de réduction de la pauvreté (DSRP) qui peut aussi porter le nom de Document de croissance pour la réduction de la pauvreté. Le DSRP conditionne également l'éligibilité des pays aux prêts concessionnels de la Banque mondiale et du FMI. Il est un instrument de programmation à moyen terme, de rationalisation des allocations budgétaires et d'harmonisation des interventions des différents bailleurs de fonds. L'élaboration des DSRP suit une approche participative et rationnelle : mobilisation de la société civile, des acteurs économiques, des services de l'État et des administrations locales, diagnostic de la pauvreté, analyse des déterminants de la pauvreté, évaluation de l'impact des programmes publics, mécanisme de suivi-évaluation. En pratique, l'élaboration d'un DSRP suit les grandes étapes suivantes : atelier de lancement (i), mise en place d'un secrétariat et de groupes thématiques (ii), rédaction d'un document provisoire et soumission du *draft* auprès de la Banque mondiale et du FMI (iii), corrections et ajustements (iv), avis final des

---

190 J. Stiglitz, *La Grande désillusion*, Paris, Fayard, 2002.
191 Voir *supra* p. 84.

autorités de la Banque mondiale et du FMI. Le DSRP réhabilite dans les pays l'État régulateur et les méthodes de planification nationale souple.

Les DSRP sont réputés être des initiatives des États reflétant la volonté des pays. Cependant, la place des institutions de Bretton Woods dans le processus d'élaboration n'est pas négligeable. Elles sont présentes aux grands moments de la procédure et se rendent utiles à "aider les pays à concevoir des cadres macro-économiques réalistes, mais souples, liés aux stratégies et budgets nationaux (i), aligner plus étroitement ses opérations et travaux sur les cycles nationaux de préparation des DSRP et du budget (ii), renforcer la gestion des dépenses publiques pour en maximiser l'impact sur la réduction de la pauvreté (iii) s'efforcer, en concertation avec les autres bailleurs de fonds, de mieux coordonner l'assistance, afin de la rendre plus efficace et de rationaliser les concours apportés à l'appui de la mise en œuvre des DSRP."[192]En tout état de cause, la Banque mondiale et le FMI donnent en fin de parcours "un avis consultatif conjoint"[193] qui clôture le cycle de l'élaboration du DSRP.

Le DSRP se veut un document de référence pour les interventions des bailleurs de fonds et pour l'action programmatique des États. Cette place centrale dans le cheminement vers le développement est en train de s'estomper dans certains États membres de l'UEMOA. Le DSRP est de plus en plus délaissé au profit d'autres documents programmatiques élaborés par les États membres de l'UEMOA. Après la mise en œuvre de deux générations de Documents de Stratégie de Réduction de la Pauvreté (DSRP) de 2003 à 2010, le Sénégal a opté pour une Stratégie nationale de Développement économique et social pour la période 2013-2017 (SNDES). Adoptée en novembre 2012 par le Gouvernement et l'ensemble de ses partenaires au développement, cette stratégie repose sur la vision d'un Plan stratégique Sénégal Emergent (PSE) visant l'émergence économique à l'horizon 2035. Le Plan d'Actions Prioritaires, articulé sur la période 2014-2018, constitue le document de référence des interventions de l'État, des partenaires techniques et financiers, du partenariat public-privé et de la participation citoyenne, à moyen terme. Le Burkina Faso fait de même avec l'adoption, en juillet 2016, de son Plan national de développement économique et social (PNDES, 2016-2020) comme "nouveau référentiel pour les politiques de développement".

Quant à la Côte d'Ivoire, elle a fait adopter par son parlement, en décembre 2015, le Plan national de développement (PND) 2016-2020 qui doit conduire le pays à l'émergence à l'horizon 2020.

---

192 https://www.imf.org/external/
193 https://www.imf.org/external/

Encadré n° 6 : L'agenda 2030

L'agenda 2030 du développement durable

Dans toutes les régions du monde, des voix s'élèvent pour demander un leadership et des mesures à l'échelle internationale pour lutter contre la pauvreté, l'inégalité et le changement climatique.

En septembre 2015, les dirigeants du monde se sont réunis au Siège des Nations Unies à New York pour adopter un nouveau programme en matière de développement durable. Ce nouvel agenda pour 2030 comprend 17 nouveaux objectifs de développement durable (ODD), ou objectifs mondiaux, qui guideront la politique et le financement du développement pour les 15 prochaines années, en commençant par un engagement historique pour éradiquer la pauvreté. Partout. En permanence.

L'année 2015 est aussi celle de la fin des Objectifs du Millénaire pour le développement (OMD), qui ont mobilisé le monde entier en septembre 2000 autour d'un programme commun visant à s'affranchir de la pauvreté avant 2015.

Les OMD ont fixé des objectifs mesurables, convenus à l'échelle mondiale, afin d'éliminer l'extrême pauvreté et la faim, de prévenir les maladies mortelles mais guérissables et d'élargir les perspectives éducatives de tous les enfants, entre autres impératifs de développement.

Les OMD ont permis d'accomplir des progrès dans plusieurs domaines importants :

- la pauvreté monétaire
- l'accès à des sources d'eau potable de meilleure qualité
- l'inscription à l'école primaire
- la mortalité infantile.

Pourtant des millions de personnes n'ont pas tiré parti de ces progrès : nous devons parcourir la dernière ligne droite et éliminer la faim, instaurer l'égalité de genre, améliorer les services de soins de santé et inscrire chaque enfant à l'école.

Le nouveau programme de développement doit s'appliquer à tous les pays, promouvoir des sociétés pacifiques et ouvertes, créer de meilleurs emplois et relever les défis environnementaux de notre temps, notamment les changements climatiques.

Les ODD doivent finir le travail commencé par les OMD et s'assurer que nul ne soit laissé-pour-compte.

Source : http://www.undp.org/content/undp/fr/home/sdgoverview.html, 20 juillet 2016.

Paragraphe 2 : L'apparition de nouveaux mécanismes de surveillance internationale

La gestion des finances publiques dans les États membres de l'UEMOA est placée sous le signe de la défiance. Les gouvernements doivent constamment faire la preuve d'une bonne conduite des politiques économiques et financières sous le contrôle de divers organismes de surveillance des performances financières et économiques.

A : L'Initiative pour la Transparence des Industries extractives (EITI)

L'idée a été émise en septembre 2002 au sommet mondial sur le développement durable à Johannesburg. L'Initiative pour la Transparence des Industries extractives (EITI) a été finalement créée à la conférence de Londres le 17 juin 2003. Cette conférence réunissait environ 140 délégations d'officiels gouvernementaux, de représentants d'organisations non gouvernementales et de délégués de compagnies minières ou pétrolières. La conférence se mit d'accord sur douze principes qui doivent gouverner la gestion des revenus des industries extractives. Une Norme EITI est créée, laquelle permet de mesurer et de classer les pays en tenant compte du niveau de transparence dans la gouvernance publique d'une manière générale, et la gouvernance des revenus tirés des ressources naturelles de façon spécifique. La Norme EITI comporte trois niveaux qui correspondent à trois statuts : le statut du pays qui souhaite appliquer l'EITI, pays aspirant à la candidature. Il doit en conséquence prendre un certain nombre de mesures avant de déposer sa candidature. Suite à ces mesures, intervient la demande de candidature officielle adressée au conseil d'administration de EITI. Si le conseil d'administration conclut que les étapes ont été correctement franchies, le pays acquiert le statut de "pays candidat" à l'ITIE. Pour passer au statut de "pays conforme," le "pays candidat" doit se soumettre et passer avec succès, dans un délai de deux ans et demi, une évaluation qualifiée de validation. L'évaluation est faite sous la supervision du conseil d'administration et du secrétariat international par un validateur indépendant. Le statut de "pays conforme" est valable cinq ans et doit être renouvelé après de nouvelles évaluations.

L'EITI est fondée sur le volontariat de l'État qui soumet de son plein gré son dossier pour devenir "État candidat." Au-delà des formes, il faut bien déceler la pression diffuse des bailleurs de fonds qui n'hésitent pas à faire du respect de ce mécanisme une conditionnalité de leurs concours financiers aux États.

B : Le système PEFA

Le programme de partenariat du PEFA (Évaluation des dépenses publiques et responsabilité financière ou *Public Expenditure and Financial*

Accountability) a été créé en décembre 2001. Les membres actuels du partenariat sont la Banque mondiale, la Commission européenne, le ministère britannique du Développement international, le Secrétariat d'État suisse aux Affaires économiques, le ministère français des Affaires étrangères, le ministère norvégien des Affaires étrangères, et le Fonds monétaire international.

La grille d'évaluation du PEFA s'inspire du Code de transparence budgétaire du FMI, des seize indicateurs de suivi des dépenses des pays pauvres très endettés, et d'autres normes internationales. Elle comporte 28+3 indicateurs détaillés en 74 dimensions. Le rapport d'évaluation fournit une notation de A à D sur chacun des indicateurs. Chaque évaluation PEFA est réalisée par une équipe de consultants indépendants, nationaux et internationaux, spécialiste des finances publiques mais aussi de disciplines connexes : marchés, publics, contrôle interne, cycle budgétaire, etc. Les consultants sont recrutés le plus souvent par les deux principaux bailleurs du PEFA que sont la Banque mondiale et l'Union européenne.

Le système d'évaluation PEFA vise la promotion des principes de l'Approche renforcée (*Strengthened approch*) dont le but est de soutenir les réformes de la gestion des finances publiques. Durant la première phase du programme PEFA, un groupe d'experts de la Banque mondiale, du FMI et le Secrétariat du PEFA, supervisé par le Comité directeur du PEFA, ont développé "l'approche renforcée de soutien à la réforme de la Gestion des Finances Publiques" (GFP) et "le Cadre de mesure de la performance de la GFP". Cette approche tend à intégrer les meilleures pratiques qui sont en cours dans certains pays. La méthodologie PEFA se traduit par la réalisation d'évaluations dont le but est de fournir à diverses instances (institutions internationales, chercheurs, pays concernés, etc.) un état des lieux du système des finances publiques d'un pays à un moment donné. Le diagnostic ainsi réalisé permet une comparaison dans le temps (*tracking progress over time*), pour le même pays en saisissant l'évolution des indicateurs. Ainsi, le rapport d'évaluation PEFA du Niger (mars 2013) rappelle, pour chaque rubrique d'évaluation, la notation donnée par l'évaluation de 2008 et indique celle de 2012. Le rapport indique par exemple, qu'en ce qui concerne le respect des règles en matière d'exécution budgétaire, "un progrès important a été accompli depuis le dernier PEFA. Les lois de règlement 2004 et 2005 montraient que les procédures prévues par la LOLF n'étaient pas respectées. Le PEFA 2008 notait déjà que depuis 2007, les procédures étaient mieux suivies (qu'en 2012), des règles claires existent et sont respectées."[194]

Les rapports d'évaluation PEFA sont des preuves de la bonne ou de la mauvaise gouvernance financières des États évalués. Ils indiquent aussi des

---

[194] Fonds monétaire international, *République du Niger*, *Evaluation des dépenses publiques et responsabilité financière (PEFA)*, mars 2013, Washington, D.C. p. 90.

tendances dans la qualité de la gestion financière publique. En tout état de cause, ces rapports sont utilisés par les partenaires au développement pour apprécier l'éligibilité ou la continuation de leurs appuis aux politiques de développement. Ils donnent lieu à des rappels à l'ordre sous différentes formes.

C : L'Open budget initiative

L'Initiative sur le budget ouvert est un programme global de recherche et de plaidoyer pour la promotion de l'accès du public à l'information budgétaire et l'adoption de système favorisant la reddition de compte. Ce programme a été lancé par le Partenariat budgétaire international (*International budget partnership*, IBP). L'IBP est convaincu que les budgets ouverts peuvent permettre au public de juger si les responsables de leurs gouvernements font bon usage des fonds publics. L'Initiative sur le budget ouvert comprend la publication de l'Enquête sur le budget ouvert (*Open budget survey*) qui fournit des données et une analyse compréhensible sur les questions relatives à l'accès du public à l'information budgétaire et les opportunités offertes aux citoyens de participer au processus budgétaire. L'enquête se veut indépendante et est réalisée à partir de la collaboration de partenaires de la société civile dans environ 102 pays. L'Enquête mesure trois aspects de la gestion des finances publiques dans les pays : la transparence budgétaire (*budget transparency*), la participation budgétaire (*budget participation*) et le contrôle budgétaire (*budget oversight*). La première Enquête sur le budget ouvert a été publiée en 2006 et suit une publication biennale.

Dans le but de permettre la comparaison et mesurer l'engagement des pays pour la transparence, l'IBP créa l'Indice sur le budget ouvert (*Open budget index*, OBI). L'indice classe les pays sur la base de l'information qu'ils rendent disponible au public tout au long de la procédure budgétaire. Un score composite est calculé pour chaque pays, où 100 représente le score le plus élevé possible. En moyenne, l'Afrique subsaharienne a obtenu un score de 31 sur l'IBO de 2012, ce qui est inférieur à la moyenne de 43 pour toutes les régions. Le regroupement du Moyen-Orient et de l'Afrique du Nord obtient une note moyenne de 18.[195] Ce classement mondial vient nourrir la grille des observations et des rappels à l'ordre que peuvent subir les États membres de l'UEMOA, dans le cadre de leurs négociations avec les partenaires techniques et financiers qui contribuent au financement de leurs actions de développement.

D : Les agences de notation

Le recours au marché financier international est devenu fréquent pour le financement des investissements en Afrique. L'émission des *eurobonds* a été

---

[195] http://www.cabri-sbo.org/fr/ressources/blog/748-indice-sur-le-budget-ouvert-2012-ou-en-est-l-afrique, novembre 2016.

très pratiquée et continue de l'être pour plusieurs pays.[196] L'une des règles de fonctionnement du marché financier international est l'attribution de notes par les agences de notation financière. Ces notes (variables entre AAA et le C ou le D selon les agences[197]) permettent d'évaluer le risque d'insolvabilité d'un emprunteur. Pour les trois plus grandes agences de notation dans le monde (Moody's, Standard & Poor's et Fitch Ratings) les notes comprises entre AAA (trois AAA) et BBB (trois BBB) sont des notes "d'investissement". Elles permettent aux États qui ont ces notes d'avoir un accès à des financements bon marché, à faible taux d'intérêt sur les marchés financiers.

Lorsque la note est inférieure à BBB, l'État concerné est classé dans la catégorie "spéculative". Les investisseurs institutionnels, principaux intervenants des marchés financiers, ne prennent pas de risque sur les titres publics (ou même privés) classés dans la catégorie "spéculative." Se soumettre aux règles de la notation financière internationale constitue un échelon supplémentaire de la surveillance internationale des finances publiques des États membres de l'UEMOA.

---

196 Voir *infra* p. 310.

197 *C* pour Moody's et *D* pour Standard & Poor's.

CHAPITRE 6

LE NOUVEAU CADRE HARMONISÉ DES FINANCES PUBLIQUES AU SEIN DE L'UEMOA

La filiation entre la France et les États membres de l'UEMOA ne se limite pas à la communauté de langue officielle. Le droit financier public, la gestion financière publique sont aussi concernés par l'influence française en Afrique de l'Ouest francophone.

L'entrée en vigueur de la loi organique relative aux lois de finances en 2001 en France, cette naissance de la nouvelle "constitution financière" française va produire son effet sur les droits financiers ouest-africains francophones, jusque-là fortement inspirés de l'ordonnance française du 2 janvier 1959. La gestion performancielle des finances publiques devient la norme et l'UEMOA s'y conforme en adoptant six directives en 2009 dans les domaines juridiques, comptables et statistiques. Il s'agit de : la directive n° 01/2009/CM/UEMOA du 27 mars 2009 portant Code de transparence dans la gestion des finances publiques au sein de l'UEMOA, la directive n° 06/CM/UEMOA du 26 juin 2009 relative aux lois de finances,[198] la directive n° 07/CM/UEMOA du 26 juin 2009 portant règlement général sur la comptabilité publique, la directive n° 08/CM/UEMOA du 26 juin 2009 portant Nomenclature budgétaire de l'État, la directive n° 09/CM/UEMOA du 26 juin 2009 portant Plan Comptable de l'État (PCE) au sein de l'UEMOA, la directive n° 10/CM/UEMOA du 26 juin 2009 portant Tableau des Opérations Financières de l'État (TOFE) au sein de l'UEMOA.

---

[198] L'intitulé officiel est : directive n°06/CM/UEMOA du 26 juin 2009 portant lois de finances au sein de l'UEMOA. La faute rédactionnelle et syntaxique saute aux yeux. Le verbe *porter* signifie "avoir en soi", "contenir", "receler" (Le Robert). Le participe présent de "porter" qui donne "portant" conduit à un intitulé peu intelligible de la directive car cela donnerait ceci : directive n°06/CM/UEMOA du 26 juin 2009 "ayant en elle", ou "contenant" ou encore "recelant" les lois de finances au sein de l'UEMOA Il est bien évident que la directive n°06/CM/UEMOA ne contient pas, ne recèle pas, ne porte pas en elle les lois de finances. Elle ne fait qu'encadrer juridiquement l'élaboration des lois organiques nationales qui serviront de fondement juridique à l'élaboration des lois de finances dans les Etats membres de l'UEMOA. La directive n°06/CM/UEMOA concerne les lois de finances, et donc est *relative* aux lois de finances comme l'écrit d'ailleurs le jurislateur communautaire de la Communauté économique et monétaire des Etats de l'Afrique centrale (CEMAC) avec la directive n°01/11-UEAC-190-CM-22 du 19 décembre 2011 *relative* aux lois de finances.

Section 1
La genèse du nouveau cadre harmonisé des finances publiques

Les directives de 2009 sont la deuxième génération de directive formant le cadre harmonisé des finances publiques au sein de l'UEMOA.

Paragraphe 1 : La première génération de directives communautaires en matière de finances publiques

La création de l'UEMOA en 1994 a donné plus de vigueur au souci d'harmonisations des politiques des États membres. La question des finances publiques est apparue comme un axe majeur de concentration de cette politique nouvelle orientée vers l'élaboration de directives devant encadrer les finances publiques des États membres.

A : L'élaboration des directives

La commission de l'UEMOA se chargea d'élaborer les avant-projets de texte avec l'appui technique d'experts venant du ministère français en charge de la coopération. Ces avant-projets comprenaient les lois de finances, la comptabilité publique, la nomenclature budgétaire de l'État, le plan comptable de l'État et le tableau des opérations financières de l'État. Ces avant-projets de texte furent soumis à l'appréciation des Comités nationaux d'intégration. Les échanges entre la Commission, les Comités nationaux d'intégration et le Comité des experts ont donné l'occasion de concilier les points de vue et de permettre au Conseil des ministres de l'UEMOA d'adopter les textes soumis le 16 décembre 1997. Ainsi naissent la directive n° 5/97/CM/UEMOA relative aux lois de finances et la directive n° 6/97/CM/UEMOA portant règlement général sur la comptabilité publique. Ces deux directives seront suivies par les directives adoptées par le Conseil des ministres le 22 décembre 1998. Il s'agit de la directive n° 04/98/CM/UEMOA portant nomenclature budgétaire de l'État, de la directive n° 05/98/CM/UEMOA portant plan comptable de l'État, de la directive n° 06/98/CM/UEMOA portant tableau des opérations financières de l'État. Le 29 juin 2000 fut adoptée la directive n° 02/2000/CM/UEMOA portant Code de transparence dans la gestion des finances publiques au sein de l'UEMOA.

B : Des directives au lieu des règlements : le choix de l'UEMOA

Selon l'article 43 du Traité de l'UEMOA, "les règlements ont une portée générale. Ils sont obligatoires dans tous leurs éléments et sont directement applicables dans tout État membre. Les directives lient tout État membre quant aux résultats à atteindre." Les règlements sont des instruments d'uniformisation de la législation dans les États membres. Les directives, sont des outils juridiques d'harmonisation, parce qu'elles laissent aux États membres des marges de manœuvre pour traduire des préoccupations d'intérêt national tout en gardant les orientations générales des politiques et des actions communautaires.

Pour la première génération de directives portant cadre harmonisé des finances publiques, l'UEMOA avait à faire le choix entre le mode normatif sous forme de directive ou celui sous forme de règlement. Pour la Cour de justice de l'UEMOA, "s'agissant de textes fondamentaux pour l'organisation de la surveillance multilatérale des politiques budgétaires (...), il est judicieux que les deux projets de textes[199] soient adoptés sous forme de règlement."[200]

Après des discussions entre organes de l'Union, le choix de la directive fut préféré. Ce choix est conforme à la lettre et à l'esprit du Traité de l'UEMOA. En effet, dès le préambule, on lit que les États parties affirment" la nécessité de favoriser le développement économique et social des États membres, grâce à l'harmonisation de leurs législations."

Plus loin, l'article 4 du même traité fixe les objectifs de l'Union en ces termes :

- "a) renforcer la compétitivité des activités économiques et financières des États membres dans le cadre d'un marché ouvert et concurrentiel et d'un environnement juridique rationalisé et *harmonisé* (...) ;

- e) *harmoniser*, dans la mesure nécessaire au bon fonctionnement du marché commun, les législations des États membres et particulièrement le régime de la fiscalité."

L'harmonisation est le maître-mot du Traité pour ce qui concerne la législation des États membres. Il est donc normal que la directive soit préférée au règlement parce qu'elle exprime mieux l'idée de l'harmonisation ; le règlement étant, quant à elle, un instrument d'uniformisation du droit en vigueur dans les États membres.

Paragraphe 2 : Le contenu des directives

Les directives de la première génération sont conçues dans la droite ligne de la logique budgétaire issue de l'ordonnance française du 2 janvier 1959.

A : La réaffirmation des principes fondamentaux du droit budgétaire et comptable

Les principes fondamentaux du droit budgétaire et comptable organisent ce qui est appelé le budget de "moyens" qui sera opposé par la suite au budget de programme.

---

199 L'un relatif aux lois de finances et l'autre à la comptabilité publique.

200 Avis n°001/97 du 20 mai 1997 de la Cour de justice de l'UEMOA.

1 : Les principes fondamentaux du droit budgétaire et comptable

Les directives de 1997/1998 reprennent les principes qui ont déjà cours dans les législations des États membres. Pour la Côte d'Ivoire, ces principes sont même antérieurs à l'indépendance de 1960, car ils remontent à la loi organique n° 59-249 du 31 décembre 1959 relative aux lois de finances. D'autres textes ont suivi comme la loi n° 75-64 du 28 juin 1975 portant loi organique relative aux lois de finances (Sénégal) ou la loi organique 86-026 du 26 septembre 1986 relative aux lois de finances (Bénin).

Les principes budgétaires et comptables sont : l'annualité, l'unité, la spécialité des crédits, l'universalité, la séparation des ordonnateurs et des comptables, la règle du service fait.

L'unité budgétaire a permis de corriger la pratique des États consistant à présenter au parlement deux projets de loi de finances de l'année, l'un portant fonctionnement et équipement de l'État, et l'autre portant programme d'investissement public.

2 : Le budget de "moyens" :

Ce qui est organisé par les directives de 1997/1998, c'est le budget de "moyens". La trame principale de ce type de budget est faite de négociation, de compromis, de jeu d'influence. Le budget de "moyens" met l'accent sur la continuité des services publics, la permanence des actions. Les services sollicitent des moyens du fait même de leur existence et indépendamment des tâches à accomplir. Certes, le budget de programme requiert des moyens et il y a aussi des objectifs dans les budgets de "moyens". Cependant, il convient de noter que les objectifs des budgets de "moyens" ne sont pas la résultante d'un processus intégré d'analyse fondé sur une méthodologie rationnelle. Les objectifs sont ici des choix de politique dont la justification tient plus du plaidoyer que de la démonstration. Assez souvent, le clientélisme le dispute au corporatisme. Cet état du droit et des faits a conduit un auteur français, dans un contexte similaire, à écrire que le budget "classique" ou budget de "moyens" dans son processus d'élaboration fait un "recours excessif à la tradition, à l'empirisme, à la politique"[201] et qu'en définitive, il n'est pas "un acte rationnel".[202] Dans un système de budget de "moyen," le bon ministre est celui qui réussit à négocier un gros budget pour son ministère sans qu'on tienne compte des activités et des objectifs du ministère. Les moyens deviennent une valeur absolue, déconnectés des objectifs et des résultats.

---

[201] J.-C. Ducros, "La rationalisation des choix budgétaires", *in Revue de Science Financière*, 1969, p. 629.

[202] J.-C Ducros, article précité, p. 629.

B : La clarification de quelques règles de gestion financière publique

Les directives de 1997/1998 apportent des clarifications dans certains domaines et permettent d'harmoniser les pratiques et législations en vigueur dans les États membres. Ainsi, les émissions d'emprunt et leurs remboursements sont des opérations budgétaires dès lors qu'ils concernent le moyen et long termes. Ils deviennent des opérations de trésorerie s'il s'agit d'emprunt à court terme (article 16, directive n° 05/97).

Quant à la présentation du projet de loi de finances, la directive relative aux lois de finances prescrit une présentation en deux parties (article 32, directive n° 05/97) : la première est consacrée aux dispositions autorisant la perception des ressources publiques et arrête le plafond de la faculté de dépenser, tandis que la deuxième partie apporte des détails sur les autorisations budgétaires données dans la première partie.

Enfin, la durée de validité des autorisations de programme est limitée à six ans (article 13-2, directive n° 05/97) et l'annualité budgétaire reçoit une application plus stricte à travers l'annualité de l'autorisation de percevoir l'impôt (article 6, directive n° 05/97).

SECTION 2
LA MIGRATION VERS LA GESTION BUDGÉTAIRE PAR LA PERFORMANCE

L'expression "gestion budgétaire axée sur les résultats" ne figure ni dans la directive relative aux lois de finances ni dans la directive portant code de transparence dans la gestion des finances publiques au sein de l'UEMOA. On la trouve à l'article 84 de la directive portant règlement général sur la comptabilité publique.

Paragraphe 1 : Les idées de base : gestion budgétaire axée sur les résultats, gestion budgétaire par la performance et budgétisation par programme

Les nouvelles expressions en matière de gestion budgétaire sont le signe du rapprochement entre la gestion privée et la gestion publique des finances.

A : La prolifération des idées, des terminologies et des paradigmes

L'origine anglo-saxonne du mot (*governance*) a la même racine que le mot français gouvernement, entendu en son sens premier d'organe exécutif de l'État. Le mot gouvernance va au-delà de ce sens de droit public et de science politique, puisque les premiers à avoir recours à son usage sont les spécialistes des sciences de gestion à travers la *corporate governance* ou gouvernance d'entreprise. Le mot s'introduit en droit et en management publics (*public governance*).

Les écoles nord-américaines du *corporate governance,* c'est-à-dire du management privé, sont pour le moins fertiles en concepts et idées. On retrouve chez eux des terminologies aussi variées que la budgétisation axée sur les produits, l'*activity based management, la function based management, la value based management, le time based management, le project based management, le product based management, etc.* Le cadre harmonisé des finances publiques au sein de l'UEMOA emploie l'expression de "gestion budgétaire axée sur les résultats" (article 84, DRGCP) au même titre que le décret du Bénin portant approbation du Cadre stratégique de la gestion budgétaire axée sur les résultats[203].

Dans la budgétisation, mais aussi dans la gestion budgétaire, les auteurs mettent en exergue tantôt "les résultats"[204], tantôt "la performance."[205] Partant de l'idée que le résultat n'est qu'un niveau de la performance, laquelle comporte plusieurs autres niveaux comme le produit, l'activité, l'impact, l'économie ou l'efficience, etc., il est préférable de qualifier la nouvelle gestion budgétaire inaugurée par le nouveau cadre harmonisé des finances publiques au sein de l'UEMOA de gestion budgétaire par la performance.

B : La gestion budgétaire par la performance

La performance renvoie à la prise en compte des "3 E" à savoir l'économie, l'efficacité et l'efficience. Le directive n° 06/2009/CM/UEMOA relative aux lois de finances prescrit l'évaluation des programmes budgétaires au regard de "l'efficacité, de l'efficience et de l'économie" (art. 13 *in fine* DLF) desdits programmes. Le Règlement n° 01/2008/CM/UEMOA portant règlement financier des organes de l'Union économique et monétaire ouest-africaine contient aussi les notions d'efficacité et d'efficience (articles 21 et 92-4) comme des exigences du principe de bonne gouvernance des finances publiques.

À l'économie, l'efficacité et l'efficience, on pourrait ajouter un quatrième "E" correspondant à l'environnement. Le développement durable et le souci de préserver la terre d'une dégradation écologique ont été soulignés lors des assises de la 21e conférence des parties (COP21) à la Convention-cadre des Nations Unies sur les changements climatiques (CCNUCC) en 2015.

---

203 Décret n°2005-789 du 29 décembre 2005, portant approbation du Cadre de Réforme de la Gestion Budgétaire Axée sur les Résultats (Car-GBAR).

204 M. Sterck, "Les conséquences de la budgétisation axée sur les résultats pour la fonction parlementaire : l'exemple de quatre pays", *Revue Internationale de Science Administrative,* Vol. 73(2), 2007, p.207.

205 OCDE, *La budgétisation axée sur la performance dans les pays de l'OCDE,* Paris, OCDE, 2007.

L'économie, c'est avoir toujours le souci de réduire le montant des dépenses à faire. C'est avoir un souci d'une gestion en bon père de famille. Il ne convient pas de dépenser sans compter.

L'efficacité se mesure par les résultats atteints grâce aux ressources consenties. On peut ainsi comparer ce qui a été fait par rapport à ce qui est prévu initialement. L'efficacité met en balance les réalisations et les prévisions.

L'efficience prend en compte le *ratio* entre les réalisations, résultats et/ou impacts et les ressources, notamment financières, utilisées pour y parvenir. Il s'agit de mesurer le rapport existant entre la quantité et la qualité des résultats obtenus et les ressources et moyens mis en œuvre pour les obtenir, en partant d'une unité de référence.

> Avec un crédit de 30 millions, on construit habituellement un module de trois salles de classe. Le gestionnaire *A* qui réussit à faire construire le module de classe avec l'enveloppe de crédit de 30 millions a fait preuve d'efficacité. Le résultat escompté est atteint.
> Le gestionnaire *B* qui impose un appel à concurrence et réussit à faire construire un module de trois salles à 29 millions a fait preuve d'économie. Le résultat escompté a été atteint avec une marge d'argent non décaissé.
> Le gestionnaire *C* fait inclure dans les clauses contractuelles l'utilisation du sable creusé dans la terre sur le site de construction. Cette technique de valorisation de matériaux locaux non achetés a eu comme conséquence, la réduction des coûts unitaires. Ce gestionnaire a fait preuve d'efficience dans la gestion du crédit et ramené le coût de la construction à 28 millions. Le résultat escompté est atteint et une optimisation structurelle de la dépense a été réalisée.
> Le gestionnaire *D* fait mettre dans le cahier des charges les mêmes exigences que le gestionnaire C. Il ajoute en plus la pose de panneaux solaires sur les toits pour l'autonomisation des salles de classe en énergie électrique. Ce dernier gestionnaire a fait preuve d'engagement pour l'environnement avec une enveloppe budgétaire de 29 millions.

La gestion budgétaire par la performance est l'expression de l'introduction dans la gestion financière publique des quatre préoccupations d'économie, d'efficacité, d'efficience et d'écologie/environnement/développement durable. Elle conduit la juridiction financière à effectuer un contrôle de la qualité de la dépense publique. Pour la Cour des comptes du Sénégal, "les achats de carburant d'un montant de 23.627.119 francs effectués durant la période sous revue (un an) alors que le parc automobile de la commune d'arrondissement ne compte qu'un seul véhicule de service" ne reflètent pas la performance de la dépense publique.[206] Cette somme représente, en effet, une consommation journalière de 65.000 francs CFA de carburant, soit environ 100 litres d'essence par jour. En prenant l'hypothèse maximale d'une consommation de

[206] Cour des comptes (Sénégal) *Rapport public*, 2008, p. 100.

10 litres par cent kilomètres parcourus, le montant relevé par la Cour des comptes représente l'équivalent de 1.000 km parcourus par jour sur 12 mois, ce qui correspond à la distance reliant Dakar à Conakry en Guinée. Avec un tel résultat de consommation de crédit budgétaire, on peut dire qu'il n'y a eu ni économie ni efficience. L'administrateur de deniers publics n'a pas fait preuve d'un bon emploi des fonds publics, pas qu'il n'a réalisé une gestion en bon père de famille.

Paragraphe 2 : Le contenu des directives

Le contenu des directives de 2009 reflète la nouvelle orientation vers une gestion budgétaire par la performance. Le mot-clé de la nouvelle gestion budgétaire est le programme.

A : L'élaboration des directives

Les directives de 1997/1998 ont fait l'objet de relectures qui ont permis de concevoir, puis d'adopter le nouveau cadre harmonisé des finances publiques au sein de l'UEMOA.

1 : Le cheminement

Les premiers travaux techniques furent organisés à Ouagadougou en février 2008. Ils réunissaient des représentants de la commission de l'UEMOA, de la Cour des comptes de l'UEMOA, de trois consultants originaires de l'Union et des experts du FMI et du Centre régional d'assistance technique pour l'Afrique de l'Ouest (AFRITAC-ouest). Ces premières assises ont permis de sortir les grandes lignes des futures directives à savoir : la budgétisation par programme, le cadrage macro-économique et macro-financier à moyen terme, les règles de bonne gouvernance. Ces grandes lignes ont été partagées et discutées avec les États membres au cours de missions dites circulaires. Les conclusions tirées de ces missions de terrain ont permis d'élaborer les avant-projets de directives au cours de la seconde réunion technique tenue à Ouagadougou en mai 2008.

Les textes définitifs sont finalement adoptés le 27 mars 2009 pour la directive portant Code de transparence et le 26 juin 2009 pour les autres directives du nouveau cadre harmonisé des finances publiques.

2 : Les précédents historiques

La rationalisation de la gestion budgétaire, l'idée qu'il faut associer des objectifs aux dépenses publiques et optimiser le rendement de l'impôt sont des préoccupations plus anciennes qu'on le croit sur le continent africain. Des initiatives similaires ont vu le jour ailleurs qu'en Afrique au cours du 20ème siècle.

- Les États-Unis d'Amérique et le Planning programming budgeting system (PPBS) : le PPBS fut une initiative du département (ministère) américain de la

défense en 1961. Le constat était que les différentes composantes de l'armée (terre, mer, forces aériennes) élaboraient leurs budgets de façon autonome. Le résultat était qu'on pouvait avoir des soldats de l'infanterie (armée de terre) mais pas suffisamment d'avions (armée de l'air) pour les transporter parce que le processus de budgétisation manquait de synergie. La faute était imputable au cloisonnement des prévisions et allocations budgétaires. Par ailleurs, les militaires avaient pris l'habitude d'élaborer leurs prévisions de manière autonome, avec une référence exclusive aux besoins pour la défense effective du territoire. Ils ne prenaient pas vraiment en compte les répercussions financières de leurs choix. Il en résultait un déphasage entre les propositions des militaires et les charges pouvant être réellement supportées par l'économie. Le PPBS était conçu pour corriger ces insuffisances de la gestion budgétaire. La nouvelle gestion budgétaire s'articulait autour des étapes suivantes : la détermination des objectifs, le recensement des moyens alternatifs de mise en œuvre, l'inscription au budget et l'évaluation. La détermination des objectifs devait distinguer les objectifs politiques qui sont l'occasion ultime où peuvent s'exercer l'arbitraire du politique et les objectifs de programme qui sont l'expression de la rationalité scientifique. La sélection des moyens de mise en œuvre se fonde, quant à elle, sur une *analyse économique ;* elle met en balance des facteurs quantitatifs pour aboutir à un rapport coût-bénéfice optimisé. Les calculs et leurs résultats sont faits sur des bases objectives et, pense-t-on, après des analyses de haut niveau scientifique. Les résultats ne seront conformes aux objectifs que dans la mesure où les moyens de mise en œuvre auront respecté les prévisions, sous réserve des ajustements dictés par l'interprétation des indicateurs servant à la mesure du progrès. L'exigence de cohérence de la chaîne est un critère d'efficacité. Il en découle que la programmation, entendue au double sens de sélection des meilleures voies pour atteindre les objectifs et énoncé des programmes de dépenses, devient une tâche beaucoup plus contraignante pour les gestionnaires.

- *La France et la Rationalisation des choix budgétaires* (RCB) : c'est par une décision du conseil des ministres français en date du 4 janvier 1968 que la RCB vit le jour. La justification de la nouvelle méthode était résumée par ce diagnostic : " la procédure budgétaire actuelle ne permet ni à l'administration, ni au gouvernement, ni au parlement, de choisir objectivement, rationnellement, entre les divers types de dépenses et de recettes ; elle favorise peu le processus d'innovation et de rénovation dans les divers départements ministériels."[207] L'objectif poursuivi était d'apporter plus de rationalité dans les méthodes et la gestion budgétaires. Il fallait réduire l'empirisme et la routine en matière budgétaire. Il fallait sortir de la tradition et innover, finir avec la trilogie "litanie, liturgie, léthargie" qu'évoquait le député français

[207] M. Rivoli cité par J. C. Ducros, "La rationalisation des choix budgétaires", *in Revue de Science Financière*, 1969, p. 624.

Edgard Faure. Dans les faits, la RCB a surtout influencé l'élaboration des lois de finances en se présentant comme une méthode de préparation rationnelle des décisions budgétaires. Mais dans sa conception, elle fut bien plus que cela : "elle doit être considérée comme un schéma cohérent et continu de préparation (définition des objectifs, recensement des moyens), d'exécution (programmation et gestion) et de contrôle (comparaison des résultats et des prévisions) pour toutes les décisions budgétaires."[208] La RCB conduisit à l'élaboration des budgets de programme dans tous les ministères. Mais le budget de programme présenté par les ministères n'était "qu'un simple document d'information qui n'a aucune valeur juridique et qui est distribué aux parlementaires avec les documents budgétaires habituels."[209] Les budgets de programme ont permis de faire l'exercice d'établir des relations entre les objectifs et les activités de chaque ministère, de présenter les moyens nécessaires à la réalisation des activités et finalement de fixer les priorités des actions à réaliser.

- *L'expérience des budgets de programme en Afrique :* La gestion budgétaire par la performance n'est pas d'une grande nouveauté en Afrique. En 1976 déjà, le Nigéria a démarré le *Programme and performance budgeting*, faisant ainsi suite aux travaux de la Commission présidée par Chief Jarome Udoji.[210] Le rapport annuel de la Banque mondiale pour l'année 1997 avait pour titre "L'État dans un monde en mutation". Ce rapport affirmait qu'"une bonne administration n'est pas un luxe mais une nécessité vitale. Sans un État efficace, il n'est pas de développement économique et social durable"[211]. On pensait jusque-là que les questions de développement avaient seulement pour solution l'apport de l'argent frais pour financer les investissements et retrouver une croissance économique bénéfique pour tous. Avec le rapport de 1997, la Banque mondiale semblait dire qu'il faut de l'argent pour faire le développement mais il faut aussi améliorer la gouvernance, les méthodes de gestion, les techniques managériales. C'est dans cette dynamique qu'une mission conjointe de la Banque mondiale, de la Banque africaine de développement et de l'Union européenne se mit à formuler la mise en place d'un Crédit d'appui à la réforme budgétaire au Bénin. Ce fut le PERC (*Public Expenditure Reform Credit*)[212] devenu PERAC (*Public Expenditure Reform Ajustment Credit*) qui a concerné deux pays dans le monde : le Bénin et la

---

[208] M. Paul, *Les finances de l'Etat*, Paris, Economica, 1981, p. 362.

[209] L. Philip, *Finances publiques*, Paris, Cujas, 1989, p.102.

[210] Dr. Chuks P. Maduabum, "Determination of resultswithin public service and state institutions: results, deliverables, objectives and final products", *in Etudes et Documents du CAFRAD (Centre Africain de Formation et de Recherche Administratives pour le Développement),* n° 13, septembre 2007, p. 72.

[211] Banque Mondiale, *Rapport sur le développement dans le monde, 1997 : l'Etat dans un monde en mutation*, Washington, 1997.

[212] Banque Mondiale, Banque Africaine de Développement, Union Européenne, *Mission de préparation du PERC, Aide-mémoire*, Cotonou, 23 novembre - 7 décembre 1999, p. 2.

Jordanie. Le contenu des réformes était à la fois institutionnel (déconcentration de l'ordonnancement) et organisationnel : passage de l'approche projet à l'approche programme dans l'exécution du budget de l'État, informatisation de la chaîne des opérations. Mais ce qui retient le plus l'attention est l'introduction des budgets de programme dans la pratique de la budgétisation. Le Bénin, le Sénégal, le Mali et le Burkina Faso ont fait l'expérience de l'élaboration, du suivi et de l'évaluation des budgets de programme sur plus d'une décennie, sous le régime des directives communautaires de 1997/1998. Ces budgets de programme de première génération n'avaient pas de valeur juridique et étaient de simples documents de travail pour les administrations et des annexes explicatives pour les parlementaires. Ils permettaient de définir des objectifs de politiques publiques, d'énoncer les activités de mise en œuvre, d'affecter des moyens budgétaires et de faire le suivi-évaluation de la mise en œuvre des programmes. Des cellules de suivi-évaluation furent créées dans les ministères de certains pays pour conduire les opérations de suivi-évaluation des programmes budgétaires.[213] C'est dans ce contexte que les directives de 2009 créent le cadre juridique, comptable et statistique de la gestion budgétaire par la performance.

Encadré n° 7 : Le budget de programme

Le budget de programme au Sri Lanka

C'est en 1969 que le Sri Lanka a décidé de réformer son système budgétaire. La réforme a abouti à la mise en place d'un nouveau système qui ressemble beaucoup aux budgets de programme. En 1974, presque tous les ministères et les services ont soumis leurs propositions budgétaires sous la forme de programmes, c'est-à-dire d'ensembles cohérents d'actions poursuivant le même objectif. En 1975, des données succinctes sur les résultats obtenus ont été présentées par chacun des vingt-trois ministères. C'est une unité du ministère des Finances – spécialement créée à cette fin en 1971 – qui était chargée d'animer la réforme. Elle a publié des directives sur la préparation du budget, fourni la documentation nécessaire et conseillé les services sur la façon d'identifier leurs objectifs et de mesurer leurs résultats. Elle a ensuite évalué leur performance, comparant leurs résultats aux objectifs fixés lors de l'élaboration des budgets. Vers le milieu des années 70, la réforme budgétaire du Sri Lanka paraissait en voie de réussir. En 1977, le gouvernement socialiste a été remplacé par un gouvernement favorable à l'économie de marché. Le nouveau gouvernement a supprimé l'unité chargée du budget de

[213] Voir J. Tonoukouen, *Contribution à l'amélioration du système de suivi-évaluation du budget-programme au Ministère de l'économie et des finances*, Mémoire de fin de formation, Ecole Nationale d'Administration et de Magistrature, Cotonou, janvier 2008.

programme, brisant ainsi l'impulsion qu'elle avait donnée à la réforme. Certes, pendant quelque temps, les services financiers des différents ministères ont continué de présenter les rapports prévus mais l'abolition du système de sanctions contre les services qui ne respectaient pas les directives a eu pour conséquence un relâchement de la discipline. En outre, dans les années 80, le gouvernement n'était même plus capable de faire des prévisions de trésorerie. Sur la recommandation du FMI, tous les ministères ont reçu instruction de produire des rapports mensuels sur leurs dépenses, mais sans aucune référence aux programmes exécutés et aux résultats obtenus. Le système budgétaire du Sri Lanka retournait ainsi au point de départ, la gestion des flux de trésorerie redevenant plus importante que le suivi de la performance. Cinq facteurs expliquent l'échec du budget de programme au Sri Lanka : 1) La réforme comptait peu de partisans influents au sein de l'exécutif et du pouvoir législatif et n'était donc pas soutenue par une volonté politique forte et constante. Or, l'expérience des réformes intervenues dans les pays développés en vue d'intégrer la performance aux décisions budgétaires montre précisément que des réformes de ce type ne peuvent réussir que si elles sont appuyées sur une longue période par le pouvoir politique. 2) Le gouvernement n'avait pas tout le personnel qualifié nécessaire à l'exécution de la réforme. 3) La réforme budgétaire ne s'est pas accompagnée des réformes complémentaires requises dans le domaine comptable (mise en place d'instruments de connaissance des coûts, nouvelle présentation des comptes) et dans le domaine du contrôle (renforcement des organes de contrôle a posteriori, nouveaux modes de contrôle des dépenses publiques intégrant une évaluation de ses effets). Dans ces domaines également, les enseignements tirés des réformes qui ont réussi montrent qu'il faut concevoir un plan de réforme intégrant tous ses aspects. 4) Les décisions budgétaires ont continué de se prendre service par service et non programme par programme. 5) Enfin, et surtout, l'environnement administratif au Sri Lanka n'était pas favorable à l'introduction rapide d'un système global et centralisé de budget de programme. La réforme aurait peut-être mieux réussi si elle avait procédé de façon plus prudente et plus sélective. L'expérience montre que les pays qui ont mis en place des réformes de type budget de programme ont en effet prévu des longs calendriers de mise en place, souvent avec des périodes d'expérimentation.

Extraits : Banque mondiale, *Manuel de gestion des dépenses publiques*, Washington, 1998. pp. 25-26.

B : Les idées-forces de la gestion budgétaire par la performance

La gestion budgétaire par la performance est partagée par un grand nombre de pays qui appartiennent aussi bien aux économies développées qu'à la catégorie des pays en développement. Des nuances existent entre les pays dans la conception et la mise en œuvre de la gestion par la performance des finances publiques. Cependant, il existe quelques traits communs qui font la spécificité de ce mode de gestion des finances publiques.

1 : Les choix fondamentaux

La rédaction des directives est assez claire sur l'orientation de la gestion budgétaire à donner dans les États membres. Les constantes de la gestion budgétaire par la performance trouvent leur place et confortent le choix de modernisation des finances publiques dans la communauté. Ces choix sont :

- *la pluriannualité* : elle exprime l'intégration du moyen terme dans la budgétisation. "les crédits sont spécialisés par programme" (article 12, *in fine*, DLF), le programme étant lui-même un ensemble cohérent de ressources et d'actions orientées vers la réalisation d'une politique publique "dans une perspective de moyen terme" (article 12 al.3, DLF). Le projet de loi de finances est accompagné d'un "document de programmation budgétaire et financière pluriannuelle couvrant une période minimale de trois ans" (articles 46 et 52, DLF). La loi de finances de l'année reste un document régi par le principe de l'annualité budgétaire mais la perspective temporelle s'élargit. Les affectations de ressources pourront se faire en considération des conséquences pour le moyen terme. Le gouvernement lui-même se donne des balises sur trois ans en matière de volume global de recettes, de dépenses, du déficit ou du niveau d'endettement par exemple.

- *le résultat et la mesure de la performance* : les programmes budgétaires sont assortis "d'objectifs précis, arrêtés en fonction de finalités d'intérêt général et des résultats attendus" (article 12, al.4, DLF). Les résultats sont mesurés au moyen "d'indicateurs de performance" (article 12, al.5, DLF). Par ailleurs, le projet de loi de finances de l'année est accompagné du "projet annuel de performance de chaque programme" (article 46 point 1, DLF). Le projet de loi de règlement est accompagné des "rapports annuels de performance par programme" (article 50, al.3, DLF). La Cour des comptes donne un avis sur ces rapports annuels de performance et formule des recommandations (article 51, DLF).

- *la responsabilité et la reddition de comptes* : les programmes budgétaires sont des décompositions de la nomenclature administrative du budget. Ils sont logés dans un ministère ; ce qui signifie qu'il ne saurait y avoir de programme interministériel (article 12 al.2, DLF). Chaque programme a un responsable nommé par ou sur proposition du ministre (article 13, DLF). Le responsable de programme est ordonnateur délégué des crédits affectés au programme (article

13, al.1, DLF) et dispose desdits crédits dont il peut modifier les affectations initiales contenues dans la loi de finances de l'année, selon la règle de la fongibilité asymétrique (article 15, al.2, DLF). La responsabilisation des responsables de programme est accompagnée d'une obligation de reddition de comptes.

- *La comptabilisation sur la base des droits constatés et des obligations* : "Les opérations sont prises en compte au titre de l'exercice auquel elles se rattachent indépendamment de leur date de paiement ou d'encaissement" (article 76, DRGCP et article 72, DLF). La méthode des droits constatés a été présentée comme le corollaire comptable de la budgétisation par la performance. Dans cette optique nouvelle, la vision des engagements financiers est plus totale et le choix du décideur public est mieux éclairé. Pour l'UEMOA, les droits constatés s'appliqueront à toute la comptabilité publique, sans dérogation. C'est le sens de la rédaction du chapitre 3 de la Directive portant Règlement général sur la comptabilité publique.

- *La comptabilité générale de l'Etat et la comptabilité analytique des coûts* : initiée bien avant le cadre harmonisé des finances publiques de 2009, la comptabilité générale décrit le patrimoine de l'Etat et son évolution. (article 76, DRGCP). Elle permet de produire les états financiers de l'État que sont le bilan, le compte de résultats, etc. (article 80, DRGCP). La comptabilité analytique est une comptabilité de coût de revient. Elle permet de mesurer les coûts des services publics ou des produits fournis par l'administration dans une perspective de "contrôle des rendements et performance des services, notamment dans le cadre des budgets de programme et de la gestion axée sur les résultats" (article 84, DRGCP). Elle permet de disposer de données chiffrées permettant d'apprécier l'efficience des activités de mise en œuvre des programmes ainsi que des programmes eux-mêmes.

Encadré n° 8 : Le budget de programme vu par la Banque mondiale

Le budget de programme vu par la Banque mondiale

(...) Mais, en pratique, le budget de programme n'a guère réussi ni dans les pays développés ni dans les pays en développement. Les critiques des budgets de programme se divisent en deux catégories : il y a ceux pour qui le concept n'est applicable en aucune circonstance et il y a ceux qui pensent que les conditions de l'introduction du budget de programme ne sont pas encore réunies dans les pays en développement. Le principal argument contre le budget de programme est que le système est incompatible avec les traditions budgétaires et ne tient pas compte des caractéristiques des systèmes institutionnels (relations entre le ministère des Finances et les autres ministères, relations entre le Parlement et le gouvernement, etc.) ; beaucoup, en effet, estiment que le processus budgétaire est fondamentalement un processus politique qu'il n'est pas possible de "rationaliser". Pour eux, structurer l'action d'un gouvernement en programmes, c'est-à-dire en ensembles d'actions visant à poursuivre le même objectif, appelle en soi des choix politiques.

En outre, si l'expérience a souvent échoué, c'est aussi parce qu'il est très difficile de raisonner en dehors des structures administratives existantes, notamment en matière budgétaire. Pourtant, dans bien des cas, plusieurs administrations peuvent concourir au même objectif, et donc au même programme. Par exemple, si l'on prend le cas de la lutte contre la drogue, le gouvernement peut avoir un « programme » visant à diminuer le nombre de jeunes toxicomanes. Ce programme fera appel aussi bien aux services sociaux, aux services de police, à l'éducation, etc. Il est difficile de trouver dans ces cas le moyen d'inciter les fonctionnaires à dépasser les logiques de leurs propres organisations pour réfléchir à l'efficacité du programme et aux moyens qui doivent lui être alloués. La méthode des budgets de programme a en revanche produit des résultats quand le cadre des programmes était limité à un service ou, tout au plus, à un secteur. Enfin, de nombreux critiques affirment qu'il est impossible de comparer et de choisir les programmes sur la base de leur efficacité comparée, en raison des difficultés souvent rencontrées dans la mesure chiffrée de l'effet des politiques publiques et des actions financées par le budget de l'État et du fait qu'il n'existe aucun dénominateur commun politiquement acceptable. Par exemple, comment peut-on fonder en pratique des décisions d'allocation de ressources entre les rentrées de devises d'un programme de tourisme et les vies sauvées par un programme de vaccination. D'autres critiques du budget de programme pensent que le concept est pertinent, mais notent que le succès de l'expérience suppose que soient réunies de nombreuses conditions préalables, au premier rang desquelles figure la possibilité de pouvoir disposer d'informations adéquates sur les actions financées par le budget de l'État et d'indicateurs précis et fiables sur la situation économique, sociale et environnementale du pays. Parce que ces conditions ne sont pas réunies, ces critiques jugent qu'il est impossible d'adopter et de développer la pratique des budgets de programme dans la plupart des pays.

(...) Enfin, l'un de leurs arguments - dont ils exagèrent souvent l'importance - est que les pays en développement ont rarement le personnel qualifié dont ils auraient besoin pour faire les analyses qu'implique la préparation de budgets de programme. Un argument sans doute plus sérieux est que certains pays n'ont ni la stabilité nécessaire pour programmer l'utilisation des ressources de l'État à long terme, ni la volonté politique indispensable pour mener à bien le processus de réforme. Les encadrés 1.1 et 1.2 citent des exemples qui montrent que de telles critiques peuvent être justifiées.

Extrait : Banque mondiale, *Manuel de gestion des dépenses publiques*, Washington, 1998, pp. 22-23

2 : Le programme budgétaire

L'innovation phare du nouveau cadre harmonisé des finances publiques au sein de l'UEMOA est le programme budgétaire, corollaire des budgets de performance. Pour la Banque mondiale, "la clé de ce type de budget est le programme."[214] Le programme budgétaire dans un contexte de gestion par la performance est différent du programme prévu dans le cadre des autorisations de programme de la directive n° 5/97/CM/UEMOA relative aux lois de finances. Il est aussi différent des projets et programmes avec affectation de crédits dans les ministères et institutions constitutionnelles.

Le programme budgétaire n'est pas défini dans les directives de 2009. Certaines législations nationales lui donnent une définition, somme toute, parcellaire.[215] Le programme budgétaire présente cinq angles de définition : c'est tout à la fois une unité institutionnelle et fonctionnelle, une unité juridico-financière, une unité économique, une unité managériale-opérationnelle et une unité évaluative.

- *Le programme est une unité institutionnelle et fonctionnelle.* La directive n° 06/CM/UEMOA du 26 juin 2009 relative aux lois de finances parle de "responsable de programme."[216] L'administration publique africaine a souvent

---

214 Banque Mondiale, *Manuel de gestion des dépenses publiques*, Washington, 2000, p. 22.

215 "Regroupement de crédits destinés à mettre en œuvre une action ou un ensemble cohérent d'actions représentatif d'une politique publique clairement définie dans une perspective de moyen terme et qui relèvent d'un même ministère. Le programme est l'unité de présentation et de spécialisation des crédits" (Article 1er, loi organique n° 2013-14 du 27 septembre 2013, relative aux lois de finances au Bénin).

216 Directive n°06/CM/UEMOA du 26 juin 2009 relative aux lois de finances, article 13.

été décriée pour la dilution de l'autorité et l'absence de responsabilisation des acteurs publics. Déployer le parapluie est le moyen le plus commode de ne point s'engager, de prendre des initiatives et d'en assumer les conséquences en termes de sanctions positives ou de sanctions négatives. Il faut changer cet état de choses et, de ce point de vue, l'existence d'un responsable de programme règle la question institutionnelle et fonctionnelle de "un objectif, un responsable". Si les objectifs du programme sont atteints ou si à l'inverse, l'évaluation révèle qu'on est encore loin du compte, *a priori* et avant tout exercice de discernement, la faute ou le mérite en incombe au responsable de programme. En sa qualité de chef d'orchestre, il reçoit les fleurs ou les critiques. Sauf dysfonctionnement notoire dans la chaîne d'exécution de la loi de finances, il est aux premières loges, sinon seul en ligne de mire, pour recevoir les congratulations ou les réprimandes. L'exécution de la loi de finances acquiert une grande lisibilité en termes de responsabilisation des acteurs. Ce que les sciences du management appellent le *qui fait quoi avec qui et comment* a une bonne illustration dans les mécanismes institutionnels et fonctionnels du programme budgétaire.

- *Le programme est une unité juridico-financière.* Les crédits sont spécialisés par programme et le vote de la loi de finances au parlement se fait par ministère et institution et par programme ou dotation. Le programme est le niveau d'autorisation contraignante de la loi de finances. Il lie les ministères dépensiers dans l'exécution de la loi de finances. La répartition infra-programme des crédits est à la discrétion des ordonnateurs et responsables de programme. C'est ce que le jargon des financiers appelle la fongibilité des crédits à l'intérieur d'un programme. Les virements peuvent se faire librement d'une ligne à l'autre sans contrainte majeure. Cette fongibilité même asymétrique est un gage majeur dans la recherche de flexibilité en vue de l'optimisation de la dépense publique.

- *Le programme est une unité économique*. Il répond bien à la définition du fait économique qu'en donne Lionel Robbins, à savoir "le comportement humain en tant que relation entre les fins et les moyens rares à usage alternatif."[217] Le responsable de programme est en effet le chef d'une unité qui rassemble des ressources matérielles, des ressources humaines et des ressources financières. Il doit en faire un usage optimisé. La circonstance qu'il s'agisse de ressources rares n'est plus à démontrer. La caractéristique du sous-développement est la gestion au quotidien de la pénurie. Lorsqu'on lit le programme n° 4, "Lutte contre la pauvreté", du budget-programme 2013 du Ministère du Développement social, de la Solidarité et des Personnes âgées au Mali, on voit qu'il comporte des activités de promotion économique comme "le financement d'activités génératrices de revenus, la fourniture

---

[217] L. Robbins cité par Gilbert Abraham-Frois, *Economie politique,* Paris, 7ème éd.. Economica, 2001, p. XIII.

d'équipements productifs aux communautés, la réalisation d'infrastructures socio-économiques de base, de caisses d'épargne et de crédit."[218] Autant d'activités dont la réalisation efficace pourrait contribuer à améliorer le pouvoir d'achat des populations et augmenter la consommation des ménages. Le pouvoir d'achat et la consommation étant des indicateurs qui conditionnent la production des biens et des services marchands, c'est-à-dire l'économie.

- *Le programme est une unité managériale.* Le passage de la gestion budgétaire dite par "les moyens" à la gestion budgétaire par la performance, est aussi le passage de la régulation budgétaire par le droit à une régulation budgétaire essentiellement centrée sur les résultats. Le programme budgétaire est ainsi fait d'actions, d'activités, d'objectifs, de résultats, d'échéances temporelles de mise en œuvre, et sur un plan synergique, de relations fonctionnelles qui concourent à l'exécution du programme. Un programme se décompose en actions de mise en œuvre et une action se concrétise par des activités. L'articulation action-activité est une chaîne opérationnelle qui conduit logiquement à l'atteinte d'un résultat. Le programme budgétaire est ainsi une addition de résultats partiels, chaque résultat partiel étant relié à une action. La performance du programme s'apprécie en mesurant le niveau de réalisation de chaque résultat (efficacité), le *ratio* entre les réalisations et les ressources utilisées pour y parvenir (efficience) et la réduction des coûts (économie). Dans la logique de la gestion budgétaire par la performance, le responsable de programme est un véritable manager au sens où il a en charge la réalisation des combinaisons utiles à l'atteinte des résultats de programme. Il est un manager opérationnel parce qu'il vise des résultats de court terme. Il est tout autant un manager stratégique parce que son action a aussi un horizon de moyen terme, le programme budgétaire étant conçu dans une dynamique de pluriannualité (horizon 3-5 ans).

- *Le programme est enfin une unité évaluative.* L'évaluation répond à une préoccupation de bon sens élémentaire : dans l'action, se donner le temps de savoir ce qui a été fait, ce qui reste à faire et comment tout ça a été fait ou reste à faire. Et surtout, doit-on continuer et comment ? L'évaluation est au cœur du dispositif managérial du programme budgétaire. Au premier niveau figure le projet de performance. Il trace les ambitions du responsable de programme pour l'année et, au besoin, au-delà. Au second niveau viennent les indicateurs de performance.[219]Ils sont des outils de mesure de l'atteinte d'une performance. Les indicateurs peuvent mesurer le résultat, l'effet ou l'impact. Derrière ces formulations savantes figure une réalité simple et accessible au plus grand nombre. Pour un programme dédié à la construction de pistes

---

[218] Ministère de l'économie, des finances et du budget (Mali), *Budget-programmes 2013*, Bamako, septembre 2012, p. 209.

[219]La théorie managériale parle d'indicateur SMART, c'est-à-dire *Specific* (Spécifique), *Measurable* (Mesurable), *Achievable* (Atteignable), *Realistic* (Raisonnable), *Time-bound* (Temporellement défini).

rurales, les indicateurs de résultat fournissent des données sur la construction de la piste rurale ou des pistes rurales. Les indicateurs d'effet permettent de mesurer la fréquentation des pistes rurales, la quantité de marchandises qu'elles permettent de faire écouler sur les marchés de consommation. Les indicateurs d'impact renseignent sur l'atteinte d'objectifs plus globaux comme la réduction de la pauvreté dans les localités où les pistes rurales ont été construites. Les pistes rurales ont été construites, puis elles ont rendu possibles l'acheminement et la commercialisation des produits primaires dont les villages sont spécialistes, enfin, l'intégration des villages au circuit commercial et à l'économie marchande a permis l'augmentation des revenus paysans et, par voie de conséquence, la réduction de la pauvreté dans le milieu.

Au total, le programme budgétaire est un instrument de modernisation de la gestion financière publique et, de façon plus large, de modernisation de l'État.

DEUXIÈME PARTIE

LES FINANCES DE L'ÉTAT

L'État est la personne morale souveraine. Il est l'interface des autres sujets de droit international. Il jouit de la personnalité morale et exécute des activités financières d'une grande importance. Il est le premier niveau des études de finances publiques.

CHAPITRE 1

QUELQUES PRÉLIMINAIRES TERMINOLOGIQUES

Les notions de budget et de loi de finances sont le résultat d'une évolution historique qu'il convient de restituer.

SECTION 1
DU BUDGET À LA LOI DE FINANCES

Les notions de budget et de loi de finances ont tendance à être employées comme synonyme. Certaines constitutions ouest-africaines francophones en ajoutent à la confusion en utilisant le mot budget en lieu et place de la loi de finances.[220]

Paragraphe 1 : L'évolution historique : le droit français des finances publiques

Étymologiquement, le budget est dérivé du latin *bulga* (sac de cuir) qui a migré en français pour donner le mot *bougette* pour finalement devenir le *budget* anglais, valise dans laquelle le Chancelier de l'Échiquier (ministre des Finances) portait les documents qui retraçaient les recettes et les dépenses du royaume aux parlementaires. La notion de loi de finances est apparue plus tard.

En droit français, le décret du 19 juin 1956 donnait la définition suivante du budget : "le budget prévoit et autorise, en la forme législative, les charges et les ressources de l'État. Il est arrêté par le parlement dans la loi de finances qui traduit les objectifs économiques et financiers du gouvernement." Pour la première fois au 20ème siècle, l'expression "loi de finances" apparaît dans un texte gouvernemental, même si on retrouvait déjà cette appellation dans une ordonnance royale du 14 décembre 1822, dans une autre ordonnance du 31 mai 1838 et dans un décret du Second Empire du 31 mai 1862.

La constitution de 1958 bouleverse l'ordre des choses prévu par le décret du 19 juin 1956 et fait de la loi de finances le document de référence en

---

[220] Voir constitution du Mali, art.77 ; constitution du Bénin, art. 110 ; constitution de la 3ème République de Côte d'Ivoire, art. 112. Seule la constitution sénégalaise fait explicitement la différence entre la loi de finances et le budget. " Le projet de loi de finances de l'année, qui comprend notamment le budget.." (article 68-2). La constitution n'emploie d'ailleurs qu'une seule fois le mot budget.

matière financière. La loi de finances détermine "la nature, le montant et l'affectation des ressources et des charges de l'État compte tenu d'un équilibre économique et financier" qu'elle définit. Le lien est renforcé entre l'économie et les finances.

Le budget, quant à lui, est un "ensemble des comptes qui décrivent pour une année civile, toutes les ressources et toutes les charges permanentes de l'Etat" selon les dispositions de l'article 16 de l'ordonnance du 2 janvier 1959.

Paragraphe 2 : Le droit des États membres de l'UEMOA

La lecture des textes constitutionnels ne clarifie pas vraiment le débat sur les sens respectifs du budget et de la loi de finances. L'un est souvent pris pour synonyme de l'autre.

Selon la constitution de la République du Mali, qui n'emploie d'ailleurs que trois fois le mot "budget", "l'Assemblée nationale est saisie du *projet de loi de Finances* dès l'ouverture de la session ordinaire précédant la période budgétaire (…). Si elle ne vote pas le *budget,* le Gouvernement renvoie le *projet de budget* dans les quinze jours à l'Assemblée nationale." (article 77-2).

La directive n° 5/97/CM/UEMOA du 16 décembre 1997 relative aux lois de finances apporte des éléments de clarification. Les lois de finances "déterminent la nature, le montant et l'affectation des ressources et des charges de l'État, compte tenu d'un équilibre économique et financier qu'elles définissent" (article 2). Quant à la loi de finances de l'année, elle "prévoit et autorise, pour chaque année civile, l'ensemble des ressources et des charges de l'État" (article 4).

En définitive, le budget est un résiduel "constitué par l'ensemble des comptes qui décrivent, pour une année civile, toutes les ressources et toutes les charges de l'État" (article 17). Le budget devient la partie descriptive et comptable de la loi de finances.

Le nouveau cadre harmonisé des finances publiques au sein de l'UEMOA reprend cette différentiation.

SECTION 2
LE BUDGET, LE BUDGET GÉNÉRAL DE L'ÉTAT ET LA LOI DE FINANCES DANS LE NOUVEAU CADRE HARMONISÉ DES FINANCES PUBLIQUES AU SEIN DE L'UEMOA

La loi de finances est un document gigogne qui prévoit et autorise les opérations budgétaires de l'État.

Paragraphe 1 : La loi de finances, un document gigogne

La loi de finances de l'année comprend le budget général de l'État, les budgets annexes et les comptes spéciaux du Trésor. Le solde global de la loi de finances de l'année est la somme des soldes partiels du budget général, des budgets annexes et des comptes spéciaux du Trésor.

La directive n° 06/2009/CM/UEMOA relative aux lois de finances dispose en son article 5 que "la loi de finances de l'année prévoit et autorise, pour chaque année civile, l'ensemble des ressources et des charges de l'État."

Quant au budget, il "décrit les recettes et les dépenses budgétaires autorisées par la loi de finances." (art. 7, DLF). C'est un récapitulatif des chiffres de la loi de finances de l'année. Ce tableau récapitulatif est établi dans le respect de la nomenclature budgétaire de l'État.

Pour rendre compte de cette articulation entre différents documents financiers et comptables, le chapitre 2 de la directive relative aux lois de finances est consacré au "budget de l'État" entendu ici au sens de loi de finances de l'année, par opposition aux budgets des collectivités territoriales locales et des budgets des établissements publics. Ce chapitre 2 comprend une section 1ère intitulée "Du budget général", une section 2 portant le titre "Des budgets annexes" et une troisième et dernière section dont le libellé est "Des comptes spéciaux du Trésor."

La rédaction des articles 31, 66 et 68 de la directive relative aux lois de finances conforte le caractère de document à tiroirs de la loi de finances de l'année. Il en est de même des articles 9, 10 et 19 de la directive portant règlement général sur la comptabilité publique.[221]

Paragraphe 2 : Les caractères de la loi de finances de l'année

La loi de finances de l'année est un acte de prévision et un acte d'autorisation.

A : La loi de finances, un acte de prévision

La loi de finances de l'année est un document orienté vers le futur. Les décisions et les comptes sont élaborés pour l'avenir. Un avenir d'un an qui a une valeur juridique contraignante ; et un avenir de trois à cinq ans qui a une valeur managériale non contraignante, en ce qui concerne, notamment, les documents qui accompagnent le projet de loi de finances de l'année que sont,

[221] La directive n°01/2009/CM/UEMOA portant code de transparence dans la gestion des finances publiques au sein de l'UEMOA est plus confuse sur la question. On y trouve des notions comme le "budget de l'année" (point 4.4), les "budgets annuels" (point 4.1) qui doivent être réalistes et sincères (voir art. 30, DLF qui parle de loi de finances établie sur des prévisions sincères), le "budget initial" (point 5.1), le "budget suivant" (point 5.4) pour parler, selon toute vraisemblance, de loi de finances de l'année.

le document de programmation budgétaire et économique pluriannuelle couvrant une période minimale de trois ans (art. 52, DLF) et les documents de programmation pluriannuelle des dépenses pour chaque ministère (art. 53, DLF).

B : La loi de finances, un acte d'autorisation

L'autorisation préalable des recettes puis des dépenses a été le but des luttes des citoyens en vue de la démocratisation du pouvoir financier dans l'État.[222]Selon les textes constitutionnels des États membres de l'UEMOA, c'est au parlement que revient le pouvoir de consentir l'impôt mais aussi de voter le projet de loi de finances de l'année. Les représentants du peuple exercent ainsi un pouvoir d'autorisation des ressources et des charges de l'État.

[222] Voir *supra* p. 99.

CHAPITRE 2

LES PRINCIPES BUDGÉTAIRES DE L'ÉTAT

Qu'est-ce qu'un principe budgétaire sinon une exigence juridique opposable aux acteurs de la gestion financière et comptable publique ? Le nouveau cadre harmonisé des finances publiques dans l'espace UEMOA reste fidèle à la tradition des principes budgétaires habituellement retracés par le droit public financier.

D'un point de vue historique, les principes du droit budgétaire sont issus d'un processus de sédimentation progressive en France, de la Restauration à la Monarchie de juillet et au-delà. Ils se fondent sur un double souci de "gestion claire et honnête des comptes publics" et de "contrôle plus efficace du parlement sur l'action gouvernementale."[223] S'il paraît judicieux d'affirmer que la multiplicité des exceptions et aménagements aux principes en ont "ébranlé parfois la solidité,"[224] il est tout aussi vrai que les principes budgétaires ont "fait preuve d'une réelle constance"[225] parce qu'ils sont l'expression de la tradition libérale et démocratique dont se réclament les États membres de l'Union économique et monétaire ouest-africaine.

Les principes du droit budgétaire confortent la règle des quatre temps alternés qui sont : la préparation de la loi de finances (pouvoir exécutif), le vote de la loi de finances (le parlement qui autorise la perception de l'impôt et vote les dépenses), l'exécution de la loi de finances (gouvernement et ses services) et le contrôle assuré, *a posteriori*, par le pouvoir législatif.

De la diversité des principes du droit budgétaire, on peut, par un exercice de synthèse, distinguer deux grandes familles : les principes analytiques qui mettent l'accent sur les exigences de présentation de la loi de finances de l'année, d'une part, et les principes qualitatifs qui focalisent la qualité de la gouvernance financière publique, d'autre part

La loi de finances est un document unique qui présente, selon une périodicité annuelle et conformément au canevas fixé par la nomenclature budgétaire, toutes les opérations de dépenses et de recettes de l'État. À cette formulation se rattachent les principes de l'annualité budgétaire, de l'unité budgétaire, de la spécialité des crédits et de l'universalité budgétaire.

---

223 G. Orsoni, *Principes et techniques budgétaires*, Paris, La Documentation Française, documents d'études n° 5-02, 1982, p. 2.

224 M. Bouvier, M-C Esclassan, J-P Lassale, *Finances Publiques*, Paris, LGDJ, 2002, p. 241.

225 M. Bouvier, Editorial, *Revue Française de Finances Publiques* N° 51, 1995, p. 3.

SECTION 1
LE PRINCIPE DE TRANSPARENCE BUDGÉTAIRE

La transparence apparaît au fronton de la directive introductive du nouveau cadre harmonisé des finances publiques, directive intentionnellement dénommée *Code de transparence dans la gestion des finances publiques.* Le principe de transparence se fonde sur la quête de légitimité de l'action financière publique, étant entendu que la source de toute légitimité, en régime démocratique, réside dans le peuple. L'option faite, à l'orée de la décennie 1990, pour le renouveau démocratique implique, de la part des pays membres de l'UEMOA, une adhésion à ce principe de légitimité démocratique. Le gouvernement démocratique s'exerce soit par le biais des représentants élus, soit directement par les populations elles-mêmes.

Paragraphe 1 : Les implications du principe de transparence

Le principe de transparence implique une quadruple exigence : une exigence délibérative, une exigence d'information de la représentation nationale, une exigence d'information du citoyen et une exigence comptable.

A : L'exigence de délibération

La discussion, les échanges féconds, la contradiction des points de vue, des idées et des projets, sont de l'essence de la démocratie constitutionnelle pluraliste. De ce point de vue, les directives de 2009 opèrent un changement notable au plan de la préparation de la loi de finances de l'année. En effet, la Directive portant Code de transparence énonce que "le choix des dépenses et des recettes par les pouvoirs publics est *clair* et intervient au terme d'un *débat large* et *ouvert*" (Préambule). Le même texte poursuit et prescrit qu'"est établi et rendu public un calendrier budgétaire annuel de préparation du budget. Ce calendrier notamment prévoit, dans un délai raisonnable précédant le dépôt des projets de loi de finances, la publication par le Gouvernement de ses hypothèses économiques, de ses grandes orientations budgétaires pour l'année à venir et des principales mesures du prochain projet de budget : ce rapport fait l'objet d'un débat au parlement"[226] La Directive relative aux lois de finances reprend ces idées en instituant un "débat d'orientation budgétaire au parlement au plus tard à la fin du deuxième trimestre de l'année" (art. 57, DLF).[227] Ce

---

[226] Point 2.4, Directive portant Code de transparence.

[227] Voir aussi les textes nationaux des Etats : République du Bénin, Loi organique n° 2013-14 du 27 septembre 2013 relative aux lois de finances, art. 59 ; République de Côte d'Ivoire, Loi organique n° 2014-336 du 5 juin 2014 relative aux lois de finances, art. 55 ; République du Mali, Loi n° 2013-028 du 11 juillet 2013 relative aux lois de finances, art. 56 ; République du Niger, Loi organique n° 2012-09 du 26 mars 2012 relative aux lois de finances, art. 57 ; République du Sénégal, Loi organique n° 2011-15 du 8 juillet 2011 relative aux lois de finances, art. 56 et République du Togo, Loi organique n° 2014-013 du 27 juin 2014 relative aux lois de finances, art. 57.

débat porte sur le document de programmation budgétaire et économique (article 52, DLF) ainsi que (éventuellement) sur des documents de programmation annuelle des dépenses (article 53, DLF). Ces documents préfigurent et expliquent les choix qui seront faits dans le projet de loi de finances : les hypothèses économiques recensées par le Gouvernement, l'évaluation du niveau global des recettes et dépenses, les objectifs d'équilibre budgétaire sur le moyen terme, l'évolution des crédits sur trois ans, les résultats attendus de chaque programme budgétaire, etc. Ce débat d'orientation budgétaire est un exercice participatif qui doit permettre de ne plus faire des choix fondamentaux, en matière financière, la chose exclusive de la technostructure des administrations financières, mais de faire contribuer la représentation nationale, et donc le peuple souverain. Le parlement pourra opiner sur des choix de politique financière aussi engageants pour la nation que : faut-il avoir un programme avec le Fonds monétaire international ? L'imposition des compagnies pétrolières est-elle optimale ? La taxation des revenus du travail est-elle équitable ? Les administrations sont-elles dispendieuses ? etc. Autant de préoccupations, qui, lorsqu'elles sont mises en perspective sur le moyen terme, font l'objet d'une évaluation et d'une décision servies par une connaissance plus approfondie des défis financiers de la nation. Le débat d'orientation budgétaire ne fera pas l'économie de vaines et partisanes rhétoriques parlementaires, mais il pourra aussi être un moment de discussions, de débats républicains sur les choix alternatifs de finances publiques auxquels les pays sont confrontés.

B : L'exigence d'information du parlement

Le langage commun affirme que celui qui a l'information a le pouvoir. La rétention de l'information et le culte du secret en matière financière sont, trop souvent, le mode de fonctionnement des gouvernements pour mépriser et brider les pouvoirs des élus de la nation. Comme un choc en retour, les directives de 2009 opèrent de nouvelles règles du jeu qui traduisent un nouvel impératif, celui de la transparence. Certes, les marges de manœuvre des élus du peuple restent faibles (délai de vote et droit d'amendement, articles 58 & 59, DLF) mais l'information du parlement est plus circonstanciée. Le Gouvernement produit à l'appui du projet de loi de finances des annexes explicatives (documents de programmation à moyen terme, états des dettes et créances de l'État, tableaux croisés de classifications, justification des autorisations nouvelles, etc., article 46, DLF) mais surtout dépose au parlement, en année *n* le texte du projet de loi de règlement de l'année *n-1* ainsi que des rapports de la juridiction financière au jour où commence la session budgétaire du parlement consacrée au projet de loi de finances de l'année *n+1* (article 63, DLF).

Par ailleurs, en matière d'exécution de la loi de finances, la représentation nationale récupère une compétence nouvelle qu'elle n'exerçait qu'à l'occasion d'hypothétiques commissions d'enquête parlementaires. Le Gouvernement transmet au parlement, tous les trimestres, un "rapport sur l'exécution du budget et l'application du texte de la loi de finances" (article 74 al.2, DLF). Les parlementaires peuvent aussi procéder à des "investigations sur place" (article 74, al.3, DLF) ou demander à auditionner les ministres (article 74, al.4, DLF). D'une manière générale, les commissions de finances du parlement ont la mission de veiller à la "bonne exécution des lois de finances" (article 74, al.1, DLF). Le Code de transparence leur confère "un droit d'information et de communication sans réserve sur tous les aspects relatifs à la gestion des deniers publics" (Préambule, Code de transparence).

Le renforcement des pouvoirs des parlements n'épuise pas le champ du contrôle démocratique en matière de gestion financière publique. Jean-Jacques Rousseau pensait que la démocratie représentative est un asservissement du peuple. Cependant, l'ingénierie constitutionnelle n'a pas trouvé le *process* politique qui permettrait de faire décider, à échéance quotidienne, des millions de citoyens sur des questions d'intérêt commun. À défaut et comme un palliatif, s'installent des formes de démocratie participative ou de démocratie semi-directe, manière de "démocratisation de la démocratie"[228], surtout servie par une information soutenue du citoyen en ce siècle où triomphent les divers réseaux sociaux.

C : L'exigence d'information du citoyen

Le cadre harmonisé des finances publiques fait une place importante à l'information des citoyens. D'abord, au cours de la phase d'élaboration de la loi de finances de l'année, sont rendus publics les documents servant de support au débat d'orientation budgétaire (article 57, DLF). Les citoyens ont, au même titre que leurs élus, un accès direct à l'information de première main en matière financière, économique et, plus généralement, sur les choix de politique publique qui engagent la nation entière sur plusieurs années.

Ensuite, l'exécution de la loi de finances offre une seconde occasion d'afficher la transparence en matière de gestion publique. En effet, les rapports trimestriels sur l'exécution de la loi de finances sont rendus publics (article 74, al.2, DLF).[229] De même, les rapports des corps de contrôle administratif (Inspection générale des Finances, Inspection générale d'État, Vérificateur

[228] Y. Sintomer, "Avant-propos" *in* Y. Sintomer (dir.), *La démocratie participative*, Problèmes Politiques et Sociaux, n° 959, Paris, La Documentation Française, 2009, p. 7.

[229] Voir les textes nationaux sur l'information du parlement : République du Bénin, Loi organique n° 2013-14 du 27 septembre 2013 relative aux lois de finances, art. 93 ; République de Côte d'Ivoire, Loi organique n° 2014-336 du 5 juin 2014 relative aux lois de finances, art. 88 ; République du Mali, Loi n° 2013-028 du 11 juillet 2013 relative aux lois de finances, art. 73 ; République du Niger, Loi organique n° 2012-09 du 26 mars 2012 relative aux lois de finances, art. 74 ; République du Sénégal, Loi organique n° 2011-15 du 8 juillet 2011 relative aux lois de finances, art. 70 et République du Togo, Loi organique n° 2014-013 du 27 juin 2014 relative aux lois de finances, art. 74.

général, Inspection générale de ministère, etc.) "sont mis à la disposition du public" (article 94, DRGCP).

Enfin, l'alternance politique et les changements d'équipe au niveau de l'administration des collectivités territoriales donnent lieu à un rapport, "audité par un organe indépendant et *publié*" (article 2.7, Code de transparence). Ce devoir de publicité vient corriger les cachoteries qui ont accompagné l'audit des services publics consécutivement aux alternances de 2000 au Sénégal et de 2006 au Bénin.

La formulation des textes est très laconique. Les expressions ou les mots utilisés par le jurislateur communautaire sont : "publié" ou "rendu public" ou encore "mis à la disposition du public", sans autre précision que le site internet (point 6.4, Code de transparence) s'agissant du mode opératoire de ce mécanisme de transparence. Si on ne peut, sur la base de ces formulations des textes, mettre à la charge des autorités publiques des États une obligation positive de publicité sous la forme de campagne méthodique d'IEC (information, éducation, communication), du moins est-il raisonnable de présumer que s'impose à l'Administration des États un devoir de diligence et de non-obstruction, pour que le libre accès de tous aux documents en question soit une réalité. Ainsi, les hommes des médias, les universitaires, les associations à mission citoyenne et même tout individu peuvent avoir communication du dossier, le relayer dans la presse, les amphithéâtres universitaires, les forums citoyens, en un mot, alimenter le débat républicain décentralisé que l'on appelle de plus en plus la démocratie participative. En tout état de cause, ces mécanismes de publicité sont la mise en œuvre des orientations générales contenues dans le Code de transparence dans la gestion des finances publiques. L'idée matricielle est que "les citoyens, à la fois contribuables et usagers des services publics, sont clairement, régulièrement et complètement informés de tout ce qui concerne la gouvernance et la gestion des fonds publics : ils sont mis en capacité d'exercer dans le débat public, leur droit de regard sur les finances de toutes les administrations publiques". (Préambule, Code de transparence).

Plus qu'un changement de comportement, c'est une révolution managériale qui est sollicitée. L'univers administratif et politique des États membres est celui où l'opacité est source de pouvoir et où le refus d'informer le peuple souverain renforce le pouvoir. Or, c'est ce vice essentiel de la gestion publique qu'il faut vaincre pour que puissent éclore les fondamentaux de la gestion budgétaire par la performance, tels que dessinés par le cadre harmonisé des finances publiques.

D : L'exigence comptable (art. 10, DPCE)

La directive portant Plan comptable de l'État énonce un "principe de transparence". Selon ce principe, la comptabilité générale de l'État doit fournir une description régulière, sincère, claire et complète des évènements, opérations et situations se rapportant à l'exercice budgétaire décrite.

Paragraphe 2 : Les exceptions au principe de transparence

Peut-on débattre de tout ? Le gouvernement peut-il être contraint, au nom de la transparence budgétaire, à communiquer sur tout, à donner des informations sur tout, à tout dire sans omission ? Le Code de transparence impose que les citoyens soient "*complètement* informés" et que les élus aient "un droit d'information et de communication *sans réserve* sur tous les aspects relatifs à la gestion des deniers publics". La rédaction des textes paraît claire sur le point des exceptions à la transparence : celles-ci n'ont pas de raison d'être. La transparence serait un principe absolu, une double exigence de délibération et d'information qui ne saurait souffrir de dérogation, quelles que soient les circonstances de temps et de lieu.

Mais l'absolutisation des principes est en elle-même contraire à l'esprit et à la raison démocratiques. Le droit absolu à l'information peut fragiliser le fonctionnement de l'État et la quiétude des citoyens de plusieurs manières. Le droit à l'information doit être relativisé en tenant compte de plusieurs situations de droit et de fait qui sont rentrées dans la tradition des nations démocratiques :

- la notion de "secret défense" est bien établie dans le droit et la pratique des États. La commande publique et la consommation des crédits budgétaires dans les ministères en charge de la défense nationale sont traditionnellement couvertes d'un minimum de discrétion, voire de secret ;

- en cas de menace grave pour la sécurité et l'ordre public (menace terroriste par exemple), la rétention de l'information peut être une méthode de protection des citoyens par les agents chargés de la sécurité publique. Ne pas diffuser l'information peut permettre de surprendre l'ennemi et le neutraliser. Rendre publics tous les crédits affectés à la sécurité publique, diffuser les utilisations de ces crédits (matériels achetés, formations données, missions programmées, etc.) peuvent constituer des informations utiles pour les groupes qui menacent gravement la quiétude des citoyens (terroristes et mafieux) ;

- les services d'espionnage et de contre-espionnage ont traditionnellement des budgets placés sous le signe du secret, surtout en ce qui concerne l'utilisation qui est faite des crédits budgétaires. La tradition ici est à contre-courant de la transparence budgétaire ;

- en matière de recherche scientifique, la protection des résultats contre le plagiat et la concurrence pour un éventuel brevet peut expliquer que la justification des crédits budgétaires affectés à cette recherche soit différée ou donnée de façon incomplète ;

D'une manière générale, l'administration choisit presque toujours le moment de diffuser une information, soit pour des raisons de marketing politique, soit pour rechercher le meilleur impact opérationnel ou stratégique de l'information à diffuser.

Au total, les exceptions au principe de transparence budgétaire sont nécessaires. Quelles seront ces exceptions et comment les formuler ? Telle est la tâche de la Cour de justice de l'UEMOA ainsi que des juridictions constitutionnelles nationales.

Paragraphe 3 : La transparence selon le Fonds Monétaire International

Pour la Fonds monétaire international, la transparence est un élément essentiel d'une politique financière efficace. La transparence implique "l'exhaustivité, la clarté, la fiabilité, l'actualité et la pertinence des informations publiées à propos de la situation passée, présente et future des finances publiques."[230]

En 1998, un premier Code et un manuel de transparence des finances publiques sont publiés par le FMI. La version la plus récente date de 2013 et prend en compte les enseignements à tirer de la gestion de la transparence au regard de l'enchaînement des faits ayant débouché sur la crise financière de 2008 aux États-Unis d'Amérique, puis dans le monde.[231]

Encadré n° 9 : Le principe de transparence

Le principe de transparence dans le monde

"La transparence est devenue aujourd'hui incontournable et elle est de plus en plus considérée comme un droit fondamental : celui d'être informé (obligation pour l'État d'informer de manière active) et celui de pouvoir s'informer (obligation pour l'État de rendre publique l'information dont il dispose). Plusieurs raisons justifient que l'État et son administration travaillent de manière transparente. La première de ces raisons a trait à l'équilibre dans l'échange d'information. (…) On observe une forte asymétrie entre les informations détenues par les administrations (en nombre et en valeur croissants) et celle en possession des citoyens. Un rééquilibrage s'avère nécessaire. Ensuite, la transparence s'inscrit dans le but d'améliorer les relations entre administrations et citoyens. Avec le problème lancinant des déficits publics, la perte de confiance dans les administrations, l'exigence d'une plus grande responsabilisation des gouvernants et la lutte contre la corruption, l'accès à l'information permet d'inverser certaines tendances et de rétablir des relations plus harmonieuses entre les administrations et

230 *Bulletin du FMI,* 1er juillet 2013.

231 Voir en annexe page 523.

les citoyens. De surcroit, travaillant 'sous le regard des citoyens', l'administration est censée exécuter ses tâches de manière plus efficiente. Finalement la transparence est un outil permettant de favoriser la coparticipation des citoyens au développement et à la conduite des politiques publiques."

Extrait : P. Martial (*dir.*), *Le principe de transparence en Suisse et dans le monde*, Lausanne, Presses polytechniques et universitaires romandes, 2013, pp. xi-xii.

SECTION 2
L'ANNUALITÉ BUDGÉTAIRE

On le dit historiquement le premier des principes budgétaires. Son apparition est liée à la lutte pour le pouvoir financier, notamment la revendication d'un consentement à l'impôt par le vote annuel des parlementaires. Ce qui n'était qu'une quête de pouvoir, une aspiration à l'équilibre des pouvoirs est aujourd'hui l'un des traits communs du droit et de la gestion budgétaires dans les États contemporains.

Paragraphe 1 : Fondement du principe

La directive relative aux lois de finances fait référence à l'annualité, de façon explicite, dans plusieurs de ses dispositions. Ces affirmations successives de l'annualité servent de fondement juridique au principe. On peut ainsi mentionner les extraits suivants :[232]

- "Ont le caractère de lois de finances, la loi de finances de l'*année* (...)" (article 5, DLF) ;

- "La loi de règlement constate les résultats financiers de chaque *année civile*" (article 5, DLF) ;

- "La loi de finances de l'année prévoit et autorise, pour chaque *année civile* (…)" (article 5, DLF) ;

- "La loi de finances de l'année contient le budget de l'État pour *l'année civile*"(article 7, DLF) ;

- "L'autorisation de percevoir les impôts est *annuelle*" (article 9 DLF) ;

[232] Voir aussi les droits nationaux des Etats : République du Bénin, Loi organique n° 2013-14 du 27 septembre 2013 relative aux lois de finances, art. 4-2 &7 ; République de Côte d'Ivoire, Loi organique n° 2014-336 du 5 juin 2014 relative aux lois de finances, art. 2-3 & 5-2 ; République du Sénégal, Loi organique n° 2011-15 du 8 juillet 2011 relative aux lois de finances, art. 5-2 ; République du Togo, Loi organique n° 2014-013 du 27 juin 2014 relative aux lois de finances, art. 5-2 & 7 ; République du Mali, Loi n° 2013-028 du 11 juillet 2013 relative aux lois de finances, art. 4-2 & 6 ; République du Niger, Loi organique n° 2012-09 du 26 mars 2012 relative aux lois de finances, art. 5-3 & 6.

- "La loi de finances de l'année est accompagnée (...) d'annexes explicatives (...) Ces annexes sont accompagnées du projet *annuel* de performance de chaque programme" (article 46) ;

- "La loi de règlement est accompagnée (...) des rapports *annuels* de performance par programme" (article 50, DLF) ;

- "Le projet de loi de règlement est déposé sur le bureau du Parlement et distribué au plus tard le jour de l'ouverture de la session budgétaire de l'*année* " (article 63, DLF) ;

- "Les Commissions des finances veillent au cours de la gestion *annuelle*, à la bonne exécution des lois de finances." (article 74 DLF).

Paragraphe 2 : Contenu du principe

L'annualité budgétaire a un triple contenu : *d'abord*, la loi de finances est votée avant chaque année civile. C'est la traduction de la règle de l'antériorité. La loi de finances de l'année prévoit et autorise, anticipe et valide ; elle n'est pas un acte de confirmation ou de régularisation. En conséquence, son adoption doit logiquement se faire avant le début de l'exercice budgétaire.

Ensuite, la loi de finances s'exécute sur une année. La directive relative aux lois de finances évoque l'année civile (article 5) comme année de référence, ce qui fait coïncider l'année budgétaire et fiscale avec l'année civile, soit du 1er janvier au 31 décembre. Cette coïncidence des années n'est pas universellement partagée. L'année budgétaire court du 1er avril au 31 mars en Afrique du Sud, du 1er juillet au 30 juin en Égypte. Elle court du 1er octobre au 30 septembre aux États-Unis d'Amérique.

La directive relative aux lois de finances précise aussi que "la comptabilité générale (...) est fondée sur le principe de la constatation des droits et obligations. Les opérations sont prises en compte au titre de l'exercice auquel elles se rattachent indépendamment de leur date de paiement ou d'encaissement." (article 72, DLF). C'est la consécration du système dit de l'exercice, qui est une stricte application du principe de l'annualité. L'année de l'autorisation des recettes et des dépenses devient l'année de rattachement des opérations d'exécution desdites recettes et dépenses, que cette année d'exécution effective coïncide ou non avec l'année de l'autorisation parlementaire de la recette ou de la dépense. Cependant, l'année budgétaire peut être "assortie d'une période complémentaire d'une durée maximum d'un mois à compter de la fin de l'exercice budgétaire" (article 78, alinéa 2, DRGCP). Ce délai supplémentaire permet des opérations de régularisation d'ordre comptable mais aucune "opération budgétaire ne peut être effectuée au cours de cette période" (article 78, *in fine*, DRGCP).

À l'inverse, le système dit de la gestion (ou système de caisse) ne prend en compte, pour le rattachement des opérations d'exécution de la loi de finances, que l'année réelle de l'encaissement s'agissant des recettes ou l'année de traitement du mandatement par le Trésor public, tel qu'en disposait la directive n° 05/97 de 1997 relative aux lois de finances : "les recettes sont prises en compte au titre du budget de l'année au cours de laquelle elles sont encaissées par un comptable public. Les dépenses sont prises en compte au titre du budget de l'année au cours de laquelle les ordonnances ou mandats sont visés par les comptables assignataires" (article 46, DLF/1997).

Enfin, la loi de finances, dans les engagements qu'elle contient en termes d'autorisation de recettes et de dépenses, n'est opposable que sur l'année civile de référence. Certes, les lois fiscales restent en vigueur jusqu'à la date de leur abrogation par le législateur lui-même ou leur invalidation par le juge constitutionnel. Cependant, l'autorisation de percevoir l'impôt est annuelle. Sans cette autorisation annuelle, les lois fiscales seraient des neutrons législatifs, des textes sans force contraignante pour les contribuables. C'est pourquoi il est d'usage de faire une rédaction standardisée de l'article premier des lois de finances de l'année : "Sous réserve des dispositions de la présente loi, continueront d'être opérées pendant l'année (…) conformément aux dispositions législatives et règlementaires en vigueur, la perception des impôts, taxes et rémunérations des services rendus par l'État, produits et revenus affectés à l'État ; la perception des impôts, taxes, produits et revenus affectés aux collectivités territoriales, aux établissements publics et organismes divers dûment habilités (…)." Cette formule standard permet de redonner une force exécutoire à l'ensemble de la législation financière et fiscale en vigueur sans avoir besoin de la recenser et de la citer dans le détail.

Par ailleurs, en matière de dépense, la directive relative aux lois de finances dispose que "les crédits ouverts et les plafonds des autorisations d'emplois fixés au titre d'une année ne créent aucun droit au titre des années suivantes. (Article 24, DLF).

Paragraphe 3 : Justification du principe

Plusieurs justifications peuvent être trouvées à l'appui du principe de l'annualité :

- d'abord, il y a la justification technique : le cycle annuel n'est ni trop long pour permettre des prévisions raisonnables, ni trop court pour autoriser le fonctionnement normal des services publics financés sur les ressources autorisées dans la loi de finances. Il est juste *optimum* ;

- ensuite, il y a la justification politique. Le vote annuel de la loi de finances rend possible un contrôle régulier des finances publiques. Le consentement à l'impôt mais aussi l'autorisation des dépenses sont ainsi accordés par le parlement à des échéances suffisamment rapprochées ;

- enfin, il y a la justification économique et sociale. Le cycle annuel correspond au rythme de la vie des affaires et des activités sociales.

"Tous les peuples qui ont un système raisonné d'administration ont renfermé dans le cercle d'une année leurs opérations de recettes et de dépenses, cela étant dans l'ordre de la nature, qui, chaque année, ramène, par ses productions, la matière des dépenses publiques et particulières… Il faut qu'au commencement de chaque année la recette soit comparée à la dépense dans ses aperçus ; qu'à la fin de l'année, l'une soit comparée à l'autre dans sa réalité."
Source : Lebrun, Discours au Conseil des Anciens, 8 vendémiaire an V, cité par R. Stourm. *Le budget*. Paris, Guillaume 1900, p. 116.

Paragraphe 4 : Valeur du principe

Que vaut encore le principe de l'annualité dans un contexte de budgétisation par programme ? La pluriannualité a fait son apparition dans la directive relative aux lois de finances et doit se conjuguer avec le principe de l'annualité.

La pluriannualité exprime l'intégration du moyen terme dans la budgétisation. "Les crédits sont spécialisés par programme" (article 12, *in fine*, DLF), le programme étant lui-même un ensemble cohérent de ressources et d'actions orientées vers la réalisation d'une politique publique "dans une perspective de moyen terme" (article 12 al.3, DLF). Le projet de loi de finances est accompagné d'un "document de programmation budgétaire et financière pluriannuelle couvrant une période minimale de trois ans" (articles 46 et 52, DLF).

Le "document de programmation budgétaire" n'est pas inclus dans le texte de la loi de finances de l'année. Mais, comme le souligne l'article 44 de la directive relative aux lois de finances, les annexes "font partie intégrante" de la loi de finances de l'année. En termes d'effectivité juridique, les documents annexés au projet de loi de finances éclairent et justifient les orientations et les choix financiers contenus dans la loi de finances. Ils peuvent nourrir les motifs de la juridiction constitutionnelle, lorsque celle-ci apprécie le respect des principes d'équilibre, de sincérité, ces principes qualificatifs qui ne se fondent pas sur les nécessités du contrôle et de la reddition de comptes mais sur la performance des finances publiques, c'est-à-dire l'efficacité, l'efficience et l'économie des opérations financières publiques.

Quand on fait le tour d'horizon des implications de la pluriannualité, on a une première impression de suicide du principe de l'annualité budgétaire.

Il faut cependant faire remarquer que la tradition financière toute cinquantenaire (1960-2010) a permis de vider de son intérêt le principe de l'autorisation annuelle des dépenses inscrites dans la loi de finances. En effet, les services votés, dont l'importance quantitative dans les soldes globaux des lois de finances est prédominante, avec des seuils de 95 %,[233] font l'objet

[233] M. Zaki, *Le contrôle des finances publiques dans les États d'Afrique noire francophone : l'exemple du Niger et du Sénégal*, Thèse, droit, Toulouse, 1999, p. 258 ; S. Pagnou, *La*

d'une reconduction automatique d'une année à l'autre. Dès lors, l'examen et le vote annuels ne concernent plus que les autorisations nouvelles.

La gestion budgétaire par la performance paraît condamner le renouvellement automatique de masses importantes de crédits par la technique dite des services votés. La justification des crédits *au premier franc* devrait être la règle dans les systèmes contemporains de rationalisation de la gestion budgétaire. Le projet de loi de finances de l'année devrait expliquer les déterminants des crédits inscrits (nombre d'usagers, volume d'activité, superficie des bâtiments, déterminants de la masse salariale, coûts unitaires des dispositifs d'intervention, etc.). Ainsi, chaque année, on refait un exercice complet d'estimation des ressources et des charges suivi d'un vote au parlement. Sous cet aspect, le principe de l'annualité renaît malgré la dynamique de la pluriannualité qu'on a relevée précédemment.

Paragraphe 5 : Les aménagements au principe

L'application littérale et absolue du principe de l'annualité conduirait à des dysfonctionnements qui nuiraient à la qualité de la gestion financière publique. Ce qui explique et justifie que le nouveau cadre harmonisé des finances publiques ait prévu des dispositions qui atténuent la rigueur de l'autorisation unique annuelle du parlement mais aussi l'exécution sur un an des dépenses inscrites dans la loi de finances.

A : Les dérogations à l'autorisation unique annuelle

La loi de finances de l'année "prévoit et autorise, pour chaque année civile, l'ensemble des ressources et des charges de l'État" (article 5, DLF). L'autorisation annuelle trouve dans cette rédaction son fondement juridique. Cependant, la directive relative aux lois de finances a aussi prévu des autorisations tantôt *infra*-annuelles tantôt pluriannuelles.

1 : Les autorisations infra-annuelles

a : Les douzièmes provisoires

Le douzième provisoire est la douzième tranche du budget, tel qu'il a été autorisé l'année précédente par le parlement. Lorsque le projet de loi de finances n'a pu être voté avant le début de l'année financière, "le Gouvernement est autorisé, conformément aux dispositions constitutionnelles en vigueur, à continuer de percevoir les impôts et à reprendre en dépenses le budget de l'année précédente par douzièmes provisoires." (article 58, DLF). Le douzième provisoire est ainsi une loi de finances provisoire qui rétablit le principe de légalité financière, dans un contexte d'inexistence d'une loi de finances de l'année. Les opérations financières tant en recettes qu'en dépenses

---

gestion des finances publiques au Togo : un système à rénover, Thèse Droit, Lyon3, 2010, p. 159.

trouvent un fondement légal dans l'adoption du douzième provisoire. Sans une loi de douzième provisoire, on entre dans le schéma d'un *shutdown* à l'américaine.

Le douzième provisoire opère d'abord une ouverture de crédit pour tous les services publics, pour une durée d'un mois. Ces crédits sont à retrancher de ceux que le parlement accordera définitivement dans la loi de finances votée. Ensuite, le douzième provisoire porte autorisation de recouvrer les impôts et taxes, sur la base des tarifs en vigueur. Enfin, le douzième provisoire interdit aux administrations publiques la prise de décisions qui entrainent des augmentations de dépenses par rapport au budget précédent.

Le douzième provisoire est un palliatif au vote tardif de la loi de finances de l'année. La directive relative aux lois de finances a voulu limiter les situations dans lesquelles le recours aux douzièmes provisoires devient inéluctable. Ainsi, la mise en vigueur du projet de loi de finances par ordonnance est de droit lorsque le projet soumis au parlement *dans les délais* prescrits n'est pas adopté avant la fin de l'année civile. Le projet de loi de finances de l'année peut aussi être mis en vigueur par ordonnance lorsque la session extraordinaire du parlement, convoquée pour parfaire le *dépôt tardif* du projet de loi de finances par le gouvernement, n'a pas réussi à adopter la loi de finances de l'année (article 58, DLF).

Il est aisé d'établir ce que la pratique des douzièmes provisoires peut avoir comme facteur de perturbation de la gestion financière publique, tant au niveau des prévisions annuelles que de l'exécution. Le douzième provisoire est le rétablissement saucissonné d'une loi de finances posthume, pas toujours en phase avec les circonstances nouvelles de la politique et de la gestion financières de l'État. Il renferme également un potentiel de discrédit du travail parlementaire, des débats qui s'éternisent. En 1994, le Bénin a connu sept douzièmes provisoires clôturés par le recours à une ordonnance de mise en vigueur du projet de loi de finances de l'année et du projet de loi portant programme d'investissements publics.[234] Ce qui est tout de même moindre que l'expérience calamiteuse de douze douzièmes provisoires qu'a connue la France, selon Julien Laferrière.[235]

Tous les pays de la zone UEMOA ont des législations qui prévoient le vote de douzièmes provisoires,[236] sauf la République du Sénégal.[237]

---

[234] Décision DCC 27-94 du 24 août 1994, Président de l'Assemblée nationale (N. Médé, *Les grandes décisions de la Cour constitutionnelle du Bénin*, *op. cit.*, p. 216).

[235] J. Laferrière et M. Waline, *Traité élémentaire de science et de législation financière*, Paris, LGDJ, 1952, p. 72.

[236] République du Bénin, Loi organique n° 2013-14 du 27 septembre 2013 relative aux lois de finances, art. 61 ; République du Niger, Loi organique n° 2012-09 du 26 mars 2012 relative aux lois de finances, art. 58 ; République de Côte d'Ivoire, Loi organique n°2014-336 du 5 juin 2014 relative aux lois de finances, art. 60 ; République du Mali, Loi n°2013-

Encadré 10 : Le shutdown aux États-Unis et l'intérêt d'un douzième provisoire

Comme attendu, démocrates et républicains ne sont pas parvenus à s'entendre sur un budget pour l'exercice 2014, qui démarre le 1er octobre. Inéluctablement, le "shutdown" ("fermeture"), c'est-à-dire l'arrêt de plusieurs administrations et services fédéraux, a donc commencé mardi 1er octobre, aux États-Unis, et ce, pour une durée indéterminée – jusqu'à ce qu'un accord bipartisan soit trouvé.

Ce "shutdown" *"aura des conséquences économiques très réelles pour des gens dans la vraie vie, et tout de suite"*, a prévenu Barack Obama. Concrètement, ce sont les administrations qui sont en première ligne. Au total, 800 000 fonctionnaires – jugés non essentiels – seront mis en congés sans solde, sans garantie de paie rétroactive. Ces derniers sont tenus de n'effectuer aucun travail pendant leur congé forcé, sous peine de lourdes sanctions. Il n'est pas garanti non plus qu'ils toucheront un salaire, même si cela a été le cas chaque fois par le passé. Durant les précédents "shutdowns", le Congrès avait, en effet, adopté une loi remboursant rétroactivement les jours de chômage technique des fonctionnaires.

En revanche, plus d'un million de salariés, considérés comme *"essentiels"* pour le fonctionnement de l'État, devront continuer à travailler. Ceux-là seront obligatoirement payés, mais possiblement avec des retards conséquents. On trouve dans cette catégorie les contrôleurs aériens, les gardiens de prison, les scientifiques des stations spatiales internationales, ou encore les agents des services secrets.

Quatre cents parcs nationaux et musées à travers le pays sont directement affectés – ce qui pourrait se traduire par un impact négatif de plusieurs millions de dollars pour le secteur touristique. De leur côté, les marchés subiront le blocage de la publication d'un certain nombre de statistiques, tandis que les introductions en Bourse pourront être retardées (…)

---

028 du 11 juillet 2013 relative aux lois de finances, art. 57 ; République du Togo, loi organique n°2014-013 du 27 juin 2014 relative aux lois de finances, art. 58.

[237] Le Sénégal ne connaît pas de douzièmes provisoires sous la forme d'autorisation donnée par le parlement en la forme législative pour continuer à exécuter les recettes et les dépenses par tranche d'un douzième. "Si compte-tenu de la procédure prévue ci-dessus, la loi de finances de l'année n'a pu être mise en vigueur avant le début de l'année financière, le Président de la République est autorisé à reconduire par décret les services votés." (art. 68, constitution du Sénégal). La loi organique n°2011-15 du 8 juillet 2011 relative aux lois de finances précise en son article 57, qu'il faut entendre par services votés "le volume de crédits nécessaire pour reconduire à périmètre constant les actions publiques qui ont fait l'objet d'une autorisation budgétaire l'année précédente."

Tout commence fin mars, lorsque le Sénat vote le budget 2014. Ce dernier prévoit, entre autres, de réduire le déficit de 1 800 milliards de dollars sur dix ans : deux tiers viendraient de coupes et un tiers de nouvelles recettes.

Farouchement hostiles à toute hausse d'impôts, les républicains tentent alors de faire pression en s'attaquant à l'"Obamacare", surnom de la réforme du système de santé portée par Barack Obama, dont un pan majeur entre en vigueur le 1er octobre. Le président est clair : il ne cèdera pas sur cette loi – et il n'a effectivement pas cédé (...).

Depuis 1976, les États-Unis ont connu 17 "shutdowns". La dernière cessation temporaire et partielle des services de l'État a eu lieu du 14 au 19 novembre 1995 et du 16 décembre au 6 janvier 1996 (soit 28 jours au total), sous la présidence de Bill Clinton. (…) Selon des calculs publiés par les économistes de Goldman Sachs, la fermeture des administrations coûterait environ 8 milliards de dollars par semaine à l'économie américaine. Ce chiffre a été obtenu en examinant les conséquences du "shutdown" de 1995.

De leur côté, les experts de *Macroeconomic Adviser* estiment que si le blocage budgétaire durait deux semaines, il amputerait la croissance américaine de 0,3 point de pourcentage au quatrième trimestre.

Extrait : Journal *Le Monde,* Paris, 1er octobre 2016.

b : Les lois de finances rectificatives

"Les lois de finances rectificatives modifient, en cours d'année, les dispositions de la loi de finances de l'année" (article 5, DLF). Ce sont des lois correctives des prévisions et des autorisations contenues dans la loi de finances de l'année. Elles peuvent avoir une double raison d'être : soit elles viennent valider *a posteriori* des modifications faites par le gouvernement (d'où la thèse de "loi de finances 'ratificative'"[238]) sur la loi de finances de l'année au moyen d'actes réglementaires (décret d'avance,[239] arrêté d'annulation de crédits,

[238] M. Lascombe et X. Vandendriessche, *Les finances publiques*, Paris, Dalloz, 8ème édit., 2013, p. 99.

[239] Les décrets d'avance peuvent être pris par le gouvernement "en cas d'urgence et de nécessité impérieuse d'intérêt national" (Sénégal, Loi organique n° 2011-15 du 8 juillet 2011 relative aux lois de finances, art. 23 et République du Togo, Loi organique n° 2014-013 du 27 juin 2014 relative aux lois de finances, art. 23) ou en cas d'urgence **et** de nécessité impérieuse d'intérêt national sans qu'il ne soit possible de déroger à l'équilibre de la loi de finances (République de Côte d'Ivoire, Loi organique n° 2014-336 du 5 juin 2014 relative aux lois de finances, art. 25). Les décrets d'avance peuvent aussi permettre au gouvernement de lever des recettes additionnelles non prévues dans la loi de finances de l'année (République du Mali, Loi n° 2013-028 du 11 juillet 2013 relative aux lois de finances, art. 3 ; République du Bénin, Loi organique n° 2013-14 du 27 septembre 2013 relative aux lois de finances, art. 6 ; République du Sénégal, Loi organique n° 2011-15 du 8 juillet 2011 relative aux lois de finances, art. 4.).

etc.) ; soit elles viennent substituer les prévisions et autorisations initiales contenues dans la loi de finances de l'année par de nouvelles prévisions sur le reste de l'année en cours. C'est notamment le cas lorsque survient une alternance politique au sommet de l'État ou lorsque survient un bouleversement économique ou social majeur dont les dimensions financières nécessitent une mise en cohérence avec les autorisations budgétaires.

Le gouvernement a l'obligation d'initier et de faire adopter une loi de finances rectificative dans trois cas :

- "si les grandes lignes de l'équilibre budgétaire ou financier défini par la loi de finances de l'année se trouvent bouleversées, notamment par l'intervention de décrets d'avances ou d'arrêtés d'annulation de crédits ;

- si les recettes constatées dépassent sensiblement les prévisions de la loi de finances de l'année ;

- s'il y a intervention de mesures législatives ou règlementaires affectant de manière substantielle l'exécution du budget" (Article 48, DLF).

En dehors de ces hypothèses, le gouvernement demeure libre, en théorie, de soumettre un projet de loi de finances rectificative au vote du parlement.

Encadré n° 11 : Les décrets d'avance

Sur le décret d'avances N° 2010-177/PR

"Dans son rapport de présentation du décret d'avances N° 2010-177/PR du 15 décembre 2010, le gouvernement justifie l'ouverture de crédits supplémentaires par :

- l'accroissement des investissements exécutés sur financements extérieurs qui a généré des dépenses fiscales importantes ;

- la remise en état de certains ouvrages d'art endommagés par les pluies ;

- la subvention des produits pétroliers suite à l'envolée de leurs prix sur le marché international.

Si l'accroissement des investissements exécutés sur financements extérieurs a généré des dépenses fiscales importantes non prévues dans la LFI et que la remise en état de certains ouvrages d'art endommagés par les pluies a engendré également des dépenses imprévues, l'envolée des prix des produits pétroliers sur le marché international paraissait tout de même prévisible ; Le rapport de présentation est resté muet sur les ouvertures de crédit d'un montant total de 4.320.000.000 F CFA pour financer l'augmentation du capital de la BTCI et de la BIA-TOGO. Or le caractère urgent de cette opération peut difficilement être justifié dans la mesure où le processus de privatisation des banques nationales avait déjà démarré bien avant 2009 et que tous les engagements du gouvernement étaient connus au moment de l'élaboration du budget 2010 ;

Enfin, le gouvernement donne l'assurance que la rigueur imprimée à l'exécution du budget a permis de dégager un excédent budgétaire susceptible de couvrir ces dépenses supplémentaires sans détériorer l'équilibre budgétaire 2010. La Cour en a pris acte ;

Sur le plan formel, le troisième visa du décret d'avance est inapproprié et anachronique. Il fait en effet référence à la loi N° 2010-014 du 27 décembre 2010 portant loi de finances, gestion 2011 qui ne pouvait pas exister le 15 décembre 2010."

Extrait : Cour des comptes (Togo), *Rapport Gestion 2010,* Lomé 2013, p. 50.

2 : Les autorisations pluriannuelles

Ce sont : l'autorisation d'engagement, l'engagement par anticipation et par assimilation, les reports de crédit.

a : L'autorisation d'engagement

La directive portant Code de transparence prescrit que "le budget de l'État s'insère dans un cadre global de politique macroéconomique, financière et budgétaire à moyen terme couvrant l'année à venir et les deux années suivantes" (point 3.1, Code de transparence). Ce souci de prise en compte de la perspective pluriannuelle est repris par la directive relative aux lois de finances. Celle-ci prévoit la catégorie des autorisations d'engagement dont les crédits sont affectés au financement des "dépenses d'investissement et les contrats de partenariats publics-privés." (article 17, DLF). L'autorisation d'engagement constitue "la limite supérieure des dépenses pouvant être juridiquement engagées au cours de l'exercice pour la réalisation des investissements prévus par la loi de finances" (article 17, DLF). Les crédits inscrits au titre de l'autorisation d'engagement habilitent, juridiquement, le gouvernement à passer des commandes, à signer des marchés pour lesquels les ordonnancements et les paiements pourront s'étaler sur plusieurs années. "Les autorisations d'engagement, au sens de l'article 18 de la présente directive, disponibles sur un programme à la fin de l'année, peuvent être reportées sur le même programme (...) majorant à due concurrence les crédits de l'année suivante" (article 24 al.2, DLF). L'autorisation d'engagement a une vocation pluriannuelle tandis que les ordonnancements et les paiements se font dans le cadre des lois de finances de l'année par l'inscription de crédits de paiement.

b : L'engagement par anticipation

La directive relative aux lois de finances prévoit la catégorie des engagements par anticipation sur des crédits de l'année suivant celle du vote de la loi de finances (article 20, DLF). L'engament par anticipation est un engagement sur deux ans : l'année du vote de la loi de finances et l'année qui suit.

c : Les reports de crédits

Un crédit reporté est un crédit de paiement inscrit dans la loi de finances de l'année *n* et qui n'a pas été consommé et dont le montant est reconduit dans la loi de finances de l'année *n+1*.

La directive relative aux lois de finances fait du non-report de crédit, la règle en matière de préparation et d'exécution budgétaires : "les crédits ouverts et les plafonds des autorisations d'emplois fixés au titre d'une année ne créent aucun droit au titre des années suivantes" (article 24, al. 1, DLF). Un crédit inscrit dans la loi de finances et qui n'est pas consommé en fin d'année budgétaire est purement et simplement annulé.

Cependant, "les crédits de paiement relatifs aux dépenses d'investissement disponibles sur un programme à la fin de l'année peuvent être reportés sur le même programme" dans la loi de finances de l'année suivante (article 24 al. 3, DLF). Il en est de même des autorisations d'engagement (article 24 al. 2, DLF).

Encadré n° 12 : Les reports de crédits

a- Reports de crédits en l'absence de crédits disponibles

Les reports de crédits sont une exception au principe de l'annualité budgétaire en vertu duquel les crédits ouverts au titre d'un budget ne créent aucun droit au titre du budget suivant. Ils permettent donc au Gouvernement de poursuivre l'exécution de certaines opérations sur la base de crédits votés au budget précédent (…).

L'analyse du tableau L « *situation des crédits à annuler ou à reporter et des ouvertures de crédits complémentaires, gestion 2013* » en annexe au PLR a permis de relever des cas de reports de crédits effectués en l'absence de disponibilités.

Trois cas ont été relevés par la Juridiction.

Le premier cas porte sur la constitution de report de crédit supérieur au crédit non consommé. Il en est ainsi de la section 32 « Ministère chargé de la Communication » pour laquelle le total des crédits non consommés est de 119.640.608 francs. Cette ligne a pourtant enregistré un report de crédit de 15.000.000. 000 francs. Ce qui fait un écart de 14.880.359.392 francs par rapport au crédit disponible. C'est également le cas au niveau des ministères de la Santé, de l'Énergie et de l'Eau.

Le deuxième cas porte sur l'annulation de l'ensemble des crédits non consommés et la constitution en même temps de report de crédits sur l'exercice suivant. Cette situation est notée au niveau du ministère de l'Enseignement maternel et primaire. En dehors de cette situation, la juridiction constate l'ouverture de crédits complémentaires négatifs concernant ce département ministériel.

Pour le troisième cas, l'ensemble des crédits ouverts et des crédits complémentaires est égal aux crédits consommés, alors même que des reports de crédits ont été constitués. Il en est ainsi de la section 63 « Ministère de l'Enseignement secondaire, de la Formation technique et professionnelle » pour laquelle le total des crédits ouverts (48.740.020.000 francs) et des crédits complémentaires (5.016.712.609 francs) se monte à (53.756.732.609) francs, soit le total des crédits consommés. Cette section a pourtant enregistré un report de crédit de 1.404.209.300 francs.

La constitution en fin d'année de reports de crédits en l'absence de disponibilités est une anomalie à maintes fois dénoncée par la Chambre car le report ne se justifie qu'en cas de crédit disponible.

Extrait : Cour suprême du Bénin, Chambre des comptes, *Rapport sur l'exécution des lois de finances, 2013*, Cotonou, 2014, pp. 70-71.

Paragraphe 6 : Critique du principe de l'annualité

A : Énoncé des critiques

Le principe de l'annualité budgétaire, principe premier du droit budgétaire si on se place sur une perspective historique, a fait et fait encore l'objet de plusieurs critiques. On lui reproche notamment :

- *sur un plan économique* : l'annualité ne cadre pas avec le rythme de la vie économique. Les cycles qui parcourent la vie économique coïncident très rarement avec le cycle annuel de la loi de finances. Les périodes de croissance économique, les temps de stagnation ou encore les moments de récession économique sont des conjonctures dont la durée dépasse souvent le cadre annuel ou peut être inférieure à un an. Cette disjonction entre l'annualité et le rythme de la vie économique est aussi valable pour les autres indicateurs macro-économiques comme l'inflation, la balance commerciale, le niveau de l'emploi, le niveau de l'investissement productif dans les entreprises, la consommation des ménages, etc. ;

- *sur le plan politique* : il n'y a pas de mandat électif qui dure un an. Le président de la République, les parlementaires, les élus locaux ont tous des mandats qui s'étalent sur plusieurs années. Le temps financier ne correspond pas au temps politique ;

- *sur le plan technique* : le sous-développement est surtout un état de sous-équipement. Les investissements de développement sont la priorité des États : routes, ponts, centrales hydro-électriques, universités, infrastructures portuaires et aéroportuaires, etc. Ces investissements, en termes de financement des études, de réalisation, de l'exploitation et du *monitoring* ne sont presque jamais enfermés dans le cycle annuel de la gestion budgétaire.

L'ensemble de ces critiques explique les aménagements que le cadre harmonisé des finances publiques met à l'application du principe de l'annualité budgétaire. Pour reprendre le langage commun, les exceptions justifient le principe !

B : Les tentatives de refondation du principe de l'annualité

Il existe deux constructions alternatives au principe de l'annualité, développées en droit comparé et doctrine financière : le budget cyclique et le budget de législature.

1 : Le budget cyclique

Les liens entre l'économie et les finances sont fusionnels. En conséquence, il convient de faire un ajustement du cycle financier sur le cycle économique. *A priori*, le cycle consolidé peut être inférieur à un an (trois, six, neuf mois) ou couvrir plusieurs années. En fait, les partisans du budget cyclique ont en ligne de mire des budgets qui couvrent plusieurs années, cinq ans, voire une décennie.[240] Ces budgets au long cours présentent l'inconvénient de ne pas prendre en compte la nature même du cycle économique : l'imprévisibilité. Dans un contexte contemporain de mondialisation de l'économie et des échanges, la soudaineté des crises et l'incertitude sur les moments de reprise et de relance de l'économie fragilisent la volonté d'inscrire le budget dans un cycle économique dont on ne connaît pas *a priori* le début ni la fin. La faillite de la banque internationale d'investissement *Lehman Brothers* en septembre 2008 et la crise financière puis économique mondiale qui s'ensuivit, la plus grande depuis la seconde guerre mondiale, n'ont été ni prévues ni anticipées par les prix Nobel d'économie ou par les *brain trust* économiques et financiers qui conseillent les entreprises et les gouvernements.[241]

> Le budget cyclique
> "Aussi longtemps que la disparition des oscillations cycliques n'est pas démontrée, il est prudent d'aménager les finances publiques de façon à les soustraire autant que possible aux conséquences des fluctuations. L'aménagement cyclique des budgets aboutit à créer une solidarité entre les budgets annuels successifs, soit en faisant profiter les exercices de crise des excédents éventuels des exercices de prospérité, soit en reportant sur les années d'essor certaines dépenses ajournées pendant les années de déclin. Le budget cyclique resserre ainsi les liens entre l'économie et les finances, il cherche à réaliser l'équilibre, non pas dans les limites trop étroites d'une année, mais dans le cadre plus large d'un cyclique économique tout entier. Pour rendre solidaires les budgets qui se suivent, pour établir une compensation entre l'aisance des budgets de prospérité et les budgets de dépression, deux procédés financiers sont concevables. Si la politique cyclique du budget est amorcée en période de prospérité, l'État pourra accumuler des réserves et les employer à faire face aux déficits de la phase ultérieure de déclin, en particulier à financer les travaux de circonstance. Mais c'est le plus souvent au cours de cette dépression même que se fait sentir l'opportunité d'une gestion « conjoncturelle » des budgets : l'État émettra des emprunts dont le produit sera employé à animer l'économie nationale et dont le remboursement sera pris en charge par les budgets de la reprise. Les deux méthodes, celle des réserves et celle des crédits d'anticipation, pourront être combinées en vue d'adapter le budget aux phases successives du cycle."
>
> H. Laufenburger. Traité d'économie et de législations financières. Budget et Trésor, Paris, Sirey, 1948, p. 222.

2 : Le budget de législature

La législature est la durée du mandat d'une assemblée législative. Les parlementaires sont élus sur la base d'une profession de foi politique et d'un programme. Le budget est la traduction financière d'une politique publique inscrite dans un programme politique. La jonction du budget et du programme

240 F. Henry, "Quelques considérations sur les budgets cycliques", *Revue socialisme*, Bruxelles, mars 1959, p. 203.

241 "Crise : la faute à ...la finance ?" *in Problèmes économiques*, Paris, La Documentation française, n°2963, janvier 2009.

politique donne le budget de législature. Ce budget préparé et voté pour quatre ans, cinq ans ou six ans selon la durée du mandat des parlementaires, serait, après chaque élection générale, le condensé financier de ce que sera la politique générale de l'exécutif pendant les années à venir, budget de législature accepté et assumé par la majorité politique qui soutient le gouvernement au sein du parlement.

Le budget de législature a été conçu dans le cadre d'un régime parlementaire. Il pourrait s'appeler budget de mandature présidentielle dans les pays à régime politique de type présidentiel. La logique d'un tel régime politique veut que le programme politique de référence soit celui du président de la République, programme auquel la majorité politique au parlement apporte son soutien.

Budget de législature ou budget de mandature présidentielle, dans un cas comme dans l'autre, la loi de finances sera un document dont les prévisions et l'autorisation couvrent plusieurs années. Les incertitudes et revirements de conjoncture par rapport aux prévisions seraient corrigés par des lois de finances rectificatives, à périodicité annuelle, en lieu et place des lois de finances de l'année.

> Plaidoyer pour les budgets de législature
> "Actuellement, le budget est annuel et le plan quadriennal. Ils ne coïncident donc pas avec la période qui sépare deux élections. Il faut qu'à la majorité de législature correspondent non seulement un programme - ce qui est bien vague - mais un plan assorti des principales mesures financières : bref, un véritable « budget » dans un sens nouveau du terme. Les choses seraient alors plus claires. Aussitôt après les élections dans le cadre tracé par des directives à long terme, de caractère prospectif, le Parlement serait saisi des options fondamentales préparées par le nouveau Gouvernement à la suite des études entreprises précédemment. La majorité pourrait ainsi se prononcer sur les hypothèses qui permettraient l'élaboration du Plan pour la durée de la législature. Ce plan, et ses principaux moyens financiers et économiques, après approbation du Parlement, seraient le véritable « budget », dont chaque année les « collectifs budgétaires » assureraient la traduction financière, l'adaptation à la conjoncture et à la mise en œuvre administrative."
>
> J.-P. Palewski, *in* journal *Le Monde*, 13 févr. 1963.

SECTION 3
LE PRINCIPE DE L'UNITÉ BUDGÉTAIRE

Aux origines du principe d'unité, il y a la grande dispersion des documents budgétaires et la fragmentation subséquente des autorisations parlementaires. La Constituante française de 1789, muée en Assemblée nationale législative, autorisait chaque dépense en tout domaine sans aucune cohérence d'ensemble. Cette pratique de l'éclatement perdura sur plusieurs siècles et atteignit son apogée en 1951 en France, avec le vote d'une loi sur les recettes et de trente-trois lois sur les dépenses de l'État. Puis, advint l'ordonnance du 2 janvier 1959 qui amorça le retour à l'unité dont héritent les États membres de l'Union économique et monétaire ouest-africaine.

> La pratique des budgets extraordinaires en France
> "On a eu recours assez fréquemment, au cours de l'histoire, aux budgets extraordinaires. Sous l'Empire, un budget extraordinaire assurait le financement des dépenses de guerre et était alimenté par les contributions imposées aux pays vaincus. Sous la Monarchie de juillet et sous le Second Empire, on vit réapparaître des budgets extraordinaires ; ils étaient destinés à assurer le financement des dépenses de travaux publics. Sous la IIIe République de 1872 à 1878, exista un budget extraordinaire pour la liquidation des charges laissées par la guerre de 1870 ; de 1878 à 1890 exista un budget extraordinaire pour les travaux publics ; de 1920 à 1925, il y eut un budget dit « des dépenses recouvrables en exécution des traités de paix » qui devrait financer la reconstruction et être alimenté par l'indemnité de guerre imposée par le traité de Versailles, mais qui ne fut jamais payée. De 1940 à 1944, un budget spécial, puis un compte spécial furent destinés à couvrir les dépenses d'occupation. Après la Libération, on ne revint pas immédiatement à l'unité budgétaire et on distingua plusieurs budgets : le budget ordinaire des services civils, le budget des dépenses civiles d'équipement et de reconstruction, le budget des dépenses militaires."
>
> P.M. Gaudemet et J. Molinier, *Finances publiques*, Paris, Montchrestien, 1989, pp. 301-303

Paragraphe 1 : Fondement du principe

La directive de 1997 était plus explicite lorsqu'elle disposait : "(…) toutes les recettes et toutes les dépenses sont imputées à un *compte unique*" (article 19, directive n° 05/97/CM/UEMOA relative aux lois de finances). Quelques dispositions de la directive relative aux lois de finances ainsi que de la directive portant code de transparence reprennent l'exigence d'unicité et de totalité et donnent son fondement juridique au principe de l'unité budgétaire.[242]

- La loi de finances de l'année prévoit et autorise (…) *l'ensemble* des ressources et des charges de l'État (Article 5, DLF) ;

- Les dépenses de fonctionnement et d'investissement sont réunies dans *un même* budget et la procédure de préparation et d'adoption est *unique* et

[242] On peut aussi mentionner les droits nationaux des Etats : République du Bénin, Loi organique n° 2013-14 du 27 septembre 2013 relative aux lois de finances, art. 7& 34 ; République de Côte d'Ivoire, Loi organique n° 2014-336 du 5 juin 2014 relative aux lois de finances, art. 5-2& 31 ; République du Sénégal, Loi organique n° 2011-15 du 8 juillet 2011 relative aux lois de finances, art. 5-2& 31 ; République du Togo, Loi organique n° 2014-013 du 27 juin 2014 relative aux lois de finances, art. 5-2& 31 ; République du Mali, Loi n° 2013-028 du 11 juillet 2013 relative aux lois de finances, art. 4-2& 31 ; République du Niger, Loi organique n° 2012-09 du 26 mars 2012 relative aux lois de finances, art. 5-2 & 32.

commune à ces deux catégories de dépenses (point 4.3, Code de transparence) ;

- Le produit de *toutes* les sources de recettes, y compris celles liées aux activités de mise en valeur des ressources naturelles et à l'assistance extérieure, apparaît de façon détaillée et justifiée dans la présentation du budget annuel (point 4.8, Code de transparence) ;

- *Toutes* les ressources de fonctionnement des administrations, y compris les ressources spécifiques qu'elles tirent de leur activité propre sont *entièrement* intégrées dans les comptes publics et récapitulées chaque année dans un document transmis au Parlement (point 7.7, Code de transparence).

Paragraphe 2 : Contenu du principe

L'unité budgétaire renvoie à une double idée d'unicité et de totalité. Unicité parce qu'il ne doit y avoir qu'un texte unique de loi. C'est l'aspect formel de l'unité budgétaire. Totalité parce que l'ensemble des comptes doit figurer dans ce document unique. C'est l'aspect matériel de l'unité budgétaire. La circonstance que le projet de loi de finances soit présenté en plusieurs documents, plusieurs fascicules n'est pas une négation du principe de l'unité. L'unité est moins une question de reliure qu'une question d'unité dans la conception de la loi de finances de l'année. Il faut un solde unique.

La loi de finances de l'année doit présenter à la fois un tableau analytique de toutes les recettes et de toutes les dépenses mais aussi un tableau synthétique qui récapitule les ressources et les charges du budget général de l'État, des comptes spéciaux du trésor et des budgets annexes et donne un solde unique de la loi de finances de l'année. On a assisté par le passé, à des pratiques contraires au principe de l'unité. Aussi, la Chambre des comptes de la Cour suprême du Bénin a-t-elle fait observer l'illégalité de la pratique consistant à faire voter par le parlement une double loi sur les finances de l'Etat : la loi de finances de l'année et la loi portant programme d'investissements publics.[243]

Paragraphe 3 : Justification du principe

L'unité budgétaire apporte plus de clarté et de sincérité aux documents budgétaires portant autorisation de recettes et de dépenses. Elle rend possible un meilleur contrôle du parlement.

La clarté découle de ce que, en deux additions (celles de la colonne des ressources et celle de la colonne de charges) et une soustraction (le solde de la

[243] "Cette pratique qui consiste à voter deux budgets est en marge de la loi organique (…) laquelle consacre l'unité budgétaire en article 22" (Cour suprême du Bénin, Chambre des comptes, Rapport sur l'exécution des lois de finances pour l'année 1998, Déclaration générale de conformité, Cotonou, 1999, p.53).

colonne des ressources moins le solde de la colonne des charges), on a le résultat du solde global de la loi de finances. L'équilibre budgétaire peut s'apprécier à ce niveau, si du moins on s'en tient aux seules opérations financières de l'État, sans considérer les comptes des collectivités territoriales locales et des établissements publics.

La sincérité vient du fait que l'exigence d'unicité et l'impératif de totalité éliminent *a priori* les pratiques de dissimulation de comptes, de débudgétisation qui empêchent la loi de finances de l'année de donner une image fidèle de la réalité des finances de l'État.

Le contrôle parlementaire profite de cette clarté et de cette sincérité, parce que les élus nationaux peuvent apprécier des comptes exhaustifs, au moment du vote de la loi de finances de l'année mais aussi lors de l'adoption de la loi de règlement.

Paragraphe 4 : Valeur du principe

Le modèle centralisateur de l'administration a prévalu de longues années en Afrique. La modernisation de l'Etat a rendu possible la création de collectivités territoriales locales qui jouissent de l'autonomie financière au même titre que les organes de la décentralisation technique : les établissements publics. La prolifération des personnes publiques conduit fatalement à une dispersion des finances publiques. L'une des conséquences de cette évolution est que le principe d'unité ne s'applique qu'à l'intérieur de chaque budget public.

Au surplus, la directive relative aux lois de finances, fondement juridique de l'unité budgétaire, ne concerne que les finances de l'État. Les principes qu'elle pose s'appliquent donc à l'État et toute extension à d'autres personnes morales ne peut se présumer de façon irréfragable. Les finances des collectivités territoriales locales font l'objet d'une directive séparée, la Directive n° 01/2011/CM/UEMOA portant régime financier des collectivités territoriales au sein de l'UEMOA. Celle-ci fixe les principes de la gestion et du droit financier au niveau local.

Paragraphe 5 : Les aménagements au principe de l'unité

L'unité budgétaire "ne peut comporter d'exceptions, à moins de cesser d'être l'unité" écrit Maurice Duverger.[244]La sentence ne manque pas de pertinence. Cependant, un certain usage mérite d'être présenté, suivi des commentaires qui en découlent.

---

[244] M. Duverger, *Les finances publiques*, Paris, P.U.F., 1960, coll. Que sais-je ? n° 415 p. 89.

A : Présentations des aménagements usuels au principe de l'unité budgétaire

On continue de présenter, comme exceptions au principe de l'unité, les budgets autonomes, les budgets annexes et les comptes spéciaux du trésor.

1 : Les budgets autonomes

D'une manière générale, ce sont les budgets des organismes publics dotés de la personnalité juridique et de l'autonomie financière. Ces organismes ont une existence et donc une personnalité juridique distincte de celle de l'État. Ils ont ainsi un budget voté par leur organe délibérant et qui est distinct de la loi de finances de l'année. À ce titre, on peut citer :

- *les collectivités territoriales locales* : elles sont la traduction du principe constitutionnel de libre administration au niveau local et se fondent sur une vision de réaliser une "administration du pays par le pays"[245]. Les collectivités territoriales locales sont "dotées de la personnalité juridique et de l'autonomie financière" (article 3, Directive n° 01/2011/cm/UEMOA portant régime financier des collectivités territoriales au sein de l'UEMOA). En vertu de cette autonomie financière, les collectivités territoriales locales "sont dotées d'un budget propre. Le budget de la collectivité territoriale est l'acte par lequel sont prévues et autorisées les recettes et les dépenses annuelles de la collectivité (article 7, Directive n° 01/2011/cm/UEMOA portant régime financier des collectivités territoriales au sein de l'UEMOA). On assiste, dans les pays membres de l'UEMOA, à un développement nouveau de la décentralisation territoriale, complément de la démocratisation politique observée depuis la décennie 1990 ;

- *les établissements publics* : ce sont les organes de la décentralisation technique, de la dissociation de la personne juridique de l'État (ou des collectivités territoriales locales) de certaines activités qui sont confiées à des organismes divers, lesquels bénéficient de la personnalité juridique et de l'autonomie financière. Deux grands types d'établissement public peuvent être cités : d'une part, les établissements publics administratifs, créés par l'État ou les collectivités territoriales locales. Ils ont un budget propre, adopté par leurs conseils d'administration. La gestion budgétaire est soumise aux règles de la comptabilité publique. D'autre part, les établissements publics industriels et commerciaux et les sociétés d'économie mixte à participation majoritaire de l'État ou des collectivités territoriales locales. Ces établissements ont des budgets propres, votés par leurs conseils d'administration et exécutés soit selon les règles de la comptabilité publique, soit selon les normes de la comptabilité privée.

---

[245] M. Hauriou, *Précis de droit administratif et de droit public*, 6e éd., Paris Librairie de la Société du Recueil Sirey et du Journal du Palais, 1907, p. 64.

2 : Les budgets annexes

Ils sont prévus par l'article 34 de la directive relative aux lois de finances. Les budgets annexes décrivent les "opérations financières des services de l'État que la loi n'a pas doté de la personnalité morale et dont l'activité tend essentiellement à produire des biens ou à rendre des services donnant lieu au paiement de prix". L'idée de base est de pouvoir isoler des comptes hors du budget général de l'État et de pouvoir en suivre l'équilibre à travers la mise en balance des opérations de recettes et des opérations de dépenses. Le budget annexe comprend ainsi trois critères :

- *un critère organique* qui est le service public de l'État qui n'est pas doté de la personnalité morale ;

- *un critère fonctionnel* qui est l'activité de production de biens et de services ;

- *un critère financier* qui est le paiement de prix.

Malgré une définition claire de l'article 34 précité, en pratique, certains budgets annexes ne répondent pas toujours aux critères fixés. Il en est ainsi du budget annexe du Fonds National des Retraites du Bénin (FNRB) qui gère le système de retraite des fonctionnaires, sans que ceux-ci soient astreints au paiement d'un prix. Par contre le budget annexe des entrepôts maliens dans les ports de transit (Dakar, Lomé, Cotonou) comprend des recettes versées par les importateurs installés au Mali, c'est-à-dire un prix.

La création, la suppression ainsi que l'affectation de ressources à un budget annexe sont prévues et autorisées dans le cadre du vote de la loi de finances de l'année ou d'une loi de finances rectificative.

Chaque budget annexe constitue un programme rattaché à un ministère.

3 : Les comptes spéciaux du Trésor

La directive relative aux lois de finances n'en donne aucune définition ni aucun critère. À la pratique, on sait cependant, que les comptes spéciaux du Trésor sont des comptes ouverts dans les livres du Trésor public, comptes qui présentent le trait commun (à l'exception des comptes d'affectation spéciale) de décrire des opérations à caractère temporaire, destinées à s'équilibrer et à se solder dans le temps.

L'article 36 de la directive relative aux lois de finances prévoit six catégories de comptes spéciaux du Trésor :

- les comptes d'affectation spéciale	retracent les opérations qui sont financées au moyen de recettes particulières (au titre de la loi de finances gestion 2008, le Burkina Faso a inscrit comme comptes d'affection spéciale, le comte "cantines scolaires du secondaire", le compte "caisse maladie", le compte "opération lotissement entre urbains ruraux" le compte "fonds de soutien à l'enseignement de base." Voir Cour des comptes, Rapport public 2009, Ouagadougou, 2010, p. 57).
- comptes de commerce	retracent les opérations à caractère industriel ou commercial effectuées à titre accessoire par des services publics de l'État.
- les comptes de règlement avec les gouvernements ou autres organismes étrangers	Retracent les opérations faites en application d'accords internationaux approuvés par la loi.
- les comptes de prêts	retracent les prêts, d'une durée supérieure à deux ans mais égale ou inférieure à dix ans, consentis par l'Etat dans la limite des crédits ouverts à cet effet, soit à titre d'opérations nouvelles, soit à titre de consolidation. "compte n° 9675542 intitulé 'prêts aux députés' qui retrace les prêts consentis aux députés pour le financement de leur équipement ; compte n° 9675543 intitulé 'prêt aux membres du Conseil économique et social' qui retrace les prêts consentis aux membres de ladite institution pour le financement de leur équipement" [246]
- les comptes d'avances	retracent les avances que le ministre chargé des finances est autorisé à consentir dans la limite des crédits ouverts à cet effet. Les comptes d'avance inscrits dans la loi de finances gestion 2009 au Burkina Faso sont : "avances aux collectivités locales (...) avances aux fonctionnaires pour le

[246] Cour suprême, Chambre des comptes (Bénin), *Rapport sur l'exécution de la loi de finances pour l'année 2003*, p. 93.

	règlement des droits et taxes de douanes sur véhicules importés" (Cour des comptes, Burkina Faso, Rapport public 2010-2011, p. 54).
- les comptes de garanties et d'aval	retracent les engagements de l'État résultant des garanties financières accordées par lui à une personne physique ou morale, notamment, les garanties octroyées par l'Etat pour les contrats de partenariats publics-privés

B : Observations sur les aménagements au principe de l'unité budgétaire

Il paraît surprenant que les manuels universitaires continuent de présenter les budgets annexes, les budgets autonomes et les comptes spéciaux du Trésor comme des exceptions ou des aménagements au principe de l'unité budgétaire. Ainsi, pour Jean-Claude Martinez et Pierre Di Malta, les budgets autonomes constituent une réelle "altération"[247] du principe de l'unité budgétaire. Sur le plan strictement juridique, l'exception des budgets autonomes n'en est pas une et ne saurait en conséquence être présentée comme une atteinte à l'unité budgétaire. Il s'agit en effet de deux catégories de personnes juridiques, distinctes l'une de l'autre, ayant des organes délibérants et exécutifs différents. L'unité en l'occurrence doit pouvoir se comprendre et s'appliquer de manière distributive : l'État d'une part, les établissements publics et les collectivités territoriales d'autre part. À chacun son budget et son unité budgétaire.

S'agissant des budgets annexes et des comptes spéciaux du trésor, leur existence se justifie par le souci de connaître séparément les recettes et les dépenses afférentes à certains services ou à certaines activités. Les premiers concernent les opérations financières des services de l'État qui n'ont pas la personnalité morale et qui sont, en principe, dans un rapport marchand de prestation contre rémunération. Quant aux seconds, ce sont des comptes ouverts dans les livres du Trésor public. Ni les premiers, ni les seconds ne sont érigés en personne morale de droit public. La directive relative aux lois de finances dispose que "la création d'un budget annexe et sa suppression ainsi que l'affectation d'une recette à celui-ci sont décidées par une loi de finances" (article 34, DLF). Quant aux comptes spéciaux du Trésor, ils "sont ouverts par une loi de finances" (article 36, DLF) et leurs opérations "sont prévues, autorisées et exécutées dans les mêmes conditions que les opérations du budget général" (article 37, DLF). Ce qui explique que le solde global des lois

---

247 Cité par Gilbert Guillaume, "Les Vicissitudes du principe de l'unité budgétaire", *A.J.D.A.*, 1990, p. 500.

de finances intègre les trois soldes que sont : le solde du budget général de l'État, le solde des budgets annexes et le solde des comptes spéciaux du Trésor. Ce qui permet à Michel Bouvier de tirer la conclusion que les budgets autonomes, les comptes spéciaux du Trésor et les budgets annexes n'opèrent qu'un "démembrement apparent"[248] de l'unité budgétaire puisque l'ensemble des comptes sont "regroupés au sein de la même loi de finances."[249] La règle héritée du 18ème siècle français, celle d'un Etat, un budget, est ainsi sauvegardée !

Paragraphe 6 : Vers un infléchissement du principe de l'unité ?

Les critères de convergence de l'Union économique et monétaire ouest-africaine comprennent une exigence d'équilibre de la loi de finances. C'est l'objet du premier des trois critères de premier rang fixés par l'article 07 de l'Acte additionnel n° 01/2015 du 19 janvier 2015, portant Pacte de convergence, de stabilité, de croissance et de solidarité entre les États membres de l'UEMOA.

A : Le périmètre de l'équilibre budgétaire visé par l'Acte additionnel n° 01/2015

Le solde budgétaire global est un solde dégagé par la loi de finances de l'année. Le FMI le classe dans la catégorie des "opérations financières de l'Etat."[250] Il concerne les opérations financières retracées dans la loi de finances. Ne sont donc pas pris en compte dans le calcul de ce solde budgétaire global, les soldes des budgets des collectivités territoriales locales ni ceux des établissements publics, ni les soldes des organismes de sécurité sociale. Il ne s'agit pas ici du solde de l'ensemble des budgets publics, État, collectivités territoriales locales, établissements publics.

B : Du solde budgétaire global au solde des comptes des administrations publiques : regards de droit comparé sur l'Union européenne

Le Traité (modifié) instituant la Communauté européenne impose une discipline économique et budgétaire (article 104). Ce traité est renforcé par le Pacte de stabilité et de croissance. Les pays membres s'engagent sur un objectif de "finances publiques saines" et conviennent d'éviter des "déficits publics excessifs". Les notions de finances publiques, de déficit public, de comptes publics et d'administrations publiques changent la perspective du principe d'unité budgétaire. L'unité, au sens matériel, ne concerne plus

---

[248] M. Bouvier, M.C. Esclassan & J.-P. Lassale, *Finances publiques*, Paris, L.G.D.J., 8ème éd., 2006, p. 249.

[249] *Ibidem.*

[250] Fonds monétaire international, *Rapport No. 16/96*, mars 2016, p. 32.

seulement la totalité des recettes et des dépenses de la personne morale État, mais inclut les opérations financières de toutes les administrations publiques à savoir l'État, les collectivités locales territoriales et les établissements publics (article 126, Traité sur le fonctionnement de l'Union européenne).[251]

Encadré n° 13 : Les recettes extrabudgétaires

c - De la persistance de la pratique de recettes extrabudgétaires

Comme pour les années précédentes, la Juridiction relève l'existence de recettes recouvrées par certaines structures administratives prestataires de services non dotées de personnalité morale et d'autonomie financière et affectées directement par elles à l'exécution de leurs dépenses en dépit des prescriptions de la loi.

En effet, en dehors de l'article 22 de la loi organique citée ci-dessus, la loi prévoit que la rémunération des services rendus par l'État ne peut être établie et perçue que si elle est instituée par décret pris sur le rapport du ministre en charge des Finances et du ministre intéressé. Elle doit être prévue et évaluée en loi de finances de l'année (articles 6 et 7 de la loi organique relative aux lois de finances et article 10 de la Directive n° 6/2009/CM/UEMOA).

De même, comme il est repris dans les lois de finances de l'année à l'article 1er, « *Toutes contributions directes ou indirectes, autres que celles qui sont autorisées par les lois et décrets en vigueur et par la présente loi, à quelque titre ou sous quelque dénomination qu'elles se perçoivent, ne sont pas autorisées, sous peine de poursuite, contre les fonctionnaires et agents qui confectionneraient les rôles et tarifs et ceux qui assureraient le recouvrement, comme concussionnaires, sans préjudice de l'action en répétition pendant trois (03) années, contre tous les receveurs-percepteurs ou individus qui en auraient fait la perception* ».

Relativement à la gestion 2000, la Juridiction avait initié une opération de recensement des recettes extrabudgétaires et fait des recommandations au ministre en charge des Finances pour qu'il soit mis fin à cette pratique.

Depuis ce constat de la Juridiction, la pratique des recettes extra-budgétaires n'a pas cessé.

Au cours de l'instruction du RELF 2012, la Chambre a demandé au ministre en charge des Finances de produire le rapport du comité mis en place par arrêté n° 1185/MEF/DC/SGM/DGTCP/RGF pour recenser et reformer les diverses administrations (ministères et Institutions de l'État) percevant des recettes non prises en compte au niveau du Trésor et d'indiquer les mesures prises pour l'inscription au budget de l'État de l'ensemble des recettes de ces administrations.

Il ressort du rapport produit par le ministère chargé des finances suite à cette requête de la juridiction en 2012 que, 41.225 millions de recettes extra-

---

[251] W. Gilles, *Les transformations du principe de l'unité budgétaire dans le système financier public contemporain,* Paris, Dalloz, 2007.

budgétaires ont été recouvrées de janvier 2006 à mars 2012, soit une moyenne de 6.596 millions par an. Ce montant n'intègre pas les recettes extrabudgétaires recouvrées par certaines administrations qui n'ont fourni aucune information relative auxdites recettes au comité. Il s'agit des administrations suivantes :

- Cour Suprême ;
- Ministère de la Jeunesse, des Sports et Loisirs ;
- Ministère de la Culture, de l'Alphabétisation, de l'Artisanat et du Tourisme ;
- Ministère de l'Économie et des Finances.

Quant aux mesures prises pour l'inscription au budget de l'État de l'ensemble des recettes de ces administrations, le ministre chargé des finances a indiqué dans sa réponse au questionnaire d'instruction de la juridiction que : « *la loi de finances 2014 a anticipé sur la budgétisation desdites recettes en arrêtant les objectifs annuels de recettes assignés à la Direction générale du Trésor et de la Comptabilité publique (DGTCP) à 56.700 millions de FCFA contre 50.100 millions de FCFA en 2013. Une communication a été introduite en Conseil des ministres à cet effet, accompagnée d'un projet de décret dont l'approbation par le Conseil des ministres conditionne la mise en œuvre de cette réforme et l'effectivité du recouvrement de ces recettes qui grèvent déjà les réalisations de la gestion 2014.* »

Extrait : Cour suprême du Bénin, Chambre des comptes, *Rapport sur l'exécution des lois de finances*, Cotonou, 2014, pp. 78-79.

SECTION 4
LE PRINCIPE DE L'UNIVERSALITÉ BUDGÉTAIRE

L'universalité budgétaire prolonge le principe de l'unité budgétaire en conférant à l'exigence d'exhaustivité, une dimension analytique. Pas de contraction entre recettes et dépenses. La non-affectation des recettes s'y ajoute.

Paragraphe 1 : Fondement du principe

Les principaux textes de référence servant de base juridique à l'universalité budgétaire sont[252] :

[252] Il faut aussi mentionner les droits nationaux des Etats : République du Bénin, Loi organique n° 2013-14 du 27 septembre 2013 relative aux lois de finances, art. 35 ; République de Côte d'Ivoire, Loi organique n° 2014-336 du 5 juin 2014 relative aux lois de finances, art. 31 ; République du Mali, Loi n° 2013-028 du 11 juillet 2013 relative aux lois de finances, art. 31 ; République du Niger, Loi organique n° 2012-09 du 26 mars 2012 relative aux lois de finances, art. 32 ; République du Sénégal, Loi organique n° 2011-15 du 8 juillet 2011 relative aux lois de finances, art. 32 ; République du Togo, Loi organique n° 2014-013 du 27 juin 2014 relative aux lois de finances, art. 31.

- "Il est fait recette du montant *intégral* des produits, *sans contraction* entre les recettes et les dépenses. L'*ensemble* des recettes assurant l'exécution de l'*ensemble* des dépenses, *toutes* les dépenses et *toutes* les recettes sont imputées au budget général" (article 32, DLF).

- "Il est fait recette au budget de l'État du *montant intégral* de tous les produits, quelle qu'en soit la provenance, et *sans contraction* entre les recettes et les dépenses" (article 37, DRGCP).

- "Les budgets et comptes publics, dans un souci d'exhaustivité, couvrent *l'ensemble* des opérations budgétaires et extrabudgétaires de l'administration publique. Aucune recette ne peut être affectée à une dépense prédéterminée, sauf, par exception, lorsqu'un lien économique réel existe entre une recette donnée et la dépense qu'elle finance" (Point 4.2, Directive portant Code de transparence).

- "Les données financières sont présentées sur une *base brute*, en distinguant les recettes, les dépenses et le financement de la trésorerie. Les dépenses de fonctionnement et d'investissement sont réunies dans un même budget et la procédure de préparation et d'adoption est unique et commune à ces deux catégories de dépenses" (Point 4.3, Directive portant code de transparence).

Paragraphe 2 : Contenu du principe

De la rédaction de l'article 32 de la directive relative aux lois de finances, il découle une règle de non-compensation entre les recettes et les dépenses (produit brut) d'une part, et d'autre part une règle de non-affectation des recettes.

A : La règle de la non-compensation

Toute administration doit tenir ses comptes en distinguant nettement d'un côté les recettes dans leur intégralité et de l'autre, les dépenses tout aussi intégrales. Compenser les dépenses par les recettes pour ne laisser subsister qu'un solde à inscrire dans la loi de finances (produit net) est contraire à la règle de la non-compensation. La règle de la non-compensation (produit brut) pose une exigence d'exhaustivité analytique.

B : La règle de la non-affectation

Les recettes du budget sont fongibles. Elles constituent une masse compacte et indifférenciée qui doit servir à financer les dépenses de façon tout aussi indifférenciée, sans relier une recette particulière à une dépense particulière.

Paragraphe 3 : Justification du principe

Plusieurs justifications peuvent être avancées :

- *pour la règle de non-compensation* : la présentation en chiffres bruts des comptes des administrations publiques facilite le travail des organismes de contrôle des finances publiques (Inspection des finances, juridiction financière) et l'information des parlementaires ;

- *pour la règle de la non-affectation* : l'affectation systématique des recettes précises à des dépenses non moins précises pourrait créer une distorsion dans le rendement des impôts et taxes. Les contribuables paieraient plus volontiers les contributions reliées aux dépenses les plus populaires ou celles qui les concernent directement. Ceci créerait une hiérarchie entre les impôts et taxes, hiérarchie liée à l'affectation du produit de ces contributions à des dépenses populaires ou non. Un parent d'élève sera plus porté à payer ses impôts affectés à la construction des salles de classe qu'à s'acquitter d'une dette fiscale qui servira à financer une guerre lointaine qu'il désapprouverait. La règle de la non-compensation constitue une solution en amont à ce type de distorsion. Par ailleurs, par nécessité technique, l'affectation a pour conséquence que lorsque les ressources affectées sont supérieures au montant des dépenses, il y aurait gaspillage. À l'inverse, si les ressources affectées sont inférieures au montant des dépenses, l'État devrait aller chercher des recettes additionnelles pour compenser.

Paragraphe 4 : Valeur du principe

Le périmètre d'application de la règle de la non-compensation (produit brut) est la loi de finances. La présentation des comptes en intégralité des recettes et des dépenses concerne le budget général de l'État, les budgets annexes et les comptes spéciaux du Trésor.

En revanche, la règle de la non-affectation des recettes ne s'applique véritablement qu'au budget général de l'État. Les budgets annexes et les comptes spéciaux du Trésor sont alimentés par des recettes affectées dans la loi de finances ou autorisées par elle. Il en est ainsi des budgets annexes qui retracent par définition les comptes de production de biens ou de services et les prix payés (article 34, DLF). La catégorie des budgets annexes et des comptes spéciaux du Trésor constitue ainsi et par nature des mécanismes financiers d'affectation de recettes à des dépenses.

Paragraphe 5 : Les aménagements au principe de l'universalité

Ils concernent aussi bien la règle de la non-affectation que la règle de la non-compensation.

A : Les aménagements à la règle de la non-affectation

On distingue successivement les affectations au sein du budget général de l'État et les affectations hors du budget général de l'État.

1 : Les affectations au sein du budget général de l'État

"Des procédures particulières peuvent permettre d'assurer une affectation au sein du budget général. Ces procédures sont la procédure du fonds de concours et la procédure de rétablissement de crédits" (article 33, DLF).

a : Les fonds de concours

Ce sont soit des "contributions volontaires versées par des personnes morales ou physiques, et notamment par les bailleurs de fonds, pour concourir avec ceux de l'État à des dépenses d'intérêt public", soit des "des legs et des donations attribués à l'État" (article 33, DLF).

La directive relative aux lois de finances distingue la "partie versante" et le "donateur" comme les deux catégories de contributeurs volontaires. Ce qui signifie que les prêts autant que les dons sont concernés par la procédure dite des fonds de concours, dès lors que ces prêts et ces dons donnent lieu à "un crédit supplémentaire de même montant (...) ouvert sur le programme concerné par arrêté du ministre chargé des finances" (article 33, DLF).[253]

b : Les rétablissements de crédit

Ils sont constitués :

- *soit* par "les recettes provenant de la restitution au Trésor public de sommes payées indûment ou à titre provisoire sur crédits budgétaires" (article 33, DLF). On peut citer dans cette rubrique le montant des bourses d'études versées à des étudiants qui n'en remplissent pas les conditions et qui doivent les reverser au Trésor public. Le montant du reversement servira aussi, comme le paiement initial, à alimenter les crédits du ministère en charge de l'enseignement supérieur pour financer le programme budgétaire dans lequel est inscrite la bourse d'études des étudiants ;

- *soit* par "les recettes provenant de cessions ayant donné lieu à un paiement sur crédits budgétaires" (article 33, DLF). La représentation diplomatique à Bonn vend l'immeuble abritant l'ambassade pour en acheter un autre à Berlin, par suite du changement de capitale dans le pays. Les

---

[253] Voir aussi les textes nationaux des Etats : République du Bénin, Loi organique n° 2013-14 du 27 septembre 2013 relative aux lois de finances, art. 36 ; République du Burkina-Faso, Loi n° 006-2003/AN du 24 janvier 2003 relative aux lois de finances, art. 27 ; République de Côte d'Ivoire, Loi organique n° 2014-336 du 5 juin 2014 relative aux lois de finances, art. 32 ; République du Mali, Loi n° 2013-028 du 11 juillet 2013 relative aux lois de finances, art. 32 ; République du Niger, Loi organique n° 2012-09 du 26 mars 2012 relative aux lois de finances, art. 33 ; République du Sénégal, Loi organique n° 2011-15 du 8 juillet 2011 relative aux lois de finances, art. 33 et République du Togo, Loi organique n° 2014-013 du 27 juin 2014 relative aux lois de finances, art. 32.

recettes tirées de la vente serviront à abonder les crédits inscrits au programme qui prend en compte les immobilisations des représentations diplomatiques.

L'affectation des crédits étant faite par programme et non plus par chapitre, le rétablissement de crédit se fera aussi par programme budgétaire. La directive relative aux lois de finances ne précise pas le délai dans lequel le rétablissement doit se faire. Dans un système de comptabilité en droits constatés, le moment du rétablissement devrait importer moins.

Encadré n° 14 : Les fonds de concours

Des fonds de concours

"Les fonds de concours sont les fonds versés par les personnes morales ou physiques pour concourir avec ceux de l'État à des dépenses d'intérêt public ainsi que les produits de legs et donations attribués à l'État ou aux administrations publiques.

L'emploi des fonds doit être conforme à l'intention de la partie versante ou du donateur et n'intervenir qu'après ouverture, par arrêté du ministre en charge des Finances, d'un crédit supplémentaire équivalant au montant du fonds de concours (…).

Inscrits "pour mémoire" dans les chapitres budgétaires lors du vote de la loi de finances, les montants correspondant aux fonds de concours sont pris en compte en recettes lors du versement et un arrêté du ministre en charge des Finances est pris pour ouvrir des montants de crédits correspondants sur les chapitres concernés. En principe, le rattachement budgétaire des fonds de concours doit intervenir dans l'année.

Il a été produit en annexe au compte administratif, dix-sept arrêtés relatifs à l'ouverture de fonds de concours, dont deux rectificatifs. Le montant de ces fonds de concours s'élève à 64.231 millions de francs. Ce montant correspond à celui inscrit dans le PLR 2013.

La Cour relève que sur dix-sept arrêtés de fonds de concours, huit sont relatifs aux dons et neuf concernent les emprunts.

Comme pour les gestions antérieures, la Cour s'interroge à nouveau sur l'inscription des emprunts dans les fonds de concours en contradiction avec la définition qu'en donne la loi organique relative aux lois de finances en ses articles 26 et 57 rappelés supra."

Des rétablissements de crédits

"Contrairement aux fonds de concours qui sont directement portés en recettes budgétaires et donnent lieu à due concurrence à l'ouverture de crédits au profit du Ministère intéressé, les rétablissements de crédits s'analysent comme l'annulation de dépenses déjà effectuées pour le rétablissement d'autorisations consommées.

La Chambre a relevé, au niveau du bordereau de synthèse des recettes, le recouvrement par le Trésor d'un montant de 361 millions au titre du reversement au budget national des salaires indûment perçus. Ces recettes auraient dû donner lieu à rétablissements de crédits (...) notamment par la prise des arrêtés prévus à cet effet.

Dans son rapport sur l'exécution de la loi de finances 2001, la Chambre avait invité le ministre chargé des finances à prendre les actes prescrits par la loi organique et à mettre en place une procédure comptable tant pour les fonds de concours que pour les rétablissements de crédits."

Extrait : Chambre des comptes, Cour suprême (Bénin), *Rapport sur l'exécution de la loi de finances pour l'année 2003*, p. 126.

2 : Les affectations hors du budget général de l'État

D'une manière générale, les comptes hors budget sont des mécanismes financiers d'affectation de recettes à des dépenses. Ainsi, et par nature, les recettes de ces catégories de compte sont affectées, qu'il s'agisse des comptes spéciaux du Trésor ou des budgets annexes. C'est en ce sens que l'ancienne directive n° 05/97/CM/UEMOA relative aux lois de finances disposait en son article 19 al. 2que "certaines recettes peuvent être directement affectées à certaines dépenses. Ces affectations spéciales prennent la forme de budgets annexes, de comptes spéciaux du Trésor (...)".

a °) : Les budgets annexes

Au fondement du budget annexe, il y a l'intention de rendre lisibles, au sein des comptes des administrations publiques, des opérations financières retraçant d'une part, la production de bien ou de service et d'autre part, le paiement d'un prix compensateur du bien ou du service (article 34, DLF). Le lien direct entre le bien ou le service et le prix payé fait partie de la définition du budget annexe et se trouve en contradiction avec le principe de la non-affectation des recettes. En l'occurrence, le prix payé est affecté à la rémunération du bien ou du service.

b °) : Les comptes d'affectation spéciale

Dans leur globalité, les comptes spéciaux du Trésor retracent des opérations sur recettes affectées à des dépenses. Le principe ici est celui de l'affectation de recettes à des dépenses. Ce lien devient plus évident s'agissant des comptes d'affectation spéciale qui sont des comptes spéciaux du Trésor. Il s'agit ici d'une affectation de recettes particulières à des dépenses particulières.

Au Sénégal, la contribution spéciale sur les produits des mines et carrières (CSMC) dégage des ressources affectées à la couverture des charges publiques rendues nécessaires par la réhabilitation et la sauvegarde de l'environnement dans le cadre global d'une bonne politique de remise en état des sites d'exploitation des mines et carrières indispensable à la préservation de l'environnement et à la régénération des ressources.

c °) : Les taxes parafiscales

Elles sont perçues "dans un intérêt économique ou social au profit d'une personne morale de droit public ou privé autre que l'État, les collectivités locales et leurs établissements publics administratifs." Elles "sont établies par décret pris sur rapport du ministre chargé des finances et du ministre intéressé" (article 9, DLF). Les taxes parafiscales sont établies par décret mais leur reconduction d'année en année est autorisée par la loi de finances de l'année.

Les taxes parafiscales ont tendance à proliférer dans les États membres en raison de la multiplication des agences et des fonds (agence de l'environnement, fonds de la jeunesse par exemple). Ces agences et ces fonds sont financés par une combinaison de ressources propres, de recettes affectées et de transfert du budget de l'État. La part des ressources propres correspond aux taxes parafiscales. Le décret n° 86-28 du 21 avril 1986 a créé une taxe spéciale pour la promotion touristique (TSPT) dont les recettes sont versées au Fonds de promotion et de développement touristique du Togo.

d °) : Le Prélèvement communautaire de Solidarité (UEMOA) et le Prélèvement communautaire (CEDEAO)

Le Prélèvement communautaire de Solidarité (PCS/UEMOA) et le Prélèvement communautaire de la Communauté Economique des États de l'Afrique de l'Ouest (PCC, CEDEAO) sont des recettes opérées par les services douaniers de l'État. Selon la juridiction financière du Bénin, "ces prélèvements ne sont pas des recettes budgétaires."[254] Elles ne doivent pas être inscrites dans la loi de finances soumise au vote des parlementaires. Les produits tirés de la liquidation du Prélèvement communautaire de Solidarité et du PCC/CEDEAO vont directement aux instances communautaires et les chèques sont libellés au nom des organes communautaires.

e °) : Les prélèvements faits au profit des collectivités territoriales locales

Selon les termes de la directive portant Code de transparence "les règles relatives à l'assiette, au taux et au recouvrement des impositions de toute nature sont définies par la loi" (point 1.1). Dans le même sens, la directive relative aux lois de finances dispose en son article 3 al. 2 que "les dispositions relatives à l'assiette, au taux et aux modalités de recouvrement des impositions de toute nature, qu'elles soient perçues par l'Etat ou affectées à d'autres organismes publics, sont du domaine de la loi". La loi de finances de l'année "autorise la perception des impôts affectés aux collectivités locales et aux établissements publics" (article 45, DLF).

---

[254] Cour suprême, Chambre des comptes (Bénin), *Rapport sur l'exécution de la loi de finances pour l'année 2003*, Cotonou, p. 40.

Ainsi, l'Etat autorise et assure la perception d'impôts et taxes dont celles qui sont catégorisées "impôts locaux", impositions de toute nature perçues au profit des collectivités territoriales locales. Ce sont des recettes affectées par détermination de la loi. Elles sont affectées aux dépenses des budgets des collectivités territoriales locales.

B : Les aménagements à la règle de la non-compensation : les marchés de transformation et de conversion

Le bon sens primaire a quelquefois raison de la légalité budgétaire. Il n'est pas rare d'assister à des scènes de débrouille où le directeur des forêts prélève sur la ressource ligneuse sous sa protection pour faire face aux besoins en bois de l'entreprise qui construit la charpente des nouveaux locaux de son administration. Il n'est pas inusité non plus de voir les services de police prélever sur le stock des bidons d'essence saisis (essence de contrebande dans le sud du Niger et tout le long de la frontière entre le Nigéria et le Bénin) pour approvisionner leurs véhicules de service. Ou enfin, les produits issus du jardin potager du lycée agricole, (espace de travaux dirigés et de travaux pratiques), qui contribuent aussi à approvisionner gracieusement la cuisine de la cantine scolaire des lycéens. Ces usages relèvent de ce qu'on pourrait appeler des *tolérances budgétaires* qui peuvent se rattacher, dans une certaine mesure, au décret français du 28 février 1940.

Encadré n° 15 : L'universalité budgétaire

> *3- De l'universalité budgétaire*
>
> Selon ce principe, l'ensemble des recettes budgétaires doit couvrir l'ensemble des dépenses budgétaires ; les recettes et les dépenses étant inscrites au budget sans contraction, ni compensation entre elles.
>
> La non-compensation signifie qu'il est interdit de présenter les prévisions de dépenses en ayant au préalable déduit le montant des recettes escomptées. Les services administratifs ne peuvent pas se procurer par eux-mêmes des ressources en dehors des crédits qui leur sont alloués. Tout produit d'une recette doit être reversé au budget général sans pouvoir être utilisé par le service.
>
> De même, en vertu de la règle de la non-affectation, il est interdit l'utilisation d'une recette déterminée pour le financement d'une dépense déterminée. Toutes les dépenses d'un budget doivent être couvertes par la masse commune des recettes.
>
> Ce principe est consacré par l'article 22 de la loi organique relative aux lois de finances : « *Il est fait recette du montant intégral des produits, sans contraction entre les recettes et les dépenses. L'ensemble des recettes assurant l'exécution de l'ensemble des dépenses, toutes les recettes et toutes les dépenses sont imputées à un compte unique intitulé budget général.* »

Dérogent au principe de l'universalité budgétaire, les procédures relatives aux budgets annexes, aux comptes spéciaux du Trésor, aux fonds de concours et aux rétablissements de crédits.

a- De l'ambiguïté de la nature du Budget annexe

Selon l'article 23 de la loi organique relative aux lois de finances, peuvent faire l'objet de budgets annexes au Budget de l'État, « *les opérations financières des services de l'État qui n'ont pas la personnalité morale et dont l'activité tend essentiellement à produire des biens ou à rendre des services donnant lieu au paiement de prix, de cotisations ou de toute autre contrepartie…* ».

Le Fonds National des Retraites du Bénin a été créé par ordonnance n° 63/PR du 29 décembre 1966 pour concéder, liquider et servir des pensions aux Agents Permanents de l'État civils et militaires qui ont fait valoir leur droit à la retraite.

Dans sa réponse au questionnaire d'instruction du RELF 2010 relativement au FNRB, le Ministre en charge des Finances, avait écrit que « le FNRB est un organisme autonome qui est sous la tutelle du Ministère de l'Économie et des Finances. Son budget en recettes comme en dépenses est intégré dans le Budget général qui intègre tous les comptes de l'Etat, raison pour laquelle le budget du FNRB, dit budget annexe, fait partie intégrante du Budget général de l'Etat. »

Pour la Chambre, un budget annexe ne saurait être partie intégrante du budget général de l'État.

En réalité, ainsi que le précise l'article 19 de la loi organique n° 86-021 du 26 septembre 1986 relative aux lois de finances, « *les ressources et les charges de l'État font l'objet d'une affectation comptable au budget général ou, par dérogation établie par une loi de finances, à un budget annexe ou à un compte spécial du Trésor* ».

Sur un autre plan, le mode d'apurement du déficit du FNRB avait fait à maintes reprises l'objet de critiques de la part de la Juridiction.

En 2013, les réalisations de recettes et de dépenses du FNRB s'élèvent respectivement à 24.534 millions et 51.965 millions ; ce qui dégage un déficit de -27.431 millions. Le FNRB enregistre des déficits d'année en année (…)

Tout comme pour les années précédentes, l'apurement de ce déficit a été réalisé par inscription d'office d'une subvention sur le budget de l'État en marge des dispositions légales (…).

Extrait : Cour suprême du Bénin, Chambre des comptes, *Rapport sur l'exécution des lois de finances, 2013*, Cotonou, 2014, pp. 77-78.

SECTION 5
LE PRINCIPE DE SPÉCIALITÉ (OU DE SPÉCIALISATION) DES CRÉDITS

La spécialité des crédits (ou spécialisation des crédits) se présente comme le contraire de la règle de non-affectation des recettes. Autant des recettes particulières ne devraient pas avoir un emploi particulier, autant les crédits budgétaires doivent avoir une destination (ministère ou institution) et un objet (programme) sur lesquels porte l'autorisation budgétaire.[255] Le principe de spécialisation des crédits s'oppose au principe de l'abonnement qui veut que la loi de finances soit adoptée globalement par le parlement, sur le solde des recettes et des dépenses, laissant ainsi à l'exécutif le soin de déterminer la destination et l'objet de l'enveloppe budgétaire.

Paragraphe 1 : Fondement du principe

Les références servant de base légale à la spécialité des crédits sont tirées de la directive relative aux lois de finances : [256]

- "Les lois de finances *répartissent* les crédits budgétaires qu'elles ouvrent entre les différents ministères et institutions constitutionnelles. À l'intérieur des ministères, ces crédits sont *décomposés en programmes*, sous réserve des dispositions de l'article 14 de la présente Directive" (article 12, DLF) ;

- "Les crédits sont *spécialisés* par programme" (article 12, *in fine* DLF) ;

- "Les crédits budgétaires non répartis en programmes sont répartis en dotations" (Article 14, DLF).

---

[255] La directive relative aux lois de finances ne prévoit pas de mission budgétaire. Seules les législations du Bénin et de la Côte d'Ivoire ont prévu des missions budgétaires qui ne sont pas des unités de spécialisation des crédits mais des manières de relier les programmes budgétaires à des politiques publiques définies par des missions et de favoriser l'interministérialité. Ainsi une mission "comprend un ensemble de programmes concourant à une politique publique." (République de Côte d'Ivoire, loi organique n° 2014-336 du 5 juin 2014 relative aux lois de finances, art. 15-5 ; voir rédaction similaire République du Bénin, Loi organique n° 2013-14 du 27 septembre 2013 relative aux lois de finances, art. 14-4).

[256] Il faut aussi mentionner les textes nationaux des Etats : République du Bénin, Loi organique n° 2013-14 du 27 septembre 2013 relative aux lois de finances, art. 14 *in fine* ; République de Côte d'Ivoire, Loi organique n° 2014-336 du 5 juin 2014 relative aux lois de finances, art. 15-3 ; République du Mali, Loi n° 2013-028 du 11 juillet 2013 relative aux lois de finances, art. 11 *in fine* ; République du Niger, Loi organique n° 2012-09 du 26 mars 2012 relative aux lois de finances, art. 12 ; République du Sénégal, Loi organique n° 2011-15 du 8 juillet 2011 relative aux lois de finances, art. 12 *in fine* ; République du Togo, Loi organique n° 2014-013 du 27 juin 2014 relative aux lois de finances, art. 12 *in fine*.

Paragraphe 2 : Contenu du principe de la spécialité des crédits

La loi de finances est un acte d'autorisation et cette autorisation parlementaire n'est pas un blanc-seing accordé au gouvernement pour disposer à sa guise des crédits votés par la représentation nationale. L'autorisation parlementaire oblige et cette obligation juridique porte sur l'affectation des crédits budgétaires votés.

Le principe de la spécialité des crédits pose une double exigence de présentation et d'exécution de la loi de finances :

- *exigence de présentation* : le budget est un état analytique qui présente les dépenses selon une nomenclature consacrée. La directive n° 08/2009/CM/UEMOA portant nomenclature budgétaire de l'État prévoit que les dépenses de l'État sont présentées selon les classifications administratives (services ou groupe de services), par programme (programme budgétaire à l'intérieur des ministères), fonctionnelle (services généraux, affaires économiques, santé éducation, etc.) et économique (rémunération, intérêts, dons, prestations sociales, etc.) **;**

- *exigence d'exécution :* les crédits votés par le parlement sont spécialisés par programme et par dotation. Seul ce vote par programme et par dotation a une valeur juridique opposable, sous le contrôle du corps des contrôleurs financiers. À l'intérieur des programmes, le gouvernement est libre de faire les ajustements à sa guise, dans le respect de la règle de fongibilité asymétrique des crédits budgétaires. À l'inverse, la spécialisation des crédits interdit des mouvements de crédit d'un programme vers un autre programme, d'une dotation vers une autre dotation, sauf pour les dérogations et les aménagements que la loi elle-même prévoit.

Il convient de mentionner que la spécialisation des crédits par programme ("les crédits sont spécialisés par programme", article 12, *in fine* DLF) constitue une avancée vers plus de globalisation des crédits budgétaires. La spécialisation et le vote des crédits par chapitre de la directive n° 05-97/CM/UEMOA (1997) offrait un niveau de détail plus poussé de l'affectation des crédits budgétaires. La logique de performance des budgets introduite par le nouveau cadre harmonisé des finances publiques de 2009 a pour conséquence la réduction drastique du nombre de niveaux d'affectation et de vote des crédits. Il y a moins de programmes que de chapitres dans la loi de finances. C'est la manifestation du phénomène de globalisation des crédits qui offre plus de latitude de gestion aux ministères dépensiers. La doctrine nouvelle peut se résumer ainsi : moins de carcans tatillons et plus de responsabilité.

Si l'on prend l'exemple du Bénin, le décret n° 794 du 31 décembre 2014 portant nomenclature budgétaire de l'État estime à 84[257] les programmes budgétaires en cours d'exécution ou de conception dans les ministères et les dotations à 11.[258] S'agissant de la loi de finances pour la gestion 2016, le nombre de chapitres est de 2.266. Par extrapolation, on peut dire que si la loi de finances pour la gestion 2016 était élaborée selon l'approche programme et que le parlement l'avait examinée en mode LOLF 2013, il aurait eu à discuter et approuver 95 programmes et dotations (84 programmes et 11 dotations) en lieu et place des 2.266 chapitres examinés dans le système de transition en vigueur en 2016.[259]

Paragraphe 3 : Justification du principe de la spécialité des crédits

Plusieurs justifications sont données du principe de spécialité des crédits. On peut mentionner :

- *sur le plan politique* : la qualité de l'autorisation donnée par les parlementaires. Plus les crédits sont détaillés dans leur affectation, plus le parlement a de l'importance et plus le mot démocratie a un sens. *A contrario*, la non-spécialisation des crédits ou une faible spécialisation des crédits est le propre des régimes autoritaires, dans lesquels le gouvernement concentre des pouvoirs très importants face à un parlement politiquement faible ;

- *sur le plan des contrôles* : les contrôles politique (parlement), juridictionnel (Cour des comptes) et même administratif (contrôle financier, inspection générale des finances, etc.) s'exercent mieux sur des comptes détaillés. Le rapprochement entre les crédits affectés à un programme, les projets de performance et les rapports de performance permet d'apprécier la qualité de la gestion financière publique ;

- *sur le plan technique* : les prévisions de dépenses ne sont fiables que si elles se rapportent à des emplois identifiés. Donner un chiffre prévisionnel de la globalité des dépenses (sans spécialisation) de l'État pour une année relève de la fantaisie. Par contre, dire combien coûteront isolément la masse des bourses d'études des étudiants, l'équipement des hôpitaux publics ou la construction de deux aéroports internationaux constitue un exercice dont la faisabilité technique paraît plus évidente. L'addition des coûts prévisionnels

---

257 *Cf.* liste des programmes, annexe II-1-2, pages 24, 25, 26 et 27 du décret n°794 du 32 décembre 2014 portant nomenclature budgétaire de l'Etat.

258 *Cf.* liste des dotations, annexe II-1-3, page 28 du décret n°794 du 32 décembre 2014 portant nomenclature budgétaire de l'Etat.

259 En guise de comparaison, la réforme de 2001 en France a fondu les 848 chapitres budgétaires issus de la mise en œuvre de l'ordonnance du 2 janvier 1959 en une maquette rénovée et structurée en 141 programmes budgétaires, soit une diminution de plus de 600% (Assemblée nationale française, *Rapport d'information sur la mise en œuvre de la LOLF*, avril 2004, n°15554, p. 14.).

pris isolément donne le montant total des dépenses à inscrire dans le projet de loi de finances.

Plaidoyer d'un parlementaire pour la spécialité des crédits

"Nous voulons une spécialité légale, d'une exécution raisonnable et possible. Sans elle, vous n'établirez jamais d'ordre dans vos finances ; sans elle, vous ne connaîtrez jamais l'emploi des derniers publics ; sans elle, des dépenses que vous aurez créées, Messieurs, et que vous aurez unanimement votées ne seront pas faites, et d'autres que vous aurez crues inutiles, que vous aurez rejetées seront continuées. Sans la spécialité, Messieurs, vous aurez voté des fonds pour des curés et des succursalistes et vous aurez des évêques ; sans elle, quand vous aurez voté des fonds pour des employés, on augmentera les traitements des chefs et des directeurs généraux ; quand vous aurez voté, enfin, le nécessaire, on l'emploiera pour le superflu".

Benjamin constant
Intervention à la chambre des députés (France), 30 juin 1920.

Paragraphe 4 : Valeur du principe de la spécialité des crédits

Sur un plan strictement juridique, le principe de la spécialité des crédits connaît des limites non négligeables en raison de :

- l'importance du pouvoir réglementaire de modification des affectations initiales contenues dans la loi de finances : virement et transfert, décret d'avance, etc. ;

- l'importance des crédits non spécialisés dont la répartition est faite par voie règlementaire : fonds spéciaux, charges communes non réparties ;

- la fongibilité des crédits des dotations : dotation des pouvoirs publics constitutionnels (parlement, hautes juridictions, etc.), crédits globaux.[260]

Paragraphe 5 : Les aménagements au principe de la spécialité des crédits

La spécialité des crédits est assortie de deux types d'aménagement. Les uns bouleversent les affectations initiales faites par la loi de finances de l'année, les autres sont des crédits non spécialisés.

A : Les modifications de la répartition initiale des crédits

Les modifications de la répartition initiale des crédits budgétaires peuvent être opérées par la technique des virements et transferts de crédit : "des

[260] La répartition des crédits globaux se fait par décret : Bénin, Loi organique n° 2013-14 du 27 septembre 2013 relative aux lois de finances, art. 25 ; Côte d'Ivoire, Loi organique n° 2014-336 du 5 juin 2014 relative aux lois de finances, art. 24 ; Mali, Loi n° 2013-028 du 11 juillet 2013 relative aux lois de finances, art. 21 ; Sénégal, Loi organique n° 2011-15 du 8 juillet 2011 relative aux lois de finances, art. 22 ; Togo, Loi organique n° 2014-013 du 27 juin 2014 relative aux lois de finances, art. 22.

transferts et des virements de crédits peuvent, en cours d'exercice, modifier la répartition des crédits budgétaires entre programmes" (article 21, DLF).[261]

Les virements et transferts de crédits sont une modalité d'exercice de la fonction de régulation budgétaire assurée par le ministre en charge des finances, conformément à l'article 67 de la directive relative aux lois de finances. Les allocations de crédits contenues dans la loi de finances de l'année ne sont pas intangibles. Elles peuvent être adaptées aux circonstances de l'exécution budgétaire, à l'initiative des membres du gouvernement.

Cependant, le montant annuel cumulé des virements et transferts affectant un programme ne peut dépasser dix pour cent (10 %) des crédits votés de ce programme. Dans le même sens de l'encadrement du recours aux virements et transferts de crédit, à l'exception de crédits globaux pour des dépenses accidentelles et imprévisibles, aucun transfert ni virement ne peut être opéré d'une dotation vers un programme (article 21, DLF).

1 : Les virements de crédit

Les virements de crédits modifient la répartition des crédits budgétaires entre programmes d'un même ministère. S'ils ne changent pas la nature de la dépense selon la catégorisation fixée par la directive relative aux lois de finances (crédits de personnel, crédits de biens et services, crédits d'investissement, crédits de transferts, article 12, DLF), ils sont pris par arrêté interministériel du ministre intéressé et du ministre chargé des finances.

Dans le cas contraire, ils sont autorisés par décret sur rapport conjoint du ministre chargé des finances et du ministre concerné.

2 : Les transferts de crédits

Les transferts de crédits modifient la répartition des crédits budgétaires entre programmes de ministères distincts. Ils sont autorisés par décret pris en Conseil des ministres sur rapport conjoint du ministre chargé des finances et des ministres concernés.

[261] Les transferts de crédit sont autorisés par décret (République du Bénin, Loi organique n° 2013-14 du 27 septembre 2013 relative aux lois de finances, art. 24 ; République du Burkina-Faso, Loi n° 006-2003/AN du 24 janvier 2003 relative aux lois de finances, art. 19 ; République de Côte d'Ivoire, Loi organique n° 2014-336 du 5 juin 2014 relative aux lois de finances, art. 22 ; République du Sénégal, Loi organique n° 2011-15 du 8 juillet 2011 relative aux lois de finances, art. 21 et République du Togo, Loi organique n° 2014-013 du 27 juin 2014 relative aux lois de finances, art. 21.). Les virements de crédit interviennent soit par arrêté du ministre chargé des finances, soit par décret lorsqu'il s'agit de virement modifiant la nature de la dépense en cause (République du Bénin, Loi organique n° 2013-14 du 27 septembre 2013 relative aux lois de finances, art. 24 ; République de Côte d'Ivoire, Loi organique n° 2014-336 du 5 juin 2014 relative aux lois de finances, art. 22 ; République du Mali, Loi n° 2013-028 du 11 juillet 2013 relative aux lois de finances, art. 20 et République du Niger, Loi organique n° 2012-09 du 26 mars 2012 relative aux lois de finances, art. 22 et République du Togo, Loi organique n° 2014-013 du 27 juin 2014 relative aux lois de finances, art. 21.).

B : Les crédits budgétaires non spécialisés

La spécialisation intégrale des crédits dans la loi de finances de l'année est parfois difficile sinon impossible. Certains mécanismes permettent de passer outre la spécialisation absolue des crédits.

1 : Les crédits globaux

La directive relative aux lois de finances prévoit les "crédits globaux pour des dépenses accidentelles et imprévisibles" (article 14 al.1, DLF). Ces crédits globaux sont l'objet d'une dotation. Cette dotation est le niveau de spécialisation du crédit voté. La directive précise que les dotations regroupent des "crédits globalisés"destinés à couvrir des dépenses spécifiques "auxquelles ne peuvent être directement associés des objectifs de politiques publiques ou des critères de performances" (article 14 al. 2, DLF).

La catégorie des dépenses accidentelles et imprévisibles concerne à la fois :

- des dépenses pressantes et imprévues liées à des catastrophes naturelles (inondation, sécheresse, etc.), anthropiques (incendies, marée noire, etc.) ou technologiques (irradiation, etc.) et

- des dépenses éventuelles, celles dont le montant ne peut être connu avec exactitude avant le début de l'exercice budgétaire. La représentation nationale se limite à autoriser un crédit global dans lequel le gouvernement pourra puiser pour compléter les crédits de programmes concernés qui se révèleraient insuffisants. Ainsi, "la répartition par programme des crédits globaux pour des dépenses accidentelles et imprévisibles se fait par décret. Aucune dépense ne peut être directement imputée sur ces crédits globaux avant cette répartition" (article 22, DLF).

2 : Les crédits budgétaires affectés aux pouvoirs publics constitutionnels

Les pouvoirs publics constitutionnels (autres que le Président de la République et le gouvernement) sont les institutions aussi diverses que le parlement (assemblée nationale et, le cas échéant, le sénat), le Conseil économique, social et le cas échéant environnemental, l'instance de régulation des médias, les structures faîtières des ordres juridictionnels (juridiction constitutionnelle, juridiction financière, juridictions administrative, civile, pénale et sociale). Ces pouvoirs publics constitutionnels reçoivent des "crédits globalisés" (article 14 al.2, DLF) sous la forme de dotations votées par le parlement.

Les crédits de la dotation de chaque institution constitutionnelle sont des "crédits globalisés" destinés à couvrir "les dépenses de personnel, de biens et services, de transfert et d'investissement directement nécessaires à l'exercice de ses fonctions constitutionnelles" (article 14, al.3, DLF). Ces crédits globalisés présentent la caractéristique, au même titre que les crédits globaux pour dépenses accidentelles et imprévisibles, d'être des dépenses spécifiques "auxquelles ne peuvent être directement associés des objectifs de politiques publiques ou des critères de performances" (article 14 al. 2, DLF).

3 : Les fonds spéciaux

Le langage commun les appelle aussi "caisse noire" ou "fonds secrets". Les fonds spéciaux sont une survivance du bon plaisir du prince, de l'époque où la ligne de partage entre les finances privées du monarque et les finances publiques était incertaine. Aujourd'hui, les fonds spéciaux sont des crédits régulièrement inscrits dans les lois de finances mais dont l'affectation est laissée à la diligence du gouvernement, de son chef et, dans certains États membres de l'UEMOA, du chef ou des chefs du parlement.

Les fonds spéciaux ont une destination conforme aux valeurs républicaines. Ils servent en principe à :

- couvrir les frais liés à la prise en charge de cas sociaux non éligibles à un système de solidarité institutionnelle,

- financer les opérations d'intelligence pour la sécurité nationale et la défense des intérêts de la nation.

Cependant, en raison de l'informalisation de sa gestion (transactions faites en liquide, absence de pièces justificatives, exemption de contrôle *a posteriori*), les fonds spéciaux se prêtent à des usages moins républicains : marchandisation du vote des électeurs, marchandisation du vote des députés, achat de plume dans les médias, entretien de cabinet de marabouts, etc.

Les fonds spéciaux

La Juridiction, au cours de l'instruction du RELF 2010, a souhaité disposer d'informations nécessaires pour l'appréciation des fonds spéciaux en l'occurrence les modalités de leur création, les textes applicables, les structures bénéficiaires ainsi que les montants prévus et décaissés en 2010.

Cette préoccupation a été réitérée au titre de la gestion 2013.

Le ministre en charge des finances n'a fourni aucune information à ce sujet malgré la demande qui lui en a été faite.

Extrait : Cour suprême du Bénin, Chambre des comptes, Rapport sur l'exécution des lois de finances 2013, Cotonou, 2014, p. 87.

Encadré n° 16 : La spécialité des crédits

Observation N° 31 : Non-respect du principe de la spécialité des crédits

"Certaines dépenses ont été imputées sur des rubriques inappropriées. Les cas suivants peuvent être cités en exemples.

- *Utilisation erronée du compte « 669 dépenses imprévues »*

Cette rubrique est prévue dans la nomenclature pour enregistrer des dépenses qui répondent vraiment à son intitulé, c'est-à-dire non prévisibles au moment de la confection du budget. L'article 322 de la loi n° 2007-011 du 13 mars 2007 portant décentralisation et liberté locale énonce que « ce crédit ne peut être employé que pour faire face à des dépenses en vue desquelles aucune dotation n'est prévue au budget ». Mais, dans la pratique et pour ne prendre que l'exemple de 2011, ce compte n'a enregistré en grande partie que des dépenses ordinaires prévisibles et pour lesquelles des dotations ont été inscrites au budget comme celles indiquées ci-après à titre d'exemple :

(…)

- *Utilisation erronée du compte « 237 travaux en cours pour le compte de tiers».*

Cette rubrique de la section investissement destinée en principe à enregistrer des dépenses pour le compte d'autres organismes en contrepartie des crédits qui seront délégués à la collectivité a plutôt servi à supporter tantôt des dépenses de fonctionnement propres à la préfecture, tantôt des dépenses d'investissement sans contrepartie au bénéfice d'autres services ou organismes comme l'indiquent les cas suivants :

(…)

- *Autres cas de violation du principe de la spécialité des crédits*

Les comptes d'immobilisation « 232 travaux de bâtiments » et « 233 travaux de voies et réseaux » ont été utilisés à tort et à travers pour enregistrer des dépenses relevant d'autres comptes et parfois même des dépenses de la section fonctionnement. Les exemples figurant dans le tableau ci-après sont retenus pour illustrer cette observation."

Extrait : Cour des comptes (Togo), *Rapport d'observations sur la gestion de la préfecture du Golfe, exercice 2010-2011*, Lomé, décembre 2014, p. 51.

SECTION 6
LE PRINCIPE DE SINCÉRITÉ BUDGÉTAIRE

C'est une grande innovation de la directive communautaire relative aux lois de finances de 2009. Celle de 1997 ne contenait pas ce principe. La sincérité, dérivée du latin *sincerus,* est une exigence de conformité à la réalité (jugement de fait) et une absence d'intention dolosive, de volonté de tromper (jugement de valeur). Le principe de sincérité fait son apparition en droit positif financier comparé par une initiative de la juridiction constitutionnelle.[262] La comptabilité publique et d'une manière générale, la comptabilité générale connaît aussi un principe de sincérité, de bonne foi et de non-dissimulation. Ce qui oblige à distinguer le principe de sincérité de la comptabilité publique (article 72, DLF)[263] du principe de sincérité budgétaire.

Paragraphe 1 : Fondement du principe de sincérité budgétaire

Le principe de sincérité se trouve dans plusieurs textes du cadre harmonisé des finances publiques au sein de l'UEMOA.[264]

- "Les budgets annuels sont réalistes et *sincères* tant dans leurs prévisions de dépenses que de recettes" (article 4.1, Code de transparence).

- "Les budgets et comptes des institutions et organes constitutionnels sont établis et gérés dans les mêmes conditions de transparence, de *sincérité* et de contrôle que celles qui sont définies par le présent Code pour l'ensemble des administrations" (article 7.9, Code de transparence).

- "Les prévisions de ressources et de charges de l'État doivent être *sincères*. Elles doivent être effectuées avec réalisme et prudence, compte tenu des informations disponibles au moment où le projet de loi de finances est établi" (article 30, DLF).

Paragraphe 2 : Contenu du principe de sincérité budgétaire

Le texte de la directive relative aux lois de finances aligne les notions de prudence et de réalisme. On en déduit un double contenu, à la fois objectif et subjectif.

A : Le contenu objectif

Les prévisions budgétaires doivent être en adéquation avec les éléments de conjoncture économique et sociale à court et moyen termes. Les "informations disponibles" comme l'indique la directive relative aux lois de finances sont les

---

262 France, Décision du Conseil constitutionnel, Décision n° 93-320 DC du 21 juin 1993 sur la loi de finances rectificative pour 1993.

263 En droit comparé notamment français, la sincérité comptable impose "l'exactitude des comptes" (Conseil constitutionnel français, Décision n°441-8-DC du 25 juillet 2001, *Loi organique relative aux lois de finances*).

264 On cite aussi les droits nationaux des Etats qui y font référence : République du Bénin, Loi organique n° 2013-14 du 27 septembre 2013 relative aux lois de finances, art. 8-2 ; République de Côte d'Ivoire, Loi organique n° 2014-336 du 5 juin 2014 relative aux lois de finances, art. 57 ; République du Mali, Loi n° 2013-028 du 11 juillet 2013 relative aux lois de finances, art. 29 ; République du Niger, Loi organique n° 2012-09 du 26 mars 2012 relative aux lois de finances, art. 30 ; République du Sénégal, Loi organique n° 2011-15 du 8 juillet 2011 relative aux lois de finances, art. 30 ; République du Togo, Loi organique n° 2014-013 du 27 juin 2014 relative aux lois de finances, art. 43.

principaux agrégats macro-économiques (taux de croissance économique, taux d'inflation, taux de chômage, niveau de l'investissement public et privé, balances commerciale et des paiements, etc.) et macro-financiers (déficit budgétaire, pression fiscale, dette publique, etc.) produits aux niveaux national, régional et dans les grands pays qui sont des partenaires commerciaux. Les prévisions de recettes et de dépenses doivent être en cohérence avec les éléments de conjoncture qui lui servent de fondement. C'est une exigence de logique économique et financière.

B : Le contenu subjectif

L'appréciation faite sur les prévisions doit être à la fois réaliste et de bonne foi

1 : Le réalisme des prévisions

Le réalisme suppose une appréhension, une compréhension et une projection des éléments de conjoncture qui soient raisonnables et prudentes. Les prévisions ne doivent laisser place ni à des estimations trop optimistes, ni à une vision trop pessimiste. En tout état de cause, les calculs de prévision ne doivent pas pécher par un excès de volontarisme qui substitue les perceptions des acteurs budgétaires aux faits bruts de la vie économique et sociale.

2 : La bonne foi

La bonne foi dans l'établissement des prévisions budgétaires se ramène à l'absence d'intention dolosive. La mauvaise foi des acteurs, les manipulations des chiffres ainsi que leurs interprétations tendancieuses, conduisent à l'insincérité budgétaire[265]. La bonne foi n'est cependant pas synonyme d'exactitude des prévisions. Des prévisions objectivement fausses mais honnêtement présentées, sans manipulation ni volonté d'induire en erreur, sont conformes au principe de sincérité budgétaire. L'administration des finances profite de l'adage commun qui dit *errare humanum est*. Tout le monde peut se tromper de bonne foi.

Paragraphe 3 : Justification du principe de sincérité budgétaire

L'opinion publique et la classe politique ont tendance à présenter les ministres des Finances des pays membres de l'UEMOA comme des ministres des "mensonges budgétaires". Dissimulation de recettes, sous-estimation de dépenses en espérant les augmenter par décret d'avance et lois de finances rectificatives, gonflement déraisonnable des crédits des charges communes

[265] En droit comparé notamment français, la "sincérité se caractérise par l'absence d'intention de fausser les grandes lignes de l'équilibre déterminé par la loi de finances" (Conseil constitutionnel français, Décision n°441-8-DC du 25 juillet 2001, *Loi organique relative aux lois de finances*).

non réparties, etc., la boîte à outils du jongleur financier est suffisamment fournie. Le principe de sincérité vient en correction contre cette dérive de la gestion financière publique.

La sincérité budgétaire vient aussi prémunir contre le manque de professionnalisme dans l'élaboration des prévisions budgétaires. Les prévisions de recettes et de dépenses doivent être faites avec compétence et sérieux. Les agents chargés de l'élaboration des prévisions budgétaires doivent mettre toute leur science et tout leur dévoiement au service des missions de leurs fonctions. La sincérité budgétaire est une invite à combattre l'amateurisme et la légèreté dans un exercice aussi sérieux et aussi essentiel que la préparation de la loi de finances de l'année.

Paragraphe 4 : Valeur du principe de sincérité budgétaire

Le principe de sincérité budgétaire mérite quelques observations relativement à son périmètre et à sa juridicité.

A : Le périmètre du principe de sincérité

La section III de la directive relative aux lois de finances est intitulée "Du principe de sincérité". Il comporte un seul article qui dispose que " les prévisions de ressources et de charges de l'État doivent être sincères. Elles doivent être effectuées avec réalisme et prudence, compte tenu des informations disponibles au moment où le projet de loi de finances est établi" (article 30, DLF).

De ce libellé singulièrement court, on déduit que le principe de sincérité s'applique aux prévisions budgétaires de recettes et de dépenses. En un mot, seuls sont concernés les états prévisionnels contenus dans les lois de finances de l'année et les lois de finances rectificatives. La loi de règlement est exclue du champ d'application du principe de sincérité, principe budgétaire. Cette loi est une loi qui constate l'exécution budgétaire. Elle retrace des réalisations et non des prévisions.

La sincérité réapparaît dans sa dimension de comptabilité publique au point 7.9 de la directive portant Code de transparence dans la gestion des finances publiques ("Les budgets et comptes des institutions et organes constitutionnels sont *établis et gérés* dans les mêmes conditions de transparence, de sincérité et de contrôle que celles qui sont définies par le présent Code pour l'ensemble des administrations") mais aussi à l'article 72 de la directive relative aux lois de finances ("La comptabilité générale de l'État a pour objet de décrire le patrimoine de l'État et de son évolution. Elle doit être sincère et refléter une image de la situation financière de l'État"). La sincérité du point 7.9 du Code de transparence concerne à la fois l'établissement et la gestion des budgets. C'est une sincérité des prévisions mais aussi de l'exécution, c'est-à-dire une sincérité budgétaire et une sincérité de comptabilité publique.

La sincérité de l'article 72 de la directive relative aux lois de finances est par contre une sincérité de la comptabilité publique. Sa rédaction rappelle la formulation de l'Acte uniforme portant organisation et harmonisation des comptabilités des entreprises (OHADA) qui prescrit une "image fidèle du patrimoine, de la situation financière et du résultat de l'entreprise" (art. 10) grâce à une "description adéquate, loyale, claire, précise et complète des évènements, opérations et situations" (art. 9) que l'entreprise a connus.

Encadré n° 17 : La sincérité budgétaire

"Ces recettes prévues pour 180 592 841 000, n'ont été exécutées que pour un montant de 56 694 393 719 soit un taux d'exécution de 31,39 %, faisant ressortir un écart négatif de 123 898 447 281. Il faut préciser que :

- la rubrique « Dons projets » dotée d'un crédit prévisionnel de 75 360 000 000 F CFA n'a connu ni émission, ni recouvrement ;
- la rubrique « Dons des institutions internationales » n'a pas fait l'objet de prévision budgétaire mais a été exécutée à hauteur de 200 000 000 F CFA ;
- la rubrique « Appui budgétaire » a été prévue pour 28 681 000 000 F CFA et exécutée pour 34 985 365 341 F CFA, dégageant un écart de 6 304 365 341 F CFA, soit un taux de réalisation de **122** % qui aurait dû faire l'objet d'un collectif budgétaire.
- la rubrique « Tirages sur emprunts » a reçu une dotation budgétaire de 76 551 841 000 F CFA qui n'a été exécutée que pour 21 509 028 378 F CFA, d'où un écart négatif de 55 042 812 622 F CFA, soit un taux d'exécution de **28,10** %.

La Cour constate la non-exécution des dons projets et le faible niveau d'exécution des tirages sur emprunts dont la mobilisation peine à se faire (…) Cette situation amène la Cour à s'interroger encore une fois sur la **sincérité** des prévisions budgétaires (…)

L'analyse du tableau des écarts anormaux relevés au niveau des recettes courantes (F CFA) révèle de forts taux de réalisation des recettes (taux variant entre **215,9** % et **1.435,19** %) posant ainsi le problème récurrent de la **sincérité,** de la crédibilité et de la fiabilité des prévisions et, en conséquence, du réalisme de la performance des régies financières."

Source : Cour des comptes (Togo), *Rapport de la Cour des comptes sur l'exécution du budget de l'État, gestion 2010*, 2013, pp. 20-22.

B : La juridicité du principe de sincérité

Le principe posé par la directive relative aux lois de finances fait de la sincérité budgétaire un principe opposable au gouvernement chargé de préparer et de présenter les prévisions budgétaires. Cette opposabilité peut prendre la forme d'une censure de la juridiction financière ou de la juridiction constitutionnelle. Dans la mesure où les Cours des comptes n'ont de compétence que par rapport aux lois de règlement et aux comptes produits par les comptables publics, elles ne sont pas concernées par le contrôle de sincérité des projets de lois de finances (loi de finances de l'année, loi de finances rectificative) présentés par le gouvernement. On en déduit que seule la juridiction constitutionnelle peut avoir à examiner le respect du principe de sincérité à l'occasion des recours pour contrôle de constitutionnalité des lois de finances. Ce contrôle de constitutionnalité doit porter sur le réalisme des prévisions et la bonne foi du gouvernement.

L'exercice est ardu, car autant il est aisé de censurer les manipulations par dissimulation de recettes et autres gonflements artificiels de charges ou inversement, autant il est malaisé de mesurer le réalisme de prévisions budgétaires liées à une conjoncture économique mondiale et surtout mondialisée, dont les interactions peuvent avoir des origines lointaines géographiquement mais soudaines dans le temps. En somme, ce qui est demandé au juge et notamment à la juridiction constitutionnelle, c'est de se faire à la fois économiste et planificateur, pour pouvoir dire le droit sur le respect du principe de sincérité.

SECTION 7
LE PRINCIPE DE L'ÉQUILIBRE BUDGÉTAIRE

L'étymologie est une science du passé, une science de "la lettre morte, des paroles gelées."[266] Elle ne saurait donner la signification de l'heure, souvent neuve et conceptualisée. Cependant, le sens de l'équilibre, à son apparition au 16ème siècle, a tout de même quelque chose d'évocateur et d'instructif pour la question sémiologique qui est posée. De la combinaison du latin *aequus* (égal) et de *libra* (balance), l'équilibre dénote d'abord un principe physique d'harmonie, de stabilité et de viabilité. Il est l'expression d'un bon sens qui veut s'incarner dans le réel.

Paragraphe 1 : Fondement du principe de l'équilibre budgétaire

Diverses dispositions renvoient à la notion d'équilibre dans les textes portant nouveau cadre harmonisé des finances publiques dans les pays membres de l'UEMOA. Certaines dispositions constitutionnelles viennent les compléter.[267]

---

266 P. Bergounioux, "Coda Liber" *in* O. Carrérot (dir.), *Qu'est-ce qu'un livre* ? Paris, La Découverte, 2009, p. 153.

267 Il faut aussi ajouter les dispositions pertinentes des lois et lois organiques relatives aux loix de finances dans les Etats : République du Bénin, Loi organique n° 2013-14 du 27 septembre 2013 relative aux lois de finances, art. 61 ; République de Côte d'Ivoire, Loi

- "Les lois de finances déterminent la nature, le montant et l'affectation des ressources et des charges de l'État ainsi que l'*équilibre* budgétaire et financier qui en résulte, compte tenu de la situation et des objectifs macro-économiques des États membres et des obligations du Pacte de convergence, de stabilité, de croissance et de solidarité" (article 3, DLF) ;

- "Le texte de la loi de finances de l'année comprend deux parties distinctes : Dans la première partie, la loi de finances de l'année (...) arrête les données générales de l'*équilibre* budgétaire et financier" (article 45, DLF) ;

- "La loi de finances de l'année est accompagnée : d'un rapport définissant l'*équilibre* économique et financier, les résultats connus et les perspectives" (Article 46, DLF) ;

- "Le projet de loi de finances de l'année est élaboré par référence à un document de programmation budgétaire et économique pluriannuelle couvrant une période minimale de trois ans (...) Il fixe (...) les objectifs d'*équilibre budgétaire et financier* sur le moyen terme en application des dispositions du Pacte de convergence, de stabilité, de croissance et de solidarité" (article 52, DLF)

- "*L'équilibre budgétaire et financier* défini à l'article 45 de la présente Directive par chaque loi de finances doit être conforme aux prescriptions du Pacte de convergence, de stabilité, de croissance et de solidarité" (article 54, DLF) ;

- "Le ministre chargé des finances est responsable de l'exécution de la loi de finances et du respect des *équilibres budgétaire et financier* définis par celle-ci. À ce titre, il dispose d'un pouvoir de régulation budgétaire qui lui permet, au cours de l'exécution du budget (...) d'annuler un crédit pour prévenir une détérioration des équilibres budgétaire et financier de la loi de finances (article 67, DLF & article 11, DRGCP) ;[268]

---

organique n° 2014-336 du 5 juin 2014 relative aux lois de finances, art. 60-3 ; République du Sénégal, Loi organique n° 2011-15 du 8 juillet 2011 relative aux lois de finances, art. 44 ; République du Togo, Loi organique n° 2014-013 du 27 juin 2014 relative aux lois de finances, art. 43.

268 Les reports de crédits interviennent soit sur arrêté du ministre en charge des finances, soit sur décret pris sur rapport de ce dernier (République du Bénin, Loi organique n° 2013-14 du 27 septembre 2013 relative aux lois de finances, art. 27 ; République de Côte d'Ivoire, Loi organique n° 2014-336 du 5 juin 2014 relative aux lois de finances, art. 26 ; République du Mali, Loi n° 2013-028 du 11 juillet 2013 relative aux lois de finances, art. 23 ; République du Sénégal, Loi organique n° 2011-15 du 8 juillet 2011 relative aux lois de finances, art. 24 et République du Togo, Loi organique n° 2014-013 du 27 juin 2014 relative aux lois de finances, art. 24). Quant aux annulations de crédits, elles interviennent par arrêté du ministre en charge des finances après avis du ministre concerné soit pour l'informer (République de Côte d'Ivoire, Loi organique n° 2014-336 du 5 juin 2014 relative aux lois de finances, art. 27 ; République du Mali, Loi n° 2013-028 du 11 juillet 2013 relative aux lois de finances, art. 24 ; République du Niger, Loi organique n° 2012-09 du 26 mars 2012 relative aux lois de finances, art. 25 ; République du Sénégal, Loi

- "Le projet de loi de finances doit prévoir les recettes nécessaires à la couverture intégrale des dépenses. L'Assemblée nationale vote le budget en *équilibre*" (Niger, constitution de la VIIe République, 25 novembre 2011, article 114) ;

- "Le projet de loi de Finances doit prévoir les recettes nécessaires à la couverture intégrale des dépenses. Le parlement vote le budget en *équilibre*." (Côte d'Ivoire, constitution de la 3ème République, article 112) ;

- "Le projet de loi de finances doit prévoir les recettes nécessaires à la couverture intégrale des dépenses." (Mali, constitution de 1992, article 77) ;

- "L'Assemblée nationale vote le budget en *équilibre*." (Bénin, constitution du 11 décembre 1990, article 110).

Paragraphe 2 : Contenu du principe

Plusieurs questions sont liées à la définition du contenu de l'équilibre : le périmètre de l'équilibre, la typologie de l'équilibre budgétaire et l'approche pluridisciplinaire de l'équilibre budgétaire.

A : Le périmètre de l'équilibre

Trois niveaux d'équilibre sont prévus par le cadre harmonisé des finances publiques :

1 : L'équilibre budgétaire et financier

Cette formulation est contenue aux articles 3, 45, 52, 54, et 67 de la directive relative aux lois de finances. L'article 3 de ladite directive dispose que les "lois de finances déterminent la nature, le montant et l'affectation des ressources et des charges de l'État ainsi que l'équilibre budgétaire et financier qui en résulte". L'équilibre budgétaire et financier est la résultante de l'affectation des ressources aux charges telles que prévues dans la loi de finances. C'est une balance des comptes du budget général de l'État, des budgets annexes et des comptes spéciaux du Trésor, une égalité comptable entre les ressources et les charges inscrites dans la loi de finances de l'année.

De façon distributive, on peut caractériser les notions d'équilibre budgétaire et d'équilibre financier de la manière suivante :

- *l'équilibre budgétaire :* c'est l'équilibre arithmétique de la loi de finances. C'est une addition des recettes et des dépenses du budget général, des budgets annexes et des opérations à caractère définitif des certains comptes spéciaux du Trésor. Ce solde budgétaire peut être négatif ;

---

organique n° 2011-15 du 8 juillet 2011 relative aux lois de finances, art. 25 et République du Togo, Loi organique n° 2014-013 du 27 juin 2014 relative aux lois de finances, art. 25) soit pour recueillir son avis[268] (République du Bénin, Loi organique n° 2013-14 du 27 septembre 2013 relative aux lois de finances, art. 71 pour les crédits devenus sans objet).

- *l'équilibre financier* : les ressources et les charges de trésorerie viennent compléter le solde budgétaire dégagé par les recettes et les dépenses budgétaires (art. 6, DLF). Elles contribuent aux besoins de financement éventuellement exprimés par le solde budgétaire et concourent à l'équilibre financier de la loi de finances de l'année.

2 : L'équilibre économique et financier

Il dérive de la rédaction de l'article 46 de la directive relative aux lois de finances. Le rapport qui présente l'équilibre économique et financier est une annexe au projet de loi de finances. L'équilibre économique et financier était un élément de définition de la notion de loi de finances, sous le régime de la directive de 1997 relative aux lois de finances. "Les lois de finances déterminent la nature, le montant et l'affectation des ressources et des charges de l'Etat, compte tenu d'un équilibre économique et financier qu'elles définissent" (article 2, directive n° 05/97/CM/UEMOA).

Ni la nature ni le contenu de cet équilibre ne sont précisés de manière explicite dans les directives de 1997 ni dans celles de 2009. On peut malgré tout déduire de la formulation de l'article 46 de la directive relative aux lois de finances que l'équilibre économique et financier est un objectif de politique publique, la formulation des prévisions économiques et des valeurs-cibles financières du gouvernement ainsi que les hypothèses qui les fondent. Il présente les agrégats macro-économiques (inflation, chômage, balance commerciale, balance des paiements, etc.) et macro-financiers (niveau de déficit budgétaire, niveau de pression fiscale, solde primaire, dette publique, etc.) qui servent de base aux prévisions de recettes et de dépenses inscrites dans la loi de finances de l'année. Ces hypothèses sont contenues dans les différents rapports qui accompagnaient le projet de loi de finances (art. 44, DLF), tel qu'il est transmis au parlement. La notion d'équilibre économique et financier est à rattacher à la théorie keynésienne qui veut que les recettes et les dépenses budgétaires aient une influence sur l'économie. Selon cette conception, l'équilibre de la loi de finances doit aussi refléter une certaine perspective économique globale ainsi que des indicateurs financiers qui traduisent les objectifs de politique financière du gouvernement.

3 : L'équilibre global et consolidé

Le point 3.3 de la directive portant code de transparence dans la gestion des finances publiques) énonce : "le solde (déficit, équilibre ou excédent) du budget de l'État est arrêté par une loi de finances. Le solde global consolidé de l'ensemble des administrations publiques ajoutant aux finances de l'État celles des collectivités locales et celles des organismes de protection sociale est publié dans des documents annexes aux lois des finances".

À côté de l'équilibre budgétaire et financier de la loi de finances, il y a l'équilibre global et consolidé qui présente le solde des comptes cumulés de l'État, des collectivités territoriales et des organismes de sécurité sociale. C'est l'équilibre des administrations publiques.

B : La typologie de l'équilibre budgétaire

L'équilibre budgétaire peut être décliné sous plusieurs angles : équilibre prévisionnel et équilibre d'exécution, équilibre réel et équilibre comptable, petit et grand équilibre.

1 : Équilibre prévisionnel et équilibre d'exécution

L'équilibre prévisionnel est celui affiché par la loi de finances de l'année. C'est celui qui répond à la définition de la notion de loi de finances, acte de prévision. Le solde prévisionnel, lorsqu'il est en équilibre, traduit l'équilibre des comptes prévisionnels de ressources et des comptes prévisionnels de charges. Ces comptes prévisionnels peuvent avoir un effet d'affichage et permettent au gouvernement d'exprimer la noblesse et la grandeur de ses ambitions que seuls les résultats de l'exécution budgétaire pourront confirmer ou infirmer.

L'équilibre d'exécution est celui contenu dans la loi de règlement. La clôture des opérations financières en entrée et en sortie permet de faire un état de l'exécution des ressources et des charges. Le solde de cet état bilanciel donne la teneur de l'équilibre d'exécution.

En termes d'effet sur la conjoncture économique et sociale, l'équilibre prévisionnel peut avoir les mêmes conséquences que l'équilibre d'exécution sur les agrégats économiques et les partenaires sociaux. Une hausse des impôts prévue dans la loi de finances de l'année peut avoir comme conséquence, la fuite des capitaux, l'exil fiscal des cibles concernées, les délocalisations d'entreprise, le désinvestissement, etc. ou encore des mouvements sociaux de protestation contre les choix budgétaires du gouvernement. L'équilibre d'exécution permet de constater l'ampleur et l'impact de ces conséquences sur la croissance, l'inflation, l'investissement, les acquis sociaux des travailleurs, notamment ceux du secteur public.

2 : Équilibre sincère et équilibre comptable

L'équilibre comptable est celui que reproduit la formule consacrée des lois de finances de l'année : la loi de finances est équilibrée en ressources et en charge à *x* milliards de francs CFA. C'est le solde dégagé par la balance des ressources et des charges inscrites dans la loi de finances de l'année. Cet équilibre peut être factice, d'où l'intérêt de mesurer l'équilibre sincère.

L'équilibre sincère est celui plus proche de la réalité des données économiques et financières. Il corrige les surévaluations de recettes, les sous-évaluations de dépenses, les effets de la débudgétisation, en un mot, tous les mensonges budgétaires qui se traduisent par diverses manipulations avec pour objectif la présentation en équilibre des lois de finances en application des dispositions constitutionnelles dans plusieurs pays.

3 : Petit et grand équilibre

Le petit équilibre concerne les opérations à caractère définitif contenues dans la loi de finances. Ces opérations regroupent des dépenses de fonctionnement, des dépenses d'investissement ou des dépenses de transfert. Cette catégorie de dépenses est normalement financée par l'impôt et accessoirement par les subventions non ciblées des bailleurs de fonds bilatéraux ou multilatéraux. Le solde de ces opérations à caractère définitif s'appelle le petit équilibre ou équilibre au-dessus de la ligne. Il correspond au solde cumulé du budget général de l'État, des budgets annexes et des comptes d'affectation spéciale.

Le grand équilibre concerne les opérations à caractère définitif ci-dessus décrites et les opérations à caractère temporaire. Ces derniers regroupent les opérations financières destinées à se solder dans le temps comme les prêts et avances. Lesdites opérations sont retracées dans la catégorie des comptes spéciaux du Trésor, hormis les comptes d'affectation spéciale qui retracent des opérations à caractère définitif. Le solde cumulé des opérations à caractère définitif et des opérations à caractère temporaire est appelé grand équilibre ou équilibre au-dessous de la ligne.

Le solde global de la loi de finances est le solde du grand équilibre ; il résulte de l'addition des opérations à caractère temporaire et des opérations à caractère définitif.

Nature des opérations financières	**Types d'équilibre**
Opérations à caractère définitif	
Solde des recettes et dépenses	Équilibre au-dessus de la ligne
Opérations à caractère temporaire	
Solde des ressources et charges (opérations à caractère définitif et opérations à caractère temporaire)	Équilibre au-dessous de la ligne

Paragraphe 3 : Valeur du principe de l'équilibre budgétaire

L'équilibre budgétaire a une dimension à la fois économique et juridique.

A : L'équilibre budgétaire, une notion économique

Deux grandes écoles de pensée sont à distinguer ici : l'école libérale et l'école dite keynésienne.

1 : Les libéraux et l'équilibre budgétaire

Pour les orthodoxes du libéralisme économique, l'équilibre budgétaire n'a de sens que par rapport aux modes alternatifs de financement des dépenses publiques, à savoir, l'impôt, l'emprunt et l'émission monétaire. Le financement par l'émission monétaire couve le risque d'une disjonction entre la production de biens et services marchands et la quantité de monnaie en circulation. Le risque d'une spirale inflationniste est à redouter.

Le financement par l'emprunt amène la puissance publique à concurrencer les opérateurs privés sur le marché financier et à provoquer une tension financière qui sera source de hausse des taux d'intérêt. C'est ce que les spécialistes appellent l'effet d'éviction.

Quant à l'impôt, il doit être la source idéale et unique de financement des dépenses de l'État. Celui-ci y recourt pour financer les dépenses liées à ses compétences régaliennes que sont : la sécurité intérieure et extérieure, la diplomatie, la justice, la monnaie. En conséquence, les besoins en prélèvements fiscaux d'un État aux attributions très limitées sont tout aussi limités. Moins de dépenses implique moins d'impôts. L'Etat minimum n'a besoin que de recettes minimales ce qui implique une modération de la charge fiscale pour les contribuables.

Au total, pour les libéraux orthodoxes, le déficit budgétaire autant que l'excédent budgétaire sont à prohiber.[269]

2 : La pensée keynésienne et l'équilibre budgétaire

Le dogme libéral de l'équilibre budgétaire est mis à mal par l'évidence des interactions entre les finances publiques et l'activité économique. Pour Keynes, lorsque l'investissement privé s'essouffle, l'investissement public peut lui venir en relais. Le solde budgétaire devient ainsi une variable économique, en particulier dans le court terme. La manipulation optimale de ce solde budgétaire peut aider à combler l'écart entre la demande effective et l'offre potentielle. En effet, le *deficit spending* (ou déficit systématique, ou déficit délibéré) est une démarche audacieuse d'affectation d'importantes ressources publiques à des investissements productifs. Une manipulation concomitante des recettes fiscales permet d'amorcer un effet multiplicateur des dépenses et des recettes de l'État et un impact à court et moyen termes sur les agrégats macro-économiques et macro-financiers.[270]

Le refus de l'équilibre à tout prix

"Sur le plan analytique, cette mise en doute de la valeur de la règle de l'équilibre budgétaire, quelle que soit la situation économique générale, conduit à la conception des budgets cycliques. À la base de cette conception se trouve l'idée selon laquelle des déficits de recettes courantes, réalisés sur un certain nombre d'exercices budgétaires,

[269] Voir *supra* p. 55.
[270] Voir *supra* p. 62.

pourraient être compensés par les excédents de même nature, dégagés durant les exercices suivants. Cette approche intègre la notion d'équilibre budgétaire sur le cycle économique, donc sur le moyen terme. Le point d'ancrage d'un tel système devient le solde de recettes courantes (déficit, excédent ou solde nul) qu'un programme budgétaire donné dégagerait dans la situation économique de référence ou hypothétique, qui est caractérisée par un niveau optimum d'emploi des facteurs de production, par l'absence de tensions inflationnistes majeures et par un équilibre extérieur satisfaisant : le solde de plein emploi."

M.-L. Herschtel, "L'équilibre budgétaire", *in* L. Philip (dir.), *Dictionnaire encyclopédique de finances publiques*, Paris, Economica, 1991, p. 742.

B : L'équilibre budgétaire, une notion juridique

La juridicité de la notion d'équilibre budgétaire s'apprécie au double niveau de l'équilibre prévisionnel et de l'équilibre d'exécution.

1 : L'équilibre prévisionnel

Les directives du nouveau cadre harmonisé des finances publiques font allusion au principe d'équilibre. Les constitutions des États renforcent la juridicité du principe de l'équilibre budgétaire. L'équilibre de la loi de finances est un principe de valeur constitutionnelle, consacré par la loi fondamentale des États. Il convient de préciser que l'équilibre budgétaire visé par les textes constitutionnels est un équilibre prévisionnel, l'équilibre de la loi de finances, acte de prévision. En cela, l'équilibre est ici un objectif de politique financière, un objectif d'équilibre qui pourrait se traduire, à l'exécution, par un déficit budgétaire.

2 : L'équilibre d'exécution

L'équilibre d'exécution est un équilibre des comptes retracés dans la loi de règlement. C'est l'état d'équilibre effectif, atteint par les finances de l'État. Cet équilibre d'exécution est celui visé par l'Acte additionnel n° 01/2015 du 19 janvier 2015 portant Pacte de convergence, de stabilité, de croissance et de solidarité entre les États membres de l'UEMOA. L'article 07 du Pacte de convergence dispose que le "ratio du solde budgétaire global, dons compris, rapporté au PIB nominal (...) devrait être supérieur ou égal à -3 % en 2019."

Encadré n° 18 : Définition des indicateurs

> "Définition des principaux indicateurs de finances publiques (...)
>
> - le solde net de gestion est égal aux recettes moins les charges ;
> - le solde brut de gestion est égal aux recettes moins les charges autres que la consommation de capital fixe.
> - la capacité ou le besoin de financement qui correspond au solde net de gestion moins l'acquisition nette d'actifs non financiers (ou solde brut de gestion moins acquisitions nettes d'actifs financiers hors consommation de capital fixe) ; (...)
> - l'excédent/le déficit base caisse qui est constitué des entrées nettes de trésorerie résultant des activités de gestion moins les sorties liées aux investissements en actifs non financiers. (...)
> - le solde global qui est égal à la capacité/besoin de financement y compris les transactions sur actifs financiers et passifs liés aux objectifs de la politique économique. Les soutiens accordés sous forme de crédits doivent être assimilés à des charges, mais tous les produits des privatisations (y compris la vente d'actifs fixes) doivent être inclus parmi les transactions sur actifs financiers ;
> - le solde global corrigé qui est égal au solde global (ou capacité/besoin de financement) à l'exclusion de toute ou partie des recettes sous forme de dons, des activités de certaines « enclaves » économiques (secteur pétrolier par exemple) ou des transactions importantes et peu fréquentes qui risquent de fausser l'analyse ;
> - le solde primaire global qui correspond au solde global non compris les charges nettes d'intérêts ;
> - le solde primaire de gestion qui est le solde net de gestion non compris les charges d'intérêts ;
> - l'épargne brute qui est le solde brut de gestion moins les transferts en capitaux nets à recevoir."

Extrait : Directive n° 10/2009/CM/UEMOA portant tableau des opérations financières de l'État (TOFE) au sein de l'UEMOA

3 : La sanction des déficits

- *Le déficit prévisionnel* : il est sous le contrôle de la juridiction constitutionnelle. Une loi de finances votée en déséquilibre est logiquement déclarée contraire à la constitution et, en conséquence, ne peut être promulguée, encore moins mise en vigueur.

- *Le déficit d'exécution* : selon les termes de l'article 19 de l'Acte additionnel n° 01/2015 du 19 janvier 2015 portant Pacte de convergence, de stabilité, de croissance et de solidarité entre les États membres de l'UEMOA, le mécanisme des sanctions est déclenché si un État membre ne respecte pas le critère clé de la convergence budgétaire.[271] Le solde budgétaire global prend en compte les données fournies à fin décembre, à la fin de l'exécution de la loi de finances de l'année.

4 : Les pratiques de l'équilibre budgétaire

La pratique de l'équilibre budgétaire peut être évaluée à travers les indicateurs du critère du solde budgétaire de base en pourcentage du PIB nominal. Pour l'ensemble des pays membres de l'UEMOA, les indicateurs moyens sont ci-dessous.

Tableau n° 9 : Solde budgétaire de base en pourcentage du PIB nominal pour l'ensemble des pays membres de l'UEMOA[272]

Années	2009	2010	2011	2012	2013	2014 *(Prévision)*	Norme
UEMOA	-0,2	0,0	-1,8	-1,5	-1,2	-0,4	≥ 0,0

Source : Rapport sur la surveillance multilatérale, juin 2014, Annexes statistiques.

[271] Voir *supra* p. 117.

[272] L'Acte Additionnel n° 01/2015/CCEG/UEMOA du 19 janvier 2015 a introduit le critère de solde budgétaire global en remplacement du solde budgétaire de base prévu par Acte additionnel n° 04/99 du 08 décembre 1999. Les données statistiques sur le solde budgétaire global seront fournies sur les données de 2016 et au-delà.

CHAPITRE 3

LA PRÉPARATION DE LA LOI DE FINANCES

La préparation de la loi de finances est un exercice complexe qui met en jeu les organes chargés de la préparation, l'évocation des techniques de prévision et des choix fondamentaux.

SECTION 1
LES CHOIX FONDAMENTAUX

De la rédaction des directives communautaires de 2009, il ressort une idée de monopole du gouvernement en matière de préparation de la loi de finances, compétence exclusive assortie de quelques atténuations.

Paragraphe 1 : La compétence exclusive du gouvernement

Cette compétence exclusive a ses manifestations dans le texte de la directive relative aux lois de finances mais se justifie aussi de raisons à la fois historique et logique.

A : Les manifestations textuelles de la compétence exclusive du gouvernement

La directive relative aux lois de finances dispose en son article 56 que le "ministre chargé des finances prépare les projets de loi de finances qui sont adoptés en conseil des ministres". De cette rédaction lapidaire il découle quelques idées forces :

- la loi de finances est une loi dont seul le gouvernement a l'initiative : le parlement ne peut être à l'origine d'une proposition de loi de finances ;

- cette compétence exclusive du gouvernement en matière de loi de finances entendue en son sens générique comprend la loi de finances de l'année, les lois de finances rectificatives et la loi de règlement ; ceci, sous réserve, comme on le verra du débat d'orientation budgétaire ;

- l'élaboration du projet de loi de finances est placée sous le sceau de la collégialité du conseil des ministres. En conséquence, le décret de transmission au parlement, signé du chef du gouvernement, doit être revêtu du contreseing d'au moins un ministre.

B : Les justifications historique et logique

Le droit financier ouest-africain francophone ne peut faire abstraction de son héritage français. L'histoire du droit financier français a été une histoire de l'immixtion de la commission des finances de l'Assemblée nationale dans le processus de préparation de la loi de finances au cours des IIIème et IVème Républiques. La Vème République française étant celle du raffermissement des pouvoirs d'un exécutif bicéphale, le monopole gouvernemental sur la loi de finances s'est établi dans la rédaction de la constitution de 1958. Si "L'initiative des lois appartient concurremment au Premier ministre et aux membres du Parlement" (article 39, constitution française), le parlement n'est saisi que de "*projets* de loi de finances dans les conditions prévues par une loi organique" (article 47, constitution française). L'ordonnance française du 2 janvier 1959 relative aux lois de finances confirme ce choix de responsabilisation exclusive de l'exécutif dans la préparation de la loi de finances. Les États ouest-africains francophones s'inscrivent dans cette orientation à travers leurs textes constitutionnels et législatifs.

Sur un plan logique, il paraît évident que la loi de finances est un tableau synthétique des objectifs de politique publique et des ressources affectées à l'atteinte de ces objectifs. Le langage constitutionnel désigne cette juxtaposition d'objectifs par l'expression de "politique de la Nation" déterminée et conduite par le gouvernement, selon les termes des constitutions ouest-africaines francophones.[273] La disjonction entre les objectifs et les moyens paraît un exercice incohérent. Il est alors dans l'ordre normal des choses que celui qui a déterminé les objectifs (la politique de la nation) soit aussi responsabilisé sur la sélection des moyens de mise en œuvre.

Paragraphe 2 : Les atténuations au monopole gouvernemental

Le monopole gouvernemental achoppe sur le débat d'orientation budgétaire et sur l'autonomie financière des pouvoirs publics.

A : Le débat d'orientation budgétaire

L'expression figure une seule fois dans la directive relative aux lois de finances et est inscrite au chapitre premier " De la préparation des projets de lois de finances" du Titre VI intitulé "De la procédure d'élaboration et de vote". L'article de référence dispose que " Le document de programmation budgétaire et économique pluriannuelle (…) éventuellement accompagné des documents de programmation pluriannuelle des dépenses (…) est adopté en Conseil des Ministres. Ces documents sont publiés et soumis à un débat

[273] Art. 42 & 53, Constitution du Sénégal ; art. 76, Constitution du Niger ; art. 53, Constitution du Mali ; art. 36 & 61, Constitution du Burkina Faso ; article 54, Constitution du Bénin ; art. 64 et 81, constitution de la 3ème République de Côte d'Ivoire.

d'orientation budgétaire au Parlement au plus tard à la fin du deuxième trimestre de l'année". (Article 57, DLF).

Que contient ce document de programmation budgétaire et économique pluriannuelle ? L'article 52 de la directive relative aux lois de finances l'explicite : "Sur la base d'hypothèses économiques précises et justifiées, le document de programmation budgétaire et économique pluriannuelle évalue le niveau global des recettes attendues de l'Etat, décomposées par grande catégorie d'impôts et de taxes et les dépenses budgétaires décomposées par grande catégorie de dépenses.

Ce document de programmation budgétaire et économique pluriannuelle évalue également l'évolution de l'ensemble des ressources, des charges et de la dette du secteur public en détaillant en particulier les catégories d'organismes publics visées à l'article 55 de la présente Directive.

Il prévoit la situation financière des entreprises publiques sur la période considérée et, éventuellement, les concours que l'État peut leur accorder.

Il fixe enfin les objectifs d'équilibre budgétaire et financier sur le moyen terme en application des dispositions du Pacte de convergence, de stabilité, de croissance et de solidarité".

S'agissant des documents de programmation pluriannuelle des dépenses, l'article 53 de la directive relative aux lois de finances précise : "Les programmes s'inscrivent dans des documents de programmation pluriannuelle des dépenses par ministères, budgets annexes et comptes spéciaux cohérents avec le document de programmation budgétaire et économique pluriannuelle visé à l'article 52 de la présente Directive. Les documents de programmation pluriannuelle des dépenses prévoient, pour une période minimale de trois ans, à titre indicatif, l'évolution des crédits et des résultats attendus sur chaque programme en fonction des objectifs poursuivis."

De ces énoncés on retient que :

- le débat d'orientation budgétaire ne porte pas sur le projet de loi de finances de l'année, les ressources et les charges, les modifications de la loi fiscale. Il ne porte donc pas sur le seul document ayant une valeur juridique comme une composante de la légalité financière ;

- le débat d'orientation budgétaire porte sur les documents qui accompagnent le projet de loi de finances au sens de l'article 46 de la directive relative aux lois de finances ; ces documents constituent le cadrage macroéconomique et macro-financier des lois de finances, ainsi que l'indique le Titre V de la directive relative aux lois de finances.

Le débat d'orientation budgétaire est un exercice qui conforte les exigences de la directive portant Code de transparence dans la gestion des finances publiques au sein de l'UEMOA. Le Code astreint à " la publication par le Gouvernement de ses hypothèses économiques, de ses grandes orientations budgétaires pour l'année à venir et des principales mesures du prochain projet de budget : ce rapport fait l'objet d'un débat au Parlement".

En tout état de cause, le débat d'orientation budgétaire a deux ressorts : une exigence de transparence et une exigence de participation. Le principe de transparence veut que les élus de la nation soient informés des choix de politique financière du gouvernement. L'exigence de participation implique que les élus de la nation discutent des choix du gouvernement et formulent des avis, recommandations et observations. Il s'agit en définitive d'un exercice connu dans les sciences du management pour être à la fois du *top-down* et du *bottom-up*.

Toute la classe politique représentée au parlement (majorité, opposition, non-inscrits) se sent concernée et opine sur des documents qui vont engager la vie financière et la vie tout court de la nation pendant l'année qui suit et les années à venir. Il s'agit d'un grand moment où les représentants de la nation exécutent une de leurs fonctions principales : la délibération. Si l'on retient cette hypothèse, qui traduit le mieux l'esprit du texte de la directive, le débat d'orientation budgétaire comprend les grandes séquences suivantes :

i. le Ministre en charge des finances envoie les documents retraçant les orientations économiques et budgétaires au président du parlement ou aux présidents des chambres du parlement ;

ii. le président (ou les présidents) affecte le dossier à la commission des finances ;

iii. le président (ou les présidents) de la commission (ou des commissions) des finances fait un point à la plénière avec les remarques et recommandations de la commission (ou des commissions).

iv. le débat s'ouvre avec les interventions des députés. Le ministre apporte ses éclairages.

B : L'autonomie financière des pouvoirs publics constitutionnels

La question paraît saugrenue dans la mesure où la directive relative aux lois de finances ne l'évoque guère. Il ne faut pas distinguer là où la loi ne distingue pas, disent les juristes. Les pouvoirs publics constitutionnels, les "institutions constitutionnelles", comme le dit la directive relative aux lois de finances, sont soumis au droit commun du monopole de l'exécutif en matière de préparation du projet de loi de finances de l'année.

Cependant, le parlement, en raison de son rôle éminent dans la procédure budgétaire, mérite un petit développement. Une certaine tradition européenne confère aux chambres du parlement une sorte de souveraineté financière. Elles préparent et "votent leurs budgets" et les font inscrire pour ordre dans le projet de loi de finances de l'année. Cette prérogative est contestée par certaines juridictions constitutionnelles et confortées par d'autres.[274]Au Mali, selon les dispositions de l'article 2 de la loi n° 95-012 portant autonomie financière de l'Assemblée nationale, celle-ci "détermine annuellement son propre budget. Le budget de l'Assemblée nationale est inscrit sans restriction, au budget de l'État. Il fait partie intégrante de la loi des Finances." Lorsque la loi ne le dit pas de façon explicite, les usages politiques, le sens de l'opportunité et du possible, la recherche du consensus, le souci de l'apaisement mais aussi la culture du partage font que le parlement acquiert *de facto* un pouvoir initial et inconditionné de vote des crédits budgétaires à lui affecter au cours de l'exercice budgétaire qui vient. Ce qui fait de lui un acteur de la chaîne de préparation de la loi de finances, au même titre que le gouvernement et, en tout cas, pour ce qui concerne ses finances à lui.

SECTION 2
LES ORGANES CHARGÉS DE LA PRÉPARATION DE LA LOI DE FINANCES

Selon les termes de la directive relative aux lois de finances, le projet de loi de finances de l'année est précédé d'un "document de programmation budgétaire et économique pluriannuelle" (art. 52, DLF). Quant au responsable de programme, il "détermine les objectifs spécifiques et *affecte les moyens*" (art. 13, al.2, DLF). De l'analyse de ces deux articles, il ressort que deux grandes catégories d'autorités sont chargées de la préparation de la loi de finances : d'abord les autorités à compétences économiques, ensuite celles chargées de fonctions budgétaires et financières.[275]

Paragraphe 1 : Les organes à compétence économique

Ils se classent en deux grandes catégories : les organes d'analyse à court et moyen termes et les organes d'analyse à long terme.

---

[274] Pour la Cour constitutionnelle du Gabon, l'autonomie financière des assemblées parlementaires implique "que chacune (des) Chambres dispose d'un budget spécial distinct du budget général de l'Etat et qu'elle en assure souverainement l'exécution et le contrôle à travers ses propres organes internes" (Cour constitutionnelle du Gabon, Décision n°2/CC du 17 mars 1999, *in* la *Revue du CERDIP*, vol.1, n°1, janv.- juin 2002, p. 157, obs. Jean Zech Ondoua). Sa position est proche de celle du Conseil constitutionnel français (Conseil constitutionnel, 2001-448 DC du 25 Juillet 2001, Loi organique relative aux lois de finances, Rec. p.99). Par contre, la Haute juridiction constitutionnelle du Bénin affirme que l'autonomie financière de l'Assemblée nationale doit être comprise comme une autonomie de gestion financière (Décision DCC 10-144 du 14 décembre 2010, Raphaël Akotègnon).

[275] Voir *supra* p. 104.

A : Les organes chargés d'études économiques à court et moyen termes

La directive relative aux lois de finances dispose en son article 46 que la loi de finances est accompagnée d'un "rapport économique et financier" et du "document de programmation budgétaire et économique pluriannuelle". Ces études économiques à court et moyen termes soutiennent directement la loi de finances. Dès lors, elles sont exécutées par des organes dépendant de la hiérarchie du ministère en charge des finances. La progression sémantique a fait de ces ministères, des départements ministériels chargés à la fois de l'économie et des finances. Au sein de ces départements ministériels se trouvent logées des directions de l'analyse et de la prévision économique à court et moyen termes. Ces organes s'occupent des études de conjoncture ainsi que des questions de statistiques sur l'économie nationale. Dans la procédure d'élaboration de la loi de finances de l'année, ils ont la responsabilité d'élaborer le cadrage macro-économique et macro-financier dans lequel s'insère le projet de loi de finances de l'année. La description de la conjoncture nationale, régionale (UEMOA) et internationale qui soutient les prévisions de recettes et de dépenses est l'œuvre de ces directions à vocation économique : niveau de l'inflation, situation économique des grands pays partenaires, cours du dollar américain, croissance du PIB, croissance de l'investissement public et privé, niveau du chômage, niveau du déficit public, etc.

B : Les organes chargés d'études économiques à long terme

Le *Consensus de Washington* et les théories néo-libérales prônées par les partenaires multilatéraux au développement, notamment les institutions de Bretton Woods, n'ont pas totalement défait les appareils institutionnels de planification dans les États. Sous des appellations diverses, des ministères entiers sont commis à l'élaboration et au suivi-évaluation de documents programmatiques comme : les documents de stratégie ou de planification (Stratégie de réduction de la pauvreté, stratégie d'endettement, stratégie de mobilisation des ressources extérieures, plan national de développement, etc.).[276]

Paragraphe 2 : Les organes à compétence budgétaire et financière

Ils sont de deux ordres : les organes techniques et les organes politiques

A : Les organes techniques

Ce sont d'abord les grandes administrations pourvoyeuses de recettes que sont les administrations des douanes, des impôts et du Trésor public. Elles

[276] Voir *supra* p. 125.

jouent un rôle central en matière d'estimation des recettes de l'année à venir. Chaque grande régie financière donne une estimation de ses projections de collecte de recettes.

Ensuite viennent les directions chargées de l'estimation des crédits budgétaires dans chaque ministère "dépensier" et au sein des institutions constitutionnelles. Sous l'autorité des ministres et des présidents des institutions constitutionnelles, ces directions centralisent les besoins et les expriment en crédits budgétaires à la fois de fonctionnement et d'investissement.

Enfin, l'administration centrale du budget au ministère en charge des finances centralise l'information budgétaire utile pour élaborer la première épure de la loi de finances qui sera soumise aux arbitrages de différents niveaux.

B : Les organes politiques

Selon le Code de transparence dans la gestion des finances publiques au sein de l'UEMOA en son point 2.5, "A l'intérieur du Gouvernement, le rôle et les responsabilités respectives du ministre chargé des finances, des autres ministres et du chef du Gouvernement sont clairement définis ; les grandes options de politique budgétaire sont arrêtées collégialement par le gouvernement".

Le premier niveau est celui du ministre en charge des finances. Il "prépare les projets de loi de finances" (article 56, DLF). À ce titre, les conférences budgétaires sont placées sous son autorité. Ces conférences réunissent autour du ministre en charge des finances et par délégation le chef de l'administration centrale du budget, les institutions constitutionnelles et les ministres "dépensiers".

Le second niveau est celui du chef du gouvernement qu'il soit Premier ministre ou Président de la République. C'est une voie de recours, lorsque des attentes n'ont pas été satisfaites au niveau de la conférence budgétaire au ministère en charge des finances. L'arbitrage du chef du gouvernement règle les points de friction entre ministères "dépensiers" et institutions constitutionnelles d'une part, et le ministre en charge des finances, d'autre part.

Le dernier niveau est le conseil des ministres. Il adopte le projet de loi de finances (article 56, DLF) et règle les derniers points de friction encore en suspens. C'est ici que prend forme le caractère collégial de la détermination de la politique budgétaire posé par le point 2.5 du Code de transparence dans la gestion des finances publiques au sein de l'UEMOA.

SECTION 3
LES TECHNIQUES DE PRÉVISION

La loi de finances est autant un acte de prévision qu'un acte d'autorisation. Elle anticipe les données financières de l'année à venir selon des méthodes et des techniques qui relèvent de la gestion financière et du droit financier.

Paragraphe 1 : La prévision des recettes

Certaines ont une valeur historique. D'autres sont plutôt contemporaines. Les techniques de prévision des recettes budgétaires ont évolué dans le temps et se perfectionnent avec la montée en puissance des outils d'évaluation quantitative.

A : La méthode de la pénultième année

Elle est très simple et même simplissime. Dans son principe, elle est un exercice de duplication de chiffres. En effet la pénultième année se ramène à reproduire comme prévision pour l'année suivante (n+1) les données complètes de l'exécution budgétaire de l'année précédente (n-1), telles qu'elles sont connues au cours de l'année de référence (année n).

La pénultième année présente les défauts de sa grande simplicité. La vie économique, sociale, la vie tout court est essentiellement dynamique ; rien n'est statique et surtout pas les données économiques et sociales qui servent de fondement à l'élaboration des prévisions de recettes. En cela, la pénultième année réserve des surprises de façon tendancielle. Si la conjoncture économique est à la croissance forte en année n et n+1, l'assiette de l'impôt et les bases imposables vont se bonifier et augmenter de la valeur. Le rendement de l'impôt va s'améliorer et les prévisions de recettes fiscales seront largement au-delà des prévisions. On aura une bonne "cagnotte fiscale". À l'inverse, en période de stagnation ou de récession, le rendement de l'impôt risque d'être moindre que ce que les prévisions établissent. Ce qui conduirait à un déficit d'exécution de la loi de finances.

Ainsi, la méthode de la pénultième année ne sied pas pour les prévisions de recettes concernant les catégories d'impôt très sensible à la conjoncture économique comme l'impôt sur le bénéfice industriel et commercial, les impôts sur les revenus des personnes et les impôts sur la dépense par exemple.

B : La méthode directe

Elle se fonde sur un souci de coller au plus près à la réalité économique et financière. Elle se veut un exercice de rationalité scientifique partant des données fournies par le niveau de croissance économique (indicateur de l'évolution de la richesse nationale produite), le niveau de chômage national (indicateur de la masse des inactifs, des personnes fiscalement improductives), le niveau du commerce extérieur et de la balance des paiements, le niveau du déficit du budget de l'État, le niveau de l'investissement public et privé ("les investissements d'aujourd'hui sont les profits d'hier et les emplois de demain"), la conjoncture économique et financière dans les principaux pays partenaires (pays importateurs et pays bailleurs de fonds), l'indice des prix et les performances du pays face aux critères de premier et de second rang du pacte de convergence, de stabilité de croissance et de solidarité de l'UEMOA.

Ces données économiques et sociales de base servent, à partir de modèles économiques et de calculs économétriques, à élaborer des prévisions de recettes qui reposent sur des bases rationnelles, en application du principe de sincérité budgétaire et sous réserve de la relativité de toute projection de science économique ou de science financière.

C : La méthode de la pénultième année corrigée

C'est la méthode courante dans les États membres de l'UEMOA. Elle est fidèle à la pénultième année au sens où elle se réfère aux données fournies par les exercices budgétaires antérieurs, notamment les données de l'année *n*-1. Elle introduit, cependant, une dose de méthode directe au sens où les données de la pénultième année sont corrigées par les grands indicateurs conjoncturels et leurs évolutions prévisionnelles : les cours des produits primaires, le taux de croissance économique, le taux d'investissement public et privé, le taux d'inflation, la conjoncture dans les principaux pays développés, le cours du dollar et de l'euro, les déficits publics, etc.

> Bien que cette formule (de la pénultième année) comporte les inconvénients que nous venons d'indiquer, elle demeure une référence sérieuse, et nos estimations de recettes tiennent toujours compte des dernières recettes connues, corrigées, d'une part, par le montant des rôles émis et les recouvrements au cours de l'exercice courant, et d'autre part, par l'évolution prévisible de la conjoncture, des textes à incidences financières intervenues au cours de l'année et des conditions économiques nouvelles susceptibles d'affecter positivement ou négativement la matière imposable. C'est ce qui explique le bien-fondé de la collaboration des services fiscaux avec les services économiques pour l'élaboration du budget des recettes
> T. A. OUATTARA, L'économie des finances publiques et le système budgétaire malien, Bamako, édit. Jamana, 2ème édit., 2002, p. 256-257.

Paragraphe 2 : La prévision des dépenses

Prévoir les dépenses est un exercice qui se veut raisonnable mais l'importance des déterminants politiques vient fragiliser ce choix du rationnel et de l'*optimum*.

A : Les différentes catégories de crédit

L'article 20 de la directive relative aux lois de finances distingue deux catégories de crédit :

- les crédits limitatifs : "les dépenses sur crédits limitatifs ne peuvent être engagées et ordonnancées que dans la limite des crédits ouverts" (art. 20, al.2,

DLF). Ces limites peuvent être dépassées dans le cadre de l'exercice de la fongibilité asymétrique (art. 15, DLF)[277] ou s'agissant des budgets annexes, par décision du ministre en charge des finances (art. 35, DLF) ; l'examen des documents budgétaires révèle des situations où le caractère limitatif de ce type de crédit n'est pas respecté par le gouvernement, au cours de l'exécution de la loi de finances de l'année. Ainsi, au Sénégal, "les dépassements sur crédits limitatifs s'élèvent à 8 milliards de FCFA. Deux titres sont concernés par ces dépassements. Il s'agit des dépenses de fonctionnement pour 3,3 milliards de FCFA et des autres transferts courants pour 4,7 milliards de FCFA (...) en conséquence, les dépassements constatés sur les crédits limitatifs sont irréguliers" ;[278]

- les crédits évaluatifs : les "crédits évaluatifs s'imputent au besoin au-delà de la dotation qui les concerne." (article 20, al.3, DLF). Ils correspondant aux crédits relatifs aux charges financières de l'État.

B : La prévision des dépenses : le passage de l'art à la science

La prévision des dépenses est un exercice sensible pour toutes les administrations "dépensières". Elle porte sur le montant de l'enveloppe budgétaire dont ces administrations seront bénéficiaires au cours de l'année budgétaire à venir. Dans un contexte général de rareté des ressources et d'immensité des besoins, la gestion budgétaire classique veut que la prévision des dépenses soit une course au trésor où chaque ministère "dépensier" espère décrocher une part convenable des allocations budgétaires. Ce qui peut conduire à des manœuvres qui faussent volontairement les évaluations des besoins. Ce qui explique également, en même temps qu'il la justifie, l'orientation du cadre harmonisé des finances publiques vers une rationalisation scientifique des prévisions de dépenses. C'est le passage de la démarche artistique à la démarche scientifique.

1. : L'exercice artistique dans la prévision des dépenses

Sur la base d'un savoir-faire empirique, l'évaluation des dépenses est volontairement faussée. Cependant, et dans certaines circonstances, les erreurs d'évaluation se révèlent tout à fait involontaires.

---

[277] République du Bénin, Loi organique n° 2013-14 du 27 septembre 2013 relative aux lois de finances, art. 18 ; République du Mali, Loi n° 2013-028 du 11 juillet 2013 relative aux lois de finances, art. 14 ; République du Niger, Loi organique n° 2012-09 du 26 mars 2012 relative aux lois de finances, art. 16 et République du Sénégal, Loi organique n° 2011-15 du 8 juillet 2011 relative aux lois de finances, art. 15.

[278] Cour des comptes (Sénégal), *Rapport public 2011*, Dakar, p. 22.

a °) : Les évaluations de dépenses volontairement faussées

"Litanie, liturgie, léthargie", disait le français Edgard Faure à propos du processus budgétaire dans son ensemble. La technique budgétaire classique avait ceci de léthargique qu'elle était frappée au coin du bon sens empirique. On fait les choses parce que cela s'est toujours fait ainsi, par tradition. Cela tenait d'un certain art.

En matière de prévision de dépense, le côté léthargique, empirique et artistique tenait à un certain nombre de manipulations de chiffres :

- la sous-évaluation des besoins portant sur des crédits évaluatifs : par définition, un crédit évaluatif peut s'imputer au-delà des crédits ouverts dans la loi de finances. Dès lors, si les crédits minorés se retrouvaient insuffisants en cours d'exécution budgétaire, le recours aux crédits additionnels pourra combler le *gap* par recours à divers mécanismes financiers parfaitement conformes au droit financier : ponction sur les crédits globaux, virement ou transfert de crédit. Ce jonglage sur les chiffres auquel se livrent les ministères "dépensiers" se fait évidemment en amont des conférences budgétaires et des arbitrages rendus par le chef du gouvernement. Mais l'esprit demeure le même : demander peu en espérant un ajustement financier en cours d'année. Tout est dans l'art de la négociation, du rapport des forces politiques, de l'empirisme. Mais les sous-évaluations volontaires des crédits peuvent s'expliquer aussi par des dynamiques autres. Dynamique internationale : il s'agit ici de rassurer la communauté des bailleurs de fonds et des institutions de Brettons Wood sur les engagements d'assainissement des finances publiques et de respect des critères de convergence de l'UEMOA. Dynamique politique : sous-évaluer les besoins de financement et les crédits budgétaires en année électorale en les reportant sur la période d'après les élections.

- la surévaluation des besoins portant sur des crédits limitatifs : les crédits limitatifs ne peuvent être engagés et ordonnancés que dans la limite des crédits ouverts dans la loi de finances. Il convient en conséquence, pour les ministères "dépensiers" de s'entourer de précaution et de se garantir des provisions suffisantes pour faire la route. Dans la mesure où, si ces crédits se révélaient insuffisants en cours d'exécution budgétaire, il n'y aura pas de rallonge budgétaire, selon les termes de la loi. Mais la surévaluation peut aussi concerner des dépenses correspondant à des attentes fortes des populations comme la construction d'une unité de production d'énergie électrique dans un pays frappé par le déficit d'approvisionnement en énergie et le "délestage" constant de courant électrique. Le ministre responsable peut être tenté par une surévaluation des crédits, porté en cela par la "popularité" de son dossier. La sur-dotation de crédit lui permet ensuite de faire des réaffectations sur d'autres programmes ou actions budgétaires qui en ont besoin.

b °) : Les évaluations de dépenses involontairement fausses

La prévision budgétaire ne peut être placée sous le signe absolu de la vérité des chiffres. Elle est un fait de l'Homme et subit des erreurs involontaires d'estimation, soit par sous-estimation soit par surestimation.

En effet, la question de la qualité des ressources humaines a été relevée lors de certaines missions de revue des institutions de Brettons Wood ou de la Commission de l'UEMOA dans les États membres. Après une soixantaine d'années d'indépendance et de formation des cadres, la chaîne budgétaire semble souffrir encore d'un déficit de compétences ou d'une mauvaise utilisation des ressources humaines disponibles. À ceci s'ajoute la question des outils de l'analyse économique et économétrique, les systèmes de modélisation financière. Tout ceci peut conduire à des erreurs involontaires qui se traduisent en sous-estimations ou en surestimations. La bonne foi des acteurs n'étant pas en cause, le principe de sincérité de l'article 30 de la Directive relative aux lois de finances n'est pas violé.

Encadré n° 19 : Les ressources humaines

Les ressources humaines dans la chaîne budgétaire

"D'une manière générale, dans nombre des pays de la zone, les détachements et les mises en disponibilité sont devenus des pratiques courantes entraînant la fuite des meilleurs agents vers le secteur privé, les circuits de gestion dérogatoire et les organisations internationales, souvent perçus comme plus attractifs en termes de salaire et de perspective de carrière. Cette situation est dommageable, à court et à long termes, entraînant un manque de performance de l'administration financière (notamment en en ce qui concerne les directions des affaires financières des ministères techniques, très dépourvues en moyens humains qualifiés dans ce secteur) et un coût supplémentaire important pour former une nouvelle génération de fonctionnaires. La mauvaise gestion du personnel, par son incohérence et son inefficacité, pèse lourdement sur les finances de l'État et porte atteinte à la transparence de ces dernières. S'y ajoutent les questions préoccupantes du vieillissement des fonctions publiques africaines, des départs à la retraite prochains et abondants, de la nécessité de recruter de nouveaux cadres selon des procédures transparentes, de les former à leur nouveau métier, ce qui doit conduire à prendre en compte d'ores et déjà l'effort à consentir dans le domaine de la formation initiale puis continue."

Extrait : M. Bouvier et alii, *La gestion de la dépense publique dans les pays de l'Afrique francophone subsaharienne*, ministère des Affaires étrangères, ministère de l'Économie, des Finances et de l'Industrie, Direction générale de la coopération internationale et du développement, 2004, p. 104.

2 : La rationalisation scientifique de la prévision des dépenses

Le cadre harmonisé des finances publiques dans les pays membres de l'UEMOA n'offre pas une technique inédite en matière de rationalisation scientifique de la prévision de dépenses. Plusieurs expériences exogènes sont à signaler.

a °) : Les antécédents historiques de rationalisation scientifique de la prévision des dépenses

- le *Planning, Programming, Budgeting System* (PPBS) :[279]

- La Rationalisation des Choix budgétaires (RCB) :[280]

b °) : Les initiatives nouvelles de rationalisation scientifique de la prévision des dépenses

- Le *Zero-Based Budgeting (*ZBB):Inspiré du *corporategovernance*, du management d'entreprise, le *Zero-based Budgeting*ou Budget Base Zéro, devint célèbre après son adoption par le gouvernement de Jimmy Carter aux États-Unis dans les années 1970. Le fondement de la ZBB est le refus de l'automaticité, de l'empirisme et de la tradition dans l'affectation de ressources aux différents programmes des administrations publiques. La reconduction habituelle d'un budget d'une année à l'autre est proscrite. Chaque année, le budget est construit *ab initio*, sur une base zéro, comme si rien n'existait ou n'avait été fait avant. Chaque dépense correspondant à une activité ou une action nouvelle ou même ancienne et courante doit faire l'objet d'une justification assortie de l'examen des modes alternatifs de financement. Les propositions qui en découlent sont hiérarchisées pour déboucher sur une décision budgétaire optimisée. Ainsi, le processus budgétaire reprend à zéro chaque année car il faudra justifier chacune des allocations de ressources inscrites dans le budget. Ceci oblige les gestionnaires de crédits, les ministères "dépensiers" à faire une réflexion proactive sur leur propre action et sur l'incidence budgétaire de leurs activités et actions. Le rapport intérêt-coût du ZBB a été discuté aux États-Unis et la méthode a cessé de régir la gestion budgétaire du gouvernement fédéral.

> Le système du budget base zéro (BBZ)
> Le budget base zéro date des années 70. Dans un système de BBZ pur, les budgets ne sont pas basés sur une évolution différentielle par rapport aux montants attribués au cours des années précédentes, mais sur une évaluation annuelle de l'ensemble des actions financées. Le processus budgétaire part donc véritablement chaque année de zéro. La distinction entre services votés et mesures nouvelles, au cœur du modèle français de finances publiques, n'a donc absolument pas cours. Théoriquement, cela veut dire que le gouvernement doit s'interroger sur des questions fondamentales, telles que : Que ferions-nous si nous n'avions ni armée ni marine ?, ou encore : Que se passerait-il si

---

279 Voir *supra* p. 140.

280 Voir *supra* p. 141.

le système de sécurité sociale était aboli ? En pratique, aucun pays n'est allé aussi loin dans la mise en œuvre du BBZ.
Source : Banque Mondiale, *Manuel de gestion des dépenses publiques*, Washington, 1998, p. 27.

- La loi organique relative aux lois de finances (LOLF française) de 2001 et la justification des crédits au premier euro. Elle concerne aussi bien les crédits budgétaires que les effectifs de personnel des administrations publiques. La justification au premier *euro* ou JPE se met en place avec la suppression de la distinction "services votés-autorisations nouvelles" dans le processus d'élaboration de la loi de finances, notamment le vote. La JPE oblige les ministères "dépensiers" et leurs gestionnaires de programmes à présenter, pour chaque programme budgétaire, le contenu et les déterminants des crédits sollicités : *quantum* d'usagers, volume d'activité, superficie des bâtiments, données sur la masse salariale, coûts/unités des dispositifs d'intervention, etc. La JPE n'exclut pas la reconduction des crédits. Ce qu'elle proscrit, c'est la reconduction automatique des crédits selon la méthode anciennement appliquée aux services votés. Le principe de la JPE met seulement l'accent sur la capacité d'analyser le périmètre et la justification des allocations budgétaires dès le premier *euro*.

c °) : L'option faite par le nouveau cadre harmonisé de l'UEMOA pour la rationalisation scientifique de la prévision des dépenses

La rédaction des textes portant nouveau cadre harmonisé des finances publiques au sein de l'UEMOA nous permet de distinguer deux scénarios : le scénario de la justification des crédits au premier franc *nouveau* et le scénario d'une justification des crédits, de tous les crédits dès le premier franc.

- *La justification des crédits au premier franc nouveau* : la directive relative aux lois de finances prescrit une "justification de l'évolution des crédits par rapport aux dépenses effectives de l'année antérieure " (article 46, DLF). On en déduit que tout dépassement de crédit par rapport à l'année *n*-1 doit être justifié. Or, la catégorie des services votés se définit ainsi qu'il suit : services votés de l'année 2014 = crédits votés en année 2013 (/–les "inscriptions non renouvelables et modifiées pour tenir compte de l'incidence en année pleine des mesures approuvées par le Parlement ou décidées par le Gouvernement (…) ainsi que de l'évolution effective des charges couvertes par les crédits évaluatifs" (article 34, directive n° 05/97/CM/UEMOA relative aux lois de finances).

La notion de services votés autorise donc des dépassements de crédits par rapport à l'année budgétaire précédente pour tenir compte des ajustements nécessaires et des mesures exceptionnelles prises en cours d'exercice budgétaire. Les services votés constituent "le minimum de dotations que le gouvernement juge indispensable pour poursuivre l'exécution des services publics dans les conditions qui ont été approuvées l'année précédente par le Parlement" (article 34, directive n° 05/97/CM/UEMOA relative aux lois de finances). Ce qui sous-entend la prise en compte de l'inflation et de l'effet mécanique de mesures administratives ou économiques diverses dans la détermination du montant global des services votés. En tout état de cause, le montant des services votés n'est pas le même d'une année à l'autre et les crédits qui leur sont affectés subissent tout de même une "évolution". Cette "évolution" est malgré tout validée en bloc par le mécanisme du vote unique et global sur les services votés.

Sur ce plan, la formulation de l'article 46 de la directive relative aux lois de finances est plus exigeante. D'abord il est question de dépenses effectives et non de crédits votés par le parlement l'année précédente. La référence est donc la loi de règlement et non la loi de finances de l'année. Ensuite, le fait générateur de l'obligation de "justification" est "l'évolution des crédits", que cette évolution soit le fait des ajustements nécessaires, des mesures exceptionnelles ou la résultante d'autorisations nouvelles de crédits budgétaires.

La directive relative aux lois de finances ayant prévu son entrée en vigueur dans les États pour le 1er janvier 2012, après la prise des textes nationaux de transposition (article 99, DLF), il s'ensuit que les chiffres de l'exécution budgétaire de 2011 en matière de dépense sont les chiffres de référence. Toute évolution sur ces chiffres, que ce soit une augmentation ou une diminution, doit satisfaire les exigences de justification prescrite par l'article 46 de la directive relative aux lois de finances. C'est l'expression du principe de la justification des crédits au *premier franc nouveau.*

- *La justification de tous les crédits au premier franc* : justifier les crédits budgétaires dès le premier franc. L'expression n'apparaît nulle part dans le texte des directives portant cadre harmonisé des finances publiques dans les pays membres de l'UEMOA. Et pourtant les guides didactiques de l'UEMOA font une référence abondante à la justification des crédits au premier franc, en en faisant une des exigences découlant des réformes du cadre de gestion budgétaire de 2009.

À la vérité, il convient de dire que la justification des crédits est consubstantielle à la gestion budgétaire par la performance. Elle participe de l'esprit et des techniques opératoires de la gestion budgétaire par la performance. Sa prise en compte transparaît dans la génération des directives de 2009 à travers la suppression de la distinction traditionnelle entre services votés et autorisations nouvelles. Les services votés sont presque renouvelés dans leur intégralité et font l'objet d'un vote unique par le parlement.[281] La méthode est inflationniste car elle permet la reconduction des activités accompagnée d'un ajustement des coûts pour tenir compte de leur variation

---

[281] E. Toni, *L'autorisation budgétaire dans le droit financier ouest-africain francophone*, Thèse Droit, Lyon3, 2015, pp. 154 et suiv.

(augmentation) d'année en année. Elle ne permet pas non plus une remise en cause, une évaluation et une analyse *value for money* de chaque activité et des crédits qui lui sont affectés. Avec la suppression des services votés, tous les crédits deviennent des autorisations nouvelles qui doivent suivre la procédure de l'examen, de la discussion et du vote par le parlement.

Justifier les crédits, ce n'est pas seulement dire à quoi ils serviront. Justifier les crédits, ce n'est pas seulement dire qu'ils serviront à acheter des autocars pour les étudiants ; ce n'est pas suffisant de dire, non plus, qu'ils serviront à équiper le nouveau centre de formation en administration publique locale ; ce n'est pas suffisant enfin de dire qu'ils serviront à payer des primes à une catégorie (bruyante) d'agents permanents de l'État. La question principale qui se pose et qu'il faut poser est de savoir si l'achat des autocars est la meilleure option dans une perspective de rapport intérêt/coût pour atteindre le même résultat ? De même, il faut se demander si la mutualisation des moyens ne condamne pas le centre de formation en administration publique locale à fusionner avec des écoles existantes pour réaliser des économies d'échelle ? Les primes payées motivent-elles davantage les agents permanents de l'État ou contribuent-elles à susciter d'autres revendications dans d'autres corps de métiers ?

Justifier les crédits, c'est leur donner une base rationnelle ; c'est les insérer dans une logique de rationalité financière. Ainsi, la justification des crédits ne peut s'opérer de façon judicieuse qu'en se conjuguant avec la technique de recensement des moyens alternatifs de mise en œuvre des programmes. Un crédit est justifié et donc peut être inscrit dans le projet de loi de finances lorsque la preuve est apportée que c'est le meilleur moyen de réaliser un résultat concourant lui-même à l'atteinte d'un objectif programmatique. Finis l'empirisme, la tradition, les habitudes et la léthargie. Il faut rationnaliser, c'est-à-dire passer à des analyses économiques et à des évaluations *ex ante* pour donner des fondements scientifiques aux choix budgétaires qui sont faits.

Cette approche nouvelle implique que la justification des crédits soit amorcée dès la préparation du budget au niveau des ministères sectoriels. Les crédits budgétaires sollicités par les ministères doivent pouvoir être justifiés dans leur pertinence par rapport aux résultats et aux objectifs des programmes budgétaires du ministère. Les discussions budgétaires au ministère en charge des finances devraient pouvoir porter sur la vérification des hypothèses et des conclusions ayant servi de base au choix des actions de mise en œuvre des programmes et à l'inscription des crédits budgétaires afférents. Le débat devra porter non seulement sur les montants des crédits mais aussi et surtout sur le libellé des crédits budgétaires après le travail préalable de sélection des actions par choix alternatif. Il s'agit de justifier les crédits pour "*dépenser mieux*". La gestion budgétaire par la performance se fera dans un environnement qui fait recours au "calcul économique : recherche opérationnelle, analyse de coût-bénéfice, analyse des systèmes,"[282] pour tous les crédits inscrits dans le projet de loi de finances de l'année. C'est le scénario total, le scénario qui correspond à l'esprit des réformes amorcées depuis 2009 dans les États membres de l'UEMOA.

SECTION 4
LA PRÉSENTATION DE LA LOI DE FINANCES

Le nouveau cadre harmonisé des finances publiques dans les pays de l'UEMOA contient quelques exigences essentielles de présentation des lois de finances. Ces exigences tiennent à la structure interne des lois de finances mais aussi à leur contenu.

Paragraphe 1 : La typologie des lois de finances

L'article 5 de la directive relative aux lois de finances distingue : la loi de finances de l'année, les lois de finances rectificatives et la loi de règlement.

A : La loi de finances de l'année

C'est la plus connue des lois de finances, celle que le langage commun finit par appeler tout simplement la loi de finances. Sa préparation dure un semestre et quelques fois plus. Son exécution couvre l'année civile qui se confond ainsi avec l'année budgétaire.

"La loi de finances de l'année prévoit et autorise, pour chaque année civile, l'ensemble des ressources et des charges de l'État." (Article5, DLF). La loi de finances de l'année est un acte de prévision et un acte d'autorisation. Elle récapitule les prévisions de recettes et de dépenses de l'année, avec les marges d'incertitude propres à tout exercice de prévision. On estime qu'elle a un effet d'affichage, surtout en matière de dépense.

En matière de recette, l'autorisation législative donne une base légale aux impôts et taxes applicables aux contribuables. Ceci, conformément aux dispositions de l'article 4 de la directive relative aux lois de finances ("Aucune recette ne peut être liquidée ou encaissée, aucune dépense publique ne peut être engagée ou payée si elle n'a été au préalable autorisée par une loi de finances") et au point 1.1 du Code de transparence dans la gestion des finances publiques au sein de l'UEMOA ("Les règles relatives à l'assiette, au taux et au recouvrement des impositions de toute nature sont définies par la loi").

[282] E. Andreani, "Une révolution budgétaire ? Le planning, programming, budgeting system", *in Revue de Science Financière*, 1968, p. 203.

B : Les lois de finances rectificatives

"Les lois de finances rectificatives modifient, en cours d'année, les dispositions de la loi de finances de l'année" (article 5, DLF). L'exécution budgétaire peut s'affranchir des données chiffrées des autorisations budgétaires contenues dans la loi de finances de l'année, soit pour des raisons conjoncturelles (baisse drastique des cours des produits d'exportation comme les hydrocarbures, les produits miniers, les produits agricoles de rente tels le coton, le café, le cacao) soit pour des motifs structurels (dévaluation du franc CFA de 1994) ou enfin pour des causes politiques (sécession de fait du nord Mali en 2013 et du nord de la Côte d'Ivoire au cours de la deuxième moitié de la décennie 2000) qui privent le Trésor public des recettes fiscales et non fiscales de vastes régions du territoire national.

D'une manière générale, tous les écarts par rapport aux prévisions budgétaires, lorsqu'ils sont pris par le gouvernement par acte règlementaire, doivent faire l'objet d'une régularisation dans une loi de finances rectificative ou dans la loi de règlement. C'est le sens de l'article 4 alinéa 2 de la directive relative aux lois de finances : "Toutefois, conformément à l'article 5 alinéa 3, des recettes non prévues par une loi de finances initiale peuvent être liquidées ou encaissées à condition d'être autorisées par un décret pris en conseil des ministres et régularisées dans la plus prochaine loi des finances."

C : La loi de règlement

La loi de règlement ne prévoit pas mais constate et valide les résultats de l'exécution de la loi de finances de l'année, éventuellement corrigée des lois de finances rectificatives. "La loi de règlement constate les résultats financiers de chaque année civile et rend compte de l'exécution du budget ainsi que de l'utilisation des crédits" (article 5, *in fine*, DLF).

Si la loi de finances de l'année est réputée avoir un effet d'affichage, la loi de règlement présente l'intérêt de donner le vrai visage des finances publiques : montant réel des prélèvements obligatoires opérés, chiffre réel du déficit budgétaire et de la dette publique cumulée, etc. Les chiffres de la loi de règlement permettent les analyses de nature économique et financière sur l'effet d'éviction des emprunts d'État, la courbe de Laffer sur la dépense publique, le respect des critères (financiers) de convergence du Pacte de convergence, de stabilité, de croissance et de solidarité.

Le vote de la loi de règlement est une activité qui n'a pas toujours bénéficié d'une grande sollicitude de la part des parlements et des gouvernements au sein de l'UEMOA. Au Sénégal, après près d'une décennie d'état d'hibernation, la Cour des comptes a renoué avec la légalité en élaborant, au cours des années 1999 et 2000, une série de neuf rapports sur l'exécution des lois de finances accompagnés de neuf déclarations générales de conformité annexées aux projets de loi de règlement de neuf années couvrant la période 1987/1988 à 1996. Le parlement a été en mesure de voter les lois de règlement des périodes considérées en janvier 2000.[283] Au Bénin, le tout premier rapport sur l'exécution de la loi de finances et la déclaration générale qui l'accompagne sont datés de 1999 et concerne la gestion budgétaire de 1998[284], soit la 38ème loi de finances de l'année depuis l'indépendance acquise en 1960.

Dorénavant, la directive relative aux lois de finances prescrit que le "projet de loi de règlement est déposé sur le bureau du Parlement et distribué au plus tard le jour de l'ouverture de la session budgétaire de l'année suivant celle de l'exécution du budget auquel il se rapporte" (article 63, DLF).[285]

D : La question des douzièmes provisoires

Le douzième provisoire a été présenté *supra* comme la "loi de finances provisoire". Elle l'est sur le plan formel car elle résulte d'un acte législatif. Elle l'est aussi sur le plan matériel parce qu'elle ne contient que des dispositions financières, d'autorisation de percevoir les recettes et de payer les dépenses. Pour toutes ces raisons, les lois de douzième provisoire sont de celles qui ont le caractère de lois de finances.

Elles viennent ainsi compléter la typologie établie par l'article 5 de la directive relative aux lois de finances. On devrait pouvoir écrire et lire : ont le caractère de loi de finances : la loi de finances de l'année, les lois de finances rectificatives, la loi de règlement et les lois portant autorisation de percevoir les recettes et les dépenses par douzième provisoire.

Paragraphe 2 : Contexture et contenu de la loi de finances de l'année

La directive relative aux lois de finances prescrit une contexture standard et un contenu orthodoxe des lois de finances de l'année.

---

283 Cour des Comptes, *Rapport public 1999 et 2000*, Dakar, Décembre 2001, p.27.

284 Cour suprême, Chambre des comptes, *Rapport sur l'exécution des lois de finances pour l'année 1998. Déclaration générale de conformité*, Cotonou, 1999, p.1. Trois lois de finances ont été votées en 1998 : la loi de finances de l'année, une loi de finances rectificative et une loi portant programme d'investissement public. La Cour précise qu'elle réalise ce contrôle (rapport sur l'exécution et déclaration générale de conformité) "pour la première fois depuis sa création."

285 Le gouvernement dispose d'un délai maximum de dix-mois après l'exécution de la loi de finances de l'année pour produire et déposer le projet de loi de règlement attendu au parlement, au plus tard, le premier jour de l'ouverture de la session budgétaire qui suit l'année d'exécution du budget (République du Bénin, Loi organique n° 2013-14 du 27 septembre 2013 relative aux lois de finances, art. 66 ; République de Côte d'Ivoire, Loi organique n° 2014-336 du 5 juin 2014 relative aux lois de finances, art. 65 ; République du Mali, Loi n° 2013-028 du 11 juillet 2013 relative aux lois de finances, art. 62 ; République du Niger, Loi organique n° 2012-09 du 26 mars 2012 relative aux lois de finances, art. 74 ; République du Sénégal, Loi organique n° 2011-15 du 8 juillet 2011 relative aux lois de finances, art. 70.).

A : Les parties de la loi de finances de l'année

"Le texte de la loi de finances de l'année comprend deux parties distinctes" (article 45, DLF) qui sont :

- *la première partie* retrace les données de synthèse sur, de première part, les recettes budgétaires, les ressources de trésorerie. Cette partie renouvelle l'autorisation de percevoir les impôts et taxes en vertu du principe de l'annualité budgétaire mais aussi du principe du consentement à l'impôt. De seconde part, la première partie de la loi de finances de l'année fixe les plafonds de dépenses du budget général, de chaque budget annexe, les plafonds des charges de chaque catégorie de comptes spéciaux du Trésor. De troisième part, la première partie de la loi de finances de l'année énonce les données générales de l'équilibre budgétaire et financier (solde budgétaire de base, solde budgétaire global) ainsi que le tableau de financement.

- *la seconde partie* est plus détaillée et retrace les crédits de paiement et les autorisations d'engagement par ministère, par programme, par budget annexe et par compte spécial du Trésor. Elle définit les modalités de répartition des concours financiers de l'État aux autres administrations publiques, autorise l'octroi des garanties et avals accordés par l'État, approuve les conventions financières conclues par l'État et fixe toutes règles fondamentales relatives à l'exécution des budgets publics.

B : Les documents annexés à la loi de finances de l'année

"La loi de finances de l'année comprend le texte de loi proprement dit et les annexes qui l'accompagnent et qui en font partie intégrante" (article 44, DLF).

Ces annexes sont nombreuses et apportent un complément d'informations utiles à la représentation nationale, au moment de la discussion et du vote du projet de loi de finances devant les élus nationaux. Ces documents sont au nombre de cinq :

- le rapport définissant l'équilibre économique et financier, les résultats connus et les perspectives. Ce rapport explique et justifie les choix de politique budgétaire du gouvernement. Il permet de faire le lien entre les objectifs de politique économique et financière et les options de fiscalité et de dépense contenues dans la loi de finances ;

- le plan de trésorerie prévisionnel et mensualisé de l'exécution du budget de l'État ;

- le document de programmation budgétaire et économique pluriannuelle. Ce document "évalue le niveau global des recettes attendues de l'Etat, décomposées par grande catégorie d'impôts et de taxes et les dépenses budgétaires décomposées par grande catégorie de dépenses. (...) il évalue également "l'évolution de l'ensemble des ressources, des charges et de la dette du secteur public en détaillant en particulier les catégories d'organismes publics" (article 52, DLF) ;

- les documents de programmation pluriannuelle des dépenses : ils "prévoient, pour une période minimale de trois ans, à titre indicatif, l'évolution des crédits et des résultats attendus sur chaque programme en fonction des objectifs poursuivis" (article 53 DLF) ;

- les annexes explicatives : les dépenses par programme et par dotation, les projets annuels de performance, le montant des recettes et des dépenses ventilées par nature pour chaque budget annexe et chaque compte spécial du Trésor, l'encours et le service de la dette, les tableaux explicatifs et de synthèse, etc.[286]

C : Contenu de la loi de finances de l'année

La directive relative aux lois de finances circonscrit le domaine des lois de finances à déterminer "la nature, le montant et l'affectation des ressources et des charges de l'État" (article 3, DLF). Le Titre III de la même directive consacré au "Contenu des lois de finances de l'année" précise que "les ressources et les charges de l'État sont constituées de recettes et de dépenses budgétaires ainsi que de ressources et de charges de trésorerie" (article 6, DLF).

Sur cette base de définition à la fois du domaine et de la spécificité des lois de finances de l'année, la directive relative aux lois de finances prescrit qu'au cours des débats et amendements au parlement, "la disjonction d'articles additionnels ou d'amendements qui contreviennent (...) à l'*objet* des lois de finances (...) est de droit (article 59, DLF). Il est ainsi interdit d'inscrire dans une loi de finances des dispositions qui n'ont aucun caractère budgétaire, parce que ne concernant pas les recettes et les dépenses de l'État, ni les ressources et les charges de trésorerie.

---

[286] L'article 4 du règlement n°09/2007/CM/UEMOA portant cadre de référence de la politique d'endettement public et de gestion de la dette publique dans les Etats membres de l'UEMOA ajoute que le projet de loi de finances doit aussi comprendre en annexe les données relatives à (i) la justification de l'emprunt, (ii) les plafonds d'endettement et de garanties, (iii) la structure du portefeuille des nouveaux emprunts, (iv), les termes indicatifs des nouveaux emprunts, (v) le profil de viabilité de la dette publique pour les quinze années à venir.

CHAPITRE 4

LE VOTE DU PROJET DE LOI DE FINANCES DE L'ANNÉE

Ni la directive relative aux lois de finances, ni celle portant règlement général sur la comptabilité publique ne comportent une disposition qui affirme la compétence de principe du parlement en matière de vote du projet de loi de finances de l'année. Pour retrouver une telle attribution expresse de compétence, il faut recourir aux textes des constitutions des États.

Le droit financier comparé a montré le rôle joué par la revendication du consentement à l'impôt comme catalyseur des régimes démocratiques modernes. Ce consentement à l'impôt est l'œuvre des parlements.

Cependant, le Code de transparence dans la gestion des finances publiques au sein de l'UEMOA vient rappeler opportunément, en son point 2.3, qu'"en matière budgétaire, le parlement est appelé à délibérer chaque année sur le projet de budget de l'État et sur son exécution." Cette réaffirmation de la compétence de principe de la représentation nationale en matière d'adoption de la loi de finances ne fait pas oublier que le parlement subit un double encadrement dans l'exercice de cette compétence : encadrement du délai d'examen et de vote d'une part, et encadrement de l'ordre du jour et des pouvoirs d'amendement. Quant à la procédure de vote, elle est fidèle à la démarche de la globalisation des crédits.

SECTION 1
ENCADREMENT DU DÉLAI D'EXAMEN ET DE VOTE

La loi de finances est introduite par le gouvernement avant d'être examinée et votée par le parlement.

Paragraphe 1 : Le dépôt du projet de loi de finances

Le projet de loi de finances de l'année "est déposé sur le bureau du Parlement au plus tard le jour de l'ouverture de la session budgétaire" (article 58, DLF).

A : Les actes préalables nécessaires

Le dépôt avant l'ouverture de la session budgétaire suppose l'accomplissement d'actes juridiques et d'actes matériels préalables.

1 : Les actes juridiques

Le projet de loi de finances doit avoir été finalisé en conseil des ministres, conformément aux dispositions de l'article 56 de la directive relative aux lois de finances. Ce qui suppose que les derniers arbitrages ont été rendus par le chef du gouvernement, et le décret portant transmission au parlement a été signé.

2 : Les actes matériels

Le dépôt est un acte matériel de transport du dossier en format papier du siège du gouvernement vers les locaux où se réunissent les parlementaires. C'est un exercice physique de déplacement de documents officiels à "déposer" sur le bureau du parlement.

Le développement de la gouvernance électronique laisse présager une transmission par courrier électronique en lieu et place du transport physique.

B : La date de dépôt

Le délai fixé est celui du "jour de l'ouverture de la session budgétaire".

1 : La notion de session budgétaire

Elle est contenue dans les textes constitutionnels des États membres de l'UEMOA et c'est tout naturellement que la directive relative aux lois de finances la reprend. C'est la session consacrée à l'examen et au vote du projet de loi de finances de l'année. Ce qui suppose qu'il y a deux sessions du parlement et qu'une autre session est consacrée aux lois qui ne sont pas des lois de finances de l'année. La notion de session budgétaire pourrait devenir inadéquate si les États membres passaient au régime de la session unique du parlement, comme le fait déjà le Sénégal (art. 63 de la constitution).

2 : Le délai de dépôt

"Au plus tard le jour de l'ouverture de la session budgétaire" (art. 58, DLF), selon la directive relative aux lois de finances.[287]

Paragraphe 2 : Le délai de vote

Il convient de distinguer ici une hypothèse normale et un cas de dépassement de délai de dépôt.

---

[287] Les droits nationaux des Etats sont plus précis sur les dates du calendrier budgétaire. Le projet de loi de finances de l'année doit être reçu au parlement au plus tard le dernier mercredi du mois de septembre (article 87 & 103, constitution du Burkina Faso), la première quinzaine du mois d'octobre (article 63, constitution du Sénégal), la première semaine du mois d'octobre (article 91, constitution du Niger), la 2ème quinzaine du mois d'octobre (article 87 & 109, constitution du Bénin).

A : L'hypothèse normale

Lorsque le gouvernement respecte les délais de dépôt du projet de loi de finances devant le parlement, celui-ci a l'obligation de clôturer la procédure législative à la fin de la session budgétaire au plus tard (article 58, alinéa 2, DLF). La directive utilise le présent de l'indicatif du verbe devoir. Ce qui donne une valeur absolue à l'obligation juridique d'examen et de vote du projet de loi de finances dans les délais prescrits.[288]

B : Le cas du dépôt tardif

Pour des raisons quelconques (contraintes administratives, pourparlers avec les bailleurs de fonds, difficultés politiques sur les arbitrages budgétaires, etc.), le gouvernement peut être amené à ne transmettre le projet de loi de finances de l'année au parlement qu'après les dates fixées par les textes en vigueur, dans tous les cas, après l'ouverture de la session budgétaire. En cette hypothèse, le délai d'examen et de vote au parlement va au-delà de la date de clôture de la session budgétaire. Celle-ci est immédiatement et de plein droit suivie d'une session extraordinaire dont la durée équivaut, au plus, au temps de retard mis par le gouvernement pour se conformer aux prescriptions communautaires et constitutionnelles en matière de dépôt au parlement du projet de loi de finances de l'année (article 58, alinéa3, DLF).

C : La sanction de la tardiveté dans l'examen et le vote

L'article 58 de la directive relative aux lois de finances est formel. Lorsque les délais d'examen et de vote (hypothèse normale et dépôt tardif) ne sont pas respectés par le parlement, deux voies de droit s'ouvrent au gouvernement :

- il *peut* mettre le projet de loi de finances en vigueur par ordonnance, dans le cas où il a déposé son projet dans les délais normaux, c'est-à-dire au plus tard au moment de l'ouverture de la session budgétaire ("il peut être mis en vigueur par ordonnance", article 58, alinéa2, DLF) : ceci est analysé comme une faculté offerte au gouvernement qui n'est pas obligé d'en user. Il appartient au chef du gouvernement de faire la part des choses entre les gains financiers et les gains politiques d'un recours à une ordonnance pour mettre en vigueur son projet de loi de finances de l'année ;

---

[288] Les législations nationales donnent un délai au parlement pour examiner et adopter le projet de loi de finances de l'année. Ce délai est de soixante-quinze jours au Burkina-Faso (République du Burkina-Faso, Constitution du 11 juin 1991, art. 103), soixante-dix jours en Côte d'Ivoire (République de Côte d'Ivoire, constitution de la 3ème république de Côte d'Ivoire, art. 112), soixante jours en Guinée, au Niger et au Sénégal (République de Guinée, Constitution du 19 avril 2010, art. 76 ; République du Niger, Constitution du 25 novembre 2010, art 114 et République du Sénégal, Constitution du 22 janvier 2001, art. 68). Dans tous les cas, le vote du projet de loi de finances doit intervenir avant le début du nouvel exercice budgétaire (V. aussi République du Bénin, Constitution du 11 décembre 1990, art. 110 ; République du Mali, Constitution du 25 février 1992, art. 77 et République du Togo, Constitution du 14 octobre 1992, art 91).

- si, à la fin de la session extraordinaire consacrée au projet de loi de finances (session budgétaire normale augmentée du temps de retard imputable au gouvernement), le texte n'est toujours pas adopté, le projet de loi de finances "est mis en vigueur par ordonnance" (article 58, alinéa3, DLF). Il ne s'agit plus ici d'une faculté laissée à la discrétion du gouvernement mais d'un impératif juridique. [289]

D : Sens et portée de la sanction par les ordonnances

"L'ordonnance est un acte signé par le Président (...), après délibération du Conseil des ministres, dans les domaines réservés à la loi et dans les cas prévus (...). Elle entre en vigueur dès sa publication" (article 99, constitution du Burkina Faso). L'ordonnance réunit ainsi deux caractères essentiels : elle est un acte émané de l'exécutif et est prise dans un domaine constitutionnellement réservé à la loi, c'est-à-dire à la délibération et au vote du parlement.

La directive relative aux lois de finances, en donnant au pouvoir exécutif la compétence de légiférer par ordonnance en matière financière, prend en compte deux considérations :

- ne pas laisser le débat budgétaire s'éterniser dans les négociations et conciliabules qui privent la nation de son référentiel en matière de recettes et de dépenses. Le choix fait est celui d'une gouvernance efficace. C'est ce qu'on a appelé ailleurs, une technique du parlementarisme rationalisé ;

- faire prendre conscience que si le temps c'est de l'argent, inversement, l'argent c'est aussi une question de temps : le temps de la mobilisation des ressources, le temps de saisir les opportunités de dépenses.

SECTION 2
ENCADREMENT DE L'ORDRE DU JOUR ET DU DROIT D'AMENDEMENT

Le parlement doit d'abord voter la première partie du projet de loi de finances de l'année tout en gardant à l'esprit que son pouvoir d'amendement est très limité.

[289] Les législations des Etats reprennent cette habilitation du gouvernement à recourir aux ordonnances. Si le parlement ne s'est pas prononcé, avant l'expiration du délai d'examen ou le début de l'année budgétaire, les dispositions du projet de loi de finances peuvent être mises en vigueur par ordonnance : République du Bénin, Constitution du 11 décembre 1990, art. 110 ; République du Burkina-Faso, Constitution du 11 juin 1991, art. 103 ; République de Côte d'Ivoire, constitution de la 3ème République de Côte d'Ivoire, art. 112 ; République du Mali, Constitution du 25 février 1992, art. 77 ; République du Niger, Constitution du 25 novembre 2010, art. 114 ; République du Sénégal, Constitution du 22 janvier 2001, art. 68 et République du Togo, Constitution du 14 octobre 1992, art. 91.

Paragraphe 1 : Le vote en premier de la première partie

"La seconde partie de la loi de finances de l'année ne peut être mise en discussion devant le Parlement avant l'adoption de la première partie"(article 60, DLF). Cette formulation a un sens et un intérêt.[290]

A : Sens de l'article 60 de la directive relative aux lois de finances

L'article 60 a une double signification : ni la discussion, ni l'adoption des deux parties du projet de loi de finances ne doivent être concomitantes.

1 : La discussion ne doit pas être concomitante

Les travaux en commission parlementaire ont pu porter sur les deux parties du projet de loi de finances. Les échanges entre le gouvernement et les élus au sein de la commission des finances du parlement ont pu valablement concerner la première et la seconde partie du projet de loi de finances sans qu'on puisse soutenir qu'il y a violation de l'article 60 de la directive relative aux lois de finances.

Par contre, lorsque la session plénière du parlement (ou les sessions plénières en cas de bicaméralisme) se réunit, l'exigence de dissociation devient un impératif juridique. La discussion doit commencer par le texte de la première partie du projet de loi de finances.

2 : L'adoption ne doit pas être concomitante

La discussion de la première partie du projet de loi de finances doit déboucher sur son adoption ou son rejet. Lorsque le texte de la première partie est adopté, alors seulement peut commencer la discussion suivie du vote de la seconde partie.

Les discussions de la seconde partie peuvent-elles remettre en cause le contenu du texte adopté sur la première partie ? La directive relative aux lois de finances n'est pas explicite sur la question. Si on s'en tient à la lettre de ladite directive, la réponse serait négative. Par contre, si on tient compte de l'esprit de la directive, on se rend compte que le souci majeur est de préserver l'équilibre budgétaire et financier fixé dans la première partie. Dans la mesure où cet équilibre est préservé, des ajustements sur les "plafonds d'autorisation de dépenses" peuvent être jugés recevables.

---

[290] Les législations nationales des Etats vont dans le même sens : République du Bénin, Loi organique n° 2013-14 du 27 septembre 2013 relative aux lois de finances, art. 63 ; République du Burkina-Faso, Loi n° 006-2003/AN du 24 janvier 2003 relative aux lois de finances, art. 47 ; République de Côte d'Ivoire, Loi organique n° 2014-336 du 5 juin 2014 relative aux lois de finances, art. 62 ; République du Sénégal, Loi organique n° 2011-15 du 8 juillet 2011 relative aux lois de finances, art. 40 et République du Togo, Loi organique n° 2014-013 du 27 juin 2014 relative aux lois de finances, art. 60.

B : Intérêt de l'article 60 de la directive relative aux lois de finances

L'intérêt de l'article 60 découle de la logique inhérente au contenu des deux parties du projet de loi de finances de l'année.

1 : La seconde partie est consacrée aux dépenses

Maurice Duverger avait une perception allégorique du budget lorsqu'il disait qu'il est "une gigantesque pompe aspirante et foulante".[291] La seconde partie du projet de loi de finances de l'année correspond à l'aspect "pompe foulante" de la loi de finances. Elle est consacrée essentiellement aux sorties, aux dépenses : crédits de paiement et crédits d'engagement du budget général de l'État, des budgets annexes et des comptes spéciaux du Trésor. L'examen et le vote des crédits affectés aux programmes et aux dotations ne peuvent logiquement intervenir sans l'évaluation préalable de la capacité de financement de l'État. Cette capacité de financement est retracée dans la première partie du projet de loi de finances de l'année.

2 : La première partie fixe les limites de la faculté de dépenser et le tableau d'équilibre

Le contenu de la première partie contient trois données fondamentales comme on l'a indiqué *supra* : d'abord, les recettes et les ressources de trésorerie, ensuite les plafonds d'autorisation de dépenses, enfin et surtout le tableau d'équilibre budgétaire et financier. L'examen et le vote de ces agrégats, en particulier le tableau d'équilibre budgétaire et financier servent de cadrage à la discussion et au vote de la deuxième partie. La première partie conditionne la seconde, dans la mesure où la pompe budgétaire ne peut fouler que ce qu'elle a pu aspirer.

Paragraphe 2 : Encadrement du droit d'amendement

Le souci est de ne pas défigurer le projet de loi de finances de l'année et de toujours garder à l'esprit qu'il est la traduction financière de politiques publiques déterminées et conduites par le gouvernement. D'où l'interdiction des augmentations de dépenses, l'intangibilité des programmes budgétaires et l'obligation de motivation.

A : L'interdiction d'augmenter les dépenses

"Aucun article additionnel, aucun amendement à un projet de loi de finances ne peut être proposé par le Parlement, sauf s'il tend à supprimer ou à réduire effectivement une dépense, à créer ou à accroître une recette" (article 59 alinéa1, DLF). La formulation de la directive est très stricte. Elle va au-delà du contenu de certains textes constitutionnels nationaux qui admettent

[291] M. Duverger, *Les finances publiques*, Paris, PUF, Collection Que sais-je ? 1950, p. 9.

la faculté pour les parlementaires d'augmenter les dépenses à condition de prévoir les recettes de financement des dépenses nouvelles proposées.

Si la directive relative aux lois de finances paraît rigoriste en matière d'amendement, elle n'est cependant pas sans intérêt pour la gestion performancielle des finances publiques. Les députés peuvent, en effet, amender le projet de loi du gouvernement en proposant, sur le volet "supprimer ou réduire effectivement une dépense", la réduction du train de vie de l'État, la rationalisation des rémunérations politiques, la modernisation des méthodes et techniques de gestion administrative, souvent source de double emploi ou de gaspillage. Au titre du volet "créer ou accroître une recette", les parlementaires peuvent contribuer à établir le principe de l'unité budgétaire qui veut que toutes les recettes figurent dans la loi de finances. Les recettes publiques non inscrites dans les lois de finances constituent des pratiques courantes de la gestion financière ouest-africaine francophone.[292]

B : L'intangibilité des programmes budgétaires

"Le Parlement ne peut proposer ni la création ni la suppression d'un programme, d'un budget annexe ou d'un compte spécial du Trésor" (article 59 alinéa1, DLF). La cohérence globale du projet de loi de finances de l'année doit être maintenue en termes de quantité des programmes budgétaires, des budgets annexes et des comptes spéciaux du Trésor. Le pouvoir d'amendement des parlementaires est *intra* programme budgétaire, *intra* budget annexe et *intra* comptes spéciaux du Trésor, en rappelant qu'il ne peut porter que sur la suppression ou la réduction des dépenses, la création ou l'accroissement des recettes.

C : L'obligation de motivation

"Tout article additionnel et tout amendement doit être motivé et accompagné des développements des moyens qui le justifient" (article 59 alinéa2, DLF). Les parlementaires doivent produire à l'appui de leurs amendements un argumentaire qui les fonde sur le plan technique et sur le plan financier. Ceci requiert, de la part des élus nationaux, un travail intellectuel en amont qui soit qualitativement de nature à contrebalancer les options du gouvernement, telles que retracées dans le projet de loi de finances de l'année, surtout dans sa partie relative aux documents accompagnant ledit

---

[292] Les véhicules d'occasion importés par le port de Cotonou (Bénin) et réexportés vers les pays voisins, acquittent des droits de transit qui devraient normalement figurer dans les comptes de l'administration douanière. Après des décennies de perception de ces droits, et face au flou qui existe sur la gestion desdits fonds, le 20 juin 2016, un député pose une question orale avec débat au gouvernement, en application de l'article 106 du Règlement intérieur de l'Assemblée Nationale : "*Combien la filière de véhicules d'occasion a-t-elle rapporté au Bénin les huit (8) dernières années ?Dans quel compte (public ou privé) les fonds issus de cette filière sont-ils versés ? Quelles en sont les preuves ?*" Ces informations ne sont évidemment pas retracées dans les projets de loi de finances soumis à l'examen et au vote des députés.

projet : le rapport sur l'équilibre économique et financier, les résultats connus et les perspectives, le plan de trésorerie prévisionnel et mensualisé de l'exécution du budget de l'État, le document de programmation budgétaire et économique pluriannuelle, les documents de programmation pluriannuelle des dépenses, la justification de l'évolution des crédits par rapport aux dépenses effectives de l'année antérieure, etc.

SECTION 3
LA PROCÉDURE DE VOTE

Elle met en évidence une dynamique de globalisation de la technique de vote, d'une part et d'autre part un déséquilibre des pouvoirs entre le gouvernement et le parlement.

Paragraphe 1 : La globalisation du vote

Elle concerne aussi bien le vote des recettes et des ressources que le vote des dépenses et des charges.

A : Le vote des dépenses et des charges[293]

Deux niveaux sont à distinguer : le budget général de l'État d'une part, les budgets annexes et les comptes spéciaux du Trésor, d'autre part.

1 : Le budget général de l'État

"Les crédits du budget général font l'objet d'un vote par programme et d'un vote par dotation" (article 61, al.1, DLF). Le programme devient l'unité à la fois juridique, financière et économique du budget général. À l'intérieur du programme, les crédits sont fongibles dans la limite de la fongibilité asymétrique fixée par l'article 15 de la directive relative aux lois de finances. La responsabilité de l'ordonnateur et du responsable de programme signifie l'autonomie de gestion de ces deux organes de l'exécution budgétaire. Elle signifie aussi que la reddition de compte se fera sur les programmes, leurs résultats, la mesure de leurs efficiences.

[293] Voir les législations des Etats : République du Bénin, Loi organique n° 2013-14 du 27 septembre 2013 relative aux lois de finances, art. 64-3 et 64-6 ; République de Côte d'Ivoire, Loi organique n° 2014-336 du 5 juin 2014 relative aux lois de finances, art. 63-1 & 63-4 ; République du Mali, Loi n° 2013-028 du 11 juillet 2013 relative aux lois de finances, art. 60-2 & 60-6 ; République du Niger, Loi organique n° 2012-09 du 26 mars 2012 relative aux lois de finances, art. 61-2 & 61-5 ; République du Sénégal, Loi organique n° 2011-15 du 8 juillet 2011 relative aux lois de finances, art. 60-1 & 60-4 ; République du Togo, Loi organique n° 2014-013 du 27 juin 2014 relative aux lois de finances, art. 61-2 & 61-5.

2 : Les budgets annexes et les comptes spéciaux du Trésor

"Les crédits de budgets annexes et des comptes spéciaux font l'objet d'un vote par budget annexe et par compte spécial du trésor" (art. 61, al.4, DLF). Cette formulation est la conséquence logique du contenu des articles 34, alinéa 3 et 36 alinéa 2 de la directive relative aux lois de finances. Ces deux articles posent le principe que les budgets annexes et les comptes spéciaux du Trésor constituent des programmes au sens de l'article 12 de la directive.

B : Le vote des recettes et des ressources[294]

Ici, aussi, deux niveaux sont à distinguer : le budget général de l'État d'une part, les budgets annexes et les comptes spéciaux du Trésor, d'autre part.

1 : Le budget général de l'État

"Les évaluations de recettes font l'objet d'un vote d'ensemble pour le budget général" (article 61, alinéa1, DLF). Le vote est unique et inclut tout à la fois, les impôts, les taxes, le produit des amendes, les rémunérations des services rendus et redevances, les fonds de concours, dons et legs, les revenus des domaines et des participations financières, les produits divers.

2 : Les budgets annexes et les comptes spéciaux du Trésor

"Les évaluations de recettes font l'objet d'un vote d'ensemble par budget annexe et par compte spécial du Trésor" (article 61, alinéa 3, DLF). Au total, deux votes sont organisés pour chaque budget annexe et chaque compte spécial du Trésor : un vote sur les recettes ou les ressources et un vote sur les dépenses ou les charges. Ces votes ne peuvent cependant être concomitants et doivent respecter la règle de l'antériorité de l'adoption des recettes avant la mise en discussion des dépenses, conformément aux dispositions de l'article 60 de la directive relative aux lois de finances.

Paragraphe 2 : Le déséquilibre des pouvoirs entre le gouvernement et le parlement

L'esprit général des régimes politiques des États membres de l'UEMOA fait du gouvernement le maître de la procédure budgétaire devant la représentation nationale. Ceci transparaît dans la directive relative aux lois de finances mais aussi dans les lois fondamentales des États.

---

294 Voir aussi les droits nationaux des Etats : République du Bénin, Loi organique n° 2013-14 du 27 septembre 2013 relative aux lois de finances, art. 64-1 et 64-2 ; République de Côte d'Ivoire, Loi organique n° 2014-336 du 5 juin 2014 relative aux lois de finances, art. 63-1, 63-3 & 63-5 ; République du Mali, Loi n° 2013-028 du 11 juillet 2013 relative aux lois de finances, art. 60-1, 60-5 & 60-7 ; République du Niger, Loi organique n° 2012-09 du 26 mars 2012 relative aux lois de finances, art. 61-1, 61-4 & 61-6 ; République du Sénégal, Loi organique n° 2011-15 du 8 juillet 2011 relative aux lois de finances, art. 60-1, 60-3 & 60-5 ; République du Togo, Loi organique n° 2014-013 du 27 juin 2014 relative aux lois de finances, art. 61-1, 61-4 & 61-6.

A : La directive relative aux lois de finances

"La disjonction d'articles additionnels ou d'amendements qui contreviennent aux dispositions du présent article ou à l'objet des lois de finances défini à l'article 3 de la présente Directive, est de droit" (article 59 alinéa 2, DLF). Une double irrecevabilité découle de la rédaction de cet article : l'irrecevabilité de droit des cavaliers budgétaires et l'irrecevabilité de droit des amendements illégaux.

1 : L'irrecevabilité de droit des cavaliers budgétaires

Les cavaliers budgétaires, tels que définis par les textes,[295] ne doivent pas figurer dans une loi de finances. La disjonction de telles dispositions est de droit. Le gouvernement est en droit de soulever l'irrecevabilité à quelque niveau de la procédure : lors des travaux en commission, en session plénière du parlement, et, ultime étape, lors d'un éventuel recours en inconstitutionnalité.

2 : L'irrecevabilité de droit des amendements illégaux

Tout amendement au projet de loi de finances doit respecter les interdictions d'augmenter les dépenses ou de réduire les recettes. Ici aussi, en cas de méconnaissance de cette double interdiction par les élus de la nation, le gouvernement est en droit de soulever l'irrecevabilité à quelque niveau de la procédure : lors des travaux en commission, en session plénière du parlement, et, ultime étape, lors d'un éventuel recours en inconstitutionnalité.

B : Les constitutions des États

Certaines constitutions d'États membres de l'UEMOA ont prolongé la prééminence du gouvernement en matière budgétaire par une série de mécanismes dits de parlementarisme rationalisé.

1 : L'amendement "gagé"

La constitution accorde aux députés la faculté de proposer des amendements qui conduisent à une augmentation des dépenses ou à une diminution des recettes budgétaires par rapport aux prévisions contenues dans le projet de loi de finances de l'année. Cette faculté est accordée sous réserve, pour le député auteur de l'amendement, de prévoir les recettes nécessaires à la couverture intégrale des dépenses additionnelles créées ou une diminution des dépenses prévisionnelles du budget pour compenser la réduction des recettes proposées. C'est la technique dite de l'amendement "gagé". L'auteur de l'amendement doit fournir des gages financiers avant la prise en compte de son texte (article107, constitution du Bénin ; article 107, constitution de la 3ème

[295] Voir article 59, DLF.

République de Côte d'Ivoire ; article 120, constitution du Burkina Faso ; article 111, constitution du Niger).[296]

Une interprétation officielle de l'amendement gagé a été donnée par le Président de l'Assemblée nationale du Bénin : "L'esprit de la loi est d'éviter que, par une proposition de loi qui est d'initiative parlementaire, le député qui est censé ne pas connaître les ressources dont dispose l'État, ne vienne, par l'adoption d'une loi à incidence financière, à bouleverser l'équilibre budgétaire. La loi exige donc que le député fasse accompagner sa proposition de texte, `d'une proposition d'augmentation de recettes ou d'économies équivalentes`" (Cour constitutionnelle du Bénin, Décision DCC 09-107 du 10 Septembre 2009).

Au demeurant, l'amendement gagé permet de contribuer aux politiques publiques en présentant des choix alternatifs à ceux du gouvernement. En 1994, le parlement du Bénin a fait l'option d'augmenter la valeur du poids d'indice des fonctionnaires (dépense) et de faire financer le surcoût par la suppression d'une dépense, celle de l'achat d'un appareil scanner au profit du Centre national hospitalier et universitaire de Cotonou pour un montant équivalent à l'incidence financière de la valorisation du point d'indice des fonctionnaires.[297]

2 : Le vote bloqué ou scrutin unique

"Si le gouvernement le demande, l'Assemblée se prononce par un seul vote sur tout ou partie du texte en discussion en ne retenant que les amendements proposés ou acceptés par lui" (article 121, constitution du Burkina Faso). Cette formulation se retrouve à l'article 82, *in fine* de la constitution du Sénégal. La discussion du projet de loi de finances est admise mais son adoption ne fait l'objet que d'un seul vote pour la totalité du texte ou pour la ou les parties que le gouvernement estime vouloir soustraire à la guérilla parlementaire.

3 : L'engagement de responsabilité

"Le Premier ministre peut, après délibération du Conseil des ministres, engager la responsabilité du gouvernement devant l'Assemblée sur le vote d'un texte. Dans ce cas, ce texte est considéré comme adopté sauf si une motion de censure, déposée dans les vingt-quatre heures qui suivent, est votée"

---

[296] L'amendement gagé dans les lois organiques des Etats : République du Bénin, Loi organique n° 2013-14 du 27 septembre 2013 relative aux lois de finances, art. 62 ; République du Niger, Loi organique n° 2012-09 du 26 mars 2012 relative aux lois de finances, art. 59 ; République du Togo, Loi organique n° 2014-013 du 27 juin 2014 relative aux lois de finances, art. 59 ; République du Mali, loi n°2013-028 du 11 juillet 2013 relative aux lois de finances, art. 58 ; République de Côte d'Ivoire, Loi organique n°204-336 du 5 juin 2014 relative aux lois de finances, art. 61 ; République du Sénégal, loi organique n°2011-15 relative aux lois de finances, art. 58.

[297] Cour constitutionnelle du Bénin, Décision DCC 30-94 du 1er octobre 1994, Anhouandjinou Anselme, Président de la République, Président de l'Assemblée nationale, Rec. 1994, p. 135.

(article 116, *in fine*, constitution du Burkina Faso). Cette technique de législation par abstention des élus de la nation se retrouve dans certaines autres constitutions ouest-africaines francophones : article 78 *in fine*, de la constitution du Mali, article 107, *in fine*, de la constitution du Niger. L'engagement de responsabilité du gouvernement peut intervenir dès l'ouverture de la session plénière du parlement et sans qu'il y ait eu un débat général sur le projet de loi de finances. Il peut aussi intervenir à tout moment de la procédure d'examen du texte soumis à la plénière du parlement. L'engagement de responsabilité peut porter sur l'intégralité du projet de loi de finances ou sur des dispositions particulières seulement.

4 : Les lois d'habilitation

"Le Gouvernement peut, pour l'exécution de ses programmes, demander à l'Assemblée l'autorisation de prendre par ordonnances, pendant un délai limité, des mesures qui sont normalement du domaine de la loi" (Article 107, constitution du Burkina Faso). Cette disposition se retrouve dans le texte de plusieurs constitutions ouest-africaines francophones : article 106 de la constitution du Niger, article 106 de la constitution de la 3ème République de Côte d'Ivoire, article 74 de la constitution du Mali, article 102 de la constitution du Bénin). L'éligibilité des lois de finances à ce mécanisme de législation par ordonnance a été contestée.[298] Cependant, la constitution ne l'interdisant pas formellement, la technique des lois d'habilitation semble bien indiquée surtout pour la mise en vigueur des lois de finances rectificatives. Les lois de finances étant par, essence, le récapitulatif des voies et moyens de mise en œuvre des programmes gouvernementaux.

5 : Les pouvoirs de crise du Président de la République

"Lorsque les institutions de la République, l'indépendance de la nation, l'intégrité du territoire national ou l'exécution des engagements internationaux sont menacées de manière grave et immédiate et que le fonctionnement régulier des pouvoirs publics et constitutionnels est menacé ou interrompu, le Président de la République, après consultation du Président de l'Assemblée nationale et du Président de la Cour constitutionnelle, prend en conseil des ministres les mesures exceptionnelles exigées par les circonstances" (article 68, constitution du Bénin). Cette expression du droit constitutionnel de la nécessité se retrouve dans les autres constitutions ouest-africaines francophones : article 73 de la constitution de la 3ème République de Côte d'Ivoire, article 59 de la constitution du Burkina Faso, article 50 de la constitution du Mali, article 67 de la constitution du Niger, article 52 de la constitution du Sénégal.

---

[298] Voir *supra* p. 44. Voir aussi Cour constitutionnelle du Bénin, Avis CC 00-01 du 7 janvier 2000, Président de la République, *Rec.* 2000, p 7.

C'est sur le fondement de ses pouvoirs de crise que plusieurs projets de loi de finances ont été mis en vigueur par ordonnance au Bénin. La juridiction constitutionnelle béninoise n'a pas rejeté, par principe, le recours aux pouvoirs de crise pour mettre en vigueur un projet de texte portant loi de finances. En d'autres termes, les lois de finances peuvent être mises en vigueur sur le fondement des pouvoirs de crise du Président de la République. Les deux avis émis par la Cour constitutionnelle du Bénin en 1994[299] sont certes défavorables au recours, par le Président de la République, à ses pouvoirs exceptionnels, mais la raison qui fonde l'avis du juge porte sur les circonstances de fait et leur qualification plutôt que sur l'objet même des ordonnances, à savoir les lois de finances. Une coutume s'est ainsi progressivement établie, celle du recours banalisé aux pouvoirs de crise, lorsque les projets de loi de finances sont en souffrance au parlement.

SECTION 4
LE CONTRÔLE DE CONSTITUTIONNALITÉ

La loi de finances est d'abord une loi, c'est-à-dire un acte juridique soumis au principe de légalité, en l'occurrence de légalité constitutionnelle. Dans les États membres de l'UEMOA prévaut la forme d'une justice constitutionnelle concentrée et abstraite. La juridiction constitutionnelle connaît de la constitutionnalité des lois de finances.

Paragraphe 1 : La saisine de la juridiction constitutionnelle

La juridiction constitutionnelle peut être saisie des lois de finances avant leur promulgation. La saisine peut être restreinte ou ouverte.

A : La saisine restreinte

Elle est limitée aux chefs de certains organes constitutionnels, notamment le ou les chefs (en cas de bicéphalisme) de l'exécutif, du ou des présidents (en cas de bicaméralisme) du parlement et, selon le cas, des membres du parlement.[300]

B : La saisine ouverte

"Tout citoyen peut saisir la Cour constitutionnelle sur la constitutionnalité des lois, soit directement, soit par la procédure de l'exception d'inconstitutionnalité invoquée dans une affaire qui le concerne devant une juridiction" (article 122, constitution du Bénin). C'est l'expression la plus franche de la saisine ouverte de la juridiction constitutionnelle. Celle-ci peut

---

[299] Avis CC-001/94 du 14 septembre 1994, *Président de la République*, Rec. p.131 et Avis CC-002/94 du 14 septembre 1994, *Président de la République*, Rec. p.133.

[300] Niger, article 131 de la constitution ; Côte d'Ivoire, articles 113 et 133, constitution de la 3ème République ; Mali, article 88 de la constitution ; Sénégal, article 74 de la constitution.

ainsi recevoir le recours de tout citoyen qui a des griefs de constitutionnalité contre une loi de finances.

Paragraphe 2 : L'exercice du contrôle par la juridiction constitutionnelle

On traitera ici successivement des normes de référence et des catégories de textes soumises au contrôle de constitutionnalité.

A : Les normes de référence du contrôle de constitutionnalité

Ce sont d'abord la constitution et la loi organique relative aux lois de finances et, de manière moins systématique, les directives du cadre harmonisé des finances publiques dans les Etats membres de l'UEMOA.

1 : La constitution

Les valeurs et principes constitutionnels sont opposables dans toutes les branches du droit y compris le droit financier.

En plus de ce droit commun des règles et principes de valeur constitutionnelle, il convient de mentionner la tendance à la codification constitutionnelle de certains aspects des finances publiques comme la légalité fiscale, l'élaboration des lois de finances, l'équilibre budgétaire, les compétences respectives du gouvernement et du parlement en matière budgétaire.

C'est le respect de toutes ces normes constitutionnelles que vérifie la juridiction constitutionnelle à travers le contrôle de constitutionnalité des lois de finances.

2 : La directive relative aux lois de finances et la directive portant règlement général sur la comptabilité publique

Les textes constitutionnels des États membres de l'UEMOA font aussi de l'intégration africaine une valeur de référence des politiques publiques conduites par les pouvoirs publics. Les directives communautaires étant des modalités de mise en œuvre de l'intégration africaine, il n'est pas sans fondement logique et textuel de voir la juridiction constitutionnelle exercer un contrôle des lois de finances sur la base desdites directives communautaires.

3 : Les lois organiques relatives aux lois de finances

La règle dans les États membres de l'UEMOA est de régir le domaine des finances publiques par une loi organique. La loi organique relative aux lois de finances est prévue par les textes constitutionnels pour compléter les dispositions de la constitution elle-même. Son adoption suit une procédure particulière distincte de la procédure d'adoption des lois ordinaires. La violation de la loi organique par une loi ordinaire est une manière de déroger aux spécificités de la loi organique en utilisant la procédure suivie pour une loi ordinaire. Elle constitue un contournement de la constitution.

C'est pour ne pas ouvrir cette brèche de violation de la constitution par la violation des lois organiques qui la complète que les juridictions constitutionnelles veillent à la conformité des lois de finances aux dispositions des lois organiques relatives aux lois de finances. Ces lois organiques sont ainsi incluses dans les normes de référence des Cour et Conseil constitutionnels.

B : Les catégories de lois de finances concernées par le contrôle

Ce sont la loi de finances de l'année, les lois de finances rectificatives et la loi de règlement.

1 : La loi de finances de l'année

C'est la loi de référence en matière financière. C'est elle qui concentre l'attention des élus de la nation et celle de l'opinion. Acte de prévision et acte d'autorisation, la loi de finances de l'année présente les choix financiers du gouvernement, expression chiffrée de ses orientations de politique publique. Document financier mais aussi document juridique, la loi de finances de l'année fait l'objet de recours en inconstitutionnalité sur le fondement du respect de principes de droit (égalité, non rétroactivité, liberté, etc.) et de principes de finances publiques (unité, universalité, spécialité, équilibre, etc.).

2 : Les lois de finances rectificatives

Elles sont soumises au même régime de contrôle de constitutionnalité que la loi de finances de l'année qu'elles modifient.

3 : La loi de règlement

La loi de règlement est par principe soumise au contrôle de constitutionnalité parce qu'elle est une loi. Mais en fait, cela tient d'une hypothèse d'école car l'intérêt juridique d'un recours en inconstitutionnalité des lois de règlement est illusoire. Son intérêt pratique est qu'il peut influencer les systèmes d'évaluation des agences de notation financière.

Paragraphe 3 : Éléments de jurisprudence constitutionnelle en matière financière

Quelques décisions ou arrêts de jurisprudence constitutionnelle en matière financière méritent qu'on les relate.

A : Autonomie financière du parlement

Le vote du "budget" du parlement (en fait il s'agit des crédits budgétaires affectés au parlement) est un acte préparatoire à la finalisation du projet de loi de finances par le gouvernement. Le budget du parlement est transmis au gouvernement pour être intégré, pour ordre, au projet de loi de finances préparé par le gouvernement en vertu, selon les parlementaires, du principe de l'autonomie financière du parlement. Selon les termes de la saisine de la juridiction constitutionnelle, le gouvernement n'a pas le droit de modifier le montant des crédits budgétaires sollicités et votés par le parlement. Quant à la Cour constitutionnelle saisie, elle juge que :" l'Assemblée nationale (...) a adopté un budget qui s'élève à 11 283 162 533 francs CFA ; que le Gouvernement (...) a ramené ledit budget à la somme de 10 103 904 000 francs CFA (...), que lors de sa séance extraordinaire du 5 octobre 2010, le Conseil des ministres a adopté un projet de loi de finances gestion 2011, auquel a été intégré un projet de budget de l'Assemblée nationale différent de celui qu'elle a voté (...), que l'Assemblée nationale refuse de voter le budget général de l'État tant que n'y sera pas intégré son budget initial ; (...) *Considérant* que l'autonomie financière prévue à l'article 141 sus-cité ne saurait se confondre avec un budget autonome entendu comme « budget ou état de prévision distinct de la loi de finances de l'État qui englobe les dépenses et les recettes des services dotés de la personnalité morale, et donc *juridiquement distincts de l'État* » (...) qu'il s'ensuit que seuls les démembrements de l'État que sont les collectivités locales, et les organismes publics pouvant disposer de ressources propres en quantité suffisante pour exercer sans difficultés financières majeures les compétences qui leur sont dévolues, bénéficient réellement de l'autonomie financière (...) qu'ainsi, le budget de l'Assemblée nationale, ne comportant aucun élément de ressources, ne saurait techniquement conférer à ladite Assemblée l'autonomie financière qui, en Droit des Finances Publiques, s'analyse comme la « situation d'une collectivité ou d'un organisme disposant d'un pouvoir propre de gestion de ses *recettes* et de ses dépenses, regroupées en un budget ou dans un document équivalent... » (...); que, dès lors, l'expression ''autonomie financière'' utilisée dans le Règlement intérieur de l'Assemblée nationale doit en réalité s'analyser comme une *autonomie de gestion* de ses dépenses à partir d'un budget propre, préparé par elle, voté par sa plénière, dans le strict respect de l'équilibre économique et financier de la Nation" (Décision DCC 10-144 du 14 décembre 2010, *Raphaël Akotègnon).*

En conclusion, pour la Cour, le budget de l'Assemblée nationale doit respecter les équilibres fixés dans la loi de finances et donc être soumis aux arbitrages budgétaires sous l'autorité du chef du gouvernement.

B : La notion d'"impositions de toute nature"

La Haute juridiction constitutionnelle avait à régler la question de savoir si un arrêté communal portant "fixation du montant des taxes de chargement et de déchargement dans la commune" n'est pas contraire à la prescription constitutionnelle qui édicte que les "impositions de toute nature" sont de la compétence du législateur. La Cour juge que ladite taxe est conforme à la constitution, parce qu'elle vient en application d'une loi qui prévoit la rémunération des prestations des administrations locales, en l'occurrence la fourniture de services de parking et de stationnement (Décision DCC 11-083 du 1er Décembre 2011, *Armand A. H. Bognon*).

C : La mise en œuvre de l'amendement gagé

"Considérant qu'il ressort de la lecture combinée et croisée de ces dispositions et de la correspondance du ministre chargé des Relations avec les Institutions, porte-parole du Gouvernement, que l'adoption de la loi sur le service militaire d'intérêt national aura pour conséquence la création ou l'aggravation d'une charge publique ; qu'une telle proposition ne peut donc être recevable que si elle est accompagnée *d'une proposition* d'augmentation de recettes ou d'économies équivalentes conformément aux articles 107 de la Constitution et 74.5 du Règlement intérieur de l'Assemblée nationale précités ; que cette proposition d'augmentation de recettes ou d'économies équivalentes doit donc émaner des députés qui ont proposé la loi et non du Gouvernement ; qu'en acceptant cette proposition de loi, le Président de l'Assemblée nationale a méconnu les dispositions des articles 107 de la Constitution et 74.5 du Règlement intérieur de l'Assemblée nationale ; qu'il s'ensuit que l'adoption dans ces conditions de la loi portant institution de service militaire d'intérêt national est contraire à la Constitution" (Cour constitutionnelle du Bénin, Décision DCC 07-083 du 6 août 2007, *Yibathou Sanni-Glèlè et alii,* ; voir aussi Décision DCC 09-107 du 10 Septembre 2009, *Tidjani Serpos*).

D : Le juge des comptes est aussi juge des comptes du parlement

La question de fond soumise à la juridiction constitutionnelle est celle de savoir si le parlement apure ses propres comptes et donne quitus à l'ordonnateur, en l'occurrence le Président de l'Assemblée nationale, sans l'intervention de la Cour des comptes. Le Conseil constitutionnel du Niger, dans son arrêt n° 010/12/CCT/MC du 17 mai 2012 dit et juge que : "Considérant que l'article 30 nouveau (du Règlement intérieur de l'Assemblée nationale) prévoit la création d'une Commission Spéciale de Contrôle et de Vérification des Comptes ; qu'au point 10 dudit article cette Commission 'approuve le compte administratif de l'ordonnateur par arrêté signé de son Président et lui donne quitus de sa gestion' ". Se fondant sur l'article 141 alinéa 2 de la Constitution qui dispose que la Cour des comptes est "juge des comptes de l'État" et donc de tous ses démembrements dont l'Assemblée nationale, le Conseil constitutionnel du Niger conclut que cette disposition de l'article 30 point 10 "n'est pas conforme à la Constitution".

En conséquence, l'exécution des opérations financières prévues au budget de l'Assemblée nationale sur le fondement de la loi de finances, est soumise au contrôle de la Cour des comptes. Cette décision fait la différence avec le point de vue du Conseil constitutionnel du Gabon pour qui l'autonomie financière des assemblées parlementaires implique "que chacune (des) chambres dispose d'un budget spécial distinct du budget général de l'État et qu'elle en assure souverainement l'exécution et le contrôle à travers ses propres organes internes."[301]

E : L'équilibre financier de la loi de finances

La requête alléguait que le Président de la République "ne peut mettre en exécution par ordonnance une loi de finances qui en elle-même est contraire aux dispositions constitutionnelles notamment au principe d'équilibre des ressources et des charges". La Cour ne se prononce pas sur le fond de l'argument du requérant mais rappelle sa jurisprudence sur l'irrecevabilité des recours introduits contre des mesures prises en application des pouvoirs de crise du Président de la République. (Décision DCC 10-061 du 30 juin 2010, *Razaki Amouda Issifou).*

Encadré n° 20 : L'amendement gagé

COUR CONSTITUTIONNELLE

RÉPUBLIQUE DU MALI

----------- Un Peuple - Un But - Une Foi

ARRÊT N° 04-158

Du 18 Août 2004

ARRÊT N° 04-158/CC

La Cour Constitutionnelle

Vu la Constitution ;

Vu la loi n° 97-010 du 11 février 1997 modifiée par la loi n° 02-011 du 5 mars 2002 portant loi organique déterminant les règles d'organisation et de fonctionnement de la Cour Constitutionnelle ainsi que la procédure suivie devant elle ;

Vu le Règlement Intérieur de l'Assemblée nationale ;

Vu la loi n° 96-060 relative à la loi de finances ;

Vu le décret n° 94-421 du 21 décembre 1994 portant organisation du Secrétariat Général du Greffe de la Cour Constitutionnelle ;

Vu le Règlement Intérieur de la Cour Constitutionnelle ;

Les rapporteurs entendus en leur rapport ;

Après en avoir délibéré ;

[301] Cour constitutionnelle du Gabon, Décision n°2/CC du 17 mars 1999, *in* la *Revue du CERDIP*, vol.1, n°1, janv.- juin 2002, p. 157, obs. Jean Zech Ondoua.

SUR LA RECEVABILITÉ DE LA REQUÊTE

(...)

SUR LA RÉGULARITÉ DE LA PROCÉDURE D'ADOPTION DE LA LOI N° 04-23/A.N-RM

(...)

SUR LES DISPOSITIONS DE LA LOI

Considérant qu'aux termes de l'alinéa 1er de l'article 77 de la constitution « l'Assemblée nationale est saisie du projet de loi de finances dès l'ouverture de la session ordinaire précédent la période budgétaire. Le projet de loi de Finances doit prévoir les recettes nécessaires à la couverture intégrale de dépenses » ; que cette disposition constitutionnelle pose le principe de l'équilibre du budget d'État en recettes et en dépenses ;

Considérant qu'aux termes de l'article 2 de la loi n° 95-012 portant autonomie financière de l'Assemblée nationale, "l'Assemblée nationale détermine annuellement son propre budget.

Le budget de l'Assemblée nationale est inscrit sans restriction, au budget de l'État. Il fait partie intégrante de la loi des Finances." ;

Considérant que c'est en respect de ce principe constitutionnel que l'article 51 du Règlement intérieur de l'Assemblée nationale dispose : "les propositions de loi émanant des membres de l'assemblée nationale sont communiquées au Gouvernement pour information.

Aucune proposition tendant à augmenter les dépenses ou à réduire les recettes ne peut être inscrite à l'ordre du jour si elle n'est pas complétée par une disposition tendant à procurer des ressources équivalentes. Toutefois cette disposition ne s'applique pas au budget de l'Assemblée nationale"

Considérant que dans sa présentation de la proposition de loi en date du 05 avril 2004, le Président de la Commission des Finances a écrit entre autres : "il est opportun de signaler que l'adoption de cette loi n'engendrera aucun dépassement de crédits budgétaires au niveau de l'Assemblée. En effet, les échanges que la commission des finances a eus avec le ministre de l'Économie et des Finances en décembre dernier, ont permis de prendre en compte, anticipativement les augmentations ci-dessus dans le budget de l'Assemblée."

Considérant que c'est sur la base de cette assurance que le vote de la loi n° 04-23/A.N-RM fixant le montant de l'indemnité de session journalière à vingt mille (20.000) Francs CFA et accordant une indemnité de logement mensuelle de soixante-quinze mille (75.000) Francs CFA est intervenu le 02 juillet 2004 ;

Considérant que la loi soumise au contrôle de constitutionnalité est d'initiative du Président de la Commission des Finances de l'Assemblée nationale ; que cette loi ayant été adoptée après le vote de la loi de Finances de l'année en cours, la Cour Constitutionnelle a écrit au ministre de l'Économie et des Finances pour qu'elle soit éclairée sur la prise en charge par le Budget d'État 2004 des dépenses induites de cette loi ;

Considérant que par lettre confidentielle n ° 0503/MEF-SG du 29 juillet 2004, le ministre de l'Économie et des Finances, en réponse à la lettre confidentielle n° 00015/P.C.C.M du 27 juillet 2004 relative à la prise en compte de l'incidence financière de la proposition de loi votée le 02 juillet 2004 par l'Assemblée nationale dans la loi de Finances 2004 comprenant le budget de l'Assemblée nationale, a déclaré : "s'agissant de la prise en compte de l'incidence financière dans la loi de finances, il convient de rappeler que le principe de la revalorisation avait été écarté lors de la concertation du vendredi 05 décembre 2003 entre le ministre de l'Économie et des Finances et certains membres de la Commission des Finances."

Considérant que pour mieux étayer sa réponse, l'actuel ministre de l'Économie et des Finances a joint à sa réponse le compte rendu que son prédécesseur avait, par lettre n° 01212/MEF-SG du 08 décembre 2003, fait de la concertation qui a eu lieu avec le Président de la Commission des Finances accompagné de son Vice-président et du Questeur de l'Assemblée nationale à Monsieur le Président de la République par voie hiérarchique dans lequel il est écrit entre autres : "après de longues discussions, les positions du département ont été partagées par les membres du bureau. *Le Président de la commission et ses collègues ont accepté de surseoir au principe d'une revalorisation des traitements et indemnités pour le budget 2004*, et qu'à l'avenir des dispositions seront prises au niveau de l'Assemblée nationale pour transmettre dans les meilleurs délais les propositions budgétaires pour le samedi 06 décembre au plus tard."

Considérant que les informations fournies par le ministre de l'Économie et des Finances ont amené la Cour Constitutionnelle à adresser la lettre confidentielle n° 00016/PCCM du 06 août 2004 au Président de l'Assemblée nationale ; que cette lettre est restée sans suite ; qu'il y a lieu d'en tirer les conséquences de droit ;

Considérant qu'il ressort de ce qui précède que l'augmentation de l'indemnité de session aussi bien que de l'octroi d'une indemnité de logement constituent des dépenses non prévues dans la loi n° 03-035 du 26 décembre 2003 portant loi des Finances pour l'exercice 2004 adoptée le 16 décembre 2003 ;

Considérant que la proposition de loi adoptée le 02 juillet 2004 par l'Assemblée nationale entraîne une augmentation des dépenses du budget d'État 2004 ; que cette proposition n'a été complétée par une disposition tendant à procurer des ressources équivalentes ainsi que le prévoit l'article 51 du Règlement intérieur de l'Assemblée nationale pour respecter le principe de l'équilibre de la loi de Finances, c'est-à-dire le budget d'État en recettes et en dépenses consacré par l'article 77 de la Constitution ;

Considérant que de tout ce qui précède, il y a lieu de déclarer non conforme à la constitution quant au fond la loi n° 04-23 adoptée le 02 juillet 2004.

CHAPITRE 5

L'EXÉCUTION DES LOIS DE FINANCES

"Dès la promulgation[302] de la loi de finances de l'année ou la publication de l'ordonnance prévue à l'article 58 de la présente Directive, le Gouvernement prend les dispositions règlementaires ou administratives portant répartition des crédits du budget général, des budgets annexes et des comptes spéciaux selon la nomenclature en vigueur" (article 62, DLF). Cette disposition appelle deux observations :

- une fois la loi de finances adoptée (ou l'ordonnance de l'article 58), le gouvernement retrouve un domaine de compétence exclusive pour prendre les mesures d'exécution du texte voté par le parlement, notamment en ce qui concerne la répartition des crédits par ministère et institutions constitutionnelles ; [303]

- le pouvoir règlementaire, le pouvoir de décision du gouvernement en matière d'exécution de la loi de finances, n'est pas un pouvoir autonome. Le gouvernement ne s'affranchit pas de la délibération du parlement et toute modification du texte initial voté par les élus de la nation doit être ratifiée par le parlement à l'occasion du vote des lois de finances rectificatives ou des lois de règlement.

---

[302] La directive relative aux lois de finances ne donne pas de délai pour la promulgation de la loi de finances votée par le parlement. Les textes nationaux comportent des délais variables pour la loi de finances et pour les lois en général : 15 jours au Bénin, Mali, Niger et Togo ; 21 jours au Burkina-Faso ; 10 jours en Guinée et 8 jours au Sénégal. Le délai est réduit en cas d'urgence. Voir République du Bénin, Constitution du 11 décembre 1990, art. 57 ; République du Burkina-Faso, Constitution du 11 juin 1991, art. 48 ; République du Mali, Constitution du 25 février 1992, art. 40 ; République du Niger, Constitution du 25 novembre 2010, art. 58 ; République du Sénégal, Constitution du 22 janvier 2001, art. 72 et République du Togo, Constitution du 14 octobre 1992, art. 67. En Côte d'Ivoire, la constitution de la 3ème République prévoit un délai identique pour les lois en général et pour les lois de finances : 30 jours et en cas d'urgence 5 jours (art. 74, constitution de la 3ème république).

[303] Au Bénin, la loi prévoit une "lettre de notification des crédits" aux ministères "dépensiers" et institutions constitutionnelles (Loi organique n° 2013-14 du 27 septembre 2013 relative aux lois de finances, art. 67). Au Sénégal, c'est un "décret d'ouverture de crédits" (Loi organique n° 2011-15 du 8 juillet 2011 relative aux lois de finances, art. 61). Les autres Etats ont leurs propres usages : Côte d'Ivoire, Loi organique n° 2014-336 du 5 juin 2014 relative aux lois de finances, art. 64 ; Mali, Loi n° 2013-028 du 11 juillet 2013 relative aux lois de finances, art. 61 ; Niger, Loi organique n° 2012-09 du 26 mars 2012 relative aux lois de finances, art. 62 ; Loi organique n° 2014-013 du 27 juin 2014 relative aux lois de finances, art. 62.

SECTION 1
LES RÈGLES DE LA COMPTABILITÉ PUBLIQUE

Selon les dispositions de l'article 69 de la Directive n° 07/2009/CM/UEMOA portant règlement général sur la comptabilité publique "la comptabilité de l'État a pour objet la description de ses opérations financières". La nouveauté de ces dernières années est l'internationalisation des normes de comptabilité publique que traduisent les règles contenues dans le nouveau cadre harmonisé des finances publiques.

Paragraphe 1 : L'internationalisation des normes de comptabilité publique

La création de l'*International Public Sector Accounting Standards Board* (IPSAS B) au sein de l'*International Federation of Accountants* (IFAC) a permis l'élaboration de normes internationales de comptabilité publique. Un manuel de référence a été élaboré par l'IFAC (*Handbook of International Public Sector Accounting Pronouncement*) qui comporte 26 normes établies selon le système de droits constatés et la norme unique relative à la comptabilité de caisse. En application du point 5.4 de la Directive n° 01/2009/CM/UEMOA portant code de transparence dans la gestion des finances publiques, les comptes publics "sont établis dans le respect des principes, règles et pratiques comptables internationalement reconnus".

Paragraphe 2 : La règle de la séparation des ordonnateurs et des comptables

"Les fonctions d'ordonnateur et celles de comptable public sont incompatibles" (article 64 al.2, DLFet article 5, DRGCP).[304] Cet énoncé se traduit par une distinction organique et fonctionnelle dans la procédure d'exécution des opérations financières publiques.

A : Contenu de la règle

La séparation des fonctions doublée de la séparation des acteurs signifie que les ordonnateurs n'ont pas le droit d'exécuter des tâches découlant de la fonction de comptable et inversement. Les directives de 2009 ne précisent pas si cette incompatibilité s'étend aux conjoints (l'épouse ne peut être comptable

[304] Règle reprise par les législations des Etats : République du Bénin, Loi organique n° 2013-14 du 27 septembre 2013 relative aux lois de finances, art. 68-1; République de Côte d'Ivoire, Loi organique n° 2014-336 du 5 juin 2014 relative aux lois de finances, art. 67-3 ; République du Mali, Loi n° 2013-028 du 11 juillet 2013 relative aux lois de finances, art. 63 ; République du Niger, Loi organique n° 2012-09 du 26 mars 2012 relative aux lois de finances, art. 64 ; République du Sénégal, Loi organique n° 2011-15 du 8 juillet 2011 relative aux lois de finances, art. 63 ; République du Togo, Loi organique n° 2014-013 du 27 juin 2014 relative aux lois de finances, art. 64-2.

dans un organisme où le mari est ordonnateur et inversement) comme le prévoyait le décret français de 1962, qui a curieusement servi de texte de référence à la comptabilité publique dans plusieurs États membres de l'UEMOA jusqu'au début de la décennie 2000.[305] La séparation des fonctions veut que seuls les comptables publics soient habiletés à manier les deniers publics et que seuls les ordonnateurs soient compétents pour l'exécution des tâches liées à la phase administrative des opérations de recette ou de dépense. Nul ne peut être ordonnateur et comptable dans un même organisme public.

B : Justification de la règle

On peut trouver une triple justification à la règle de la séparation des ordonnateurs et des comptables.

1 : Le principe de précaution

"Pour qu'on ne puisse abuser du pouvoir, il faut que par la disposition des choses, le pouvoir arrête le pouvoir."[306] Le vieux précepte de Montesquieu trouve à s'appliquer ici aussi. La séparation des fonctions d'ordonnateur et de comptable répond à la même préoccupation qui sous-tend la thèse de la séparation des pouvoirs dans l'État. Pour celui qui cumule les fonctions d'ordonnateur et de comptable et donc qui liquide, ordonnance, paie une dépense ou recouvre une recette, la tentation naturelle est d'abuser de ses compétences. Le risque est grand que l'abus se traduise par un gaspillage de deniers publics ou un usage de la dépense ou de la recette qui se révèle contraire à l'intérêt général. La séparation des fonctions est une précaution, un pari sur la gestion modérée des finances publiques.

2 : La différence de préoccupation entre l'ordonnateur et le comptable

L'ordonnateur est dans l'action et doit prendre des décisions. Sa fonction d'ordonnateur n'est que l'accessoire d'une fonction administrative de décideur public, en tout cas pour ce qui concerne les ordonnateurs principaux et les ordonnateurs secondaires du budget de l'État que sont respectivement les ministres et les organes de l'administration territoriale déconcentrée (préfet de département et gouvernement de région). L'ordonnateur a le souci de fonctionnement de son administration et de réalisation d'investissements. Le comptable se préoccupe des deniers de l'État et de la régularité de leur gestion. Deux perspectives qui deviennent complémentaires pour la qualité des finances publiques : l'une est dans l'appréciation de l'opportunité et des choix et la seconde s'attèle aux considérations de contrôle de régularité.

---

305 L'incompatibilité concerne aussi les conjoints, ascendants et descendants des ordonnateurs (République du Bénin, Loi organique n° 2013-14 du 27 septembre 2013 relative aux lois de finances, art. 68-2 ; République de Côte d'Ivoire, Loi organique n° 2014-336 du 5 juin 2014 relative aux lois de finances, art. 67-4)

306 Montesquieu, *De l'Esprit des lois,* L. XI, ch. VI.

3 : La division du travail

Les opérations financières publiques comportent quatre phases : l'engagement, la liquidation, l'ordonnancement et le paiement/recouvrement. L'ordonnateur est compétent sur les trois premières phases (engagement, liquidation, ordonnancement), tandis que le comptable ne peut exécuter que les opérations de paiement/recouvrement. C'est du taylorisme financier, une division du travail par séquences réparties successivement dans le temps.

4 : La facilitation du contrôle

Les juridictions financières ouest-africaines francophones sont compétentes à la fois pour juger les comptables publics mais aussi pour juger les ordonnateurs pour les cas de fautes de gestion. Les ordonnateurs produisent en fin d'exercice budgétaire leurs comptes administratifs tandis que les comptables établissent des comptes de gestion. La confrontation de ces deux comptes permet à la juridiction financière d'exercer plus aisément son contrôle.

C : Les exceptions à la règle de la séparation des ordonnateurs et des comptables

Ces exceptions concernent des cas de cumul de fonctions soit au profit de l'ordonnateur, soit au profit du comptable public.

1 : Le cumul des fonctions d'ordonnateur et de comptable au profit de l'ordonnateur

a) : En matière de dépense

On peut citer les cas de cumul des fonctions suivants :

- la gestion des régies d'avance : ces sommes sont mises à disposition des ordonnateurs pour assurer une flexibilité des opérations de décaissement. Les régisseurs d'avance sont placés sous l'autorité de l'ordonnateur ;

- la gestion des fonds spéciaux : leur nature de fonds destinés à financer des opérations réputées discrètes fait qu'ils sont placés sous le contrôle de l'ordonnateur et gérés discrétionnairement ;

- la gestion des commissaires (intendants) des navires de l'État. Ces commissaires exécutent les opérations liées aux approvisionnements de l'équipage.

b) : En matière de recettes

On peut citer les cas suivants :

- le recouvrement des droits et taxes de douane suivant le régime de recouvrement des droits au comptant ;

- le recouvrement des impôts et taxes par les services des impôts (services d'assiette) en lieu et place du Trésor public (expérience du Bénin dans les années 1990).

2 : Le cumul des fonctions d'ordonnateur et de comptable au profit du comptable

a) : En matière de dépense

- paiement des dépenses sans ordonnancement : frais de justice ;

- paiement sans ordonnancement préalable : pensions de retraite, salaires des fonctionnaires ;

b) : En matière de recettes

- les recettes recouvrées sans titre : il s'agit de recettes non fiscales mais régulièrement autorisées et recouvrées par des régisseurs, sans émission préalable de titre de créance. Ces recettes sont recouvrées contre la délivrance de quittance : droits d'examen, droits d'inscription aux concours et tests de recrutement de personnel, droits de timbre, droit de visite technique des véhicules ;

- première avance mise à disposition des régisseurs d'avance.

D : Les sanctions à la règle de séparation des fonctions d'ordonnateur et de comptable

La règle est sanctionnée aussi bien pour l'ordonnateur que pour le comptable.

1 : La sanction de l'ordonnateur : la gestion de fait.

a) : Énoncé de la gestion de fait

"Est comptable de fait, toute personne qui, sans avoir la qualité de comptable public ou sans agir sous contrôle et pour le compte d'un comptable public, s'immisce dans la gestion de deniers publics" (Article 16, DRGCP). L'ordonnateur qui se fait comptable public, sans titre régulier, et exécute les opérations d'encaissement et de décaissement est coupable de gestion de fait. Il est qualifié de comptable de fait par opposition au comptable patent.

b) : Éléments constitutifs de la gestion de fait

Une gestion est déclarée de fait si :

- on est en présence de deniers publics ou de deniers privés réglementés, c'est-à-dire, pour ces derniers, des fonds et valeurs dont le maniement est confié par la règlementation à un comptable public ;

- aucune habilitation n'est donnée pour exécuter les tâches d'un comptable public. Tout comptable public patent est nommé par arrêté du ministre en charge des finances, prête serment et satisfait aux exigences de cautionnement et de résidence sur les lieux de travail ;

c) : Les personnes punissables de gestion de fait

Est punissable de la gestion de fait :

- celui qui s'est immiscé dans la gestion des deniers publics en détenant ou en maniant sans habilitation lesdits deniers ; la détention ou le maniement de ces fonds s'entend de leur possession dans le premier cas et, dans le second cas, au fait de faire fonctionner un compte de disponibilités (compte de trésorerie) ou de manipuler des numéraires ;

- celui qui a ordonné la gestion des deniers publics en faisant détenir ou en faisant manier sans habilitation lesdits deniers ;

- celui qui a eu connaissance et n'a rien fait pour mettre fin à la détention ou au maniement des deniers publics sans habilitation.

d) : La sanction de la gestion de fait

"Les comptables de fait encourent les mêmes sanctions que les comptables publics patents" (article 82, alinéa 2, DLF). Ils peuvent être mis en débet par le juge ou le ministre en charge des finances, sans préjudice des sanctions disciplinaires ou pénales applicables.

2 : La sanction du comptable public

Le comptable public qui n'a pas respecté la règle de la séparation des fonctions d'ordonnateur et de comptable en effectuant des paiements sans ordonnancement préalable peut être mis en débet par le juge des comptes ou le ministre en charge des finances.

S'il effectue des recouvrements de créances publiques sans titre de mise en recouvrement, il pourra être déclaré concussionnaire.

Encadré n° 21 : Non-respect du principe de la séparation des fonctions d'ordonnateur et de comptable

<u>Observation N° 6</u> : Non-respect du principe de la séparation des fonctions d'ordonnateur et de comptable "Ce principe cardinal du droit budgétaire et de la comptabilité publique posé par l'article n° 5 du décret n° 2008-091/PR du 29 juillet 2008 portant règlement général sur la comptabilité publique qui figure aussi à l'article 340 de la loi n° 2007-011 du 13 mars 2007 portant décentralisation et libertés locales. En effet, ces articles confèrent au comptable public la compétence exclusive en matière de prise en charge et de recouvrement des titres émis par l'ordonnateur. Pourtant, à la préfecture du Golfe, les agents du service de l'ordonnateur encaissent pratiquement l'ensemble des recettes issues des produits domaniaux et taxes indirectes avant de les reverser au trésorier

pour encaissement. Il s'en suit que ce dernier ne fait aucune prise en charge et ne constate dans ses écritures aucun reste à recouvrer.

Or, l'article 14 du décret n° 2008-091 du 29 juillet 2008 portant règlement général sur la comptabilité publique et l'article n° 350 de la loi n° 2007-011 du 13 mars 2007 portant décentralisation et libertés locales font rentrer dans les compétences exclusives du comptable, la prise en charge et le recouvrement des titres émis par l'ordonnateur."

Extrait : Cour des comptes (Togo), *Rapport d'observations sur la gestion de la préfecture du Golfe, exercice 2010-2011*, Lomé, décembre 2014, p. 24.

Paragraphe 3 : Le principe de sincérité des comptes publics

"La comptabilité générale de l'État a pour objet de décrire le patrimoine de l'État et de son évolution. Elle doit être *sincère* et refléter une image fidèle de la situation financière de l'Etat" (Article 72, alinéa 2, DLF). La sincérité des comptes publics n'a pas le même sens que le principe de sincérité budgétaire.

A : Signification du principe

La sincérité des comptes de l'État signifie d'abord l'exactitude des comptes tels que retracés dans la loi de règlement et les documents de comptabilité générale qui l'accompagnent : le bilan, le compte de résultat, le tableau des opérations financières du Trésor, le tableau des flux de trésorerie et l'état annexé (article 80, al. 3, DRGCP).

L'idée de base est que "le plan comptable de l'État s'inspire du Système Comptable Ouest Africain et des autres normes comptables internationales, tout en tenant compte des spécificités de l'État" (article 68, DRGCP). Les services publics régaliens de l'État ne connaissent pas la notion de capital social propre au secteur productif de biens et services marchands. En dehors de ces cas qui font l'originalité de l'État, les termes et les principes de la comptabilité générale de l'État, établie sur le fondement du plan de comptes de l'État, doivent se comprendre et s'interpréter à partir des normes comptables qui régissent la comptabilité patrimoniale des entreprises. En cela, la référence aux normes comptables internationales dans le nouveau cadre harmonisé des finances publiques fait penser aux normes IPSAS (*International Public Sector Accounting Standards*) qui sont elles-mêmes adaptées des normes IAS (*International Accounting Standards*) applicables au secteur privé.

Dans cette perspective de normalisation internationale et de rapprochement avec le secteur privé, le principe de sincérité des comptes publics pourra épouser les termes du paragraphe 10 de l'*International Accounting Standards* à savoir, une "évaluation correcte des valeurs comptables ainsi (qu'une) appréciation raisonnable des risques et des dépréciations".

B : Portée du principe : la constatation des droits et obligations

Le système des droits constatés est celui retenu par le nouveau cadre harmonisé des finances publiques. La comptabilité de l'État "est fondée sur le principe de la constatation des droits et obligations. Les opérations sont prises en compte au titre de l'exercice auquel elles se rattachent indépendamment de leur date de paiement ou d'encaissement" (Article 72, alinéa 2, DLF et art. 6, DPCE). Elle permet d'avoir une image plus fidèle de la situation patrimoniale de l'État, au-delà des opérations d'encaissement et de décaissement.

La constatation des droits est présentée comme l'opposé de la méthode des paiements (*cash basis*) qui comptabilise une transaction au moment de l'encaissement ou du décaissement des fonds. Le système des droits constatés (*accruals basis*) enregistre les transactions dès le fait générateur de la créance ou de la dette, sans tenir compte du moment où interviennent les encaissements ou les décaissements. La directive portant plan comptable de l'État apporte des précisions quant au moment exact de l'enregistrement comptable des opérations budgétaires selon qu'il s'agit d'une recette ou d'une dépense.

1 : En matière de recette (art. 7, DPCE)

Les recettes fiscales sont enregistrées au moment de la déclaration (déclaration de chiffre d'affaires, déclaration de bénéfice industriel et commercial, déclaration de revenus, etc.) faite par le contribuable. Elles sont également enregistrées au moment du paiement spontané de l'impôt par le contribuable.

Pour les opérations fondées sur l'émission préalable de titre de perception, les recettes sont enregistrées au moment de la prise en charge comptable desdits titres de perception.

2 : En matière de dépense (art. 8, DPCE)

Les dépenses sont enregistrées au moment de la liquidation. Elles sont par contre enregistrées à l'étape du paiement pour les dépenses exécutées sans ordonnancement préalable.

3 : La soutenabilité des finances publiques

Le système des droits constatés permet de mettre en évidence la solidité à long terme des finances de l'État. Il permet en effet l'élaboration d'un bilan qui intègre l'ensemble des actifs et passifs de l'État. Les conséquences à long terme des décisions présentes sont ainsi connues et présentées sur le moment. La sincérité des comptes publics est ainsi facilitée.

La comptabilité sur la base des droits constatés n'exclut cependant pas la comptabilité selon la méthode des paiements. Des paiements sont toujours faits y compris dans un système de comptabilité en droits constatés et ces paiements sont retracés dans le tableau des flux de trésorerie prévu à l'article 80 *in fine* de la directive portant règlement général sur la comptabilité publique. Le compte de résultat présente, quant à lui, les informations sur la base de la constatation des droits.

La mise en œuvre du système des droits constatés ne semble pas évidente, au point où son entrée en vigueur dans les États membres n'est prévue qu'au 1er janvier 2017 avec la possibilité d'une rallonge de deux ans qui amène au 1er janvier 2019. Alors que le reste des dispositions du nouveau cadre harmonisé des finances publiques est censé être en application dans les États à compter du 1er janvier 2012.

SECTION 2
LES DIFFÉRENTS TYPES DE COMPTABILITÉ

"La comptabilité de l'État comprend une comptabilité budgétaire et une comptabilité générale" (article 70, DRGCP ; article 71, DLF). Les directives n'en prévoient pas moins une comptabilité analytique des coûts et une comptabilité des matières, valeurs et titres.

Paragraphe 1 : La comptabilité budgétaire

"La comptabilité budgétaire a pour objet de retracer, pour l'exercice concerné, les opérations d'exécution du budget de l'État et des autres organismes publics en recettes et en dépenses et conformément à la nomenclature de présentation et de vote du budget ou de l'état des prévisions" (article 72, DRGCP).

La loi de finances étant un acte d'autorisation, la comptabilité budgétaire permet de suivre l'exécution qui a été faite de cette autorisation parlementaire, par les ordonnateurs et par les comptables publics, en recettes et en dépenses, sur une année, dans le format prescrit par la nomenclature budgétaire de l'État.

A : La nomenclature budgétaire de l'État

Elle fait l'objet d'une directive propre, la Directive n° 08/2009/ CM/UEMOA portant nomenclature budgétaire de l'État au sein de l'UEMOA. Cette directive présente les classifications pour les recettes et les classifications pour les dépenses.

1 : La classification des recettes

Cette classification présente les grandes catégories d'assiette ou de source de recettes. La codification obligatoire prévue par la directive comprend l'article et le paragraphe.

Les articles prévus par la directive sont les suivants et sont codifiés à deux caractères :

70 VENTES DE PRODUITS
71 RECETTES FISCALES
72 RECETTES NON FISCALES
73 TRANSFERTS REÇUS D'AUTRES BUDGETS
74 DONS PROGRAMMES ET LEGS
75 RECETTES EXCEPTIONNELLES
77 PRODUITS FINANCIERS
12 DONS PROJETS ET LEGS
19 PROVISIONS POUR RISQUES FINANCIERS

Ces articles sont subdivisés en paragraphes codifiés à trois caractères. Les paragraphes peuvent ensuite être subdivisés en rubriques ou lignes à la discrétion des États.

2 : La classification des dépenses

Les dépenses de la loi de finances sont présentées selon les classifications administrative, par programme, fonctionnelle et économique.

a ° : La classification administrative

C'est une classification fondée sur l'organisation administrative de l'État. Elle comprend deux niveaux : les ministères et les institutions constitutionnelles comme premier niveau (section), les services dépendant de ces ministères et institutions constitutionnelles comme second niveau (chapitre).

La classification administrative est une classification par destination des crédits budgétaires. Elle indique les services utilisateurs des crédits inscrits dans la loi de finances.

b ° : La classification par programme

Les crédits budgétaires sont présentés par programme (article 12, DLF) ou par dotation (article 14, DLF). Chaque programme est codifié à deux caractères.

c ° : La classification fonctionnelle

La classification fonctionnelle se réfère aux normes internationales pour présenter les objectifs socio-économiques de la dépense publique. Selon ces normes internationales, il faut distinguer dix divisions des dépenses publiques à savoir :

i. services généraux des administrations publiques ;
ii. défense ;
iii. ordre et sécurité publics ;
iv. affaires économiques ;

v. protection de l'environnement ;
vi. logements et équipements collectifs ;
vii. santé ;
viii. loisirs, culture et culte ;
ix. enseignement ;
x. protection sociale.

d ° : La classification économique

"Les crédits de chaque programme sont décomposés selon leur *nature* en crédits de personnel, biens et services, investissement, transferts" (article 12, DLF).

La classification économique concrétise cette disposition de la directive relative aux lois de finances. Elle est en cohérence avec le plan comptable de l'État et comprend deux niveaux de codification : l'article (deux caractères qui représentent la catégorie économique de la dépense) et le paragraphe (trois caractères) qui précisent la nature économique de la dépense publique.

60 ACHATS DE BIENS
601 Matières, matériel et fournitures
…………………………………………………………
609 Autres achats de biens
61 ACQUISITIONS DE SERVICES
611 Frais de transport et de mission
…………………………………………………………
618 Dépenses de communication
62 AUTRES SERVICES
621 Frais bancaires
………………………………………………………..
629 Autres acquisitions de services
63 SUBVENTIONS
632 Subventions aux entreprises publiques
…………………………………………………………..
639 Subventions à d'autres catégories de bénéficiaires
64 TRANSFERTS
641 Transferts aux établissements publics nationaux
…………………………………………………………
649 Autres transferts
65 CHARGES EXCEPTIONNELLES
651 Annulations de produits constatés au cours des années antérieures
…………………………………………………………

659 Autres charges exceptionnelles

66 CHARGES DE PERSONNEL

661 Traitements et salaires en espèces

…………………………………………………………..

669 Autres dépenses de personnel

67 INTÉRÊTS ET FRAIS FINANCIERS

671 Intérêts et frais financiers sur la dette

…………………………………………………………..

679 Autres intérêts et frais bancaires

68 DOTATIONS AUX AMORTISSEMENTS

681 Dotations aux amortissements des immobilisations incorporelles

682 Dotations aux amortissements des immobilisations corporelles

69 DOTATIONS AUX PROVISIONS

691 Dotations aux provisions pour dépréciation

692 Dotations aux provisions à caractère financier

19 PROVISIONS POUR RISQUES FINANCIERS

191 Provisions pour risques d'exploitation liés au Partenariat Public-Privé

…………………………………………………………..

199 Autres provisions pour risques à caractère financier

21 IMMOBILISATIONS INCORPORELLES

211 Frais de recherche et de développement

…………………………………………………………..

219 Autres droits et valeurs incorporels

22 ACQUISITIONS ET AMÉNAGEMENTS DES SOLS ET SOUS-SOLS

221 Terrains

………………………………………………………….

224 Plans d'eau

23 ACQUISITIONS, CONSTRUCTIONS ET GROSSES RÉPARATIONS DES IMMEUBLES

231 Bâtiments administratifs à usage de bureau

………………………………………………………….

236 Réseaux informatiques

24 ACQUISITIONS ET GROSSES RÉPARATIONS DU MATÉRIEL ET MOBILIER

241 Mobilier et matériel de logement et de bureau

………………………………………………………….

248 Cheptel

25 ÉQUIPEMENTS MILITAIRES

251 Bâtiments militaires

....

253 Mobiliers, matériels militaires et équipements

26 PRISES DE PARTICIPATIONS ET CAUTIONNEMENTS

261 Prises de participations à l'intérieur

....

264 Cautionnements

28 AMORTISSEMENTS

281 Amortissements des immobilisations incorporelles

282 Amortissements des immobilisations corporelles

29 PROVISIONS POUR DÉPRÉCIATION

291 Provisions pour dépréciation des immobilisations incorporelles

....

293 Provisions pour dépréciation des immobilisations financières

B : L'envergure de la comptabilité budgétaire

La comptabilité budgétaire couvre une année et concerne les ordonnateurs autant que les comptables publics.

1 : La comptabilité budgétaire couvre une année

"La période couverte par la comptabilité budgétaire est la gestion couvrant l'année civile, sans période complémentaire. Une circulaire du ministre chargé des finances fixe les délais-limites pour l'arrêté des opérations d'engagement, de liquidation et d'ordonnancement au titre de l'exécution du budget d'une année donnée" (article 74, DRGCP). C'est une conséquence du principe de l'annualité budgétaire. La reddition des comptes prend en compte les données de l'exécution du budget sur un an, le délai de validité de la loi de finances votée par le parlement.

En système de comptabilité sur la base des droits constatés, les opérations d'engagement, de liquidation et d'ordonnancement doivent rester dans le cadre annuel d'exécution de la loi de finances, soit les douze mois autorisés par le parlement. Les encaissements et les décaissements peuvent se faire au-delà de l'année civile qui est aussi l'année budgétaire, sans enfreindre le cadre juridique de la loi de finances. Cela donnerait lieu, tout simplement, à une différence entre les données retracées dans le tableau des flux de trésorerie et celles contenues dans le compte de résultat.

2 : La comptabilité budgétaire inclut les comptes de l'ordonnateur et les comptes du comptable public

"Les comptes générés par la comptabilité budgétaire sont constitués des comptes administratifs établis par les ordonnateurs et consolidés par le ministre chargé des finances, appuyés d'un état de développement des recettes budgétaires et d'un état de développement des dépenses budgétaires établies par le comptable principal" (article 75, DRGCP). Le comptable principal de l'État établit un compte de gestion qui est mis en parallèle avec les comptes administratifs des ordonnateurs. Ceci facilite le contrôle des comptes de la comptabilité budgétaire exercé par la Cour des comptes mais aussi par le parlement.

Paragraphe 2 : La comptabilité générale

Timidement appliquée dans la plupart des États membres, à travers la production du Compte général de l'administration des finances et ses annexes, accompagnant le projet de loi de règlement, la comptabilité générale et patrimoniale de l'État, déjà prévue par l'article 87 de la directive n° 06/97/UEMOA du 16 décembre 1997 portant Règlement général sur la comptabilité publique, est réaffirmée aussi bien dans la directive relative aux lois de finances (art. 71, DLF) que dans la directive portant règlement général sur la comptabilité publique (art. 70, DRGCP). Cet exercice qui est traditionnellement dévolu à la gestion et au système d'information des entreprises, est étendu à l'État puissance publique souveraine. Le Plan comptable de l'État est élaboré pour tenir compte de cette exigence normative.

A : Le plan comptable de l'État (Directive n° 09/2009/CM/ UEMOA du 26 juin 2009 portant Plan Comptable de l'État au sein de l'UEMOA)

Selon les termes du nouveau cadre harmonisé des finances publiques, "le plan comptable de l'État s'inspire du Système Comptable Ouest Africain et des autres normes comptables internationales, tout en tenant compte des spécificités de l'État" (Article 68, DRGCP& article 3, DPCE-UEMOA).

L'inspiration des normes comptables internationales et du SYSCOA se manifeste par :

- le respect des principes comptables essentiels que sont : la transparence (art. 10, DPCE-UEMOA), la permanence dans la terminologie et les méthodes utilisées (art. 11, DPCE-UEMOA), la sécurité, la pérennité et l'irréversibilité de l'information comptable (art. 12, DPCE-UEMOA), la continuité de l'exploitation et de permanence des méthodes (art.13, DPCE-UEMOA), la prudence (art. 14, DPCE-UEMOA), l'intangibilité du bilan d'ouverture (art. 15, DPCE-UEMOA) ;

- un système d'amortissement et de provision défini par le Conseil Comptable Ouest Africain (CCOA) de l'UEMOA ;

- des règles d'évaluation des actifs basées sur le coût historique, conformément au SYSCOA.

Au titre des spécificités de l'État et de leur traduction dans la comptabilité générale, on peut citer certains points du Plan Comptable de l'État (PCE-UEMOA) :

- la "Classe 1 : comptes de ressources à moyen et long terme" comprend quatre sous comptes consacrés aux emprunts projets et aux emprunts programmes obtenus de gouvernements affiliés au Club de Paris et de gouvernements non affiliés au Club de Paris ;

- la "Classe 7 : Compte de produits" comprend le compte "71, Recettes fiscales" et le sous-compte "752, Restitution au Trésor de sommes indûment payées"

B : Les documents comptables

Les documents à produire au titre de la comptabilité générale de l'État traduisent aussi les spécificités de l'État. Le ministère en charge des finances doit produire un Compte général de l'Administration des Finances (la balance générale des comptes, le développement des recettes budgétaires, le développement des dépenses budgétaires, le développement des opérations constatées aux comptes spéciaux du Trésor, le développement des comptes de résultats) mais aussi des états financiers, dont le bilan, le compte de résultat, le tableau des opérations financières du Trésor, le tableau des flux de trésorerie et l'état annexé qui comprend l'explicitation et le chiffrage des engagements hors bilan (art. 80 DRGCP& art. 27 DPCE-UEMOA).

Par ailleurs, la directive portant Plan de Comptes de l'État prévoit la tenue obligatoire des documents comptables suivants : le livre-journal, le grand livre, la balance générale et le livre d'inventaire (art. 19, DPCE-UEMOA).

C : Les méthodes comptables

La lecture de la directive n° 09/2009/CM/UEMOA du 26 juin 2009 portant Plan Comptable de l'État au sein de l'UEMOA permet de dégager quelques méthodes comptables essentielles :

- la comptabilité de l'État est tenue en partie double et est fondée sur le principe de la constatation des droits et obligations ;[307]

- un système d'amortissement et de provision fixé par le Conseil Comptable Ouest Africain ;

- l'évaluation des actifs au coût historique, ce qui détermine les coûts d'entrée et les valeurs d'inventaire de ceux-ci ;

[307] Voir *supra* p. 270.

- la codification des comptes est fondée sur le principe de la décimalisation ; la codification des comptes d'imputation est limitée à quatre chiffres ;

- la dette est valorisée à la valeur nominale de ses différents éléments constitutifs.

Paragraphe 3 : La comptabilité analytique des coûts

La comptabilité analytique des coûts est un exercice à la fois utile et indispensable en matière de gestion des organisations (publiques ou privées) qui produisent des biens et des services marchands. Elle permet de déterminer le prix de revient du produit ou du service, d'en prévoir une marge bénéficiaire et de fixer le prix de vente.

Cet exercice du monde des affaires est étendu à la gestion publique et le nouveau cadre harmonisé des finances publiques dispose que la "comptabilité de l'État (...) est organisée en vue de permettre (...) le calcul du prix de revient, du coût et du rendement de l'activité des services" (art. 69, DRGCP). Dès lors, l'État doit tenir une "comptabilité analytique des coûts" (Chapitre V, DRGCP) qui permette "le contrôle des rendements et performances des services" (art. 84, DRGCP) en relation avec "le cadre des budgets de programmes et de la gestion axée sur les résultats" (art. 84, DRGCP).

La comptabilité analytique des coûts vient conforter la démarche de performance des finances publiques. Elle rend possible l'appréciation de l'efficience des actions inscrites dans les programmes, l'efficience représentant, selon la Commission de l'Union européenne, "le *ratio* entre les réalisations, résultats et/ou impacts et les ressources (notamment les moyens financiers) utilisées pour y parvenir."[308]

Paragraphe 4 : La comptabilité des matières, valeurs et titres

La comptabilité générale décrit le patrimoine de l'État et son évolution. Elle " s'appuie sur la comptabilité des matières" (art. 72, DLF) qui "est une comptabilité d'inventaire permanent ayant pour objet la description des existants, des biens mobiliers et immobiliers, des stocks autres que les deniers et valeurs de l'État" (art. 81, DRGCP).

Les biens meubles et immeubles de l'État ainsi que son patrimoine immatériel ne sont pas l'objet d'une connaissance certaine ni en terme quantitatif, ni en terme qualitatif, ni en valeurs. Les opérations de recensement sont ordonnées par les États pour parvenir à une maîtrise certaine du patrimoine public.

---

[308] J.-L. Bœuf, *L'évaluation des politiques publique,* Paris, La Documentation Française, 2001, p. 34.

SECTION 3
LES AGENTS D'EXÉCUTION

"Les opérations relatives à l'exécution de la loi de finances et à la gestion des biens de l'État font intervenir deux catégories d'agents : les ordonnateurs et les comptables" (Art.4 DRGCP). Ce sont ceux qui sont investis de la décision financière opérationnelle : l'ordre de payer (ou d'encaisser) ou la décision de payer (ou d'encaisser).

Entre les deux s'insèrent deux autres catégories d'agents qui ont un rôle de facilitateur, soit d'un point de vue de la gestion (responsable de programme) soit d'un point de vue de l'habilitation légale (contrôleur financier).

Paragraphe 1 : Les agents investis d'un pouvoir de décision financière

La décision financière publique implique traditionnellement deux catégories d'agents que l'on retrouve dans la formulation des textes portant nouveau cadre harmonisé des finances publiques dans les États membres de l'UEMOA : l'ordonnateur et le comptable.

A : L'ordonnateur

"Est ordonnateur, toute personne ayant qualité au nom de l'État de prescrire l'exécution des recettes et/ou des dépenses inscrites au budget" (art. 8, DRGCP). Le pouvoir de prescription se limite à l'engagement, à la liquidation et à l'ordonnancement (art. 12 al.2, DRGCP). Les directives communautaires mettent en place un schéma de déconcentration de la fonction et du pouvoir de l'ordonnateur en matière de dépenses, ce qui n'est pas le cas en matière de recettes.

1 : En matière de recettes

En matière de recettes budgétaires, le ministre en charge des finances reste l'ordonnateur principal et unique "des recettes du budget général, des comptes spéciaux du Trésor et de l'ensemble des opérations de trésorerie" (art.10, DRGCP). Toute l'administration financière fonctionne sous son autorité avec ce que cela implique comme pouvoir d'instruction et pouvoir disciplinaire.

2 : En matière de dépenses : la déconcentration de la fonction d'ordonnateur (art.8, DRGCP)

Les ordonnateurs disposent des crédits affectés à leurs ministères ou institutions constitutionnelles. Ils sont juges de l'opportunité des dépenses sous réserve du pouvoir de régulation budgétaire du ministre en charge des finances. En effet, le ministre en charge des finances "peut subordonner l'utilisation des crédits par les ordonnateurs aux disponibilités de trésorerie de l'État" (art.11, *in fine*, DRGCP).

Par ailleurs, le ministre en charge des finances étant ordonnateur principal et unique de "l'ensemble des opérations de trésorerie" (art.10, DRGCP), il est en conséquence l'ordonnateur principal et unique de la dette publique. En effet, les emprunts à court, moyen et long termes sont tous rangés dans la catégorie des opérations de trésorerie en application des dispositions du nouveau cadre harmonisé des finances publiques : "les ressources de trésorerie de l'État comprennent (...) les produits des emprunts à court, moyen et long termes (...), les remboursements de prêts et avances" (article 27, DLF).

Plusieurs niveaux d'ordonnateurs peuvent être distingués :

a) *les ordonnateurs principaux* : ce sont les premiers responsables des institutions ou des ministères auxquels les crédits budgétaires sont affectés, à savoir les ministres pour les crédits budgétaires de leurs ministères (y compris le ministre en charge des finances pour les crédits affectés au ministère en charge des finances) et les présidents des institutions constitutionnelles (Cour ou Conseil constitutionnel, parlement, autorité de régulation des médias, Conseil économique et social, etc.). Pour ce qui concerne les budgets autonomes des établissements publics, les ordonnateurs sont les recteurs ou présidents d'universités, les directeurs des centres hospitaliers et universitaires, etc. S'agissant des budgets des collectivités territoriales locales, l'ordonnateur est le chef de l'exécutif de la collectivité : maire, président de conseil général, président de conseil régional, etc.

b) *les ordonnateurs secondaires* : c'est une catégorie qui répond à la territorialisation des crédits. Les ordonnateurs principaux n'ont pas matériellement la possibilité d'exécuter les opérations de recettes et de dépenses sur toute l'étendue du territoire des États. Les chefs des administrations déconcentrées de l'État leur viennent en appui (préfet de département, gouverneur ou préfet de région, sous-préfet, etc.) ainsi que les chefs des administrations locales déconcentrées de l'État. Ils ne sont pas élus mais représentent le pouvoir central au niveau local. Ils gèrent des crédits délégués.

c) *les ordonnateurs délégués :* ils agissent en lieu et place des ordonnateurs principaux ou secondaires sur la base d'une délégation de signature. Le délégataire peut être un membre du cabinet du ministre ou le directeur d'une administration centrale. Pour ce qui concerne les budgets autonomes des établissements publics, les ordonnateurs délégués sont les doyens des facultés, les directeurs d'instituts ou d'écoles professionnalisés pour ce qui concerne les universités publiques ;

d) *les ordonnateurs suppléants* : "en cas d'absence ou d'empêchement" (art.8, *in fine*, DRGCP), l'ordonnateur peut être remplacé, à titre provisoire, par un ordonnateur suppléant.

B : Les comptables publics

La notion de comptable public a une définition, comporte trois grandes catégories et plusieurs grilles de classification.

1 : Définition

"Est comptable public, tout agent public régulièrement habilité pour effectuer à titre exclusif, au nom de l'État ou d'un organisme public, des opérations de recettes, de dépenses ou de maniement de titres, soit au moyen de fonds et valeurs dont il a la garde, soit par virement interne d'écritures, soit par l'intermédiaire d'autres comptables" (art. 16, DRGCP).

À la différence de l'ordonnateur qui est une fonction complémentaire liée à une fonction principale (ministre, recteur, etc.), la fonction de comptable public correspond à un métier soumis à une qualification professionnelle (triple compétence juridique, comptable et financière) et un statut. En effet, les "comptables publics sont astreints à la prestation de serment devant les juridictions compétentes et à la constitution de garanties" (art. 23 DRGCP). Le serment est une formule sacramentelle dont le contenu engage le comptable au respect des devoirs de sa charge et à des règles d'éthique et de déontologie. Quant à la constitution de garantie, elle peut prendre plusieurs formes : caution versée dans un compte bloqué, cautionnement solidaire, police d'assurance délivrée par des compagnies d'assurance accréditées. Ces exigences ne sont pas systématiquement respectées en Afrique de l'ouest francophone. La Cour des comptes du Burkina Faso a relevé "l'absence de procès-verbal de prestation de serment, l'absence de situation de cautionnement" pour la gestion 2001.[309]

La cessation des fonctions du comptable public donne lieu à l'établissement d'un "procès-verbal de remise de service" (art. 33, al. 2, DRGCP). La libération des garanties constituées est conditionnée par le prononcé, par la Cour des comptes, d'arrêts définitifs de quitus sur ses gestions successives ou par l'épuisement du délai de jugement des comptes qui est de cinq ans (art. 34, 1er tiret, DRGCP).

En contrepartie des garanties et des charges de la fonction, les comptables publics doivent pouvoir bénéficier de "conditions matérielles, financières et morales nécessaires à la bonne exécution de leurs missions" (art. 23, *in fine*, DRGCP).

2 : Les trois grandes catégories de comptables publics

a) *Les comptables directs du Trésor* (art.19, DRGCP) : ils sont un réseau à compétence générale et forment une hiérarchie au sein de la Direction (générale) du Trésor. Ce corps hiérarchisé épouse l'organisation administrative territoriale des Etats : receveur général des finances au niveau central, receveur

---

309 Cour des comptes (Burkina Faso), *Rapport public 2010*, Ouagadougou 2010, p. 93.

des finances, receveurs-percepteurs, etc. selon les lignes de la déconcentration administrative des États membres de l'UEMOA.

b) *Les comptables des régies financières* (art.20, DRGCP) : les services des impôts, la douane ont également leur réseau de comptables publics chargé des opérations d'encaissement des droits de douane et, selon les pays, des recettes fiscales.

c) *Les comptables des établissements publics* (art.21, DRGCP) : les universités publiques, les centres hospitaliers et universitaires publics ainsi que toutes les structures publiques disposant d'un budget autonome (collectivité territoriale décentralisée ou organe de la décentralisation technique) disposent d'un comptable public.

Les régisseurs d'avance n'ont pas la qualité de comptables publics. Cependant, ils sont habilités "à exécuter des opérations d'encaissement ou de décaissement" (art. 22 al. 2, DRGCP) sous l'autorité d'un comptable public. Ils sont personnellement et pécuniairement responsables des opérations qu'ils effectuent. Le comptable public de rattachement est, lui, responsable personnellement et pécuniairement des opérations du régisseur "dans la limite des contrôles qui lui incombent" (art. 22 al. 3, DRGCP).

Les régies d'avance sont rendues nécessaires dans les États membres par les contraintes de la comptabilité publique. Parfois, il est utile de faire vite. Ceci explique la création de régies d'avances qui reçoivent une avance globale destinée à la couverture des dépenses éligibles. Le régisseur d'avance doit justifier, à échéance, l'utilisation des fonds reçus avant de demander une nouvelle avance de fonds, un nouvel approvisionnement de sa caisse.

3 : Les classifications des comptables publics[310]

Cette classification des comptables publics s'effectue selon plusieurs clés :

a) classification selon le mode de reddition des comptes : *comptables principaux et comptables secondaires* : le comptable principal est celui qui est justiciable du juge des comptes. C'est lui qui rend compte de sa gestion à la Cour des comptes, qui prononce à son endroit soit un arrêt de mise en débet, soit un arrêt de quitus, soit un arrêt d'avance. Le comptable secondaire rend compte de sa gestion au comptable principal qui l'intègre dans ses propres comptes consolidés à présenter au juge des comptes ;

---

[310] Les comptables publics sont affectés à l'exécution des opérations de dépenses et de recettes publiques. Ils se distinguent des comptables des matières placés auprès des ordonnateurs des matières. Leur rôle est d'assurer la tenue de la comptabilité et la gestion des matières (fournitures, les consommables, ainsi que les biens meubles et immeubles). Le comptable principal des matières rend compte de sa gestion à la Cour des comptes. Il transmet, au comptable centralisateur des matières de l'Etat, les informations et données comptables, aux fins de l'élaboration du compte central des matières de l'Etat (articles 8, 18 et 59 de la directive n°03/2012/CM/UEMOA 29 juin 2012 portant comptabilité des matières au sein de l'UEMOA).

b) classification selon le niveau de compétence : *comptable assignataire et comptable mandataire (ou correspondant)* : le comptable assignataire est le comptable juridiquement compétent à qui est officiellement dévolue la charge de tenir la comptabilité d'une personne publique. Il est seul habilité à faire l'imputation comptable définitive des opérations budgétaires ou de trésorerie. Il assure le contrôle et assume la responsabilité desdites opérations. L'exécution matérielle des opérations comptables (passation des écritures, encaissement, décaissement) peut être faite par lui-même ou par un autre comptable, appelé correspondant ou comptable mandataire. Les opérations que celui-ci effectue sont faites pour le compte du comptable assignataire ;

c) classification selon le critère hiérarchique : *comptable supérieur et comptable subordonné* : ce classement épouse les lignes de l'organisation administrative du réseau des comptables directs du Trésor. Chaque comptable est à la fois comptable supérieur (pour les comptables placés en ligne hiérarchique inférieure) et comptable subordonné (pour les comptables placés en ligne hiérarchique supérieure). Sauf en ce qui concerne le comptable principal de l'Etat, qui rend compte directement au juge des comptes et qui a toute la hiérarchie comptable sous lui, d'une part ; d'autre part, le comptable public de la dernière subdivision administrative territoriale (commune ou sous-préfecture ou commune rurale ou cercle, etc.) qui n'a que des supérieurs hiérarchiques mais personne sous lui, car il est le dernier niveau de la ligne hiérarchique ;

d) classification selon le niveau de centralisation : *comptable centralisateur et comptable non centralisateur* : la reddition des comptes devant le juge des comptes nécessite la centralisation des comptes par palier, selon l'organisation administrative des services du Trésor, des impôts, de la douane ou des établissements publics dotés d'un comptable public. L'échelon comptable le plus élevé centralise les comptes de l'échelon intermédiaire ; l'échelon intermédiaire centralise les comptes de l'échelon le plus bas. L'échelon le plus bas, n'ayant aucun service comptable dépendant de lui en ligne directe, ne centralise en conséquence aucun compte : il est appelé comptable non centralisateur ;

e) classification selon la nature des opérations effectuées : *comptable denier et comptable d'ordre* : le comptable denier est celui qui a reçu compétence pour manier des fonds et dont l'activité affecte les disponibilités du Trésor public auprès de la Banque Centrale des États de l'Afrique de l'Ouest (BCEAO) ou d'autres institutions financières. Le comptable d'ordre, quant à lui, tient les livres retraçant les situations financières et comptables. Son activité n'a pas d'effet sur les flux financiers réels ;

f) classification selon le titre légal : *comptable patent, comptable de fait* : le comptable patent est celui qui a légalement la qualité de comptable public. Il est nommé par le ministre en charge des finances, a prêté serment et a constitué une garantie (art. 22, DRGCP). Est comptable de fait "toute personne qui, sans avoir la qualité de comptable public ou sans agir sous contrôle et pour le compte d'un comptable public, s'immisce dans la gestion de deniers publics" (art. 16, DRGCP). C'est notamment le cas des ordonnateurs qui se mêlent aussi de maniement de deniers publics en encaissant ou en décaissant des fonds publics. Sauf les exceptions prévues par les textes, de tels comportements sont contraires à la règle de séparation des fonctions d'ordonnateur et de comptable.

C : Le responsable de programme

La clé de la gestion budgétaire par programme est justement le programme budgétaire, selon la Banque Mondiale.[311] Cependant, l'expression "responsable de programme" n'apparaît que dans un seul article sur les 89 articles de la directive relative aux lois de finances[312] et nulle part dans les 101 articles de la directive portant règlement général sur la comptabilité publique. En définitive, qui est-il et que fait-il ?

1 : La qualité de responsable de programme

Le responsable de programme n'appartient pas à un corps hiérarchisé avec des droits et des obligations comme le comptable public. Il est d'abord un responsable d'un rouage administratif à un échelon quelconque de la hiérarchie d'un ministère : directeur, directeur général, chef de service, etc. La qualité de responsable de programme est une attribution accessoire à une fonction principale exercée par un agent public.

Le responsable de programme est nommé par son ministre de tutelle ou sur proposition de son ministre si la nomination doit se faire en conseil des ministres (art. 13 al.1, DLF).

2 : La fonction de responsable de programme

Le responsable de programme exerce les fonctions d'ordonnateur délégué, de *manager* de programme budgétaire et de garant de la régularité et de la performance dans l'exécution des programmes budgétaires.

a) *L'ordonnateur délégué* : le responsable de programme peut exercer les attributions d'ordonnateur délégué des crédits budgétaires affectés au programme (art. 65, DLF). La délégation de compétence est faite par le

---

311 Banque Mondiale, *Manuel de gestion des dépenses publiques,* Washington, 2000, p. 22.

312 Les responsables de programme dans les textes nationaux des Etats : République du Bénin, Loi organique n° 2013-14 du 27 septembre 2013 relative aux lois de finances, art. 16 ; République de Côte d'Ivoire, Loi organique n° 2014-336 du 5 juin 2014 relative aux lois de finances, art. 16 ; République de Guinée, Loi organique n° L/2012/012/CNT du 6 août 2012 relative aux lois de finances, art 63 ; République du Mali, Loi n° 2013-028 du 11 juillet 2013 relative aux lois de finances, art. 12 ; République du Niger, Loi organique n° 2012-09 du 26 mars 2012 relative aux lois de finances, art. 14 ; République du Sénégal, Loi organique n° 2011-15 du 8 juillet 2011 relative aux lois de finances, art. 13 et République du Togo, Loi organique n° 2014-013 du 27 juin 2014 relative aux lois de finances, art. 13.

ministre de tutelle qui reste l'ordonnateur principal "des crédits, des programmes et des budgets annexes" du ministère (art. 8 al.2, DRGCP). En cette qualité, l'ordonnateur délégué engage, liquide et ordonnance les dépenses afférentes à l'exécution des activités de mise en œuvre des programmes (art. 13 al.1, DLF).

b) *Le manager du programme* : le programme budgétaire se présente comme un tout cohérent rassemblant des objectifs, des activités et des moyens (humains, matériels et financiers) de mise en œuvre et de suivi. Les objectifs généraux sont fixés par le ministre de tutelle. Les objectifs spécifiques qui viennent opérationnaliser les objectifs généraux, sont déterminés par le responsable de programme (art. 13 al.2, DLF). Ce tout programmatique (objectifs généraux, objectifs spécifiques, activités, moyens, suivi) est piloté, mis en musique par le responsable de programme qui exécute les activités en mettant à disposition les moyens et en veillant au suivi pour que les objectifs programmés soient atteints. Il élabore le projet annuel de performance et dresse le bilan de son action dans le rapport annuel de performance du programme.

c) *Le garant de la régularité et de la performance* : le responsable de programme "s'assure du respect des dispositifs de contrôle interne et de contrôle de gestion" (art. 13 al.2, DLF). Le responsable de programme ne se substitue pas aux corps de contrôle habituels (inspecteur des finances, contrôleur financier, etc.). Il est simplement chargé de veiller, dans le processus de mise en œuvre des programmes budgétaires, à ce que les unités administratives impliquées dans l'exécution d'un programme budgétaire respectent les exigences de légalité budgétaire et administrative (régulation par le droit) mais aussi les exigences de performance financière : efficacité, efficience et économie.

D : Le contrôleur financier

Le nouveau cadre harmonisé des finances publiques revalorise le statut du contrôleur financier[313] en lui consacrant la section 2 de la directive portant règlement général sur la comptabilité publique. Il convient d'examiner ce statut ainsi que les fonctions qui y sont attachées.

1 : Le statut de contrôleur financier

Le contrôle financier est organisé en corps hiérarchisé placé sous l'autorité du ministre en charge des finances. Il constitue un corps de contrôle dont les agents sont affectés à titre principal au contrôle de l'exécution des lois de finances. Des délégués du contrôle financier sont placés auprès des ministres sectoriels, ordonnateurs des dépenses de leurs ministères (art. 69, DLF).

---

[313] Depuis l'année 2015, il est créé, au Bénin, le corps des contrôleurs financiers "dénommé corps des contrôleurs budgétaires" (Article 1er, Décret n°2015-209 du 17 avril 2015 portant statut particulier du corps des contrôleurs budgétaires).

L'exercice, sans titre, de la fonction de contrôleur financier est puni par la loi (art. 6, DRGCP).

2 : La fonction de contrôleur financier

Le contrôleur financier exerce plusieurs fonctions : le contrôle de régularité, le contrôle de l'opportunité, l'évaluation *a posteriori* et la tenue de la comptabilité des dépenses engagées.

a) Le contrôle *a priori* de la régularité : c'est le rôle traditionnellement dévolu au contrôle financier. Il appose son visa sur les actes d'engagement (contrats, arrêtés ou décisions venant en exécution de la loi de finances et ayant une incidence financière) et les ordonnances de paiement (art. 88, al.2 & 4, DRGCP). L'absence du visa du contrôleur financier frappe d'irrégularité l'acte d'engagement ou l'ordonnance de paiement. "Les ordonnances ou mandats de paiement et les délégations de crédits non revêtus du visa du Contrôleur financier ou de son délégué sont nuls et de nuls effet" (art. 88, al.4, DRGCP).

b) Le contrôle *a priori* de l'opportunité : le contrôle financier se soucie également de la soutenabilité financière des décisions prises par l'ordonnateur. Il apprécie les actes d'exécution de la loi de finances pris par l'ordonnateur au regard "des conséquences que les mesures proposées peuvent avoir sur les finances publiques" (art. 88, al.3, DRGCP). En d'autres termes, le contrôle financier est habilité à servir de barrage contre les folies dépensières des ordonnateurs.

c) L'évaluation *a posteriori* : "Les contrôleurs financiers évaluent *a posteriori* les résultats et les performances des programmes, au regard des objectifs fixés, des moyens utilisés et de l'organisation des services des ordonnateurs." (art.90, DRGCP). Ils peuvent également aviser sur " la qualité de la gestion des ordonnateurs et sur la performance des programmes" (art. 69, DLF). En un mot, le contrôleur financier apprécie le travail des responsables de programmes sur les points de l'efficacité, de l'efficience et de l'économie.

d) La tenue de la comptabilité des dépenses engagées : "Le contrôleur financier ou son délégué tient la comptabilité des dépenses engagées afin de suivre la consommation des crédits et de déterminer la disponibilité ou non de crédits suffisants pour de nouveaux engagements de dépenses" (art. 89, DRGCP).

SECTION 4
LES OPÉRATIONS D'EXÉCUTION DE LA LOI DE FINANCES

La chaîne logique d'une loi de finances de l'année est d'abord la prévision budgétaire suivie de l'autorisation parlementaire, puis de l'exécution, et enfin le contrôle de l'exécution à travers le vote de la loi de règlement. Quatre séquences dont la 1ère et la 3ème sont de la compétence du gouvernement, tandis que la 2ème et la 4ème sont du ressort du parlement.

Le parlement est ainsi un maillon important de la décision financière. Cependant, il devient de plus en plus évident que les pouvoirs du parlement en matière financière se réduisent face au développement des compétences dévolues à l'exécutif en matière de mise en œuvre de la loi de finances. En effet, la loi de finances de l'année votée par les parlementaires subit des ajustements non négligeables lorsque le gouvernement procède à des modifications du texte initial, par virements et transferts de crédits, par annulation de crédit (pouvoir de régulation du ministre en charge des finances, art. 67, DLF), par ouverture de crédits supplémentaires, par décret en cas de nécessité (art. 23, DLF) et par affectation par décret des crédits globaux par programme (art. 22, DLF). La fongibilité (asymétrique, art. 15 al.2, DLF) des crédits va également dans le sens du renforcement des pouvoirs de gestion budgétaire du gouvernement.

Le parlement reste, malgré tout, la source de la légitimité financière. Le vote du parlement confère une valeur à l'autorisation budgétaire.

Paragraphe 1 : La valeur de l'autorisation budgétaire

La valeur de l'autorisation budgétaire n'est pas la même selon que l'on est en matière de recettes ou en matière de dépenses.

A : L'autorisation budgétaire en matière de dépense

L'autorisation budgétaire est une habilitation législative qui porte sur un montant, un objet, un service utilisateur et une durée.

1 : L'autorisation budgétaire est une habilitation législative

Le vote du parlement confère au gouvernement le pouvoir, la capacité légale, la compétence de faire les dépenses contenues dans la loi de finances de l'année. Cette autorisation ne fait pas obligation au gouvernement de dépenser (de consommer selon le jargon des financiers) les crédits inscrits dans leur intégralité. L'autorisation n'est pas une obligation de dépenser. La logique de la gestion budgétaire par la performance veut que les dépenses budgétaires soient évaluées sur les critères d'efficience et d'économie, ce qui signifie qu'il faut chercher à dépenser moins tout en recherchant le maximum de résultats.

2 : L'autorisation budgétaire : son montant, son objet, son service utilisateur et sa durée.

L'autorisation budgétaire en matière de dépense, c'est-à-dire le crédit budgétaire, est non seulement une simple habilitation mais elle est aussi très encadrée. Il ne s'agit pas d'une enveloppe donnée pour une jouissance discrétionnaire sans destination préalablement définie. Le crédit budgétaire a un montant, un objet, un service utilisateur et une durée.

a) *Le montant* : le crédit budgétaire a un montant qui est un chiffre. Ce chiffre est le maximum dont on peut disposer s'il s'agit d'un crédit limitatif (art. 20 al.2, DLF). Ce montant peut être augmenté, au besoin, et selon les procédures fixées, lorsqu'il s'agit de crédits évaluatifs (art. 20 al.3, DLF).

b) *L'objet* : les crédits inscrits dans les programmes sont "décomposés selon leur nature" (art.12, DLF) en crédit de personnel, crédits de biens et services, crédits d'investissement et crédit de transfert.

c) *Le service utilisateur* : la nomenclature administrative définit les services utilisateurs. "Elle retient les ministères ou les institutions comme premier niveau de classification correspondant aux sections. Les services ou groupes de services constituent le deuxième niveau de classification correspondant aux chapitres" (art.6, DNBE).

d) *La durée* : le principe de l'annualité reste la règle. Le crédit budgétaire est accordé pour une durée d'un an. Au-delà de l'année, il doit être reconduit ou annulé. La perspective pluriannuelle née de la budgétisation par programme permet d'assouplir la contrainte de l'annualité.

Exécution de crédits en l'absence de dotations budgétaires

"Comme pour les gestions antérieures et en dépit de ses observations, la Cour a noté l'exécution de crédits en l'absence de dotations budgétaires. Il en est ainsi des cas illustrés par les annexes 2 et 3 relatifs aux dépassements de crédits provisionnels et limitatifs (...) L'exécution de crédits en l'absence de dotations budgétaires est une entorse au principe de l'autorisation budgétaire (...) "La loi de finances de l'année prévoit et autorise pour chaque année civile l'ensemble des ressources et des charges de l'État"

Source : Chambre des comptes, Cour suprême (Bénin), *Rapport sur l'exécution de la loi finances pour l'année 2003*, pages 126-127.

B : L'autorisation budgétaire en matière de recette

La directive relative aux lois de finances prévoit cinq grandes catégories de recettes : les impôts, les rémunérations des services, les transferts non causés (fonds de concours, dons et legs), les revenus des domaines et les produits divers (art.8, DLF). L'autorisation législative qu'est la loi de finances constitue, pour ces catégories de recettes, une obligation légale et une obligation sans limite supérieure.

1 : L'autorisation budgétaire est une obligation légale

L'impôt est habituellement défini comme un prélèvement perçu par *voie d'autorité*. Ni le consentement du contribuable ni celui de l'administration fiscale ne sont déterminants. L'un et l'autre sont placés dans un statut légal dont ils exécutent les rôles. L'ordonnateur ne peut se refuser à liquider un impôt ou une taxe et les services du Trésor ne peuvent se soustraire à leur devoir de recouvrer les revenus des domaines ou les produits divers. L'autorisation budgétaire est, en l'occurrence, un impératif légal.

L'obligation légale peut, cependant, tomber lorsqu'il s'agit de transferts non causés comme les fonds de concours, les dons et les legs. Une donation à l'État qui se révèlerait provenir des fruits de l'économie mafieuse peut être refusé par le Trésor public. Mais, ici non plus, la volonté de l'ordonnateur de la recette ni celle de l'agent de recouvrement ne sont véritablement pas en cause, car ils sont l'un et l'autre placé dans une situation légale organisée par les textes qui répriment la criminalité organisée.

2 : L'autorisation budgétaire est une obligation sans limite supérieure

Les montants des recettes contenus dans la loi de finances sont des estimations qui confirment la nature d'acte de prévision qu'est cette loi de finances. Les prévisions peuvent être dépassées au cours de l'exécution du budget et le montant des recouvrements des impôts et taxes peut se révéler supérieur aux prévisions de la loi de finances de l'année. Ceci crée une "cagnotte budgétaire", un surplus de recettes dont l'affectation, en termes de dépenses, nécessitera une loi de finances rectificative.

Encadré n° 22 : L'autorisation budgétaire en matière de recette

Absence de retenue d'impôt sur les indemnités versées aux agents du centre

Les indemnités de vacation et de motivation versées aux agents du centre ne sont pas imposées. Les différents états d'émargement des agents bénéficiaires ne comportent pas de rubriques décrivant la liquidation et la déduction de l'impôt sur le Revenu des Personnes physiques (IRPP).

Ainsi, le Directeur du Centre et l'Intendante n'ont pas observé leurs obligations résultant des articles 16 et suivants de la loi n° 92-40 du 09 juillet 1992 portant Code général des impôts, modifiée, relatives à la source en matière fiscale. Les indemnités de vacation et de motivation constituent une part très substantielle du budget additionnel du CEDT mobilisant 90 % des ressources additionnelles, soit environ sept millions cent trente mille sept cent soixante-sept (7 130 767) francs en 2000, vingt et un millions cinq cent quatre-huit mille neuf cents (21 528 900) en 2001, cent un million, cinq cent quatre-vingt-dix-sept mille quarante-cinq (101 597 045) francs en 2002 et cent cinquante et un million six cent deux mille huit cent soixante-dix (151 602 870) francs en 2003. Leur non-imposition constitue donc un manque à gagner considérable pour le Trésor public.

Défaut de précompte de la TVA

La Cour a constaté que l'Intendante n'a pas précompté la TVA calculée sur les différentes factures, en méconnaissance de l'article 308 du Code général des impôts modifié par la loi 95-06 du 05 janvier 1995 et de la Circulaire ministérielle n° 0154/MEFP/DGID du 20 août 1996 qui font obligation au comptable public de liquider la taxe et de la précompter sur le règlement effectué sur un échantillon de factures contrôles, que l'Intendante de l'école a omis au moment du règlement de précompter et de reverser au Trésor public un montant total de 3.862.029 francs de TVA.

Extrait : Cour des comptes (Sénégal), *Rapport public 2008*, pages 48-49.

Paragraphe 2 : Les opérations d'exécution de la loi de finances de l'année

L'exécution de la loi de finances est faite par plusieurs catégories d'agents (ordonnateurs, comptables, contrôleurs financiers et responsables de programme) et se déroule en plusieurs phases. Ces phases sont similaires mais non identiques selon qu'il s'agit de dépenses ou de recettes.

A : Les opérations d'exécution des recettes

L'exécution des recettes publiques distingue quatre phases que sont : la constatation, la liquidation et l'ordonnancement d'une part et d'autre part le recouvrement (Titre III, Chapitre 1er, Section 1ère, DRGCP).

1 : La constatation des impositions de toutes natures

Elle "a pour objet d'identifier et d'évaluer la matière imposable" (art. 38, al.2, DRGCP). Ainsi que le dit cet article de la directive, deux grandes séquences s'attachent à cette phase : l'identification et l'évaluation.

a) L'identification de la matière imposable

Elle permet de savoir *quoi* imposer (la dépense, le revenu, le bénéfice, l'objet ou la cédule, etc.) ou *qui* imposer (impôt de capitation). Cet exercice est la détermination de l'assiette de l'impôt. L'identification doit être concrète et précise. Elle doit permettre de cerner très précisément le revenu, le bénéfice ou l'objet qui est constitutif de l'assiette de l'impôt. Par exemple, pour les revenus, l'identification permet de cibler le revenu salarial, son bénéficiaire et son payeur. En matière de dépense, l'identification permet de cerner la transaction, sa nature civile ou commerciale, nationale ou internationale. Lorsqu'il s'agit d'un objet, l'identification donnera la nature du bien meuble ou immeuble, son propriétaire et sa localisation.

b) L'évaluation de la matière imposable

Il s'agit, à cette séquence, de donner une valeur à l'assiette : montant du salaire, prix de la transaction civile ou commerciale, valeur du bien meuble ou immeuble.

2 : La liquidation

Elle "a pour objet de déterminer le montant de la créance sur les redevables et d'indiquer les bases sur lesquelles elle est effectuée" (art. 38, al.3, DRGCP). Plusieurs séquences sont à distinguer.

a) La constatation du fait générateur : le fait générateur est l'acte ou le fait qui rend l'impôt exigible. C'est le paiement du salaire (impôt sur le salaire), le paiement du prix de vente (impôt sur la dépense), le paiement du loyer (impôt sur les revenus des immeubles), l'arrivée à l'âge adulte ou majorité civile pour l'impôt de capitation. A contrario, un salaire qui n'a jamais été payé ne peut être imposé et le salarié n'est pas redevable du montant de l'impôt assis sur ce salaire.

b) Le calcul de l'impôt : c'est une opération qui peut être complexe. Il s'agit, à partir de la valeur de l'assiette, de faire les soustractions liées aux différentes exonérations et déductions pour avoir la base imposable. À cette base imposable sont appliqués les taux ou les grilles correspondants. L'aboutissement du processus est la connaissance du montant de la dette fiscale à mettre à la charge du contribuable.

3 : L'ordonnancement

Il est l'œuvre de l'ordonnateur de la recette publique et prend la forme d'un ordre de recette ou d'un titre de perception.

a) Les titres de perception

Dans la catégorie des titres de perception, on cite "les rôles, les avis d'imposition, les états de liquidation et les titres de régularisation" (art. 38, al.5, DRGCP). Ces titres de perception concernent une catégorie précise de recette : les impôts et taxes assimilées.

b) Les ordres de recettes

Ils concernent les recettes non fiscales, notamment les "les redevances pour services rendus et les autres produits divers et éventuels de l'État" (art. 38, al.6, DRGCP), au nombre desquels on cite les arrêtés de débet, les extraits de décision de justice, etc.

4 : Le recouvrement

Les procédures de recouvrement des créances publiques sont laissées à la discrétion des États membres de l'UEMOA (art.40, DRGCP). Cependant, les grandes lignes du recouvrement sont communes à ces États membres, parce qu'ils sont de la même famille de droit, à l'exception de la Guinée Bissau.

Le recouvrement est la dernière phase de l'opération d'exécution de la recette publique. Il est de la compétence du comptable public.

a) Les contrôles préalables exécutés par le comptable public

Le comptable public doit s'assurer de l'autorisation de percevoir qui justifie légalement l'ordre de recettes ou le titre de perception. D'une manière précise, il exerce un contrôle "de l'autorisation de percevoir les recettes", dans les conditions prévues, pour l'Etat et chaque catégorie d'administrations publiques, par les lois et règlements. Il est chargé de "la mise en recouvrement et de la liquidation des créances ainsi que de la régularité des réductions et des annulations de titres de recettes, dans la limite des éléments dont ils disposent" (art. 26, a, DRGCP). Les pièces justificatives des recettes font l'objet d'une nomenclature établie par arrêté du ministre en charge des finances dans chaque État membre de l'UEMOA (art. 65, DRGCP).

b) Les modalités du recouvrement

Les règlements peuvent se faire en espèces, par la remise de chèques (certifiés au besoin) ou par virement ou versement sur un compte ouvert au profit de la personne publique bénéficiaire.

5 : Le régime juridique de l'exécution des recettes publiques

L'exécution des recettes publiques obéit à des règles qui sont attachées à la nature des personnes publiques. Ces règles traduisent des prérogatives de puissance publique et concernent plusieurs aspects de l'exécution des recettes publiques.

a) *La non-compensation au profit des débiteurs de la personne publique* : "Les débiteurs de l'Etat ne peuvent pas se prévaloir de leurs créances vis-à-vis de l'Etat pour s'opposer au paiement de leurs dettes. (art. 41, al.1, DRGCP)". Les débiteurs de l'État doivent payer l'intégralité de leurs dettes. La loi ne les autorise pas à faire des compensations pour ne payer que le solde au profit du Trésor public. C'est aussi une application du principe de l'universalité budgétaire dans son aspect "non-compensation". Toutefois, l'Organisation pour l'harmonisation en Afrique du droit des affaires (OHADA), dans son Acte uniforme portant organisation des procédures simplifiées de recouvrement et des voies d'exécution, dispose en son article 30 que les "dettes certaines, liquides et exigibles des personnes morales de droit public ou des entreprises publiques (...) donnent lieu à compensation avec les dettes également certaines, liquides et exigibles dont quiconque sera tenu envers elles, sous réserve de réciprocité". La dette est réputée certaine si elle résulte d'une reconnaissance par la personne publique en cause ou d'un titre exécutoire.

b) *Le privilège de l'exécution d'office* : l'État bénéficie d'une prérogative de puissance publique en matière d'exécution des recettes publiques. Le régime juridique de l'exécution forcée des créances commerciales et civiles est fixé par l'OHADA (Acte uniforme portant organisation des procédures simplifiées de recouvrement et des voies d'exécution) et les codes de procédures civiles des États membres. Le principe du recouvrement des créances commerciales et civiles est, en cas d'inexécution volontaire, le recours au juge ou à l'arbitrage. En matière de créances publiques, par contre, l'Administration bénéficie du privilège de l'exécution d'office. Ce privilège lui permet d'émettre des titres exécutoires et de procéder par elle-même à l'exécution forcée de ces titres sans qu'il soit nécessaire de recourir au préalable au juge. Le recours au juge sera nécessaire seulement si le contribuable conteste la créance publique dans le fond ou sur les procédures de la mise en recouvrement.

c) *La prescription en matière de recettes* : " Les règles de prescription des recettes de l'État sont régies par les réglementations nationales." (art. 42, DRGCP). Il appartient à chaque État membre de l'UEMOA de fixer ses propres règles en matière de prescription des recettes publiques. Cependant, certaines grandes tendances se dégagent. D'abord en matière de liquidation de l'impôt, l'Administration dispose d'un droit de reprise pour faire naître ou augmenter la dette fiscale par une opération de redressement d'omissions ou d'insuffisances constatées au cours de la liquidation initiale.[314]

B : Les opérations d'exécution des dépenses

"Les dépenses sont engagées, liquidées et ordonnancées avant d'être payées" (art.44, DRGCP). Ainsi se distinguent les quatre phases de l'opération d'exécution de la dépense publique : l'engagement, la liquidation, l'ordonnancement et le paiement.

1 : L'engagement

Il comporte deux aspects : l'engagement juridique et l'engagement comptable.

a) *L'engagement juridique* : c'est "l'acte par lequel l'Etat crée ou constate à son encontre une obligation de laquelle résultera une charge" (art. 45, al.1, DRGCP). Ce peut être un acte unilatéral (nomination d'un agent public) ou un accord de volontés (contrat d'acquisition de biens au profit de l'Administration). Dans un cas comme dans l'autre, il s'agit d'un engagement volontaire. L'engagement peut être aussi involontaire lorsqu'il résulte d'un fait matériel. Un char d'assaut de l'armée de terre en manœuvre qui écrase, au passage, des riverains paisibles, met en cause la responsabilité de l'État de

---

314 Sénégal, article 646, Code général des impôts : la prescription en matière de recouvrement des recettes est de 10 ans et 5 ans selon le type d'impôt.

laquelle il résultera une dépense à engager, sans qu'on puisse affirmer *a priori* qu'il y ait eu une volonté de tuer de la part du conducteur du véhicule blindé.

L'engagement est l'œuvre de l'ordonnateur de la dépense publique : ministre, président d'institutions constitutionnelles, et, pour les ordonnateurs secondaires, les préfets de département, les gouverneurs de région ou de district, etc. L'engagement est le moment où l'ordonnateur manifeste sa liberté de décision et son autonomie de gestion. C'est lui qui décide ce qu'il faut commander, les travaux à faire et le moment de le faire. Sa liberté de décision est, toutefois, encadrée par les principes du droit budgétaire que sont : la spécialité des crédits (exacte imputation de la dépense) et la disponibilité de crédit (dépenses limitées aux montants autorisés dans la loi de finances).

La liberté de décision de l'ordonnateur s'exerce sous le regard du contrôleur financier, dont le rôle a été confirmé par la directive relative aux lois de finances. Le "visa préalable du contrôleur financier" (art. 88, al.2, DLF) est requis avant la signature de l'ordonnateur. Le contrôleur financier ne limite pas son contrôle aux aspects de régularité juridique. Il formule aussi un jugement de valeur et exerce une appréciation d'opportunité au regard "des conséquences que les mesures proposées peuvent avoir sur les finances publiques" (art. 88, al.3, DRGCP). Le contrôleur financier tient aussi une comptabilité des dépenses engagées "afin de suivre la consommation des crédits et de déterminer la disponibilité ou non de crédits suffisants pour de nouveaux engagements de dépenses" (art. 89, DRGCP).

L'engagement juridique, lorsqu'il met en jeu la technique contractuelle, est un exercice très réglementé. Le régime juridique de la commande publique est organisé au niveau communautaire par la Directive n° 04/2005/CM/UEMOA du 09 décembre 2005 portant procédures de passation, d'exécution et de règlement des marchés publics et des délégations de service public dans l'Union économique et monétaire Ouest Africaine.

b) *L'engagement comptable* : il "consiste à affecter des crédits au paiement de la dépense" (art. 45, al.2, DRGCP). Le constat est celui de la généralisation de l'informatisation du circuit de l'exécution et du suivi de la dépense publique. En conséquence, l'engagement comptable prend la forme d'une réservation de crédit sur la plate-forme informatique du réseau de gestion des dépenses publiques.

2 : La liquidation

a) *Définition* : elle consiste à "vérifier la réalité de la dette et (à) arrêter le montant exact de la dépense" (art. 46, al.1, DRGCP). Les pièces justificatives et les titres présentés attestent la réalité de la dette de l'État. Suit alors l'exercice consistant à en déterminer le montant exact. Ce montant peut être contenu dans les pièces justificatives elles-mêmes (prix d'acquisition de la commande publique) ou nécessiter des calculs spécifiques (liquidation d'une pension de retraite sur la base du nombre d'années de cotisation).

b) *Modalités* : "les services liquidateurs de l'État ne peuvent arrêter les droits des créanciers (…) qu'après constatation du service fait" (art. 46, al.2, DRGCP). L'État ne paie qu'après exécution totale ou partielle de la cause de la dette publique : livraison de biens, fourniture de services, etc. La règle du service fait est assortie de dérogations que les Etats membres peuvent prévoir dans leurs droits nationaux sous la forme d'avance ou de paiement préalable. Le respect strict de la règle du service fait aurait des conséquences négatives sur la trésorerie des prestataires et fournisseurs de l'État et même un effet contrariant sur tout le système de la commande publique.

3 : L'ordonnancement

L'ordonnancement est "l'acte administratif par lequel, conformément aux résultats de la liquidation, l'ordre est donné par l'ordonnateur au comptable assignataire de payer la dette de l'État" (art. 47, al.1, DRGCP). C'est l'ordre de payer adressé au comptable assignataire. L'ordonnancement autant que l'acte d'engagement doit être revêtu du visa du contrôle financier sous peine de nullité (art. 69, al.1, DLF & art. 88, al.4, DRGCP). Il doit indiquer l'exacte imputation et comporter les pièces justificatives.

4 : Le paiement

Le paiement est "l'acte par lequel l'État se libère de sa dette" (art. 49, DRGCP). Pour ce faire, le comptable assignataire de la dépense publique doit exécuter une opération de contrôle et un acte de paiement.

a) *Le contrôle de l'ordonnance de paiement.* Le comptable est tenu d'effectuer les contrôles "de la qualité de l'ordonnateur ou de son délégué, et de l'assignation de la dépense, de la validité de la créance (la justification du service fait, résultant de la certification délivrée par l'ordonnateur ainsi que des pièces justificatives produites, l'intervention préalable des contrôles, autorisations, approbations, avis ou visas réglementaires, la production des justifications et, le cas échéant, du certificat de prise en charge à l'inventaire, l'application des règles de prescription et de déchéance), du caractère libératoire du règlement incluant le contrôle de l'existence éventuelle d'oppositions, notamment de saisies-arrêts ou de cessions" (art.26, b, DRGCP). Les pièces justificatives des dépenses font l'objet d'une nomenclature établie par arrêté du ministre en charge des finances dans chaque État membre de l'UEMOA (art. 65, DRGCP).

Si les contrôles effectués par le comptable révèlent des irrégularités sur les points ci-dessus mentionnés, celui-ci doit refuser d'exécuter le paiement et en référer au ministre en charge des finances ainsi qu'à l'ordonnateur lui-même par une "déclaration écrite et motivée (…) accompagnée" des pièces rejetées (art. 50, al.2, DRGCP). L'ordonnateur peut malgré tout réquisitionner le comptable après avoir sollicité l'"avis consultatif du ministre chargé des finances" (art. 50, al.3, DRGCP).

En cas de réquisition, le comptable s'exécute et effectue le paiement mais prend soin d'annexer "au mandat, une copie de sa déclaration de rejet et l'original de l'acte de réquisition qu'il a reçu" (art. 50, al.4, DRGCP). Copies de ces deux documents sont ensuite adressées au ministre en charge des finances, à la Cour des comptes et publiées (art. 50, al.4, DRGCP). Toutefois, la réquisition n'est pas possible et le comptable doit maintenir son refus de payer dans les trois cas suivants : l'indisponibilité de crédits, l'absence de justification du service fait, sauf pour les avances et les subventions, le caractère non libératoire du règlement (art. 50, al.5, DRGCP).

b) L'opération de paiement :" Les règlements de dépenses sont faits par remise d'espèces, de chèques, virement, ou d'autres instruments de paiement dans les conditions fixées par les réglementations nationales" (art. 52, DRGCP). En tout état de cause, le paiement libératoire n'intervient qu'après trois dernières précautions que le comptable doit prendre : s'assurer des compensations légales entre les dettes et les créances assignées sur sa caisse (art. 41, al.2, DRGCP), s'assurer qu'il n'y a pas erreur sur la personne du créancier de l'État et s'assurer enfin qu'il n'y a pas une opposition à paiement contre le créancier de l'État (art. 51, DRGCP).

5 : Les visas du contrôle financier

Le contrôleur financier reste un maillon important de la chaîne d'exécution de la loi de finances de l'année. Cette importance se remarque à travers le visa qu'il appose sur les actes portant engagement ou ordonnancement de dépenses publiques, après avoir fait les vérifications que la loi lui impose. Il refuse son visa s'il estime que l'acte d'engagement ou d'ordonnancement est entaché de vice de forme ou de fond. (art. 92, al.1 & 2, DRGCP). L'ordonnateur ne peut passer outre, au refus de visa, que sur autorisation écrite du ministre en charge des finances si le refus est l'œuvre du contrôleur financier lui-même (art. 92, al.3, DRGCP) ou sur autorisation écrite du contrôleur financier si le refus provient d'un délégué du contrôleur financier (art. 92, *in fine*, DRGCP).

Dans un cas comme dans l'autre, la responsabilité du ministre ou du contrôleur financier se substitue à celle de celui qui a refusé le visa, en l'occurrence le contrôleur financier ou son délégué.

6 : Le régime juridique de la dette publique

Les personnes publiques sont soumises à un régime juridique particulier, quant au paiement de leurs dettes. Les particuliers peuvent être contraints à payer leur dette. Le droit de l'OHADA rend l'exécution forcée plus simple en matière commerciale (injonction de payer, Titre I de l'Acte uniforme portant organisation des procédures simplifiées de recouvrement et des voies d'exécution) et diversifie les voies d'exécution avec la création de la saisie-appréhension et de la saisie-revendication (Titre II de l'Acte uniforme portant organisation des procédures simplifiées de recouvrement et des voies d'exécution) dans les transactions commerciales.

Les personnes publiques bénéficient de privilèges certains, lorsqu'il s'agit de leur faire payer leurs dettes.

a) L'immunité d'exécution : "Quelle que soit la nature, les actifs de l'Etat ou de tout autre organisme public doté d'un comptable public sont insaisissables" (art. 70, *in fine* DLF). L'Acte uniforme de l'OHADA portant organisation des procédures simplifiées de recouvrement et des voies d'exécution, dispose que "l'exécution forcée et les mesures conservatoires ne sont pas applicables aux personnes qui bénéficient d'une immunité d'exécution" (art.30), c'est-à-dire traditionnellement les personnes morales de droit public. On ne peut utiliser contre la puissance publique les voies d'exécution quelles qu'elles soient. Ceci est un privilège traditionnel des personnes publiques. Toute législation nationale contraire est censurée par les juges de la Cour commune de justice et d'arbitrage de l'OHADA.[315] Ce privilège découle de l'impossibilité pratique dans laquelle l'Administration se trouve de ne pouvoir utiliser la force publique contre elle-même pour la contraindre à payer. En outre, "l'État est tenu de prêter son concours à l'exécution des décisions et des autres titres exécutoires. La formule exécutoire vaut réquisition directe de la force publique" (art. 29, Acte uniforme portant organisation des procédures simplifiées de recouvrement et des voies d'exécution de l'OHADA).

b) La compensation de droit des dettes et des créances au profit du Trésor public : "le comptable doit, préalablement à tout paiement, opérer la compensation légale entre les dettes et les créances assignées sur sa caisse" (art. 41, al. 2, DRGCP). Ce qui est refusé aux débiteurs de l'État est par contre autorisé et même imposé au comptable public. Celui-ci doit obligatoirement, le cas échéant, opérer la compensation entre dette et créance avant tout paiement. Cependant, pour les dettes dites "certaines, liquides et exigibles" des personnes morales de droit public, elles peuvent donner "lieu à compensation" avec les dettes également certaines, liquides et exigibles "dont quiconque sera tenu envers elles, sous réserves de réciprocité" (art. 30, Acte uniforme portant organisation des procédures simplifiées de recouvrement et des voies d'exécution de l'OHADA).[316]

[315] Il en fut ainsi de la loi n°90-26 du 4 décembre 1990 portant réforme du cadre institutionnel et juridique des entreprises publiques au Togo dont l'article 2 soustrait les entreprises publiques du régime de droit public pour les soumettre au droit privé, en les privant notamment de l'immunité d'exécution attachée à leur statut d'entreprises publiques. La Cour commune de justice et d'arbitrage de l'OHADA a jugé la loi togolaise contraire aux dispositions de l'article 30 de l'Acte uniforme portant organisation des procédures simplifiées de recouvrement et des voies d'exécution, qui consacrent ce principe d'immunité d'exécution des entreprises publique (Arrêt n° 043/2005, affaire : Aziablevi Yovo et autres c/ société Togo Telecom (Recueil de Jurisprudence de la CCJA, n° 6, juin-décembre 2005, p. 25. Le Juris-Ohada, n° 1/2006, p. 8.).

[316] Voir commentaires Anne-Marie Assi-Esso, *in* J. Issa-Sayegh (dir.), *OHADA, Traité et actes uniformes commentés et annotés*, Poitiers, Juriscope, 2ème édit., 2002, p.715.

c) La déchéance quadriennale : "Sont prescrites au profit de l'État ou de tout autre organisme public doté d'un comptable public, toutes créances dont le paiement n'a pas été réclamé dans un délai de quatre ans à partir du premier jour de l'année suivant celle au cours de laquelle les droits ont été acquis" (art. 70, DLF & art. 54, al.1, DRGCP).[317]

La déchéance est d'ordre public et s'impose même à la volonté de l'Administration. Les conditions d'interruption, de suspension ou d'exemption de la prescription sont à la discrétion des législations nationales. Cependant, et d'une manière générale, le délai de prescription est interrompu lorsque le créancier a présenté en temps utile un dossier de règlement complet ou lorsqu'il a saisi la justice en temps utile pour se voir désintéressé.

C : Les régimes dérogatoires d'exécution des recettes et des dépenses publiques

Les opérations d'exécution de la loi de finances (engagement, liquidation, ordonnancement, paiement) sont l'expression d'une préoccupation de transparence et de contrôle. Le souci d'efficacité et de célérité (de bon sens quelquefois) amène à porter des assouplissements. Ainsi, les salaires des fonctionnaires sont payés sans ordonnancement préalable, certaines dépenses sont définitivement ordonnancées et payées sans engagement, tandis que la gestion des fonds spéciaux s'apparente à une gestion dérégulée. Ces situations rappellent la confusion des fonctions d'ordonnateur et comptable évoquée plus haut.[318]

---

317 Voir aussi les législations des Etats : République du Bénin, Loi organique n° 2013-14 du 27 septembre 2013 relative aux lois de finances, art. 76 ; République de Côte d'Ivoire, Loi organique n° 2014-336 du 5 juin 2014 relative aux lois de finances, art. 73 ; République du Mali, Loi n° 2013-028 du 11 juillet 2013 relative aux lois de finances, art. 69 ; République du Niger, Loi organique n° 2012-09 du 26 mars 2012 relative aux lois de finances, art. 70 ; République du Sénégal, Loi organique n° 2011-15 du 8 juillet 2011 relative aux lois de finances, art. 69 ; République du Togo, Loi organique n° 2014-013 du 27 juin 2014 relative aux lois de finances, art. 70.

318 Voir *supra* pp. 266 et suiv.

CHAPITRE 6

LES MÉCANISMES ET INSTRUMENTS D'EXÉCUTION FINANCIÈRE DE LA LOI DE FINANCES

La loi de finances est un acte d'autorisation, un acte juridique qui a besoin d'être traduit en flux financiers pour la mise en œuvre des politiques publiques qui la sous-tendent. Il faut non seulement faire rentrer l'argent dans les caisses de l'État (préalable à toute opération de dépense) mais également assurer la distribution spatiale des ressources de trésorerie dans les postes comptables répartis sur le territoire des États. Ici entrent en jeu, deux institutions essentielles dans le processus de l'exécution financière des lois de finances : le Trésor public de chacun des États et l'Union monétaire ouest-africaine (UMOA).

SECTION 1
LE TRÉSOR PUBLIC

Le Trésor public est, dans les États membres de l'UEMOA, une institution très visible dont il convient de présenter les grandes lignes de l'organisation et de l'action.

Paragraphe 1 : Historique et organisation du Trésor public des États

Le Trésor public dans les États membres de l'UEMOA a une parenté certaine avec le Trésor public français. Leurs histoires lointaines semblent communes mais la décolonisation a donné une autre trajectoire à l'histoire récente des Trésors publics des États membres de l'UEMOA.

A : Éléments de préhistoire et d'histoire du Trésor public en Afrique de l'Ouest francophone

Il faut distinguer l'avant et l'après de la période des indépendances.

1 : La période précoloniale et la pénétration française en Afrique de l'Ouest

À l'exception de la Guinée-Bissau anciennement sous domination portugaise, les États membres de l'UEMOA étaient des colonies françaises, soumises à l'administration directe du gouvernement français. L'histoire du

Trésor public en Afrique de l'Ouest francophone est aussi l'histoire du passé colonial des États, précédée de la préhistoire de la fonction dans les sociétés politiques d'Afrique avant la colonisation.

a °) : La préhistoire de la fonction "Trésor public" dans l'espace politique ouest-africain.

Parler de "Trésor public" suppose l'existence d'État, au sens de la dissociation des biens du monarque des biens de l'État, qu'il soit un royaume ou un empire. Pour Joseph Ki-Zerbo et Djibril Tamsir Niane, "en Afrique occidentale, l'organisation d'États a probablement débuté avant 600, mais devient évidente pendant l'époque" allant du 7ème au 11ème siècle.[319]Pour ces historiens, le Gao, le Ghana, le Kanem sont bien connus des chercheurs et du grand public, "mais il existe bien d'autres zones moins privilégiées jusqu'à présent par la recherche, (et) pour lesquelles l'existence de pouvoirs étatiques ne fait plus de doute pendant la période" allant du 7ème au 11ème siècle.[320]

La région de l'Afrique occidentale a connu quatre grands empires au cours des siècles : Songhaï, Cayor, Ghana et Mali.[321] Dans l'empire du Mali, la Charte de Kouroukan Fouga (1239) fut à la fois la constitution civile et la constitution politique. Elle comporte l'idée de propriété (article 31, "Il a cinq façons d'acquérir la propriété : l'achat, la donation, l'échange, le travail et la succession") et le concept de bien public (article 32, "tout objet trouvé sans propriétaire connu ne devient propriété commune qu'au bout de quatre ans"). Mais le texte n'évoque rien qui ressemblerait à des règles budgétaires ou comptables.

L'existence d'armées permanentes dans l'Afrique de l'Ouest précoloniale crée ce qu'on convient d'appeler des dépenses permanentes : dépenses d'une armée en campagne mais aussi dépenses en temps de paix, pour nourrir la troupe et ses généraux, faire des exercices militaires. L'empire du Ghana "était défendu par deux cent mille guerriers, dont quarante mille archers", tandis que l'empire Songhaï pouvait lever une armée de douze mille cinq cents cavaliers et trente mille fantassins."[322]

Pour couvrir ces dépenses, les monarques avaient plusieurs sources de recettes :

- *les razzias* : c'est un mode de pillage des ressources des peuples voisins en utilisant la force militaire. L'armée fait une incursion brève et fulgurante sur un territoire étranger et s'accapare de force le bétail, le contenu des

---

319 *Histoire générale de l'Afrique, volume III : L'Afrique au VIIème au XIème siècle*, Directeurs du volume III, J. Ki-Zerbo et Dj. Tamsir Niane, Paris, Présence Africaine, EDICEF, UNESCO, (édition abrégée) 1987, p.533.

320 *Ibidem.*

321 Ch. Anta Diop, *L'Afrique noire précoloniale*, Paris, Présence africaine, 1987, pp. 78, 82, 84.

322 *Idem*, pp. 89 et 93.

greniers et ce qui pourrait être utile. Le butin de la razzia permet d'entretenir l'effort de guerre. "Les expéditions extérieures rapportaient (...) des biens", écrit Cheikh Anta Diop ;[323]

- *les tributs* : ils sont en argent ou en nature ou encore les deux à la fois. Le vainqueur d'une guerre peut imposer au vaincu le paiement d'un tribut qui est le signe de sa dépendance et le prix de la paix entre les deux peuples ;

- *la corvée* : c'est un investissement humain donné par les populations aux dignitaires des royaumes. Dans le royaume de *Danhomè*, le roi mettait à la disposition des chefs de village et des chefs de région des *glesi*, gens commis à la culture de la terre au profit des chefs et des princes. Le *glesi* était différent de l'esclave car il conservait une partie de la récolte pour lui-même et jouissait d'une relative liberté en dehors de ses obligations de cultivateur au service des dignitaires du royaume ;[324]

- *les mines d'or* : pour Cheikh Anta Diop, "la principale ressource des souverains de l'Afrique noire, de l'Antiquité aux Temps Modernes, de l'Océan indien à l'océan Atlantique (...) est l'or extrait des mines."[325] Ressources prélevées dans la terre, l'or peut être considéré aujourd'hui, selon la catégorisation des recettes publiques, comme un revenu du domaine ;

- *les redevances liées à l'accès aux charges administratives* : "la nomination aux différentes fonctions, dans les royaumes traditionnels, était accompagnée du paiement d'une redevance", écrit Cheikh Anta Diop.[326] Les titulaires des hautes fonctions achetaient, en quelque sorte, leurs postes et versaient la contrepartie dans les caisses de la monarchie.

La structuration progressive des économies des empires et des royaumes ouest-africains conduisit à l'introduction de la monnaie. Les cauris, coquilles précieuses, servirent comme instrument d'échanges commerciaux. Les cauris étaient évalués "par rapport à un étalon-or, le *miktal*" (4,6 grammes de poudre d'or) valant "500 à 3.000 cauris selon les changes."[327] D'une manière générale, selon Cheikh Anta Diop, faisaient office de monnaie sur le territoire de l'Afrique occidentale, le sel, le cauris, l'or en poudre ou en pièces de fabrication soit étrangère soit locale.[328]

L'existence d'une monnaie va permettre l'apparition d'autres techniques de collecte de recettes au profit des monarques :

- *les droits de douane* : selon Cheikh Anta Diop, "un système douanier strict était établi dès l'époque de Ghana ; il fut maintenu par les empereurs du

---

323 *Idem*, p. 103.
324 M. Ahanhanzo-Glélè, *Le Danxome, du pouvoir adja à la nation fon*, Paris, Nubia, 1974, p. 152.
325 Ch. Anta Diop, *op. cit.*, p. 102.
326 *Idem*, p. 128.
327 A. Adiko, *Histoire des peuples noirs*, *op. cit.*, p. 56.
328 Ch. Anta Diop, *op. cit.*, p. 128.

Mali et du Songhaï ; les redevances étaient payables sur les importations et les exportations."[329] Pour ce qui concerne particulièrement l'empire du Ghana, les droits perçus étaient de un *dinar* sur chaque âne chargé de sel qui était vendu dans l'empire et deux dinars sur chaque charge du même produit que l'on exportait. Pour une charge de cuivre, les droits à payer étaient de cinq *mitsqâls* et dix *mitsqâls* pour une charge de marchandise ordinaire.[330]

Quant au roi de Nikki (nord-ouest du Bénin), il avait installé un poste de douane à Parakou, sur l'itinéraire des caravaniers. Ceux-ci acquittaient des droits sur les marchandises qu'ils convoyaient à travers le royaume. "Les prélèvements effectués sur les cargaisons étaient présentés au souverain qui décidait, en son âme et conscience, de la répartition et du mode d'utilisation qu'il convenait d'appliquer à cette manne."[331]

L'importance des droits de douane provenait de l'intensité des flux commerciaux dans la région de l'Afrique occidentale. En effet, selon les historiens, "entre le Ier et le IVème siècle de l'ère chrétienne, des marchandises romaines étaient importées dans cette région. Apparemment, après avoir remplacé les Carthaginois sur la côte tripolitaine dans la seconde moitié du IIème siècle avant l'ère chrétienne, les Romains, à leur tour, importèrent du Soudan de l'ivoire et des esclaves (...). Après le déclin de Rome, le commerce périclita mais connut un renouveau avec la restauration de l'Empire byzantin après 533 et avant l'invasion du Fezzan par les Arabes. Ainsi, de récentes études archéologiques montrent clairement l'importance, aux temps préhistoriques, des relations commerciales à grande distance avec les populations du Sahara et de l'Afrique septentrionale (...). Ce commerce portait sur d'importants produits locaux : le fer et la pierre (pour les outils et les armes), le cuir, le sel, les céréales, le poisson séché, les tissus, la céramique, les bois travaillés, les noix de cola et les parures en pierre et en fer."[332]

- *les impôts* : Cheikh Anta Diop le définit comme un "prélèvement rituel sur les biens des sujets", d'abord "réglé en nature, puis en monnaie d'or au Songhaï et au Mali."[333]Le royaume du Dahomey connaissait le *amlonkue* ("argent du sommeil") que payaient les sujets du roi et dont le taux, sous le roi Béhanzin (1890-1894), s'élevait à "4.000 cauris par personne"[334] et par an.

---

329 Ch. Anta Diop, *op. cit.*, p.101.

330 *Ibidem.*

331 Dj. Débourou, *La société baatonnu du Nord-Bénin : son passé, son dynamisme, ses conflits et ses innovations*, Paris, L'Harmattan, 2012, p. 518.

332 *Histoire générale de l'Afrique, volume II : Afrique ancienne*, Directeur du volume II, G. Mokhtar, Paris, Présence Africaine, EDICEF, UNESCO (édition abrégée), 1987, pp. 445-446.

333 Ch. Anta Diop, *op. cit.*, p. 101.

334 M. Ahanhanzo-Glélè, *Le Danxome, du pouvoir adja à la nation fon, op.cit.*, p. 153.

La matière (la monnaie et ensuite l'argent du roi) rendit possible la fonction. La gestion et la conservation du denier public provoquèrent la création d'une structure chargée des finances. Elle portait au royaume du Dahomey le nom de *binazon*, ministre du roi et trésorier du royaume. Il assurait à la fois la comptabilité des matières et la comptabilité des deniers du royaume.[335]

b °) : L'histoire du Trésor public dans les États membres de l'UEMOA : la colonisation

La naissance du Trésor public en France métropolitaine a été l'aboutissement d'un cheminement long. Elle s'est faite progressivement. Le premier pas a été, à l'horizon du XIIIème siècle, la dynamique de séparation du patrimoine personnel du Roi de France des fonds du royaume. Puis un décret du 16 juillet 1806 autorise la compensation générale entre toutes les caisses des agents du Trésor, l'affectation au niveau local des recettes aux dépenses. Le principe de l'unité de caisse du Trésor est né, la caisse des dépenses et celle des recettes ont fusionné en une Caisse de service. En 1814, la Caisse de service devient la Direction du mouvement général des fonds et, en 1940, la Direction du Trésor est créée.

L'empire colonial français hérite de cette histoire et aussi des évolutions politiques et institutionnelles qui ont façonné la vie du Trésor public en Afrique-Occidentale française. L'organisation administrative des colonies françaises en Afrique de l'Ouest se modifie avec la prise du décret du 16 juin 1895 qui crée l'Afrique-Occidentale française (AOF) composée de quatre colonies (Côte-d'Ivoire, de la Guinée, du Sénégal et du Soudan) et dirigée par un gouverneur général résidant à Dakar. Chacune des colonies était administrée par un lieutenant-gouverneur. Plus tard, le Dahomey, le Niger, la Mauritanie et la Haute-Volta sont érigés en colonies et intégrés à l'AOF. Le gouverneur général dispose d'une armée et d'un budget dont il est l'ordonnateur.

L'ordonnance du 31 mai 1838 crée le service de Trésorerie de la colonie du Sénégal. Le Trésorier colonial exécute les fonctions de receveur et celles de payeur. Ce qui lui donne le titre de Trésorier payeur. Dans chacune des colonies constituant l'Afrique-Occidentale française, le service de trésorerie est assuré par un Trésorier payeur de la colonie et des Trésoriers particuliers au niveau des cercles (décrets du 03 octobre et du 24 novembre 1882). Un service de la perception, animé par un percepteur assure le recouvrement des contributions directes dans les colonies (décret du 26 septembre 1856 et celui du 24 novembre 1882). Le décret du 18 octobre 1904 fait du Trésorier payeur de la colonie du Sénégal le Trésorier payeur de l'AOF. Les choses restent en l'état jusqu'aux indépendances.

---

[335] *Idem*, p. 135.

2 : Les indépendances

L'accession à la souveraineté internationale des Etas membres de l'UEMOA n'efface pas immédiatement les liens financiers et monétaires qui les liaient à la France.

a °) : Un long cheminement vers la création des Trésors publics des États

La constitution française de 1958 a institué une Communauté d'États qui "s'administrent eux-mêmes et gèrent démocratiquement et librement leurs propres affaires" (art. 77). Malgré ce principe d'autonomie, certaines compétences des territoires d'outre-mer, notamment les questions monétaires, étaient des compétences partagées avec Paris. Le franc CFA en tant que signe monétaire ayant cours légal est né dès 1945, lorsque la France dut clarifier la parité entre le franc français et ce qui était à l'époque le "franc des colonies françaises d'Afrique." La question de la parité monétaire entre le franc français et le franc CFA, la question de la gestion des réserves de change des États africains membres de la Communauté, la question de la convertibilité du franc CFA étaient autant de points qui n'ont trouvé de réponses durables que dans le cadre de convenions particulières, notamment celle de 1973 entre le gouvernement français et l'UMOA.

b °) : Une émergence progressive du Trésor public des États

L'année 1960, année de l'accession à l'indépendance de tous les États membres de l'UEMOA à l'exception de la Guinée Bissau (1974), ne sera pas une année de rupture pour la gestion monétaire et la gestion financière des anciennes colonies françaises d'Afrique occidentale, malgré les apparences. Les jeunes Républiques souveraines se lancent dans la création de Trésors publics nationaux, détachés de la métropole. Le Sénégal crée, par décret n° 60-01 du 20 août 1960 un Service du Trésor du Sénégal dirigé par un Trésorier général, "comptable supérieur et comptable principal" du budget du nouvel État indépendant. Le Togo (ordonnance n° 61-03 du 20 mars 1961), le Bénin (loi n° 61-35 du 14 août 1961*),* la Côte d'Ivoire *(*décret n° 62-457 du 14 décembre 1962 et décret n° 68-605 du 26 décembre 1968), le Burkina Faso (décret n° 114-PRES-F du 21 mars 1961 et décret 457-MF-PT du 17 octobre 1962*)* et le Niger (loi 72-08 du 17 février 1972) suivent le même mouvement et créent leurs Trésors publics nationaux. Cependant, et par conventions spéciales signées avec la France pour une période transitoire dont la durée a varié selon les pays, la gestion des Trésors publics nationaux est provisoirement confiée au Trésor public français, qui tenait les comptes des États de l'ex-AOF à travers une comptabilité spéciale.

B : L'organisation du Trésor public dans les États membres de l'UEMOA

Le Trésor public au sein des États membres de l'UEMOA est d'abord une administration, une puissante machine relavant de la hiérarchie du ministre en charge des finances. Il rassemble l'administration du Trésor proprement dite et celle de la comptabilité publique.

1 : L'unité du Trésor public et de la comptabilité publique

Les appellations sont diverses : Direction générale du Trésor et de la Comptabilité publique (Bénin, Togo, Côte d'Ivoire), Direction nationale du Trésor et de la Comptabilité publique (Mali), Direction générale de la comptabilité publique et du Trésor (Sénégal). L'administration du Trésor public et celle de la comptabilité publique forment une unité au sein d'une grande direction générale ou nationale. Les fonctions de caissier et de banquier se déroulent à côté et en synergie avec l'enregistrement des opérations financières, la centralisation des écritures retraçant l'exécution des lois de finances et l'élaboration des états de synthèse.

2 : Les relations avec les autres administrations à compétence financière

Le Trésor public et ses receveurs n'ont pas le monopole des opérations d'encaissement. L'administration douanière a ses propres receveurs et les services des impôts effectuent également des opérations d'encaissement. La séparation des fonctions d'assiette avec celles de recouvrement n'est pas observée de manière organique dans certains pays, notamment au Bénin, où les receveurs des impôts ne relèvent pas de la hiérarchie des comptables directs du Trésor.

Encadré n° 23 : La création du Trésor public au Dahomey

	Extrait du journal officiel de la République du Dahomey
	n ° 19 du 15 août 1961, page 630
	Loi n° 61-35
	Portant création d'un Trésor national
	de la République du Dahomey.
	L'Assemblée nationale a délibéré et adopté,
	Le Président de la République promulgue la loi dont la teneur suit :
Article 1er	Il est créé un Trésor national de la République du Dahomey.
Article : 2	Le Service du Trésor national est placé sous l'autorité du ministre des Finances et du Budget.

Article : 3	Le Service du Trésor national assure l'exécution du Budget national, des budgets des collectivités secondaires et des établissements publics. Il peut être habilité à tenir des comptes spéciaux ouverts par décrets pris en conseil des ministres.
Article : 4	Les dépenses de fonctionnement du Trésor sont à la charge du Budget national.
Article : 5	Le Trésorier-Payeur et les Payeurs sont nommés en Conseil des ministres. La création ou la suppression des postes de comptables est prononcée par décret pris en conseil des ministres.
Article : 6	L'organisation et les règles de fonctionnement du Trésor national de la République du Dahomey seront déterminées par décret pris en Conseil des ministres.
Article : 7	La présente loi sera exécutée comme loi d'État. /. Porto-Novo, le 14 août 1961 Signé : H. MAGA

Paragraphe 2 : L'action du Trésor public

Le Trésor public est une pièce maîtresse du dispositif d'exécution de la loi de finances. Son action se décompose en deux aspects : l'aspect fonction du Trésor public et l'aspect moyens de l'action du Trésor public.

A : Les fonctions du Trésor public

Le Trésor public assure les fonctions de caissier de l'Etat et de banquier.

1 : Le Caissier de l'État

Le Trésor public assure les tâches d'encaissement et de décaissement pour le compte de l'État. L'ancienne appellation française de Bureau du mouvement général des fonds exprime la dimension pratique de la fonction de caissier. Le Trésor public doit assurer la disponibilité dans le temps et dans l'espace des fonds nécessaires à l'action financière de l'État et des correspondants du Trésor.

a °) : La disponibilité des fonds dans l'espace

Il s'agit d'assurer la distribution des fonds dans tous les postes comptables répartis sur tout le territoire de chaque Etat membre de l'UEMOA. Cette distribution peut être faite par un transport physique de numéraires d'un poste comptable à un autre poste comptable. Il peut s'agir aussi de mouvements de fonds d'une agence de la BCEAO vers les recettes du Trésor. "Hormis les mouvements de numéraires nécessités par l'approvisionnement et le dégagement des caisses des comptables publics, tous les règlements entre comptables publics sont réalisés par compte de transferts ou par virement de compte" (art. 57, DRGCT). Sur cette base, le mouvement des fonds par jeux d'écritures dans les livres de la BCEAO se développe mais reste limité par le faible niveau global de bancarisation de l'économie des États.[336] Le Règlement n° 15/2002/CM/UEMOA du 19 septembre 2002 relatif aux systèmes de paiement dans les États membres de l'UEMOA contient des dispositions tendant à faire la promotion des paiements faisant intervenir le système bancaire.

b °) : La disponibilité des fonds dans le temps

Dans le temps, les rentrées de recettes notamment fiscales ne suivent pas le rythme des dépenses. Le Trésor doit alors trouver des ressources d'appoint pour faire face à ses besoins immédiats de trésorerie. Les avances consenties par la BCEAO (articles 14 et 15 des statuts) ont constitué une solution jusqu'à leur suppression en 2001. Le marché des titres publics vient en remplacement.

2 : Les fonctions bancaires du Trésor public

Le Trésor public assure deux des grandes fonctions d'une banque : recevoir et gérer les dépôts d'une part, d'autre part accorder des crédits.

a °) : Recevoir les dépôts

Cette fonction est facilitée par la règle de l'unité de trésorerie qui oblige les collectivités territoriales locales (art. 21, DRFCT) et les divers organes de l'État à déposer leurs fonds au Trésor public. La règle est assortie de dérogations (art. 58, DRGCT) sur le territoire des États et à l'étranger. Ces dérogations permettent aux organismes étrangers de financement de faire domicilier leurs prêts et dons dans les banques primaires. Ceci facilite les contrôles et le suivi des financements par les partenaires extérieurs. Ceci permet aussi d'éviter les difficultés de décaissements liées aux tensions de trésorerie qui sont, par moments, perceptibles au niveau du Trésor public.

b °) : Accorder des crédits

Le secteur productif public mais aussi les établissements publics et quelquefois les entreprises privées bénéficient du concours financier de l'Etat, et donc du Trésor public sous la forme de prêt, de garantie d'emprunts ou de bonification d'intérêts.

B : Les moyens de l'action du Trésor public

Les recettes de l'État comprennent cinq rubriques (art.8, DLF). Les ressources de trésorerie contiennent quatre rubriques, dont "les produits des emprunts à court, moyen et long termes" et "les dépôts sur les comptes des correspondants" (art. 27, DLF).

---

[336] Voir *supra* p. 72.

1 : Les dépôts sur les comptes des correspondants du Trésor public

Par définition, les correspondants du Trésor sont "les organismes et particuliers qui, soit en application des lois et règlements, soit en vertu de conventions, déposent, à titre obligatoire ou facultatif, des fonds au Trésor ou sont autorisés à procéder à des opérations de recettes et de dépenses par l'intermédiaire de ses comptables" (art. 61 al.1, DRGCP). Les collectivités territoriales locales sont les premières concernées pour le dépôt de leurs avoirs au Trésor public (art. 21, DRFCT). Les établissements publics administratifs, sont également concernés parce qu'ils manient des fonds publics gérés par un agent comptable ayant la qualité de comptable public (art. 29 & 58, DLF).

2 : Les produits des emprunts à court, moyen et long termes

Le financement des besoins de trésorerie des Trésors publics des Etats membres de l'UEMOA se fait par le marché, dans le cadre d'une politique voulue efficace d'*open market.* Les bons et les obligations du Trésor sont les instruments de cette mobilisation de l'épargne pour fournir des ressources aux Trésors publics. Ils sont régis par le Règlement n° 06/2013/CM/UEMOA du 28 juin 2013 sur les bons et obligations du Trésor émis par voie d'adjudication ou de syndication avec le concours de l'Agence UMOA-Titres.

a °) : Éléments d'histoire sur les titres publics

Les Trésors publics ont principalement recouru aux ressources extérieures (bailleurs de fonds) et aux procédures administratives de régulation monétaire pour la couverture de leurs besoins de financement. En effet, les statuts de la BCEAO autorisent celle-ci à faire des avances aux Trésors publics des États. Les articles 14 et 15 permettent d'accorder des facilités de découvert en compte courant dans les livres de la BCEAO. Ils permettent aussi d'escompter ou de réescompter des effets publics n'ayant pas plus de dix ans à courir, au profit des Trésors publics des États. Quant à l'article 13, il permet aux banques détenant dans leurs portefeuilles des effets publics créés ou garantis par les États de se refinancer auprès de la BCEAO. L'article 16 plafonne à 20 % des dernières recettes fiscales le montant maximum des concours de l'Institut d'émission.

Les concours monétaires directs de la BCEAO aux Trésors publics des États ont connu une progression constante passant de 264,7 milliards FCFA en 1990 à 296,0 milliards FCFA en 1996 et à 361,6 milliards FCFA en 1998.

Le recours privilégié aux concours monétaires directs de la BCEAO présentait le risque de tensions inflationnistes ou de dégradation des comptes extérieurs de l'UMOA parce qu'il constituait une source de création monétaire. La réforme de la politique de la monnaie et du crédit s'imposait. Elle a commencé en 1989 et a trouvé son aboutissement en 2001. Elle vise la modernisation de la gestion de la dette publique, la flexibilité dans la conduite de la politique monétaire et la diversification des supports de placement dans l'UMOA.

Tableau n° 10 : Volume annuel d'émission des bons et obligations du Trésor par voie d'adjudication et de syndication dans l'UEMOA (en milliards de francs CFA)

	2005	2007	2009	2010	2012	2013	2014
Bons	270,6	330,7	894,9	2030,6	1051,6	1411,5	1466,7
Obligations	-	219,1	259,1	249,9	583,2	860,9	1603,8
Total	270,6	549,8	1153,9	2280,5	1634,8	2272,4	3070,5

Source : Banque Centrale des États de l'Afrique de l'Ouest (BCEAO), Rapport annuel 2014.

La progression des souscriptions est très nette. De la même manière, le stock des titres publics détenus dans les portefeuilles des créanciers des États croît fortement.

Tableau n° 11 : Évolution de l'encours des titres publics au sein de l'UMOA (en milliards de francs CFA)

	2008	2009	2010	2011	2012	2013	2014
Encours	915,1	1.233,9	1.946,9	2.301,7	3.023,9	3.743,9	5.068,8
En pourcentage du PIB	-	3,8	5,6	7,1	7,5	8,4	10,5
Part relative des bons et obligations (en %)							
Bons	-	38,3	51,8	36,7	39,0	36,3	30,5
Obligations	-	61,7	48,2	63,3	61,0	63,7	69,5

Source : Banque Centrale des États de l'Afrique de l'Ouest (BCEAO), *Rapport annuel* 2014.

Le marché régional des titres publics comporte deux instruments : les bons et les obligations du Trésor.

b °) : Les bons du Trésor

Les bons du Trésor sont des titres à court terme utilisés pour la gestion des décalages de trésorerie. La durée des bons est variable et comprend six maturités exprimées en jours : 7 jours, 28 jours, 91 jours, 182 jours et 728 jours, ce qui correspond respectivement à 1 semaine, 1 mois, 3 mois, 6 mois, 1 an et 2 ans (art. 22, Règlement n° 06/2013/CM/UEMOA). Cette durée tient compte de la définition de la notion de court terme qui s'applique à des maturités de deux ans au maximum dans l'espace UMOA. La valeur nominale unitaire des bons du Trésor est de 1 million de FCFA ou un multiple de ce montant.

Les bons du Trésor sont assortis, à l'émission, d'une rémunération payable d'avance et précomptée sur la valeur nominale des bons (art. 24, Règlement n° 06/2013/CM/UEMOA).

Les bons du Trésor sont dématérialisés et tenus en compte courant dans les livres de la BCEAO (art.12, Règlement n° 06/2013/CM/UEMOA).

c °) : Les obligations du Trésor

Les obligations du Trésor sont des titres à moyen et long termes utilisés notamment pour le financement des investissements. Ils sont d'une durée supérieure à deux ans (art. 27, Règlement n° 06/2013/CM/UEMOA). Les obligations du Trésor produisent annuellement une rémunération à taux fixe sur leur valeur nominale.

> Depuis sa création, les principaux produits transigés sur le marché financier régional sont les actions et les obligations. Avec les réformes récentes enregistrées sur le marché financier au cours des quatre (4) dernières années, de nouveaux instruments comme le refinancement hypothécaire, la titrisation (Fonds Commun de Titrisation de Créances Sukuk) ont été mis en place et sont opérationnels (…) Dans le détail, la Côte d'Ivoire a mobilisé 336,67 milliards de FCFA à travers deux (2) opérations. Le Sénégal a levé 118,99 milliards de FCFA pour 75 milliards recherchés et émis un produit de la Finance Islamique, dénommé FCTC SUKUK État du Sénégal 6,25 % 2014-2018 pour un montant levé de 100 milliards de FCFA.
> Extrait : CREPMF, *Rapport annuel* 2014, p. 28.

d °) : Le marché financier international

Les bons et obligations du Trésor régis par le Règlement n° 06/2013/CM/UEMOA concernent les opérations de levée de fonds sur le marché régional de l'UMOA. Les États membres de l'UEMOA ont aussi la possibilité de recourir aux financements alternatifs offerts par le marché financier international mais aussi la finance islamique.

- *Le marché financier international* : c'est le marché des capitaux privés que les États peuvent mobiliser à travers le lancement d'emprunts obligataires ouverts aux souscripteurs internationaux et libellés dans des monnaies autres que le franc CFA. C'est le marché des *eurobonds* ou *external bond*. Le recours aux marchés financiers internationaux permet de lever des montants plus élevés que sur le marché régional. Il permet aussi de donner plus de crédit aux économies africaines et de rendre possible l'attrait pour les investissements directs étrangers. Pour accéder à ce marché financier, les États de l'UMOA doivent se soumettre au système de notation des *rating agencies,* les grandes agences de notation comme Moody's, Standard & Poor's, Fitch Ratings, etc. La note donnée conditionne les taux d'intérêt à appliquer aux obligations émises. Plus la note est bonne, moins le taux est élevé. La conséquence est que le taux de rendement des obligations est nettement plus élevé sur le continent africain que dans les pays développés parce que les grandes économies capitalistes d'Europe et d'Amérique sont, en général, notées dans la catégorie des AAA+ ou AAA- alors que la plupart des États africains sont notés BB+ ou BB-. Le Sénégal a pu mobiliser en mai 2014 sur le marché financier international 500 millions de dollars pour la construction d'infrastructures pour une rémunération à taux fixe de 8,75 % sur la valeur nominale des obligations. Si le marché financier international permet de lever des fonds importants, il présente aussi des risques pour les États africains. Le premier risque est celui lié à l'émission d'obligations en devises. Les risques de change sont à prendre en compte à chaque échéance de remboursement, si la devise est autre que l'Euro lié au franc CFA par une parité fixe. Le second risque est celui lié aux souscripteurs eux-mêmes. Les obligations souveraines émises par les États africains sont ouvertes aux fonds spéculatifs dont l'expérience avec l'Argentine en 2014 a été dommageable pour cet État.

- *La finance islamique* **:** *le sukuk* (obligation islamique) est un produit financier adossé à un actif tangible et à échéance fixe qui confère un droit de créance à son propriétaire. Celui-ci reçoit une part du profit attaché au rendement de l'actif sous-jacent. Il n'y a pas de taux d'intérêt et l'actif tangible (la cause) doit être obligatoirement licite aux yeux de la loi islamique. Les *sukuk* sont conçus de telle manière que leurs détenteurs sont censés réaliser un gain et reçoivent une part de profit et non un intérêt fixe. D'après le cabinet Ernst & Young, le marché des *sukuk* sera de 680 milliards d'euros en 2017, contre 220 milliards d'euros il y a tout juste un an. Ce mode de financement non usuraire commence à s'étendre y compris dans les pays industrialisés d'Occident.

Encadré n° 24 : La finance islamique

Principes des systèmes financiers islamiques

Les systèmes financiers islamiques (SFI) s'appuient essentiellement sur la sharia, ensemble de lois et de règles qui régissent en Islam la vie économique, sociale et politique et la culture. La sharia prend sa source dans le Coran et dans sa pratique, ainsi que dans l'exégèse (la sunna) qu'en a faite le Prophète, Mahomet. Les docteurs de la loi (les ulémas) continuent à préciser ses règles dans le cadre du Coran et de la sunna. Les principes de base des SFI peuvent être schématisés comme suit :

Interdiction des intérêts. La riba (littéralement « montant excessif », que l'on interprète comme tout accroissement injustifiable du capital qu'il s'agisse de prêt ou de vente) est le précepte essentiel. Tout taux préétabli, fixe et positif, lié à l'échéance et au montant du principal (donc garanti quel que soit le résultat de l'investissement) est assimilé à la riba et interdit. Les ulémas s'accordent pour considérer que la riba couvre non seulement l'usure, mais aussi tout prélèvement d'intérêts selon l'usage courant.

Cette interdiction s'appuie sur la justice sociale, l'égalité et le droit patrimonial. L'Islam encourage les bénéfices mais interdit les intérêts, car les premiers, qui sont *ex post*, symbolisent la réussite de l'entrepreneur et la création de richesses supplémentaires, tandis que les seconds, qui sont *ex ante*, représentent un coût venant s'ajouter quelle que soit l'issue de l'opération et ils risquent de ne pas créer de richesses en cas de perte. La justice sociale veut qu'emprunteur et prêteur partagent équitablement les avantages aussi bien que les pertes et que l'accumulation et la répartition des richesses soient conformes à la justice et à la productivité véritable.

Partage des risques. Les intérêts étant interdits, les bailleurs de fonds deviennent des investisseurs, et non des créanciers. Ils partagent avec l'entrepreneur les risques de l'opération et ses bénéfices.

L'argent, capital en puissance. L'argent ne devient un capital effectif qu'à partir du moment où son association avec d'autres ressources permet une activité productrice. L'Islam reconnaît la valeur temporelle de l'argent, mais seulement lorsqu'il joue le rôle de capital, et non lorsqu'il n'est que du capital virtuel.

Interdiction de la spéculation. Les SFI découragent la thésaurisation et interdisent les transactions faisant intervenir les risques, les jeux de hasard et les incertitudes extrêmes.

Caractère sacré des contrats. L'Islam défend les obligations contractuelles, qui représentent, de même que la divulgation de l'information, un devoir sacré, l'objectif étant de réduire le risque d'information asymétrique et d'effets pervers.

Activité sanctionnée par la sharia. Seules les activités industrielles et commerciales qui ne sont pas contraires à la sharia constituent des investissements. Ainsi, tout investissement lié à l'alcool, aux jeux de hasard et aux casinos est interdit.

Source : Revue trimestrielle du Fonds monétaire international et de la Banque mondiale, "Finances et Développement", juin 1997, p. 40.

C : La dette publique

L'augmentation des dépenses publiques et le recours à l'emprunt pour le financement des investissements ont eu comme conséquence une augmentation de l'endettement public sur le marché financier régional et sur la dette extérieure en général. Les chiffres fournis par la Banque mondiale donnent l'encours de la dette extérieure des pays de l'UEMOA à 28,7 milliards de dollars pour fin 2013, soit une progression de 14,5 % sur un an. L'encours de la dette est ainsi passé de 30,5 % du PIB en 2012 à 31,6 % en 2013. Cependant, les analyses de viabilité de la dette réalisées par le FMI et la Banque mondiale montrent que le risque souverain dans l'UEMOA reste classé de faible à modéré.

Tableau n° 12 : Dette extérieure de la zone UEMOA
(en millions de dollars US)

	2010	2011	2012	2013
Dette à court terme et long terme	24.739,5	26.891,1	25.061,6	28.700,6
Dette à long terme	21.455,7	22.571,2	21.221,0	24.475,9
Dette à court terme	997,5	1.703,7	935,0	1.105,2
Indicateurs de dette				
Dette extérieure/exportation de biens et services	104,5	96,2	86,1	95,6
Dette extérieure/PIB	34,1	33,5	30,5	31,6
Service payé de la dette/exportation de biens et services	5,5	4,8	4,7	6,8
Service payé de la dette/recettes budgétaires	10,3	9,9	8,9	12,0
Dette multilatérale/dette totale	43,3	39,1	37,9	37,2

Source : Banque de France, Rapport annuel de la zone franc, 2014.

D'une manière générale, l'UEMOA fixe des règles prudentielles dans la stratégie et la gestion de la dette publique. Le règlement n° 09/2007/CM/UEMOA portant cadre de référence de la politique d'endettement public et de gestion de la dette publique dans les États membres de l'UEMOA fixe les règles de politique nationale des Etats en matière d'endettement (art. 4 à 7), de coordination et de suivi de la politique d'endettement (art. 8 à 10) de processus et des procédures d'emprunt et de garantie (art. 11 à 14) et de l'audit de la gestion de la dette publique (art. 15).

Tableau n° 13 : Projection de la dette au sein de l'UEMOA
en pourcentage du PIB (2015-2019)

	2015	2016	2017	2018	2019
Dette extérieure (UEMOA)	29,7	30,0	29,9	29,5	29,0
Dette intérieure (UEMOA)	11,6	11,7	11,8	11,8	11,4
Dette totale (UEMOA)	41,3	41,7	41,6	41,2	40,4

Source : FMI, Rapport n° 15/100, avril 2015.

Ces projections paraissent raisonnables car, le niveau d'endettement des pays d'Afrique au Sud du Sahara était en moyenne de 40 % du PIB en 1980, pour passer à 70,2 % en 1989.[337]

Encadré n° 25 : Le financement des investissements publics

Le rôle du secteur financier public dans l'intensification des investissements publics Pour permettre au secteur public d'allouer ses fonds à des investissements productifs (et non pas à des dépenses de consommation souvent imprudentes) gage d'une politique budgétaire prudente et disciplinée, des règles budgétaires sont indispensables. La nature instable des revenus tirés des exportations de matières premières appelle à l'adoption de principes particuliers. Ainsi l'auteur recommande la règle budgétaire qui consisterait pour le gouvernement d'être obligé d'investir une bonne partie de ses ressources (la constitution du Ghana oblige le gouvernement à épargner au moins 30 % des revenus du pétrole). Il y a aussi le problème de l'épuisement des ressources naturelles (fossiles et minières). L'auteur propose à ce sujet une règle budgétaire glissante. Ainsi le taux d'épargne d'un niveau modeste la première année d'exploitation, devra atteindre 100 % au « dernier baril de pétrole » extrait, pour l'exemple de ce produit (...). Après ces recommandations, « macro-prudentielles », le Professeur Collier formule des recommandations pour améliorer la qualité des investissements publics. L'indice de gestion des investissements publics (indice qui évalue et attribue une note à chacune des 4 étapes de gestion de Projet-sélection, approbation, exécution et évaluation-étude BM & FMI) montre que de façon globale, les pays membres de la BCEAO (6 pays évalués) n'ont pas enregistré de bonnes performances en la matière. Cependant, de façon individuelle une certaine disparité existe entre les pays dans le score attribué à chacune des 4 phases de gestion de Projet. Par exemple si la Côte d'Ivoire est assez performante en approbation de Projet (score 3,50) elle l'est assez moins en « sélection » où le Burkina Faso a une relative meilleure expertise. Dès lors, la BCEAO pourrait jouer un rôle de catalyseur en encourageant des échanges d'expériences. Sous ce rapport, le Professeur Collier défend l'idée selon laquelle un « fonds souverain de développement » commun pour les 8 pays devrait être créé et qui se chargerait des choix d'investissement des deniers publics. Ce fonds pourrait être sous la supervision conjointe de la BCEAO et des ministères des Finances.

Extrait : BCEAO. *« Intégration monétaire et mutations du système financier international : défis et perspectives »,* Actes du symposium, du 50e anniversaire de la BCEAO tenu à Dakar les 5 et 6 novembre 2012, Dakar, L'Harmattan-Sénégal 2014, p.126-127.

---

[337] Voir *supra* p. 101.

SECTION 2
L'UNION MONÉTAIRE OUEST-AFRICAINE (UMOA)

Le Traité de l'UMOA a été signé le 14 novembre 1973. Il a été suivi des Accords d'adhésion respectifs du Mali (1984) et de la Guinée Bissau (1997). Le texte de 1973 a été refondu dans un nouveau Traité de l'UMOA conclu le 20 janvier 2007 et dont les dispositions se substituent de plein droit (art. 42) à celles du Traité de 1973. L'UMOA et l'UEMOA coexistent, chacune des institutions poursuit ses objectifs statutaires. Selon l'article 4 du Traité de l'Union économique et monétaire ouest-africaine (UEMOA), "sans préjudice des objectifs définis dans le traité de l'UMOA, l'Union poursuit, dans les conditions établies par le présent Traité, la réalisation des objectifs" de compétitivité économique, de convergence des politiques économiques, d'harmonisation des législations économiques et fiscales des États et évolue vers un marché commun.

L'UMOA est constituée d'États qui partagent une même unité monétaire, le franc de la communauté financière africaine (F CFA)[338] émis par la Banque centrale des États de l'Afrique de l'ouest et dont les statuts sont annexés au Traité de l'UMOA de 2007. Les États parties s'engagent à respecter les dispositions du Traité, notamment en ce qui concerne :

i. les règles génératrices de l'émission monétaire,

ii. la centralisation des réserves de change,

iii. la libre circulation des signes monétaires et la liberté des transferts entre États membres de l'UMOA.

L'UMOA, en tant qu'institution à vocation monétaire, joue un grand rôle dans la mobilisation des ressources au profit des Trésors publics des États. Ce rôle consiste principalement en un encadrement normatif du marché financier régional et en un encadrement institutionnel du même marché.

Paragraphe 1 : Les règles du marché financier régional

Des textes ont été pris, sous l'égide de l'UMOA mais aussi par la Commission de l'Union économique et monétaire ouest-africaine (UEMOA), pour réglementer les activités des États membres en matière de recours aux bons et obligations du Trésor en vue de la couverture de leurs besoins en ressources.

---

[338] Le F CFA émis par la Banque des Etats de l'Afrique Centrale (institut d'émission de la Communauté Economique et Monétaire de l'Afrique Centrale) est dit "Franc de la Coopération Financière en Afrique centrale."

A : Le Règlement général relatif à l'organisation, au fonctionnement et au contrôle du marché financier régional de l'UMOA

Il a été adopté par Décision n° 001/97 du Conseil des ministres de l'UMOA en date du 28 novembre 1997. Il a été modifié en ses articles 37 (décision du 27 mars 1998) et 136 (décision N° CM 05/09/2005 du 04 juillet 2005).

Le Règlement général est un document de 193 articles qui fixent les règles qui encadrent l'organisation, le fonctionnement et le contrôle du marché financier régional de l'UMOA. Ces règles sont diverses et concernent les questions relatives à :

- la déontologie au sein du Conseil régional de l'épargne publique et des marchés financiers créé par le Traité de l'UMOA : diligence, loyauté, neutralité, impartialité ;

- l'organisation du marché financier régional : les conditions d'agrément des acteurs du marché que sont les structures de marché (BRVM et le Dépositaire central/Banque de règlement) et les intervenants commerciaux (société de gestion et d'intermédiation, les sociétés de gestion du patrimoine, les conseils en investissements boursiers, les apporteurs d'affaires et les démarcheurs) ;

- les émissions de valeurs mobilières : notion de valeurs mobilières, l'introduction en bourse et le contrôle de l'information ;

- la protection des investisseurs en bourse : ouverture de comptes de tiers, fonctionnement des comptes, la gestion sous mandat ;

- la réparation des faits dommageables des structures ou des intervenants commerciaux agréés ;

- le règlement des différends professionnels : organe compétent, procédures.

B : Le Règlement N° 06/2013/CM/UEMOA du 28 juin 2013 sur les bons et obligations du Trésor émis par voie d'adjudication ou de syndication avec le concours de l'Agence UMOA-Titres

C'est un document de 35 articles qui définit les notions de bons du Trésor et d'obligation du Trésor. Il précise leurs durées, leurs valeurs nominales et leurs mécanismes de détermination des rendements.

Le document décrit surtout l'organisation des émissions, le règlement et les modalités de remboursement des bons et obligations du Trésor.

Paragraphe 2 : Les organes du marché financier régional

Les organes qui interviennent, à un titre ou à un autre, sur le marché financier régional sont nombreux. On peut d'abord citer : la Commission bancaire de l'UMOA, le Comité de stabilité financière de l'UMOA, le Fonds de stabilité financière dans l'UMOA, la Bourse régionale des valeurs mobilières (BRVM). On cite ensuite le Conseil régional de l'épargne publique et des marchés financiers, l'Agence régionale d'appui à l'émission et à la gestion des titres de la dette publique par les États membres de l'UMOA (Agence UMOA-Titres) et la Banque centrale des Etats de l'Afrique de l'ouest. Ces trois derniers organes méritent qu'on leur consacre quelques lignes en raison du rôle de premier plan qu'ils jouent en matière d'émission et de gestion de titres publics.

A : Le Conseil régional de l'épargne publique et des marchés financiers

Le Conseil Régional de l'Épargne publique et des Marchés financiers (CREPMF) est créé par la Convention de l'UMOA en date du 3 juillet 1996. Le CREPMF est un organe de l'Union Monétaire Ouest Africaine. Il a pour rôle d'organiser et de contrôler l'appel public à l'épargne d'une part et d'autre part d'habiliter et de contrôler les intervenants sur le marché financier régional. Deux idées-forces se retrouvent dans l'organisation et les missions du CREPMF : l'autonomie administrative et financière et la représentation de l'intérêt général communautaire.

De façon concrète, le CREPMF est chargé de :

- accepter (visa) ou refuser (véto) l'émission et le placement par appel public à l'épargne de nouveaux produits financiers susceptibles d'être négociés en bourse ;

- agréer et contrôler les structures privées du marché : la Bourse Régionale et le Dépositaire Centrale/Banque de règlement ainsi que les intervenants commerciaux : les sociétés de gestion et d'intermédiation, les sociétés de gestion de patrimoine, les sociétés de conseils en valeurs mobilières, les apporteurs d'affaires et les démarcheurs ;

- délivrer des cartes professionnelles valant autorisation d'exercer les métiers de la bourse aux agents des structures privées.

B : L'Agence régionale d'appui à l'émission et à la gestion des titres de la dette publique par les États membres de l'UMOA (Agence UMOA-Titres)

La création de l'Agence régionale d'appui à l'émission et à la gestion des titres de la dette publique par les États membres de l'UMOA dénommée "Agence UMOA-Titres" a été décidée par le conseil des ministres de l'Union monétaire ouest-africaine. La Décision N° CM/UMOA/006/05/2012 du 10 mai 2012 autorise la Banque centrale des États de l'Afrique de l'Ouest à créer l'Agence UMOA-Titres dans le but d'apporter des correctifs aux insuffisances notées sur le marché des titres publics.

En effet, le marché des titres publics connaît quelques contraintes liées notamment à la faiblesse des capacités des Trésors publics des États en matière de prévision et de gestion active de la trésorerie et d'ingénierie financière, de première part, la faiblesse des capacités des Trésors publics des États en matière de promotion des titres publics, de seconde part, l'absence de concertation entre les Trésors publics des États et les investisseurs et le manque de coordination des interventions des Trésors publics des États de troisième part.

L'Agence UMOA-titres est placée sous la tutelle de l'Union monétaire ouest-africaine. Elle est dirigée par un Conseil d'orientation de dix membres (dont le Gouverneur de la BCEAO et le Président de la Banque ouest-africaine de développement), un Comité de surveillance et un directeur.

L'Agence UMOA-titres a pour mission :

- "assister les Trésors publics des États dans l'élaboration de leurs stratégies d'émission sur le marché ;

- coordonner les programmes d'émission des États membres de l'UMOA ;

- promouvoir les titres publics auprès des investisseurs, en complément des actions initiées par les Trésors publics des États dans ce domaine ;

- structurer des émissions communes à plusieurs États membres pour le financement de projets communautaires ;

- assurer la gestion opérationnelle des émissions sur le marché régional par l'organisation matérielle des émissions de titres pour le compte des Trésors publics des États et le suivi de leur dénouement ;

- assister les Trésors publics des États pour leurs interventions sur le marché international, par l'organisation à leur demande des émissions de titres (obligations en devises) pour leur compte et le suivi des échéances y relatives ;

- prendre avec les institutions concernées (BCEAO, CREPMF) toutes les mesures pour le meilleur fonctionnement et un approfondissement du marché financier régional ;

- assister les Trésors publics des États dans l'élaboration d'un cadre de gestion des risques inhérents à la gestion des titres de la dette publique ;

- offrir aux Trésors publics des États un service de placement de leurs excédents de trésorerie."

Les intervenants du marché financier régional
De ses débuts jusqu'au 30 juin 2013, le nombre des intervenants commerciaux sur le marché financier régional est en constante croissance d'année en année. De treize (13) intervenants agréés en 1997, leur nombre est passé à quatre-vingt-neuf (89) à fin juin 2013 selon le détail suivant :
vingt et une (21) Sociétés de Gestion et d'Intermédiation (SGI)
- treize (13) Sociétés de Gestion d'OPCVM et d'OPC (SGO)
- une (01) Société de Gestion de Patrimoine (SGP)

- six (06) Banques Teneurs de Comptes/Conservateurs (BTCC)
- sept (07) Apporteurs d'Affaires (AA)
- trente-sept (37) Organismes de Placement Collectif (OPC)
- deux (02) Garants
- deux (02) Agences de Notation (AN)

Source : Conseil régional de l'épargne public et des marchés financiers (CREPMF) *Plan stratégique 2014-2021,* Marché financier régional de l'Union monétaire ouest-africaine, p. 23.

C : La Banque centrale des États de l'Afrique de l'Ouest

La Banque centrale des États de l'Afrique de l'Ouest est l'Institut d'émission de la zone UEMOA/UMOA. Elle est l'aboutissement d'une histoire longue et joue un rôle essentiel aujourd'hui en matière de gestion des bons et obligations des Trésors publics des États membres.

1 : Éléments d'histoire de la BCEAO

La Banque du Sénégal créée sous le Second Empire en France par un décret du 23 décembre 1853 fut la première à se voir conférer le privilège de l'émission monétaire sur le territoire de ce qui allait devenir l'Afrique-Occidentale française. En 1901, la Banque de l'Afrique occidentale (BAO), société anonyme, prenait la relève et continue l'activité d'émission monétaire en même temps qu'elle exécutait des opérations courantes de banque et donc à recevoir des dépôts de fonds. Les circonstances de la guerre de 1939-1945 ont créé une période de confusion sur le plan monétaire. L'empire français en Afrique était divisé entre les fidèles au régime de Vichy et ceux qui se reconnaissaient dans la France libre dont les chefs étaient installés à Londres. Deux zones se dessinèrent : d'un côté, il y avait la zone de l'Afrique-Occidentale française restée fidèle au gouvernement de Vichy après l'échec de l'expédition de Dakar menée par les forces françaises libres (25 septembre 1940). La Banque de l'Afrique occidentale conservait, sur cette zone, son privilège d'émission monétaire.

La seconde zone était celle des territoires français en Afrique équatoriale. Ces territoires contrôlés par la résistance française créèrent le "franc libre." La coordination et la gestion de ce nouveau franc donnèrent lieu à la naissance, à Londres, de la Caisse centrale de la France libre (CCFL) le 2 décembre 1941. La CCFL cumulait les fonctions de direction du Trésor de la France libre et d'institut d'émission du "franc libre". En juin 1943, en raison de l'extension substantielle des territoires sous contrôle de la France libre, notamment à l'Algérie, la CCFL fut transformée en Caisse centrale de la France d'outre-mer (CCFOM). La libération du territoire métropolitain français en 1944-1945 marqua aussi la fin du "franc libre." Le 25 décembre 1945, le Franc CFA est créé par décret comme monnaie légale des territoires français d'Afrique noire. La Banque de l'Afrique de l'Ouest (BAO) perdit définitivement son privilège d'émission avec la création de l'Institut d'émission de l'Afrique-Occidentale française et du Togo le 20 janvier 1955. Cet institut devint la Banque Centrale des États de l'Afrique de l'Ouest (BCEAO) le 4 avril 1959, mais restait dirigée par un citoyen français. La BCEAO n'aura son premier gouverneur africain qu'en décembre 1974, soit un an après la signature à Dakar d'un nouvel accord de coopération et d'une nouvelle convention de compte d'opérations par les ministres chargés des finances de l'UMOA avec le gouvernement français (4 décembre 1973).

2 : La place de la BCEAO sur le marché financier régional

La BCEAO, à travers ses agences nationales dans les États, assure le double rôle de lieu d'hébergement des opérations et de banque d'exécution des flux financiers de paiement et de remboursement. En effet, la BCEAO centralise la réception des propositions des soumissionnaires de bons ou obligations du Trésor. Elle élabore ensuite le procès-verbal du dépouillement des offres des soumissionnaires. Elle procède enfin au règlement en débitant les comptes de règlement de chaque soumissionnaire retenu et inversement crédite ces mêmes comptes à l'échéance de remboursement des bons et obligations du Trésor.

Paragraphe 3 : Les procédures d'émission des bons et obligations du Trésor

Le cycle de vie d'un emprunt à court, moyen ou long terme part de l'autorisation législative jusqu'au remboursement du montant et des intérêts des sommes mobilisées.

A : L'autorisation législative et le pilotage par le ministre en charge des finances

1 : L'autorisation législative

La loi de finances de l'année "prévoit et autorise, pour chaque année civile, l'ensemble des ressources et des charges de l'État" (art. 5, al.2, DLF). Par ailleurs, les ressources et les charges de l'Etat "sont constituées de recettes et de dépenses budgétaires ainsi que de ressources et de charges de trésorerie" (art.6, DLF). Il s'ensuit que la loi de finances, dans sa première partie, "prévoit et autorise les recettes budgétaires et les ressources de trésorerie" (art. 45, tiret1, DLF) mais aussi "approuve le tableau de financement récapitulant, pour la durée de l'exercice, les prévisions de ressources et de charges de trésorerie" (art. 45, tiret 6, DLF).

L'autorisation législative est donc nécessaire lorsqu'on veut recourir à un emprunt public. Elle fonde la sécurité juridique de l'opération. Cette autorisation peut prendre des formes plus solennelles et plus explicites compte tenu de l'importance des sommes en jeu. Elle peut aussi prendre la forme d'une clause de style, formulation générique telle qu'on en trouve dans les lois de finances de l'année : "le ministre chargé des finances est autorisé à procéder en (année), dans des conditions fixées par décret à des emprunts à long, moyen et court termes libellés en francs CFA ou en d'autres devises pour couvrir l'ensemble des charges de trésorerie ou pour renforcer les réserves de change…"

2 : Le pilotage par le ministre en charge des finances

Le ministre en charge des finances devient le maître du jeu dès lors que l'autorisation du législateur est acquise. L'autorisation législative ne l'oblige pas mais l'habilite à recourir à l'emprunt, sauf s'il s'agit d'une loi spécifique qui autorise le recours à l'emprunt. Il décide du moment et des montants en concertation avec le chef du gouvernement.

Les services du ministre en charge des finances, notamment la Direction générale du Trésor, préparent les dossiers et remplissent les formulaires à soumettre au Conseil régional de l'épargne publique et des marchés financiers, à l'Agence UMOA-Titres et à la BCEAO.

B : Les grandes séquences de l'émission, du règlement et du remboursement

Trois grands moments sont à examiner : l'émission, le règlement et le remboursement.

1 : L'émission

Les Trésors publics des États élaborent des projets de programmes annuels d'émission qui sont transmis et consolidés par l'Agence UMOA-Titres dans un calendrier annuel d'émission de titres publics (art. 5 à 8, Règlement N° 06/2013/CM/UMOA).

Sur cette base, les appels d'offres sont lancés et les soumissions sont reçues à la BCEAO. La phase de dépouillement des offres, de l'adjudication et de la notification aux soumissionnaires de leurs soumissions retenues, associe l'Agence UMOA-Titres, la BCEAO et le Trésor public de l'État émetteur.

2 : Le règlement

Le règlement des résultats de l'adjudication est principalement l'œuvre de la BCEAO. Celle-ci assure le rôle de Dépositaire Central et de Banque de Règlement pour les obligations et les bons du Trésor. Elle fait, dans ses livres, les jeux d'écritures consistant à débiter le compte de règlement de chaque soumissionnaire retenu et à créditer parallèlement le compte ordinaire du Trésor pour le montant correspondant (art.9, Règlement N° 06/2013/CM/UMOA).

L'état du règlement de l'opération est communiqué à l'Agence UMOA-Titres.

3 : Le remboursement du titre public à l'échéance

À la date de règlement des échéances, le Trésor public instruit la BCEAO de créditer le compte de règlement des teneurs de comptes titres par le débit du compte du Trésor. Le Trésor public prend toutes les dispositions nécessaires pour que son compte à la BCEAO soit suffisamment approvisionné en vue d'assurer le remboursement du capital (art. 11, Règlement N° 06/2013/CM/ UMOA.

Les incidents relatifs au remboursement des titres sont pris en charge par l'Agence UMOA-Titres.

D'une manière générale, la prévention des défauts de paiement est assurée par les mécanismes du Fonds de stabilité financière (art. 19, Règlement N° 06/2013/CM/UMOA) créé par Décision N° CM/UMOA/007/05/2012 du 10 mai 2012.

De ces débuts jusqu'au 30 juin 2013, le marché financier régional a réalisé plus de 265 opérations financières et mobilisé un montant de 3.241,5milliards de FCFA. Les émissions d'emprunts obligataires s'élèvent à 2.611,4milliards de FCFA et comprennent les interventions des États à 1.700,3 milliards de FCFA (52,45 %) et les émissions des émetteurs privés et publics ainsi que les institutions financières régionales et internationales à 911,6 milliards de FCFA (22,1 %).[339]

---

[339] Conseil régional de l'épargne public et des marchés financiers (CREPMF) *Plan stratégique 2014 - 2021 Marché financier régional de l'Union monétaire ouest africaine*, pp. 25-26.

CHAPITRE 7

LES CONTRÔLES DE L'EXÉCUTION DES LOIS DE FINANCES

Le Code de transparence dans la gestion des finances publiques au sein de l'UEMOA fait de la légalité, de la transparence, du contrôle et de la responsabilité, des principes essentiels et des exigences financières d'un État de droit (préambule). Le Code dispose que les "activités et les finances des administrations publiques sont soumises à un contrôle interne" (point 5.5) et que les "finances publiques et les politiques qu'elles soutiennent sont soumises au contrôle externe de la Cour des Comptes" (point 5.6).

La fonction contrôle des finances publiques est devenue un des standards du droit et de la gestion des finances publiques dans le monde. Dans sa Déclaration dite de Lima, l'Organisation internationale des Institutions Supérieures de Contrôle des Finances Publiques (INTOSAI)[340]pose comme "indispensable (...) que chaque État possède une institution supérieure de contrôle des finances publiques."[341] L'Assemblée générale des Nations Unies, à travers sa Résolution n° 66/209 adoptée le 22 décembre 2011, va dans le même sens et préconise l'indépendance des Institutions Supérieures de Contrôle des Finances Publiques dans les États.

La philosophie de la valorisation de la fonction contrôle est que l'agent public affecté à la gestion des deniers publics se trouve dans une situation objective de préposé au service de la communauté publique. Il se doit de rendre compte à celle-ci de sa gestion, en guise de respect d'un idéal démocratique.

La fonction contrôle occupe une place très importante dans les textes portant nouveau code harmonisé des finances publiques. Aussi bien dans la directive relative aux lois de finances (Titre VIII : du contrôle parlementaire et juridictionnel) que dans la directive portant règlement général sur la comptabilité publique (Titre V : du contrôle de l'exécution du budget), de longs développements sont consacrés aux organes de contrôle et à leur fonction.

---

340 *International Organization of Supreme Audit Institutions.* (http://www.intosai.org/2_STATUf.html).

341 http://www.intosai.org/2_LIMADf.html

SECTION 1
LES DIFFÉRENTES CATÉGORIES DE CONTRÔLE

Il y a d'abord plusieurs critères de distinction des catégories de contrôle : critère du moment du contrôle, critère de l'organe chargé du contrôle, critère de la nature du contrôle, critère de la finalité du contrôle et critère de la portée du contrôle.

Paragraphe 1 : Le critère du moment du contrôle

Le moment du contrôle, c'est le temps de l'exécution de la loi de finances. Ce temps distingue le moment *a priori*, le moment intercurrent et le moment *a posteriori*.

A : Le contrôle a priori

Par définition, c'est le moment d'avant la mise en exécution de la loi de finances (*a priori* absolu). Ce peut être aussi le moment d'avant l'exécution d'une opération dans la chaîne des opérations de mise en œuvre de la loi de finances (*a priori* relatif).

1 : Le contrôle a priori (absolu)

C'est le contrôle qui se déroule avant la première opération d'exécution de la loi de finances. C'est un contrôle qui intervient avant la promulgation de la loi de finances. Ce contrôle est exécuté par la juridiction constitutionnelle. La finalité de ce contrôle est la conformité de la loi de finances votée avec les règles et principes relevant du bloc de constitutionnalité.[342]

2 : Le contrôle a priori (relatif)

Ce contrôle ne concerne pas la loi de finances elle-même mais les opérations d'exécution de cette loi de finances, opérations prises isolément : l'engagement, la liquidation, l'ordonnancement, et le paiement.

Le contrôle financier exerce un contrôle *a priori* sur les actes d'engagement et d'ordonnancement, et le comptable assignataire fait un contrôle *a priori* de la régularité de l'ordre de payer avant de procéder au paiement.

B : Le contrôle concomitant ou intercurrent

Le contrôle intercurrent présente l'originalité d'avoir un contenu et des modalités qui le distinguent des autres types de contrôle qu'on range dans la catégorie des contrôles selon le moment.

---

[342] Voir *supra* p. 255.

1 : Le contenu du contrôle

Le contrôle intercurrent est un contrôle qui couvre toute la chaîne de l'exécution de la loi de finances. Il ne s'attache pas à une séquence particulière de l'exécution de la loi de finances mais englobe toutes les opérations d'exécution de celle-ci, de la première à la dernière et du 1er janvier au 31 décembre. C'est un contrôle en cours d'exécution qui peut intervenir à tout moment, quel que soit le niveau de cette exécution. Il va des préliminaires de l'acte d'engagement jusqu'à la dernière opération de paiement.

2 : Les modalités du contrôle intercurrent

Le contrôle intercurrent est exécuté par des structures de contrôle (Inspection des finances, Inspection générale d'État, Vérificateur général, Autorité supérieure de contrôle d'État, etc.) sur des agents qui sont affectés aux tâches d'exécution de la loi de finances que sont les ordonnateurs, les comptables, les contrôleurs financiers mais aussi les agents de la chaîne de passation des marchés publics, les responsables de programme, etc.

C : Le contrôle a posteriori

C'est l'opposé du contrôle *a priori*. Par définition, c'est le moment d'après la mise en exécution de la loi de finances (*a posteriori,* absolu). Ce peut être aussi le moment d'après l'exécution d'une opération dans la chaîne des opérations de mise en œuvre de la loi de finances (*a posteriori,* relatif).

1 : Le contrôle a posteriori (absolu)

Ce contrôle s'exécute à la fin des opérations d'exécution de la loi de finances. La clôture des comptes d'un exercice est matérialisée par le projet de loi de règlement transmis à la Cour des comptes. Le contrôle qui a lieu en ce moment est un contrôle d'après exécution, un contrôle qui incombe à la Cour des comptes et au parlement.

2 : Le contrôle a posteriori (relatif)

C'est un contrôle qui ne concerne pas l'intégralité de la loi de finances mais concerne certaines activités qu'exécutent certains agents de la chaîne de mise en œuvre de la loi de finances. Ainsi, les contrôleurs financiers exécutent un contrôle *a posteriori* sur la performance des programmes budgétaires, sur la base des rapports de performance qui clôturent le cycle d'exécution d'un programme budgétaire (art. 90, DRGCP).

Paragraphe 2 : Le critère de l'organe chargé du contrôle

Le critère de l'organe chargé du contrôle est un critère qui reproduit le schéma du principe constitutionnel de séparation des pouvoirs par la distinction des pouvoirs exécutif, législatif et juridictionnel. Ainsi, cela donne successivement un contrôle administratif, un contrôle politique et un contrôle juridictionnel.

À cette trilogie originelle, il convient d'ajouter les contrôles découlant du développement d'un 4ème "pouvoir" celui des médias et de l'opinion mais aussi le pouvoir des experts.

L'ensemble de ces contrôles peut être regroupé en deux grandes familles : le contrôle interne et le contrôle externe.

A : Le contrôle interne

Le contrôle interne peut être un contrôle administratif ou un contrôle conventionnel.

1 : Le contrôle administratif.

C'est le contrôle exercé par le pouvoir exécutif sur lui-même. Encore appelé endo-contrôle ou contrôle autoréférentiel, le contrôle administratif est un regard jeté par le gouvernement et ses organes sur leur propre action d'exécution de la loi de finances. Ce contrôle présente la caractéristique principale de ne pas être indépendant, sauf le cas des contrôles exercés par des autorités administratives indépendantes.

2 : Le contrôle conventionnel

Le recours aux cabinets d'audit et d'expertise financière est de plus en plus fréquent. Ces cabinets sont des organismes de droit privé, indépendants de l'administration mais agissant sous contrat avec le gouvernement pour l'exécution d'une mission de contrôle des finances publiques : contrôle de l'exécution des lois de finances, contrôle de la gestion financière des établissements publics, des organismes sous tutelle ou des structures bénéficiant d'un concours financier de l'État.

B : Le contrôle externe

Le contrôle externe est celui exécuté par un organe extérieur au gouvernement, un organe ne relevant pas de la hiérarchie du gouvernement. Il comporte plusieurs modalités : contrôle juridictionnel, contrôle politique et contrôle social.

1 : Le contrôle juridictionnel

C'est le contrôle exercé par la Cour des comptes et la juridiction constitutionnelle. Le juge rend des décisions ayant l'autorité de la chose jugée (arrêt de mise en débet ou condamnation pour faute de gestion par exemple, inconstitutionnalité d'une loi de finances de l'année) ou peut simplement exprimer un point de vue qui n'a pas de caractère juridique contraignant.[343]

---

[343] L'importance accordée au contrôle juridictionnel explique la masse des crédits qui lui sont affectés. Au Sénégal, en 2014, il ressort des chiffres inscrits dans la loi de finances initiale que la dotation de la Cour des comptes (2.054.144.400 FCFA) était largement supérieure

2 : Le contrôle politique

Le parlement est un organe politique par excellence. Il regroupe les élus de la nation, eux-mêmes sélectionnés par les partis politiques.

3 : Le contrôle citoyen

C'est le contrôle que peuvent exercer les médias et l'opinion publique. C'est un contrôle non organisé, un contrôle diffus qui découle du principe de transparence véhiculé par la directive portant Code de transparence dans la gestion des finances publiques au sein de l'UEMOA. Les citoyens ont, en effet, le droit d'être informés et le gouvernement a le devoir de publier les données relatives à l'exécution de la loi de finances.[344]

4 : Le contrôle administratif indépendant

Certaines autorités administratives indépendantes ont des compétences de contrôle de l'exécution des lois de finances, notamment le contrôle des opérations relatives aux marchés publics. La directive n° 04/2005/CM/UEMOA portant procédures de passation, d'exécution, et de règlement des marchés publics et des délégations de service public dans l'UEMOA prévoit une autorité de régulation des marchés publics. Cette autorité est indépendante et a le pouvoir de sanctionner les irrégularités qui entachent la conclusion d'un marché public.[345]

Le classement de ces autorités administratives indépendantes dans la catégorie du contrôle externe se justifie par le fait que lesdites autorités jouissent, en principe, d'une large autonomie pour mener à bien le travail de police de la commande publique dans les États.

à celle de la Cour suprême (1.894.146.000 FCFA) et à celle du Conseil constitutionnel (379.898.000 FCFA). Dans le même sens, au Togo, la Cour des comptes est généralement la troisième institution étatique (après la présidence de la République et l'Assemblée nationale) la mieux pourvue. En 2013, sa dotation budgétaire (2.195.442.000 FCFA) était huit fois plus importante que celle de la Cour constitutionnelle (273.816.000), huit fois plus importante que celle de la Cour suprême (269.416.000), et avoisinait le double du budget de la Primature (1.168.056.000 FCFA). Voir Cour des comptes (Togo), *Rapport sur l'exécution de la loi de finances, gestion 2013*, *op. cit.*, p. 40. La Cour des comptes du Niger a reçu, en 2012, un appui financier de 439.016.277 FCFA de la part de l'Union européenne, 112.824.604 FCFA de la part de la coopération française, 541.800.000 FCFA de la part de la Banque africaine de développement et 464.500 dollars US de la part de la Banque mondiale (Voir E. Toni, *l'autorisation budgétaire dans le droit financier ouest-africain francophone,* Thèse droit, Lyon3, 2015, p. 241).

344 Voir *supra* p. 160.

345 Voir A. Issoufou, *Les mutations du droit des marchés publics au Niger et au Sénégal : contribution à l'étude de l'encadrement juridique d'une catégorie de dépense publique*, Thèse droit, Université Cheikh Anta Diop, Dakar, Sénégal, 2015.

Paragraphe 3 : Le critère de la nature du contrôle

Si l'on prend en compte la nature du contrôle, on distingue le contrôle facultatif et le contrôle obligatoire.

A : Le contrôle facultatif

Les corps de contrôle (Inspection des finances, Inspection générale d'État, Vérificateur général, etc.) élaborent leurs programmes de contrôle et les mettent en œuvre. Ils exécutent aussi des contrôles inopinés à la demande du gouvernement. Leurs interventions sont ainsi sporadiques et facultatives.

B : Le contrôle obligatoire

Certains contrôles ont un caractère impératif. L'absence de ces contrôles rend la procédure irrégulière ou engage la responsabilité de l'agent chargé d'exercer ce contrôle : l'absence de visa du contrôleur financier entache de nullité l'acte d'engagement ou d'ordonnancement.

Paragraphe 4 : Le critère de la finalité du contrôle

La finalité du contrôle renvoie aux buts visés par le contrôle. Selon *l'International Organization of Supreme Audit Institutions* (INTOSAI), le but du contrôle en finances publiques est de signaler "les atteintes aux principes de la conformité aux lois, de l'efficience, de l'efficacité et de l'économie de la gestion financière" (Section 1ère, déclaration de Lima).

A : Le contrôle de la conformité aux lois : contrôle de régularité

C'est le contrôle traditionnel dont sont investis les différents corps de contrôle. Le contrôle se présente dans ce cas comme la vérification de la conformité à une norme de référence. La norme de référence est l'ensemble des textes de nature constitutionnelle, législative ou règlementaire qui encadrent la gestion des deniers publics et l'exécution des lois de finances.

C'est un contrôle large qui concerne la légalité interne mais aussi les données de légalité externe des actes de la gestion financière.

B : Le contrôle de la performance

C'est un contrôle basé sur la trilogie traditionnelle efficacité, efficience et économie. Au-delà de la vérification de la conformité aux règles en vigueur, le contrôle doit s'assurer que les résultats sont atteints (efficacité) en respectant des standards coûts/extrant (efficience) et en minimisant les frais (économie) et, pour certains, dans une perspective durable (environnement). Une gestion financière peut être régulière en tout point et ne pas être performante. À l'inverse, une gestion financière peut être performante, produire des résultats élogieux mais ne pas respecter les exigences de régularité financière.

C : Le contrôle de l'opportunité

Le contrôle de l'opportunité est un contrôle exercé sur le choix du moment de la décision financière ou de la décision à incidence financière ou sur les options alternatives de l'action publique.

1 : Le choix du moment

Faut-il passer un marché de construction d'un immeuble au cours de l'année budgétaire ? Faut-il recruter 1.000 fonctionnaires nouveaux à la police nationale ? La décision d'engagement est, en principe, le domaine de compétence discrétionnaire de l'ordonnateur principal de la dépense.

2 : Le choix entre les options alternatives de l'action publique

Faut-il construire un portail électrique, électronique ou manuel ? Selon le choix retenu, les coûts de fabrication et d'installation ne seront pas les mêmes et les coûts d'exploitation non plus. Ici encore, l'ordonnateur principal bénéficie d'une autonomie lui permettant de faire son choix.

3 : L'autonomie de l'engagement et le contrôle de l'opportunité

L'ordonnateur principal des crédits d'un ministère ou d'une institution constitutionnelle bénéficie d'une autonomie de décision en matière financière, comme on vient de le souligner. Le contrôle financier, quant à lui, doit apposer son visa sur lesdits actes d'engagement ou d'ordonnancement. Ces visas sont donnés sur la base des critères de régularité, de disponibilité de crédit, etc. mais aussi en tenant compte des "conséquences que les mesures proposées peuvent avoir sur les finances publiques." (art. 88, al.3, DRGCP). Cette appréciation sur les "conséquences", sur la pertinence des choix faits par l'ordonnateur constitue un contrôle de l'opportunité de la mesure. Le contrôle financier aura son mot à dire pour que la procédure d'engagement sur le recrutement de 1.000 nouveaux fonctionnaires ou de construction d'un portail électronique puisse suivre son cours et aboutir au résultat attendu.

Paragraphe 5 : Le critère de la portée du contrôle

Ce critère est fondé sur l'impact du contrôle sur la gestion financière publique. Il permet de distinguer le contrôle à portée indicative et le contrôle à effet impératif

A : Le contrôle à portée indicative

C'est le contrôle dont les résultats ne s'imposent à personne, pas même à l'organe qui les a commandités. Les rapports de l'Inspection générale des finances ou du Vérificateur général, même rendus publics, n'ont pas un effet immédiatement contraignant sur les acteurs de la gestion financière publique. L'annulation des actes irréguliers ou la sanction à infliger aux acteurs indexés ne viendra, éventuellement, que sur décision du gouvernement ou par saisine des juridictions. Ce type de contrôle a un impact purement indicatif sur la gestion financière publique.

B : Le contrôle à effet impératif

C'est le contrôle exercé par les juridictions. Par définition, une décision de justice est revêtue de l'autorité de la chose jugée. Ce qui signifie que cette décision ne peut être contredite et que cette décision doit être exécutée. Rentrent dans cette catégorie, les contrôles effectués par la Cour des comptes qui débouchent sur des arrêts de mise en débet ou des sanctions pour faute de gestion.

Encadré n° 26 : L'ONU et les finances publiques

Résolution adoptée par l'Assemblée générale le 22 décembre 2011

[*sur la base du rapport de la Deuxième Commission (A/66/442)*]

66/209. Rendre l'administration publique plus efficiente, plus respectueuse du principe de responsabilité, plus efficace et plus transparente en renforçant les institutions supérieures de contrôle des finances publiques

L'Assemblée générale,

Rappelant la résolution 2011/2 du Conseil économique et social en date du 26 avril 2011,

Rappelant également ses résolutions 59/55 du 2 décembre 2004 et 60/34 du 30 novembre 2005, ainsi que ses résolutions antérieures relatives à l'administration publique et au développement,

Rappelant en outre la Déclaration du Millénaire[346],

Insistant sur la nécessité de rendre l'administration publique plus efficiente, plus respectueuse du principe de responsabilité, plus efficace et plus transparente,

Insistant également sur le fait que l'efficience, le sens des responsabilités, l'efficacité et la transparence dans l'administration publique sont déterminants pour la réalisation des objectifs de développement arrêtés au plan international, dont ceux du Millénaire,

Soulignant que le renforcement des capacités est un outil indispensable pour promouvoir le développement et se félicitant de la coopération de l'Organisation internationale des institutions supérieures de contrôle des finances publiques avec les organismes des Nations Unies à cet égard,

1. *Considère que les institutions supérieures de contrôle des finances publiques ne peuvent exercer efficacement leurs attributions de façon objective qu'à condition d'être indépendantes des entités qu'elles contrôlent et protégées de toute influence extérieure ;*

[346] Voir résolution 55/2.

2. Considère également que les institutions supérieures de contrôle des finances publiques jouent un rôle important pour ce qui est de rendre l'administration publique plus efficiente, plus respectueuse du principe de responsabilité, plus efficace et plus transparente et de créer ainsi des conditions favorables à la réalisation des priorités et objectifs nationaux en matière de développement ainsi qu'à celle des objectifs de développement arrêtés au plan international, dont ceux du Millénaire ;

3. Prend note avec satisfaction des activités menées par l'Organisation internationale des institutions supérieures de contrôle des finances publiques en vue de promouvoir l'efficience, le sens des responsabilités, l'efficacité, la transparence et l'application de pratiques performantes, rationnelles et bénéfiques aux citoyens en matière de collecte et d'emploi des fonds publics ;

4. Prend note également avec satisfaction de la Déclaration de Lima de 1977 sur les lignes directrices du contrôle des finances publiques[347] *et de la Déclaration de Mexico de 2007 sur l'indépendance des institutions supérieures de contrôle des finances publiques*[348]*, et engage les États Membres à appliquer, en tenant compte de leur structure institutionnelle nationale, les principes établis dans ces déclarations ;*

5. *Encourage* les États Membres et les institutions compétentes des Nations Unies à poursuivre et à intensifier leur coopération, notamment dans le domaine du renforcement des capacités, avec l'Organisation internationale des institutions supérieures de contrôle des finances publiques afin de promouvoir une bonne gouvernance en assurant l'efficience, le respect du principe de responsabilité, l'efficacité et la transparence grâce à la consolidation des institutions supérieures de contrôle des finances publiques.

91e séance plénière, 22 décembre 2011

SECTION 2
LE NOUVEAU CADRE HARMONISÉ DE L'UEMOA ET LE CONTRÔLE DES FINANCES PUBLIQUES

Le nouveau cadre harmonisé des finances publiques de l'UEMOA organise plusieurs niveaux de contrôle de l'exécution de la loi de finances. Ces contrôles sont accompagnés de sanctions diverses.

---

[347] Adoptée par le neuvième Congrès de l'Organisation internationale des institutions supérieures de contrôle des finances publiques, tenu à Lima du 17 au 26 octobre 1977.

[348] Adoptée par le dix-neuvième Congrès de l'Organisation internationale des institutions supérieures de contrôle des finances publiques, tenu à Mexico, du 5 au 10 novembre 2007.

Paragraphe 1 : Les niveaux de contrôle de l'exécution de la loi de finances

"Sans préjudice des pouvoirs du Parlement, les opérations d'exécution du budget de l'État sont soumises à un double contrôle, administratif et juridictionnel" (Art. 85, al.1, DRGCP). L'exécution de la loi de finances est soumise à un triple contrôle administratif, juridictionnel et politique.

A : Le contrôle administratif

Le contrôle administratif est présenté comme le contrôle de "l'administration sur ses agents" (art. 85, al.2, DRGCP). Il peut être un contrôle de routine exercé par une autorité hiérarchique (art. 86, DRGCP) dans le cadre de ses compétences générales de gestion administrative et financière : pouvoir d'instruction, pouvoir de réformation d'office. Un ministre, ordonnateur principal du budget de son ministère, peut instruire l'ordonnateur délégué des dépenses du ministère ou un responsable de programme placé sous son autorité ou modifier, à défaut, faire modifier leurs décisions financières. Ce contrôle hiérarchique n'est pas très visible parce qu'il se confond avec la gestion administrative et financière courante.

Le contrôle administratif s'exerce aussi par des "corps et organes de contrôle spécialisés" (art. 86, DRGCP). C'est un contrôle dévolu à des professionnels du contrôle des finances publiques ou, à tout le moins, à des personnes qui en font leur activité professionnelle habituelle. On distingue les organes et corps de contrôle à compétence générale et les organes et corps de contrôle spécialisés en finances publiques.

1 : Les organes et corps de contrôle spécialisés en finances publiques

Quatre types de contrôle peuvent être distingués : le contrôle financier, l'Inspection générale des finances, les comptables publics et les contrôles internes aux régies financières.

a) Le contrôle financier : héritage du droit public financier français, le contrôleur financier, anciennement appelé contrôleur des dépenses engagées, demeure une pièce maîtresse du nouveau cadre harmonisé des finances publiques au sein de l'UEMOA. Les contrôleurs financiers sont placés sous l'autorité du ministre en charge des finances (art. 87, al.2, DRGCP). Un délégué du contrôle financier est placé auprès des ordonnateurs au niveau des ministères et des institutions constitutionnelles (art. 87, al.2, DRGCP). Le contrôleur financier effectue des contrôles *a priori* pour les différents visas qu'il appose sur les actes d'engagement et d'ordonnancement et un contrôle *a posteriori* sous la forme de l'évaluation des "résultats et les performances des programmes, au regard des objectifs fixés, des moyens utilisés et de l'organisation des services des ordonnateurs" (art. 90, DRGCP). Son contrôle a un caractère à la fois juridique (contrôle *a priori*) et managérial (contrôle *a posteriori*). Dans le cadre des réformes de finances publiques et surtout de la gestion budgétaire axée sur les résultats, la logique de la responsabilisation des acteurs de la chaîne des dépenses publiques et surtout la logique du desserrement des contrôles *a priori* aurait dû conduire à supprimer ou réduire le rôle du contrôleur financier.

b) L'inspection générale des finances : le droit public financier français en a fait un corps d'élite, recruté parmi les meilleurs élèves sortis de l'École Nationale d'Administration de France. L'IGF en Afrique de l'Ouest francophone (Direction générale de l'inspection des finances au Niger) reste aussi un corps d'élite auquel on accède par concours. Les inspecteurs des finances, comme leur nom l'indique, sont les gardiens de l'orthodoxie financière et de la bonne gestion des deniers publics. Ils sont placés sous l'autorité du ministre en charge des finances. Leur domaine de contrôle inclut non seulement les administrations publiques mais aussi les entreprises publiques et les organismes bénéficiant d'un concours de l'État ou des collectivités territoriales locales.

c) Le comptable public : le cœur de métier du comptable public n'est pas de contrôler mais d'exécuter les opérations de trésorerie et de tenir les livres comptables. Cependant, les comptables publics doivent faire des vérifications prescrites par la loi avant tout paiement ou tout encaissement. Ils exercent un "contrôle interne concomitant" (art. 85, DRGCP) dans la chaîne d'exécution de la loi de finances. Il faut aussi ajouter que les comptables supérieurs, dans l'exercice de leur autorité hiérarchique, ont un droit d'évocation et d'inspection sur les comptables subordonnés (art. 17, DRGCP).

d) Les inspecteurs des régies financières : l'organigramme des grandes administrations financières réserve une place à un service ou une direction chargés du contrôle et de la vérification interne. La compétence de ces services ou directions est de veiller au respect des règles de déontologie et au suivi des procédures internes. La douane, les impôts et le Trésor public disposent chacun, d'un service ou d'une direction chargés du contrôle et de la vérification au sein desdites entités. Ces directions ou services ne sont pas organisés en corps de métier comme les inspecteurs des finances. Il s'agit plutôt d'un contrôle exercé par des collègues sur d'autres collègues. L'agent contrôleur d'aujourd'hui peut devenir agent contrôlé le lendemain et inversement. C'est un contrôle par les pairs.

2 : Les organes et corps de contrôle à compétence générale

Les compétences transversales de certains organes leur permettent de connaître également des questions de finances publiques. On peut citer les Inspections générales d'État, le Vérificateur général et l'Autorité Supérieure de Contrôle d'État.

a) L'Inspection générale d'État[349] : qualifiée en droit sénégalais d'institution administrative supérieure de contrôle, l'Inspection générale d'État est aussi issue de l'héritage institutionnel français des organes de contrôle. Selon les pays, l'IGE est rattachée, soit au Président de la République, soit aux services du premier ministre. Son domaine de compétence couvre les questions d'organisation et de fonctionnement des services publics, les questions de finances publiques et même les aspects de déontologie administrative. Les inspecteurs des Inspections générales d'État portent le titre d'inspecteur général d'État (Sénégal) ou d'inspecteur d'État (Côte d'Ivoire, Niger, Burkina Faso). Le chef de l'organe, quant à lui, est appelé Inspecteur général d'État (Côte d'Ivoire) ou Vérificateur général (Sénégal). Un groupe d'IGE du continent africain a constitué en 2006 un regroupement dénommé Forum des Inspections Générales d'État d'Afrique (FIGE).

b) Le Bureau du Vérificateur Général (BVG)[350]: la tradition canadienne a inspiré le Mali qui a opté pour le Bureau du Vérificateur Général en lieu et place de l'Inspection générale d'État. Le Bureau du Vérificateur Général est dirigé par le Vérificateur Général. Le BVG a des compétences en finances publiques mais aussi dans bien d'autres domaines de la gestion des services publics. Le Vérificateur général est défini par la loi comme une autorité administrative indépendante. Le Vérificateur général est nommé par le Président de la République pour un mandat de sept ans non renouvelable. Le BVG comprend aussi un Vérificateur Général adjoint et des vérificateurs.

c) L'Autorité Supérieure de Contrôle d'Etat et de la Lutte contre la Corruption (ASCE-LC) au Burkina Faso a été créée par la loi n° 032-2007/AN du 29 novembre 2007. Elle résulte de la fusion de l'Inspection Générale d'Etat, de la Haute Autorité de Coordination de la Lutte contre la Corruption (loi n° 004-2015/CNT du 3 mars 2015) et partiellement de la Coordination Nationale de Lutte contre la Fraude. Elle est compétente pour le contrôle de la régularité mais aussi du contrôle de la gestion à la fois administrative, financière et comptable des personnes publiques (États, collectivités territoriales décentralisées, établissements publics) et de tout organisme investi d'une mission de service public. Elle assure un rôle de coordination de tous les organes de contrôle administratif relavant de différents ministères et reçoit copie de tous les rapports établis par les organes de contrôle internes des départements ministériels et des autres corps de contrôle. Sur un plan opérationnel, l'Autorité Supérieure de Contrôle d'État est animée par un

---

349 Loi 2011-14 du 08 juillet 2011 (Sénégal) ; Décret n°95-948 du 13 décembre 1995 (Côte d'Ivoire) ; Le Bureau de l'auditeur général (BAG) a été créé par décret n°2015-394 du 20 juillet 2015 pour remplacer l'Inspection générale d'Etat. Ce décret a été ensuite annulé après l'alternance politique au sommet de l'Etat le 6 avril 2016. Un Bureau d'Analyses et d'Investigations est créé.

350 Loi n°2012-009 du 8 février 2012.

Contrôleur général d'État et par des contrôleurs d'État. L'ASCE-CL est rattachée aux services du Premier Ministre.

3 : Observations sur les organes et corps de contrôle administratif

Il convient de faire quelques remarques sur les organes et corps de contrôle administratif.

a) La nature du contrôle : les contrôles sont soit des inspections, soit des vérifications soit de l'audit (art. 94, DRGCP). La gamme des contrôles est variée comme on le voit. Elle inclut le contrôle de légalité, les différents contrôles de régularité, le contrôle de l'opportunité et de la pertinence des choix, les contrôles de performance dont "la vérification de l'optimisation des ressources (VOR)" en droit sénégalais. Les conclusions des missions de contrôle, dans la perspective d'un audit, contiennent non seulement les constations des contrôleurs mais aussi des jugements de valeur sur la qualité de la gestion et, au besoin, des suggestions de redressement du service.

b) Publicité des rapports de mission de contrôle : le principe de transparence budgétaire conduit à publier les résultats des missions de contrôle (art. 95, al.1, DRGCP).[351] Les rapports du Vérificateur général du Mali sont entrés dans la tradition et constituent un temps fort de l'état de gestion des services publics nationaux. Quant aux Inspections générales d'Etat, aux Inspections générales des finances et autres corps de contrôle administratif, la publication de leurs rapports de contrôle est encore du domaine de l'extraordinaire, de l'inhabituel.

c) Le respect du contradictoire : les administrations contrôlées ont des devoirs dans la gestion des ressources publiques. Elles ont aussi des droits vis-à-vis des agents contrôleurs divers. Au nombre de ces droits figure le droit d'être entendu et de s'expliquer sur leur gestion et les manquements éventuels qu'on retiendrait contre elles (art. 95, al.3, DRGCP).

d) Un contrôle non contraignant : les rapports de contrôle administratif sont remis aux autorités gouvernementales qui disposent librement de la suite à donner aux contenus desdits rapports. Un grand nombre de ces rapports finissent dans les tiroirs et dans l'oubli. Ceux qui donnent lieu à des suites font l'objet de décisions prises par le gouvernement soit sous la forme de mesures disciplinaires, soit de saisine des juridictions pour les poursuites adéquates.

B : Le contrôle juridictionnel

Le contrôle de l'exécution des lois de finances incombe aussi à l'ordre juridictionnel, c'est-à-dire, aux organes qui prennent des décisions ayant l'autorité de la chose jugée. C'est en ce sens que le Traité constitutif de l'UEMOA a prescrit d'"instituer une Cour des comptes nationale"[352] dans

---

[351] Voir *supra* p. 160.

[352] Article 68 du Traité de l'UEMOA.

chaque Etat membre, Cour dont les procédures offrent les "garanties de transparence et d'indépendance requises. "Le but initialement visé par l'UEMOA est de donner à l'union monétaire et à la monnaie commune, le franc CFA, des gages de fiabilité des données de la convergence économique et financière régionale. Pour l'UEMOA, il s'agit d'"assurer la fiabilité des données budgétaires nécessaires à l'organisation de la surveillance multilatérale des politiques budgétaires."[353]

Les textes créant les Cours des comptes en Afrique de l'Ouest vont au-delà de cette préoccupation première de l'UEMOA. Le souci est, certes, d'assurer la transparence et la fiabilité dans la production des données budgétaires ; mais il est aussi de faire des juridictions financières des organes de contrôle de la qualité de la gestion financière publique dans un contexte mondial gouverné par la recherche de la performance.

1 : Organisation de la juridiction des comptes

La question principale ici est de savoir si les Cours des comptes sont des juridictions qui vont connaître du contentieux financier en premier et dernier ressort ou s'il existera des cours régionales ou départementales des comptes. Les directives de l'UEMOA ne se prononcent pas sur ce point. La tendance dans les États membres est à la création d'ordre juridictionnel financier avec des juridictions de premier degré réparties sur le territoire de chaque pays.

L'idée de créer des sections ou chambres des comptes au sein des tribunaux ou cours d'appel de l'ordre judiciaire semble aujourd'hui abandonnée.[354]

2 : Nature juridique et attributions des Cours des comptes

La dénomination Cour des comptes peut quelquefois donner lieu à des méprises. La Cour des comptes de l'UEMOA siégeant à Ouagadougou pas plus que la Cour des comptes de l'Union européenne au Luxembourg ne sont des juridictions.

L'option faite par les États membres de l'UEMOA est celle de Cour des comptes à compétence juridictionnelle[355]. Elles rendent des arrêts qui ont

---

353 *Ibidem.*

354 Loi n° 2001-37 portant organisation judiciaire en République du Bénin, "Article 61 - Chaque cour d'appel comprend au moins : - une chambre civile moderne et sociale ; - une chambre administrative ; - une chambre de droit traditionnel ; - une chambre correctionnelle ; - *une chambre des comptes* ; - une chambre d'accusation ; - une chambre commerciale."

355 Togo, Loi organique n° 98-014 du 10 juillet 1998 portant organisation et fonctionnement de la Cour des comptes ; Niger, Loi organique n° 2012-08 du 26 mars 2012 déterminant les attributions, la composition, l'organisation et le fonctionnement de la Cour des Comptes ; Sénégal, Loi organique n°99-70 du 17 février 1999 sur la Cour des comptes et Décret n°99-499 du 8 juin 1999 fixant les modalités d'application de la loi organique n°99–70 ; Burkina Faso, Loi organique N°014-2000/AN du 16 mai 2000, portant

autorité de la chose jugée. La Cour des comptes juge les comptes des comptables publics (art. 97, DRGCP& art.75, DLF) et sanctionne les fautes de gestion des ordonnateurs soumis à sa juridiction (art. 78, DLF).

En dehors du contrôle proprement dit, la Cour des comptes de Côte d'Ivoire fournit des avis sur consultations des organes contrôlés. Elle a, sur sa propre initiative, développé des activités de consultation relativement à des questions précises touchant à la comptabilité publique, à la réglementation et à la jurisprudence en la matière, dans l'esprit de la transparence et de la bonne gouvernance. Cette mission de consultation a commencé en 1976, en vue de permettre un encadrement des comptables publics, des dirigeants des établissements publics nationaux (EPN) et des collectivités territoriales.[356]

3 : La compétence ratione personae de la Cour des comptes

Les comptables publics sont évidemment soumis à la juridiction de la Cour des comptes. Les comptes de gestion sont reçus à la Cour au plus tard le 30 juin pour les comptes de l'exercice suivant celui au titre duquel ils ont été établis (art. 97, DRGCP). Ces comptes doivent être jugés dans un délai de cinq ans. Si la Cour ne se prononce pas dans ce délai, le comptable public est déchargé d'office de sa gestion (art.75, DLF).

S'agissant des ordonnateurs, les membres du gouvernement et les présidents des institutions constitutionnelles ne peuvent être jugés par la Cour des comptes à raison des fautes de gestion dont ils peuvent se rendre coupables (art. 76, DLF).

Les ordonnateurs des autres personnes publiques ou organismes soumis au contrôle de la Cour des comptes peuvent être jugées pour faute de gestion (art.77, DLF).

4 : Les types de contrôle

La Cour des comptes exécute un contrôle juridictionnel et un contrôle extra-juridictionnel.

a) Le contrôle juridictionnel : c'est le contrôle qu'exécute la Cour des comptes réunie en formation juridictionnelle sur les comptables publics, les ordonnateurs et les contrôleurs financiers.

b) Le contrôle extra-juridictionnel : c'est un contrôle qui a trois dimensions. *D'abord* le contrôle de la gestion qui est un contrôle de la qualité de la gestion financière publique. Il prend en compte le contrôle de la performance des programmes, c'est-à-dire l'efficacité, l'efficience et l'économie (art.13, DLF) mais aussi le bon emploi des fonds et valeurs gérés par les autres organismes soumis à son contrôle : les collectivités territoriales,

---

composition, organisation, attributions et fonctionnement de la Cour des Comptes et procédure applicable devant elle.

356 http://www.courdescomptesci.com/competences.html, consulté le 14 avril 2016.

les établissements publics, les entreprises publiques et les organismes bénéficiant d'un concours financier public. *Ensuite*, la Cour établit la déclaration générale de conformité entre les comptes des ordonnateurs et les comptes des comptables publics à l'occasion de l'examen du projet de loi de règlement, et préalablement à la transmission de celui-ci au parlement. *Enfin*, la Cour donne un avis technique sur le système d'information et de gestion financières publiques : système de contrôle interne, dispositif de contrôle de gestion, qualité des procédures comptables et des comptes (art. 51, al.2 DLF). Elle réalise aussi toute enquête utile à l'information du parlement (art.75, DLF).

C : Le contrôle politique

C'est le contrôle exercé par le parlement. Il est à la fois un contrôle *a priori*, un contrôle concomitant et un contrôle *a posteriori.*

1 : Le contrôle a priori

La directive portant Code de transparence dans la gestion des finances publiques pose les grandes lignes de ce que doit être un contrôle *a priori* des lois de finances : "le choix des dépenses et des recettes par les pouvoirs publics est clair et intervient au terme d'un débat large et ouvert" (Préambule, Code de transparence). En effet, le projet de loi de finances n'est plus élaboré de façon solitaire par le gouvernement. Le principe est d'associer le parlement à la détermination des grandes orientations de la loi de finances à venir. À cette fin, il est organisé au parlement un débat d'orientation budgétaire[357] au plus tard à la fin du deuxième trimestre de l'année (art. 57, DLF).

2 : Le contrôle concomitant

Le parlement est investi d'une compétence générale de contrôle de l'action du gouvernement à travers l'interpellation, les questions écrites ou orales, les commissions parlementaires d'enquête (art. 116 et suiv. constitution de la 3ème République de Côte d'Ivoire ; art. 85, constitution du Sénégal ; art. 113, constitution du Bénin). Ces moyens de contrôle peuvent porter sur des thèmes de finances publiques, notamment sur l'exécution de la loi de finances de l'année. La gestion des deniers publics est en effet un domaine de prédilection du contrôle des parlementaires.

Sur le plan juridique, les commissions des finances des parlements "veillent, au cours de la gestion annuelle, à la bonne exécution des lois de finance" (art. 74, al.1, DLF). Pour ce faire, le gouvernement a l'obligation de transmettre trimestriellement au parlement, pour information, "des rapports sur l'exécution du budget et l'application du texte de la loi de finances" (art. 74, al.2, DLF). Les parlementaires sont autorisés à faire des investigations "sur

[357] Voir *supra* p. 222.

place" dans les administrations publiques, (art. 74, al.3, DLF). Ils peuvent demander à auditionner des ministres (art. 74, *in fine*, DLF).

Par ailleurs, la Cour des comptes est investie du pouvoir d'assister "le Parlement dans le contrôle de l'exécution des lois de finances" (art. 75, al.2, DLF). À ce titre, "le Parlement peut demander à la Cour des Comptes la réalisation de toutes enquêtes nécessaires à son information" (art. 75, *in fine*, DLF).

Le contrôle parlementaire peut être important pour la promotion qualitative de la gestion budgétaire publique et contribuer à la correction des mauvais choix, des politiques et actions coûteuses et vaines pour les finances publiques.

3 : Le contrôle a posteriori

Le contrôle *a posteriori* peut prendre toutes les formes de l'action parlementaire de contrôle de la politique du gouvernement : question orale, question écrite, commission d'enquête parlementaire, interpellation. Ces différents moyens de contrôle parlementaire, dès lors qu'ils portent sur une loi de finances d'un exercice déjà clôturé, rentrent dans la catégorie des techniques de contrôle *a posteriori*.

Cependant, c'est l'examen et le vote de la loi de règlement, la loi qui "rend compte de l'exécution du budget ainsi que de l'utilisation des crédits" (art. 5, *in fine*, DLF) qui constituent le moyen par excellence de contrôle *a posteriori* de l'exécution de la loi de finances.

La loi de règlement a un intérêt financier certain et une portée politique relative.

a) Intérêt financier de la loi de règlement : la loi de finances de l'année est un acte de prévision. La loi de règlement constate le niveau d'exécution réelle des prévisions de recettes et des prévisions de dépenses. D'un point de vue financier et économique, ce sont les données fournies par la loi de règlement qui sont intéressantes et entrent en ligne de compte pour l'appréciation des indicateurs de performance de la surveillance multilatérale : *ratio* solde budgétaire de base/PIB, *ratio* masse salariale/recettes fiscales, *ratio* endettement/PIB, *ratio* investissements financés sur ressources intérieures/recettes fiscales, ratio recettes fiscales/PIB, *ratio* arriérés de paiement intérieurs ou extérieurs, *ratio* solde des paiements courants hors dons/PIB. En effet, le projet de loi de règlement "constate le montant définitif des encaissements de recettes et des ordonnancements de dépenses", en validant les ouvertures de crédits supplémentaires par décret d'avances, les dépassements de crédits résultant de force majeure et l'annulation des crédits non consommés. Ensuite, il "rend compte de la gestion de la trésorerie de l'Etat et de la gestion et des résultats des programmes." Enfin, il "arrête les comptes et les états financiers de l'État et affecte les résultats de l'année" (art. 49, DLF).

Le projet loi de règlement est accompagné de documents annexés d'une grande importance pour la connaissance de l'état des finances publiques, notamment les finances de l'État : les comptes et les états financiers issus de la comptabilité budgétaire et surtout de la comptabilité générale de l'État (comptes de résultat, données d'inventaire du patrimoine, valeur du patrimoine, etc.), les rapports de performance des programmes budgétaires.[358]

Par-dessus tout, le projet de loi de règlement est accompagné du rapport de la Cour des comptes sur l'exécution de la loi de finances ainsi que de la déclaration générale de conformité entre les comptes des ordonnateurs et ceux des comptables publics. La Cour des comptes joue en l'occurrence un rôle d'institution supérieure de contrôle en apportant une expertise indépendante qui facilitera l'examen et le vote de la représentation nationale. La certification des comptes n'est pas prévue par la directive relative aux lois de finances mais certaines législations nationales ont instauré une certification des comptes publics par la Cour des comptes à l'horizon 2017.[359] En guise de définition, la certification est " une opinion écrite et motivée que formule, sous sa propre responsabilité, un auditeur externe sur les comptes d'une entité. Elle consiste à collecter les éléments nécessaires à l'obtention d'une assurance raisonnable sur la conformité des états financiers, dans tous leurs aspects significatifs, à un ensemble de règles et de principes."[360]

b) Portée politique relative de la loi de règlement : "Le jour qui passe est passé, l'heure qui sonne est sonnée, demain seul reste et les après-demain." Les parlementaires, de par le monde, semblent s'inscrire dans cette logique et n'accordent que peu d'importance à l'examen et au vote de la loi de règlement, une loi qui concerne le passé. Autant l'adoption de la loi de finances de l'année est un temps fort de la vie politique et médiatique, autant le vote de la loi de règlement attire très peu l'intérêt de la classe politique et l'attention des médias. Selon une certaine vision italienne des choses, la loi de règlement serait une "loi posthume"qui mérite bien le peu d'attention qu'on lui accorde. De fait, la présentation et le vote des lois de règlement n'ont

---

[358] Les textes nationaux des Etats vont dans le même sens et prévoient la transmission des rapports annuels de performance à la Cour des comptes : République du Bénin, Loi organique n° 2013-14 du 27 septembre 2013 relative aux lois de finances, art. 53 ; République de Côte d'Ivoire, Loi organique n° 2014-336 du 5 juin 2014 relative aux lois de finances, art. 50 ; République du Mali, Loi n° 2013-028 du 11 juillet 2013 relative aux lois de finances, art. 49 ; République du Niger, Loi organique n° 2012-09 du 26 mars 2012 relative aux lois de finances, art. 50 ; République du Sénégal, Loi organique n° 2011-15 du 8 juillet 2011 relative aux lois de finances, art. 49 et République du Togo, Loi organique n° 2014-013 du 27 juin 2014 relative aux lois de finances, art. 50.

[359] Loi organique n° 2013-14 du 27 septembre 2013 relative aux lois de finances, (Bénin), art. 91 ; Loi organique n° 2014-336 du 5 juin 2014 relative aux lois de finances, (Côte d'Ivoire), art. 84 : "La juridiction financière procède à la certification des comptes, en lieu et place de la déclaration générale de conformité."

[360] Cour des comptes (France), *Certification des comptes de l'État, exercice 2013*, Paris, 2014, p. 4.

véritablement pris naissance en Afrique de l'Ouest francophone qu'au début des années 2000, avec l'émergence des juridictions financières de nouvelle génération. Au Sénégal, après près d'une décennie d'état d'hibernation, la Cour des comptes a renoué avec la légalité en élaborant, au cours des exercices 1999 et 2000, une série de 9 rapports sur l'exécution des lois de finances accompagnés de 9 déclarations générales de conformité annexées aux projets de loi de règlement de 9 années couvrant la période 1987/1988 à 1996. Le parlement a été en mesure de voter les lois de règlement des périodes considérées en janvier 2000.[361] Au Bénin, les députés à l'Assemblée nationale ont adopté le vendredi 9 octobre 2015 les lois de règlement des gestions 2009, 2010, 2011, 2012 et 2013. Le vote s'est fait à l'unanimité des députés présents ou représentés.[362]

Pour l'avenir, la loi de règlement connaîtra une renaissance en raison de ce que l'examen du projet de loi de finances de l'année par les parlementaires ne peut se faire si les élus de la nation ne disposent pas du projet de loi de règlement "au plus tard le jour de l'ouverture de la session budgétaire de l'année suivant celle de l'exécution du budget auquel il se rapporte" (art. 63, al.1, DLF).

Encadré n° 27 : La déclaration générale de conformité

"LA DÉCLARATION GÉNÉRALE DE CONFORMITÉ

Dans le cadre de l'assistance à l'Assemblée nationale, la Cour des comptes a contrôlé l'exécution des lois de finances gestion 2008, telle que présentée dans le projet de la loi de règlement. Celui-ci a été transmis à la Cour par bordereau d'envoi n° 2009-686/MEF/SG/DGB/DOC du 05 octobre 2009.

La déclaration générale de conformité qui en résulte est établie en application des dispositions législatives et réglementaires en vigueur ; C'est conformément à ces dispositions que la cour a procédé au rapprochement entre la comptabilité de l'ordonnateur et celle des comptables principaux de l'État.

De ce rapprochement, il résulte que :

les recettes définitives du budget général, gestion 2008, inscrites dans le rapport de l'ordonnateur pour un montant de 667 917 011 663 F CFA sont conformes à celles inscrites dans le rapport des comptables ;

les dépenses définitives du budget général, gestion 2008, inscrites dans le rapport de l'ordonnateur pour un montant de 694 804 214 812 F CFA sont conformes à celles inscrites dans le rapport des comptables ;

---

361 Cour des Comptes, *Rapport public 1999 et 2000*, Dakar, Décembre 2001, p. 27

362 Voir journal de service public du Bénin *La Nation*, n° 6341 du lundi 12 octobre 2015, p. 3.

les recettes effectives des comptes d'affectation spéciale, gestion 2008, inscrites dans le rapport de l'ordonnateur pour un montant de 22 069 560 195 F CFA sont conformes à celles inscrites dans le rapport des comptables ;

les dépenses effectives des comptes d'affectation spéciale, gestion 2008, inscrites dans le rapport de l'ordonnateur pour un montant de 22 805 612 696 F CFA sont conformes à celles inscrites dans le rapport des comptables."

Le résultat de la loi de règlement, gestion 2008, dégage un solde déficitaire de 26 887 203 149 F CFA et s'établit ainsi qu'il suit : Conformément à l'article 42, alinéa 3 de la loi n° 006-2003/AN du 24 janvier 2003, le solde devra faire l'objet d'un transfert au compte permanent des découverts du Trésor (…). Par ailleurs, les différentes erreurs relevées lors du contrôle n'ont pas eu d'incidence sur le résultat de l'exécution du budget, gestion 2008.

De ce qui précède, la Cour, après avoir entendu le magistrat rapporteur en son rapport, et le Procureur général en ses conclusions notamment en ce qui concerne la production à l'avenir du Compte général de l'Administration des finances (CGAF) et les diligences à mettre en œuvre pour le recouvrement des créances de l'État, déclare au titre de l'exécution des lois de finances, gestion 2008, la conformité entre le compte de l'ordonnateur et celui des comptables principaux de l'État, sous réserve de l'apurement ultérieur des comptes de gestion de ces comptables.

Ainsi délibéré et adopté par la Cour des comptes réunie en chambre du conseil, le 19 février 2010.

Extrait : Cour des comptes (Burkina-Faso), *Rapport public 2009*, pp. 77-78.

Paragraphe 2 : Les sanctions

Les agents chargés de l'exécution de la loi de finances sont susceptibles de sanction au titre de manquements aux obligations de leurs charges respectives.

1 : La sanction des ordonnateurs

Par leurs rôles d'engagement et d'ordonnancement, les ordonnateurs de recettes et de dépenses publiques sont ceux dont les décisions financières ont le plus d'impact sur les finances publiques. "Ils encourent une responsabilité qui peut être disciplinaire, pénale ou civile, sans préjudice des sanctions qui peuvent leur être infligées par la Cour des comptes à raison des fautes de gestion" (art. 14, al.1, DRGCP). Quant aux hommes politiques et assimilés, ils encourent un régime de responsabilité spécial.

a) Le régime spécial de responsabilité des hommes politiques et assimilés : "Les membres du Gouvernement et les présidents des institutions constitutionnelles encourent, en raison de l'exercice de leurs attributions, les responsabilités que prévoit la Constitution de chaque État" (art. 76, DLF). Les ministres et présidents des parlements ou des différentes cours sont soumis, constitutionnellement, à des régimes de responsabilité dérogatoires du droit commun. Soit ils sont jugés par des organes spécifiques (Haute cour de justice par exemple), soit les procédures de jugement devant les juridictions de droit commun sont spécialement adaptées à cette catégorie de justiciables.

b) La responsabilité disciplinaire : La sanction disciplinaire résulte d'une faute qui est un manquement à l'une des obligations du fonctionnaire contenues dans la rubrique des droits et obligations ou d'une infraction pénale. Les personnes concernées par ce type de responsabilité sont les ordonnateurs délégués des ministères (directeur technique ou responsable de programme), les ordonnateurs secondaires (préfets et gouverneurs) et les ordonnateurs principaux des budgets des établissements publics et des collectivités territoriales. De façon spécifique, " le pouvoir disciplinaire prévu par les législations nationales sur la fonction publique est exercé par le ministre chargé des finances, quel que soit le ministère de rattachement de l'agent" (art.84, *in fine*, DLF).

c) La responsabilité pénale : les opérations d'exécution de la loi de finances peuvent donner lieu à la commission d'infractions diverses comme la corruption passive, la concussion, le détournement de fonds publics, etc. Ces infractions sont connues et réprimées par les tribunaux judiciaires.

d) La responsabilité civile : la réparation des préjudices causés par l'ordonnateur au cours de l'accomplissement des opérations d'exécution de la loi de finances peut être ordonnée par le juge. Le remboursement de sommes indûment perçues peut aussi donner lieu à une sentence du juge. Cette responsabilité civile peut être mise en jeu par le juge pénal à titre de peine complémentaire, mais aussi par la Cour des comptes lorsqu'elle connaît des cas de faute de gestion.

e) La responsabilité financière ou responsabilité devant la Cour des comptes : elle concerne les cas de faute de gestion. Elle peut donner lieu au paiement de sommes d'argent correspondant soit à des amendes pour faute de gestion, soit des paiements de manquant dans la gestion des comptes au cas où l'ordonnateur est déclaré comptable de fait. Elle peut aussi correspondre au remboursement de sommes indûment perçues. La responsabilité financière des ordonnateurs devant la Cour des comptes, lorsqu'elle conduit à une mise en débet est une responsabilité pécuniaire. Elle "ne peut être mise en jeu que par le ministre chargé des finances ou la Cour des Comptes" (art. 84, al.1, DLF).

"Avantages injustement octroyés et paiement de dépenses non justifiées
D'abord, le Directeur général distribue, à la fin de chaque année, des cadeaux aux administrateurs, y compris le Président du Conseil d'administration et lui-même. Ces cadeaux sont souvent des chèques de 100.000 F ou des décaissements, sans que le bénéficiaire ne soit pas toujours identifié. Une telle dépense au profit d'administrateurs

bénéficiaires de jetons de présence n'est pas justifiée, surtout que cette rubrique est toujours exécutée en dépassement.
Ensuite, depuis la création du FGA, le Directeur général bénéficie, chaque année, d'une assurance maladie pour lui et sa famille alors qu'aucun texte réglementaire ne le prévoit. Pour les années sous contrôle, le montant indûment consacré à cette dépense est de 8.437.758 F."

Source : Cour des comptes du Sénégal, *Rapport public 2007*, p. 126

2 : La sanction des comptables

"Les comptables publics patents sont personnellement et pécuniairement responsables des opérations dont ils ont la charge et des contrôles qu'ils sont tenus d'effectuer" (art. 82, al.1, DLF). Les comptables de fait "encourent les mêmes sanctions que les comptables publics patents" (art. 82, al.2, DLF& art. 29, *in fine*, DRGCP).[363]

a) Nature de la responsabilité des comptables publics : la responsabilité des comptables publics est d'abord une responsabilité objective. Elle est engagée par la seule constatation d'une irrégularité, que cette irrégularité incombe au comptable, à ses subordonnés ou à ses prédécesseurs. Elle est ensuite une responsabilité pécuniaire parce qu'elle conduit à une mise en débet. En effet, "quand la responsabilité pécuniaire d'un agent public est engagée, il est constitué en débet. Le débet est l'obligation, pour l'agent public de réparer, sur ses deniers propres, le préjudice qu'il a causé à la collectivité publique" (art.84, al.2, DLF).

b) Étendue de cette responsabilité : cette responsabilité couvre la *totalité* de la dépense irrégulière ou de la créance prescrite. C'est une obligation de rembourser sur ses deniers personnels une somme "*égale* au montant du déficit ou manquant constaté, de la perte de recette subie, de la dépense payée à tort ou de l'indemnité mise de son fait à la charge de l'État ou de tout autre organisme public" (art. 29, al.2, DRGCP).

3 : La sanction des contrôleurs financiers

"Les contrôleurs financiers sont responsables aux plans disciplinaire, pénal et civil, sans préjudice des sanctions qui peuvent leur être infligées par la Cour des comptes, du visa qu'ils apposent sur les actes portant engagement des dépenses ou les ordonnances, mandats de paiement ou délégations de crédits" (art. 79, DLF).

[363] Voir aussi les législations nationales des Etats : République du Bénin, Loi organique n° 2013-14 du 27 septembre 2013 relative aux lois de finances, art. 102; République de Côte d'Ivoire, Loi organique n° 2014-336 du 5 juin 2014 relative aux lois de finances, art. 96 ; République du Mali, Loi n° 2013-028 du 11 juillet 2013 relative aux lois de finances, art. 81 ; République du Niger, Loi organique n° 2012-09 du 26 mars 2012 relative aux lois de finances, art. 81 ; République du Togo, Loi organique n° 2014-013 du 27 juin 2014 relative aux lois de finances, art. 82.

a) La responsabilité disciplinaire : cette responsabilité peut concerner le contrôleur financier ou le directeur du contrôle financier selon les pays mais aussi les délégués du contrôleur financier ou le représentant du directeur du contrôle financier. Ce pouvoir disciplinaire est exercé par le ministre en charge des finances, supérieur hiérarchique du contrôleur financier.

b) La responsabilité pénale : le contrôleur financier peut se retrouver convaincu de corruption passive ou de complicité de détournement de fonds publics, de concussion, etc. En monnayant les visas qu'il appose sur les actes d'engagement et d'ordonnancement, il tombe sous le coup de la loi pénale. Ces infractions sont connues et réprimées par les tribunaux judiciaires.

c) La responsabilité civile : le contrôleur financier se trouve dans la même situation juridique que l'ordonnateur, lorsqu'il s'agit de réparer des dommages causés à des tiers ou à une personne publique, lorsqu'il s'agit de rembourser des sommes indûment perçues, etc. Cette responsabilité civile peut être mise en jeu par le juge pénal à titre de peine complémentaire, mais aussi par la Cour des comptes lorsqu'elle connaît des cas de faute de gestion.

d) La responsabilité financière ou responsabilité devant la Cour des comptes : c'est une responsabilité qui est mise en jeu à raison des fautes de gestion. Elle peut donner lieu à une condamnation à payer une amende ou une mise en débet. La mise en débet relève de la compétence exclusive du ministre en charge des finances ou de la Cour des comptes. (art. 84, al.1, DLF).

4 : La sanction des responsables de programme :

Cette catégorie d'acteurs dans la chaîne d'exécution de la loi de finances est assujettie à deux types de responsabilité :

- *primo,* la responsabilité encourue au titre de la qualité d'ordonnateur délégué. À ce titre, les responsables de programme subissent le même régime de sanction prévu pour les ordonnateurs, dont ils exécutent les opérations par délégation ;

- *secundo* : en leur qualité de concepteurs et d'exécutants des programmes budgétaires, les responsables de programme assument une responsabilité managériale sur les performances des programmes, leur efficacité, leur efficience et l'économie dont ils ont fait preuve dans la gestion desdits programmes. On pourrait même ajouter à cette grille d'évaluation la manière dont ils prennent en compte le critère de l'environnement/développement durable dans la gestion du programme budgétaire, si on raisonne sur la base d'une performance non pas sur les "3E" (efficacité, efficience, économie) mais sur les "4E" (efficacité, efficience, économie, environnement).

5 : L'atténuation du régime des sanctions

"Tout agent public dont la responsabilité pécuniaire est engagée peut obtenir remise gracieuse des sommes laissées à sa charge dans les conditions prévues par la réglementation nationale. La remise gracieuse suite à un arrêt de débet est soumise à un avis conforme de la Cour des comptes" (art. 84, al.3, DLF).

a) La remise gracieuse des arrêtés de mise en débet : Les arrêtés de mise en débet sont l'œuvre du ministre en charge des finances. Ces arrêtés peuvent être rapportés à la suite d'un recours gracieux devant le même ministre en charge des finances. C'est l'hypothèse présentée par l'article 84 de la directive relative aux lois de finances. On peut penser aussi au droit commun du contentieux administratif et à une annulation juridictionnelle de l'arrêté de mise en débet. L'arrêté étant un acte administratif, il est soumis au droit du contentieux administratif et peut faire l'objet d'un recours pour excès de pouvoir.

b) La remise gracieuse des arrêts de mise en débet : l'arrêt de mise en débet est l'œuvre de la Cour des comptes. La remise gracieuse de ce type d'arrêt a été laissée à la discrétion du ministre en charge des finances, remettant ainsi en cause l'autorité de la chose jugée attachée aux arrêts de la Cour des comptes. Le nouveau cadre harmonisé, découlant des directives de 2009 apporte un correctif en soumettant les remises gracieuses à l'approbation expresse de la Cour des comptes. Cette procédure de l'approbation préalable sous la forme d'un avis conforme donné par la Cour des comptes, paraît respecter la notion d'autorité de la chose jugée. Un acte administratif (l'arrêté de remise gracieuse du ministre en charge des finances) ne peut remettre en cause et annuler l'effet d'une décision de justice (l'arrêt de la Cour des comptes) sans remettre en cause l'un des principes fondamentaux de la République : la séparation des pouvoirs.[364]

Encadré n° 28 : Déclaration des organes de contrôle

DÉCLARATION DE DJIBOUTI

Les représentants des inspections générales d'État, des contrôles d'État, des auditeurs et des vérificateurs d'État réunis à Djibouti, République de Djibouti, du 13 au 16 février 2006,

Considérant l'évolution de l'audit conduisant à une approche systémique, englobant et dépassant l'audit comptable et financier et prenant en compte les stratégies, les systèmes organisationnels et l'optimisation des ressources et des résultats ;

Considérant le développement prodigieux des nouvelles technologies de l'information et de la communication, notamment les logiciels d'audit, et de leur impact sur l'organisation des missions

[364] Voir N. Médé, "Réflexions sur l'autorité de la chose jugée au financier en droit positif africain francophone", *in Mélanges en l'honneur de Jean-Pierre LASSALE Gabriel MONTAGNIER et Luc SAÏDJ : Figure lyonnaises des finances publiques*, Paris, L'harmattan, 2012.

d'audit sur les méthodes de vérification, d'enquête, d'étude, et d'évaluation ;

Considérant les recherches en matière d'audit dans le secteur public, la publication de manuels de procédures et de guides et de leur impact sur les normes de vérification et d'audit ;

Considérant l'évolution des idées constatée au cours des dernières décennies, s'orientant vers la définition d'une vision de l'audit élargi et intégré, conduisant à une approche quasi-systémique ;

Considérant qu'au-delà de la gestion des ressources financières, les performances économiques des Etats et des secteurs publics dépendent de la qualité de leurs structures économiques et de leurs outils de management stratégique, organisationnel et opérationnel, mais aussi de l'optimisation des ressources humaines, informationnelles, financières et non financières ;

Considérant les besoins de connaissances de plus en plus approfondies, de formations adaptées, d'informations fiables et d'échanges d'expériences accumulées, exprimés par les institutions supérieures d'audit du secteur public déterminées à surmonter les difficultés des enjeux et défis de la normalisation et de l'optimisation de l'audit élargi et intégré ;

Considérant l'impérieuse nécessité de codifier les valeurs et la déontologie de ces institutions supérieures d'audit du secteur public ;

Considérant que la définition d'un cadre institutionnel et organisationnel de ces institutions supérieures d'audit du secteur public requiert des études, des recherches, des formations, des échanges de méthodes de planification stratégique et organisationnelle, mais aussi de systèmes d'information et de gestion des performances ;

Considérant qu'au niveau international, diverses expériences probantes ont déjà permis à des institutions d'audit du secteur public de promouvoir la gestion axée sur les résultats et la performance des réformes administratives et la modernisation des États ;

Considérant les informations considérables et importantes détenues par les institutions supérieures d'audit dans le secteur public ;

Considérant l'urgente nécessité pour l'Afrique de bénéficier d'une réflexion endogène de ses propres experts ouverts aux apports fécondants des autres ;

Considérant que les institutions supérieures d'audit, corps d'élite, souvent hors hiérarchie et à statut spécial, bénéficient d'une crédibilité professionnelle auprès des autorités et des populations ;

Considérant l'important rôle de vigie de la transparence, de la justice, de la protection des biens et des deniers publics, des institutions supérieures d'audit dans le secteur public adoptent à l'unanimité les résolutions jointes en annexes à la présente Déclaration,

République de Djibouti

République du Burkina Faso

République islamique de Mauritanie

République du Tchad

République du Sénégal

PREMIÈRE RÉSOLUTION

Réunis en assemblée générale constitutive à Djibouti, République de Djibouti, dans le cadre du premier colloque international sur l'audit dans le secteur public, les dirigeants des Inspections générales d'État et institutions similaires des pays dont la liste est annexée aux présentes résolutions ont décidé sous réserve de l'approbation de leurs gouvernements respectifs, la création d'un Forum des inspections générales d'État (FIGE), association internationale dont ils ont adopté les statuts, qui sera chargée, à leurs futures rencontres, de créer et gérer un réseau de documentation sur les vérifications, les enquêtes, les études, les évaluations et les audits dans le secteur public et parapublic

Fait à Djibouti, le 16 février 2006

http://www.figea.org

TROISIÈME PARTIE

LES FINANCES DES COLLECTIVITÉS TERRITORIALES LOCALES

L'administration territoriale ouest-africaine francophone a été historiquement imprégnée d'un dogme centralisateur. La décennie 1990 connaît une grande évolution à cet égard. La dynamique de démocratisation des Etats a conduit sur un plan horizontal à l'exigence d'équilibre du pouvoir au niveau central et, sur un plan vertical, à une autonomisation plus grande de l'administration locale décentralisée. Il s'agit en fait de donner un contenu concret et effectif au principe de libre administration des collectivités territoriales locales proclamé par les textes constitutionnels.[365]

La décentralisation territoriale devient une dimension de la modernisation de l'État.[366] Un nouveau cadre juridique de l'administration territoriale est défini au Sénégal, au Mali, au Niger, au Burkina-Faso, et au Bénin. Les catégories de collectivités territoriales locales sont diverses selon les pays. Tandis que le Bénin a choisi un seul niveau de décentralisation, celui de la commune, la plupart des autres États membres de l'UEMOA vivent sous un régime d'administration territoriale à plusieurs niveaux de décentralisation.

En droit comme en fait, et quel que soit le pays, quelques exigences de base en matière de décentralisation sont partout réunies : la personnalité morale, l'élection des organes locaux et la tutelle.

---

365 Art. 145, constitution du Burkina Faso ; art. 164, constitution du Niger; art. 98, constitution du Mali ; art. 102, constitution du Sénégal ; art. 151, constitution du Bénin.

366 Ch. Nach Mback, *Démocratisation et décentralisation*, Paris, Karthala- PDM 2003, p. 31.

Tableau n° 14 : Les différentes collectivités territoriales locales dans les États membres de l'UEMOA

Pays	Collectivités territoriales locales					
	Commune	Région	District	Département	Cercle	Préfecture
Bénin [367]	Commune	-	-	-	-	-
Burkina Faso[368]	Commune	Région	-	-	-	-
Côte d'Ivoire[369]	Commune	Région	District	-	-	-
Guinée Bissau[370]						
Mali [371]	Commune	Région	District	-	Cercle	-
Niger[372]	Commune	Région	-	-	-	-
Sénégal [373]	Commune	-	-	Département		-
Togo [374]	Commune	Région	-	-	-	Préfecture

Au-delà de cette diversité des choix de décentralisation/déconcentration, le domaine des affaires locales est, d'une manière générale, important et concerne "l'administration et l'aménagement du territoire, (le) développement économique, social, sanitaire, culturel et scientifique, ainsi (que) la protection de l'environnement et l'amélioration du cadre de vie." (art.5, DRFCT). Les transferts de compétence et de ressources se font progressivement selon les réalités de chaque État. Il convient, cependant, de dire que, sur un plan prospectif, la gestion financière locale concerne ou va concerner des sommes supérieures à ce qui constitue le solde global de la loi de finances au niveau de l'État.

Pour tenir compte de ce que les finances locales sont une part importante des finances publiques nationales, mais aussi dans le but "d'assurer la comparabilité des données des TOFE des États membres dans le cadre de l'exercice de la surveillance multilatérale des politiques budgétaires nationales ainsi que dans l'appréciation des performances inter-collectivités" (1er Considérant, DRFCT), la Commission de l'UEMOA a édicté la directive n° 01/2011/CM/UEMOA du 24 juin 2011 portant régime financier des collectivités territoriales locales au sein de l'UEMOA étalée sur 187 articles. À cette directive sont annexés la nomenclature budgétaire des collectivités territoriales locales au sein de l'UEMOA, et un Plan comptable des collectivités territoriales locales au sein de l'UEMOA.

CHAPITRE 1

LE RÉGIME FINANCIER DES COLLECTIVITÉS TERRITORIALES LOCALES[367]

Les collectivités territoriales locales ont un régime financier distinct des règles gouvernant la gestion financière de l'État. Ce régime financier est la conséquence de l'autonomie financière que la directive portant régime financier des collectivités territoriales locales leur accorde.

SECTION 1
L'AUTONOMIE FINANCIÈRE EN DÉBAT

Il convient d'apporter quelques éclairages sur la notion, les débats en cours et les déclinaisons possibles de l'autonomie financière, d'une manière générale.

Paragraphe 1 : La difficulté théorique d'une définition

La notion d'autonomie financière ne se prête pas à une conceptualisation aisée et définitive. Le terme autonomie fait partie, selon André de Laubadère, "des mots dont le sens est relativement équivoque et en tout cas de contenu imprécis."[368] De façon spécifique, l'autonomie financière, lorsqu'on l'évoque, donne "l'impression de s'aventurer dans les sables mouvants ou d'utiliser une formule caoutchouc."[369]

La difficulté paraît ainsi bien réelle et découle de ce que l'étude de l'autonomie financière est transversale et concerne plusieurs disciplines juridiques. En effet, l'autonomie financière s'applique tout à la fois aux

[367] La directive communautaire a fait le choix de l'expression "collectivités territoriales". D'autres expressions sont utilisées dans les Etats : collectivité locale, collectivité décentralisée (art. 3, DRFCT). La première collectivité territoriale est, à l'évidence, l'Etat, personne publique à assise territoriale. Le territoire, la population et le gouvernement effectif sont les éléments de caractérisation de l'Etat. Les entités nées de la décentralisation territoriale sont des collectivités territoriales locales. En conséquence l'expression "collectivité territoriale locale" sera celle utilisée dans les développements qui suivent.

[368] A. de Laubadère, "La loi d'orientation de l'enseignement supérieur et l'autonomie des universités", *A.J.D.A.* 1969, p. 8.

[369] J.-C. Maitrot, *Recherches sur la notion d'autonomie financière en droit public*, Thèse, Paris I , 1972 , p. 119.

collectivités territoriales locales, aux établissements publics, aux entreprises publiques, aux services personnalisés des organismes dépourvus de la personnalité morale, aux assemblées parlementaires.

Le juge constitutionnel s'est penché sur la question au Bénin[370] comme en France,[371] mais les solutions dégagées sont des réponses précises à des aspects précis de la question et non des synthèses globales à une thématique toujours dérangeante.

Paragraphe 2 : Les différentes déclinaisons de l'autonomie financière

La question doctrinale du sens à donner à la notion d'autonomie financière reste posée. L'autonomie financière est susceptible d'être appréhendée sur le plan du droit budgétaire, sur le plan du droit fiscal et sur le plan de la comptabilité publique.

A : L'autonomie financière du point de vue du droit budgétaire

L'autonomie budgétaire se manifeste au travers d'un budget autonome par identification et séparation de deux personnes juridiques et de deux patrimoines. Gaston Jèze exprime ainsi cette opinion : "l'affectation de recettes à l'ensemble des dépenses d'un service public, affectation générale et permanente, affectation accompagnée de séparation d'un patrimoine général."[372] En l'occurrence, la personne publique jouissant d'une personnalité juridique distincte fait voter son budget par l'organe délibérant local et le fait exécuter par son organe exécutif local. Elle collecte les recettes et affecte les ressources aux charges, en application des autorisations contenues dans le budget voté.

B : L'autonomie financière du point de vue du droit fiscal

La notion d'autonomie financière se ramène à la faculté de décision dont jouissent certaines personnes publiques s'agissant de la détermination et du recouvrement de leurs recettes. Il s'agit d'un pouvoir de décision initiale et inconditionnée sur les recettes d'une personne publique. Qu'il s'agisse d'impôt, de taxes, de redevances ou de rémunérations pour les services marchands, la personne publique jouissant de l'autonomie financière décide, par elle-même, le principe et le montant à faire payer. Pour Vincent Dussart,

---

[370] Cour constitutionnelle du Bénin, Décision DCC 10-144 du 14 décembre 2010, Raphaël Akotègnon.

[371] Voir V. Dussart, *L'autonomie financière des pouvoirs publics constitutionnels*, Paris, CNRS Editions, 2000.

[372] G. Jèze, *Les principes généraux du droit administratif*, Paris, Giard & Brière, 1909, p. 27.

"une institution bénéficiant de l'autonomie financière devrait pouvoir fixer librement ses ressources."[373]

C : L'autonomie financière du point de vue de la comptabilité publique

La comptabilité publique entendue comme "l'ensemble des règles juridiques et techniques applicables à l'exécution, à la description et au contrôle des opérations financières des organismes publics"[374] constitue le niveau trois d'intensité de l'autonomie financière. La faculté et le pouvoir conférés à un organisme public de jouir d'un régime dérogatoire et exorbitant du droit commun financier, quant à l'exécution et au contrôle de ses opérations financières, s'analyse comme un degré de gradation élevée de l'autonomie financière. Pour l'organisme bénéficiaire de l'autonomie financière, il lui est accordé la faculté d'enregistrer ses opérations, d'en assurer le contrôle interne en cours d'exécution selon des règles qui ne sont pas celles de droit commun.

SECTION 2
L'AUTONOMIE FINANCIÈRE DU POINT DE VUE DE LA DIRECTIVE PORTANT RÉGIME FINANCIER DES COLLECTIVITÉS TERRITORIALES LOCALES AU SEIN DE L'UEMOA

Les collectivités territoriales "sont dotées de la personnalité morale et de l'autonomie financière" (art. 3, al.1, DRFCT). Cette rédaction de la directive communautaire correspond, dans sa formulation, aux rédactions des lois nationales en matière de pouvoir financier des collectivités territoriales locales. La directive communautaire fait le choix d'une autonomie limitée de décision et d'une autonomie encadrée de gestion.

Paragraphe 1 : L'autonomie limitée de décision

L'autonomie limitée de décision se manifeste par l'inexistence d'un pouvoir fiscal local. Les collectivités territoriales locales ne disposent que d'un pouvoir fiscal dérivé.

A : L'absence d'un pouvoir fiscal originaire

"Le principe de la légalité de l'impôt implique que la création des impôts et taxes est du domaine de la loi" (art. 16, DRFCT). Seul le législateur national (Assemblée nationale et selon le cas, le Sénat) peut créer un impôt. Les assemblées délibérantes des collectivités territoriales locales, quelles qu'elles

[373] V. Dussart, *L'autonomie financière des pouvoirs publics constitutionnels*, Paris, CNRS Editions, 2000, p. 12.
[374] J. Magnet, *Eléments de comptabilité publique*, L.G.D.J. , Paris, 1994, p.17.

soient (région, province, département, district, commune) ne peuvent pas décider de créer un impôt.

Cette limitation du pouvoir fiscal des collectivités territoriales locales est conforme à la rédaction des textes constitutionnels des États membres de l'UEMOA. "Sont du domaine de la loi, les règles concernant (...) l'assiette, le taux et les modalités de recouvrement des impositions de toute nature" (art. 98, constitution du Bénin). Cette formulation, qui reprend les termes de l'article 34 de la constitution française, est reprise par les constitutions des autres États membres de l'UEMOA.[375]

B : La reconnaissance d'un pouvoir fiscal dérivé

"Le conseil de collectivité territoriale, par sa délibération, fixe le taux des impôts et taxes locaux dans la limite du plafond déterminé par la loi" (art. 16, DRFCT). La loi crée l'impôt et en fixe le cadre avec un plafond et un plancher des taux d'imposition. L'organe délibérant de la collectivité territoriale locale vote son budget en choisissant un taux à l'intérieur de cette fourchette. C'est la reconnaissance d'un pouvoir fiscal dérivé.

Paragraphe 2 : L'encadrement de l'autonomie de gestion

Les collectivités territoriales n'ont pas de pouvoir de décision en matière fiscale. Elles n'ont pas non plus une autonomie de gestion de leur budget. En effet, d'un point de vue orthodoxe, l'autonomie de gestion devrait signifier que les collectivités territoriales locales disposent librement de leurs recettes, qu'elles en font l'usage qu'elles estiment utile pour l'intérêt local, qu'elles ont la liberté d'affecter les recettes qu'elles jugent par elles-mêmes prioritaires. Au lieu de cela, l'autonomie de gestion qui leur est reconnue est toute relative car les décisions et les choix à faire sont encadrés par la loi (encadrement juridique) sous le contrôle de l'autorité de tutelle, représentant de l'État (encadrement institutionnel).

A : L'encadrement juridique de l'autonomie de gestion des collectivités territoriales locales

Le budget de la collectivité territoriale locale doit être en équilibre réel qui est un équilibre comptable (art. 77, DRFCT) ; il doit prévoir les dépenses obligatoires avant d'inscrire les dépenses facultatives (art. 78, DRFCT) ; et il doit dégager une marge d'autofinancement des investissements locaux (art. 78, DRFCT).

Ces trois exigences (équilibre réel, dépenses obligatoires et marge d'autofinancement) constituent les limites à l'autonomie de décision des

---

[375] Article 99, constitution du Niger ; article 67, constitution du Sénégal ; article 70, constitution du Mali ; article 172, constitution de la 3ème République de Côte d'Ivoire ; art. 84, constitution du Togo ; article 98, constitution du Burkina Faso.

collectivités territoriales locales. Ces exigences s'imposent à elles sous le contrôle de l'autorité de tutelle et du juge.

B : L'encadrement institutionnel de l'autonomie de gestion des collectivités territoriales locales

Le représentant de l'État au niveau de la collectivité territoriale locale exerce le pouvoir de tutelle. Les modalités les plus symptomatiques du poids de la tutelle financière sont : l'approbation préalable, la substitution d'action et, plus singulièrement, le pouvoir d'instruction.

L'autorité de tutelle peut instruire les élus locaux d'inscrire une dépense obligatoire au budget (art. 80-1, DRFCT). Cette instruction, assortie d'une mise en demeure, peut déboucher sur une substitution d'action (art. 80-2, DRFCT). L'autorité de tutelle procède d'office à l'inscription de la dépense obligatoire en lieu et place des organes de la collectivité territoriale locale.

La substitution d'action est un instrument de choix en matière de contrôle de la gestion financière locale. Elle peut être utilisée par l'autorité de tutelle dans les cas de figure où l'équilibre réel du budget n'est pas réalisé (art. 79 *in fine*, DRFCT), ou encore lorsque les dépenses obligatoires régulièrement inscrites au budget ne sont pas mandatées par l'organe compétent de la collectivité territoriale locale (article 101, DRFCT) ou enfin, lorsque pour des raisons diverses, le budget local n'est pas voté à la date du 31 mars. Dans cette dernière hypothèse, l'autorité de tutelle règle et rend exécutoire le budget (art.68, DRFCT), les autorités locales décentralisées n'ayant plus qu'à le mettre en œuvre.

CHAPITRE 2

LES PRINCIPES BUDGÉTAIRES DES COLLECTIVITÉS TERRITORIALES LOCALES

Les principes en question concernent le budget local. Au niveau local, les documents ayant le caractère de budget sont :

- le *budget primitif*, voté et mis en exécution en début d'année ;
- les *décisions modificatives*, dont le budget supplémentaire ;
- les *budgets annexes* pour les services dotés de l'autonomie financière mais sans personnalité morale (article 61, DRFCT).

La directive communautaire portant régime financier des collectivités territoriales locales reprend les grands principes du droit budgétaire de l'État et les adapte aux exigences locales. La directive précise que "le régime financier des collectivités territoriales se fonde sur les principes du droit budgétaire définis dans les Directives portant code de transparence, lois de finances et Règlement général sur la comptabilité publique au sein de l'UEMOA" (art. 8, DRFCT). Les principes et règles des finances locales doivent s'appliquer et s'interpréter à la lumière des principes et règles fondamentales du nouveau cadre harmonisé des finances publiques, sauf disposition expresse contraire des textes portant régime financier des collectivités territoriales locales.

En finances locales, les principes du droit budgétaire applicables aux collectivités territoriales, sont : l'annualité, l'unité, l'universalité, l'antériorité, la sincérité, l'équilibre du budget, la légalité de l'impôt et la spécialité des crédits (art. 9, DRFCT). Ce qui permet de distinguer les principes communs au droit budgétaire de l'Etat et au droit budgétaire des collectivités territoriales locales d'une part, et les principes spécifiques au droit budgétaire local, d'autre part.

SECTION 1
LES PRINCIPES COMMUNS À L'ÉTAT ET AUX COLLECTIVITÉS TERRITORIALES LOCALES

On peut citer, dans cette rubrique, les principes de l'annualité, de l'unité, de l'universalité, de la sincérité, et de la spécialité des crédits même si ces principes subissent quelques inflexions dans leur application en droit financier local.

Paragraphe 1 : Le principe de l'annualité budgétaire

L'annualité budgétaire est un principe commun à la gestion financière et comptable de l'État et des collectivités territoriales locales.

A : Fondement du principe

Plusieurs articles de la directive portant régime financier des collectivités territoriales locales font référence au principe de l'annualité. On retient les plus significatives qui sont :

- "Les principes du droit budgétaire applicables aux collectivités territoriales, sont : l'annualité, (...)", (article 9, DRFCT).

- "Le principe de l'annualité signifie que le budget est voté pour un exercice budgétaire. L'exercice budgétaire coïncide avec l'année civile : il court du 1er janvier au 31 décembre de l'année considérée. " (article 10, DRFCT).

- "Les états financiers de la collectivité territoriale faisant la synthèse des informations comptables sont arrêtés à chaque fin d'exercice qui coïncide avec l'année civile." (article 142, DRFCT).

B : Adaptation du principe au contexte local

La gestion budgétaire locale est une gestion de proximité et la règle de l'annualité budgétaire le reflète.

- Adaptation du vote annuel : l'existence d'un vote infra-annuel. Le vote annuel est mis en cohérence avec la gestion locale. Le budget adopté en début d'année par l'organe délibérant de la collectivité territoriale locale et mis en exécution est le budget primitif (article 70, DRFCT). Acte de prévision, ce budget peut connaître plusieurs changements en cours d'année. Ces changements prennent la forme de "décisions modificatives" (article 61, point 2, DRFCT). Une de ces décisions modificatives prend le nom de "budget supplémentaire" adoptée au plus tard le 1er septembre de l'année (article 70, al.2, DRFCT) et dont le contenu prend en compte et intègre "les résultats de l'année précédente" (article 61, point 2, DRFCT). Le budget de l'exercice en cours ne sera réputé en équilibre que s'il tient compte de ce résultat pour opérer les ajustements nécessaires (article 78 *in fine*, DRFCT).

- Adaptation du vote annuel : la pluriannualité. "Les autorisations d'engagement correspondent à des dépenses à caractère pluriannuel se rapportant à une immobilisation ou à un ensemble d'immobilisations déterminées, acquises ou réalisées par la collectivité" (article 47, DRFCT). Le budget local a une section investissement. Cette section peut inscrire des crédits qui peuvent financer sur l'année budgétaire ou des crédits dont la totalité ne peut être couverte par le budget annuel. Les autorisations d'engagement permettent de prendre en compte des cas de figure où le coût de l'investissement à réaliser est très important. La directive portant régime financier des collectivités territoriales locales crée aussi une catégorie d'investissement appelée "opération". Celle-ci étant définie comme "un ensemble d'acquisitions d'immobilisations, de travaux sur immobilisations et de frais d'études y afférents aboutissant à la réalisation d'un ouvrage ou de plusieurs ouvrages de même nature". (article 72, in fine, DRFCT). L'opération étant inscrite à la section investissement du budget, elle peut bénéficier d'une autorisation d'engagement couvrant plusieurs années et dont les tranches annuelles d'exécution se feront par crédit de paiement.

- Adaptation de l'exécution budgétaire annuelle. Le budget s'exécute du 1er janvier au 31 décembre en application de la règle de l'annualité. Cependant, les collectivités territoriales locales disposent au début de chaque année d'un délai d'un mois permettant de "procéder aux opérations de régularisation comptable" (article 142, *in fine* DRFCT). Il s'agit de passer des écritures comptables et non de faire des opérations d'engagement, de liquidation, de mandatement ou de paiement.

Par ailleurs, le principe de l'indépendance des exercices (article 163, DRFCT) ne fait pas obstacle au rattachement des résultats de l'année précédente décrits dans le budget supplémentaire. Un résultat positif de la section de fonctionnement sert à couvrir, en priorité, le besoin de financement de la section d'investissement (article 172, DRFCT). La rigidité du cadre annuel de l'exécution budgétaire est atténuée par l'obligation faite par la directive portant régime financier des collectivités territoriales locales de reporter les résultats d'un exercice sur l'exercice suivant.

Enfin, les restes à recouvrer des recettes budgétaires font l'objet d'une décision de l'organe délibérant de la collectivité territoriale locale sur la question de savoir s'il faut poursuivre le recouvrement ou admettre les restes à recouvrer en non-valeur, en totalité ou en partie (article 93 & 94, DRFCT).

Paragraphe 2 : Le principe de l'unité budgétaire

L'unité budgétaire, au sens où elle signifie unicité et exhaustivité, est reprise par la directive portant régime financier des collectivités territoriales.

A : Fondement du principe

- "Les principes du droit budgétaire applicables aux collectivités territoriales, sont : (...) l'unité, (...)", (article 9, DRFCT).

- "Le principe de l'unité édicte que toutes les recettes et toutes les dépenses doivent être contenues dans un document unique sous la forme d'un tableau d'ensemble permettant d'apprécier l'équilibre de leurs masses" (article 11, DRFCT).

B : Adaptation du principe au contexte local

Les collectivités territoriales locales sont autorisées à exploiter des services publics locaux (Titre VIII, DRFCT). La budgétisation des opérations d'exploitation des services publics locaux peut prendre plusieurs formes :

- Les *budgets annexes* correspondent aux cas de figure d'une exploitation en régie directe d'un service public local (article 153, DRFCT), pour les opérations de recettes et de dépenses effectuées par la collectivité territoriale locale dans le cas d'un contrat d'affermage (article 156, DRFCT), et pour les opérations de recettes et de dépenses découlant de la mise en œuvre d'une régie intéressée (article 157, DRFCT).

- Les *budgets propres* retracent les recettes et les dépenses d'un service public local exploité en régie "doté de l'autonomie financière et de la personnalité morale" (article 153, DRFCT).

Paragraphe 3 : Le principe de l'universalité budgétaire

Les règles du produit brut et de non-compensation sont également des exigences de légalité budgétaire au niveau local.

A : Fondement du principe

- "Les principes du droit budgétaire applicables aux collectivités territoriales, sont : (…) l'universalité, (…)", (article 9, DRFCT).

- "Le principe de l'universalité signifie que toutes les dépenses et toutes les recettes doivent être prévues au budget sans compensation, sans affectation, sans omission, ni dissimulation. L'ensemble des recettes est destiné à couvrir l'ensemble des dépenses" (article 12, al.1, DRFCT).

B : Adaptation du principe au contexte local

La gestion budgétaire locale contient quelques techniques permettant de faire des rapprochements entre les recettes et les dépenses. Il y a :

- les budgets propres et les budgets annexes tels que précédemment décrits ;

- "les dons, legs, aides spécifiques et subventions d'équipement affectés à un équipement ou à une catégorie d'équipements particuliers" (article 12, al.2, DRFCT).

Des études ont révélé que dans les pays membres de l'UEMOA, le rendement de la fiscalité locale est structurellement faible. Les collectivités territoriales locales ne peuvent attendre de cette fiscalité locale que des recettes en deçà du seuil du raisonnable pour la couverture de leurs besoins en investissement et en fonctionnement. En conséquence, lesdites collectivités territoriales devraient développer les services marchands, l'exploitation commerciale de services publics locaux pour pouvoir optimiser leurs recettes budgétaires. Ces services publics locaux vont donner une ampleur importante à la catégorie des budgets propres et des budgets annexes.

La coopération décentralisée (coopération entre collectivités territoriales locales appartenant à des États différents) est également en plein essor, notamment entre les collectivités territoriales locales des pays développés et celles des pays membres de l'UEMOA. Ce phénomène amplifie les affectations de recettes particulières à des dépenses particulières en application des conventions de dons ou de prêts entre les parties.[376]

Paragraphe 4 : Le principe de sincérité budgétaire

La sincérité budgétaire est devenue un principe de gestion publique.

A : Fondement du principe

- "Les principes du droit budgétaire applicables aux collectivités territoriales, sont : (…) la sincérité, (…)", (article 9, DRFCT).

- Les prévisions de recettes et de dépenses "doivent être effectuées avec réalisme et prudence compte tenu des informations disponibles au moment où le projet de budget est établi" (article 14, DRFCT).

B : Adaptation du principe au contexte local

Les budgets locaux sont en ajustement continuel, d'autant qu'ils doivent être en équilibre réel. La directive portant régime financier des collectivités territoriales locales ne fixe pas de plafond au nombre de décisions modificatives que la collectivité territoriale locale peut prendre au cours d'un exercice budgétaire. En effet, la sincérité des prévisions ne met pas le budget local à l'abri d'erreur de prévision ou de renversement de conjoncture.

La recherche de la sincérité et de l'équilibre amène à avoir un budget local en constant ajustement, pour tenir compte de l'évolution réelle des dépenses et des recettes publiques. Le budget modificatif est l'instrument juridique de cet ajustement constant.

Paragraphe 5 : Le principe de spécialité des crédits

La spécialité des crédits établit un lien entre le crédit budgétaire et son objet, selon la nomenclature budgétaire.

A : Fondement du principe

- "Les principes du droit budgétaire applicables aux collectivités territoriales, sont : (…) la spécialité des crédits, (article 9, DRFCT).

- "La spécialité des crédits implique que les crédits sont ventilés par chapitres et articles et affectés à des dépenses données" (article 17, DRFCT).

---

[376] Voir *infra* p. 407.

B : Adaptation du principe au contexte local

La directive portant régime financier des collectivités territoriales locales retient deux techniques adaptées au contexte local : les articles non spécialisés et les crédits pour dépenses imprévues.

- Les articles non spécialisés : ils ne concernent que le budget de fonctionnement à l'exclusion du budget d'investissement. Les crédits du budget de fonctionnement sont votés par chapitre. À l'intérieur du chapitre, certains articles peuvent faire l'objet d'une spécialisation des crédits sur décision de l'organe délibérant de la collectivité territoriale. Les autres articles conservent la qualité de crédit non spécialisé. À ce titre, ils peuvent faire l'objet de virement d'article non spécialisé à article non spécialisé sur décision de l'ordonnateur seul. La raison est que, le vote du budget de fonctionnement ayant lieu par chapitre, la répartition des crédits par article à l'intérieur des chapitres n'a "qu'un caractère indicatif" (article 75, DRFCT). Cette répartition n'a pas de force obligatoire qui s'imposerait à l'exécutif local. L'ordonnateur doit cependant informer le représentant de l'État des virements de crédit opérés à l'intérieur d'un chapitre et qui concernent les articles non spécialisés (articles 72 & 73, DRFCT).

- Les crédits pour dépenses imprévues (en fonctionnement et en investissement) sont des crédits destinés à des "dépenses urgentes en vue desquelles aucune dotation n'est inscrite au budget" (article 60, al.2 DRFCT). Les crédits pour dépenses imprévues ne peuvent dépasser 5 % des dépenses réelles prévisionnelles en fonctionnement ou en investissement (article 58, DRFCT). Ils ne peuvent non plus être financés par des ressources tirées des emprunts de la collectivité territoriale locale (article 59, DRFCT).

SECTION 2
LES PRINCIPES PROPRES AUX COLLECTIVITÉS TERRITORIALES LOCALES

Les principes de l'antériorité, de l'équilibre réel et de la légalité de l'impôt ne sont pas présentés comme des principes du droit budgétaire de l'État.

Paragraphe 1 : Le principe de l'antériorité

Aussi explicitement formulé, ce principe n'existe pas au niveau du droit budgétaire de l'État. Il est plutôt compris comme une signification et une conséquence du principe de l'annualité.

A : Fondement du principe

- "Les principes du droit budgétaire applicables aux collectivités territoriales, sont : (…) l'antériorité, (…)", (article 9, DRFCT).

- "L'antériorité est le principe selon lequel le budget, acte de prévision, doit être voté préalablement à toute dépense." (article 13, DRFCT).

B : Contenu du principe

Le principe de l'antériorité est une traduction au niveau local du principe de légalité (au sens large) budgétaire. Les dépenses publiques au niveau local doivent avoir un fondement juridique. Ce fondement juridique est fourni par le budget de la collectivité territoriale locale, voté par son organe délibérant.

Le principe de l'antériorité mérite quelques précisions :

- l'antériorité ne concerne que les dépenses. Même sans le vote du budget, la perception des recettes peut avoir lieu sans qu'il y ait entorse au principe de l'antériorité. En effet, les recettes budgétaires locales, notamment les impôts et taxes sont autorisées par la loi de finances de l'année et au pire par des douzièmes provisoires votés par le parlement. Les redevances ont, quant à elles, une base juridique contractuelle ou quasi contractuelle ;

- la directive portant règlement financier des collectivités territoriales dispose que le budget "doit être voté préalablement à toute dépense". Il faut ajouter que le budget voté doit être "contrôlé ou approuvé" par le représentant de l'État (article 63, DRFCT) selon les législations nationales avant d'être exécutoire. À défaut des formalités substantielles qui suivent le vote, aucune dépense ne peut valablement être effectuée. C'est le budget rendu exécutoire après le contrôle ou l'approbation qui sert de fondement juridique aux dépenses. Le respect du principe d'antériorité suppose ainsi que toutes les formalités préalables (contrôle ou approbation du représentant de l'État) à la mise en vigueur du budget soient exécutées avant le début de la nouvelle année budgétaire.

C : Aménagements du principe

Lorsque le principe de l'antériorité n'a pu être respecté et que le budget de la collectivité territoriale locale n'a pu être voté avant le 1er janvier, les mesures palliatives suivantes sont envisageables :

- l'ordonnateur du budget local peut mensuellement engager, liquider et mandater les dépenses de la section de fonctionnement dans la limite du douzième de celles inscrites au budget de l'année précédente (article 66, DRFCT) ;

- l'ordonnateur peut mandater les dépenses afférentes au remboursement des annuités d'emprunts venant à échéance avant le vote du budget, sur autorisation de l'organe délibérant de la collectivité territoriale locale (article 67, DRFCT) ;

- l'ordonnateur peut, jusqu'à l'adoption du budget, engager, liquider et mandater des dépenses d'investissement en cours dans la limite du quart des crédits ouverts au budget de l'exercice précédent (article 67, DRFCT) ;

Ces solutions provisoires ne peuvent évidemment pas durer longtemps. Si au 31 mars, le budget de la collectivité territoriale locale n'est toujours pas voté, "le représentant de l'État règle le budget et le rend exécutoire" (article 68, DRFCT).

Paragraphe 2 : Le principe de légalité de l'impôt

Le principe de légalité de l'impôt est un principe générique du droit public financier. Il a un sens particulier en matière de droit budgétaire des collectivités territoriales locales.

A : Fondement du principe

- "Les principes du droit budgétaire applicables aux collectivités territoriales, sont : (...) la légalité de l'impôt (...)", (article 9, DRFCT).

- "Le principe de la légalité de l'impôt implique que la création des impôts et taxes est du domaine de la loi. Le conseil de collectivité territoriale, par sa délibération, fixe le taux des impôts et taxes locaux dans la limite du plafond déterminé par la loi" (article 16, DRFCT).

B : Contenu du principe

Le principe de légalité de l'impôt implique pour les collectivités territoriales locales une double obligation positive et négative :

- obligation négative : l'organe délibérant de la collectivité territoriale doit s'abstenir de voter toute recette qui serait un impôt ou une taxe. Le vote des impôts et taxes n'est pas de sa compétence. De manière plus précise, les constitutions des États membres de l'UEMOA utilisent l'expression "impositions de toute nature."[377] Un impôt ou une taxe voté par un organe délibérant d'une collectivité territoriale locale serait illégal et donc inopposable au contribuable. Le comptable public de la collectivité territoriale locale doit s'opposer à la perception d'une telle taxe ou d'un tel impôt.

- obligation positive : lorsque la loi fixe un plafond et un plancher à un impôt ou une taxe, la collectivité territoriale locale doit compléter le travail législatif en faisant voter par son organe délibérant les taux applicables sur le territoire de ladite collectivité. Sans ce vote au niveau local, la loi n'est pas parfaite. La situation de cette collectivité territoriale locale s'apparenterait à une exemption d'un impôt sur son territoire. Ce qui appellerait un rappel à l'ordre de l'autorité de tutelle contre une abstention illégale, le refus de mettre en vigueur une décision du législateur.

---

[377] Article 84, constitution du Togo ; article 99, constitution du Niger ; article 67, constitution du Sénégal ; article 98, constitution du Bénin ; article 173, constitution de la 3ème République de Côte d'Ivoire.

Paragraphe 3 : Le principe de l'équilibre réel du budget

L'équilibre réel du budget est un principe propre aux collectivités territoriales locales. C'est un équilibre comptable, objectif, mesurable.

A : Fondement du principe

- "Les principes du droit budgétaire applicables aux collectivités territoriales, sont : (…) l'équilibre du budget, (…)", (article 9, DRFCT).

- "Le budget de la collectivité territoriale doit être voté en équilibre réel" (article 77, DRFCT).

B : Contenu du principe de l'équilibre réel

Le budget de la collectivité territoriale locale est réputée en équilibre réel si les conditions suivantes sont réunies (article 78, DRFCT) :

- les recettes et les dépenses doivent être évaluées de façon sincère, sans omission, majoration, ni minoration, c'est-à-dire sans intention de tromper ;

- le remboursement de la dette en capital doit être exclusivement couvert par des ressources définitives et non par l'emprunt ;

- l'équilibre doit être réalisé par section : la section de fonctionnement, comme la section d'investissement doivent être l'une et l'autre votées en équilibre ; l'équilibre réel au niveau local n'est pas un équilibre synthétique global comme pour la loi de finances de l'année ;

- les recettes de fonctionnement doivent être égales ou supérieures aux dépenses de fonctionnement. L'excédent des recettes de fonctionnement sur les dépenses de même nature permet l'autofinancement d'une fraction des dépenses d'investissement ;

- toutes les dépenses obligatoires, correctement évaluées, doivent figurer au budget.

- lorsque l'exécution du budget du dernier exercice connu a fait apparaître un déficit, l'équilibre du budget n'est réputé assuré que s'il prévoit les mesures nécessaires pour résorber ce déficit.

Ainsi donc, l'équilibre réel ne s'apprécie pas seulement au niveau du solde du budget local. Cet équilibre comporte des exigences intermédiaires avant de s'intéresser au solde budgétaire global.

C : Application du principe d'équilibre en droit comparé

Le juge, qu'il soit administratif ou financier, décide que le principe de l'équilibre réel n'est pas respecté, dès lors que les recettes inscrites au budget n'ont pas un caractère juridiquement certain. En effet, une recette d'investissement financée par un emprunt, dont l'objet et l'organisme prêteur sont incertains, ne peut être légitimement validée par l'autorité de tutelle.[378]

De même, l'équilibre réel n'est pas réalisé, pour défaut de sincérité, lorsque des recettes attendues de subvention ne sont pas certaines parce que la subvention est devenue caduque et que les recettes d'emprunt sont aléatoires en raison du niveau très élevé de l'endettement de la collectivité territoriale locale au regard de sa capacité de remboursement.[379] La sincérité des inscriptions budgétaires n'est pas acquise non plus, et donc l'équilibre réel n'est pas réalisé dès lors que les évaluations de recettes sont trop élevées par rapport aux résultats de l'exécution budgétaire de l'année précédente "eu égard à la diminution de la population (...) le produit de ces recettes évoluant en fonction du nombre d'habitants."[380]

Enfin, l'annulation par le juge d'une délibération créant une recette inscrite au budget prononcée postérieurement au vote de ce budget est sans incidence sur l'équilibre réel dudit budget. L'équilibre s'apprécie, en effet, à la date du vote du budget.[381]

---

[378] C.E. 9 juillet 1997, *région Guadeloupe*, req. 159041.

[379] C.E. 16 mars 2001, *commune de Rennes-les-Bains*, req. 160257.

[380] Cour administrative de Bordeaux, 23 octobre 2007, *Commune de Pointe à Pître*, req. 05BX01886.

[381] C.E. Section, 27 mai 1994, *Braun Ortéga*, req. 112026, Leb., p. 265.

CHAPITRE 3

L'ÉLABORATION DES BUDGETS DES COLLECTIVITÉS TERRITORIALES LOCALES

Le budget de la collectivité territoriale locale est la matérialisation de l'autonomie financière dont jouit celle-ci. Ce budget est préparé par l'organe exécutif de la collectivité territoriale locale, puis discuté et adopté par l'organe délibérant.

SECTION 1
LA PRÉPARATION DU BUDGET

La préparation du budget comprend le cadrage du budget et la présentation du document budgétaire.

Paragraphe 1 : Le cadrage du budget

Le cadrage des prévisions se manifeste par le débat sur les orientations budgétaires, ensuite par les conseils des administrations locales déconcentrées.

A : Le débat sur les orientations budgétaires

L'organe délibérant de la collectivité territoriale locale tient une session consacrée aux orientations budgétaires. Cette session s'apparente au débat d'orientation budgétaire prévu par la directive relative aux lois de finances.

Le débat d'orientation budgétaire a lieu au moins deux mois avant le début de la session budgétaire (article 46, DRFCT). Dans son esprit, le débat d'orientation budgétaire est censé fixer les orientations générales du budget à venir, les priorités de l'action publique locale (assainissement ou sécurité, ou environnement, ou emploi, etc.) et, en tout état de cause, dresser un ordre de priorité. Dans un contexte de pays en développement, tout semble prioritaire mais le débat d'orientation du budget doit fixer les priorités des priorités.

B : Les conseils des autorités administratives déconcentrées et la lettre de cadrage

"La lettre de cadrage contient des indications visant une bonne prévision budgétaire" (article 49, DRFCT). Elle est élaborée par une autorité administrative de l'État. Elle fournit des données sur l'environnement économique et financier des finances publiques : les agrégats économiques (croissance économique, inflation, niveau de l'investissement public, balance commerciale et des paiements, etc.) les agrégats financiers : niveau du déficit budgétaire de l'État, dettes publiques y compris l'endettement global des collectivités territoriales locales, la performance sur les indicateurs de la surveillance multilatérale des politiques budgétaires nationales de l'UEMOA, etc.

La lettre de cadrage donne aux décideurs locaux une idée du contexte dans lequel le budget de l'année suivante va s'élaborer et s'exécuter.

Par ailleurs, les services déconcentrés du ministère en charge des finances, ceux du ministère en charge du plan et/ou du développement, sont sollicités pour fournir des conseils aux collectivités territoriales locales sur les mutations de la loi fiscale, les programmes d'investissement public et les montants en jeu.

Les autres ministères sont également concernés dès lors qu'ils exercent des compétences concurrentes avec les collectivités territoriales locales : sécurité publique, affaires sociales, environnement, etc.

La lettre de cadrage apporte l'information utile aux élus locaux pour l'élaboration de prévision de recettes et de dépenses à la fois réalistes et conformes aux orientations nationales en ce qui concerne les grandes politiques publiques.

Paragraphe 2 : La présentation du document budgétaire

Le budget doit respecter une présentation technique mais aussi refléter un équilibre réel des recettes et des dépenses. Il s'agit d'une présentation en section assortie des documents accompagnant le budget.

A : La présentation en section

La structure du budget de la collectivité territoriale locale est composée de deux sections : la section de fonctionnement et la section d'investissement. Chaque section contient ses recettes et ses dépenses.

Chacune des sections est subdivisée en chapitre et les chapitres en articles.

Article 52, DRFCT	Article 53, DRFCT
"Les recettes de la section de fonctionnement sont constituées par : - le produit des impôts et taxes de toutes natures ; - les recettes non fiscales ; - les recettes des prestations et des services de la collectivité territoriale ; - les produits du patrimoine et des activités ; - les taxes et redevances relatives aux services d'hygiène et de salubrité publique et aux services funéraires assurés par la collectivité territoriale ; - les revenus du portefeuille ; - les dotations ou subventions de l'État ; - l'excédent de fonctionnement de l'exercice précédent ; - les recettes diverses."	"Les recettes de la section d'investissement comprennent : - les dotations et subventions d'investissement de l'État ou d'autres organismes ; - les ressources ou dotations d'investissement affectées ; - le produit des prélèvements sur les recettes de la section de fonctionnement ; - l'excédent de la section d'investissement de l'exercice précédent ; - les fonds de concours ; - les dons et legs ; - les recettes diverses."

Les dépenses du budget de la collectivité territoriale locale comprennent les dépenses obligatoires et les dépenses facultatives. Les contenus des unes et des autres sont déterminés par les lois nationales des États.

Loi n° 2013-10 du 28 décembre 2013 portant Code général des Collectivités locales au Sénégal.
"Article 202.- Sont obligatoires, dans les conditions définies par l'article précédent, les dépenses suivantes : 1. l'entretien du siège de la collectivité locale, à l'exclusion des aménagements somptuaires, la location d'immeuble pour en tenir lieu, l'entretien des bâtiments et des propriétés de la collectivité locale ; 2. Les frais de bureau, de bibliothèque et d'impression pour le service de la collectivité locale, les frais de conservation des archives, les frais d'abonnement et de conservation des journaux officiels ; 3. les frais de registres et d'imprimés de l'état civil, les frais d'établissement

de la table décennale des actes de l'état civil, les frais de fournitures de livrets de famille et les indemnités versées aux officiers de l'état civil des centres secondaires ; 4. les frais de perception des taxes locales et des revenus de la collectivité locale ; 5. les traitements et salaires du personnel titulaire, à l'exclusion de tout personnel contractuel et journalier, les indemnités dont l'attribution est autorisée par les textes en vigueur en faveur des fonctionnaires rétribués sur un autre budget et chargés de service local ; 6. les pensions et rentes à la charge de la collectivité locale lorsqu'elles ont été régulièrement liquidées et approuvées ; 7. la clôture des cimetières, leur entretien et leur translation dans les cas déterminés par arrêté de l'autorité compétente ; 8. les frais d'établissement et de conservation des plans d'alignement et de nivellement ; 9. les prélèvements établis par les lois sur les biens et revenus de la collectivité locale ; 10. l'acquittement des dettes exigibles notamment les dépenses engagées et non mandatées arrêtées conjointement à la clôture de la gestion par l'ordonnateur et le comptable de la collectivité locale, ainsi que les intérêts de la dette et les dépenses de remboursement de la dette en capital ; 11. les dépenses d'entretien et nettoiement des rues, chemins de voirie et places publiques situés sur le territoire de la collectivité locale et n'ayant pas fait l'objet d'un arrêté de classement les mettant à la charge des budgets autres que celui de la collectivité locale ; 12. les dépenses des services publics locaux légalement établis et celles à la charge des collectivités locales résultant d'un acte réglementaire ; 13. les dépenses occasionnées par l'application des articles 128 et 129 du présent code prévoyant l'exécution d'office, en cas de refus ou de négligence, de la part de l'autorité locale, des actes qui sont prescrits, 14. Les dépenses des services locaux de désinfection et d'hygiène dans les conditions déterminées par la réglementation en vigueur ; 15. la redevance au titre de participation au fonctionnement du service national de protection contre l'incendie, dont le taux et le mode de répartition sont fixés par décret ; 16. les dépenses nécessaires à la réalisation des programmes d'investissements ou des actions de développement délibérés par le conseil et inscrits au plan de développement ; 17. la participation au financement des projets locaux proposés par la collectivité locale et adoptés par le comité permanent de coordination des petites aides et des projets locaux ; 18. les remises accordées aux chefs de village, délégués de quartier et préposés des marchés locaux. Article 203.- Sont obligatoires les dépenses induites par les transferts de compétences de l'État aux collectivités locales dans les conditions précisées par la loi de transfert.
Article 203.- Sont obligatoires les dépenses induites par les transferts de compétences de l'État aux collectivités locales dans les conditions précisées par la loi de transfert."

Par dépenses de la section de fonctionnement, on entend "les dépenses nécessaires au fonctionnement des services des collectivités territoriales et les autres charges de fonctionnement." Article 55, DRFCT). Les recettes budgétaires affectées à cette section doivent dégager un excédent à transférer à la section d'investissement pour assurer l'autofinancement des collectivités territoriales locales (article 56, DRFCT). En d'autres termes, les recettes provenant des impôts et taxes ainsi que les recettes non fiscales (qui sont des recettes permanentes) ne doivent pas servir uniquement à faire fonctionner les collectivités territoriales locales. Une part de ces ressources doit être prévue pour abonder les recettes de la section d'investissement du budget.

Quant aux dépenses d'investissements, elles sont celles qui "permettent la réalisation des équipements, des bâtiments et infrastructures, ainsi que l'acquisition de matériels relatifs à ces travaux" (article 57, DRFCT).

B : Les documents accompagnant le budget

Ils sont classés en deux grandes catégories :

les documents d'information	- les tableaux récapitulant l'état des emprunts et dettes ; - l'état des provisions ; - la présentation des méthodes utilisées pour les amortissements ; - l'état des charges transférées en investissement ; - la présentation de l'emploi des recettes grevées d'une affectation spéciale ; - l'état du personnel ; - la liste des organismes de regroupement dont la collectivité est membre ; - la liste des établissements ou services créés par la collectivité ; - le tableau retraçant les décisions en matière de taux des contributions ;
les documents de suivi	- le procès-verbal sur le débat d'orientation budgétaire et des engagements pluriannuels.

Les premiers apportent aux élus de l'organe délibérant les informations aussi complètes que possibles sur les engagements financiers de la collectivité territoriale, des produits financiers prévisionnels à attendre des titres de portefeuille, des charges de fonctionnement courant, etc. Ces données permettent une appréciation en connaissance de cause des inscriptions budgétaires en recettes mais aussi en dépenses.

La seconde catégorie de document accompagnant le budget est un document de suivi. Il s'agit du suivi des orientations fixées lors du débat d'orientation budgétaire d'il y a au moins deux mois. Il s'agit de veiller à ce que le débat d'orientation budgétaire ne soit pas un exercice inutile parce que sans conséquence sur l'élaboration du budget de la collectivité locale territoriale.

Encadré n° 29 : Budget participatif

Le budget participatif de Porto Alegre

"C'est avec l'arrivée du Parti des Travailleurs à la tête de la municipalité de Porto Alegre (Brésil) en 1988 que le premier budget participatif municipal a été créé. Il s'agit d'un processus de démocratie directe par lequel la population contribue à définir une partie de la destination des ressources publiques sur un territoire donné.

Cette expérience de coproduction de la décision publique est née dans le contexte de démocratisation et de décentralisation des années 1980 en Amérique latine. Il s'agissait en effet de construire une nouvelle manière de gouverner, de sortir des rapports de clientélisme qui dominaient la vie politique et d'améliorer la justice sociale en donnant un pouvoir de décision et de contrôle à tous les citoyens, quels que soient leur niveau social, leur origine, leur sexe (…)

L'exemple de Porto Alegre

S'il existe autant de modalités de fonctionnement que de budgets participatifs, l'exemple de Porto Alegre (1,5 million d'habitants) permet de mieux comprendre la philosophie de ce type de dispositif.

La participation s'effectue sur une base territoriale et thématique. La ville a été découpée en 16 secteurs et une assemblée sectorielle a été créée pour chacun d'entre eux. On y discute des besoins des habitants avant des les prioriser. En parallèle, des commissions thématiques se réunissent pour établir des priorités en matière de transport, d'éducation, de développement économique, etc.

Les réflexions budgétaires et l'adoption du budget municipal se déroulent en plusieurs temps :

- En mars-avril, le maire et les pouvoirs municipaux présentent le budget de l'année en cours après avoir rendu des comptes sur le budget antérieur. Une partie des délégués représentant les assemblées de secteur et les commissions thématiques sont élues à ce moment-là ;
- Le point culminant de la participation se déroule entre mars et juin à travers l'organisation des réunions de secteur et des commissions thématiques où s'expriment les vœux des habitants. Une fois priorisés, ils sont présentés au Cabinet de Planification ;
- En juin-juillet, une deuxième session d'assemblées est organisée en concertation avec le bureau de planification. Les secteurs et les commissions thématiques sont cette fois-ci représentées par des délégués ;
- Entre juillet et septembre, le Conseil du Budget Participatif (46 conseillers élus) discute le budget en fonction des priorités précédemment

établies et de sa propre évaluation ;

- D'octobre à décembre, le budget est débattu au sein de l'assemblée municipale, le plan d'investissement et le cycle budgétaire de l'année suivante sont préparés par le Conseil.

Ainsi, l'élaboration du budget de Porto Alegre est un mécanisme de cogestion (plutôt qu'un "mécanisme d'autogestion partagée". Une partie du processus budgétaire est direct, l'ensemble des habitants de plus de 16 ans a le droit de participer aux assemblées en tant que représentant d'association ou simple citoyen, d'y prendre la parole et de voter. Le reste du processus s'effectue par l'intermédiaire de délégués et de conseillers. La décision finale est prise par le pouvoir local."

Extrait : www.eleve-administrateur-territorial.fr, publié le 3 mars 2012.

SECTION 2
LE VOTE DU BUDGET ET LES CONTRÔLES *A PRIORI*

Le budget préparé par l'ordonnateur de la collectivité territoriale locale va suivre les phases de vote par l'organe délibérant et de contrôle par le représentant de l'État.

Paragraphe 1 : L'adoption du budget par vote

L'adoption du budget soulève les questions de la compétence, du délai de vote et de la procédure de vote

A : L'organe compétent pour voter le budget

L'organe délibérant de la collectivité territoriale locale a une "compétence exclusive" (article 64, DRFCT) en matière d'examen et de vote du budget local. L'exécutif local ne peut passer outre la délibération des élus de la collectivité territoriale locale et faire mettre en vigueur le budget par décision règlementaire signée de lui.

Par ailleurs, le droit d'amendement des élus n'est pas limité. Sauf à respecter l'équilibre réel du budget, l'organe délibérant est libre de présenter toutes propositions dans le but de "modifier le projet présenté par l'ordonnateur" (article 64, DRFCT).

B : Le délai de vote

Le budget doit être voté par l'organe délibérant "avant le 1er janvier de l'exercice auquel il s'applique" (article 65, DRFCT).

Si le budget de la collectivité territoriale locale n'a pas été adopté dans ce délai, l'ordonnateur peut, avec ou sans l'autorisation (les lois nationales précisent sur ce point) de l'organe délibérant local, mettre en recouvrement les recettes mais aussi engager, liquider et mandater les dépenses :

- de la section de fonctionnement dans la limite du douzième de celles inscrites au budget de l'année précédente (article 66, DRFCT) ;

- de la section investissement dans la limite du quart des crédits ouverts au budget de l'année précédente (article 67, DRFCT).

L'ordonnateur du budget local peut aussi mandater les dépenses afférentes au remboursement des annuités d'emprunt venant à échéance avant le vote du budget, sur autorisation de l'organe délibérant de la collectivité territoriale locale (article 67, DRFCT).

Si malgré toutes ces solutions provisoires, le budget local n'est toujours pas voté au 31 mars de l'année à laquelle elle s'applique, le représentant de l'État rétablit l'ordre financier normal, "règle le budget et le rend exécutoire" (article 68, DRFCT).

Dans le silence du texte, le représentant de l'État est libre de tenir compte des propositions de modification présentées par les élus locaux, des résolutions issues du débat d'orientation budgétaire et même des grands choix faits par l'exécutif local dans le budget soumis au vote. Il n'est limité que par l'impératif d'équilibre réel du budget.

C : La procédure de vote

Le principe est celui du vote du budget par chapitre en ce qui concerne les crédits de fonctionnement et par article pour ce qui est des crédits de la section d'investissement (article 72, DRFCT).

Toutefois, l'organe délibérant de la collectivité territoriale locale peut décider par vote de spécialiser certains articles à l'intérieur d'un chapitre et, inversement, décider d'adopter, dans la section investissement, des chapitres budgétaires regroupant plusieurs articles (article 72, DRFCT).

L'organe délibérant de la collectivité territoriale locale dispose ainsi d'un éventail de choix de vote, soit en spécialisant davantage les crédits de fonctionnement, soit en globalisant les crédits d'investissement.

Paragraphe 2 : Les contrôles *a priori*

Le budget voté par l'organe délibérant de la collectivité territoriale locale fait l'objet d'un contrôle ou d'une approbation (article 63, DRFCT)[382] confiés au représentant de l'État, avant toute mise en exécution. En effet, les actes budgétaires des collectivités territoriales locales sont transmis au représentant de l'État dans un délai de quinze jours après leur signature (article 63, al2, DRFCT). C'est un contrôle *a priori* qui est accompagné de sanction si les règles budgétaires impératives ne sont pas respectées.

A : Les contrôles du représentant de l'État

Le budget voté par l'organe délibérant de la collectivité territoriale locale doit faire l'objet d'un examen de conformité par le représentant de l'État. Ce contrôle porte sur :

- le respect de l'équilibre réel du budget : ceci consiste à vérifier si les règles posées par l'article 78 de la directive portant règlement financier des collectivités territoriales sont respectées ;

- l'inscription de toutes les dépenses obligatoires et pour des montants suffisants (article 80, DRFCT).

Ces deux contrôles sont ceux visés expressément par la directive portant règlement financier des collectivités territoriales locales. Il faut ajouter que le représentant de l'État a une compétence générale d'appréciation de la légalité des actes des organes de l'administration locale décentralisée. À ce titre, son contrôle peut viser des aspects de procédure dans l'adoption du budget (quorum de vote, majorité de vote, etc.) ou des questions de fond (prise en compte des délibérations de la session consacrée au débat d'orientation, etc.). Il donne à ces contrôles la forme et la sanction qu'il juge opportunes.

B : Les sanctions

Le représentant de l'État dispose d'un pouvoir de substitution d'action pour faire respecter l'équilibre budgétaire ou l'inscription des dépenses obligatoires. À ce titre :

- en matière d'équilibre réel, il constate que le budget n'est pas en équilibre réel, et propose, dans un délai de trente jours suivant la transmission du budget, les mesures correctives pour retrouver l'équilibre réel prescrit par les textes. L'organe délibérant a ensuite quinze jours pour se conformer aux corrections présentées par le représentant de l'État. Si au bout de ces quinze

---

382 La formulation du Titre IV : "De l'élaboration, du vote et de l'approbation du Budget" et du chapitre 2 du même Titre IV : "du vote, du contrôle et de l'approbation du budget" (Directive portant règlement financier des collectivités territoriales) ne laisse pas entrevoir le choix entre le contrôle ou l'approbation du budget local par le représentant de l'Etat. Ces deux extraits ne comportent pas de référence au contrôle, mais seulement sur l'approbation.

jours rien ne se passe au niveau de la collectivité territoriale locale ou si le nouveau budget proposé n'est pas à la hauteur des exigences de l'équilibre réel, le représentant de l'État, à compter de la date de réception de la nouvelle délibération budgétaire, peut régler et rendre exécutoire le budget local de l'année (article 79, DRFCT) ;

- en matière de dépenses obligatoires, lorsque lesdites dépenses n'ont pas été inscrites ou sont inscrites pour des montants insuffisants, le représentant de l'État peut être saisi par toute personne intéressée : élus locaux, associations locales à but non lucratif, etc. À partir de la date de saisine, il dispose d'un délai d'un mois pour adresser une mise en demeure à la collectivité territoriale locale. Si au bout d'un mois sa mise en demeure est restée sans suite, il inscrit d'office et d'autorité la dépense au budget de la collectivité territoriale locale, règle et rend exécutoire le budget remanié (article 80, DRFCT). Ce pouvoir de substitution concerne également le mandatement d'une dépense obligatoire inscrite au budget (article 101, DRFCT).

CHAPITRE 4

L'EXÉCUTION DES BUDGETS DES COLLECTIVITÉS TERRITORIALES LOCALES

Le budget adopté par l'organe délibérant de la collectivité territoriale locale et contrôlé ou approuvé par le représentant de l'État doit être exécuté. L'exécution met en jeu des organes et des procédures.

SECTION 1
LES AGENTS D'EXÉCUTION

Les opérations d'exécution des budgets des collectivités territoriales locales "incombent aux ordonnateurs et aux comptables publics" (article 29, al.1, DRFCT).

Paragraphe 1 : Les ordonnateurs

Les ordonnateurs sont les chefs des organes exécutifs des collectivités territoriales locales : maires, président de conseil régional, etc. À ce titre, ils "constatent les droits de la collectivité territoriale, liquident, ordonnent les recettes" d'une part et, d'autre part, "engagent, liquident et mandatent les dépenses" (article 31, DRFCT).

Le chef de l'exécutif local a la qualité d'ordonnateur principal. Il peut déléguer ses pouvoirs ou, en cas d'absence ou d'empêchement, se trouver un ordonnateur suppléant (article 32, al.1, DRFCT).

Paragraphe 2 : Les comptables

Les comptables des collectivités territoriales locales sont des comptables directs du Trésor (article 36, DRFCT) et, à ce titre, ils sont :

- des hommes de métier : ils ne sont pas des agents administratifs exerçant à titre complémentaire les fonctions de comptable ;

- des fonctionnaires de l'Etat, exécutant des tâches comptables pour le compte des collectivités territoriales locales. Ils sont soumis à l'autorité hiérarchique du ministre en charge des finances ;

- ils peuvent cumuler la comptabilité de l'État et la comptabilité des collectivités territoriales locales auprès desquelles ils sont assignés ou être le comptable exclusif de la collectivité territoriale locale à l'exclusion de toute tâche relevant de la comptabilité de l'État.

Les comptables publics des collectivités territoriales locales peuvent être assistés de régisseurs de recettes et de régisseurs d'avances. Ceux-ci effectuent des opérations d'encaissement et de décaissement dont ils sont personnellement et pécuniairement responsables (art. 119, al. 2, DRFCT).

L'apurement des comptes des régisseurs de recettes et des régisseurs d'avances est confié au comptable public. Celui-ci est personnellement et pécuniairement responsable des opérations exécutées par les régisseurs dans la limite des contrôles qui lui incombent (art. 120, DRFCT).

SECTION 2
LES OPÉRATIONS D'EXÉCUTION

Les opérations d'exécution sont gouvernées par la règle de la séparation des ordonnateurs et des comptables. Elles comprennent les opérations de recettes, les opérations de dépenses, et la gestion de la trésorerie

Paragraphe 1 : Les opérations de recettes

Il convient ici de distinguer les recettes fiscales et les recettes non fiscales

A : Les recettes fiscales

La constatation, la liquidation, le mandatement et le paiement de ces catégories de recettes obéissent aux règles générales des procédures fiscales. L'ordonnateur du budget local intervient, au besoin, pour la fixation des taux d'imposition à l'intérieur d'une fourchette. Mais la prise en charge et le recouvrement suivent les règles générales des créances fiscales.

B : Les recettes non fiscales

Qu'elles soient des redevances ou d'autres rémunérations pour services rendus, les créances des collectivités territoriales locales se matérialisent par des titres qui peuvent être des titres de constatation de la créance ou des titres de régularisation.

1 : Les titres de constatation des créances publiques locales

Ce sont des actes émis par l'ordonnateur du budget local et qui ont "force exécutoire" (article 82, DRFCT). Les titres émis sont transmis au comptable du budget local (article 86, DRFCT). Celui-ci prend en charge les titres et en assure le recouvrement sous sa responsabilité personnelle et pécuniaire.

Il engage contre les débiteurs en retard de paiement, le processus de recouvrement forcé prescrit par les réglementations nationales (article 91, DRFCT).

Lorsque les titres émis comportent des erreurs diverses (base de calcul, décomptes, indication du débiteur, imputation budgétaire) l'ordonnateur, émet des "titres rectificatifs" (article 88, DRFCT) qui réduisent ou annulent des titres antérieurs de recettes.

2 : Les titres de régularisation

Lorsque la procédure comptable normale n'a pas été suivie ou ne pouvait pas être suivie, c'est-à-dire lorsque des recettes sont perçues sans émission préalable de titre de recette, le comptable en informe l'ordonnateur du budget local qui émet un titre de régularisation.

3 : La situation globale des recettes

Un premier aperçu global des recettes budgétaires de l'année est donné en retranchant du total des bordereaux de titres émis, le total des bordereaux de titres annulés (article 89, DRFCT).

Ensuite vient l'état des restes à recouvrer au titre de l'exercice écoulé. L'état des restes à recouvrer est soumis à l'organe délibérant de la collectivité territoriale locale qui statue sur la portion des restes à recouvrer dont il convient de poursuivre le recouvrement et la portion à admettre en non-valeur et donc annuler les titres (article 93 & 94, DRFCT).

C : Le délai de prescription des créances publiques locales

Le délai de prescription des créances publiques locales est laissé à la discrétion des États (article 95, DRFCT). Ce délai ne peut cependant varier d'une personne publique à l'autre. Certes, la liberté est également laissée aux États de fixer le délai de la prescription des créances publiques (art. 42, DRGCP). L'harmonisation se fera ainsi entre les créances des personnes publiques au niveau de chaque État.[383]

Paragraphe 2 : Les opérations de dépense

En matière d'exécution des opérations de dépense, la directive n° 01/2011/CM/UEMOA portant régime financier des collectivités territoriales reprend et nuance au besoin le texte de la directive n° 07/2009/CM/UEMOA portant règlement général sur la comptabilité publique au sein de l'UEMOA. On distingue la phase administrative et la phase comptable.

---

383 Voir *supra* p. 291.

A : La phase administrative

La phase administrative retrace les opérations exécutées par l'ordonnateur. Elle comprend l'engagement, l'ordonnancement et la liquidation. C'est la procédure normale d'exécution des opérations de dépense des collectivités territoriales locales. Cependant, certaines dépenses peuvent faire l'objet d'un paiement sans ordonnancement. La liste desdites dépenses est fixée par les réglementations nationales mais "un ordonnancement de régularisation" (art.96, DRFCT) doit intervenir dans les délais impartis.

Il convient de préciser que ni l'engagement, ni l'ordonnancement, ni la liquidation ne sont légalement possibles "au-delà des crédits régulièrement ouverts aux articles correspondants au budget" (art. 97, DRFCT).

La collectivité territoriale locale peut consentir à donner des avances sur facture mais en dehors de ces cas, "la liquidation ne peut être effectuée qu'après service fait" (art. 98, DRFCT).

De façon spécifique, la catégorie des dépenses obligatoires suit un régime d'exécution particulier. L'ordonnateur a l'obligation d'engager, de liquider et d'ordonnancer lesdites dépenses sous réserve de la disponibilité de crédit prévue à l'article 98 de la directive portant régime financier des collectivités territoriales locales. Si l'ordonnateur ne s'exécute pas, le représentant de l'État le met en demeure. Et si au bout d'un mois rien n'est fait, un mandatement d'office est fait par le représentant de l'État (art. 101, DRFCT).

Toutes les dépenses sont enregistrées au moment de la liquidation, à l'exception des dépenses payées avant ordonnancement ; ces dernières sont enregistrées au moment du paiement (art. 99, DRFCT).

B : La phase comptable

Le comptable de la collectivité territoriale locale effectue les opérations comptables normalement dévolues à un comptable public par la directive n° 07/2009/CM/UEMOA portant règlement général sur la comptabilité publique. Au nombre de ces opérations figurent les encaissements et les décaissements.

1 : Le contrôle comptable et sa nature

À l'occasion de l'exécution des actes de paiement, le comptable ne peut se livrer à une "appréciation de l'opportunité des décisions prises par l'ordonnateur." Son rôle est d'effectuer les "contrôles de régularité qu'impose l'exercice de sa responsabilité personnelle et pécuniaire" (art. 105, DRFCT).

Pour ce faire, le comptable paie les mandats émis après s'être assuré de :

- la signature de l'ordonnateur ou de son délégué ;
- l'application des lois et règlements pour la dépense considérée ;
- la validité de la créance ;

- l'imputation de la dépense, le cas échéant ;

- la disponibilité des crédits, le cas échéant ;

- la disponibilité des fonds (art. 106, DRFCT).

Si le contrôle du comptable révèle soit dans les pièces justificatives, soit dans les mandats, des erreurs matérielles, omissions ou irrégularités, il refuse d'effectuer le paiement (art.107 DRFCT). Pour lever cet obstacle, l'ordonnateur peut procéder par voie de réquisition du comptable. Dans ce cas, le comptable s'exécute et effectue la dépense malgré les irrégularités et omissions constatées (art. 108, al.1, DRFCT). Toutefois, la réquisition du comptable ne peut avoir lieu si le refus de payer est motivé par :

- l'indisponibilité de crédits ;

- l'insuffisance de fonds ;

- l'absence de justification du service fait, sauf pour les avances et les subventions ;

- le caractère non libératoire du règlement ;

- l'absence du visa du contrôleur financier, le cas échéant (art.108, al.3, DRFCT).

2 : Les moyens de paiement libératoire et la gestion de la trésorerie

Les paiements de dépense sont régulièrement faits par remise d'espèces, de chèques, par virement ou par d'autres instruments de paiement (art. 109, al.1, DRFCT).

La gestion des fonds de la collectivité territoriale locale fait l'objet d'un plan de trésorerie élaboré par le comptable en collaboration avec l'ordonnateur (art. 111, DRFCT). Ce plan de trésorerie sert d'outil de régulation entre les entrées et les sorties. En cas de tension sur la trésorerie, c'est-à-dire, lorsque les dépenses prévues sont supérieures aux recettes encaissées ou à encaisser, le comptable doit respecter un ordre de priorité des dépenses à faire. Au titre des dépenses prioritaires il faut citer le paiement :

- des arrêtés valant mandat du représentant de l'État, qui doivent être compris dans le premier bordereau d'émission ;

- des dépenses effectuées sur recettes grevées d'affectation spéciale ;

- des mandats visés et impayés de la gestion précédente (art. 110, al.2, DRFCT).

3 : La prescription des créances sur les collectivités territoriales locales

Les créances de tiers sur les collectivités territoriales locales sont prescrites au bout de quatre ans "à partir du premier jour de l'année suivant celle au cours de laquelle les droits ont été acquis" (art. 116, DRFCT).

Paragraphe 3 : Les opérations de trésorerie

La nature de ces opérations est plutôt classique. Elles sont gouvernées par la règle de l'unité de trésorerie.

A : La nature des opérations de trésorerie

La nouveauté du cadre harmonisé des finances publiques de l'UEMOA de 2009-2011 est l'intégration des opérations d'emprunt à court, moyen et long termes dans la catégorie des opérations de trésorerie.

De façon analytique, les opérations de trésorerie comprennent :

- les opérations d'encaissement et de décaissement ;

- l'approvisionnement et le dégagement en fonds des caisses publiques ;

- les tirages sur financements extérieurs, l'émission, la conversion, la gestion et

- le remboursement des emprunts publics à court, moyen et long termes ;

- les opérations de prêts et avances ;

- l'encaissement des produits des cessions d'actifs (art. 117, al.2, DRFCT).

B : Le principe de l'unité de trésorerie

Le principe de l'unité de trésorerie oblige les collectivités territoriales locales à déposer leurs fonds au Trésor public. Lesdites collectivités territoriales locales sont en effet des correspondants du Trésor. Elles ont, en conséquence, l'obligation de déposer leurs fonds dans les caisses de l'État. Ces dépôts sont à titre gratuit et ne produisent pas d'intérêt au profit de la collectivité territoriale locale. Les ressources de l'État et celles des collectivités territoriales locales sont ainsi fondues dans la même caisse gérée par l'État, plus exactement par le ministre en charge des finances. Il se crée ainsi une solidarité de trésorerie entre les personnes publiques, chacune mettant ses disponibilités à la disposition de l'autre.

Cette situation peut créer des déconvenues aux ordonnateurs de dépenses des collectivités territoriales locales dans la mesure où leurs opérations d'encaissement et de décaissement peuvent afficher des soldes créditeurs dans les livres comptables mais les mandats de paiement émis ne peuvent pas être honorés faute de trésorerie suffisante. En clair, l'État peut utiliser les ressources des collectivités territoriales locales pour faire face à ses engagements et, en conséquence, différer les paiements ordonnés par lesdites collectivités territoriales locales.[384]

---

[384] G. Y. Accrombessi, *Problématique de la gestion performante de la dette intérieure des collectivités locales décentralisées béninoises : Cas de la municipalité de Cotonou*, mémoire de fin de formation pour l'obtention du diplôme du cycle II de l'Ecole nationale d'administration et de magistrature, Cotonou, Bénin, 2012.

Le principe de l'unité de trésorerie connaît des dérogations, notamment celles liées aux prêts consentis par les banques commerciales et les institutions de financement du développement aux collectivités territoriales locales. Les modalités de gestion de ces concours financiers sont fixées par les accords spécifiques de financement (prêt et dons).

SECTION 3
LES CONTRÔLES DES FINANCES DES COLLECTIVITÉS TERRITORIALES LOCALES

Les finances des collectivités territoriales locales sont soumises à un quadruple contrôle citoyen, local, étatique et juridictionnel.

Paragraphe 1 : Le contrôle citoyen

Il importe d'énoncer le fondement juridique du contrôle citoyen avant d'en dire les modalités.

A : Le fondement juridique du contrôle citoyen

Plusieurs références tirées de la directive n° 01/2009/CM/UEMOA portant code de transparence dans la gestion des finances publiques au sein de l'UEMOA et de la directive n° 01/2011/CM/UEMOA portant régime financier des collectivités territoriales au sein de l'UEMOA mettent en relief le contrôle citoyen dans la gestion des deniers publics. On peut citer :

- "La collecte et l'utilisation des fonds publics respectent les principes de l'Etat de droit : la légalité, la transparence, le contrôle démocratique et la responsabilité" (Préambule, Code de transparence) ;

- "Les citoyens, à la fois contribuables et usagers des services publics, sont clairement, régulièrement et complètement informés de tout ce qui concerne la gouvernance et la gestion des fonds publics : ils sont mis en capacité d'exercer, dans le débat public, leur droit de regard sur les finances de toutes les administrations publiques" (Préambule, Code de transparence) ;

- "L'ensemble des informations et documents relatifs aux finances publiques mentionnés dans le présent Code de transparence sont publiés par les institutions compétentes sur leur site internet dès qu'ils sont disponibles" (Point 6.4, Code de transparence) ;

- "Le compte administratif approuvé par le représentant de l'État reste déposé à la collectivité territoriale où il est tenu à la disposition du public" (art. 179, al.2, DRFCT).

À ces énoncés du Code de transparence et de la directive communautaire, il faut ajouter les dispositions des lois nationales qui rendent publiques les sessions des assemblées délibérantes (conseil communal, conseil général, conseil régional, etc.) des collectivités territoriales locales (art. 30, loi n° 97-

029 du 15 janvier 1999 au Bénin, art. 47, 148 et 151, loi n° 2013-10 du 28 décembre 2013 portant Code Général des Collectivités locales au Sénégal), ainsi que le droit des citoyens à accéder aux procès-verbaux et aux comptes rendus des délibérations desdites assemblées délibérantes.

B : Les modalités du contrôle citoyen

L'accès à l'information documentaire et le droit d'assister aux sessions des organes délibérants locaux sont deux atouts permettant d'exercer un contrôle citoyen sur la gestion financière locale. Des associations de veille citoyenne sont créées dans plusieurs États membres de l'UEMOA. Elles interpellent les dirigeants locaux sur leurs gestions, organisent des campagnes de protestation sur des déviances financières relevées et sensibilisent les populations sur le respect du bien public et de l'intérêt général dans l'exécution des budgets locaux.

La sanction du contrôle citoyen n'est pas juridique. Elle est plutôt diffuse et relève de la conscience de chaque électeur local, lorsqu'arrivera le moment de renouveler le mandat des élus locaux. La sanction positive est la réélection, la sanction négative est le choix de l'alternance et le départ des dirigeants locaux du moment.

> Lancement officiel du programme *Particip* : renforcer la participation citoyenne aux politiques publiques locales au Bénin
>
> "Hier, la salle de conférence de la Chambre de commerce et d'industrie du Bénin (Ccib) a abrité la cérémonie de lancement officiel du programme *Particip* qui sera conjointement mis en œuvre par l'ONG Alcrer et le réseau Social Watch Bénin. Financé par le Royaume des Pays-Bas à travers son ambassade au Bénin, *Particip* s'étend sur une période de quatre ans, 2012-2016. Il vise à contribuer au renforcement d'une culture d'implication des citoyens dans l'élaboration, la mise en œuvre et le suivi des politiques publiques qui prennent en compte les besoins des plus pauvres et l'équité genre au niveau local. Il s'agit en fait de l'amélioration de la gouvernance locale à travers la participation citoyenne, l'intégrité, la transparence et la reddition de comptes dans les secteurs tels que l'éducation, la santé, l'eau et l'assainissement, la sécurité alimentaire, les infrastructures routières et marchandes. Le programme couvre 49 communes situées dans sept des douze départements du Bénin. Ce sont l'Atlantique, les Collines, le Couffo, l'Ouémé, le Plateau et le Zou. Le programme sera mis en œuvre à travers des audiences publiques communales de reddition de comptes et des campagnes de communication sur la participation citoyenne, etc."
>
> Journal *La Nouvelle Tribune* (Bénin), 14 janvier 2013.

Paragraphe 2 : Le contrôle local ou contrôle exercé par les organes de la collectivité territoriale locale

Le contrôle local comporte un contrôle en cours d'exécution du budget et un contrôle *a posteriori.*

A : Le contrôle en cours d'exécution

Le contrôle en cours d'exécution du budget de la collectivité territoriale locale se lit dans l'organigramme de ladite collectivité. Il peut exister un service ou une direction chargé du contrôle interne ou encore un service ou une direction chargé du contrôle de gestion. Ces structures intégrées à l'administration locale décentralisée s'occupent du contrôle des procédures prévues pour les commandes publiques, vérifient la régularité de la chaîne engagement-liquidation-ordonnancement et enfin s'assurent de la qualité de la dépense publique.

L'existence de tels services ou directions de contrôle a un coût budgétaire. La collectivité territoriale locale doit pouvoir faire face aux charges de fonctionnement du service ou de la direction. Ce coût budgétaire ne peut pas être supporté par toutes les collectivités territoriales locales. Ceci explique le fait que seules les grandes collectivités territoriales locales arrivent à se doter de tels services ou directions.

B : Le contrôle a posteriori

Le budget local est voté par l'organe délibérant de la collectivité territoriale locale. À la fin de l'exercice budgétaire, le même organe délibérant se prononce sur les résultats de l'exécution du budget. Le compte administratif (comptabilité de l'ordonnateur) est transmis à l'organe délibérant de la collectivité territoriale locale qui l'adopte par vote (art. 177, al.2 ; art. 178, al.1 ; art. 179, al1, DRFCT). Le compte administratif transmis à l'organe délibérant est accompagné du compte de gestion élaboré par le comptable de la collectivité territoriale (art. 178, al.1, DRFCT).

La procédure rappelle le vote de la loi de finances de l'année, puis le vote de la loi de règlement en fin d'exercice budgétaire pour ce qui concerne les finances de l'État.

Paragraphe 3 : Le contrôle exercé par l'État

L'argent des collectivités territoriales locales fait partie de la définition du denier public pour lequel certains corps de contrôle sont compétents. Les collectivités territoriales locales sont ensuite soumises au contrôle spécifique de tutelle exercé par le représentant de l'État. Ces contrôles peuvent avoir lieu en cours d'exécution du budget ou à la fin de l'exercice budgétaire.

A : Les contrôles en cours d'exécution budgétaire

Ils sont l'œuvre soit des corps de contrôle des finances publiques soit de l'autorité de tutelle (représentant de l'État), soit enfin du comptable de la collectivité territoriale locale.

1 : Le contrôle exercé par les corps de contrôle des finances publiques

Les "services spécialisés de l'État" (art. 174, DRFCT) peuvent conduire des missions de contrôle de la gestion financière des collectivités territoriales locales, soit à leur demande, soit sur instruction du gouvernement (ou de son représentant au niveau local), soit sur la base du programme de contrôle établi par l'organe de contrôle lui-même. Le contrôle porte à la fois sur la régularité de la gestion et sur sa performance (art. 174, DRFCT).

Les corps de contrôle en question sont ceux précédemment présentés dans la catégorie des mécanismes de contrôle interne des finances publiques. Il peut s'agir de l'Inspection générale d'État, de l'Inspection générale des finances, du Vérificateur général ou de toute autre structure nationale à compétence financière.

2 : Le contrôle dévolu au représentant de l'État

La tutelle financière sur les collectivités territoriales locales est forte. Le représentant de l'État, dans son rôle d'exercice de la tutelle, dispose de plusieurs prérogatives en matière budgétaire pour faire respecter la légalité mais aussi la performance de la gestion financière locale. À ce titre, il est autorisé à :

- mandater d'office une dépense obligatoire lorsque l'ordonnateur local ne le fait pas. Le mandatement d'office intervient après une mise en demeure restée sans suite au bout d'un mois (art. 101, DRFCT) ;

- valider les autorisations de remboursement des annuités d'emprunts décidées par l'organe délibérant de la collectivité territoriale locale, lorsque le budget local n'est pas encore voté et que certaines dépenses doivent cependant être exécutées (art. 67, al2, DRFCT) ;

- valider expressément et par écrit les décisions de gestion prises par l'ordonnateur et portant virement de crédits d'articles non spécialisés à articles non spécialisés à l'intérieur d'un même chapitre budgétaire (art. 73, DRFCT).

Par ailleurs, lorsque la trésorerie de la collectivité territoriale locale est en difficulté (fonds inférieurs aux sommes exigibles), les arrêtés valant mandats signés du représentant de l'État sont prioritaires et arrivent au premier rang des mandats en suspens (Art. 110, DRFCT). Ces mandats sont contenus dans le premier bordereau d'émission et doivent être payés en priorité sous la responsabilité personnelle du comptable de la collectivité territoriale locale.

3 : Le contrôle exercé par le comptable de la collectivité territoriale locale

Le comptable public local est un comptable direct du Trésor (art. 36, DRFCT). Il appartient à la hiérarchie d'une administration et d'un corps de l'État.

En sa qualité de comptable de la collectivité territoriale locale, il exécute les opérations de trésorerie et surtout effectue les dépenses après s'être assuré de la régularité de la procédure conduite par l'ordonnateur du budget local (art. 40, DRFCT). Il exécute ses contrôles sous sa propre responsabilité personnelle et pécuniaire (art. 42, DRFCT).

B : Les contrôles a posteriori

Les contrôles *a posteriori* des finances locales et notamment du budget des collectivités territoriales locales sont exécutés par les mêmes organes qu'en matière de contrôle en cours d'exécution, à savoir le contrôle des "services spécialisés de l'État" et le contrôle du représentant de l'État.

1 : Le contrôle exercé par les corps de contrôle de l'État

Le contrôle exercé par les corps de contrôle de l'État s'inscrit dans la logique (article 174, DRFCT) précédemment décrite. C'est un contrôle qui peut s'effectuer soit au cours de l'exécution budgétaire, soit à la clôture des comptes de l'exercice, lorsque le compte administratif et le compte de gestion ont été élaborés.

De manière spécifique, la directive n° 01/2011/CM/UEMOA portant régime financier des collectivités territoriales au sein de l'UEMOA prévoit en son article 173 que, lors de l'examen du compte administratif par l'organe délibérant de la collectivité territoriale locale, tout élu peut saisir les "services compétents" s'il relevait des "faits répréhensibles" dans les documents sous examen. L'expression peut recouvrir des situations où il y a violation de loi ou encore des cas où il y a abus dans la gestion financière publique.

D'une manière générale, la directive n° 07/2009/CM/UEMOA portant règlement général sur la comptabilité publique au sein de l'UEMOA dispose en son article 93 que le gouvernement "peut créer des organes de contrôle *a posteriori*. Ces structures de contrôle interne à l'administration exercent leurs activités sur toutes les opérations liées àl'exécution du budget de l'État ainsi que sur celles de tout organisme de droit public ou privé bénéficiant de ressources publiques. Elles interviennent sur pièces et/ou surplace, sur les actes des ordonnateurs et sur ceux des comptables. Ils peuvent à tout moment effectuer des contrôles pendant l'exécution desdites opérations." Cette disposition s'applique évidemment aux collectivités territoriales locales.

Enfin, les comptes de gestion de certains comptables des collectivités territoriales locales peuvent être apurés en la forme administrative par des comptables supérieurs de la hiérarchie des comptables du Trésor (art. 184,

DRFCT). Il s'agit manifestement des comptes de gestion de petites collectivités territoriales locales. L'apurement administratif de ces comptes permet de ne pas engorger les instances en examen au niveau du juge des comptes.

2 : Le contrôle exercé par le représentant de l'État

Plusieurs occasions s'offrent au représentant de l'État d'exercer un contrôle sur le budget exécuté de la collectivité territoriale locale. On peut citer :

- la saisine par les élus locaux. Les comptes administratifs et de gestion sont soumis à l'examen de l'organe délibérant de la collectivité territoriale locale en fin d'exercice budgétaire (art. 178, al.1 DRFCT). À l'occasion de l'examen du compte administratif, les élus locaux, individuellement ou en groupe, peuvent saisir le représentant de l'État de "faits répréhensibles constatés" (art. 173, DRFCT) ;

- l'approbation de la délibération de l'organe délibérant de la collectivité territoriale locale sur le compte administratif de l'ordonnateur (art. 178 & 179, DRFCT).

Par ailleurs, les associations, fondations et autres organismes qui bénéficient d'un concours financier d'une collectivité territoriale locale, sont tenus de fournir au représentant de l'État, une copie certifiée de leur budget et des comptes de l'exercice écoulé dans un délai de trois mois après leur adoption (art. 146, DRFCT).

Paragraphe 4 : Le contrôle exercé par le juge des comptes

La question de l'apurement juridictionnel des comptes des collectivités territoriales locales au sein des États membres de l'UEMOA soulève deux grandes questions : d'abord la question de la typologie des contrôles, ensuite le problème du nombre de niveau de jugement des comptes.

A : La typologie des contrôles par la juridiction financière

Les types de contrôles exécutés par la juridiction financière sont les types classiques de contrôle de la gestion des deniers publics. Ces contrôles sont :

1. le contrôle juridictionnel : le compte de gestion et ses annexes sont soumis au contrôle juridictionnel de la juridiction financière" (art. 184, DRFCT). Avant sa transmission au juge des comptes, le compte de gestion élaboré par le comptable public de la collectivité territoriale locale est mis en état d'examen par le directeur chargé de la comptabilité publique de l'État (art. 184, RFCT) ;

2. le contrôle extra-juridictionnel : le contrôle extra-juridictionnel ne découle pas expressément du texte de la directive n° 01/2011/CM/UEMOA portant régime financier des collectivités territoriales au sein de l'UEMOA. Il

se fonde sur les textes nationaux portant attribution, organisation et fonctionnement de la Cour des comptes ;

3. le contrôle de régularité : c'est le contrôle classique exécuté par les juridictions financières. Il porte sur le respect des textes en vigueur ;

4. le contrôle de la gestion, du bon emploi : il porte sur la qualité de la gestion financière des collectivités territoriales, la performance financière.

B : Les niveaux de jugement des comptes publics locaux

La directive n° 01/2011/CM/UEMOA portant régime financier des collectivités territoriales locales au sein de l'UEMOA ne parle pas de la Cour des comptes mais emploie l'expression "juridiction financière" (art. 108, 147, 184, DRFCT). À l'inverse, la directive n° 06/2009/CM/UEMOA relative aux lois de finances au sein de l'UEMOA n'évoque que la Cour des comptes (art. 13,26, 51, 63, 75,78, 79 et suivants, DLF) et jamais les mots de juridictions financières.

La réalité des États membres de l'UEMOA est que chacune a créé une Cour des comptes, juridiction nationale qui connaît des dossiers financiers et comptables en premier et dernier ressort. Or, l'une des réalités de la décentralisation administrative territoriale dans les États membres de l'UEMOA est le nombre important des collectivités territoriales locales. Toutes ces collectivités territoriales locales doivent faire apurer leurs comptes de gestion par les seules Cours des comptes, sous réserve de l'apurement administratif prévu par l'article 184 de la directive n° 01/2011/CM/UEMOA.

La création de juridictions financières au niveau décentralisé se manifestera comme un besoin pressant dans les prochaines années. Ce sera l'un des défis les plus importants à relever pour la mise en œuvre efficace du cadre harmonisé des finances publiques dans les pays membres de l'UEMOA.

CHAPITRE 5

LE CADRE OPÉRATIONNEL DE LA GESTION FINANCIÈRE DES COLLECTIVITÉS TERRITORIALES LOCALES

Le cadre opérationnel de la gestion financière locale présente des spécificités tant du point de vue des techniques comptables, des techniques budgétaires que des opérations financières des collectivités territoriales locales.

SECTION 1
LES TECHNIQUES COMPTABLES LOCALES

Le principe directeur en matière de comptabilité locale est celui posé par l'article 68 de la directive n° 07/2009/CM/UEMOA portant règlement général sur la comptabilité publique au sein de l'UEMOA pour ce qui concerne les comptes de l'État : "Le plan comptable de l'État s'inspire du Système Comptable Ouest Africain et des autres normes comptables internationales, tout en tenant compte des spécificités del'État."

Pour ce qui concerne les collectivités territoriales locales, on ressent la même inspiration dans le plan comptable annexé à la directive n° 01/2011/CM/UEMOA portant régime financier des collectivités territoriales locales au sein de l'UEMOA.

Paragraphe 1 : Le plan comptable

Le plan comptable comporte des principes de base et le tableau descriptif des classes de comptes.

A : Les principes de base

Le plan comptable des collectivités territoriales locales comporte quelques principes de base :

1. la règle de la partie double : "toutes les opérations enregistrées au débit d'un compte sont portées au crédit d'un ou de plusieurs autres comptes pour un montant équivalent. Inversement, toute opération enregistrée au crédit d'un compte est portée au débit d'un ou de plusieurs autres comptes pour un même montant" (point 1.3.2) ;

2. le principe des droits constatés selon la présentation qui en a été faite précédemment pour la comptabilité de l'État.[385]

B : Le tableau descriptif des classes de comptes

Le plan comptable des collectivités territoriales locales comprend huit classes de comptes décomposées en :

- comptes de bilan comprenant les comptes de classe 1 à 5 : capitaux permanents (classe 1), immobilisations (classe 2), les stocks (classe 3), les comptes de tiers (classe 4), les comptes de trésorerie (classe 5) ;

- comptes de résultats, Comptes de charges par nature (classe 6), comptes de produits par nature (classe 7) ;

- comptes spéciaux : engagements hors bilan et comptes non budgétaires (comptes 8).

Paragraphe 2 : Les principes comptables des collectivités territoriales locales

Les principes comptables des collectivités territoriales locales sont énoncés au chapitre II de la directive n° 01/2011/CM/UEMOA portant régime financier des collectivités territoriales au sein de l'UEMOA. On distingue les principes organisationnels et les principes de technique comptable.

A : Les principes organisationnels

Au nombre des principes organisationnels, on cite la séparation des ordonnateurs et des comptables, l'unité de caisse et l'unité de trésorerie.

1 : La séparation des ordonnateurs et des comptables

"Les fonctions d'ordonnateur et celles de comptable public sont incompatibles" (article 30, al.1, DRFCT).

La règle implique les mêmes conséquences qu'en matière de gestion comptable de l'État. Son contenu est le même que celui prévu à l'article de la directive n° 07/2009/CM/UEMOA portant règlement général sur la comptabilité publique au sein de l'UEMOA. Elle a besoin d'être largement diffusée car les ordonnateurs des budgets locaux, soit par ignorance, soit par désinvolture se retrouvent souvent dans la situation de comptables de fait. Ce qui est punissable.

La directive portant régime financier des collectivités territoriales locales précise que "les conjoints, ascendants et descendants des ordonnateurs ne peuvent être comptables des collectivités territoriales auprès desquelles lesdits ordonnateurs exercent leurs fonctions" (article 30, al.2, DRFCT).

---

[385] Voir *supra* p. 270.

2 : L'unité de caisse

L'unité de caisse est un corollaire du principe de l'unité budgétaire. L'unicité et l'exhaustivité du budget sont plus faciles à mettre en évidence si la collectivité territoriale locale n'a qu'une seule caisse qui retrace toutes ses opérations budgétaires. En application de l'unité de caisse, "une seule caisse recueille toutes les recettes et paie toutes les dépenses des collectivités publiques" (art. 20, DRFCT).

3 : L'unité de trésorerie

Elle complète l'unité de caisse et oblige, sauf dérogation spéciale "tous les organismes publics à déposer leurs fonds au Trésor public" (art. 21, DRFCT).

B : Les principes de technique comptable

La comptabilité des collectivités territoriales locales obéit à des principes techniques que sont : la constatation des droits, l'intangibilité du bilan, la permanence des méthodes, la transparence, la prudence, l'indépendance des exercices et les coûts historiques.

1 : La constatation des droits

La constatation des droits est prévue à l'article 22 de la directive n° 01/2011/CM/UEMOA portant régime financier des collectivités territoriales au sein de l'UEMOA. Son contenu est le même que celui applicable à la comptabilité de l'État.[386]

2 : L'intangibilité du bilan

En application de ce principe, "le bilan d'ouverture d'un exercice doit correspondre au bilan de clôture de l'exercice précédent" (art. 23, DRFCT).

3 : La permanence des méthodes

La permanence des méthodes est une exigence de comparabilité des comptes d'une année sur l'autre. Dans son contenu, le principe de la permanence des méthodes implique que, sauf "changement exceptionnel (intervenu) dans la situation de la collectivité territoriale, la présentation des comptes annuels comme des méthodes d'évaluation retenues ne peuvent être modifiées d'un exercice à l'autre" (art. 24, DRFCT).

4 : Le principe de transparence ou de clarté

Le principe de transparence est fondé sur une exigence de vérité comptable, de sincérité des chiffres. Il oblige la comptabilité des collectivités territoriales locales à rester conforme à "une information loyale qui respecte les référentiels comptables en vigueur, la présentation de l'information sans intention de dissimuler la réalité des opérations" (art. 25, DRFCT).

---

[386] Voir *supra* p. 270.

5 : Le principe de prudence

Mieux vaut un patrimoine sous-évalué qu'un patrimoine surévalué. Le principe de prudence veut que "tout événement qui risque de diminuer la valeur du patrimoine de la collectivité territoriale doit être pris en compte. Tout évènement pouvant augmenter la valeur du patrimoine de la collectivité territoriale ne peut faire l'objet d'un enregistrement comptable" (art. 26, DRFCT).

6 : Le principe de l'indépendance des exercices

Le principe de l'indépendance des exercices est un corollaire de la comptabilisation sur la base des droits constatés. Il signifie que les "opérations soient prises en compte au titre de l'exercice auquel elles se rattachent indépendamment de leur date de paiement ou d'encaissement" (art.27, DRFCT).

7 : Le principe des coûts historiques

Le principe des coûts historiques consacre le choix d'une méthode de valorisation des biens acquis par la collectivité territoriale locale au moment de leur entrée dans les livres comptables. Selon le principe des coûts historiques, "les biens acquis à titre onéreux sont enregistrés à leur coût d'acquisition, les biens acquis à titre gratuit à leur valeur estimée et les biens produits à leur coût de production, à la date d'entrée dans le patrimoine de la collectivité territoriale" (art. 28, DRFCT).

Paragraphe 3 : Les documents comptables

Le compte de gestion est le document comptable de référence. Il retrace les comptes du comptable de la collectivité territoriale locale. Il est établi au plus tard le 31 mai de l'année suivant l'exercice considéré (art. 180, al1, DRFCT).

Le compte de gestion comprend trois parties :

i. la première partie relative à l'exécution du budget ;

ii. la deuxième à la situation de la comptabilité générale ;

iii. et la troisième à la situation des valeurs inactives (art. 180, *in fine*, DRFCT).

Un exemplaire du compte de gestion élaboré par le comptable est transmis à l'ordonnateur du budget de la collectivité territoriale locale pour être présenté à l'organe délibérant de ladite collectivité en même temps que le compte administratif de l'ordonnateur (art.182, DRFCT).

SECTION 2
LES TECHNIQUES BUDGÉTAIRES LOCALES

L'étude des techniques budgétaires locales permet d'examiner la comptabilité budgétaire ainsi que la chronologie budgétaire locale.

Paragraphe 1 : La comptabilité budgétaire

La comptabilité budgétaire est une comptabilité d'exécution du budget. C'est une comptabilité administrative tenue en partie simple par l'ordonnateur. Elle décrit les principales phases des opérations financières publiques, notamment l'engagement et le mandatement.

A : La comptabilité des engagements

La comptabilité des engagements fait apparaître :

- les prévisions de recettes et les autorisations de dépenses ;

- les crédits disponibles pour engagement ;

- les crédits disponibles pour mandatement ;

- les dépenses réalisées et les recettes réalisées ;

- l'emploi fait des recettes grevées d'affectation spéciale (art. 123, DRFCT).

La distinction entre engagement juridique et engagement comptable est presque inexistante dans la gestion budgétaire des collectivités territoriales locales. L'engagement juridique est le plus souvent une simple signature d'un bon de commande. Il crée une dette à la charge de la collectivité territoriale locale. L'engagement comptable permet de réserver le crédit pour faire face à la commande.

La directive n° 01/2011/CM/UEMOA portant régime financier des collectivités territoriales locales au sein de l'UEMOA remet en valeur la liaison entre engagement juridique et engagement comptable : "Dès que la décision est prise de procéder à une dépense ou de formaliser par bon de commande un marché ou tout autre acte de la collectivité, le montant prévisionnel de la dépense est inscrit dans les engagements. Le nouveau crédit disponible s'obtient en faisant la différence entre le crédit disponible précédent et le montant de l'engagement" (Art. 126, DRFCT).

En pratique, la tenue des livres comptables de la dépense permet d'atteindre l'objectif visé, à savoir le solde net des crédits budgétaires en cours d'exécution. En effet, l'ordonnateur tient à jour :

- un journal des engagements ;

- un journal des mandatements, constitué par le recueil des bordereaux de mandats ;

- un grand-livre des dépenses, constitué de fiche-compte par nature de dépenses, signalant par section, chapitre et article, les crédits ouverts, les engagements et mandatements effectués ainsi que les crédits disponibles (art. 125, DRFCT).

B : La comptabilité des mandatements et des titres de recette

La comptabilité des mandatements et des titres de recette fait la synthèse chronologique des ordres de décaissement et de recouvrement que l'ordonnateur adresse au comptable.

La comptabilité des titres de recette est décrite dans le journal des recettes. Les opérations sont récapitulées dans le grand livre de recettes. Elles sont présentées sur supports de fiche-compte qui décrivent par nature de recette, mais aussi par section, chapitre et article, les prévisions budgétaires et les émissions, réductions ou annulations de titres (art. 130, DRFCT).

Paragraphe 2 : La chronologie budgétaire

La chronologie budgétaire est une chronologie en quatre temps. Il comporte l'examen et le vote du budget primitif, l'examen et le vote des décisions modificatives, l'adoption du compte administratif, enfin la détermination et l'affectation des résultats.

A : L'examen et le vote du budget primitif

Le budget primitif est le premier à être adopté, en principe au plus tard le premier janvier, mais toujours avant le 31 mars.[387]

B : L'examen et le vote des décisions modificatives

L'importance des décisions modificative tient à ce que la décision modificative tenant lieu de budget supplémentaire permet "d'intégrer les résultats de l'année précédente" (art. 61, DRFCT). C'est le deuxième moment budgétaire.

C : L'adoption du compte administratif

L'adoption du compte administratif est le troisième temps fort du cycle budgétaire local. Le compte administratif reprend les prévisions de recettes et de dépenses, les réalisations budgétaires mais aussi les restes à réaliser : dépenses engagées mais non mandatées, recettes justifiées qui n'ont pas fait l'objet d'un titre de perception.

D : La détermination et l'affectation des résultats

C'est le dernier temps fort du cycle budgétaire. La présentation des résultats est analytique : un résultat comptable ou résultat de la section de fonctionnement, un résultat d'investissement et un résultat d'ensemble de

---

[387] Voir *supra* p. 363.

l'exercice. Le résultat d'ensemble de l'exercice est "le solde cumulé d'exécution du budget de l'année et est égal à la différence entre le montant total de tous les titres de recettes et de tous les mandats de dépenses émis tout au long de l'année, déduction faite des dépenses ayant fait l'objet de service fait mais non mandatées et des produits constatés d'avance" (art. 169, DRFCT).

La décision d'affectation des résultats est prise par l'organe délibérant de la collectivité territoriale locale. Elle intervient après le vote du compte administratif et l'arrêté des comptes qui en découle (art. 170, DRFCT).

L'affectation des résultats suit la règle suivante :

- le résultat positif de la section de fonctionnement sert en priorité à couvrir le besoin de financement de la section d'investissement. Le reliquat est affecté en recettes de fonctionnement ou en investissement pour financer de nouvelles dépenses ;

- le résultat global négatif de la section de fonctionnement est reporté en dépenses de fonctionnement et le besoin de la section d'investissement est reporté en dépense d'investissement (art. 172, DRFCT).

SECTION 3
LES OPÉRATIONS FINANCIÈRES DES COLLECTIVITÉS TERRITORIALES LOCALES

L'autonomie financière accordée aux collectivités territoriales locales les habilite à adopter et à exécuter leurs budgets. Cette exécution budgétaire se traduit en opérations financières de dépenses et de recettes.

Paragraphe 1 : Les dépenses des collectivités territoriales locales

La directive n° 01/2011/CM/UEMOA portant régime financier des collectivités territoriales au sein de l'UEMOA comporte deux annexes dont l'une porte sur la nomenclature budgétaire des collectivités territoriales locales.

Cette nomenclature adopte une classification économique et une classification fonctionnelle des dépenses locales. La liberté est aussi laissée aux collectivités territoriales locales d'élaborer des programmes budgétaires à valeur managériale et non juridique.

A : La classification économique

La classification économique présente les dépenses par nature de dépenses. Deux niveaux de codifications sont prévus : le chapitre et l'article (point I.1, Nomenclature budgétaire). Les États membres sont autorisés à créer, au besoin, des paragraphes et des sous-paragraphes à l'intérieur des articles budgétaires.

Les dix chapitres de la nomenclature des dépenses sont les suivants :

Chapitres	Articles	Libellés
60		Achat de biens
61		Acquisitions de services
62		Autres services
63		Subventions
64		Transferts
65		Charges exceptionnelles
66		Charges de personnel
67		Frais financiers
68		Dotations aux amortissements
69		Dotations aux provisions

B : La classification fonctionnelle

La classification fonctionnelle répartit les dépenses budgétaires par grands domaines de compétence des collectivités territoriales locales. Ces grands domaines de compétence sont :

- services généraux des administrations publiques territoriales ;
- ordre et sécurité publics ;
- affaires économiques ;
- protection de l'environnement ;
- logement, aménagement et services collectifs ;
- santé ;
- loisirs, culture et culte ;
- enseignement ;
- protection sociale.

La codification fonctionnelle comprend trois niveaux : la division, le groupe et la classe.

C : Les programmes budgétaires

Les collectivités territoriales locales peuvent élaborer des programmes budgétaires en décomposant les crédits inscrits aux budgets locaux. Le but de l'opération est de permettre une "optimisation dans l'atteinte des résultats escomptés". (point I.2, nomenclature budgétaire). Il ne s'agit pas d'une budgétisation par programme au sens de la directive n° 06/2009/CM/UEMOA relative aux lois de finances au sein de l'UEMOA. Les programmes budgétaires locaux ont une valeur managériale, et constituent de ce fait, un exercice auquel peuvent se livrer les gestionnaires locaux pour mieux lier les moyens financiers à des objectifs et pouvoir ensuite mesurer les résultats en fin d'année budgétaire. Les programmes budgétaires locaux n'ont pas une valeur juridique impérative et ne constituent pas des unités de spécialisation des crédits.

Paragraphe 2 : Les ressources des collectivités territoriales locales

La directive n° 01/2011/CM/UEMOA portant régime financier des collectivités territoriales locales dispose que "le financement des collectivités territoriales repose sur un système combinant les impositions, les dotations ou subventions, les emprunts et autres ressources" (art. 144, DRFCT). Le texte distingue deux catégories de recettes : les recettes de la section de fonctionnement et les recettes de la section d'investissement.

A : Les différentes catégories de recettes

Il faut distinguer ici les recettes de la section de fonctionnement et les recettes de la section d'investissement.

1 : Les recettes de la section de fonctionnement

Elles sont au nombre de neuf au total (art.52, DRFCT). Le détail donne ceci :

i. le produit des impôts et taxes de toutes natures,

ii. les recettes non fiscales,

iii. les recettes des prestations et des services de la collectivité territoriale

iv. les produits du patrimoine et des activités,

v. les taxes et redevances relatives aux services d'hygiène et de salubrité publique et aux services funéraires assurés par la collectivité territoriale,

vi. les revenus du portefeuille,

vii. les dotations ou subventions de l'État,

viii. l'excédent de fonctionnement de l'exercice précédent,

ix. les recettes diverses.

Le contenu de ces neuf rubriques est laissé à la discrétion des législations nationales des États membres de l'UEMOA.

2 : Les recettes de la section d'investissement

Elles comportent sept rubriques (art.53, DRFCT) qui sont :

i. les dotations et subventions d'investissement de l'État ou d'autres organismes

ii. les ressources ou dotations d'investissement affectées,

iii. le produit des prélèvements sur les recettes de la section de fonctionnement,

iv. l'excédent de la section d'investissement de l'exercice précédent,

v. les fonds de concours,

vi. les dons et legs,

vii. les recettes diverses.

Ici aussi, le contenu de chaque type de recette est déterminé par les lois nationales des États membres de l'UEMOA.

B : La classification des recettes

La classification des recettes est une classification par nature de recettes. La nomenclature budgétaire des collectivités territoriales locales présente les chapitres de recettes suivants :

Chapitres	Articles	Libellés
70		Ventes de produits et de services
71		Recettes fiscales
72		Recettes non fiscales
73		Dotations, transferts et subventions
74		Dons programmes, legs et fonds de concours
75		Recettes exceptionnelles
77		Produits financiers et produits assimilés
78		Transferts de charges
79		Reprises sur provisions
10		Dotations-subventions-dons et legs en capital
11		Réserves
13		Résultat de l'exercice
14		Dons projets et legs
19		Provisions pour risques et charges

En guise de synthèse et pour des fins de pédagogie, on peut classer cette variété de recettes des budgets locaux en deux grandes catégories : les recettes endogènes et les recettes exogènes.

C : Les recettes endogènes

Ce sont les recettes générées par les collectivités territoriales elles-mêmes. On compte, dans cette catégorie, les recettes fiscales et les recettes non fiscales.

1. Les recettes fiscales

Les recettes fiscales correspondent au premier tiret de l'article 52 de la Directive portant régime financier des collectivités territoriales au sein de l'UEMOA : " le produit des impôts et taxes de toutes natures." Ce sont les impôts locaux, les impôts dont les recettes sont affectées aux budgets des collectivités territoriales locales. Les collectivités territoriales locales n'ont pas le pouvoir pour créer ou supprimer un impôt local. Ce pouvoir appartient au parlement, donc à l'État. Cependant, lorsque la loi les y autorise, les collectivités territoriales locales ont le pouvoir de décider des taux de certains impôts.

De même, la directive portant régime financier des collectivités territoriales locales au sein de l'UEMOA ne donne pas la liste des "impôts et taxes de toutes natures." Ce pouvoir de créer une série d'impôts et taxes appartient aux institutions constitutionnelles des États membres.

Sept des huit États membres de l'UEMOA ont une parenté fiscale avec la France. Ce qui explique que la fiscalité locale au sein de l'UEMOA reproduit sensiblement les quatre vieilles contributions françaises datant de la période révolutionnaire des années 1789 et suivantes : la contribution mobilière (devenue taxe d'habitation en France en 1973), la contribution des propriétés bâties, la contribution des propriétés non bâties (devenue taxe sur les propriétés bâties et taxe sur les propriétés non bâties en France en 1973), la patente (devenue taxe professionnelle en France en 1975). Les trois premières contributions sont des impôts sur les ménages, tandis que la patente est un impôt sur l'activité professionnelle du contribuable. La fiscalité locale dans les pays membres de l'UEMOA est construite autour de ces quatre grandes catégories d'impôts. Il va s'y ajouter, au gré des législations nationales, une multitude de taxes qui sont le plus souvent des impôts cédulaires, assis sur l'eau, l'électricité, l'essence, les barques motorisées, le bétail, etc.

Comme les impôts d'État, les impôts locaux sont classés en deux grandes catégories : les impôts directs et les impôts indirects.

a : Les impôts directs locaux

Les législations nationales établissent la liste des impôts directs locaux. De cette liste, on extrait les types d'impôts directs locaux suivants, dont les dénominations effectives peuvent varier d'un pays à l'autre :

- impôt du minimum fiscal ainsi que la taxe représentative de l'impôt du minimum fiscal ;
- contribution des patentes et la taxe complémentaire y afférente ;
- contribution foncière sur les propriétés bâties ;
- contribution foncière sur les propriétés non bâties ;
- contribution des licences.

b : Les impôts indirects locaux

Les législations nationales établissent la liste des impôts indirects locaux. De cette liste, on extrait les types d'impôts indirects locaux suivants, dont les dénominations effectives peuvent varier d'un pays à l'autre :

- Taxe sur l'électricité consommée ;
- Taxe sur l'eau ;
- Taxe sur la publicité à l'aide soit de panneaux - réclames, d'affiches, soit d'enseignes lumineuses ;
- Taxe sur les établissements de nuit ;
- Taxe d'abattage ;
- Taxe de visite et poinçonnage des viandes ;
- Taxe de visite sanitaire des huîtres et moules ;
- Taxe sur les entrées payantes ;
- Taxe sur les spectacles, jeux et divertissements ;
- Taxe sur les locaux en garnis ;
- Taxe sur les distributions d'essence, de gas-oil ou de tous autres carburants ;
- Taxe de développement local.

La question de la modernisation de la fiscalité locale pour un meilleur rendement et une meilleure justice est la principale question à l'ordre du jour du débat fiscal dans les Etats membres de l'UEMOA. Les contraintes majeures auxquelles la fiscalité locale doit faire face sont :

- l'importance de l'économie informelle ;
- la faible bancarisation des transactions économiques ;
- l'incivisme fiscal sous toutes ses formes ;
- l'assiette de l'impôt, pour l'essentiel des catégories d'impôts, est faible en valeur : faiblesse des revenus, faiblesse de la dépense, faiblesse du patrimoine. La conjugaison des faiblesses de l'assiette fiscale ne peut que produire un faible rendement de l'impôt ;[388]

Le constat est que la convergence des politiques budgétaires et économiques fixe à 20 % l'objectif de pression fiscale pour les États membres de l'UEMOA. Ce taux est diversement respecté par les États et la moyenne communautaire n'est que de 15,58 pour l'année 2014.[389]

---

[388] Voir *supra* p. 70.
[389] Voir *supra* p. 70.

Dans le même temps, la pression fiscale dans les pays membres de l'Organisation pour la coopération et le développement économiques (OCDE) atteint 34.4 % du PIB en 2014 et est en progression.[390]

2 : Les recettes non fiscales

Il faut ranger dans cette catégorie toutes les recettes qui n'ont pas le caractère de prélèvement obligatoire inconditionné et sans contrepartie, soit que ces recettes proviennent de prestations contre rémunération (services marchands), soit qu'elles correspondent à des recettes tirées du domaine (revenus domaniaux), soit enfin qu'elles correspondent aux revenus du portefeuille détenu par la collectivité territoriale.

a : Les services marchands

Le domaine de compétence des collectivités territoriales locales est large et inclut l'administration et l'aménagement du territoire, le développement économique, social, sanitaire, culturel et scientifique, ainsi que la protection de l'environnement et l'amélioration du cadre de vie (art.5, DRFCT). Cette compétence large des collectivités territoriales locales (quelques fois partagée avec l'État) peut se traduire par des investissements productifs comme la construction de marchés, de salles de spectacles, d'infrastructures sportives, d'abattoirs ou autres bibliothèques exploités en régie par la collectivité territoriale locale. Les recettes perçues sur ces services sont, soit des prix d'accès aux salles de spectacles ou des prix d'achat de la viande des abattoirs, soit des redevances pour occupation de place dans les marchés par exemple.

Face au faible rendement des recettes fiscales, le développement des services marchands est une solution privilégiée pour la croissance des recettes des collectivités locales en vue de financer leurs dépenses budgétaires. Mais ici encore, se trouve un handicap important : trouver le financement pour faire face aux investissements en infrastructures (centres de loisirs, complexe hôtelier, salle de spectacle, marchés, bibliothèques, abattoirs, etc.).

b : Les revenus domaniaux

Le domaine des collectivités territoriales locales comprend un domaine public et un domaine privé.

- *le domaine privé* : les collectivités territoriales locales ont la personnalité juridique et, en conséquence, peuvent être propriétaires de certains biens, meubles et immeubles qu'elles peuvent louer, céder les fruits ou vendre. Il peut s'agir d'immeubles de bureau ou d'habitation ou d'autres biens. Les collectivités territoriales locales peuvent également tirer des ressources de l'exploitation de ce domaine privé : carrière de gravions, sable lagunaire, sable de mer, etc.

---

390 http://www.oecd.org/fr/fiscalite/ 12 avril 2016.

- *le domaine public* : il est la propriété de la collectivité territoriale locale et est affecté à l'usage direct du public. Il ne peut être aliéné. En conséquence, la collectivité territoriale locale ne peut en tirer que des revenus d'exploitation sous différentes formes : recettes d'autorisation d'occupation du domaine public (hangar et baraques de vente, etc.), les concessions du domaine public pour diverses activités (panneaux d'affichage, etc.) et les redevances de stationnement sur la voie publique.

c : Les revenus du portefeuille

Le portefeuille financier de la collectivité territoriale locale désigne le stock d'actifs financiers qu'elle détient. Il peut s'agir de parts sociales détenues dans des entreprises publiques ou semi-publiques, avec comme co-associés ou co-actionnaires l'État ou des personnes privées ou les deux à la fois. La distribution des dividendes en fin d'exercice comptable donne droit à des revenus du portefeuille au profit de la collectivité territoriale locale.

Il peut aussi s'agir des revenus tirés du placement de certains avoirs de trésorerie. Ce cas de figure serait très exceptionnel car les collectivités territoriales locales sont liées par la règle de l'unité de trésorerie qui les oblige à dépose leurs fonds au Trésor public. Ces dépôts ne sont pas productifs d'intérêts (art. 21, DRFCT).

Enfin, la notion de revenus du portefeuille ne correspond pas et ne peut correspondre aux revenus qu'on peut tirer des activités de spéculation en bourse, notamment à la Bourse régionale des valeurs mobilières (BRVM) d'Abidjan.

D : Les recettes exogènes

Les collectivités territoriales locales sont bénéficiaires de financements divers résultant de divers transferts de l'État, de convention de prêt ou d'actions de coopération décentralisée.

1 : Les transferts

La directive portant régime financier des collectivités territoriales locales parle de "dotation et subvention de l'État" (art. 52 & 53, DRFCT). Ces dotations et subventions reçues de l'État s'expliquent par les considérations suivantes :

- les compétences dévolues aux collectivités territoriales locales sont des compétences anciennement exercées par l'État. Le transfert de compétences implique un transfert de ressources correspondantes ;

- les investissements que doivent exécuter les collectivités territoriales locales nécessitent quelquefois des ressources complémentaires, en appui aux budgets locaux ;

- la disparité des situations économiques et financières et donc des capacités de financement des collectivités territoriales locales oblige l'État à faire des transferts de péréquation pour permettre aux plus démunis de pouvoir financer leurs activités de fonctionnement et d'investissement. Les critères de sélection des collectivités éligibles aux financements de péréquation peuvent inclure le chiffre de la population, l'indice de pauvreté, le taux d'urbanisation, la situation de la collectivité territoriale locale par rapport à la moyenne nationale au regard de certains *ratios* d'infrastructures ou d'équipement, etc.

Les ressources pouvant financer les dotations et subventions de l'État sont d'origines diverses. On peut retenir :

- le reversement d'une partie des recettes tirées des impôts d'État au profit des collectivités territoriales locales. Il en est ainsi de la TVA dont un pourcentage des recettes est reversé aux budgets locaux au Sénégal et au Bénin ;

- les prélèvements sur les crédits budgétaires des administrations centrales et déconcentrées. C'est la conséquence logique du transfert de compétence. L'hygiène et l'assainissement par exemple, étant devenus des compétences locales, les crédits budgétaires affectés à cette fonction sont transférés aux budgets locaux ;

- les ressources rétrocédées : ce sont des sommes versées à l'Etat par des partenaires nationaux ou étrangers et qui sont destinés au financement d'actions au niveau local et sous l'autorité des administrations décentralisées. La rétrocession est faite par le budget national au profit des budgets locaux.

Sur un plan institutionnel, plusieurs mécanismes sont mis en place pour le pilotage des dotations et subventions de l'État.

- Au Sénégal, le Fonds de dotation de la décentralisation (FDD) et le Fonds d'équipement des collectivités locales (FECL) ainsi que l'Agence de développement municipal (ADM) assurent le pilotage des flux financiers de l'Etat vers les collectivités territoriales locales.

- Au Mali, le Fonds National d'Appui aux Collectivités territoriales (FNACT) a remplacé le Fonds d'Investissement des Collectivités territoriales (FICT) en 2007. La gestion financière et comptable du FNACT est assurée par l'Agence Nationale d'Investissement des Collectivités territoriales (ANICT), établissement public à caractère administratif créé par la loi N° 00-042 du 7 juillet 2000. Le FNACT est alimenté par les ressources provenant de la dotation d'Investissement, de la dotation d'appui technique, de la dotation pour l'inter-collectivités, de la dotation d'appui au fonctionnement des collectivités territoriales locales et de la dotation pour la garantie des emprunts de collectivités territoriales locales.

- Au Bénin, le Fonds de développement des communes (FADeC) est alimenté par des transferts du budget national et par des ressources extérieures, dont les ressources provenant de la remise de la dette publique de l'État, et affectées à l'investissement. Ce fonds comprend deux lignes de financement :

une ligne destinée aux dotations de fonctionnement et une destinée à l'investissement communal.

Des mécanismes similaires de gestion des transferts existent dans les autres pays membres de l'UEMOA.

2 : Les emprunts

L'emprunt est un des modes de financement du développement local (art.144, DRFCT). En tout état de cause, "les dépenses de fonctionnement ne peuvent être financées par l'emprunt" (art. 59, DRFCT). Pour éviter le surendettement des collectivités territoriales locales, le principe de l'équilibre réel des budgets locaux est mis à contribution. D'abord, "un autofinancement minimum doit être réalisé au niveau de la section de fonctionnement pour financer la section d'investissement." Ensuite et enfin, l'autofinancement majoré des recettes propres d'investissement (hors dotations ou subventions affectées et emprunts) doit être supérieur au remboursement en capital des emprunts" (art. 15, DRFCT). La directive communautaire pose ainsi les règles prudentielles et de soutenabilité de la dette locale.

Bien que les ressources provenant de l'emprunt soient considérées comme des ressources de trésorerie (art. 117, DRFCT), la conduite des opérations d'emprunt est entourée de grandes précautions dans certains États membres de l'UEMOA, comme le Burkina Faso ou le Bénin. En effet, l'ordonnateur du budget local doit requérir l'autorisation de son organe délibérant. Il doit ensuite demander l'autorisation au ministre en charge des finances.

Les emprunts des collectivités locales peuvent bénéficier de la garantie de l'État. Cette garantie est gérée dans le cadre du compte spécial du Trésor, "comptes de garanties et d'aval" (art. 36, DLF).

Les prêts accordés aux collectivités territoriales locales peuvent être des prêts directs versés au budget local. Ils peuvent aussi être des prêts rétrocédés par l'État. Dans ce cadre, l'Etat négocie et signe la convention de prêt mais le crédit accordé est transféré au budget local concerné dans le cadre de financements de projets locaux dont le pilotage est confié à une collectivité territoriale locale.

Les sources de financements des emprunts locaux sont de trois ordres :

- les institutions financières nationales : ce sont les banques primaires (banque commerciale ou banque de développement) ainsi que certaines institutions spécialisées comme les banques de l'habitat ou le Fonds de Prêt aux Collectivités Locales (FPCL) de la Côte d'Ivoire. Le FPCL accorde aux collectivités territoriales locales ainsi qu'aux associations reconnues d'utilité publique intercommunale, des prêts à moyen et long termes au taux d'intérêt de 11 % pour la réalisation de leurs programmes d'investissement ;

- les institutions financières multilatérales : Banque Mondiale, Banque Africaine de Développement, Banque ouest-africaine de Développement, etc.

Ces institutions financières sont particulièrement indiquées pour les dossiers d'investissement que les collectivités territoriales locales initient. La Banque ouest-africaine de développement (BOAD) a pu accorder un prêt de 4 milliards FCFA en vue du financement partiel du projet de pavage et d'assainissement de la ville de Porto-Novo, capitale politique du Bénin ;

- les agences de coopération bilatérale : Agence française de développement, Agence canadienne pour le développement international, *United States Agency for International Development* (USAID), etc. Ainsi, après l'incendie qui a ravagé le marché central, la commune de Ouagadougou au Burkina Faso a négocié et obtenu un prêt direct accordé par l'Agence française de développement pour un montant de 2 millions d'euros en vue de la réhabilitation du marché RoodWoko de la ville-capitale ;

- l'accès direct au marché obligataire : l'accès au marché financier régional est ouvert aux collectivités territoriales locales par l'article 136 du Règlement général relatif à l'organisation, au fonctionnement et au contrôle du marché financier régional de l'UMOA. C'est un mode de financement alternatif des besoins en ressources financières. La ville de Dakar au Sénégal a émis un emprunt obligataire de 20 milliards de francs CFA sur le marché de l'espace de l'Union monétaire économique ouest-africaine (UMOA) pour le financement d'infrastructures urbaines au profit des couches urbaines les plus démunies. Une initiative similaire de la commune de Parakou (Bénin) a reçu l'accord du Conseil Régional de l'Épargne publique et des Marchés Financiers pour un montant de 5 milliards FCFA destiné au financement d'infrastructures comme la construction d'une gare routière moderne (avec auberge, infirmerie et autres), la construction d'un centre d'affaires, la construction d'un centre international des conférences et la construction d'une chaîne alimentaire pour la transformation des produits agricoles.

3 : La coopération décentralisée

La coopération décentralisée doit être présentée dans son concept, son intérêt et l'importance des flux financiers qu'il peut drainer.

- Dans son concept, la coopération décentralisée est d'abord une coopération de territoire à territoire qui s'exécute dans le cadre d'accords de jumelage entre collectivités territoriales locales du Nord et du Sud. Cette conception de la coopération décentralisée s'est élargie à toutes les formes de coopération pour le développement entre les collectivités territoriales locales des pays du Sud avec des organismes internationaux publics ou privés de développement. Les organisations de la société civile peuvent initier des projets au profit de collectivités territoriales des pays du Sud et recevoir un financement d'un partenaire financier bilatéral ou multilatéral.

- L'intérêt de la coopération décentralisée est que les actions de développement entreprises se déroulent au plus près des populations bénéficiaires. Cette forme de coopération permet de faire l'économie de la bureaucratie des États et aussi de limiter les risques de déperdition des fonds engagés.

- Selon le Ministère de l'Aménagement du Territoire et des Collectivités Locales du Sénégal, la coopération décentralisée a généré au profit des collectivités territoriales locales des interventions évaluées à près de 49 millions d'euros, soit 32 milliards FCFA sur la période 1996-2006.

E : Les recettes scripturales

Les recettes scripturales ne correspondent pas à des flux financiers réels nouveaux mais sont plutôt des jeux d'écritures qu'énumèrent les articles 52 et 53 de la directive portant régime financier des collectivités territoriales locales au sein de l'UEMOA. On peut citer :

- l'excédent de fonctionnement de l'exercice précédent ;

- l'excédent de la section d'investissement de l'exercice précédent ;

- les provisions pour risques et charges ;

- les reprises sur provisions : la réduction ou l'annulation d'une provision fait l'objet d'une reprise en produit d'exploitation, produit financier ou produit exceptionnel selon l'origine de la dotation ;

- les transferts de charge.

QUATRIÈME PARTIE

LES FINANCES DE L'UNION ÉCONOMIQUE ET MONETAIRE OUEST-AFRICAINE (UEMOA)

Selon le Traité de l'UEMOA, "l'Union a la personnalité juridique" (article 9). Elle peut ester en justice et dispose d'un patrimoine. Elle effectue aussi des opérations de recettes et de dépenses sur la base d'un budget qu'elle élabore. Toutes ces opérations financières sont régies et encadrées par le Règlement n° 01/2008/CM/UEMOA portant règlement financier des organes de l'Union économique et monétaire ouest-africaine (RFO-UEMOA). C'est le socle juridique de la gestion financière de l'Union.

CHAPITRE 1

LA PRÉPARATION ET L'ADOPTION DU BUDGET DES ORGANES DE L'UNION

Le budget de l'Union est l'"acte par lequel est prévu et organisé, pour une année, l'ensemble des recettes et des dépenses des organes et des Fonds de l'Union" (art. 1er, RFO-UEMOA). Le Règlement portant règlement financier des organes de l'Union ne fait pas de différences entre les notions de ressources et de recettes d'une part, entre les notions de dépenses et de charges d'autre part, comme cela est fait dans la Directive n° 06/2009/CM/UEMOA relative aux lois de finances (art.6, 27 & 28 DLF). À l'article 20 du RFO-UEMOA, le budget est présenté comme "l'ensemble des ressources et des charges des organes de l'Union." Quant à l'article 25 du RFO-UEMOA, il définit les "recettes ordinaires" comme des "ressources propres" et les "recettes extraordinaires" comme des "ressources d'origine extérieure."

Ce budget des organes de l'Union obéit à des règles et principes qui gouvernent son élaboration, son adoption et au-delà. Il est aussi l'expression de quelques idées fondamentales.

SECTION 1
LES IDÉES DE BASE

Quelques idées fondamentales sont à la base du droit et de la gestion budgétaires communautaires : le budget inclusif, l'autonomie de gestion financière, la gestion axée sur les résultats, le pouvoir financier limité de la Commission.

Paragraphe 1 : Le budget inclusif

L'UEMOA compte des organes dits de direction (Conférence des Chefs d'État, Conseil des ministres, Commission) des organes de contrôle (Cour de justice, Cour des comptes et Comité interparlementaire) et un organe consultatif (Chambre consulaire régionale). Les opérations de recettes et de dépenses de ces différents organes sont retracées dans un document unique appelé budget des organes de l'Union (art. 47, Traité UEMOA). Ce budget des organes de l'Union est accompagné des budgets spéciaux des différents Fonds que sont : le Fonds d'Aide à l'Intégration régionale des États membres de l'UEMOA (FAIR), le Fonds régional de développement agricole (FRDA), le

Fonds de compensation des moins-values de recettes douanières, le Fonds de réserve pour la compensation des moins-values de recettes douanières.

Le budget des organes de l'Union accompagné des budgets spéciaux des Fonds forment un ensemble unique appelé budget de l'Union ou budget général des organes de l'Union (art. 1er, RFO-UEMOA), adopté par le Conseil des ministres et exécuté par la Commission.

Selon les dispositions du Traité constitutif de l'UEMOA, l'Union jouit de la "capacité juridique" (art. 9, Traité UEMOA). Elle est représentée dans les procédures judiciaires et dans les relations internationales par la Commission (art. 9 & 12, Traité UEMOA). La Commission est ainsi habilitée à mettre en œuvre la personnalité juridique de l'Union.

La Commission est également seule à mettre en œuvre la personnalité financière de l'Union. En effet, la Commission centralise les opérations de préparation et d'exécution du budget de l'Union. Le Président de la Commission est l'ordonnateur principal des recettes et des dépenses. Il établit le compte administratif du budget de l'Union (art.80, RFO-UEMOA). Les autres ordonnateurs (ordonnateur délégué et administrateur de crédits délégué ou administrateur de recettes délégué) travaillent sous sa hiérarchie par délégation de pouvoirs (art.23, RFO-UEMOA).

Les crédits budgétaires affectés à la Conférence des Chefs d'État, au Conseil des ministres, à la Commission, à la Cour de justice, à la Cour des comptes, au Comité interparlementaire et à la Chambre consulaire régionale sont tous inscrits dans le seul et unique budget, celui des organes et des Fonds, appelé budget de l'Union.

Le principe de l'unité budgétaire trouve là une application concrète. Il est vrai que cette unité budgétaire connaît des assouplissements qui sont présentés plus loin,[391] mais qui ne remettent pas en cause la règle de base qui est celle d'un budget inclusif.

Paragraphe 2 : L'autonomie de gestion financière

"Le budget est exécuté par la Commission. Toutefois, le parlement, la Cour de justice et la Cour des comptes jouissent de l'autonomie de gestion financière" (art. 47, *in fine*, Traité UEMOA). Les organes concernés par cette autonomie sont des organes de contrôle, notamment le Parlement et la Cour des comptes. Le souci est de ne pas mettre les contrôleurs (parlement et cours) sous l'autorité financière absolue du contrôlé (Commission). L'autonomie de gestion financière permet de prévenir les situations de chantage ou de pression de la Commission sur les organes de contrôle que sont le parlement, la Cour de justice et la Cour des comptes.

---

[391] Voir *infra* p. 418.

Sur un plan fonctionnel, l'autonomie de gestion financière permet de faire des présidents des organes de contrôle des administrateurs délégués et des ordonnateurs délégués des crédits budgétaires qui leur sont alloués dans le budget des organes de l'Union (art. 23, RFO-UEMOA). Ces présidents apprécient par eux-mêmes l'opportunité des dépenses qui concernent les organes qu'ils dirigent. Ils sont juges du moment de la décision financière de dépenser les crédits qui leur sont affectés dans le budget de l'Union. L'autonomie se situe là et se limite à cela.

En effet, les organes de contrôle de l'Union sont soumis aux mécanismes de contrôle interne (service de vérification, service d'audit interne, art. 45, RFO-UEMOA) et de contrôle externe prévus par le règlement financier des organes de l'Union (art.88, RFO-UEMOA).

Paragraphe 3 : La gestion axée sur les résultats

La gestion axée sur les résultats met en évidence l'intérêt pour l'approche managériale. Elle figure deux fois dans le texte du Règlement financier des organes de l'UEMOA. D'abord dans le préambule ("convaincu de la nécessité d'instaurer une gestion axée sur les résultats") et ensuite à l'article 2. La gestion axée sur les résultats met en valeur les performances des organes de l'Union.

Les outils opérationnels de l'option pour la gestion axée sur les résultats sont :

- la nomenclature budgétaire regroupe les opérations par politique (art.15, al.2, RFO-UEMOA). Une politique est une unité de prévision, de gestion et de contrôle budgétaire. Elle regroupe des moyens affectés à des actions en vue d'atteindre des résultats et des objectifs ;

- la mesure du résultat et les indicateurs de performance. Le projet de budget doit comporter un programme d'activités des organes de l'Union, les résultats attendus et les indicateurs de performance (art. 37, RFO-UEMOA) ;

- la responsabilisation des acteurs budgétaires sur les résultats (art.2, al.1, RFO-UEMOA) ;

- l'intégration du moyen terme par une programmation pluriannuelle des recettes et des dépenses (art.2, *in fine*, RFO-UEMOA).

La boîte à outils de la gestion axée sur les résultats semble complète. Cependant, il manque des notions clés comme la justification des crédits au premier franc,[392] les choix alternatifs de dépenses pour atteindre le même objectif, le responsable de politique budgétaire, la fongibilité des crédits, etc.

---

[392] Toutefois, le Président de la Commission "justifie les mesures nouvelles", art. 35, al.3, RFO-UEMOA.

Paragraphe 4 : Un pouvoir de décision financière limité de la Commission

La Commission de l'UEMOA n'a pas une grande autonomie, un pouvoir de décision originaire en matière de recettes du budget communautaire. Elle prépare le budget en recettes et en dépenses mais sa marge de manœuvre est presque nulle en matière de détermination, plus exactement de modification des bases de la fiscalité qui alimente le budget de l'Union, en l'occurrence le Prélèvement communautaire de solidarité (PCS). Elle peut faire des propositions à la Conférence des Chefs d'État, mais elle ne peut prendre de décision qui améliorerait ses recettes.

Par ailleurs, la question du recouvrement des recettes, notamment des recettes au titre du PCS, montre une autre limite des capacités financières de la Commission. En droit et en fait, ce sont les services douaniers des États membres de l'Union qui font les opérations de calcul et de prélèvement. Or, ces États ont tous des économies faibles et vivent, presque au quotidien, des tensions de trésorerie. Il n'est donc pas rare que des recettes de PCS destinées à être reversées sur les comptes de l'UEMOA ouverts dans les livres de la BCEAO soient finalement et intégralement reversées au Trésor public. Ainsi, une mission de l'UEMOA chargée de contrôler les opérations relatives au PCS au Bénin a pu constater une accumulation d'arriérés s'élevant au total à 6.374.462.782 FCA sur la période allant de juillet 1996 à juin 2014.[393]

En outre, les États membres se permettent quelquefois d'octroyer des exonérations de droits de douane (y compris le PCS) au mépris des textes communautaires. Ce type d'exonérations irrégulières a été pratiqué par le Bénin entre janvier et juin 2014, ce qui a occasionné un manque à gagner de recettes de PCS de 370.710.390 FCFA.[394]

---

[393] Lettre du Président de la Commission au Ministre des finances du Bénin, ref. 08735/PC/DSAF/DTC/DRT du 03 septembre 2014.

[394] *Ibidem.*

Encadré n° 30 : Montants des exonérations indues de PCS

"Toutefois, les exonérations, non prévues par les textes communautaires sont encore accordées par les Etats, à des degrés divers. Le montant total des exonérations, indûment accordées, de janvier 2002 à mai 2007, s'est élevé à la somme de 28 505 906 111 francs CFA, se décomposant comme suit, par Etat membre ;

Bénin	674 916 985 F CFA	(de janvier 2002 à février 2007)
Burkina Faso	1 763 785 361 F CFA	(de janvier 2002 à avril 2007)
Côte-d'Ivoire	8 278 542 432 F CFA	(de janvier 2002 à mai 2007)
Guinée-Bissau	160 506 391 F CFA	(de janvier 2002 à janvier 2007)
Mali	1 111 880 417 F CFA	(de janvier 2002 à janvier 2007)
Niger	4 180 904 414 F FCA	(de janvier 2002 à janvier 2007)
Sénégal	10 726 604 220 F CFA	(de janvier 2002 à décembre 2006)
Togo	1 608 765 891 F CFA	(de janvier 2002 à février 2007)

La commission a saisi les ministres en charge des Finances, dans les Etats membres de l'UEMOA de cette situation"

Source : UEMOA, *Rapport annuel de la Commission sur le fonctionnement et l'évolution de l'Union*, 2007, p. 36.

L'essentiel des recettes du budget de l'Union provient du Prélèvement communautaire de solidarité (PCS). Il a représenté 72 900 000 000 francs CFA sur les 132 588 428 125 francs CFA du solde budgétaire de 2013, soit 54,98 % des recettes du budget de l'Union.[395] Les recettes tirées du PCS sont reversées sur le compte de l'UEMOA ouvert dans les livres de la BCEAO dans les États membres. En cas de non-reversement, la BCEAO est autorisée à débiter d'office le compte du Trésor public dans ses livres et à créditer le compte de l'UEMOA du montant correspondant (art.21, Acte additionnel n° 04/1996 du 10 mai 1996 instituant un régime tarifaire préférentiel transitoire des échanges au sein de l'UEMOA et son mode de financement). La pratique des États montre que cette arme n'est pas suffisamment dissuasive et que les Etats se servent des recettes destinées à l'UEMOA pour régler leurs propres problèmes financiers intérieurs. D'ailleurs, ce mode de recouvrement forcé des recettes de PCS n'a jamais connu une mise en œuvre effective.

Le pouvoir financier limité de la Commission ne signifie pas seulement que celle-ci a un pouvoir de décision et de gestion limité. Il signifie aussi

[395] Règlement n° 07/2012/CM/UEMOA portant adoption du budget de l'Union économique et monétaire ouest africaine au titre de l'exercice 2013. Ce budget sera modifié en cours d'exercice par un collectif budgétaire qui portera le solde budgétaire à 135.974.087.884 francs CFA (Règlement N°02/2013/CM/UEMOA du 22/03/2013 portant modification du règlement n° 07/2012/CM/UEMOA du 27 novembre 2012 portant adoption du budget de l'UEMOA au titre de l'exercice 2013).

l'insuffisance des recettes ordinaires du budget de l'Union pour faire face notamment aux politiques sectorielles. La mobilisation des recettes extraordinaires est une préoccupation constante de la Commission.

SECTION 2
LES PRINCIPES DU DROIT BUDGÉTAIRE DE L'UNION

Le droit budgétaire de l'Union reprend et adapte les principes du droit budgétaire des États tels qu'ils sont fixés par la Directive n° 06/2009/CM/UEMOA relative aux lois de finances. On peut les ranger en deux grandes catégories : les principes analytiques et les principes qualitatifs.

Paragraphe 1 : Les principes analytiques

Il faut appeler principes analytiques les principes qui concourent à la clarté des documents budgétaires dans le but d'en faciliter le contrôle. Il s'agit de l'annualité, l'unité, la spécialité et l'universalité.

A : Le principe de l'annualité

Le principe de l'annualité est inscrit dans plusieurs textes communautaires. Son contenu se déduit de la formulation des textes de référence. Les aménagements au principe permettent de lui donner une souplesse.

1 : Fondement du principe de l'annualité

- "L'exercice budgétaire commence le 1er janvier et prend fin le 31 décembre de chaque année" (art. 53, Traité UEMOA) ;

- Budget de l'Union : "acte par lequel est prévu et autorisé, *pour une année*, l'ensemble des recettes et des dépenses des organes et des Fonds de l'Union" (art. 1er, RFO-UEMOA) ;

- "Les prévisions et l'exécution budgétaires portent sur l'ensemble des recettes et des dépenses d'une *période annuelle* dénommée 'exercice budgétaire'. L'exercice budgétaire de l'Union commence le 1er janvier et s'achève le 31 décembre de chaque *année*" (art. 9, RFO-UEMOA).

2 : Contenu du principe de l'annualité

Le cycle budgétaire coïncide avec l'année civile. Il court du 1er janvier au 31 décembre. Le budget est voté avant le début de l'année, il s'exécute sur un an et est valable un an.

La mise en œuvre du principe de l'annualité est entourée de souplesse pour tenir compte des contraintes de la gestion budgétaire courante.

3 : Les aménagements au principe de l'annualité

Le Règlement financier des organes de l'UEMOA a prévu en ses articles 10, 11 et 12 des aménagements au principe de l'annualité, notamment en matière de période complémentaire, de collectif budgétaire, de douzième provisoire et d'autorisation de programme.

a °) : La période budgétaire complémentaire

Le cycle budgétaire annuel finit le 31 décembre. Du 1er janvier suivant jusqu'au 31 janvier, soit pendant un mois calendaire, se déroule la période dite complémentaire d'exécution du budget de l'année précédente.

Au cours de la période complémentaire, l'ordonnateur principal, les ordonnateurs délégués ainsi que le comptable principal procèdent aux opérations de clôture des actes d'engagement de dépense ou de constatation de recettes. Ils procèdent, chacun selon son domaine de compétence, à l'émission de titres de recettes en vue du recouvrement et à l'émission de titres de paiement en vue de l'acquittement de la dette des organes de l'Union.

b °) : Le budget rectificatif ou collectif budgétaire

Le budget de l'Union est valable un an et l'autorisation donnée par le Conseil des ministres rend ce budget intangible sur les douze mois d'exécution.

Cependant, lorsque les circonstances font que l'exécution budgétaire diffère ou va devoir différer "sensiblement des prévisions et autorisations" (art. 12, al.2, RFO-UEMOA), un projet de budget rectificatif dénommé collectif budgétaire est élaboré et soumis à l'adoption. Le budget initial est alors modifié pour prendre en compte l'incidence financière des circonstances nouvelles.

c °) : Les autorisations de programmes

Certains investissements, en raison de "leur nature technique et/ou de la date à laquelle ils doivent être entrepris" (art. 11, al.1, RFO-UEMOA), ont une exécution étalée sur plusieurs années budgétaires. Les crédits affectés à ces types d'investissement ne peuvent pas être des crédits à validité annuelle. Ces crédits font l'objet d'autorisations de programmes valables sur plusieurs années budgétaires.

Pour chaque autorisation de programme, il est ouvert, dans le budget de chaque année, des crédits de paiement correspondant au "montant des engagements autorisés au titre de l'année" (art.11, al.2, RFO-UEMOA).

Le droit budgétaire de l'Union ne connaît pas la même formulation que les directives portant nouveau cadre harmonisé des finances publiques dans l'Union. La directive communautaire relative aux lois de finances parle d'autorisation d'engagement et de crédits de paiement.

d °) : Les douzièmes provisoires

Les douzièmes provisoires n'ont pas été présentés sur la liste des aménagements au principe de l'annualité de l'article 10 du Règlement financier des organes de l'UEMOA. C'est cet article 10 qui recense les aménagements au principe de l'annualité évoqués à savoir la période complémentaire, les autorisations de programmes et les collectifs budgétaires. Les douzièmes provisoires apparaissent subrepticement à l'article 53 al.2 du Traité de l'Union et à l'article 51 du Règlement financier des organes de l'Union. Le Président de la Commission, en sa qualité d'ordonnateur principal, peut exécuter mensuellement les recettes et les dépenses par douzièmes provisoires lorsque le budget n'a pas été arrêté avant le début de l'exercice.

B : Le principe de l'unité

L'unité budgétaire est d'application stricte, sauf à tenir compte de certaines recettes aux différents Fonds de l'Union.

1 : Fondement du principe de l'unité

- "Le budget comprend *toutes* les recettes de l'Union et *toutes* les dépenses des institutions du présent Traité à l'exception des institutions spécialisées autonomes que sont la BCEAO et la BOAD" (art. 47, al.2, Traité UEMOA) ;

- "Budget de l'Union : acte par lequel est prévu et autorisé (…) l'*ensemble* des recettes et des dépenses des organes et des Fonds de l'Union" (art. 1er, RFO-UEMOA) ;

- "*L'ensemble* des recettes et des dépenses des organes et des Fonds de l'Union est retracé dans un *document budgétaire unique*, appelé budget de l'Union" (art. 7, al.1, RFO-UEMOA) ;

- "*L'ensemble* des documents qui forment le budget de l'Union est établi de façon à garantir une vision claire et une compréhension aisée, complète et synthétique de toutes les opérations de recette et de dépenses devant intervenir au cours de l'exercice budgétaire" (art.35, al.1, RFO-UEMOA).

2 : Contenu du principe de l'unité

Le budget de l'Union prend en compte les exigences découlant du principe de l'unité à savoir :

- l'exigence d'unicité : les recettes et les dépenses des organes de l'Union ainsi que les recettes et les dépenses des différents Fonds sont inscrits dans le budget de l'Union et présentent un solde unique de recettes et de dépenses du budget des organes de l'Union et des budgets spéciaux. Le budget de l'Union au titre de l'exercice 2013 est de 135.974.087.884. Il comprend le budget des organes de l'Union (87.296.860.600 FCFA) le budget spécial du FAIR (38.270.946.734 FCFA) et le budget spécial du FRDA (10.406.280.550 FCFA).[396]

[396] Règlement N°07/2012/CM/UEMOA du 27/11/2012 modifié par le Règlement N°02/2013/CM/UEMOA du 22/03/2013.

- l'exigence d'exhaustivité : toutes les recettes et toutes les dépenses sont inscrites au budget de l'Union, à l'exception des recettes et des dépenses de la BOAD et de la BCEAO (art. 47, al.2, Traité UEMOA).

3 : Aménagement au principe de l'unité

Le mécanisme des budgets spéciaux permet d'affecter des recettes particulières à des dépenses particulières. Les budgets spéciaux prévus par le Règlement financier des organes de l'UEMOA sont au nombre de quatre.[397] Les soldes de deux ces budgets spéciaux, à savoir le FAIR et le FRDA sont respectivement de 38.270.946.734 FCFA et de 10.406.280.550 FCFA pour l'année 2013. Ces soldes partiels sont intégrés au solde global du budget de l'Union.

C : Le principe de l'universalité

1 : Fondement du principe de l'universalité

"Le budget de l'Union décrit, *sans omission ni contraction, ni compensation*, l'intégralité du *montant brut* des recettes et des dépenses de l'Union. L'*ensemble des recettes* couvre *l'ensemble des dépenses sans affectation spéciale*" (art.13, RFO-UEMOA).

2 : Contenu du principe de l'universalité

Le texte communautaire prend en compte la règle du produit brut ("sans omission, ni contraction, ni compensation") et la règle de non affectation ("L'ensemble des recettes couvre l'ensemble des dépenses sans affectation spéciale").

3 : Aménagement au principe de l'universalité

L'aménagement concerne la règle de non affectation. En effet, par dérogation au principe de l'universalité, certaines recettes peuvent être affectées à certaines dépenses. Il s'agit de :

- subventions, aides, dons et legs grevés d'affectation par la partie versante et acceptés par l'Union. L'Union bénéficie de contributions importantes de la part de la Banque Mondiale, de la Banque africaine de Développement, du Fonds européen de développement et de la coopération bilatérale entre l'Union et certains États. Les financements mobilisés au profit de l'Union sont généralement des financements affectés à des projets ou programmes. Ces recettes ne peuvent servir à financer autre chose que ce qui a été convenu entre les parties ;

- toute autre recette affectée au financement de dépenses particulières par la Conférence des Chefs d'État ou par le Conseil des ministres (art. 14, RFO-UEMOA).

---

[397] Voir *supra* p. 411.

D : Le principe de spécialité

Le principe est affirmé avec des aménagements classiques au contenu redéfini.

1 : Fondement du principe

"Les crédits autorisés au budget de l'Union sont *spécialisés*" (art. 15, al.1, RFO-UEMOA).

2 : Contenu du principe

La spécialité des crédits renvoie à la nomenclature budgétaire. Pour le budget de l'Union, l'affectation des crédits est faite par politique. À l'intérieur des politiques, les crédits sont regroupés par nature (art. 15, al.2, RFO-UEMOA).

La politique budgétaire constitue le niveau d'autorisation contraignante du budget de l'Union. Elle a une valeur juridique et oblige l'ordonnateur principal et les ordonnateurs délégués du budget, sous le contrôle du comptable principal.

Les inscriptions au titre des politiques budgétaires correspondent à des crédits limitatifs.

3 : Aménagements au principe

Plusieurs aménagements sont à mentionner :

- les crédits évaluatifs : contrairement aux crédits limitatifs, les crédits évaluatifs peuvent être engagés, ordonnancés, et liquidés au-delà des montants inscrits dans le budget de l'Union. Les crédits évaluatifs correspondent aux charges de la dette, aux frais de justice, aux réparations civiles et aux restitutions ;

- les crédits pour dépenses imprévues : ils constituent des crédits complémentaires qui s'ajoutent aux crédits affectés aux politiques budgétaires. Ils ne doivent pas dépasser 5 % du montant total des crédits affectés à ces politiques budgétaires (art. 18, RFO-UEMOA).

- les virements et transferts de crédits : ils modifient les inscriptions de crédits à l'intérieur des politiques budgétaires. Les transferts de crédits opèrent des mouvements inter-politiques budgétaires. Les virements de crédits opèrent des mouvements intra-politiques budgétaires.

Les virements de crédits sont entourés de deux restrictions :

- ils ne peuvent dépasser 10 % des crédits arrêtés dans le budget initial ;

- ils ne peuvent avoir pour conséquence l'augmentation des crédits afférents à la rémunération du personnel. L'inverse est possible.

Enfin, les virements et transferts ne peuvent intervenir d'un crédit évaluatif vers un crédit limitatif. Il s'agit de prévenir les tentatives de contournement des textes communautaires, notamment sur le caractère limitatif de certains crédits.

Paragraphe 2 : Les principes qualitatifs

Les principes qualitatifs sont l'expression de nouveaux systèmes de valeurs qui émergent dans les systèmes de gestion financière publique : valeur de performance financière (efficacité, efficience), valeur économique et financière (équilibre) et valeur d'éthique publique (sincérité).

A : Le principe de sincérité

La sincérité budgétaire fait son apparition en droit communautaire avec une signification qui cadre avec les énonciations du droit budgétaire des États. Elle n'admet pas d'aménagement ni d'exception.

1 : Fondement du principe de sincérité

"Le budget présente de façon *sincère* l'ensemble des ressources et des charges des organes de l'Union" (art. 20, al.1, RFO-UEMOA).

2 : Contenu du principe de sincérité

La sincérité budgétaire a deux exigences :

- une exigence subjective : la "bonne foi" des agents à différents niveaux de la préparation du budget de l'Union ;

- une exigence objective : la production d'informations budgétaires qui donnent une "description exhaustive, exacte, claire et précise des opérations, évènements et situations" (art. 20, RFO-UEMOA)

B : Le principe d'équilibre

La conception de l'équilibre au niveau du budget de l'Union est aussi stricte qu'en droit budgétaire des collectivités territoriales. L'équilibre est conçu comme un principe fort inscrit dans le Traité de l'UEMOA et dans le Règlement financier des organes de l'UEMOA.

1 : Fondement du principe

- "le budget est *équilibré* en recettes et en dépenses" (art. 47 al.3, Traité UEMOA) ;

- "le budget de l'Union est obligatoirement adopté en *équilibre*" (art. 19, RFO-UEMOA).

2 : Contenu du principe d'équilibre

L'équilibre budgétaire présente quelques caractères essentiels :

- c'est un équilibre prévisionnel qui s'apprécie au moment où le budget de l'Union est présenté au Conseil des ministres. Les résultats de l'exécution du budget peuvent ne pas refléter l'équilibre affiché au moment où le budget de l'Union est réglé. Les collectifs budgétaires sont en principe censés pallier les écarts sans qu'on puisse dire qu'ils les éliminent totalement ;

- c'est un équilibre comptable et financier : recettes ordinaires = dépenses permanentes (art. 19, RFO-UEMOA). Les perspectives économiques et sociales n'entrent pas en ligne de compte. Dès lors, la notion de besoin de financement n'a pas cours en droit budgétaire de l'Union ;

- c'est un équilibre réalisé hors dons, subventions et emprunts. L'équilibre permet de mesurer la soutenabilité financière de l'Union (art. 27, RFO-UEMOA) ;

La notion de "dépenses permanentes" employée à l'article 19 du Règlement financier des organes de l'UEMOA a le même contenu que les "dépenses de fonctionnement de l'article 31 du même texte : dépenses de fonctionnement courant (rémunération du personnel, moyens de travail, transport, impôts et taxes) frais financiers, dotations aux amortissements et provisions.

3 : Aménagements au principe de l'équilibre

L'équilibre du budget de l'Union n'exclut pas les excédents de gestion. Les "excédents des gestions précédentes" sont pris comme des recettes ordinaires (art. 26, point 2, RFO-UEMOA).

L'excédent peut provenir des économies réalisées sur les inscriptions budgétaires en vertu du principe de bonne gouvernance. Il peut aussi provenir d'un surplus réalisé sur les réalisations fiscales au cordon douanier au titre du TEC. En période de forte croissance des importations provenant de pays tiers (en raison notamment des investissements importants dans les États membres nécessitant l'importation des biens d'équipements par exemple), le rendement du PCS pourrait dépasser les prévisions.

C : Le principe de bonne gouvernance

Le principe de bonne gouvernance rappelle et amplifie le principe de bonne gestion financière de l'Union européenne. Le règlement portant règlement financier des organes de l'UEMOA reprend les principes analytiques du droit budgétaire et ajoute des préoccupations de performance. L'accent est mis sur la qualité des opérations financières de l'Union : qualité de la dépense publique communautaire, optimisation des recettes.

1 : Fondement du principe

Les principaux aspects de la bonne gouvernance au sein de l'Union sont : l'obligation de rendre compte, la transparence, l'efficacité et l'efficience, la réceptivité, la pro-activité, la primauté du droit (art. 21, RFO-UEMOA).

2 : Contenu du principe

La bonne gouvernance comporte des aspects proprement financiers que sont :

- l'efficacité : comparer ce qui a été fait et ce qui était initialement prévu. Les ressources consenties doivent permettre d'atteindre les résultats et les buts des politiques publiques communautaires ;

- l'efficience : *ratio* entre les réalisations, résultats et/ou impacts et les ressources, notamment financières, utilisées pour y parvenir. Il s'agit de réaliser le maximum de choses avec le minimum de ressources.

Elle comporte aussi des aspects comportementaux et de style de management : obligation de rendre compte, transparence de l'action et des décisions, réceptivité et pro-activité, primauté du droit et absence de conflit d'intérêts (art. 21 & 43, RFO-UEMOA).

SECTION 3
L'ÉLABORATION DU BUDGET DE L'UNION

La préparation et l'adoption du budget de l'Union mettent en jeu des procédures et des organes qu'on appellera des autorités budgétaires.

Paragraphe 1 : Les autorités budgétaires

Les autorités budgétaires sont des maillons de la chaîne budgétaire. Elles sont des organes de l'Union ayant un pouvoir de décision ou d'avis sur les questions relatives à la préparation et à l'adoption du budget de l'Union.

A : La Conférence des Chefs d'État et de gouvernement

La Conférence des Chefs d'État et de gouvernement est l'organe suprême de l'Union. Elle prend des actes appelés Acte additionnel qui complètent le Traité mais ne peuvent le modifier (art. 18 du Traité UEMOA).

En matière budgétaire, la Conférence des Chefs d'État et de gouvernement, en application de l'article 54 du Traité de l'Union, a créé le Prélèvement communautaire de solidarité (PCS), fixé son assiette et son taux (Acte additionnel n° 04/1996, en date du 10 mai 1996, instituant un régime tarifaire préférentiel transitoire des échanges au sein de l'UEMOA et son mode de financement et l'Acte additionnel N° 07/99 du 8 décembre 1999 portant relèvement du prélèvement communautaire de solidarité). La Conférence détient le pouvoir de décision sur la recette principale du budget de l'Union.

B : Le Conseil des ministres

Le Conseil des ministres réunit principalement les ministres en charge des finances et ceux en charge du plan ou du développement. Il peut aussi réunir les "ministres compétents" pour l'adoption des décisions ne portant pas sur la politique économique et financière (art. 23, Traité UEMOA).

Le Conseil des ministres est l'instance compétente pour arrêter le budget de l'Union et le rendre exécutoire. Les collectifs budgétaires sont également arrêtés par le Conseil des ministres, soit en formation collégiale, soit par son président (art.41, RFO-UEMOA).

C : La Commission

La Commission est composée de sept commissaires thématiques et un président. Ils sont tous ressortissants des États membres et désignés par la Conférence des Chefs d'État. Ils exercent leurs fonctions "en toute indépendance dans l'intérêt général de l'Union" (art. 28, Traité UEMOA). Chaque commissaire est à la tête d'une importante administration qui entretient au quotidien les objectifs de l'Union sous l'autorité du président de la Commission.

La Commission prépare et exécute le budget de l'Union.

D : Le parlement

Le parlement est l'expression des idéaux de démocratie partagés par les États membres de l'Union. L'intégration régionale et le marché commun ouest-africain ne sauraient être l'affaire des seuls "technocrates de Ouagadougou." L'Union se doit d'être une union des peuples et le parlement incarne cette culture démocratique.

À défaut d'un parlement élu au suffrage universel, il est créé un comité interparlementaire regroupant les élus des parlements nationaux.

Le parlement donne un avis sur le budget de l'Union avant sa soumission au Conseil des ministres.

E : Le Comité des experts statutaires

Le Comité des experts est composé de représentants des États membres. Il est une structure d'appui au travail du Conseil des ministres. "Les délibérations du Conseil sont préparées par le Comité des experts" (art. 25, Traité UEMOA).

Le Comité des experts donne son avis sur le projet de budget de l'Union avant son examen par le Conseil des ministres (art. 39, RFO-UEMOA).

Paragraphe 2 : La préparation et l'adoption du budget de l'Union

La préparation du budget de l'Union consiste en une série d'opérations qui se déroulent selon un calendrier déterminé. L'adoption du budget suit et clôture la phase d'élaboration du budget.

A : Les prévisions budgétaires

L'estimation des recettes et des dépenses à inscrire au budget est la première étape du calendrier budgétaire.

1 : Le calendrier budgétaire

La préparation du budget de l'année *n+1* commence avant le 1er octobre de l'année *n* en se fondant sur les résultats de l'année *n-1*, tels qu'ils ont été approuvés par le Conseil des ministres réunis en session de décharge de l'ordonnateur principal et du comptable principal du budget de l'Union (art. 87, RFO-UEMOA).

Le projet de budget est transmis au Conseil des ministres au plus tard le 15 novembre (art. 40, RFO-UEMOA). Le Conseil a jusqu'au 31 décembre pour arrêter le budget par l'adoption d'un règlement (art.47, al.1, Traité UEMOA).

2 : L'estimation des recettes et des dépenses

L'exercice d'estimation des recettes et des dépenses est une tâche importante qui va conditionner le respect du principe de sincérité budgétaire. Les prévisions en recettes et en dépenses doivent être, en tout état de cause, "fiables" art. 38, al.1, RFO-UEMOA).

a °) : Les prévisions de dépenses

Elles empruntent à la fois aux techniques de budgétisation ascendante et descendante :

- *la budgétisation descendante* : elle commence par une initiative du Président de la Commission. Celui-ci prend des actes (règlement ou notes internes) qui orientent les services techniques chargés de la préparation du budget. Il fixe les orientations et les priorités et donne les repères en matière de performance des organes de l'Union. Le cadrage d'ensemble du budget est ainsi réalisé. Il oriente et balise les expressions de besoins par les organes et les services ;

- *la budgétisation ascendante* : les "dotations sollicitées" (art 38, al.8, RFO-UEMOA). Les organes et services présentent leurs besoins. Les crédits budgétaires sont ouverts en relation avec les dotations sollicitées et en les répartissant par programme sectoriel et par grande masse. Les arbitrages se font en prenant en compte l'état des réalisations budgétaires des deux exercices précédents et de l'exercice en cours. Cette comparaison permet de vérifier la "pertinence des dotations sollicitées" (art. 38, al.3, RFO-UEMOA).

Dans leurs grandes lignes, les techniques énoncées par le Règlement financier des organes de l'Union (2008) servent de base à une budgétisation par les moyens. Or, l'une des idées de base qui servent de fondement au règlement financier des organes de l'Union est la gestion axée sur les résultats. On trouve dans le texte et les articles relatifs à la préparation budgétaire des mots ou des expressions comme "performance", "objectifs", "indicateur", "rapport de performance", "résultats attendus" et "indicateurs de performance" (art. 2, 37, 38 & 85, RFO-UEMOA). Ces mots et expressions sont nécessaires à la gestion budgétaire axée sur les résultats mais ils ne sont pas suffisants pour la caractériser.

En plus du Règlement financier des organes de l'Union, les règlements et les notes internes du président de la Commission peuvent aussi contribuer à faire évoluer les finances de l'Union vers une budgétisation axée sur les résultats.

b °) : Les prévisions de recettes

Il faut distinguer les recettes ordinaires et les recettes extraordinaires :

- *les recettes ordinaires* : c'est principalement le Prélèvement communautaire de solidarité (la part du produit des taxes indirectes nationales et la TVA restent des projets) dont l'assiette et le taux sont fixés par Acte additionnel de la Conférence des Chefs d'État. C'est une recette ordinaire statutaire perçue au cordon douanier par les États membres et reversée sur le compte de la Commission de l'UEMOA ouvert dans les livres des agences nationales de la BCEAO. Le président de la Commission n'a pas de pouvoir de décision en ce domaine. Il se limite à faire une évaluation aussi précise que possible du rendement de cette recette. Mais une bonne estimation à partir des éléments de conjoncture économique ne permet pas forcément de faire de bonnes recettes. Il faut tenir compte de l'efficacité du recouvrement, notamment du PCS qui est confié aux services douaniers des États membres. La loyauté et la diligence de ces services influencent les réalisations mais aussi, en amont, les prévisions de recettes ordinaires statutaires. Dans le souci d'assurer un financement pérenne du processus d'intégration, principalement par des ressources propres et tenant compte à la fois des ressources disponibles et de celles nécessaires à l'exécution sécurisée du Programme d'activités de l'Union, la Conférence des Chefs d'État et de Gouvernement, par Acte Additionnel n° 07/99 du 08 décembre 1999, a relevé, pour compter du 1er janvier 2000, de 0,50 à 1 % le taux du PCS, la seule ressource propre de l'Union mise en œuvre depuis juillet 1996. Les autres recettes ordinaires sont mieux maîtrisées par la Commission et son Président. Leur estimation offre des garanties de plus grande fiabilité ;[398]

- *les recettes extraordinaires* : ce sont les recettes tirées des concours divers et de l'emprunt. Les montants attendus de ces types de recette sont inscrits au budget de l'Union même si les négociations ne sont pas clôturées. Il suffit qu'une suite favorable aux négociations soit "plausible" (art.38, al.2, RFO-UEMOA).

B : L'adoption du budget de l'Union

Les prévisions de recettes et de dépenses une fois terminées, le projet de budget peut être présenté à l'adoption, en suivant les règles fixées par les textes communautaires.

[398] UEMOA, *Rapport annuel de la Commission sur le fonctionnement et l'évolution de l'Union*, 2003, p. 42.

1 : La présentation du budget de l'Union

Le projet de budget de l'Union est une addition de documents qui forment un tout dont le but est de donner une vision claire, une compréhension aisée, complète et synthétique des opératoires budgétaires prévues au titre de l'année à venir. Le projet de budget de l'Union comprend :

- *la note de présentation du projet de budget de l'Union* (art. 35 & 37, RFO-UEMOA) : la note est élaborée par le Président de la Commission. Elle est au budget de l'Union ce que le rapport économique et financier du gouvernement est pour les lois de finances de l'année dans les États. La note explique l'origine et les causes des évolutions de recettes et de dépenses inscrites dans le projet de budget. Elle présente le contexte budgétaire et justifie les mesures nouvelles ainsi que les propositions d'économies pour garantir l'équilibre du budget ;

- *le tableau de perspective biennale* : c'est un tableau synoptique qui présente sur les deux dernières années précédant l'année de référence du projet de budget, les prévisions et les réalisations de recettes et de dépenses. Le tableau de perspective biennale vient en appui à la règle de la pénultième année (art. 38, al.4, RFO-UEMOA) et la prolonge jusqu'à l'année *n-2*. Il permet d'inscrire les prévisions de recettes dans une perspective de moyen terme ;

- *le tableau d'équilibre du budget de l'Union* : il présente les comptes en équilibre du budget des organes de l'Union et des budgets spéciaux des Fonds de l'Union ;

- *un cadre logique* : les programmes d'activité, les résultats attendus et les indicateurs de performance. Ce cadre logique adapté est une prise en compte de la gestion axée sur les résultats ;

- *le programme d'investissement des organes de l'Union* : il recense les dépenses en capital inscrites dans le projet de budget ;

- *le programme des interventions des Fonds de l'Union* : les Fonds de l'Union servent à financer des programmes comme l'intégration régionale des États membres, le développement agricole, la compensation des moins-values de recettes douanières. Le projet de budget doit comporter une situation des actions inscrites au titre de ces différents programmes au cours de l'année à venir ;

- *le tableau des écarts* : c'est un tableau qui met en parallèle les dépenses prévues et les dépenses exécutées de l'exercice précédent avec une indication, en pourcentage, des écarts ;

- *les tableaux des prévisions et des autorisations de recettes et de dépenses* : c'est le cœur du budget de l'Union. Ce sont des tableaux élaborés dans le respect des principes d'unité et de spécialité. Ils sont présentés selon la nomenclature budgétaire des organes de l'Union ;

- *les documents justificatifs des subventions, aides et prêts* : les subventions, aides et dons ne sont recevables que s'ils sont conformes aux conditions fixées par les articles 28 et 29 du règlement financier des organes de l'UEMOA : l'objet et la destination doivent être conformes aux objectifs de l'Union d'une part, et l'acceptation des dons et des prêts ne doit pas entraîner des charges disproportionnées ou compromettre à terme l'équilibre financier du budget de l'Union, d'autre part. Le Président de la commission doit apporter la preuve que ces conditions sont réunies lorsqu'il inscrit dans le projet de budget de l'Union des recettes provenant de subvention, aides et prêts.

2 : La procédure d'adoption

L'adoption du projet de budget de l'Union se fait en deux temps : d'abord le comité des experts statutaires fait un examen technique de l'ensemble des documents budgétaires. Il formule à l'occasion des avis qui vont orienter les délibérations de l'organe de décision qu'est le conseil des ministres.

Ensuite, le Comité Interparlementaire tenant lieu de parlement de l'Union reçoit le projet de budget. Il l'examine et formule ses observations. Cette procédure est consultative et les avis des membres du Comité Interparlementaire ne s'imposent pas au conseil des ministres (art. 47, Traité UEMOA).

Enfin, le conseil des ministres se saisit du projet de budget de l'Union et l'adopte à une majorité qualifiée des 2/3 de ses membres (art. 40, RFO-UEMOA). Le Conseil des ministres prend un règlement qui donne forme juridique au budget adopté.

Le règlement portant budget de l'Union est publié au Bulletin officiel de l'Union et communiqué aux États membres et aux organes de l'Union (art. 42, RFO-UEMOA).

3 : La présentation et l'adoption des budgets rectificatifs ou collectifs budgétaires

Les collectifs budgétaires sont des budgets de correction et d'ajustement. Ils interviennent en cours d'exécution du budget initial de l'Union. Ils suivent des règles particulières pour leur présentation et leur adoption.

Tableau n° 15 : Budgets généraux des organes de l'Union adoptés par le conseil des ministres de 2003 à 2013(en FCFA)

	Budget initial	Répartition des sources de financement	
		Ressources propres	Ressources extérieures
2003	44.108.547.654	85,76 %	14,24 %
2004	45 144 988 206	90,77 %	9,23 %
2005	50 135 423 081	86,74 %	13,26 %
2006	71.499.056.163	54,44 %	45,56 %
2007	94 674 310 041	60,56 %	39,44 %
2008	111 860 929 714	54 %	46 %
2009	104 582 525 602	64,06 %	35,94 %
2010	155 335 975 218	58 %	42 %
2011	139 648 333 018	64 %	36 %
2013	148 916 765 804	79 %	21 %

Source : Rapports annuels de la commission sur le fonctionnement et l'évolution de l'Union.

Les chiffres ci-dessus concernent les budgets votés et non les budgets exécutés. Les taux d'exécution peuvent être variables selon les années. Pour l'année 2011, les taux d'exécution des recettes ont été de 100,17 % pour le Prélèvement communautaire de solidarité (PCS), 158,40 % pour les autres recettes ordinaires (produits financiers, recettes tirées des ventes, etc.) et 54,37 % pour les recettes extraordinaires.[399]

a °) : La présentation des projets de budget rectificatif

Les règles de présentation du projet de collectif budgétaire répondent à un souci de justification des évolutions constatées et des modifications sollicitées. Le projet de collectif budgétaire comprend :

- *la note de présentation du projet du budget rectificatif de l'Union* (art. 37, point 2, RFO-UEMOA) : la note est élaborée par le Président de la Commission. Celui-ci explique et fournit des justifications des écarts constatés entre prévisions et réalisations budgétaires ;

- *le tableau des réalisations :* il présente les chiffres des réalisations de recettes et de dépenses de l'année budgétaire en cours. Le tableau des réalisations permet de mesurer l'écart entre les prévisions et les réalisations ;

- *les tableaux des prévisions et des autorisations de recettes et de dépenses* : ce sont les tableaux du budget initial en cours d'exécution mais

[399] UEMOA, *Rapport 2011 sur le fonctionnement et l'évolution de l'Union*, p. 58.

renseignés uniquement sur les lignes faisant l'objet d'une modification. La modification précise les crédits initiaux, les changements prévus dans le projet de budget rectificatif et la nouvelle inscription budgétaire qui en résulte.

b °) : L'adoption des budgets rectificatifs ou collectifs budgétaires

L'organe compétent pour adopter le projet de collectif budgétaire est le Conseil des ministres. Sa décision prend la forme d'un règlement pris en conseil des ministres de l'Union.

Par dérogation, le Président du Conseil des ministres, peut, en lieu et place du Conseil organe collégial, arrêter le projet de budget rectificatif (art. 41, RFO-UEMOA).

Un compte rendu est fait au Conseil des ministres à sa session suivante. Ce compte rendu n'est pas une demande de ratification de la mesure prise par le Président du Conseil des ministres. Il a valeur d'information du Conseil pour les diligences qui ont été prises entre deux sessions.

Encadré n° 31 : Adoption du budget de l'Union

UNION ÉCONOMIQUE ET MONÉTAIRE OUEST-AFRICAINE

Conseil des Ministres

RÈGLEMENT N° 02/2013/CM/UEMOA

PORTANT MODIFICATION DU RÈGLEMENT N° 07/2012/CM/UEMOADU 27 NOVEMBRE 2012 PORTANT ADOPTION DU BUDGET DE L'UNION ÉCONOMIQUE ET MONÉTAIRE OUEST-AFRICAINE AU TITRE DE L'EXERCICE 2013

LE CONSEIL DES MINISTRES DE L'UNION ÉCONOMIQUE ET MONÉTAIRE OUEST-AFRICAINE (UEMOA)

- VU le Traité de l'UEMOA notamment en ses articles 16, 20, 21, 26, 27, 47 et 53 ;

- VU l'Acte additionnel n° 04/96, en date du 10 mai 1996, instituant un régime tarifaire préférentiel transitoire des échanges au sein de l'UEMOA et son mode de financement, notamment en ses articles 23 et 24 ;

- VU le Règlement n° 01/2008/CM/UEMOA du 28 mars 2008, portant Règlement financier des Organes de l'Union ;

- VU le Règlement n° 06/2012/CM/UEMOA du 27 novembre 2012, portant affectation du produit du Prélèvement communautaire de Solidarité (PCS) au titre de l'exercice 2013 ;

- VU le Règlement n° 07/2012/CM/UEMOA du 27 novembre 2012, portant adoption du Budget de l'Union pour l'exercice 2013 ;

Soucieux de la bonne gestion des fonds mis à la disposition de l'Union ;

Sur proposition de la Commission ;

Après avis du Comité des Experts Statutaire en date du 07 mars 2013 ;

EDICTE LE RÈGLEMENT DONT LA TENEUR SUIT :

ARTICLE PREMIER :

Les dispositions de l'article premier du Règlement n° 07/2012/CM/UEMOA, portant adoption du Budget de l'Union au titre de l'exercice 2013 sont modifiées comme suit :

AU LIEU DE : Article premier :

Le Budget de l'Union économique et monétaire ouest-africaine au titre de l'exercice 2013, adopté tel qu'annexé au présent Règlement, est arrêté en recettes et en dépenses à *cent trente-deux milliards cinq cent quatre-vingt-huit millions quatre cent vingt-huit mille cent vingt-cinq (132.588.428.125) francs CFA* se répartissant comme suit :

- Budget des Organes de l'Union 85.557.116.707FCFA
- Budget Spécial du FAIR 36.889.029.313FC FA
- Budget Spécial du FRDA 10.142.282.105FCFA

LIRE : Article premier :

Le Budget de l'Union Economique et Monétaire Ouest Africaine au titre de l'exercice 2013, adopté tel qu'annexé au présent Règlement, est arrêté en recettes et en dépenses à *cent trente-cinq milliards neuf cent soixante-quatorze millions quatre-vingt-sept mille huit cent quatre-vingt-quatre (135.974.087.884) francs CFA* se répartissant comme suit :

- Budget des Organes de l'Union 87.296.860.600 FCFA
- Budget Spécial du FAIR 38.270 946. 734 FCFA
- Budget Spécial du FRDA 10.406.280.550 FCFA

ARTICLE 2 :

Les autres dispositions du Règlement n° 07/2012/CM/UEMOA susvisé demeurent inchangées.

ARTICLE 3 :

La Commission de l'Union Economique et Monétaire Ouest Africaine est chargée de l'exécution du présent Règlement qui sera publié au Bulletin Officiel de l'Union.

Fait à Abidjan, le 22 mars 2013

Pour le Conseil des Ministres, Le Président

CHAPITRE 2

L'EXÉCUTION DU BUDGET DE L'UNION

L'exécution du budget de l'Union met en œuvre des organes et des procédures.

SECTION 1
LES ORGANES D'EXÉCUTION DU BUDGET DE L'UNION

Les organes d'exécution du budget de l'Union sont, au premier plan, l'ordonnateur et le comptable, tous deux encadrés par la règle de séparation des organes et des fonctions.

Il existe une nette déconcentration des fonctions d'ordonnateur et de comptable, ce qui crée une diversité des organes d'exécution du budget de l'Union.

Paragraphe 1 : La fonction d'ordonnateur

Divers organes sont à regrouper sous cette fonction, avec un rôle et un régime de responsabilité.

A : Les différents ordonnateurs

Ce sont d'abord l'ordonnateur principal qu'est le Président de la Commission de l'UEMOA. Il joue un rôle de premier dans la phase de préparation du budget et aussi dans sa phase d'exécution. À ce titre, il est aussi administrateur principal des recettes et des dépenses du budget de l'Union.

Ensuite viennent les ordonnateurs délégués qui sont principalement les Présidents des organes de l'Union pour les crédits budgétaires qui leur sont affectés.

Enfin, viennent les ordonnateurs suppléants qui interviennent en cas d'empêchement ou d'absence de l'ordonnateur principal (art. 22, RFO-UEMOA).

B : Le rôle de l'ordonnateur principal

Il prescrit l'exécution des recettes et des dépenses et établit le compte administratif. En matière de recettes, il constate les droits, les liquide et émet les titres de recettes correspondants. S'agissant des dépenses, il engage, liquide et ordonnance (art. 22 & 44, RFO-UEMOA).

C : La responsabilité de l'ordonnateur

La responsabilité de l'ordonnateur est une responsabilité pécuniaire. Elle est engagée en cas de faute personnelle grave lorsque ses actes sont contraires aux dispositions du règlement financier des organes de l'Union et à ses modalités d'exécution.

Elle est aussi engagée en cas de faute de négligence qui peut se révéler dommageable pour les finances de l'Union (art. 44, al.5, RFO-UEMOA).

Paragraphe 2 : La fonction de comptable

Divers organes sont à regrouper sous cette fonction, avec un rôle et un régime de responsabilité.

A : Les différents comptables

Il y a d'abord le comptable principal, nommé par le Président de la Commission, lui-même ordonnateur principal du budget de l'Union. Il y a ensuite le Fondé de pouvoir et les comptables secondaires, nommés par le Président la Commission après avis conforme du comptable principal. Enfin, il y a les régisseurs d'avances et les régisseurs de recettes nommés par le Président de la Commission sur avis conforme du comptable (art. 50 & 60, RFO-UEMOA).

B : Le rôle du comptable principal

Le comptable principal est commis aux opérations d'encaissement et de décaissement, le maniement des fonds et valeurs ainsi que leur conservation. Il produit le compte de gestion (art. 22 & 46, RFO-UEMOA). Le Fondé de pouvoirs et les comptables secondaires ont le même rôle qu'ils exercent sous l'autorité du comptable principal.

Les régisseurs de recettes sont compétents pour procéder au recouvrement de "certaines recettes" (art. 50, RFO-UEMOA), tandis que les régisseurs d'avances effectuent des paiements sans engagement, liquidation et ordonnancement préalables lorsqu'on est en présence de dépenses de "faible montant" ou de dépenses ayant un "caractère d'urgence" (art. 60, RFO-UEMOA).

C : La responsabilité du comptable

La responsabilité du comptable est personnelle et pécuniaire. Elle est engagée lorsque les contrôles qu'il doit effectuer ne l'ont pas été.

Paragraphe 3 : La règle de la séparation des ordonnateurs et des comptables

La séparation des ordonnateurs et des comptables est présentée comme un principe de droit budgétaire et comptable.

A : L'affirmation du principe

L'affirmation du principe est contenue à l'article 6 du chapitre 2 consacré aux principes budgétaires dans le règlement financier des organes de l'Union.

B : Les implications du principe

Le principe implique une séparation des organes chargés des fonctions d'ordonnateur et de comptable. Il implique aussi que les conjoints, ascendants et descendants des ordonnateurs en fonction ne puissent exercer les fonctions de comptable au sein des organes dans lesquels leurs conjoints, ascendants ou descendants sont ordonnateurs.

SECTION 2
LES PROCÉDURES D'EXÉCUTION DU BUDGET DE L'UNION

Les États membres de l'UEMOA appartiennent à la même famille juridique, celle que le doyen René David appelle la famille romano-germanique. En fait, en dehors de la Guinée-Bissau, les autres États sont fortement imprégnés de droit public et surtout budgétaire français. Cet héritage et cette tradition des États se retrouvent au niveau communautaire, notamment en matière de procédures d'exécution du budget.

Paragraphe 1 : Les opérations de recettes

Les procédures d'exécution des recettes sont prévues au chapitre 2 du Règlement financier des organes de l'UEMOA.

A : Les différentes catégories de recettes (art. 25,26 & 27, RFO-UEMOA)

Les recettes de l'Union sont constituées de recettes ordinaires qui sont des ressources propres et des recettes extraordinaires qui sont des ressources d'origine extérieure.

Les recettes ordinaires sont constituées de recettes statutaires (le produit du Prélèvement communautaire de Solidarité provenant d'une fraction du produit du Tarif Extérieur Commun perçue au profit de l'Union, la fraction du produit des Taxes Indirectes nationales pouvant être perçue au profit de l'Union jusqu'à l'instauration de la TVA intracommunautaire, le produit de la TVA intracommunautaire lorsqu'elle sera instaurée, le produit des taxes additionnelles pouvant être introduites par l'Union à son profit) et d'autres recettes ordinaires (les produits financiers provenant des placements des disponibilités de l'Union effectués conformément aux dispositions du règlement financier, le produit de la vente des publications de l'Union, le produit de la cession des biens meubles réformés, le produit de la cession dûment autorisée de biens immobiliers, les recettes diverses telles que les indemnités, dommages et intérêts pouvant être perçus par l'Union à l'issue de litiges ou procédures contentieuses, les reprises de provisions, les excédents des gestions précédentes).

Les recettes extraordinaires de l'Union comprennent : les subventions et aides acceptées par l'Union, les dons et legs de toute origine acceptés par l'Union, les emprunts contractés.

B : L'exécution des recettes

Elle comprend les phases de : la constatation, la liquidation, l'émission du titre de recette et le recouvrement.

1 : La constatation (art. 48, RFO-UEMOA)

La constatation de la créance au profit du budget de l'Union est une opération complexe. Elle part d'abord de la vérification de légalité générale (recette régulièrement prévue par le Traité et le RFO-UEMOA) ; ensuite il y a un contrôle de légalité budgétaire (recette autorisée par le budget de l'Union en cours d'exécution) ; enfin, l'ordonnateur du budget de l'Union, qui est administrateur des recettes et des dépenses, vérifie l'existence et la réalité de la dette du débiteur ainsi que les conditions d'exigibilité.

La constatation peut prendre des formes très variées selon la nature de la recette. Les recettes du TEC sont constatées par les services douaniers des États membres. Cette constatation se fait concomitamment avec la constatation des autres taxes perçues au cordon douanier au profit des budgets des États membres.

En matière d'emprunt, le premier acte juridique est la signature de la convention de prêt, tandis que les dons et legs reposent juridiquement sur des conventions de don, des actes unilatéraux de donation ou par dévolution testamentaire.

2 : La liquidation

Elle consiste à rendre la créance liquide et donc à en arrêter le montant. La liquidation, au même titre que la constatation, prend des formes variées selon que l'on est en présence d'une taxe communautaire, d'un emprunt ou d'un don.

3 : L'émission du titre de recette

C'est la dernière phase de la procédure administrative d'exécution des recettes. L'émission du titre de recette se fait évidemment avant le recouvrement. Cependant, lorsque le recouvrement a lieu sans titre de recette préalable, un titre de régularisation est émis.

4 : Le recouvrement (art. 49, RFO-UEMOA)

C'est la phase comptable de la procédure d'exécution des recettes. Le comptable fait les diligences pour assurer la rentrée des créances constatées et liquidées en prenant en charge les titres de recette.

Dans l'exercice de ses fonctions de recouvrement, le comptable est habilité à :

- se prévaloir des privilèges et sûretés que les textes communautaires prévoient en matière de recouvrement ;

- faire une compensation entre les créances de l'Union et ses dettes. Le débiteur de l'Union qui a lui aussi une créance sur l'Union, créance certaine, liquide et exigible, est payé à due concurrence de ses droits sur l'Union.

Le recouvrement d'une recette est arrêté lorsque l'ordonnateur du budget de l'Union prend la décision de renoncer au recouvrement d'une créance. Le renoncement intervient dans les cas suivants :

- lorsque le rapport intérêt/coût est défavorable aux finances de l'Union. Il s'agit d'apprécier ici l'efficience de l'opération. Le coût prévisible de la procédure de recouvrement est supérieur au montant de la créance à recouvrer ;

- il y a impossibilité de faire le recouvrement pour les raisons tenant à l'ancienneté de la recette ou à l'insolvabilité du débiteur.

Paragraphe 2 : Les opérations de dépenses

Les dépenses autant que les recettes obéissent aux mêmes procédures d'exécution que celles pratiquées par les États membres pour l'exécution des lois de finances.

A : Les différentes catégories de dépenses (art. 30, 31 & 32, RFO-UEMOA)

Les dépenses des Organes de l'Union sont composées des dépenses de fonctionnement (achats de fournitures stockables et non stockables, dépenses de transport, dépenses relatives aux services extérieurs, dépenses relatives aux impôts, droits et taxes, dépenses diverses, dépenses de personnel, frais financiers sur emprunts et autres dettes, dotations aux amortissements et aux provisions) et des dépenses d'investissement et d'équipement (les immobilisations, le matériel et le mobilier, les transferts en capital, le remboursement du capital de la dette).

B : L'exécution des dépenses

Dans la droite ligne et à l'image du droit budgétaire et comptable des États membres, l'exécution des dépenses du budget de l'Union comprend une phase administrative et une phase comptable.

1 : La phase administrative

Elle comprend les étapes de l'engagement, de la liquidation et de l'ordonnancement. Le contenu de ces étapes est celui traditionnellement convenu dans le droit budgétaire des États et repris à l'article 1er du RFO-UEMOA.

Pour ce qui concerne les dépenses "obligatoires et récurrentes" (intérêts et capital de la dette, dépenses de personnel, contrats d'abonnement ou de baux), l'ordonnateur est autorisé à engager, en début d'exercice, la totalité des crédits inscrits au budget de l'Union (art. 61, al. 1, RFO-UEMOA). De même, s'agissant des budgets spéciaux des Fonds de l'Union, il peut être procédé à des engagements "globaux, trimestriels, semestriels ou annuels" (art. 61, al. 2, RFO-UEMOA).

Le droit budgétaire communautaire a prévu aussi une procédure dite de dégagement qui est un engagement négatif. Elle consiste à réduire juridiquement les crédits engagés pour une dépense, lorsque le montant engagé est supérieur au montant de la liquidation.

2 : La phase comptable

Elle comporte une étape unique : le paiement. La technique de la compensation est admise sous condition en matière de recette (art. 49, RFO-UEMOA). En matière de dépense, la compensation totale ou partielle n'est admise que dans les "cas limitatifs prévus par les textes de l'OHADA" (art. 57-1, RFO-UEMOA).

Le comptable effectue, avant le paiement libératoire, les contrôles de régularité et d'exigibilité prévus par les textes. Si les contrôles révèlent des insuffisances, le comptable sursoit au paiement. Il appartient alors à l'ordonnateur de prendre une réquisition de payer. La réquisition est inopérante dans les cas où le refus de payer du comptable concerne les motifs :

- d'insuffisance de fonds disponibles ;

- de dépenses ordonnancées sur des crédits irrégulièrement ouverts ou insuffisants ou sur des crédits autres que ceux sur lesquels elles devraient être imputées ;

- d'absence de justification de service fait ;

- de défaut de caractère libératoire du règlement ;

- d'absence de caractère exécutoire des actes pris.

Certaines dépenses (rémunération mensuelle du personnel, cotisations sociales, évacuation sanitaire, service de la dette) font l'objet de paiement sans ordonnancement préalable (art. 61, al.3, RFO-UEMOA). Une ordonnance de régularisation intervient ensuite avant la clôture de l'exercice budgétaire.

3 : La question des dépenses sur recettes extraordinaires

Les dons, legs et les recettes d'emprunt suivent le régime normal d'exécution des dépenses du budget de l'Union tel que précédemment décrit. C'est en principe l'esprit des engagements découlant de la Déclaration de Paris sur l'efficacité de l'aide au développement (2005).

Cependant, lorsque les partenaires le demandent, l'exécution des dépenses liées aux actions dont ils assurent le financement peut suivre des règles et des procédures budgétaires et comptables dérogatoires, fixées par eux. En application du principe de l'unité budgétaire, les sommes concernées doivent malgré tout être inscrites dans le budget de l'Union (art. 59, RFO-UEMOA).

4 : La déchéance quadriennale

Elle s'applique aux dettes de l'Union qui n'ont pas été réclamées au bout de quatre ans à compter de la date d'exigibilité. La déchéance quadriennale est constatée par une Décision de l'ordonnateur notifiée au comptable (art.62, RFO-UEMOA).

CHAPITRE 3

LE CONTRÔLE DE L'EXÉCUTION DU BUDGET DE L'UNION

Les organes de l'Union tiennent plusieurs comptabilités qui précèdent ou rendent possible le contrôle de l'exécution du budget.

SECTION 1
LES DIFFÉRENTES COMPTABILITÉS TENUES PAR LES ORGANES DE L'UNION (ART 78 ET SUIV. RFO-UEMOA)

L'ordonnateur et le comptable du budget de l'Union tiennent, chacun, des comptes qui rendront possibles, ensuite, la reddition de comptes auprès des organes de contrôle.

Paragraphe 1 : Les comptes de l'ordonnateur principal

L'ordonnateur principal et ses délégués tiennent une comptabilité administrative, une comptabilité des matières et une comptabilité analytique

A : La comptabilité administrative

La comptabilité administrative retrace les opérations budgétaires exécutées par l'ordonnateur. C'est une comptabilité budgétaire en partie simple tenue selon la nomenclature budgétaire. Elle présente le résultat de l'exécution de chaque exercice budgétaire en recettes et en dépenses.

B : La comptabilité des matières

Le patrimoine de l'Union est retracé, en stock et en mouvement, dans la comptabilité des matières tenue par l'ordonnateur principal et ses délégués. Cette description s'effectue en quantité et en valeur.

C : La comptabilité analytique

Elle permet de "déterminer de façon autonome le coût des services" (art. 81, RFO-UEMOA). Elle est tenue par l'ordonnateur mais ne peut se passer de données fournies par le comptable.

Paragraphe 2 : Les comptes du comptable

Le comptable principal du budget de l'Union tient une comptabilité plus complète tenue selon une nomenclature différente de la nomenclature budgétaire en partie simple.

A : La comptabilité de gestion

Elle retrace aussi bien les opérations budgétaires que les opérations non budgétaires (opérations de trésorerie, mouvement du patrimoine, etc.) et détermine le résultat de fin d'exercice.

B : La nomenclature comptable

C'est une nomenclature comptable inspirée du plan comptable général du Système Comptable de l'Organisation pour l'Harmonisation du Droit des Affaires en Afrique (SYSCOHADA). Elle est tenue en partie double et comprend les comptes permettant d'établir le compte de gestion de l'Union ainsi que les états financiers.

SECTION 2
LES DIFFÉRENTES CATÉGORIES DE CONTRÔLE DE L'EXÉCUTION DU BUDGET DE L'UNION

L'exécution du budget de l'Union est soumise à des contrôles à la fois internes et externes.

Paragraphe 1 : Les contrôles internes

Les contrôles internes qui s'exercent sur l'exécution du budget de l'Union sont des contrôles en cours d'exécution et qui sont assurés par des organes intégrés à l'organigramme de la Commission de l'UEMOA. Ils sont mis en place par l'ordonnateur principal "en fonction des risques associés à l'environnement de gestion et à la nature des actions financées" (art. 45, RFO-UEMOA).

A : Les contrôles opérés par les services gestionnaires

Les services gestionnaires sont ceux en charge de la conduite des opérations d'exécution du budget aux différentes étapes desdites opérations. Ils ont l'initiative en matière d'exécution du budget, sous l'autorité de l'ordonnateur principal et des ordonnateurs délégués. Le contrôle n'est pas leur mission principale. Il est une tâche qui accompagne leurs activités quotidiennes, lorsqu'ils s'occupent de l'exécution du budget.

Les services gestionnaires doivent s'assurer de la disponibilité de crédits (en matière de dépenses) et de la régularité des actes d'exécution qu'ils prennent en matière budgétaire. Ce contrôle couvre les étapes de l'engagement, de la liquidation et de l'ordonnancement.

B : Les contrôles opérés par les services de vérification

Les services de vérification sont animés par des vérificateurs qui ont comme mission principale le contrôle de l'exécution du budget.

1 : Nature du contrôle

Le contrôle des services de vérification porte sur la régularité et la conformité des opérations financières des organes de l'Union. Les vérificateurs ne se mêlent pas de l'appréciation de l'opportunité des opérations budgétaires.

2 : L'étendue du contrôle

Le contrôle des vérificateurs peut être un contrôle exhaustif sur tous les documents et sur toutes les opérations d'exécution du budget. Ce contrôle peut aussi être un contrôle par sondage et ne porter que sur quelques opérations identifiées par les vérificateurs.

Le contrôle des vérificateurs peut porter sur tout ou seulement une partie de la chaîne d'exécution du budget, à savoir l'engagement, la liquidation et l'ordonnancement.

3 : Les pouvoirs des vérificateurs

Les vérificateurs délivrent un visa de contrôle sur les opérations d'engagement de dépenses, lorsqu'ils estiment que les pièces et la procédure sont conformes à la règlementation financière de l'Union. Lorsqu'ils constatent une irrégularité ou un défaut de conformité portant sur les pièces ou sur la procédure, ils refusent d'accorder leur visa. Seul l'ordonnateur principal est habilité à passer outre le refus de visa décidé par les vérificateurs (art. 55, al.5, RFO-UEMOA).

C : Le service d'audit interne

Comme tout service d'audit interne, celui de la Commission de l'UEMOA a pour mission de traquer les risques et d'améliorer les méthodes de travail. Il jouit, pour ce faire, d'une indépendance dans la conduite de ses opérations mais la responsabilité de tout auditeur peut être mise en jeu par le Président de la Commission de l'UEMOA (art. 56, RFO-UEMOA).

D : Les contrôles effectués par le comptable

Les opérations d'encaissement et de décaissement donnent aussi lieu à des contrôles qui sont exécutés par le comptable.[400]

---

[400] Voir *supra* p. 438.

Paragraphe 2 : Les contrôles externes

Les contrôles externes sont ceux exécutés par des organes de l'Union qui ne sont pas intégrés à la hiérarchie de la Commission de l'UEMOA et qui donc ne sont pas des directions ou des services de ladite Commission. Les contrôles externes viennent en application du principe de bonne gouvernance, précisément de "l'obligation de rendre compte : rendre compte de l'utilisation des fonds qui doit être conforme à des objectifs et politiques précis et convenus" (art. 21, RFO-UEMOA). Deux organes de l'Union et un mécanisme externe sont principalement concernés par le contrôle de l'exécution du budget : il s'agit de la Cour des comptes, du Conseil des ministres et des auditeurs externes.

A : La Cour des comptes

Créée par le Traité de l'UEMOA en 1994, la Cour des comptes n'a effectivement démarré ses activités qu'en 1998, soit environ quatre années après que les organes à contrôler sont installés et rendus fonctionnels.

1 : Nature juridique de la Cour des comptes

L'article 38 du Traité de l'UEMOA parle "d'organe de contrôle juridictionnel." De même, l'article 86 al.1 du Règlement financier des organes de l'Union évoque le "contrôle juridictionnel des comptes de l'Union (...) assuré par la Cour des comptes de l'Union". Le Règlement n° 01/2000/CM/UEMOA du 30 mars 2000 portant modalité du contrôle de la Cour des comptes le qualifie également "d'organe juridictionnel" (art. 2). Quant au Protocole additionnel n° 1 relatif aux organes de contrôle de l'UEMOA, il ne retient plus le qualificatif juridictionnel.

Au regard des attributions de la Cour des comptes, celle-ci ne juge pas les comptes des organes de l'Union et ne juge pas non plus le comptable principal et l'ordonnateur principal du budget de l'Union. La Cour des comptes de l'UEMOA appartient à la même famille que la Cour des comptes de l'Union européenne, la *General Accounting Office* des États-Unis d'Amérique ou la *National Audit Office* du Royaume-Uni qui ont une mission traditionnelle de contrôle et de vérification (apurement des comptes et contrôle de la gestion).[401] La Cour des comptes de l'UEMOA a le profil d'une apporteuse d'expertise au profit des organes plus politiques comme le parlement ou le conseil des ministres. En effet, elle élabore chaque année un rapport et un certificat de conformité des comptes des Organes de l'UEMOA, qu'elle transmet au Conseil des Ministres.

[401] D. Drach, "Le *General Accounting Office* des Etats-Unis" *in Revue Française de Finances Publiques*, n° 36, 1991 p. 71; Sir J. Bourn, "La reddition des comptes au Parlement du Royaume-Uni", *in Revue Française de Finances Publiques*, n° 36, 1991, p. 95.

2 : Organisation et fonctionnement

Selon les dispositions de l'article 24 du Protocole additionnel n° 1 relatif aux organes de contrôle de l'UEMOA, la Cour des comptes de l'UEMOA est composée de trois membres, appelés Conseillers, nommés pour un mandat de six ans renouvelable une fois, par la Conférence des Chefs d'État et de Gouvernement. Les seuls critères de sélection contenus dans le texte sont la compétence et l'indépendance.

Les conseillers sont assistés de collaborateurs qui sont surtout des vérificateurs. Ils peuvent aussi recourir à de l'expertise extérieure fournie par des consultants.

3 : Mission et attributions

La Cour exerce une mission générale de "contrôle de l'ensemble des comptes des organes de l'Union. Ce contrôle porte notamment sur la régularité et l'efficacité de l'utilisation de leurs ressources" (art. 23 Protocole additionnel n° 1 relatif aux organes de contrôle de l'UEMOA). Les attributions qui découlent de cette mission sont : contrôle des comptes des Organes de l'Union et du Conseil régional de l'épargne publique et des marchés financiers, l'évaluation des systèmes de contrôle des comptes des États membres, l'appui au Contrôle des comptes des États membres.

a °) : Le contrôle des comptes des Organes de l'Union et du Conseil régional de l'épargne publique et des marchés financiers

La Cour des comptes a en charge le contrôle des comptes des organes de l'Union que sont : la Commission, la Cour de Justice, la Chambre Consulaire Régionale et le Parlement. Les recettes et les dépenses de ces organes sont retracées dans le budget de l'Union. Le contrôle de l'exécution de ce budget de l'Union implique donc le contrôle des comptes de ces différents organes.

Pour ce faire, le Président de la Commission transmet à la Cour, au plus tard le 2 mai de l'année suivant l'exercice clos, le compte administratif et le compte de gestion. La Cour exerce son contrôle sur pièces et, au besoin, sur place. La procédure devant la Cour est écrite et contradictoire.

La Cour établit, chaque année, un rapport et un certificat de conformité (ou ses réserves) sur les comptes des Organes de l'UEMOA, qu'elle transmet au Conseil des Ministres, au plus tard le 1er septembre de l'année suivant l'exercice clos (Art. 86, *in fine*, RFO-UEMOA).[402] Les réserves de la Cour sont formulées lorsque le certificat de conformité ne peut être délivré parce

[402] Il existe des divergences de dates entre le Règlement financier des organes de l'Union et le Règlement n°01/2000/CM/UEMOA portant modalités du contrôle de la Cour des comptes. Le règlement financier étant de l'année 2008, on estime qu'il annule toutes dispositions antérieures contraires, notamment certaines dispositions du règlement n°01/2000/CM/UEMOA qui date du 30 mars 2000.

que le compte administratif ou de gestion ou encore les vérifications sur pièces ou sur place révèlent des irrégularités.

On note des retards dans la production desdits rapports de contrôle. Ainsi, la Cour a transmis au Conseil des Ministres, ses rapports définitifs sur le contrôle des comptes des Organes de l'Union, au titre des exercices 1996 à 2000 au cours de l'année civile 2007. Elle a ensuite poursuivi ses travaux sur le contrôle des comptes des exercices 2001 à 2006.[403]

En plus des organes de l'Union économique et monétaire ouest-africaine, la Cour exerce aussi un contrôle sur les comptes d'un organe de l'UMOA, à savoir le Conseil régional de l'épargne publique et des marchés financiers.

La Cour certifie aussi les comptes d'exécution des projets sur financement extérieur. Ainsi, elle a procédé à la certification des états d'exécution financière, arrêtés au 30 juin 2008, des onze projets et programmes financés dans le cadre de la convention de financement CBF n° CZZ 3049 01 du 28 décembre 2005, signée entre l'UEMOA et l'Agence française de développement (AFD).[404]

b °) : L'évaluation des systèmes de contrôle des comptes des États membres

Aux termes de l'article 69 du Traité de l'UEMOA, les conseillers de la Cour des comptes de l'Union et les présidents des Cours des comptes des États membres se réunissent une fois par an pour "procéder à une évaluation des systèmes de contrôle des comptes et des résultats des contrôles effectués durant l'exercice écoulé."

Les rapports d'évaluation sont assortis, le cas échéant, de suggestions d'harmonisation des systèmes de contrôle et d'élaboration de normes communes de contrôle dans les États. Ces rapports d'évaluation se prononcent également sur la fiabilité et la conformité des données financières et budgétaires fournies par les États avec les règles financières et comptables adoptées par l'UEMOA. Les principales recommandations issues des rapports d'évaluation depuis 1999 portent sur : le retard dans la production des comptes, les comptes produits ne sont pas toujours en état d'examen, certaines juridictions financières nationales souffrent d'une insuffisance de compétences techniques, les recommandations des organes de contrôle ne sont pas toujours suivies d'effet.

c °) : Le contrôle des comptes des États membres

Le contrôle des comptes des États membres de l'Union par la Cour des comptes de l'UEMOA peut avoir lieu à la demande d'un État membre, lorsque

---

403 UEMOA, *Rapport annuel 2007 de la Commission sur le fonctionnement et l'évolution de l'Union*, Ouagadougou, 2008, p. 48.

404 UEMOA, *Rapport annuel 2009 de la Commission sur le fonctionnement et l'évolution de l'Union*, Ouagadougou, 2010, pp. 67 & 68.

cet État n'a pas d'organe de contrôle des comptes (art. 68, Traité de l'UEMOA). Aucun État membre n'a demandé à bénéficier de cette offre d'appui de la Cour des comptes de l'UEMOA.

B : Le Conseil des ministres (art. 87, RFO-UEMOA)

Sur la base du rapport annuel et du certificat de conformité produits par la Cour des comptes, le Conseil des ministres délivre une décharge à l'ordonnateur principal et au comptable au plus tard le 1er octobre de l'exercice auquel se rapportent les comptes sous examen. Au cas où la Cour aurait formulé des réserves sur les comptes soumis à son contrôle, la décharge à donner par le Conseil des ministres est conditionnée par la levée de ces réserves, c'est-à-dire l'apport de réponses satisfaisantes aux irrégularités qui fondent les réserves.

La décharge prend la forme d'une Décision du Conseil des ministres.

C : L'audit externe (art.89, RFO-UEMOA)

L'audit externe a la particularité et l'avantage d'être exécuté par un organe indépendant animé par des professionnels du contrôle des comptes publics et privés. L'audit externe peut aussi être un audit organisationnel, un audit des ressources humaines ou tout autre domaine qui contribue à la mise en œuvre du principe de bonne gouvernance des organes de l'Union.

L'audit externe des comptes administratifs et de gestion est un contrôle qui s'exécute *a posteriori* de l'exécution du budget de l'Union. Il est effectué tous les ans sur lesdits comptes, au plus tard le 30 juin de l'année suivant l'exercice concerné. C'est un audit externe systématique et obligatoire.

Des audits externes ponctuels et circonstanciels peuvent être ordonnés, soit par le Conseil des ministres (lorsque les comptes de l'ordonnateur principal et du comptable principal n'ont pu être réconciliés par exemple), soit par la Commission dès lors qu'une convention de financement extérieur le prévoit ou lorsqu'il a besoin d'évaluer une action financée par les budgets spéciaux des Fonds de l'Union.

A

B

C

D

E

F

G

I

K

L

M

N

O

P

Q

R

S

T

U

V

W

Z

LISTE DES TABLEAUX ET ENCADRÉS

Tableaux

Encadrés

BIBLIOGRAPHIE GÉNÉRALE

BIBLIOGRAPHIE AFRICAINE

OUVRAGES

B

BERTHELEMY (J-C.) et alii, *Privatisation en Afrique subsaharienne : un état des lieux*, Paris, édit. OCDE, 2004.

BIPOUN WOUM (J. M.), *Le droit institutionnel africain*, Paris, L.G.D.J., 1970,

C

CABRI, *Vers une budgétisation axée sur les performances*, Actes du 8ème séminaire annuel de CABRI, Pretoria, 2012.

CABRI, AFROSAI, ATAF, *Status Report. Good Financial Governance in Africa*, Pretoria, CABRI, 2011.

CABRI, Banque africaine de développement, *Budget Practices and Procedures in Africa*, Pretoria, CABRI, 2009.

CABRI, *Elaboration du Budget-Programme : expériences et enseignements de l'île Maurice,* Pretoria, CABRI, 2013.

CELIMENE (R.) *Droit budgétaire et comptabilité publique au Sénégal*, N.E.A., 1985.

CEREXHE (E.) et HARDY DE BEAULIEU (L.), *Introduction à l'UEMOA*, Bruxelles, de Boech et Larcier S.A, 1997.

CHACOUROU (A.A.), *Le contrôle des finances publiques aux Comores*, Paris, L'Harmattan, 1992.

CHARLES (F.), *Finances publiques du Sénégal*, Paris, A. Pedone, 1975.

CHUHAN-POLE (P.), ANGWAFO (M.), dir., *Yes Africa Can. Success Stories from a Dynamic Continent*, Washington, BanqueMondiale, 2011.

COULIBALY (A.), *Les finances publiques de la Côte-d'Ivoire*, Paris, L'Harmattan, Paris, 2000.

D

DAVID LAWSON (A.) et alii, *Le club de Paris, sortir de l'engrenage de la dette*, Paris, L'Harmattan, 2004.

DIAKITE (M.), *Le défi de l'intégration économique en Afrique de l'ouest*, Paris, L'Harmattan, 1997.

DIALLO (M), *La comptabilité publique dans les États africains francophones : Pratiques postcoloniales et grandes misères actuelles,* Dakar, N.E.A., 2015.

DIOP (M.), *Finances publiques sénégalaises*, Dakar, N.E.A. 1977.

DIOUBATE (B.), *La Banque mondiale et les pays en développement*, Paris, L'Harmattan, 2008.

DIOUF (M.), *Intégration économique et perspective africaine*, Dakar, N.E.A./Publisud, 1984.

DIOUF (M.), *L'endettement, puis l'ajustement : L'Afrique des institutions de Bretton Woods,* Paris, L'harmattan, 2002.

DIOUKHANE (A), *Les juridictions financières dans l'UEMOA- La Cour des comptes du Sénégal*, Paris, L'Harmattan, 2016.

DIOUKHANE (A.), *Les finances publiques dans l'UEMOA : le budget du Sénégal*, Paris, L'Harmattan, 2015.

DUFRENOT (G.) et SAKHO (E.A.), *dir. Enjeux des politiques macroéconomiques des pays de l'UEMOA,* Paris, Economia, 2008.

DUFRENOT (G.), HOUESSOU (E.) et NONFODJI (E.), *Politique budgétaire et dette dans les pays de l'UEMOA,* Paris, Economica, 2007.

F

FOURRIER (C.), *Finances publiques du Sénégal*, Paris, Pedone, 1975.

G

GERARDIN (H.), *La Zone Franc : histoire et institutions*, Paris, L'Harmattan, 1989.

GOUDOU (T.) *L'État, la politique et le droit parlementaire en Afrique*, Paris, Berger-Levrault, Paris 1987.

K

KI-ZERBO (J.), *Le Monde africain noir : histoire et civilisation*, Paris, Hatier, 1972.

KOUAME (P.), *Intégration monétaire et croissance économique en Afrique de l'Ouest*, Abidjan, N.E.A., 1988.

KWAM (K.), *Organisations internationales africaines*, Paris, Berger-Levrault, 1987.

L

LAMUMIERE (P.) et CASTAGNEDE (B.) dir., *Encyclopédie juridique de l'Afrique Tome 3 : Systèmes budgétaires, financiers, fiscaux et douaniers*, Dakar, N.E.A., 1982.

M

MEDE (N.), dir., *La LOLF dans tous ses états*, Cotonou, Centre de Production Universitaire, 2015. Préface de Michel Bouvier.

MEDE (N.), dir., *La réforme de l'État au Bénin : état de la réforme... et perspectives*, Cotonou, Centre de Production Universitaire, 2013. Préface du Professeur Albert Tévoèdjrè.

MEDE (N.), *Les grandes décisions de la Cour constitutionnelle du Bénin*, Saarbrücken, Editions universitaires européennes, 2012. Préface de Robert Dossou.

MELEDJE (D.), *Les grands arrêts de la jurisprudence constitutionnelle ivoirienne*, Abidjan, CNDJ, 2012.

MOUSSA (D.), *Le défi de l'intégration économique en Afrique de l'ouest*, Paris, L'Harmattan, 1997.

N

N'GUESSAN (T.), *Gouvernance et politique monétaire : À qui profitent les Banques centrales de la zone franc ?*, Paris, L'Harmattan, 1996.

N'GUYEN (C.T.), *Finances publiques sénégalaise*, Paris, L'Harmattan, 1990.

NDIAYE (A.K.. C.), *L'inspection Générale d'État du Sénégal : origines, évolution, originalités*, N.E.A. 1990.

NDOUME (F.), *Contrôle budgétaire en Afrique francophone et le rôle des parlementaires* Dakar, Le Centre parlementaire, 2007.

NGUYEN(C.T.), *Finances publiques sénégalaises,* Paris, L'Harmattan, 1990.

O

OBSERVATOIRE DE LA DECENTRALISATION, *État de la décentralisation en Afrique*, Paris, Karthala-PDM, 2003.

OUATTARA (A.T.), *L'économie des finances publiques et le système budgétaire malien*, Bamako, édit. Jamana, 2ème édit. 2002.

OUSMANE (O.), *Plaidoyer macroéconomique pour l'Afrique*, Paris, Karthala, 1999.

P

PAMBOU TCHIVOUNDA (G.), *Essai sur l'État africain postcolonial,* Paris, L.G.D.J., 1982.

PLANE (P.) et TANIMOUNE (N.A.), *Performances et convergence des politiques économiques : la zone franc en Afrique de l'Ouest*, C.E.R.D.I., Études & Documents, 2004.

S

SAKHO (E.H.A.) et DUFRENOT (G.), *Enjeux des politiques macro-économiques des pays de l'UEMOA,* Paris, Economica, 2008.

SALL (A.), *La justice de l'intégration : Réflexion sur les institutions judiciaires de la CEDEAO et de l'UEMOA*, Dakar, C.R.E.D.I.L.A., 2011.

SALL (A.), *Les mutations de l'intégration des États en Afrique de l'Ouest ; une approche institutionnelle*, Paris, L'Harmattan, 2006.

SEMEDO (G.) ET VILIEU (P.), *La zone franc, mécanisme et perspectives macroéconomiques,* Paris, Ellipses, 1997.

SINDJOUN (L.), *Les grandes décisions de la justice constitutionnelle africaine*, Bruxelles, Bruylant, 2009.

SY (D.), *Droit administratif*, Dakar, L'Harmattan/C.R.E.D.I.L.A., 2014.

W

WODIE (F.), *Les institutions internationales régionales en Afrique occidentale et Centrale,* Paris, L.G.D.J., 1970.

Y

YATTA (F-P), *La décentralisation fiscale en Afrique, enjeux et perspectives,* Paris, Karthala, 2009.

YONABA (S.), *Les finances de l'État burkinabè,* Ouagadougou, P.A.D.E.G., 2006.

Z

ZAGRE (P.), *Les politiques économiques du Burkina Faso, une tradition d'ajustement structurel*, Paris, Karthala, 1994.

ARTICLES

A

ABDOULAYE (S.), « Le système institutionnel de surveillance multilatérale des politiques macro-économiques au sein de l'UEMOA », *Cahiers du CEEI*, n° 2, décembre 1999.

ARY TANIMOUNE (N.) et PLANE (P.), « Règles et mécanismes budgétaires dans le cadre du Pacte de solidarité et de croissance de l'UEMOA : une analyse empirique exploratoire », CERDI, 2004.

ASSILAMEHOU (E.), « La gestion budgétaire par objectif : un instrument de bonne gouvernance financière, le cas su Bénin », Revue *Liaison Energie-Francophonie* N° 60, 2003.

AVOM (D.), « La coordination des politiques budgétaires dans une Union monétaire : l'expérience récente des pays de la CEMAC », *Revue du Tiers Monde*, n ° 192-2007, pp.871-893.

B

BADO (L.), « Réflexions sur la bonne gestion gouvernementale au Burkina Faso », *Revue Burkinabé de Droit*, n° 31-1er semestre 1997, pp.72-92.

BARRIER (J. P.), « L'intégration régionale en Afrique du Centre et de l'Ouest », *Afrique contemporaine,* n° 166/1993.

BATOUM-BA-NGOUES (S.), « Démocratisation et processus budgétaire dans les États de la Communauté économique et monétaire de l'Afrique centrale (CEMAC) : le cas du Cameroun », Revue *Afrilex*, n° 4, 2004, pp.7-26.

BILOUNGA (S.), « La diction du droit public financier au Cameroun », *Revue Africaine de Finances Publiques*, n° 1, 2015, p.41.

BIWOLE (V.), « Le budget programme en Afrique : quand les faits supplantent le rêve », *Revue Africaine de Finances Publiques*, n° 1, 2015, p.135.

BOCKEL (A.), "Le juge et l'administration en Afrique noire », *Annales africaines*, 1973, p.9.

BOCKEL (A.), « Les contrats des personnes publiques et les règles de la comptabilité publique, *Annales Africaines* 1974 ;

BOULEY (D.), FOURNEL (J.) et LERUTH (L.), « Comment fonctionnent les systèmes du Trésor dans les pays francophones de l'Afrique subsaharienne », *Revue de l'OCDE sur la gestion budgétaire*, 2003.

BRETON (J-M.), « Introduction à la problématique du contrôle de l'administration et des finances publiques », *Annales de l'Université de Bangui*, 1976, I, p.174.

C

CHIDJOU (K.), « Régionalisme, mondialisation et développement : les processus d'intégration dans les Unions européenne et africaine à travers les exemples des

PECO et de l'UEMOA », *Revue juridique et Politique des États Francophones*, janvier-mars 2004.

CHITOU (M. A.), « Le renforcement des contrôles : le rôle des juridictions financières africaines », *Revue Française de Finances Publiques*, n ° 98, juin 2007.

D

Da (D.), « L'application des directives de l'UEMOA sur la comptabilité publique au Burkina Faso : les avancées et les contraintes », *Revue Française de Finances Publiques,* n ° 98, juin 2007.

DA (D.), « L'autorité de chose jugée en matière de justice financière », *Revue Béninoise de Sciences Juridiques et Administratives*, n° 24, 2011, p.111.

DA (D.), « La recherche de la transparence budgétaire dans les réformes en finances publiques au Burkina Faso », Revue électronique *Afrilex*, juin 2012.

DIAGNE (M.), « De l'influence du droit communautaire africain sur les finances publiques sénégalaises », Revue *EDJA*, octobre-novembre-décembre 2009, pp. 54-81.

DIALLO (I), « Pour une appréciation concrète des pouvoirs du parlement sénégalais en matière budgétaire », Revue électronique *Afrilex*, http//www.afrilex.u.bordeaux.4.fr, juin 2012.

DIARRA (E.), « Le pouvoir règlementaire en matière fiscale au Sénégal », *RIPAS* n° 23-24, janvier-décembre 1989, pp. 217-235.

DIARRA (E.), Editorial, « L'actualité du thème des finances publiques en Afrique », Revue électronique *Afrilex* n° 4, http//www.afrilex.u.bordeaux.4.fr décembre 2004.

DIOUF (M.), « La crise de l'ajustement », *Politique Africaine* n° 45, Mars 1992.

DIOUKHANE (A), « La directive du 26 juin 2009 portant loi de finances au sein de l'UEMOA », *Gestion et Finances publiques*, n ° 3, mars 2012, pp.149-155.

DIOUKHANE (A), « Discipline financière au sein de l'UEMOA et réaménagement du droit budgétaire sénégalais », Revue *EDJA* n° 38, juillet-Août-Septembre 1998.

DIOUKHANE (A.), « L'harmonisation du droit budgétaire des États membres de l'UEMOA (la directive n° 05/97 du 16 décembre 1997 relative aux lois de finances », Revue *EDJA* n° 60, janvier-février 2004, pp.35-51.

DIOUKHANE (A.), « La directive du 26 juin 2009 portant loi de finances au sein de l'UEMOA » *Revue Gestion et Finances Publiques*, n ° 3-mars 2012,149-155.

DIOUKHANE (A.), « La procédure du contradictoire dans la procédure de jugement des comptes des comptables publics », La Revue du Trésor, n° 3-4, Mars-Avril 2008, p.207.

DIOUKHANE (A.), « Le principe de la libre administration des collectivités locales » *in* CREDILA, *La régionalisation : approche sénégalaise et expérience française*, Dakar, CREDILA, 1998, pp. 95-115.

DJEKOURI-DAGBO (J.E.B.), « Le principe de l'unité budgétaire dans le droit budgétaire ivoirien », *Revue ivoirienne de droit*, n ° 41-2010, pp.110-151.

DUPRAT (J.-P.), « La dynamique des reformes budgétaires : globalisation des problèmes, unification des outils et adaptation nationale des solutions », *Revue Française de Finances Publiques,* n° 98, juin 2007.

DUPRAT (J-P), « La formation et l'évolution du droit financier en Afrique francophone subsaharienne » *in* DARBON (D.) et du Bois de GAUDUSSON (J.), *dir.*, *La création du droit en Afrique*, Paris, Karthala, 1997.

E

ESSONO OVONO, "L'autonomie financière des collectivités locales en Afrique noire francophone. Le cas du Cameroun, de la Côte d'Ivoire, du Gabon et du Sénégal", Revue électronique *Afrilex*

F

FALL (I.M.), « La loi de règlement dans le droit des finances publiques des États membres de l'UEMOA : l'exemple du Sénégal », Revue *Droit sénégalais*, n° 4, 2005.

FALL (I.M.), « Les lois de finances rectificatives », Revue électronique, *Afrilex n° 4*, http:/afrilex.u-bordeaux4.fr.

FALL (P.T.), « Normes communautaires et sécurité juridique », *Nouvelles Annales Africaines*, n ° 1, 2007.

FOURRIER (Ch.), « La nouvelle loi organique sénégalaise relative aux lois de finances (loi n° 75-64 du 28 juin 1975 abrogeant et remplaçant l'ordonnance n° 63-01 du 15 mai 1963 relative aux lois de finances), *Annales Africaines,* 1975.pp.116-142.

G

GNIMASSOU (A.), « Le contrôle de performance : outils et contraintes », *Revue Béninoise de Sciences Juridiques et Administratives*, n° 24-2011, p.91-104.

I

IBRIGA (L.M.) et MEYER (P.), « La place du droit communautaire UEMOA dans le droit interne des États membres », *Revue Burkinabe de Droit*, n° 37, 2003.

ISSA-SAYEGH (J.), « L'ordre juridique de l'UEMOA et l'intégration africaine », *in Études en l'honneur de Jean-Claude GAUTRON*, Paris, A. PEDONE, 2004, pp.669-679.

K

KAMARA (M.), « De quelques aspects de l'évolution récente des finances publiques, du droit budgétaire et de la comptabilité publique au Sénégal : l'élaboration de la loi de finances », Revue *EDJA*, n° 59, 2003.

KANTE (B.), « Les méthodes et techniques d'interprétation de la Constitution : l'exemple des pays d'Afrique occidentale francophone », *in* SOUCRAMANIEN (F.M.) dir. *L'interprétation constitutionnelle*, Paris, Dalloz, 2005, pp. 155-165.

KWAHOU (S.), « Le contrôle de la constitutionnalité des lois de finances au Gabon », *Revue Afrique juridique et politique*, n° 1-2, vol.3, 2008, p.140.

L

LAMARQUE (D.), « Quel parquet et quel greffe pour les juridictions financières ? » *Revue Béninoise de Sciences Juridiques et Administratives*, n° 24, 2011.

LEALART (M.), « L'Union monétaire en Afrique de l'ouest », *L'économie politique*, n° 19-2003, pp.106-112.

LEALART (M.), « Un exemple d'intégration institutionnelle : l'évolution de la zone franc, du traité de Maastricht au traité de l'UEMOA », revue *Tiers Mondes*, n° 149-152-1997, pp.897-918.

LEALART (M.), « Une comparaison entre deux systèmes de gestion des dépenses publiques en Afrique », *Revue de l'OCDE sur la gestion budgétaire*, vol.3n ° 3-2003, pp.40-77.

LUDWIG (R.), « L'Union économique et monétaire ouest-africaine (UEMOA). Son cadre juridique », *La Revue du Trésor*, n° 8-9 août-septembre 1996, pp.475-481.

LY (Y.), « Les corps de contrôle spécialisés », *R.I.P.A.S.* n° 15,1986

M

MACRA (T.), « Les caractéristiques des finances publiques des pays en voie de développement », *Revue juridique et Politique des États Francophones*, n° 3-juillet-septembre 2010, pp. 326-339.

MBODJ (F.), « L'application du principe de l'équilibre réel du budget dans les collectivités locales : du formel au mythe », *Droit sénégalais*, n° 7 novembre 2008, pp.317-347.

MEDE (N), "Réflexion sur le cadre harmonisé des finances publiques dans l'espace UEMOA" *Revue Africaine des Sciences Juridiques,* n° 1-2014.

MEDE (N), "L'enseignement des finances publiques en Afrique de l'Ouest francophone", *Revue Française de Finances Publiques,* n° 133-2016.

MEDE (N), « Contribution des juridictions financières à la bonne gouvernance des États africains », *Cahiers de l'AA-HJF* (Association Africaine des Hautes Juridictions Francophones), 11ème publication, décembre 2010.

MEDE (N), « L'autonomie financière des assemblées parlementaires en Afrique francophone », *Revue Française de Finances Publiques*, n° 106, avril 2009.

MEDE (N), « L'établissement d'une comptabilité patrimoniale de l'État au Bénin : avancées et contraintes », *Revue Française de Finances Publiques*, n° 98, juin 2007.

MEDE (N), « L'UEMOA et le développement des Cours des comptes en Afrique de l'Ouest », *Revue Française de Finances Publiques*, n ° 90, mai 2005.

MEDE (N), « La fédéralisation des sources du droit financier » Revue *Droit béninois* n° 4-2015.

MEDE (N), « La juridiction financière, d'hier à demain et après-demain », *Revue Béninoise des Sciences juridiques et Administratives*, n° 24, 2011.

MEDE (N), « Réflexions sur l'autorité de la chose jugée au financier en droit positif africain francophone », *inMélanges en l'honneur de Jean-Pierre LASSALE*

Gabriel MONTAGNIER et Luc SAÏDJ : Figure lyonnaises des finances publiques, Paris, L'harmattan, 2012.

MEDE (N), « Réforme budgétaire et performance des services publics »,

Études et Documents n° 13/2007 du Centre Africain de Formation et de Recherche Administrative pour le Développement (CAFRAD)

MEDE (N.) et TONI (E), « Le droit public financier, un droit administratif spécialisé ? » *in* SY (D.) et Fall (A.B.), *Cinquante ans de droit administratif*

en Afrique, Toulouse, Presses de l'Université Toulouse 1 Capitole, 2016.

MEDE (N.), « L'Afrique francophone saisie par la fièvre de la performance financière » : Chronique financière africaine francophone, *Revue Française de Finances Publiques,* n° 135-2016, p. 349.

MEDE (N.), « L'autonomie retenue : Étude sur le principe de libre administration des collectivités territoriales en Afrique de l'ouest », *Revue Juridique et Politique des États Francophones,* n° 2-avril 2008, pp.188-208

MEDE (N.), « L'équilibre réel des budgets locaux en Afrique de l'Ouest francophone », *Revue ivoirienne de sciences juridiques*, n° 1 mai 2014.

MEDE (N.), « La nouvelle gestion budgétaire, l'expérience des budgets de programmes au Bénin, » Revue électronique *Afrilex* n° 4, http://afrilex.u-bordeaux4.fr.

1. MEDE (N.), TONI (E.), AVAHOUNDJÈ (F.) « Réflexions sur la fiscalité environnementale en Afrique de l'Ouest francophone », *in Revue Européenne et Internationale de Droit Fiscal* n° 4, décembre 2015, pp. 556 - 562 ;

2. MEDE (N.), TONI (E), AVAHOUNDJÈ (F.), « Les chemins de la fin des droits de douane en Afrique », *in Revue Européenne et Internationale de Droit Fiscal* n° 2, Mai 2016, pp. 187-191.

3. MEDE (N), AVAHOUNDJÈ (F.), « La fiscalité des réseaux GSM en Afrique de l'ouest francophone : quelques données évaluatives », *in Revue Française de Finances Publiques* n° 134, Mai 2016, pp. 105-117.

4. MEDE (N.), TONI (E), AVAHOUNDJÈ (F.) « Chronique douanière ouest-africaine », *in Revue Européenne et Internationale de Droit Fiscal* n° 1, décembre 2015, mars 2015 p.196.

N

N'DRI-THEOUA (P.), « Le ''rééquilibrage'' des pouvoirs dans la procédure budgétaire en Côte d'Ivoire », *Revue Gestion et finances publiques*, n° 5/6, 2015,

N'KODIA (C.) et SARR (F.), « Place et rôle des pactes de convergence face aux nouveaux dispositifs budgétaires et de financement du développement en Zone franc », *Afrique contemporaine,* n° 223, 2007.

N'KODIA (C.), « Les pactes de convergence en zone franc : quels critères de quels objectifs en zone (CEMAC », *Revue Française d'Économie*, 2011, (Volume XXVI), pp.115-148.

NDIAYE (A.N.), « Le contrôle vu par les contrôlés », *R.I.P.A.S.*n°15,1986

NDIAYE (M. Ben O.), « Respect des critères de convergence harmonisation des critères de convergence : étude comparative des performances des indicateurs de convergence économique dans la zone Franc en Afrique (UEMOA et CEMAC) », *Revue africaine de l'intégration*, volume 1, n ° 2, juillet 2007.

NOUPOYO (G.), « Les nouvelles conditions de la politique budgétaire des sous-zones : études des nouveaux instruments de rationalisation budgétaire, le poids des conditionnalités externes », *Revue Française de Finances Publiques*, n ° 98-juin 2007, pp.81-100.

NSOULI (S.M.), « L'ajustement structurel en Afrique sub-saharienne », Revue *Finances et développement*, septembre 1989, pp. 30-33.

NZOUANKEU (J. M.), « L'impact des stratégies et réformes des procédures budgétaires sur la performance des fonctions publiques dans l'espace francophone africain », *Revue Française de Finances Publiques*, n ° 98, juin 2007.

NZOUANKEU (J.M.), « Les rapports entre le juge des comptes et le juge administratif de droit commun », *R.D.P.*, 1976, pp.461-520.

O

ONGBA SEDENA (A), « La distinction entre la faute de gestion et le détournement de deniers publics en droit camerounais » *Revue Africaine des Sciences Juridiques,* n° 1-2014.

OSSA (R.), « Le dispositif organisationnel des administrations fiscales en Afrique : une réforme à achever », *Revue Française de Finances Publiques*, n ° 121, février 2013, p.263.

OUEDRAOGO (D.), « L'institutionnalisation de l'évaluation des politiques fiscales dans l'espace UEMOA : espoirs et contraintes », *Revue Gestion et Finances Publiques*, n° 7-juillet 2012, pp.47-53.

OUEDRAOGO (D.), « Vers un renouveau de la loi de règlement dans les pays membres de l'UEMOA », *Revue Juridique et Politique des États Francophones*, n° 3-2015, pp.298-310.

P

PACQUEMENT (F.), « L'aide publique au développement : un sujet de finances publiques internationales », *Revue Française de Finances Publiques,* n ° 125, février 2014, p. 261

PAGNOU (S.), « Les nouvelles directives de l'UEMOA sur les finances publiques et la gestion financière publique des États membres de l'Union », *Revue Française de Finances Publiques*, n° 132, novembre 2015, p. 323.

PAGNOU (S.), « Les récentes évolutions de la gestion financière au Togo », Revue électronique *Afrilex*, juin 2012.

PAPILLON (B.M.), « Les outils de la gestion publique axée sur la performance dans le contexte africain : recherche d'une pertinence au-delà du paradoxe », *Revue Française de Finances Publiques,* n° 98, 2007.

PARIENTE (A.) et Coulibaly (A. S.), « Programmes et mesure de la performance en France et dans les pays africains », *Revue Française de Finances Publiques*, n° 98, juin 2007.

PEKASSA (G.), « L'obligation déclarative en droit fiscal camerounais », *inL'obligation, Études offertes au Professeur Paul-Gérard POUGOUE*, Harmattan Cameroun, 2015.

PEKASSA (G.), « La participation avec gestion de budget : concept et enjeux d'une gouvernance territoriale en Afrique noire francophone », *in* Gilles-Jean GUGLIELMI, Elisabeth ZOLLER (dir.), Transparence, démocratie et gouvernance citoyenne, Paris, Éditions Panthéon Assas, 2014.

PEKASSA (G.), « Les transformations de l'Administration fiscale camerounaise », *in* Magloire ONDOA (dir.), *L'Administration publique camerounaise à l'heure des réformes*, Yaoundé, Harmattan/Cameroun, 2010.

PEKASSA (G.), « Les comptes spéciaux du Trésor dans les États d'Afrique francophone », *Cahiers Juridiques et Politiques,* 2009.

PEKASSA (G.), « L'actualité législative fiscale relative au droit des affaires au Cameroun », *Revue Africaine des Sciences Juridiques,* Vol. 9, 2012.

RAFFINOT (M.) et BORIS (S.), « Les CMDT : un instrument utile pour les pays à faibles revenus », *STATECO*, n° 100 2006, pp.105-120.

RAFFINOT (M.), « Mesurer le surendettement des pays à faible revenu : technique, éthique ou politique ? », Revue *Tiers Monde*, n ° 213-janvier-mars 2013, pp.51-70.

S

SANON (J.G.), « L'objectif de performance dans la politique d'harmonisation des finances publiques dans l'Union économique et monétaire ouest-africaine », *Revue Française de Finances Publiques*, n° 98, 2007.

SAYEGH (J.I.), « L'intégration juridique des États Africains de la Zone Franc », Recueil*Penant,* n ° 823, 1997.

SHARPLES (S.) et TELLIER (C.), « Reformes des Finances publiques en Afrique et nouveaux mécanismes d'aide et d'allègement de la dette », Revue *Afrique Contemporaine,* 2007/3-n ° 223-224, pp.251-270.

SIMMONY (M.), « La démarche de performance dans le cadre des finances publiques », *Revue Française des Finances Publiques* N° 98, 2007.

SY (D.), « Normativité et juridicité (Brèves réflexions sur la normativité juridique) », *Nouvelles Annales Africaines*, n° 1 2009, pp.11-47.

SY (F), « La cour de discipline budgétaire du Sénégal », *RIPAS* n° 2, Octobre-Décembre 1981.

SY (M. S.), « La Cour de discipline budgétaire du Sénégal : panorama de jurisprudence », *R.S.D.*, 1969, pp.5-27.

T

TANO (F.), « Constitutionalisme et urgence budgétaire à l'épreuve des crises politiques », *Revue juridique et politique des États francophones*, n° 2, 2001.

TANO (F.), « La rationalisation de la gestion budgétaire en Afrique : l'exemple de la Côte d'Ivoire », *Revue Française de Finances Publiques*, n ° 98, juin 2007, p.47.

THIERNO BARRO (A.), « La contribution de la Cour des comptes à la bonne gouvernance financière : l'exemple du Sénégal », *Revue béninoise des sciences juridiques et administratives,* n° 24, Année 2011.

TOURE (C.), « Le système de contrôle des finances publiques au Mali », Revue électronique *Afrilex* n° 4 décembre 2004.

TOYE (J.), « L'ajustement structurel : contexte, hypothèse, origine et diversité » *in* VAN der HOEVEN (R.) et VAN der KRAAIJ (F.) dir., *L'ajustement structurel et au-delà en Afrique subsaharienne*, Paris, Karthala, 1995 pp.41-66.

Y

YONABA (S.), « L'expérience africaine du modèle français du contrôle juridictionnel des finances publiques : traits communs et diversité », *Revue Française de Finances Publiques*, n° 101-mars 2008, pp.61-77.

YONABA (S.), « L'intégration des règles budgétaires et comptables dans le cadre de l'Union Economique et Monétaire Ouest-Africaine », *Revue Burkinabé de Droit* n° 39-40, numéro spécial 2001, pp.93-106.

YONABA (S.), « La difficile intégration des règles budgétaires et comptables des États membres de l'UEMOA, » *Revue Française de Finances Publiques,* n° 79-2002, pp.221-239.

YONABA (S.), « La prise de décision budgétaire dans le système financier des États d'Afrique subsaharienne », *in* DESMOULIN (C) et DESMOULIN (G) dir. *La décision financière publique*, Paris, LGDJ, 2013.

YONABA (S.), « Le recouvrement des recettes publiques dans les États africains : un état des lieux préoccupant », *RFAP,* n° 144 2012, pp.1044-1051.

YONABA (S.), « Le système financier des États africains francophones à l'épreuve de l'impératif de ''disciplinaire budgétaire'' : réflexions liminaires », in Mélanges en l'honneur de Robert HERTZOG : Réformes des finances publiques et modernisation de l'administration, Paris, Economica, 2010.

YONABA (S.), « Les contraintes de l'harmonisation d'un droit budgétaire rénové dans la zone l'UEMOA », *Revue Française de Finances Publiques*, n ° 98-2007, pp.69-79.

YONABA (S.), « Une nouvelle catégorie juridique en quête d'identité : la loi ordinaire relative aux lois de finances », *Revue Burkinabé de Droit*, n° 43-44, 2003, pp.123-140.

Z

ZAKI (M.), « Droit d'amendement des députés et principe de libre administration des Collectivités locales » *in* Revue électronique *Afrilex* n° 03/2003.

ZAKI (M.), « La LOLF, instrument de rénovation de la gouvernance de l'État », *in* MEDE (N.), *dir.*, *La LOLF dans tous ses états*, Cotonou, C.P.U., 2015.

ZAKI (M.), « Les entraves à l'autonomie financière des Collectivités locales au Sénégal » *in* Revue électronique *Afrilex*, juin 2014

ZOURE (D.), « CDMT et gestion axée sur les résultats, Défis et enjeux de la mise en œuvre dans les pays de l'Afrique subsaharienne : Expériences du Bénin, Tchad et Rwanda », *Revue Française de Finances Publiques* n° 109, 2010.

ZOURE (D.), « CMDT et gestion axée sur les résultats ; défis de la mise en œuvre dans les pays en Afrique subsaharienne, expériences du Bénin, Tchad et Rwanda », *Revue Française de Finances Publiques*, n ° 109-février 2010, pp.215-228.

THESES DE DOCTORAT

B

BALDE (A.), *Le contrôle des finances publiques au Sénégal*, Thèse de Doctorat, Université Perpignan, 1996.

BOR (E.), *Réforme budgétaire et gestion axée sur les résultats en Afrique subsaharienne : l'exemple de Maurice*, Thèse de doctorat en droit, Université Paris 1, Panthéon-Sorbonne, 2015.

D

DEMBELE (Y.), *L'intégration monétaire des économies ouest-africaines : les exemples de CEAO et de CEDEAO*, Thèse de Doctorat, Université Cheikh Anta DIOP de Dakar, 1984.

DIALLO (A.), *Fondements économiques et faisabilité du projet de création d'une zone monétaire unique en Afrique de l'Ouest*, Thèse de doctorat en économie, Université Lumière Lyon 2, 2008.

DIARRA (E.), *Les aspects financiers de la Communauté économique de l'Afrique de l'Ouest (C.E.A.O.)*, Thèse pour le doctorat en Droit, Université de Droit, d'Économie et de Sciences Sociales Paris II, 1982.

G

GNIMPIESBA TONNANG (E.), *Droit matériel et intégration sous-régionale en Afrique centrale*, Thèse de doctorat en droit et financement du développement, Université de Nice – Sophia Antipolis, 2004.

GOUNOU (Z.K.), *Étude des systèmes de contrôles financiers publics dans l'espace de l'Union économique et monétaire ouest-africaine : l'exemple de la République du Bénin,* Thèse de doctorat en droit, Université Paris 1, Panthéon-Sorbonne, 2014.

GUEYE (T.), *L'incidence de l'Union économique et monétaire ouest-africaine (UEMOA) sur les finances publiques de ses États membres*, Thèse de doctorat en droit, Université Panthéon-Assas Paris 2, 2001, 560 p.

I

IBRIGA (L. M.), *L'évolution des systèmes d'intégration économique en Afrique Occidentale francophone : le cas de la CEAO*, Thèse droit, université de Nancy 2, 1991.

ISSOUFOU (A), *Les mutations du droit des marchés publics au Niger et au Sénégal : contribution à l'étude de l'encadrement juridique d'une catégorie de dépense publique*, Thèse droit, Université Cheikh Anta Diop, Dakar, Sénégal, 2015.

K

KEBE (A.), *La répartition des compétences entre la loi et le règlement en droit fiscal sénégalais*, Thèse de doctorat, Université Cheikh Anta Diop de Dakar, 2012,445p.

KUREK (A.), *Le juge financier, juge administratif,* Thèse de doctorat en droit, Université Lille 2, 2010, 508p.

L

LEKEMBI (D), *La budgétisation par objectifs dans les pays en voie de développement*, Thèse droit, Aix Marseille, 2014.

M

MABIALA (U.D.K.B.), *La fiscalité des pays de l'Afrique subsaharienne : problématique de leur rendement et solutions à l'inadaptation des systèmes*, Thèse de Doctorat, Panthéon-Assas, Paris II, 2001.

MBOUMBA (C.), *Les impositions de toutes natures : contribution à l'étude de la théorie de l'impôt*, Thèse de doctorat en droit, Université Jean Moulin-Lyon 3, 2009.

N

N'GUESSAN (D.), *Développement et intégration régionale en Afrique de l'Ouest : analyse des contributions de l'OHADA et de l'UEMOA*, Thèse de doctorat en droit, Université de Reims Champagne Ardenne, 2010.

NOUPOYO (G.), *Les banques centrales africaines et la conduite de la politique budgétaire nationale : les exemples de la BCEAO et de la BEAC (Aspects juridiques et financiers),* Thèse de doctorat, université de Bordeaux 4, 2004.

O

OUEDRAOGO (D.), *L'autonomisation des juridictions financières dans l'espace UEMOA : étude sur l'évolution des cours des comptes*, Thèse de doctorat en droit, Université Montesquieu-Bordeaux IV, 2013.

OUEDRAOGO (S.), *La lutte contre la fraude à la constitution en Afrique noire francophone*, Thèse de doctorat en droit, Université Montesquieu-Bordeaux IV, 2011.

OUEDRAOGO (Y.), *L'influence de la démarche de performance sur le droit public financier des États membres de l'UEMOA*, Thèse de doctorat en droit, Université de Rouen, 2015.

P

PAGNOU (S.), *La gestion des finances publiques au Togo : un système à rénover* Thèse de doctorat e droit, Université Jean Moulin-Lyon 3, 2010.

PEKASSA NDAM (G), *Le régime financier de la Poste et de France Télécom,* Thèse droit, Paris 1, 1997.

S

SARR (A.Y.), *L'intégration juridique dans l'Union économique et monétaire ouest-africaine (UEMOA) et dans l'Organisation pour l'harmonisation du droit des affaires en Afrique (OHADA)*, Thèse de Doctorat, Université d'Aix-Marseille III, 2006.

SOALLA (S.), *L'action des institutions financières internationales et leur impact sur les systèmes nationaux : aspects budgétaires et fiscaux. Le cas du Burkina-Faso*, Thèse de doctorat en droit, Université Jean Moulin-Lyon 3, 2012, 597 p.

T

THEOUA (K. A), *les finances publiques de l'Union économique et monétaire ouest-africaine (UEMOA) et la logique de performance,* Thèse droit, Université de Cocody, Abidjan, Côte d'Ivoire, 2010.

TONI (E), *L'autorisation budgétaire dans le droit financier ouest-africain francophone,* Thèse droit, Université Lyon 3, 2015.

Z

ZAKI (M.), *Le contrôle des finances publiques dans les États d'Afrique noire francophone : l'exemple du Niger et du Sénégal*, Thèse de doctorat en droit, Université des sciences sociales de Toulouse, 1999, 406p.

ZOURE (D.), *La modernisation du cadre budgétaire des pays de l'UEMOA*. Thèse pour le doctorat en droit public sous la direction de M. le professeur M. BOUVIER, Université Paris 1, 2013.

Documents divers

BAMBA (N.L.), « Analyse du processus de convergence dans la zone UEMOA », World Institute for developmentéconomicsresearch, *Researchpaper* n° 200/18, 43 pages.

BIBLIOGRAPHIE NON AFRICAINE

OUVRAGES

A

ABATE (B.), *La nouvelle gestion publique*, Paris, L.G.D.J., 2000.

ABATE (B.), *La nouvelle gestion publique. Ce que nous avons appris,* Paris, L.G.D.J., 2014.

AL VENTOSA (J.-R.), *Les outils du management public*, Paris, L.G.D.J., 2012.

AL VENTOSA (J.-R.), *Management public et gestion des ressources*, Paris, L.G.D.J., 2012.

ALBERT (J-L.), *Finances publiques*, Paris, Dalloz, 8ème édition 2013.

ALLIX (E.), *Traité élémentaire de science des finances et de législation financière française*, Paris, P. Rousseau, 6ème édition, 1931.

B

Banque mondiale, *Manuel de gestion des dépenses publiques*, Washington D.C., 1998.

BARILARIA (A.), BOUVIER (M.), *La LOLF et la nouvelle gouvernance financière de l'État*, Paris, L.G.D.J., 2010.

BOUVIER (M.) et alii, *Finances publiques*, Paris, 14ème édition, L.G.D.J. 2015-2016.

BOUVIER (M.), *dir.La bonne gouvernance des finances publiques dans le monde*, Paris, L.G.D.J., 2009.

Bouvier (M.), *dir. La transparence des finances publiques : vers un nouveau modèle*, Paris, L.G.D.J., 2013.

BOUVIER (M.), *dir. Réforme de finances publiques : la conduite du changement*, Paris, L.G.D.J., 2007.

BOUVIER (M.), *dir.Réforme des finances publiques démocratie et bonne gouvernance*, Paris, L.G.D.J., 2004.

BOUVIER (M.), *dir., Innovations, créations et transformations en finances publiques :* actes de la deuxième université de printemps du GERFIP, Paris, L.G.D.J., 2006.

BOUVIER (M.), *dir., La gestion de la dépense publique dans les pays de l'Afrique francophone subsaharienne*, Paris, Ministère des affaires étrangères, 2004.

C

CAMBY (J.P.), dir., *La réforme du budget de l'État : la loi organique relative aux lois de finances,* Paris, LGDJ, 2011.

CHAILLEY (M.), *Histoire de l'Afrique-Occidentale française*, Paris, Berger Levrault, Paris.

CHAMBAS (G.), *dir., Afrique au sud du Sahara : mobiliser les ressources fiscales pour le développement*, Paris, Economica, 2005.

D

DE MIRIMONDE (A.P.), *La Cour des comptes*, Paris, L.G.D.J. 1947.

DESMOULIN (C.) et DESMOULIN (G.), dir., *La décision financière publique*, Paris, L.G.D.J., 2013.

DOUAT (E.), *Finances Publiques*, Paris, P.U.F., 1999.

DUVERGER (M.), *Finances publiques*, Paris, P.U.F., 1971.

F

FMI, *Manuel de statistiques de finances publiques*, Washington D.C., 2001.

FROMENT-MEURICE (A) et alii, *Les grands arrêts de la jurisprudence financière*, Paris, Dalloz, 6ème édition, 2014.

G

GAUDEMET (P.M.) et MOLINIER (J.), *Finances Publiques*, Paris, Montchrestien, 1999.

GERARDIN (H.), *La zone franc, Tome II, La dynamique de l'intégration monétaire et ses contraintes*, Paris, L'Harmattan, 1994.

GILLES (W.), *Les principes budgétaires et comptables publics*, Paris, L.G.D.J., 2009.

GUILLAUME (H.), *dir.Gestion publique. L'État et performance*, Paris, Presses de science po. et Dalloz, 2002.

GUILLAUMONT (P.), *Croissance et ajustement, les problèmes de l'Afrique de l'Ouest*, Paris, Economica, 1985.

H

HUGON (P.) ET COUSSY (J.), *Intégration régionale et ajustement structurel en Afrique sub-saharienne*, Paris, La Documentation française, Collection « Études et document », 1991.

HUGON (P.), *La Zone franc à l'heure de l'euro*, Paris, Karthala, 1999.

J

JEZE (G.), *Cours de science des finances et de législation financière française*, Paris, Giard, 1922.

L

LAFERRIERE (J.) et WALINE (M.), *Traité élémentaire de science et de législation financière*, Paris, Pichon, 1952.

LALUMIERE (P), *Finances publiques*, Paris, Armand Colin, 1976.

LAUFENBURGER (H), *Traité d'économie et de législation financières*, Paris, Sirey, 3ème édition, 1948.

LEROY-BEAULIEU (P.), *Traité de la science des finances*, Paris, Guillaumin & Cie/F. Alcan, 1906.

M

MALEZIEUX (R.), *Finances publiques. Science et législation financières*, Paris, Cujas, 1949.

MOISSERON (J-Y) et RAFFINOT (M.) *dir. Dette et pauvreté : Solvabilité et allègement de la dette des pays pauvres à faible revenu*, Paris, Economica, 1999.

MORDACQ (F.), *dir.*, *La LOLF : Un nouveau cadre budgétaire pour reformer l'Etat*, Paris, L.G.D.J., 2006.

N

N'GAOSYVATHN (P.), *Le rôle de l'impôt dans les pays en voie de développement*, Paris, L.G.D.J., 1974.

O

ORSONI (G.), *dir. Les finances publiques en Europe*, Paris, Economica, 2007.

ORSONI (G.), *L'Exécution de la loi de finances*, Paris, Economica 1998.

P

PARIENTE (A.) *dir.*, *La séparation des pouvoirs : théorie contestée et pratique renouvelée*, Paris, Dalloz, 2006.

PERCEBOIS (J.), *Économie des finances publiques*, Paris, Armand Colin, 1991.

PHILIP (L.) *dir*, *Dictionnaire encyclopédique des finances publiques*, Ecomomica, 1990.

PHILIP (L.) *dir.*, *L'exercice du pouvoir financier du parlement : théorie, pratique et évolution,* Paris et Marseille, Economica et PUAM, 1996.

PHILIP (L.), *Les fondements constitutionnels des finances publiques*, Paris Economica, 1995.

R

ROBINSON (M.), *dir., Performance budgeting : linking funding and results*, Washington D.C., FMI, 2007.

S

STIGLITZ (J.), *La grande désillusion,* Paris, Fayard, 2002.

STRASSER (D.), *Les finances de l'Europe : Le droit budgétaire et financier des Communautés européennes,* Paris, L.G.D.J., 1990.

T

TALLINEAU (L.) *dir. L'équilibre budgétaire*, Paris, Economica, 1994.

TOMMASI (D.), *Gestion des dépenses publiques dans les pays en développement*, Paris, AFD, 2010.

TOULOUSE (J-B.) et alii, *Finances publiques et politiques publiques*, Paris, Economica, 1984.

TROTABAS (J-l.) et COTTERET (J-M.), *Droit budgétaire et Comptabilité publique*, Paris, Dalloz, 1978.

W

WALINE (C.) et alii, *dir.*, *Contrôle et évaluation des finances publiques*, Paris, La Documentation française, 2009.

ARTICLES

A

AGLAE (M. J.), « De l'impôt et ses limites », *Revue Française de Finances Publiques,* n° 120, 2012, p. 39.

AL VENTOSA (J.-R.), « L'évolution de la nature des contrôles », *in* M. BOUVIER *dir.*, *Innovations, créations et transformations en finances publiques*, Paris, L.G.D.J., 2005.

ALBERT (J.L.), « La sincérité devant le juge financier », *Revue Française de Finances Publiques,* n° 111-2010.

AMSELEK (P.), « La distinction des opérations permanentes et des opérations de trésorerie de l'État », *Revue Française de Finances Publiques*, n° 51, 1995.

AMSELEK (P.), « Sur le particularisme de la légalité budgétaire », *R.A.*, 1970.

AMSELEK (P.), « Une curiosité du droit public financier : les impositions autres que les fiscales ou parafiscales », Mélanges offerts à Marcel Waline, Paris, L.G.D.J., 1974.

AMSMELEK (P.), « Pour en finir avec l'idée de budget-acte d'autorisation de recettes », *in* Mélanges en l'honneur de Robert HERTZOG : *Réforme des finances publiques et modernisation de l'Administration*, Paris, Economica, 2010.

ANDREANI (E.), « Une révolution budgétaire ? le planning-programming-budgeting system », *R.S.F.*, n° 2, 1968, pp.193-225

AVRIL (P.), « Renforcer le parlement, qu'est-ce à dire ? » *Pouvoirs* n° 146, 2013.

B

BARILARY (A.), « La doctrine administrative : interprétation ou réorchestration ? », *Revue Française de Finances Publiques* n° 75-2001.

BARILARY (A.), « La question de l'autonomie fiscale », *Revue Française de Finances Publiques,* n° 80-2002.

BATTISTON (D.), « Le contrôle constitutionnel des lois de règlement », *Revue du Trésor*, octobre 1986.

BELTRAM (P.), « Le consentement de l'impôt, devenir d'un grand principe », *Revue Française de Finances Publiques*, n° 51, 1995.

BENESSIANO (W.), « Le Conseil constitutionnel redevient-il une juridiction financière ? », Revue *Gazette du palais*, n° 258, 2009.

BLÖNDAL (J.), « La réforme budgétaire dans les pays membres de l'OCDE : tendances communes », *Revue de l'OCDE sur la gestion budgétaire*, n° 4, vol.2, 2003, pp.7-27.

BOUVIER (M.), « Experts et politiques face à la gouvernance des sociétés complexes », *in* L. Favoreu et alii, *Études en l'honneur de L. Philip, Constitution et finances publiques,* Paris, Economica, 2005.

BOUVIER (M.), « La certification des comptes de l'Etat : expression d'une nouvelle gouvernance financière publique », *Revue juridique de l'économie publique*, n ° 649, janvier 2008.

BOUVIER (M.), « La doctrine administrative en droit fiscal : entre droit et politique », *Revue Française de Finances Publiques,* n° 75-2001.

BOUVIER (M.), « Les ambiguïtés fatales du droit public financier », *Revue Française de Finances Publiques*, n° 122, avril 2013.

BOUVIER (M.), « Les transformations de la légitimité de la gouvernance financière publique », *in Mélanges en l'honneur de P. Beltrame*, PUAM, Aix-Marseille, 2010.

BOUVIER (M.), « Nouvelle gouvernance et philosophie de la loi organique du 1er août 2001 : aux frontières du réel et de l'utopie », *Revue Française de Finances Publiques,* n° 86-2004.

C

CABANNES (X.), « La réforme des fonds spéciaux », *Droit et défense*, n ° 1, 2002.

CAILLOSSE (J.), « Le droit administratif contre la performance publique ? », *A.J.D.A*., n° 1, 1999.

CAMBY (J.P.), « Les impositions de toutes natures : une catégorie sans critère ? » A.J.D.A., n° 5, 1991.

CAMBY (J.P.), « Pour le principe de sincérité budgétaire », *Revue Française de Finances Publiques* n° 111- 2010.

CHAFFARDON (G.), JOYE (J-F.), « La LOLF a dix ans : un rendez-vous (déjà) manqué ? », *R.D.P*., n° 2, mars 2012.

CHARTIER (J-L), « Le juge financier », *Revue Française de Finances Publiques* n° 58-1997.

CHEVALIER (J.), « Performance et gestion publique », *in* Mélanges en l'honneur de Robert HERTZOG : *Réforme des finances publiques et modernisation de l'Administration*, Paris, Economica, 2010.

CURSAOUX-BRUYERE (S.), « Les fonds spéciaux : les zones d'ombre de la réforme », *Les Petites affiches*, n ° 4, 2006.

D

DANIEL (J.), « La gouvernance publique, origines et contradictions », *Revue Française de Finances Publiques*, n ° 120, novembre 2012.

DARRIEUTORT (J-P.), « Le juge et la doctrine administrative », *Revue Française de Finances Publiques* n° 75-2001.

DE VILLIERS (M.), « Le Conseil constitutionnel, juridiction financière », *R.A.*, 1983.

DI MALTA (P.), « Le régime juridique des comptes spéciaux du Trésor », *Revue Française de Finances Publiques*, n° 32-1990.

DUPRAT (J.P.) et SYMMONY (M.), « Les budgets opérationnels de programme », *Revue Française de Finances Publiques* n° 93-2006.

F

FRIER (P.L.), « L'ordre de recettes, acte charnière », R.F.D.A., 1987.

G

GUIGUE (A.), « La loi organique du 1er août 2001 relative aux lois de finances ou l'entrée en scène de la culture de performance et de résultat »

Les Petites affiches, n ° 146, 2005.

H

HEALD (D.), « Pourquoi la transparence des dépenses publiques est-elle si difficile à atteindre ? », *R.I.S.A.*, n° 1, 78, 2012.

HERTZOG (R.), « Les mutations des finances publiques : manifeste pour une discipline rajeunie », *Revue Française de Finances Publiques* n° 79-2002.

HERTZOG (R.), « A la recherche d'une théorie du système financier public complexe », *in* Études en l'honneur de Loïc PHILIP : *Constitution et finances publiques*, Paris, Economica, 2005

HERTZOG (R.), « La programmation pluriannuelle des finances publiques : un exercice nécessaire, une loi de trop ? », *in Mélanges en l'honneur de P. Beltrame*, PUAM, Aix-Marseille, 2010.

I

ISABELLE (M.), « La modernisation de la responsabilité des ordonnateurs et des comptables à l'entrée dans la nouvelle ère budgétaire et comptable », *R.F.D.A.* mars-avril 2006.

J

JEAN-ANTOINE (B.), « La règle d'équilibre ou « règle d'or », approche comparée », *Revue Française de Finances Publiques*, n° 117, février 2012.

JEZE (G.), « Aspect politique des problèmes financiers », *R.S.L.F.*, 1929.

JEZE (G.), « Le fait générateur de l'impôt », *R.D.P.*, 1937.

L

LAMBERT (A.) et MIGAUD (D.), « La loi organique relative aux lois de finances (LOLF) : levier de la réforme de l'État », *R.F.A.P.*, 2006, n° 117.

LASCOMBE (M.) et VANDENDRIESSCHE (X.), « Plaidoyer pour le succès d'une réforme. La loi organique relative aux lois de finances et la nécessaire refonte de la responsabilité des ordonnateurs et des comptables », R.F.D.A., 2004.

LUDWIG (R.), « La grève de l'impôt », R.S.F., 1973.

M

MAGNET (J.), « La Cour des comptes est-elle une juridiction administrative ? », *R.S.F.* 1977.

MAGNET (J.), « La jurisprudence budgétaire de la Cour des comptes », *Revue Française de Finances Publiques*, n° 26, 1989.

MAGNET (J.), « La notion de deniers publics en droit financier français », *R.S.F.* 1974.

MAGNET (J.), « La responsabilité des comptables », *Revue Française de Finances Publiques* n° 7-1984.

MOLINIER (J.), « L'apport de Gaston JEZE à la théorie des finances publiques », *Revue d'histoire des facultés de droit et de la science juridique*, n° 12, 1991.

MULAMBU (F.K.), « La justice fiscale dans les pays en voie de développement », R.J.P.I.C., n ° 2, avril-juin 1981.

MUZELLEC (R.), « Vers la certification des comptes de l'État en 2007 », *in* Études en l'honneur de Loïc PHILIP : *Constitution et finances publiques*, Paris, Economica, 2005.

O

ORSONI (G.), « Du consentement de la dépense publique », *in* Mélanges offerts au doyen Charles CADOUX, Marseille, P.U.A.M., 1999.

P

PHILIP (L.), « La spécificité et l'exemplarité du contrôle de la constitutionnalité des lois financières », *in* Mélanges en l'honneur de Franck Moderne : *Mouvement du droit public*, Paris, Dalloz, 2004.

PHILIP (L.), « Le contrôle de constitutionnalité des lois fiscales en France » *in Revue Française de Finances Publiques*, n° 68, Décembre 1999.

POUILLIEUTE (A.), « Bilan et perspectives de l'intégration sous-régionale en Afrique », *Afrique contemporaine* n° 193, 2000.

PRETOT (X.), « Le Conseil constitutionnel, les finances publiques et les finances sociales », *Revue Française de Finances Publiques*, n° 107, 2009.

R

ROCHER (E.), « Les risques de ré-endettement des pays en développement après les annulations de dettes », *Bulletin de la Banque de France* n° 157, 2007.

S

SAÏDJ (L.), « Recherche sur la notion de finances publiques en droit constitutionnel et financier positif », *R.D.P.*, n° 5, 1982, pp. 1297-1342.

SAUNIER (P.), « La faute de gestion dans la jurisprudence de la Cour de discipline budgétaire et financière » *R.F.D.A.* n° 8-1992.

SCHICK (A.), « Vingt années de réforme budgétaire », *Revue de l'OCDE sur la gestion budgétaire*, vol.4, n° 1, 2004.

STOLL (J.F.), « Réforme de l'État et gestion par la performance », Revue *Esprit*, n° 12, 2002.

T

TROSA (S.), « La LOLF, les RGPP et l'évaluation des politiques publiques : bilan et perspectives », *Revue Française de Finances Publiques*, n° 121, février 2013.

V

VEDEL (G.), « La responsabilité des ordonnateurs devant la Cour de discipline budgétaire », *R.S.F.*, 1949.

W

WEIL (P.), « La règle de la ''double juridiction'' en matière de responsabilité des comptables publics », *R.S.L.F,* 1950.

Z

ZALMA (G.), « L'hégémonie du ministre des finances dans le droit budgétaire », R.D.P. 1985.

THESES

B

BENOIT (P.), *La responsabilité personnelle et pécuniaire des comptables publics,* Thèse, Strasbourg 1967

C

CABANE (J.-C.), *Le contrôle parlementaire*, Thèse, Université des Sciences Sociales, Toulouse 1975.

DOCUMENTS DIVERS

F

France

LACAMBRE D. (dir.), Comité d'enquête sur le coût et le rendement du service public. Coût et organisation de la gestion des ressources humaines dans l'administration, La Documentation française, 2006.

France

Cour des comptes, la mise en œuvre de la loi organique relative aux lois de finances (LOLF) : un bilan pour de nouvelles perspectives, novembre 2011.

France

SILICANI J-L. (dir.), Livre blanc sur l'avenir de la fonction publique : faire des services publics et de la fonction publique des atouts pour la France, ministère du Budget, des Comptes publics et de la fonction publique ; Secrétariat d'État à la Fonction publique, La Documentation française, Paris, 2008.

France

FABIUS (L.) et MIGAUD (D), Rapport sur l'efficacité de la dépense publique et le contrôle parlementaire. Contrôler réellement, pour dépenser mieux et prélever moins, Tomes I et II, Documents d'information de l'Assemblée nationale, décembre 1999

France

Ministère de l'Économie et des Finances, Rapport sur la dépense publique et son évolution, Projet de loi de finances pour 2013, Paris, 2012, 58 pages.

SIGLES ET ABREVIATIONS

A.C.D.I. :	Agence canadienne de Développement international
A.C.P :	Afrique, Caraïbes, Pacifique
A.F.D. :	Agence Française de Développement
A.J.D.A :	Actualité Juridique Droit Administratif
A.O.F :	Afrique-Occidentale Française
A.P.E :	Accord de Partenariat Économique
Art. :	Article
A.T.A.F. :	African Tax Administration Forum
A.T.R.N. :	African Tax Research Network
A.U.T. :	Agence UMOA-Titres
AFCO :	Afrique contemporaine
AFRISTAT :	Observatoire économique et statistique d'Afrique subsaharienne
AFROSAI :	Organisation africaine des institutions supérieures de contrôle des finances publiques
B.A.D :	Banque africaine de Développement
B.A.G. :	Bureau de l'Auditeur général
B.C.E.A.O :	Banque Centrale des État de l'Afrique de l'Ouest
B.E.A.C. :	Banque des États de l'Afrique Centrale
B.I.D.C. :	Banque d'Investissement et de Développement de la Cedeao
B.O.A.D :	Banque Ouest Africaine de Développement
B.R.I.C.S. :	Brésil, Russie, Inde, Chine, Afrique du Sud
B.R.V.M :	Banque Régionale des Valeurs Mobilières
B.V.G. :	Bureau du Vérificateur général
C.A.B.R.I. :	Collaborative Africa Budget Reform Initiative (Initiative africaine concertée sur la réforme budgétaire)
C.B.M.T. :	Cadre budgétaire à moyen terme
C.C.J.A. :	Cour Commune de Justice et d'Arbitrage
C.C.N.U.C.C. :	Convention-cadre des Nations-Unies sur les Changements climatiques

C.D.B.F. :	Cour de discipline budgétaire et financière
C.E.A. :	Commission économique des Nations Unies pour l'Afrique
C.E.A.O :	Communauté économique de l'Afrique de l'Ouest
C.E.D.A. :	Centre d'Édition et de Diffusion africaines
C.E.D.E.A.O :	Communauté économique des États de l'Afrique de l'Ouest
C.E.E.I. :	Centre d'étude de l'écriture et de l'image
C.E.M.A.C :	Communauté économique et monétaire de l'Afrique Centrale
C.E.R.D.I. :	Centre d'Études et de Recherches sur le Développement international
C.H.F.P. :	Cadre harmonisé des finances publiques
C.N.D.J. :	Centre national de Documentation juridique
C.N.P.E. :	Comité national de Politique économique
C.N.S.S. :	Caisse nationale de sécurité sociale
C.O.P.21 :	21e conférence des parties à la Convention-cadre des Nations-Unies sur les changements climatiques
C.P.U. :	Centre de Production universitaire de l'Université d'Abomey-Calavi
C.R.E.D.I.L.A. :	Centre de Recherche, d'Étude et de Documentation sur les Institutions et les Législations Africaines
C.S.T. :	Comptes spéciaux du Trésor
CDMT :	Cadre de dépense à moyen terme
D.A.B. :	Distributeurs automatiques de Billets
D.G.T.C.P. :	Direction générale du Trésor et de la Comptabilité publique
D.L.F. :	Directive relative aux Lois de Finances
D.O.B. :	Débat d'orientation budgétaire
D.P.B.E.P. :	Document de programmation budgétaire et économique pluriannuelle
D.P.P.D. :	Document de programmation pluriannuelle des dépenses
D.R.F.C.T. :	Directive portant Règlement financier des Collectivités territoriales
D.R.G.C.P. :	Directive portant Règlement général sur la Comptabilité publique
D.S.R.P. :	Document de Stratégie de Réduction de la Pauvreté

dir. :	Sous la direction de
E.D.J.A. :	Édition juridique africaine
E.I.T.I. :	*Extractive Industries Transparency Initiative* (Initiative pour la Transparence des Industries extractives)
F.C.F.A. :	Franc de la Communauté financière africaine
F.M.I ! :	Fonds Monétaire International
F.O.S.I.D.E.C :	Fonds de Solidarité et d'Intervention pour le développement de la Communauté
G.A.B. :	Guichets automatiques de Banque
G.A.O. :	Government Accountability office (Etats-Unis)
G.A.T.T. :	Accord général sur les tarifs et le Commerce
I.A.D.M. :	Initiative d'Allègement de la Dette Multilatérale
I.B.P. :	Partenariat budgétaire international
I.G.E. :	Inspection générale d'État
I.G.F. :	Inspection générale des Finances
I.G.M. :	Inspection générale des ministères
I.I.A.P. :	Institut international d'administration publique
I.P.P.T.E. :	Initiative en faveur des pays pauvres très endettés
INTOSAI :	International Organisation of Supreme Audit Institutions (Organisation internationale des Institutions Supérieures de Contrôle des Finances publiques)
L.G.D.J :	Librairie Générale de Droit et de jurisprudence
L.O.L.F. :	Loi organique relative aux lois de finances
L.O.L.F.S.S. :	Loi organique relative aux lois de financement de la Sécurité sociale
M.A.E.P. :	Mécanisme africain d'évaluation par les pairs
N.B.E. :	Nomenclature budgétaire de l'État
N.E.A :	Nouvelles Éditions africaines
N.E.P.A.D. :	*New Partnership for Africa's Development* (Le Nouveau Partenariat pour le Développement de l'Afrique)
NAO:	National audit office (Grande-Bretagne)
NCCC :	Nouveaux cahiers du Conseil constitutionnel
O.B.I. :	Open Budget Initiative
O.C.D.E :	Organisation de Coopération et de développement économiques
O.D.D. :	Objectifs de Développement Durable

O.H.A.D.A. :	Organisation pour l'Harmonisation en Afrique du Droit des Affaires
O.M.C. :	Organisation mondiale du Commerce
O.M.D. :	Objectif du millénaire pour le développement
O.N.U. :	Organisation des Nations unies
O.U.A :	Organisation de l'Unité africaine
P.A.D.E.G. :	Projet d'Appui à la Consolidation du Processus démocratique
P.A.S. :	Programme/Politiques d'ajustement structurel
P.C.S. :	Prélèvement communautaire de Solidarité
P.E.F.A. :	Public Expenditure and Financial Accountability (Dépenses publiques et responsabilité financière)
P.E.R. :	Programme économique régional
P.I.B. :	Produit Intérieur Brut
P.N.U.D. :	Programme des Nations Unies pour le Développement
P.P.B.S. :	Planning programming budgeting system
P.P.T.E. :	Pays pauvres très endettés
P.U.A.M. :	Presses universitaires d'Aix-Marseille
P.U.F. :	Presses universitaires de France
R.A. :	Revue administrative
R.A.F.I.P. :	Revue africaine de finances publiques
R.B.S.J.A. :	Revue béninoise des sciences juridiques et administratives
R.C.B. :	Rationalisation des choix budgétaires
R.D.P :	Revue de Droit Public et de la science politique en France et à l'étranger
R.E.L.F. :	Rapport sur l'Exécution des Lois de Finances
R.F.A.P. :	Revue Française d'Administration Publique
R.F.D.A. :	Revue française de droit administratif
R.F.D.C. :	Revue française de droit constitutionnel
R.F.F.P :	Revue française de Finances Publiques
R.F.O.-U.E.M.O.A. :	Règlement financier des Organes de l'Union économique et monétaire ouest-africaine
R.G.C.P. :	Règlement général sur la comptabilité publique
R.G.F.I.P. :	Revue Gestion et finances publiques
R.I.D.C. :	Revue internationale de droit comparé

R.I.P.A.S. :	Revue des Institutions politiques et administratives du Sénégal
R.I.S.A. :	Revue internationale de science administrative
R.J.P.F. :	Revue juridique et politique des États francophones
R.J.P.I.C. :	Revue juridique et politique Indépendance et Coopération
R.S.D. :	Revue sénégalaise de Droit
R.S.F. :	Revue de Science financière
R.S.L.F. :	Revue de Science et de Législation financières
R.T.D. eur. :	Revue trimestrielle de droit européen
S.G.I. :	Société de gestion et d'intermédiation
S.R.P. :	Stratégie de Réduction de la Pauvreté
SYSCOA :	Système Comptable Ouest Africain
SYSCOHADA :	Système Comptable de l'Organisation pour l'Harmonisation du Droit des Affaires en Afrique
T.E.C :	Tarif extérieur commun
T.O.F.E. :	Tableau des opérations financières de l'État
T.V.A. :	Taxe sur la Valeur ajoutée
U.E :	Union européenne
U.E.M.O.A :	Union économique et monétaire Ouest Africaine
U.M.O.A :	Union Monétaire Ouest-Africaine
U.S. dollar :	Dollar américain

ANNEXE 1

Extraits de Rapports sur la surveillance multilatérale

UEMOA, RAPPORT SUR LA SURVEILLANCE MULTILATERALE DECEMBRE 2008

BENIN

ANNEE	2005	2006	2007	2008	2009
INDICATEURS DE CONVERGENCE					
Premier rang					
Solde budgétaire de base sur PIB nominal (en %)	-1,7	0,1	2,8	0,3	0,1
Solde budgétaire de base hors PPTE et dons budgétaires/PIB nominal (en %)	-1,1	1,2	4,2	1,1	1,1
Taux d'inflation annuel (glissement des indices moyens en %)	5,4	3,8	1,3	8,1	3,0
Encours de la dette publique totale rapporté au PIB nominal (en %)	41,3	22,3	15,0	19,1	19,5
Variation des arriérés de paiement (en milliards de FCFA)	-19,0	-15,0	-58,2	-15,0	-15,0
Arriérés de paiement de la période de la gestion courante	0,0	0,0	0,0	0,0	0,0
Accumulation d'arriérés de paiement intérieurs	0,0	0,0	0,0	0,0	0,0
Accumulation d'arriérés de paiement extérieurs	0,0	0,0	0,0	0,0	0,0

Réduction d'arriérés de paiement (en milliards de FCFA)	-19,0	-15,0	-58,2	-15,0	-15,0
Réduction d'arriérés de paiement intérieurs	-19,0	-15,0	-58,2	-15,0	-15,0
Réduction d'arriérés de paiement extérieurs	0,0	0,0	0,0	0,0	0,0
Variation des arriérés de paiement intérieurs (en mds FCFA)	-19,0	-15,0	-58,2	-15,0	-15,0
Variation des arriérés de paiement extérieurs (en mds FCFA)	0,0	0,0	0,0	0,0	0,0
Second rang					
Salaires et traitements en % des recettes fiscales (R.F)	39,0	35,6	32,1	33,6	31,9
Salaires et traitements corrigés des appuis budgétaires et PPTE en % des recettes fiscales (R.F)	38,3	34,2	30,7	32,7	30,9
Dépenses en capital sur financement interne en % R.F	22,8	14,7	21,0	22,4	27,3
Dépenses en capital sur financement interne corrigées des appuis budgétaires et PPTE en % R.F	22,4	14,1	20,1	21,8	26,5
Recettes fiscales sur PIB en %	14,5	15,4	16,9	17,2	19,3
Balance courante hors dons en % PIB	-6,2	-6,9	-8,3	-10,3	-9,9
AUTRES INDICATEURS BUDGÉTAIRES					
Solde global hors dons sur PIB en %	-4,6	-2,6	-1,5	-4,1	-5,1
Solde global sur PIB en %	-2,5	-0,7	1,8	-1,3	-1,9
Solde global base caisse sur PIB en %	-1,6	-0,4	2,4	-2,7	-2,3
Solde primaire de base en % des R.F.	-9,5	2,4	18,0	4,3	2,6
COMPTES NATIONAUX					
PIB nominal (en milliards de FCFA)	2298,7	2459,4	2641,3	2974,7	3193,2
PIB en volume (prix constant 85)	984,9	1021,8	1069,0	1125,8	1194,9
Taux de croissance du PIB en volume	2,9	3,7	4,6	5,3	6,1

DETTE EXTÉRIEURE					
Encours de la dette extérieure	925,6	519,8	299,7	472,7	540,2
Service de la dette extérieure **	15,3	553,9	13,8	18,5	18,9
Encours de la dette extérieure en % du PIB	40,3	21,1	11,3	15,9	16,9
Service de la dette extérieure en % des Exportations totales (1)	3,8	111,2	2,6	3,3	3,0
Service de la dette ext. en % des Recettes totales hors dons	4,0	132,9	2,5	3,3	2,7

(1) source : comptabilité nationale ** y compris le montant total du bénéfice de l'IADM en 2006 ; n.d.= non disponibles

BURKINA FASO

ANNEE	2005	2006	2007	2008	2009
INDICATEURS DE CONVERGENCE					
Premier rang					
Solde budgétaire de base sur PIB nominal (en %)	-4,0	-4,9	-4,7	-4,8	-3,2
Solde budgétaire de base hors PPTE et dons budgétaires/PIB nominal (en %)	-0,5	-2,2	-0,7	-1,1	0,1
Taux d'inflation annuel (glissement des indices moyens en %)	6,4	2,3	-0,2	10,8	3,0
Encours de la dette publique totale rapporté au PIB nominal (en %)	44,4	22,8	22,5	26,4	28,2
Variation des arriérés de paiement (en milliards de FCFA)	0,0	0,0	0,0	0,0	0,0
Arriérés de paiement de la période de la gestion courante	0,0	0,0	0,0	0,0	0,0
Accumulation d'arriérés de paiement intérieurs	0,0	0,0	0,0	0,0	0,0
Accumulation d'arriérés de paiement extérieurs	0,0	0,0	0,0	0,0	0,0
Réduction d'arriérés de paiement (en milliards de FCFA)	0,0	0,0	0,0	0,0	0,0
Réduction d'arriérés de paiement intérieurs	0,0	0,0	0,0	0,0	0,0

Réduction d'arriérés de paiement extérieurs	0,0	0,0	0,0	0,0	0,0
Variation des arriérés de paiement intérieurs (en mds FCFA)	0,0	0,0	0,0	0,0	0,0
Variation des arriérés de paiement extérieurs (en mds FCFA)	0,0	0,0	0,0	0,0	0,0
Second rang					
Salaires et traitements en % des recettes fiscales (R.F)	42,0	44,1	46,3	43,2	38,9
Salaires et traitements corrigés des appuis budgétaires et PPTE en % des recettes fiscales (R.F)	36,5	39,0	39,5	36,8	33,4
Dépenses en capital sur financement interne en % R.F	43,4	42,5	35,2	40,6	42,6
Dépenses en capital sur financement interne corrigées des appuis budgétaires et PPTE en % R.F	30,5	33,8	24,8	31,1	33,9
Recettes fiscales sur PIB en %	11,8	12,0	12,5	12,6	13,8
Balance courante hors dons en % PIB	-15,0	-12,6	-12,6	-13,0	-12,3
AUTRES INDICATEURS BUDGÉTAIRES					
Solde global hors dons sur PIB en %	-9,7	-11,2	-12,2	-12,0	-11,1
Solde global sur PIB en %	-5,1	-5,6	-5,7	-5,4	-5,1
Solde global base caisse sur PIB en %	-5,1	-5,6	-5,7	-5,4	-5,1
Solde primaire de base en % des R.F.	-28,2	-35,6	-34,5	-33,9	-20,8
COMPTES NATIONAUX					
PIB nominal (en milliards de FCFA)	2862,7	3017,6	3238,2	3559,6	3860,5
PIB en volume (prix constant 85)	2537,9	2677,4	2774,2	2898,8	3057,3
Taux de croissance du PIB en volume	7,1	5,5	3,6	4,5	5,5
DETTE EXTÉRIEURE					
Encours de la dette extérieure	1170,1	603,7	600,6	832,3	988,4

Service de la dette extérieure **	36,2	690,9	21,9	22,2	23,3
Encours de la dette extérieure en % du PIB	40,9	20,0	18,5	23,4	25,6
Service de la dette extérieure en % des Exportations totales (1)	12,7	198,9	6,4	5,4	4,3
Service de la dette ext. en % des Recettes totales hors dons	9,9	176,3	5,0	4,6	4,1

(1) source : comptabilité nationale ** y compris le montant total du bénéfice de l'IADM en 2006 ; n.d.= non disponibles

COTE D'IVOIRE

ANNEE	20052006	2007		2008	2009
INDICATEURS DE CONVERGENCE					
Premier rang					
Solde budgétaire de base sur PIB nominal (en %)	-1,4	-0,8	0,4	0,4	1,2
Solde budgétaire de base hors PPTE et dons budgétaires/PIB nominal (en %)	-1,4	-0,8	0,5	1,7	1,3
Taux d'inflation annuel (glissement des indices moyens en %)	3,9	2,5	1,9	6,5	3,0
Encours de la dette publique totale rapporté au PIB nominal (en %)	87,2	80,0	78,5	66,7	58,7
Variation des arriérés de paiement (en milliards de FCFA)	420,4	342,2	96,8	16,6	-31,7
Arriérés de paiement de la période de la gestion courante	435,1	390,9	319,1	399,8	0,0
Accumulation d'arriérés de paiement intérieurs	17,5	29,7	43,8	107,9	0,0
Accumulation d'arriérés de paiement extérieurs	417,6	361,2	275,3	291,9	0,0
Réduction d'arriérés de paiement (en milliards de FCFA)	-14,7	-48,7	-222,3	-383,2	-31,7
Réduction d'arriérés de paiement intérieurs	-14,6	-32,8	-213,7	-106,4	-31,7
Réduction d'arriérés de paiement extérieurs	-0,1	-15,9	-8,6	-276,8	0,0
Variation des arriérés de paiement intérieurs (en mds FCFA)	2,9	-3,1	-169,9	1,5	-31,7

Variation des arriérés de paiement extérieurs (en mds FCFA)	417,5	345,3	266,7	15,1	0,0
Second rang					
Salaires et traitements en % des recettes fiscales (R.F)	45,0	43,2	43,6	44,3	43,7
Salaires et traitements corrigés des appuis budgétaires et PPTE en % des recettes fiscales (R.F)	45,0	43,2	43,4	42,1	43,5
Dépenses en capital sur financement interne en % R.F	10,7	15,5	12,8	13,9	12,0
Dépenses en capital sur financement interne corrigées des appuis budgétaires et PPTE en % R.F	10,7	15,5	12,7	13,2	12,0
Recettes fiscales sur PIB en %	14,5	15,0	15,5	15,6	15,9
Balance courante hors dons en % PIB	0,4	3,0	-1,6	0,3	1,1
AUTRES INDICATEURS BUDGÉTAIRES					
Solde global hors dons sur PIB en %	-2,8	-1,6	-1,4	-1,7	-0,6
Solde global sur PIB en %	-1,7	-1,4	-0,8	-0,2	-0,4
Solde global base caisse sur PIB en %	-0,2	-0,3	-1,6	0,1	-0,7
Solde primaire de base en % des R.F.	4,6	4,5	14,0	13,6	15,1
COMPTES NATIONAUX					
PIB nominal (en milliards de FCFA)	8626,2	9081,4	9486,5	10219,4	11000,4
PIB en volume (prix constant 85)	4219,4	4270,0	4334,1	4459,8	4651,5
Taux de croissance du PIB en volume	1,8	1,2	1,5	2,9	4,3
DETTE EXTÉRIEURE					
Encours de la dette extérieure	6221,9 424,9	6358,1	6390,8 363	5856,3	5787,3
Service de la dette extérieure		371,8		456,1	451,8

Encours de la dette extérieure en % du PIB	72,1	70,0	67,4	57,3	52,6
Service de la dette extérieure en % des Exportations totales (1)	10,0	7,9	8,4	10,1	9,3
Service de la dette ext. en % des Recettes totales hors dons	28,9	23,2	19,9	23,4	21,4

(1) source : comptabilité nationale n.d.= données non disponibles

GUINÉE BISSAU

ANNEE	2005	2006	2007	2008	2009
INDICATEURS DE CONVERGENCE					
Premier rang					
Solde budgétaire de base sur PIB nominal (en %)	-10,8	-9,1	-11,4	-7,0	-4,9
Solde budgétaire de base hors PPTE et dons budgétaires/PIB nominal (en %)	-7,7	1,8	-2,0	3,9	2,5
Taux d'inflation annuel (glissement des indices moyens en %)	3,4	2,0	4,6	10,6	3,0
Encours de la dette publique totale rapporté au PIB nominal (en %)	358,9	328,3	258,5	219,3	221,0
Variation des arriérés de paiement (en milliards de FCFA)	17,0	15,1	8,5	5,0	0,0
Arriérés de paiement de la période de la gestion courante	21,3	17,4	12,1	11,5	0,0
Accumulation d'arriérés de paiement intérieurs	4,2	5,5	2,6	3,1	0,0
Accumulation d'arriérés de paiement extérieurs	17,1	11,9	9,5	8,4	0,0
Réduction d'arriérés de paiement (en milliards de FCFA)	-4,3	-2,3	-3,6	-6,5	0,0
Réduction d'arriérés de paiement intérieurs	-4,3	-2,3	-3,6	-6,5	0,0
Réduction d'arriérés de paiement extérieurs	0,0	0,0	0,0	0,0	0,0
Variation des arriérés de paiement intérieurs (en mds FCFA)	-0,1	3,2	-1,0	-3,4	0,0
Variation des arriérés de paiement extérieurs (en mds FCFA)	17,1	11,9	9,5	8,4	0,0
Second rang					
Salaires et traitements en % des recettes fiscales (R.F)	116,2	111,0	96,3	102,4	67,5
Salaires et traitements corrigés des appuis budgétaires et PPTE en % des recettes fiscales (R.F)	103,2	66,7	61,7	60,6	46,5

Dépenses en capital sur financement interne en % R.F	9,3	2,2	12,2	10,1	4,7
Dépenses en capital sur financement interne corrigées des appuis budgétaires et PPTE en % R.F	8,2	1,3	7,8	6,0	3,2
Recettes fiscales sur PIB en %	11,2	10,7	10,4	10,8	13,5
Balance courante hors dons en % PIB	-10,2	-22,5	-17,0	-19,9	-16,0
AUTRES INDICATEURS BUDGÉTAIRES					
Solde global hors dons sur PIB en %	-23,8	-18,9	-23,4	-20,3	-26,9
Solde global sur PIB en %	-11,5	-7,9	-8,5	0,7	-6,9
Solde global base caisse sur PIB en %	-9,9	-3,0	-5,7	-0,1	-6,9
Solde primaire de base en % des R.F.	-60,1	-57,0	-88,8	-41,5	-30,3
COMPTES NATIONAUX					
PIB nominal (en milliards de FCFA)	164,1	172,3	181,5	192,8	205,0
PIB en volume (prix constant 85)	96,8	98,7	101,4	104,5	107,7
Taux de croissance du PIB en volume	3,5	2,0	2,7	3,1	3,2
DETTE EXTÉRIEURE					
Encours de la dette extérieure	547,8	524,7	428,1	381,8	412,2
Service de la dette extérieure	22,4	16,8	14,0	14,3	13,0
Encours de la dette extérieure en % du PIB	333,9	304,5	235,9	198,1	201,1
Service de la dette extérieure en % des Exportations totales (1)	42,3	47,9	34,8	45,4	41,3
Service de la dette ext. en % des Recettes totales hors dons	79,9	53,4	52,5	37,9	35,3

(1) source : comptabilité nationale n.d.= données non disponibles

MALI

ANNEE 2005 2006 2007				2008	2009
INDICATEURS DE CONVERGENCE					
Premier rang					
Solde budgétaire de base sur PIB nominal (en %)	-0,5	0,0	-2,8	-1,8	-2,0
Solde budgétaire de base hors PPTE et dons budgétaires/PIB nominal (en %)	2,1	2,3	-0,8	-0,1	0,1
Taux d'inflation annuel (glissement des indices moyens en %)	6,4	1,5	1,4	9,6	1,8
Encours de la dette publique totale rapporté au PIB nominal (en %)	61,3	23,7	20,9	18,5	18,8
Variation des arriérés de paiement (en milliards de FCFA)	0,0	0,0	0,0	0,0	0,0
Arriérés de paiement de la période de la gestion courante	0,0	0,0	0,0	0,0	0,0
Accumulation d'arriérés de paiement intérieurs	0,0	0,0	0,0	0,0	0,0
Accumulation d'arriérés de paiement extérieurs	0,0	0,0	0,0	0,0	0,0
Réduction d'arriérés de paiement (en milliards de FCFA)	0,0	0,0	0,0	0,0	0,0
Réduction d'arriérés de paiement intérieurs	0,0	0,0	0,0	0,0	0,0
Réduction d'arriérés de paiement extérieurs	0,0	0,0	0,0	0,0	0,0
Variation des arriérés de paiement intérieurs (en mds FCFA)	0,0	0,0	0,0	0,0	0,0
Variation des arriérés de paiement extérieurs (en mds FCFA)	0,0	0,0	0,0	0,0	0,0
Second rang					
Salaires et traitements en % des recettes fiscales (R.F)	30,9	31,5	33,4	38,5	36,0
Salaires et traitements corrigés des appuis budgétaires et PPTE en % des recettes fiscales (R.F)	25,5	25,7	27,4	32,2	28,3
Dépenses en capital sur financement interne en % R.F	22,0	21,4	34,5	26,7	26,3

Dépenses en capital sur financement interne corrigées des appuis budgétaires et PPTE en % R.F	17,4	18,8	31,4	24,2	23,8
Recettes fiscales sur PIB en %	15,4	14,7	14,2	13,1	14,5
Balance courante hors dons en % PIB	-10,1	-6,3	-9,6	-8,7	-8,6
AUTRES INDICATEURS BUDGÉTAIRES					
Solde global hors dons sur PIB en %	-7,1	-7,0	-8,0	-8,5	-9,6
Solde global sur PIB en %	-3,1	-2,0	-3,3	-4,2	-4,8
Solde global base caisse sur PIB en %	-3,1	-2,0	-3,0	-5,8	-4,8
Solde primaire de base en % des R.F.	1,1	3,2	-16,8	-11,0	-11,5
COMPTES NATIONAUX					
PIB nominal (en milliards de FCFA)	2893,9	3201,5	3424,5	3850,8	4151,5
PIB en volume (prix constant 85)	1347,1	1417,8	1478,7	1548,5	1628,0
Taux de croissance du PIB en volume (*)	6,1	5,3	4,3	4,7	5,1
DETTE EXTÉRIEURE					
Encours de la dette extérieure	1735,2	655,1	689,3	689,3	756,7
Service de la dette extérieure **	56,5	1073,1	42,6	42,0	46,4
Encours de la dette extérieure en % du PIB	60,0	20,5	20,1	17,9	18,2
Service de la dette extérieure en % des Exportations totales (1)	7,8	112,0	4,7	4,6	4,7
Service de la dette ext. en % des Recettes totales hors dons	11,2	196,6	7,5	6,9	6,6

(1) source : comptabilité nationale ** y compris le montant total du bénéfice de l'IADM en 2006 ; n.d.= non disponibles

NIGER

ANNEE	2005	2006	2007	2008	2009
INDICATEURS DE CONVERGENCE					
Premier rang					
Solde budgétaire de base sur PIB nominal (en %)	-2,8	0,3	-0,9	-0,3	-5,4
Solde budgétaire de base hors PPTE et dons budgétaires/PIB nominal (en %)	0,6	2,1	1,2	2,0	-1,4
Taux d'inflation annuel (glissement des indices moyens en %)	7,8	0,0	0,1	11,1	3,0
Encours de la dette publique totale rapporté au PIB nominal (en %)	65,7	23,9	24,1	16,8	14,8
Variation des arriérés de paiement (en milliards de FCFA)	-10,2	-14,0	-14,8	-15,2	-15,0
Arriérés de paiement de la période de la gestion courante	2,2	0,0	0,0	0,0	0,0
Accumulation d'arriérés de paiement intérieurs	2,2	0,0	0,0	0,0	0,0
Accumulation d'arriérés de paiement extérieurs	0,0	0,0	0,0	0,0	0,0
Réduction d'arriérés de paiement (en milliards de FCFA)	-12,4	-14,0	-14,8	-15,2	-15,0
Réduction d'arriérés de paiement intérieurs	-12,4	-14,0	-14,8	-15,2	-15,0
Réduction d'arriérés de paiement extérieurs	0,0	0,0	0,0	0,0	0,0
Variation des arriérés de paiement intérieurs (en mds FCFA)	-10,2	-14,0	-14,8	-15,2	-15,0
Variation des arriérés de paiement extérieurs (en mds FCFA)	0,0	0,0	0,0	0,0	0,0
Second rang					
Salaires et traitements en % des recettes fiscales (R.F)	34,7	33,4	31,0	33,7	32,4
Salaires et traitements corrigés des appuis budgétaires et PPTE en % des recettes fiscales (R.F)	29,5	31,2	28,6	30,8	26,6
Dépenses en capital sur financement interne en % R.F	40,4	32,9	37,5	47,3	41,6

Dépenses en capital sur financement interne corrigées des appuis budgétaires et PPTE en % R.F	23,9	23,6	29,2	38,4	30,4
Recettes fiscales sur PIB en %	10,2	10,7	11,5	11,0	11,6
Balance courante hors dons en % PIB	-12,5	-10,9	-10,7	-15,3	-15,1
AUTRES INDICATEURS BUDGÉTAIRES					
Solde global hors dons sur PIB en %	-9,5	-6,8	-8,2	-6,4	-13,9
Solde global sur PIB en %	-3,0	-0,8	-1,0	-0,1	-4,7
Solde global base caisse sur PIB en %	-3,7	-1,5	-1,7	-0,8	-5,5
Solde primaire de base en % des R.F.	-21,8	5,3	-4,5	0,2	-44,0
COMPTES NATIONAUX					
PIB nominal (en milliards de FCFA)	1777,0	1906,8	2035,4	2333,1	2491,0
PIB en volume (prix constant 85)	1167,9	1235,8	1276,5	1351,7	1413,2
Taux de croissance du PIB en volume	8,4	5,8	3,3	5,9	4,5
DETTE EXTÉRIEURE					
Encours de la dette extérieure	957,0	281,1	322,1	243,3	236,2
Service de la dette extérieure **	22,6	729,7	10,5	13,1	14,2
Encours de la dette extérieure en % du PIB	53,9	14,7	15,8	10,4	9,5
Service de la dette extérieure en % des Exportations totales (1)	7,2	229,2	3,1	3,7	3,8
Service de la dette ext. en % des Recettes totales hors dons	12,0	295,2	3,4	3,2	4,7

(1) source : comptabilité nationale ** y compris le montant total du bénéfice de l'IADM en 2006

SÉNÉGAL

ANNEE	2005	2006	2007	2008	2009
INDICATEURS DE CONVERGENCE					
Premier rang					
Solde budgétaire de base sur PIB nominal (en %)	-0,8	-4,1	-2,4	-2,8	-1,3
Solde budgétaire de base hors PPTE et dons budgétaires/PIB nominal (en %)	1,0	-3,4	-0,3	-1,8	-0,3
Taux d'inflation annuel (glissement des indices moyens en %)	1,7	2,1	5,9	6,3	3,0
Encours de la dette publique totale rapporté au PIB nominal (en %)	45,9	40,5	19,7	17,2	15,4
Variation des arriérés de paiement (en milliards de FCFA)	0,0	0,0	0,0	0,0	0,0
Arriérés de paiement de la période de la gestion courante	0,0	0,0	0,0	0,0	0,0
Accumulation d'arriérés de paiement intérieurs	0,0	0,0	0,0	0,0	0,0
Accumulation d'arriérés de paiement extérieurs	0,0	0,0	0,0	0,0	0,0
Réduction d'arriérés de paiement (en milliards de FCFA)	0,0	0,0	0,0	0,0	0,0
Réduction d'arriérés de paiement intérieurs	0,0	0,0	0,0	0,0	0,0
Réduction d'arriérés de paiement extérieurs	0,0	0,0	0,0	0,0	0,0
Variation des arriérés de paiement intérieurs (en mds FCFA)	0,0	0,0	0,0	0,0	0,0
Variation des arriérés de paiement extérieurs (en mds FCFA)	0,0	0,0	0,0	0,0	0,0
Second rang					
Salaires et traitements en % des recettes fiscales (R.F)	30,0	31,0	31,6	30,8	29,9
Salaires et traitements corrigés des appuis budgétaires et PPTE en % des recettes fiscales (R.F)	29,6	30,8	30,4	30,3	29,2
Dépenses en capital sur financement interne en % R.F	33,7	36,6	34,8	27,9	27,1

Dépenses en capital sur financement interne corrigées des appuis budgétaires et PPTE en % R.F	26,3	33,9	28,0	24,8	25,0
Recettes fiscales sur PIB en %	18,6	19,0	19,5	19,4	20,0
Balance courante hors dons en % PIB	-7,0	-6,6	-8,9	-11,1	-10,0
AUTRES INDICATEURS BUDGÉTAIRES					
Solde global hors dons sur PIB en %	-4,9	-7,6	-6,3	-6,5	-5,4
Solde global sur PIB en %	-3,2	-6,1	-3,8	-4,4	-3,0
Solde global base caisse sur PIB en %	-3,2	-6,1	-3,8	-4,4	-3,0
Solde primaire de base en % des R.F.	0,6	-17,1	-9,4	-11,4	-3,0
COMPTES NATIONAUX					
PIB nominal (en milliards de FCFA)	4582,3	4846,4	5351,8	5992,7	6505,3
PIB en volume (prix constant 85)	4104,0	4198,0	4399,2	4570,1	4809,7
Taux de croissance du PIB en volume (*)	5,6	2,3	4,8	3,9	5,2
DETTE EXTÉRIEURE					
Encours de la dette extérieure	1944,8	1806,8	900,0	874,0	848,0
Service de la dette extérieure **	100,7	1203,0	76,0	78,0	93,0
Encours de la dette extérieure en % du PIB	42,4	37,3	16,8	14,6	13,0
Service de la dette extérieure en % des Exportations totales (1)	8,1	104,6	6,5	6,3	7,1
Service de la dette ext. en % des Recettes totales hors dons	11,4	125,0	6,8	6,5	6,9

(1) source : comptabilité nationale ** y compris le montant total du bénéfice de l'IADM en 2006 ; n.d.= non disponibles

TOGO

ANNEE	2005	2006	2007	2008	2009
INDICATEURS DE CONVERGENCE					
Premier rang					
Solde budgétaire de base sur PIB nominal (en %)	-2,0	-0,6	-0,9	-1,9	-1,5
Solde budgétaire de base hors PPTE et dons budgétaires/PIB nominal (en %)	-2,0	-0,5	0,1	-1,6	-1,5
Taux d'inflation annuel (glissement des indices moyens en %)	6,8	2,2	1,0	8,4	3,0
Encours de la dette publique totale rapporté au PIB nominal (en %)	98,7	94,3	97,0	70,8	64,5
Variation des arriérés de paiement (en milliards de FCFA)	34,0	17,7	16,2	55,3	-16,5
Arriérés de paiement de la période de la gestion courante	51,7	44,4	29,5	58,4	0,0
Accumulation d'arriérés de paiement intérieurs	22,0	20,6	0,7	0,0	0,0
Accumulation d'arriérés de paiement extérieurs	29,7	23,8	28,8	58,4	0,0
Réduction d'arriérés de paiement (en milliards de FCFA)	-17,7	-26,7	-13,3	-3,1	-16,5
Réduction d'arriérés de paiement intérieurs	-17,5	-25,7	-13,3	-3,1	-6,0
Réduction d'arriérés de paiement extérieurs	-0,2	-1,0	0,0	0,0	-10,5
Variation des arriérés de paiement intérieurs (en mds FCFA)	4,5	-5,1	-12,6	-3,1	-6,0
Variation des arriérés de paiement extérieurs (en mds FCFA)	29,5	22,8	28,8	58,4	-10,5
Second rang					
Salaires et traitements en % des recettes fiscales (R.F)	30,4	33,1	32,8	37,3	36,7
Salaires et traitements corrigés des appuis budgétaires et PPTE en % des recettes fiscales (R.F)	30,4	32,9	31,3	36,9	36,7

Dépenses en capital sur financement interne en % R.F	8,4	3,7	7,1	13,8	14,2
Dépenses en capital sur financement interne corrigées des appuis budgétaires et PPTE en % R.F	8,4	3,6	6,8	13,6	14,2
Recettes fiscales sur PIB en %	14,6	15,4	16,3	15,6	16,0
Balance courante hors dons en % PIB	-22,8	-16,6	-10,2	-10,7	-10,6
AUTRES INDICATEURS BUDGÉTAIRES					
Solde global hors dons sur PIB en %	-4,0	-4,2	-1,4	-4,7	-6,2
Solde global sur PIB en %	-2,9	-2,8	0,3	-2,9	-2,9
Solde global base caisse sur PIB en %	-1,5	-2,5	0,0	-3,1	-3,3
Solde primaire de base en % des R.F.	-6,4	1,8	2,6	-6,5	-3,2
COMPTES NATIONAUX					
PIB nominal (en milliards de FCFA)	1113,1	1160,1	1202,1	1272,9	1344,1
PIB en volume (prix constant 2000)	977,5	1015,6	1035,1	1043,3	1077,5
Taux de croissance du PIB en volume	1,2	3,9	1,9	0,8	3,3
DETTE EXTÉRIEURE					
Encours de la dette extérieure Service de la dette extérieure	820,5 30,3	782,8 29,6	847,2 29,5	595,4 31,3	573,4 28,0
Encours de la dette extérieure en % du PIB	73,7	67,5	70,5	46,8	42,7
Service de la dette extérieure en % des Exportations totales (1)	6,9	5,8	5,7	6,2	5,3
Service de la dette ext. en % des Recettes totales hors dons	17,3	15,1	14,4	14,9	12,3

(1) source : comptabilité nationale n.d.= données non disponibles

UEMOA

ANNEE	2005	2006	2007	2008	2009
INDICATEURS DE CONVERGENCE					
Premier rang					
Solde budgétaire de base sur PIB nominal (en %)	-1,7	-1,7	-1,1	-1,3	-1,0
Solde budgétaire de base hors PPTE et dons budgétaires/PIB nominal (en %)	-0,3	-0,6	0,4	0,3	0,4
Taux d'inflation annuel (glissement des indices moyens en %)	4,3	2,3	2,4	7,6	3,0
Encours de la dette publique totale rapporté au PIB nominal (en %)	67,8	51,6	45,3	38,8	35,5
Variation des arriérés de paiement (en milliards de FCFA)	442,2	346,0	48,6	46,7	-78,2
Arriérés de paiement de la période de la gestion courante	510,3	452,7	360,7	469,7	0,0
Accumulation d'arriérés de paiement intérieurs	45,9	55,8	47,1	111,0	0,0
Accumulation d'arriérés de paiement extérieurs	464,4	396,9	313,6	358,7	0,0
Réduction d'arriérés de paiement (en milliards de FCFA)	-68,1	-106,7	-312,1	-423,0	-78,2
Réduction d'arriérés de paiement intérieurs	-67,8	-89,8	-303,5	-146,2	-67,7
Réduction d'arriérés de paiement extérieurs	-0,3	-16,9	-8,6	-276,8	-10,5
Variation des arriérés de paiement intérieurs (en mds FCFA)	-22,0	-34,0	-256,4	-35,2	-67,7
Variation des arriérés de paiement extérieurs (en mds FCFA)	464,1	380,0	305,0	81,9	-10,5
Second rang					
Salaires et traitements en % des recettes fiscales (R.F)	38,0	37,6	37,6	38,5	36,9
Salaires et traitements corrigés des appuis budgétaires et PPTE en % des recettes fiscales (R.F)	36,3	35,9	35,5	35,8	34,6
Dépenses en capital sur financement interne en % R.F	23,2	23,9	24,6	47,7	50,1

Dépenses en capital sur financement interne corrigées des appuis budgétaires et PPTE en % R.F	18,7	21,6	21,2	43,7	47,0
Recettes fiscales sur PIB en %	14,7	15,1	15,6	15,5	16,3
Balance courante hors dons en % PIB	-7,2	-5,4	-7,8	-7,4	-6,8
AUTRES INDICATEURS BUDGÉTAIRES					
Solde global hors dons sur PIB en %	-5,4	-5,2	-5,1	-5,6	-5,8
Solde global sur PIB en %	-2,9	-2,8	-2,0	-2,3	-2,6
Solde global base caisse sur PIB en %	-2,2	-2,4	-2,3	-2,7	-2,8
Solde primaire de base en % des R.F.	-3,4	-5,1	-1,3	-2,6	-1,5
COMPTES NATIONAUX					
PIB nominal (en milliards de FCFA)	24317,9	25845,4	27561,4	30396,1	32751,0
PIB en volume (prix constant 96)	18369,7	18925,1	19554,5	20324,4	21317,6
Taux de croissance du PIB en volume	4,2	3,0	3,3	3,9	4,9
DETTE EXTÉRIEURE					
Encours de la dette extérieure	14322,9	11532,0	10477,9	9945,1	10142,4
Service de la dette extérieure	708,8	4668,8	571,2	675,5	752,1
Encours de la dette extérieure en % du PIB	58,9	44,6	38,0	32,7	31,0
Service de la dette extérieure en % des Exportations totales (1)	9,2	41,8	6,8	7,8	7,1
Service de la dette ext. en % des Recettes totales hors dons	17,7	81,0	11,1	12,3	11,1

(1) source : comptabilité nationale n.d.= données non disponibles

Annexes_RSM_Juin-14_Vf du 19 juin CES02/09/201415:06

ANNEXE STATISTIQUE :
UEMOA, RAPPORT SUR LA SURVEILLANCE MULTILATÉRALE, JUIN 2014

TABLEAU 1 : Principaux indicateurs macroéconomiques

BENIN

ANNEE	2009	2010	2011	2012	2013	2014
INDICATEURS DE CONVERGENCE						
Solde budgétaire de base sur PIB nominal (en %)	-2,7	0,9	-0,1	0,9	1,1	0,2
Taux d'inflation annuel (glissement des indices moyens en %)	2,2	2,1	2,7	6,8	1,0	3,0
Encours de la dette publique totale rapporté au PIB nominal (en %)	26,8	25,5	26,0	22,5	20,7	19,9
Variation des arriérés de paiement (en milliards de FCFA)	-28,3	-17,2	-11,7	-12,2	-17,3	-17,3
Arriérés de paiement de la période de la gestion courante	0,0	0,0	0,0	0,0	0,0	0,0
Accumulation d'arriérés de paiement intérieurs	0,0	0,0	0,0	0,0	0,0	0,0
Accumulation d'arriérés de paiement extérieurs	0,0	0,0	0,0	0,0	0,0	0,0
Réduction d'arriérés de paiement (en milliards de FCFA)	-28,3	-17,2	-11,7	-12,2	-17,3	-17,3
Réduction d'arriérés de paiement intérieurs	-28,3	-17,2	-11,7	-12,2	-17,3	-17,3
Réduction d'arriérés de paiement extérieurs	0,0	0,0	0,0	0,0	0,0	0,0
Variation des arriérés de paiement intérieurs (en mds FCFA)	-28,3	-17,2	-11,7	-12,2	-17,3	-17,3
Variation des arriérés de paiement extérieurs (en mds FCFA)	0,0	0,0	0,0	0,0	0,0	0,0
Second rang						
Salaires et traitements en % des recettes fiscales (R.F)	45,1	45,4	47,4	46,7	44,9	43,3

Salaires et traitements corrigés des appuis budgétaires et PPTE en % des recettes fiscales	42,4	43,5	46,7	44,8	44,3	42,4
Dépenses en capital sur financement interne en % R.F	47,8	21,7	22,3	22,8	21,1	22,7
Dépenses en capital sur financement interne corrigées des appuis budgétaires	44,9	20,8	22,0	21,9	20,8	22,2
Recettes fiscales sur PIB en %	16,1	16,2	15,5	15,5	16,3	16,0
Balance courante hors dons en % PIB	-11,4	-9,0	-7,4	-6,6	-7,1	-7,5
AUTRES INDICATEURS BUDGÉTAIRES						
Solde global hors dons sur PIB en %	-7,4	-3,1	-4,3	-2,4	-3,8	-3,5
Solde global sur PIB en %	-4,9	-1,6	-1,8	-0,5	-2,8	-1,4
Solde global base caisse sur PIB en %	-5,8	-2,1	-2,1	-0,8	-2,9	-1,8
Solde primaire de base en % des R.F.	-24,1	2,9	-0,5	3,9	7,3	1,6
COMPTES NATIONAUX						
PIB nominal (en milliards de FCFA)	3 109,1	3 247,9	3 443,0	3 850,9	4 104,2	4 563,1
PIB en volume (prix constant1985)	1 152,6	1 182,0	1 221,5	1 287,1	1 359,8	1 448,5
Taux de croissance du PIB en volume	2,7	2,6	3,3	5,4	5,6	6,5
DETTE EXTÉRIEURE						
Encours de la dette extérieure	463,3	582,9	613,7	638,9	690,5	790,7
Service de la dette extérieure	17,6	23,9	25,7	35,7	44,1	39,4
Encours de la dette extérieure en % du PIB	14,9	17,9	17,8	16,6	16,8	17,3
Service de la dette extérieure en % des Exportations totales (1)	3,0	3,8	4,4	5,2	5,9	4,9
Service de la dette ext. en % des Recettes totales hors dons	3,5	4,3	5,0	5,5	5,8	5,4

(1) source : comptabilité nationale

BURKINA FASO

ANNEE	2009	2010	2011	2012	2013	2014
INDICATEURS DE CONVERGENCE						
Premier rang						
Solde budgétaire de base sur PIB nominal (en %)	-1,3	0,5	1,3	-1,2	-1,4	0,5
Taux d'inflation annuel (glissement des indices moyens en %)	2,6	-0,6	2,8	3,8	0,5	3,0
Encours de la dette publique totale rapporté au PIB nominal (en %)	26,3	28,6	33,2	29,0	29,5	28,7
Variation des arriérés de paiement (en milliards de FCFA)	0,0	0,0	0,0	0,0	0,0	0,0
Arriérés de paiement de la période de la gestion courante	0,0	0,0	0,0	0,0	0,0	0,0
Accumulation d'arriérés de paiement intérieurs	0,0	0,0	0,0	0,0	0,0	0,0
Accumulation d'arriérés de paiement extérieurs	0,0	0,0	0,0	0,0	0,0	0,0
Réduction d'arriérés de paiement (en milliards de FCFA)	0,0	0,0	0,0	0,0	0,0	0,0
Réduction d'arriérés de paiement intérieurs	0,0	0,0	0,0	0,0	0,0	0,0
Réduction d'arriérés de paiement extérieurs	0,0	0,0	0,0	0,0	0,0	0,0
Variation des arriérés de paiement intérieurs (en mds FCFA)	0,0	0,0	0,0	0,0	0,0	0,0
Variation des arriérés de paiement extérieurs (en mds FCFA)	0,0	0,0	0,0	0,0	0,0	0,0
Second rang						
Salaires et traitements en % des recettes fiscales (R.F)	46,2	43,5	40,5	37,3	35,8	34,6
Salaires et traitements corrigés des appuis budgétaires et PPTE en % des recettes fiscales	37,6	36,8	33,5	32,6	32,8	31,8
Dépenses en capital sur financement interne en % R.F	47,6	49,0	40,6	45,2	50,1	45,0

Dépenses en capital sur financement interne corrigées des appuis budgétaires	39,0	41,5	33,6	39,5	45,8	41,4
Recettes fiscales sur PIB en %	12,5	12,7	14,5	16,2	17,3	18,4
Balance courante hors dons en % PIB	-8,2	-5,3	-5,3	-5,2	-9,4	-7,3
AUTRES INDICATEURS BUDGÉTAIRES						
Solde global hors dons sur PIB en %	-10,7	-8,9	-7,8	-8,3	-9,3	-7,2
Solde global sur PIB en %	-4,8	-4,4	-2,5	-3,2	-3,7	-1,2
Solde global base caisse sur PIB en %	-2,0	-5,4	-2,9	-2,9	-4,0	-1,2
Solde primaire de base en % des R.F.	-36,1	-18,6	-12,8	-21,4	-16,4	-4,3
COMPTES NATIONAUX						
PIB nominal (en milliards de FCFA)	3 941,9	4 453,9	4 804,7	5 488,1	5 722,2	6 309,8
PIB en volume (prix constant 1999)	3 100,9	3 362,9	3 530,9	3 848,6	4 101,1	4 374,9
Taux de croissance du PIB en volume	3,0	8,4	5,0	9,0	6,6	6,7
DETTE EXTÉRIEURE						
Encours de la dette extérieure	803,0	982,8	1 136,2	1 136,2	1 144,9	1 556,7
Service de la dette extérieure **	23,1	24,9	32,7	34,7	36,6	38,6
Encours de la dette extérieure en % du PIB	20,4	22,1	23,6	20,7	20,0	24,7
Service de la dette extérieure en % des Exportations totales (1)	5,4	3,2	2,9	2,4	2,7	2,7
Service de la dette ext. en % des Recettes totales hors dons	7,5	5,2	6,1	4,8	4,6	4,2
(1) source : comptabilité nationale						

COTE D'IVOIRE

ANNEE	2009	2010	2011	2012	2013	2014
INDICATEURS DE CONVERGENCE						
Premier rang						
Solde budgétaire de base sur PIB nominal (en %)	1,8	-0,2	-2,9	-2,2	-0,2	0,2
Taux d'inflation annuel (glissement des indices moyens en %)	1,0	1,8	4,9	1,3	2,6	3,0
Encours de la dette publique totale rapporté au PIB nominal (en %) [2]	60,6	63,6	67,6	45,7	41,1	36,6
Variation des arriérés de paiement (en milliards de FCFA)	-203,8	-368,9	129,5	-262,8	-23,8	-29,1
Arriérés de paiement de la période de la gestion courante	144,2	259,0	261,6	87,0	0,0	0,0
Accumulation d'arriérés de paiement intérieurs	2,9	183,5	210,2	87,0	0,0	0,0
Accumulation d'arriérés de paiement extérieurs	141,3	75,5	51,4	0,0	0,0	0,0
Réduction d'arriérés de paiement (en milliards de FCFA)	-348,0	-627,9	-132,2	-349,8	-23,8	-29,1
Réduction d'arriérés de paiement intérieurs	-73,3	-165,6	-127,9	-154,0	-7,0	0,0
Réduction d'arriérés de paiement extérieurs	-274,7	-462,3	-4,3	-195,8	-16,8	-29,1
Variation des arriérés de paiement intérieurs (en mds FCFA)	-70,4	17,9	82,3	-67,0	-7,0	0,0
Variation des arriérés de paiement extérieurs (en mds FCFA)	-133,4	-386,8	47,2	-195,8	-16,8	-29,1
Second rang						
Salaires et traitements en % des recettes fiscales (R.F)	41,5	41,5	48,2	42,2	43,1	44,2
Salaires et traitements corrigés des appuis budgétaires et PPTE en % des recettes fisc	36,4	40,6	48,0	41,8	41,8	42,1
Dépenses en capital sur financement interne en % R.F	12,9	13,7	16,3	23,1	25,7	24,9

Dépenses en capital sur financement interne corrigées des appuis budgétaires	11,3	13,4	16,3	22,8	24,8	23,7
Recettes fiscales sur PIB en %	15,7	15,6	12,1	16,2	15,7	15,8
Balance courante hors dons en % PIB	4,4	1,3	10,1	-3,7	-2,5	-1,4
AUTRES INDICATEURS BUDGÉTAIRES						
Solde global hors dons sur PIB en %	-2,0	-2,6	-4,2	-3,8	-3,6	-4,4
Solde global sur PIB en %	0,7	-1,8	-3,9	-3,2	-2,3	-2,2
Solde global base caisse sur PIB en %	0,1	-3,9	-4,6	-2,9	-2,7	-2,5
Solde primaire de base en % des R.F.	6,1	7,6	-10,1	-4,6	3,3	2,8
COMPTES NATIONAUX [1]						
PIB nominal (en milliards de FCFA)	11 463,5	12 324,7	12 332,7	13 695,0	15 300,0	17 040,0
PIB en volume (prix constant 2009)	11 463,5	11 694,8	11 145,1	12 237,4	13 351,1	14 687,2
Taux de croissance du PIB en volume	3,3	2,0	-4,7	9,8	9,1	10,0
DETTE EXTÉRIEURE						
Encours de la dette extérieure	5 861,4	5 832,5	6 264,2	3 972,6	3 820,7	3 587,4
Service de la dette extérieure	459,4	504,6	363,5	469,6	236,0	303,6
Encours de la dette extérieure en % du PIB	51,1	47,3	50,8	29,0	25,0	21,1
Service de la dette extérieure en % des Exportations totales (1)	8,7	8,9	6,1	7,8	nd	nd
Service de la dette ext. en % des Recettes totales hors dons	26,3	24,4	21,9	19,1	8,9	11,1
(1) La série des comptes nationaux a été révisée en avril 2014 avec une nouvelle année de base 2009						

(2) l'allègement au titre du Contrat Désendettement Developpement est pris en compte sur la période 2012 - 2017

GUINÉE BISSAU

ANNEE	2009	2010	2011	2012	2013	2014
INDICATEURS DE CONVERGENCE						
Premier rang						
Solde budgétaire de base sur PIB nominal (en %)	4,3	1,3	1,5	-3,1	-0,3	0,4
Taux d'inflation annuel (glissement des indices moyens en %)	-1,6	2,2	5,1	2,3	0,7	3,0
Encours de la dette publique totale rapporté au PIB nominal (en %)	158,5	167,7	56,5	58,1	59,8	59,7
Variation des arriérés de paiement (en milliards de FCFA)	-0,5	0,0	1,3	1,5	0,0	0,0
Arriérés de paiement de la période de la gestion courante	4,4	0,0	1,4	1,5	0,0	0,0
Accumulation d'arriérés de paiement intérieurs	0,0	0,0	1,4	1,5	0,0	0,0
Accumulation d'arriérés de paiement extérieurs	4,4	0,0	0,0	0,0	0,0	0,0
Réduction d'arriérés de paiement (en milliards de FCFA)	-4,9	0,0	-0,1	0,0	0,0	0,0
Réduction d'arriérés de paiement intérieurs	-4,9	0,0	0,0	0,0	0,0	0,0
Réduction d'arriérés de paiement extérieurs	0,0	0,0	-0,1	0,0	0,0	0,0
Variation des arriérés de paiement intérieurs (en mds FCFA)	-4,9	0,0	1,4	1,5	0,0	0,0
Variation des arriérés de paiement extérieurs (en mds FCFA)	4,4	0,0	-0,1	0,0	0,0	0,0
Second rang						
Salaires et traitements en % des recettes fiscales (R.F)	75,6	79,2	58,6	64,5	67,4	55,3
Salaires et traitements corrigés des appuis budgétaires et PPTE en % des recettes fiscales	48,6	61,6	46,1	56,1	55,4	46,1
Dépenses en capital sur financement interne en % R.F	5,1	1,5	4,5	19,5	8,9	7,5

Dépenses en capital sur financement interne corrigées des appuis budgétaires	3,3	1,2	3,5	17,0	7,4	6,3
Recettes fiscales sur PIB en %	6,8	7,9	8,7	8,3	7,9	9,4
Balance courante hors dons en % PIB	-19,5	-19,1	-4,1	-11,4	-8,1	-10,7
AUTRES INDICATEURS BUDGÉTAIRES						
Solde global hors dons sur PIB en %	-13,1	-11,0	-8,8	-8,1	-5,5	-8,1
Solde global sur PIB en %	3,0	0,2	-0,6	-2,7	-1,7	-2,7
Solde global base caisse sur PIB en %	2,9	-1,7	-1,3	-2,1	-1,7	-2,9
Solde primaire de base en % des R.F.	-39,8	-14,2	-12,7	-60,9	-28,2	-14,6
COMPTES NATIONAUX						
PIB nominal (en milliards de FCFA)	390,5	418,5	465,1	469,0	480,4	508,5
PIB en volume (prix constant 2005)	348,7	364,3	383,6	378,1	379,3	392,7
Taux de croissance du PIB en volume	3,4	4,4	5,3	-1,5	0,3	3,5
DETTE EXTÉRIEURE						
Encours de la dette extérieure	517,9	544,3	105,0	115,0	120,0	36,0
Service de la dette extérieure	15,5	452,0	0,6	5,2	6,7	7,9
Encours de la dette extérieure en % du PIB	132,6	130,1	22,6	24,5	25,0	26,7
Service de la dette extérieure en % des Exportations totales (1)	12,7	357,0	0,5	7,8	9,1	10,2
Service de la dette ext. en % des Recettes totales hors dons	-55,8	22 548,6	3,9	24,8	25,7	28,8

(1) source : comptabilité nationale

ANNEXES_RSM_JUIN-14_VF DU 19 JUIN CES02/09/201415:06

MALI

ANNEE	2009	2010	2011	2012	2013	2014
INDICATEURS DE CONVERGENCE						
Premier rang						
Solde budgétaire de base sur PIB nominal (en %)	0,4	-0,2	-1,8	-0,8	-2,8	-1,7
Taux d'inflation annuel (glissement des indices moyens en %)	2,2	1,2	3,0	5,3	-0,6	3,0
Encours de la dette publique totale rapporté au PIB nominal (en %)	25,3	29,2	29,1	29,3	28,8	32,1
Variation des arriérés de paiement (en milliards de FCFA)	-57,3	-29,0	12,3	22,5	-34,2	-58,7
Arriérés de paiement de la période de la gestion courante	0,0	0,0	21,5	33,6	0,0	0,0
Accumulation d'arriérés de paiement intérieurs	0,0	0,0	20,5	30,5	0,0	0,0
Accumulation d'arriérés de paiement extérieurs	0,0	0,0	1,0	3,1	0,0	0,0
Réduction d'arriérés de paiement (en milliards de FCFA)	-57,3	-29,0	-9,2	-11,1	-34,2	-58,7
Réduction d'arriérés de paiement intérieurs	-57,3	-29,0	-9,2	-11,1	-30,6	-58,7
Réduction d'arriérés de paiement extérieurs	0,0	0,0	0,0	0,0	-3,6	0,0
Variation des arriérés de paiement intérieurs (en mds FCFA)	-57,3	-29,0	11,3	19,4	-30,6	-58,7
Variation des arriérés de paiement extérieurs (en mds FCFA)	0,0	0,0	1,0	3,1	-3,6	0,0
Second rang						
Salaires et traitements en % des recettes fiscales (R.F)	34,2	34,0	36,5	38,4	36,1	36,6
Salaires et traitements corrigés des appuis budgétaires et PPTE en % des recettes fiscales	32,4	32,7	34,3	38,0	36,1	34,7
Dépenses en capital sur financement interne en % R.F	24,4	25,0	26,1	18,2	27,1	28,9

Dépenses en capital sur financement interne corrigées des appuis budgétaires	21,4	23,0	23,5	18,2	23,9	25,1
Recettes fiscales sur PIB en %	14,7	14,6	14,5	14,4	14,9	15,3
Balance courante hors dons en % PIB	-8,5	-13,8	-7,3	-3,3	-9,4	-11,6
AUTRES INDICATEURS BUDGÉTAIRES	0,0	0,0	0,0	0,0	0,0	0,0
Solde global hors dons sur PIB en %	-6,9	-5,5	-8,1	-1,6	-6,6	-8,5
Solde global sur PIB en %	-2,8	-2,6	-4,2	-1,3	-2,9	-4,3
Solde global base caisse sur PIB en %	-4,2	-2,6	-3,9	-0,9	-2,8	-5,0
Solde primaire de base en % des R.F.	-7,2	-3,8	-15,4	-1,5	-17,8	-16,3
COMPTES NATIONAUX						
PIB nominal (en milliards de FCFA)	4 232,9	4 655,7	5 024,2	5 279,3	5 406,1	5 932,1
PIB en volume (prix constant 85)	1 621,6	1 715,9	1 762,7	1 763,2	1 793,3	1 909,4
Taux de croissance du PIB en volume (*)	4,5	5,8	2,7	0,0	1,7	6,5
DETTE EXTÉRIEURE						
Encours de la dette extérieure	941,7	1 056,5	1 129,3	1 350,1	1 371,4	1 782,7
Service de la dette extérieure	46,4	47,3	74,0	55,2	48,1	99,8
Encours de la dette extérieure en % du PIB	22,2	22,7	22,5	25,6	25,4	30,1
Service de la dette extérieure en % des Exportations totales (1)	5,5	4,7	6,6	3,7	3,7	7,6
Service de la dette ext. en % des Recettes totales hors dons	9,6	8,0	13,1	6,9	7,5	14,3

(1) source : comptabilité nationale

NIGER

ANNEE	2009	2010	2011	2012	2013	2014
INDICATEURS DE CONVERGENCE						
Premier rang						
Solde budgétaire de base sur PIB nominal (en %)	-2,3	-0,5	-0,4	1,4	-0,6	0,6
Taux d'inflation annuel (glissement des indices moyens en %)	4,3	0,9	2,9	0,5	2,3	3,0
Encours de la dette publique totale rapporté au PIB nominal (en %)	24,1	21,5	20,1	20,6	20,7	18,9
Variation des arriérés de paiement (en milliards de FCFA)	-13,9	-12,4	-9,0	8,8	-30,8	-3,0
Arriérés de paiement de la période de la gestion courante	0,0	0,0	0,0	0,0	0,0	0,0
Accumulation d'arriérés de paiement intérieurs	0,0	0,0	0,0	0,0	0,0	0,0
Accumulation d'arriérés de paiement extérieurs	0,0	0,0	0,0	0,0	0,0	0,0
Réduction d'arriérés de paiement (en milliards de FCFA)	-13,9	-12,4	-9,0	8,8	-30,8	-3,0
Réduction d'arriérés de paiement intérieurs	-13,9	-12,4	-9,0	8,8	-30,8	-3,0
Réduction d'arriérés de paiement extérieurs	0,0	0,0	0,0	0,0	0,0	0,0
Variation des arriérés de paiement intérieurs (en mds FCFA)	-13,9	-12,4	-9,0	8,8	-30,8	-3,0
Variation des arriérés de paiement extérieurs (en mds FCFA)	0,0	0,0	0,0	0,0	0,0	0,0
Second rang						
Salaires et traitements en % des recettes fiscales (R.F)	33,5	34,7	32,4	34,3	33,8	32,8
Salaires et traitements corrigés des appuis budgétaires et PPTE en % des recettes fiscales	33,1	31,3	29,3	29,4	31,4	30,4
Dépenses en capital sur financement interne en % R.F	47,7	27,7	23,9	40,1	34,9	30,4

Dépenses en capital sur financement interne corrigées des appuis budgétaires et	43,6	24,3	20,5	33,5	31,8	26,3
Recettes fiscales sur PIB en %	13,5	12,8	16,1	14,5	15,2	16,2
Balance courante hors dons en % PIB	-24,7	-21,5	-24,2	-18,0	-17,8	-16,8
AUTRES INDICATEURS BUDGÉTAIRES						
Solde global hors dons sur PIB en %	-9,8	-7,1	-6,0	-7,6	-11,4	-10,2
Solde global sur PIB en %	-5,3	-2,4	-1,9	-1,2	-3,0	-3,2
Solde global base caisse sur PIB en %	-5,9	-2,8	-2,2	-0,9	-3,8	-3,3
Solde primaire de base en % des R.F.	-21,7	-15,9	-13,0	-8,1	-12,3	-8,6
COMPTES NATIONAUX						
PIB nominal (en milliards de FCFA)	2 548,3	2 832,1	3 024,3	3 414,3	3 659,6	3 966,3
PIB en volume (prix constant 2006)	2 140,1	2 319,2	2 372,0	2 634,7	2 742,9	2 915,1
Taux de croissance du PIB en volume	-0,7	8,4	2,3	11,1	4,1	6,3
DETTE EXTÉRIEURE						
Encours de la dette extérieure	475,9	483,5	494,9	603,2	687,0	687,0
Service de la dette extérieure	12,9	15,0	17,0	24,8	22,0	27,6
Encours de la dette extérieure en % du PIB	18,7	17,1	16,4	17,7	18,8	17,3
Service de la dette extérieure en % des Exportations totales (1)	2,7	2,6	2,8	3,2	2,8	3,3
Service de la dette ext. en % des Recettes totales hors dons	5,2	5,9	4,3	7,7	7,4	6,8

(1) source : comptabilité nationale

SÉNÉGAL

ANNEE	2009	2010	2011	2012	2013	2014
INDICATEURS DE CONVERGENCE						
Premier rang						
Solde budgétaire de base sur PIB nominal (en %)	-2,2	-1,8	-4,1	-3,0	-3,3	-2,6
Taux d'inflation annuel (glissement des indices moyens en %)	-1,0	1,2	3,4	1,4	0,7	3,0
Encours de la dette publique totale rapporté au PIB nominal (en %)	32,6	34,9	34,3	42,9	47,9	50,8
Variation des arriérés de paiement (en milliards de FCFA)	0,0	0,0	0,0	0,0	0,0	0,0
Arriérés de paiement de la période de la gestion courante	0,0	0,0	0,0	0,0	0,0	0,0
Accumulation d'arriérés de paiement intérieurs	0,0	0,0	0,0	0,0	0,0	0,0
Accumulation d'arriérés de paiement extérieurs	0,0	0,0	0,0	0,0	0,0	0,0
Réduction d'arriérés de paiement (en milliards de FCFA)	0,0	0,0	0,0	0,0	0,0	0,0
Réduction d'arriérés de paiement intérieurs	0,0	0,0	0,0	0,0	0,0	0,0
Réduction d'arriérés de paiement extérieurs	0,0	0,0	0,0	0,0	0,0	0,0
Variation des arriérés de paiement intérieurs (en mds FCFA)	0,0	0,0	0,0	0,0	0,0	0,0
Variation des arriérés de paiement extérieurs (en mds FCFA)	0,0	0,0	0,0	0,0	0,0	0,0
Second rang						
Salaires et traitements en % des recettes fiscales (R.F)	33,6	32,8	33,2	34,1	34,6	33,3
Salaires et traitements corrigés des appuis budgétaires et PPTE en % des recettes fiscales	32,3	32,4	32,4	33,1	34,2	32,5
Dépenses en capital sur financement interne en % R.F	34,0	36,5	36,9	36,4	35,5	36,3

Dépenses en capital sur financement interne corrigées des appuis budgétaires	e 27,4	32,2	32,5	31,8	31,7	32,2
Recettes fiscales sur PIB en %	18,0	18,7	19,0	18,9	18,4	18,8
Balance courante hors dons en % PIB	-7,5	-5,6	-8,6	-11,8	-11,2	-10,5
AUTRES INDICATEURS BUDGÉTAIRES	0,0	0,0	0,0	0,0	0,0	0,0
Solde global hors dons sur PIB en %	-8,1	-7,7	-9,5	-9,3	-8,6	-8,4
Solde global sur PIB en %	-5,0	-5,2	-6,7	-5,9	-5,5	-5,1
Solde global base caisse sur PIB en %	-5,0	-5,2	-6,7	-5,9	-5,5	-5,1
Solde primaire de base en % des R.F.	-18,4	-11,3	-20,8	-16,1	-14,4	-11,1
COMPTES NATIONAUX						
PIB nominal (en milliards de FCFA)	6 027,5	6 395,4	6 774,6	7 164,6	7 307,7	7 781,8
PIB en volume (prix constant 1999)	4 686,1	4 882,0	4 962,8	5 129,6	5 306,9	5 566,1
Taux de croissance du PIB en volume	2,4	4,2	1,7	3,4	3,5	4,9
DETTE EXTÉRIEURE						
Encours de la dette extérieure	1 624,3	1 792,3	1 554,5	2 277,5	2 428,0	2 857,4
Service de la dette extérieure	64,8	74,0	237,4	117,0	118,0	215,0
Encours de la dette extérieure en % du PIB	26,9	28,0	22,9	31,8	33,2	36,7
Service de la dette extérieure en % des Exportations totales (1)	6,5	6,9	19,2	8,8	8,2	13,8
Service de la dette ext. en % des Recettes totales hors dons	6,9	6,9	20,0	9,6	9,5	16,2

TOGO

ANNEE	2009	2010	2011	2012	2013	2014
INDICATEURS DE CONVERGENCE						
Premier rang						
Solde budgétaire de base sur PIB nominal (en %)	0,2	3,2	0,1	-2,1	-2,5	-0,3
Taux d'inflation annuel (glissement des indices moyens en %)	1,9	1,4	3,6	2,6	1,8	3,0
Encours de la dette publique totale rapporté au PIB nominal (en %)	83,3	46,7	47,1	45,6	49,7	47,2
Variation des arriérés de paiement (en milliards de FCFA)	-11,7	-45,7	-2,5	-11,6	-23,0	0,0
Arriérés de paiement de la période de la gestion courante	26,7	17,4	0,0	0,0	0,0	0,0
Accumulation d'arriérés de paiement intérieurs	26,6	17,4	0,0	0,0	0,0	0,0
Accumulation d'arriérés de paiement extérieurs	0,2	0,0	0,0	0,0	0,0	0,0
Réduction d'arriérés de paiement (en milliards de FCFA)	-38,4	-63,0	-2,5	-11,6	-23,0	0,0
Réduction d'arriérés de paiement intérieurs	-38,2	-63,0	-2,4	-11,5	-23,0	0,0
Réduction d'arriérés de paiement extérieurs	-0,3	0,0	-0,1	0,0	0,0	0,0
Variation des arriérés de paiement intérieurs (en mds FCFA)	-11,6	-45,7	-2,4	-11,5	-23,0	0,0
Variation des arriérés de paiement extérieurs (en mds FCFA)	-0,1	0,0	-0,1	0,0	0,0	0,0
Second rang						
Salaires et traitements en % des recettes fiscales (R.F)	41,2	33,5	35,9	36,7	32,4	29,9
Salaires et traitements corrigés des appuis budgétaires et PPTE en % des recettes fiscales	37,7	29,9	32,9	35,4	31,7	28,8
Dépenses en capital sur financement interne en % R.F	16,5	18,7	23,4	21,6	15,3	23,1

Dépenses en capital sur financement interne corrigées des appuis budgétaires e	15,1	16,7	21,4	20,8	14,9	22,2
Recettes fiscales sur PIB en %	15,3	15,7	16,4	16,5	19,6	23,1
Balance courante hors dons en % PIB	-7,1	-7,7	-9,9	-15,5	-13,6	-12,7
AUTRES INDICATEURS BUDGÉTAIRES						
Solde global hors dons sur PIB en %	-4,9	-3,7	-5,9	-8,2	-8,0	-12,2
Solde global sur PIB en %	-0,6	0,3	-1,1	-5,8	-4,5	-8,3
Solde global base caisse sur PIB en %	-1,4	-2,6	-1,2	-6,4	-5,2	-9,0
Solde primaire de base en % des R.F.	-2,9	14,1	-5,6	-12,3	-10,0	1,1
COMPTES NATIONAUX						
PIB nominal (en milliards de FCFA)	1 493,6	1 571,3	1 772,6	1 989,5	2 054,3	2 221,7
PIB en volume (prix constant 2000)	1 097,1	1 141,3	1 196,6	1 265,9	1 331,0	1 410,4
Taux de croissance du PIB en volume	3,4	4,0	4,8	5,8	5,1	6,0
DETTE EXTÉRIEURE						
Encours de la dette extérieure	770,1	260,3	241,9	278,8	343,7	406,0
Service de la dette extérieure	25,3	20,5	5,6	16,6	26,8	42,4
Encours de la dette extérieure en % du PIB	51,6	16,6	13,6	14,0	16,7	18,3
Service de la dette extérieure en % des Exportations totales (1)	5,9	4,2	1,0	2,7	4,0	5,5
Service de la dette ext. en % des Recettes totales hors dons	13,5	8,7	2,4	5,1	7,1	8,9

(1) source : comptabilité nationale

UEMOA

ANNEE	2009	2010	2011	2012	2013	2014
INDICATEURS DE CONVERGENCE						
Premier rang						
Solde budgétaire de base sur PIB nominal (en %)	-0,2	0,0	-1,8	-1,5	-1,2	-0,4
Taux d'inflation annuel (glissement des indices moyens en %)	1,1	1,4	3,9	2,4	1,5	3,0
Encours de la dette publique totale rapporté au PIB nominal (en %)	43,2	43,4	43,3	36,8	36,2	35,0
Variation des arriérés de paiement (en milliards de FCFA)	-315,5	-473,1	119,9	-253,8	-129,1	-108,1
Arriérés de paiement de la période de la gestion courante	175,3	276,4	284,5	122,1	0,0	0,0
Accumulation d'arriérés de paiement intérieurs	29,5	200,9	232,1	119,0	0,0	0,0
Accumulation d'arriérés de paiement extérieurs	145,9	75,5	52,4	3,1	0,0	0,0
Réduction d'arriérés de paiement (en milliards de FCFA)	-490,8	-749,5	-164,6	-375,9	-129,1	-108,1
Réduction d'arriérés de paiement intérieurs	-215,9	-287,2	-160,2	-180,1	-108,7	-79,0
Réduction d'arriérés de paiement extérieurs	-275,0	-462,3	-4,4	-195,8	-20,4	-29,1
Variation des arriérés de paiement intérieurs (en mds FCFA)	-186,4	-86,3	71,9	-61,0	-108,7	-79,0
Variation des arriérés de paiement extérieurs (en mds FCFA)	-129,1	-386,8	48,0	-192,7	-20,4	-29,1
Second rang						
Salaires et traitements en % des recettes fiscales (R.F)	39,4	38,7	40,2	39,2	38,7	38,2
Salaires et traitements corrigés des appuis budgétaires et PPTE en % des recettes fiscales	35,5	36,4	38,0	37,3	37,3	36,3
Dépenses en capital sur financement interne en % R.F	28,1	25,4	26,9	29,3	30,6	30,3

Dépenses en capital sur financement interne corrigées des appuis budgétaires	e 23,9	23,0	24,4	27,2	28,5	27,8
Recettes fiscales sur PIB en %	15,4	15,4	14,8	16,1	16,4	16,9
Balance courante hors dons en % PIB	-5,4	-6,1	-3,0	-7,3	-8,0	-7,3
AUTRES INDICATEURS BUDGÉTAIRES						
Solde global hors dons sur PIB en %	-6,1	-5,2	-6,4	-5,5	-6,4	-6,7
Solde global sur PIB en %	-2,5	-2,7	-3,8	-3,1	-3,3	-3,1
Solde global base caisse sur PIB en %	-2,7	-3,8	-4,0	-2,9	-3,6	-3,4
Solde primaire de base en % des R.F.	-10,3	-2,4	-12,7	-9,0	-6,8	-4,0
COMPTES NATIONAUX						
PIB nominal (en milliards de FCFA)	33 207,3	35 899,5	37 641,3	41 350,6	44 034,6	48 323,3
PIB en volume (prix constant 96)	23 074,5	24 105,8	24 245,8	25 872,8	27 348,5	29 329,6
Taux de croissance du PIB en volume	2,7	4,5	0,6	6,7	5,7	7,2
DETTE EXTÉRIEURE						
Encours de la dette extérieure	11 457,6	11 535,2	11 539,7	10 372,3	10 606,1	11 803,9
Service de la dette extérieure	752,1	753,1	754,1	755,1	756,1	757,1
Encours de la dette extérieure en % du PIB	34,5	32,1	30,7	25,1	24,1	24,4
Service de la dette extérieure en % des Exportations totales (1)	8,2	7,3	6,7	6,1	nd	nd
Service de la dette ext. en % des Recettes totales hors dons	17,2	14,6	13,3	12,3	11,3	10,4

Source : comptabilité nationale ;

ANNEXE 2
DÉFINITIONS DES INDICATEURS (AFRISTAT)

	INDICATEURS	DÉFINITIONS
Macroéconomie		
1	Taux d'inflation	Taux moyen annuel d'accroissement des prix mesuré par le rapport de l'indice général des prix (IGP) de l'année courante à l'indice général des prix de l'année précédente
2	PIB par tête	Rapport entre la valeur réelle du PIB à l'année courante et la population.
3	Taux de croissance du PIB réel	Rapport entre la valeur réelle du PIB à l'année courante aux prix d'une année de base et la valeur du PIB l'année précédente aux prix de l'année de base.
4	Ratio exportations par rapport au PIB	Rapport entre la valeur des exportations commerciales et le PIB.
5	Ratio service de la dette par rapport aux exportations	Rapport entre le montant qu'un pays doit verser annuellement à ses créanciers, constitué de l'amortissement (remboursement partiel du capital emprunté) et de l'intérêt, et la valeur des exportations commerciales.
6	Taux d'investissement	Rapport entre la formation brute de capital fixe et le PIB.
7	Taux de pression fiscale	Rapport entre les recettes fiscales et le PIB
8	Ratio dépenses courantes par rapport aux recettes fiscales	Rapport entre les dépenses courantes du budget et les recettes fiscales
9	Solde budgétaire de base en pourcentage du PIB	Rapport entre le solde budgétaire de basse [Recettes totales hors dons – Dépenses courantes (y compris prêts moins recouvrements) – Dépenses en capital sur ressources propres] et le PIB

ANNEXE 3
FMI, CODE DE BONNES PRATIQUES

CODE DE BONNES PRATIQUES EN MATIÈRE DETRANSPARENCE DES FINANCES PUBLIQUES (FMI, 2007)

I.DÉFINITION CLAIRE DES ATTRIBUTIONS ET DES RESPONSABILITÉS

1.1 Le secteur de l'administration publique doit être distinct du reste du secteur public et du reste de l'économie, et la répartition des attributions au sein du secteur public en matière de décision et de gestion doit être claire et rendue publique.

1.1.1 La structure et les fonctions de l'administration publique doivent être claires.

1.1.2 Les prérogatives des pouvoirs exécutif, législatif et judiciaire en matière de finances publiques doivent être bien définies.

1.1.3 La répartition des compétences entre les différents échelons de l'administration publique, et leurs relations entre eux, doivent être clairement spécifiées.

1.1.4 Les relations entre l'administration publique et les sociétés publiques doivent être régies par des dispositions claires.

1.1.5 Les relations entre l'administration publique et le secteur privé doivent être menées de manière ouverte et en suivant des règles et des procédures claires.

1.2 La gestion des finances publiques doits'inscrire dans un cadre juridique, réglementaire et administratif clair et ouvert.

1.2.1 La mobilisation, l'engagement et l'emploi des fonds publics doivent être régis par une législation, une réglementation et des procédures administratives exhaustives en ce qui a trait au budget, à la fiscalité et aux autres domaines des finances publiques.

1.2.2 La législation et la réglementation liées à la mobilisation des recettes fiscales et non fiscales et les critères qui régissent la marge de manœuvre administrative pour leur application doivent être aisément accessibles, clairs et compréhensibles. Les appels liés aux obligations fiscales et non fiscales doivent être examinés dans des délais opportuns

1.2.3 Il faut accorder des délais suffisants aux consultations sur les projets de loi et d'amendement réglementaire et, dans la mesure du possible, sur les changements plus vastes de politique économique.

1.2.4 Les dispositions contractuelles convenues entre l'administration publique et les entités publiques ou privées, y compris les entreprises d'exploitation de ressources naturelles et les exploitants de concessions publiques, doivent être claires et à la disposition du public.

1.2.5 La gestion des engagements et des actifs publics, y compris la concession de droits d'utilisation ou d'exploitation d'actifs publics, doit s'appuyer sur des bases juridiques explicites.

II.PROCESSUS BUDGÉTAIRES OUVERTS

2.1 La préparation du budget doit suivre un calendrier établi et obéir à des objectifs de politique budgétaire et macroéconomique bien définis.

2.1.1 Il faut établir un calendrier budgétaire et y adhérer. Il faut prévoir des délais suffisants pour permettre aux autorités législatives d'examiner le projet de loi de finances.

2.1.2 Le budget annuel doit être réaliste et être préparé et présenté dans un cadre global de politique macroéconomique et budgétaire à moyen terme. Les objectifs budgétaires et les règles budgétaires éventuelles doivent être clairement énoncés et expliqués.

2.1.3 Une description des principales mesures de dépenses et de recettes doit être fournie, en précisant leur contribution aux objectifs de politique économique. Des estimations doivent également être données sur leur incidence budgétaire présente et future et sur leurs répercussions économiques plus générales.

2.1.4 La documentation budgétaire doit comprendre une évaluation de la viabilité du budget dans la durée. Les principales hypothèses sur l'évolution de la situation et des politiques économiques doivent être réalistes et clairement énoncées, et elles doivent être accompagnées des résultats d'une analyse de sensibilité.

2.1.5 Dans le cadre global de la politique budgétaire, il faut établir des mécanismes clairs de coordination et de gestion des activités budgétaires et extrabudgétaires.

2.2 L'exécution, le suivi et l'information budgétaires doivent faire l'objet de procédures claires.

2.2.1 Le système comptable doit offrir des repères fiables pour faire le suivi des recettes, des engagements, des paiements, des arriérés, des passifs et des actifs.

2.2.2 Un rapport de situation budgétaire doit être soumis en temps opportun aux autorités législatives en milieu d'exercice, et des mises à jour plus fréquentes, au moins trimestrielles, doivent être publiées.

2.2.3 Dans le courant de l'exercice, les propositions de recettes et de dépenses supplémentaires doivent être présentées aux autorités législatives selon des modalités conformes à la présentation du budget initial.

2.2.4 Les comptes définitifs audités et les rapports d'audit, y compris les rapprochements avec le budget approuvé, doivent être présentés aux autorités législatives et publiés dans un délai d'un an.

III. ACCÈS DU PUBLIC À L'INFORMATION

3.1 Le public doit être pleinement informé de l'activité financière passée, présente et prévue et des principaux risques financiers.

3.1.1 La documentation budgétaire, y compris les comptes définitifs et les autres rapports sur les finances publiques publiés doivent couvrir l'ensemble des activités budgétaires et extrabudgétaires de l'administration centrale.

3.1.2 Des informations comparables à celles qui ont trait au budget de l'année en cours doivent être fournies sur l'exécution des budgets des deux exercices précédents au moins ; doivent également être fournies des prévisions sur les principaux agrégats budgétaires, et les résultats d'une analyse de sensibilité y afférente pour, au moins, les deux exercices suivant le budget de l'année en cours.

3.1.3 Des états décrivant la nature et les conséquences budgétaires des dépenses fiscales, des éléments de passif éventuels, et des activités quasi-budgétaires de l'administration centrale doivent faire partie de la documentation budgétaire, au même titre qu'une évaluation de tous les autres principaux risques financiers.

3.1.4 Le produit des principales sources de recettes, y compris celles liées aux activités de mise en valeur des ressources naturelles et l'assistance extérieure, doit apparaître séparément dans la présentation du budget annuel.

3.1.5 L'administration centrale doit publier des renseignements sur le niveau et la composition de son endettement et de ses actifs financiers, de ses principales obligations non liées à la dette (dont droits acquis par les retraités, garanties accordées et autres obligations contractuelles) et de ses avoirs en ressources naturelles.

3.1.6 La documentation budgétaire doit rendre compte de la situation budgétaire des collectivités territoriales et des finances des sociétés publiques.

3.1.7 L'administration publique doit publier un rapport périodique sur les finances publiques à long terme.

3.2 Les informations financières doivent être présentées de manière à satisfaire aux besoins de l'analyse des politiques et à promouvoir la responsabilisation.

3.2.1 Un guide synoptique budgétaire clair et simple doit être amplement diffusé à l'occasion du budget annuel.

3.2.2 Les données financières doivent être présentées sur une base brute, en distinguant les recettes, les dépenses et le financement, avec une ventilation économique, fonctionnelle et administrative des dépenses.

3.2.3 Le solde global et l'endettement brut de l'administration publique, ou leur équivalent en droits constatés, doivent être des indicateurs récapitulatifs standards de sa situation financière. D'autres indicateurs budgétaires, dont le solde primaire, le solde du secteur public et l'endettement net, doivent être présentés, le cas échéant, à titre complémentaire.

3.2.4 Une comparaison des résultats et des objectifs des principaux programmes budgétaires doit être communiquée aux autorités législatives chaque année.

3.3 L'engagement doit être pris de diffuser en temps voulu des informations sur les finances publiques.

3.3.1 La publication, dans des délais opportuns, d'informations sur les finances publiques doit être une obligation légale de l'administration publique.

3.3.2 Le calendrier de diffusion des informations sur les finances publiques doit être annoncé à l'avance et respecté.

IV.GARANTIE D'INTÉGRITÉ

4.1 Les données budgétaires doivent être conformes aux normes de qualité reconnues.

4.1.1 Les prévisions budgétaires et les données actualisées doivent rendre compte des tendances récentes d'évolution des recettes et des dépenses, des courants macroéconomiques sous-jacents et des engagements bien précis des pouvoirs publics.

4.1.2 Le budget annuel et les comptes définitifs doivent préciser la base comptable utilisée pour l'établissement et la présentation des données financières. Les normes comptables généralement reconnues doivent être suivies.

4.1.3 Les données des rapports budgétaires doivent présenter une cohérence interne et elles doivent être rapprochées des données pertinentes d'autres sources. Les principales révisions aux données financières historiques et tout changement apporté à la classification des données doivent être expliqués.

4.2 Les activités financières doivent être soumises à des sauvegardes et à un contrôle interne effectif.

4.2.1 Le comportement des agents de l'État doit être régi par des règles déontologiques claires et bien diffusées.

4.2.2 Les procédures et les conditions d'emploi dans la fonction publique doivent être documentées et à la disposition des parties intéressées.

4.2.3 La réglementation applicable aux passations de marché doit être aux normes internationales et elle doit être accessible et observée dans la pratique.

4.2.4 Les achats et les ventes de biens publics doivent s'effectuer de manière ouverte, et les grandes transactions doivent être signalées séparément.

4.2.5 Les activités et les finances de l'administration publique doivent être soumises à un audit interne, et les procédures d'audit doivent pouvoir être revues.

4.2.6 L'administration fiscale doit être protégée par la loi de toute influence politique, elle doit veiller au respect des droits des contribuables et elle doit rendre publiquement compte de ses activités à intervalles réguliers.

4.3 Les informations relatives aux finances publiques doivent être soumises à un examen extérieur.

4.3.1 Les finances publiques et les politiques mises œuvre doivent être soumises au contrôle d'une instance nationale d'audit ou d'un organisme analogue indépendant du pouvoir exécutif.

4.3.2 L'instance nationale d'audit ou l'organisme analogue doit présenter tous les rapports, y compris son rapport annuel, aux autorités législatives et les rendre publics. Des mécanismes doivent être établis pour le suivi des mesures à entreprendre.

4.3.3 Des experts indépendants doivent être invités à évaluer les prévisions budgétaires, les prévisions macroéconomiques sur lesquelles elles se fondent et les hypothèses sous-jacentes.

4.3.4 Un organisme national de statistique doit avoir un statut d'institution indépendante pour vérifier la qualité des données de finances publiques.

TABLE DES MATIÈRES

TROISIÈME PARTIE

LES FINANCES DES COLLECTIVITES TERRITORIALES LOCALES

QUATRIÈME PARTIE

LES FINANCES DE L'UNION ÉCONOMIQUE ET MONETAIRE OUEST-AFRICAINE (UEMOA)

L'HARMATTAN ITALIA
Via Degli Artisti 15; 10124 Torino
harmattan.italia@gmail.com

L'HARMATTAN HONGRIE
Könyvesbolt ; Kossuth L. u. 14-16
1053 Budapest

L'HARMATTAN KINSHASA
185, avenue Nyangwe
Commune de Lingwala
Kinshasa, R.D. Congo
(00243) 998697603 ou (00243) 999229662

L'HARMATTAN CONGO
67, av. E. P. Lumumba
Bât. – Congo Pharmacie (Bib. Nat.)
BP2874 Brazzaville
harmattan.congo@yahoo.fr

L'HARMATTAN GUINÉE
Almamya Rue KA 028, en face
du restaurant Le Cèdre
OKB agency BP 3470 Conakry
(00224) 657 20 85 08 / 664 28 91 96
harmattanguinee@yahoo.fr

L'HARMATTAN MALI
Rue 73, Porte 536, Niamakoro,
Cité Unicef, Bamako
Tél. 00 (223) 20205724 / +(223) 76378082
poudiougopaul@yahoo.fr
pp.harmattan@gmail.com

L'HARMATTAN CAMEROUN
BP 11486
Face à la SNI, immeuble Don Bosco
Yaoundé
(00237) 99 76 61 66
harmattancam@yahoo.fr

L'HARMATTAN CÔTE D'IVOIRE
Résidence Karl / cité des arts
Abidjan-Cocody 03 BP 1588 Abidjan 03
(00225) 05 77 87 31
etien_nda@yahoo.fr

L'HARMATTAN BURKINA
Penou Achille Some
Ouagadougou
(+226) 70 26 88 27

L'HARMATTAN SÉNÉGAL
10 VDN en face Mermoz, après le pont de Fann
BP 45034 Dakar Fann
33 825 98 58 / 33 860 9858
senharmattan@gmail.com / senlibraire@gmail.com
www.harmattansenegal.com

L'HARMATTAN BÉNIN
ISOR-BENIN
01 BP 359 COTONOU-RP
Quartier Gbèdjromèdé,
Rue Agbélenco, Lot 1247 I
Tél : 00 229 21 32 53 79
christian_dablaka123@yahoo.fr

Achevé d'imprimer par Corlet Numérique - 14110 Condé-sur-Noireau
N° d'Imprimeur : 134339 - Dépôt légal : décembre 2016 - *Imprimé en France*

www.ingramcontent.com/pod-product-compliance
Lightning Source LLC
LaVergne TN
LVHW011224061026
849535LV00001BA/168